中国商事金融司法研究报告

COMMERCIAL AND FINANCE JUDICIAL STUDY REPORT OF CHINA

2021—2022

季立刚　段厚省————主　编
李洪灯————————执行主编

图书在版编目(CIP)数据

中国商事金融司法研究报告.2021—2022/季立刚，段厚省主编.——北京：当代中国出版社，2022.12
ISBN 978-7-5154-1246-7

Ⅰ.①中… Ⅱ.①季…②段… Ⅲ.①金融法—研究报告—中国—2021—2022 Ⅳ.① D922.280.4

中国国家版本馆 CIP 数据核字（2023）第 028163 号

出 版 人	冀祥德
责任编辑	刘文科　沈秋彤
责任校对	贾云华
印刷监制	刘艳平
装帧设计	鲁　娟
出版发行	当代中国出版社
地　　址	北京市地安门西大街旌勇里 8 号
网　　址	http://www.ddzg.net
邮政编码	100009
编辑部	（010）66572156
市场部	（010）66572281　66572157
印　　刷	北京润田金辉印刷有限公司
开　　本	787 毫米 ×1092 毫米　1/16
印　　张	42.75 印张　2 插页　736 千字
版　　次	2022 年 12 月第 1 版
印　　次	2022 年 12 月第 1 次印刷
定　　价	128.00 元

版权所有，翻版必究；如有印装质量问题，请拨打（010）66572159 联系出版部调换。

中国商事金融司法研究报告（2021—2022）

主　　编：季立刚　段厚省
执行主编：李洪灯
撰 稿 人：（以姓氏拼音排序）

安寿志	陈　辰	陈冠兵	陈　雷	陈婷婷	段厚省	葛伟军
何　鹏	黄江东	黄剑林	季立刚	季　诺	季思澐	金　源
李洪灯	李　攀	李　乾	李子为	马晨光	马忠法	戚生苗
沈荣华	施　蕾	王家骏	王　曦	王　勇	吴可人	阎　冰
严飞飞	袁国际	云　治	周　波	周青松	周人杰	周　昕

致　谢
（以姓氏拼音排序）

蔡杰熠	陈　丹	陈　锐	陈焱雯	范江伟	高　力	韩子为
黄建贤	黄思彦	黄昕怡	李　娟	刘昌禹	刘　天	刘雪琪
柳晓林	鲁嘉珺	齐文暄	孙　熠	谭永凡	王灵奇	王　悦
卫晓菁	谢孝婕	谢颖捷	徐　杨	杨　赓	杨满珍	于　萍
于　越	查扣宏	张海涛	张　涵	张珏菡	张龙昊	张　潇
赵晨草	赵　雪	赵之薇				

序　言

随着我国经济、社会的发展，商事交易高度活跃并日益复杂，金融创新、金融深化、金融监管不断呈现新样态，商事、金融纠纷案件数量节节攀升、新类型案件不断涌现，这既给法律实务从业者带来了历练专业水平、发挥更大作用的机遇，也增加了法律共同体内加强对话、共同提升的需求。在司法领域，法官、律师、法学研究者间的良性互动，是推进法治进步的重要路径。

复旦大学中国金融法治研究院于 2020 年 3 月由中国人民银行上海总部、上海市高级人民法院、上海金融法院和复旦大学共同发起设立，旨在回应我国金融法治发展需求，提升全国金融法治实践及学术研究的国际影响力，服务于上海国际金融中心建设及我国法治建设的不断进步。复旦大学司法与诉讼制度研究中心设立于 2007 年，是复旦大学开放性学术研究与交流平台，已经形成复旦司法前沿讲坛、复旦司法实务讲坛、复旦司法论坛、复旦司法沙龙等特色项目。复旦大学金融法研究中心自 2008 年设立以来，开展学术研讨活动、完成系列课题，举办"上海法治论坛"，产生了广泛的学术影响。正是基于对立法、司法、学术研究互动关系的认识及推动我国法治建设、学术研究进步的愿望，三家机构发挥各自优势，集合商法、金融法、诉讼法及相关领域的专家、学者、法官等法律实务人士联合推出兼具学理性及实务性的连续出版物《中国商事金融司法研究报告》。本系列报告，展现了我们认识、体察商事、金融司法问题的三个维度。

一、商事、金融司法功能的维度

司法权是国家权力的组成部分，我国《宪法》第 3 条、第 128 条至第 133 条等条款规定了国家权力及司法权的横向、纵向配置，构建了一个由全国人大、一府两院、一会共同组成的五元结构，全国人大行使立法权，政府行使行政权，监察委员会行使监察权，法院和检察院行使司法权。① 从司法权的行为特征来看，以"独立行使审判权"为内容的司法权是宪法位阶的国家裁判权，其根本任务与职能在于作出裁决，体现了中立性、事后性；从司法权的使命价值目标来看，司法权的目标确立在为社会服务，实现社会公正，具有中立性（公正裁判）、被动性（依当事人启动程序）、社会参与性（如陪审制度）、公开性（公开审理）的特征。② 作为司法功能核心的法理功能，本质上是"定分"，即通过司法程序、正确适用法律以解决具体纠纷，"辨是别非""释法补漏""维权护益""控权审规""定罪量刑"，并形成裁判结果。③ 每一个商事金融案件的审理、裁判均是司法权行使的体现。

司法亦具社会功能、政治功能，在商事、金融司法领域，维护商事交易安全与效率、实现金融有效监管、防控系统性金融风险、维护国家金融安全与政治安全，乃至实现国家治理体系和国家治理能力现代化等，都是在判断"法律真相"④、形成裁判后，对当事人所产生"止争"法律效果的延展，是司法裁判间接、可能的预期或效果。司法权的行使及司法功能的实现首先依赖于个案的审判，司法的社会功能、政治功能蕴藏于法理功能之中；司法法理功能能否实现在极大程度上决定着其社会功能、政治功能能否实现，两者相辅相成，不可割裂；只有司法的法理功能依正当程序得到充分实现，才能"让人民群众在每一个司法案件中感受

---

① 林彦：《国家权力的横向配置结构》，载《法学家》2018 年第 5 期。

② 有学者指出司法权与行政权的区别在十个方面，主要有：行政权在运行时具有主动性，而司法权则具有被动性，司法权的行使以"不告不理"为原则；行政权在各种社会矛盾面前，其态度具有鲜明的倾向性，而司法权则具有中立性；行政官尽力根据公共利益找出最有利、最理想的答案，法官尽力从法律规则和原则中找出正确判决依据，即使有时在根据公共利益去寻找答案时，法官与行政官的思想方式也是不同的，法官的方法是客观的，遵守他的法律观念，行政官的方法是经验的，法院以及法官在个案判断过程中不应受非法律因素左右；行政权代表国家，具有官方性，行政机关更关心自己的行政目标，更注重权力结果的实质性，司法权更注重权力过程的形式性；行政权在发展与变化的社会情势中具有应变性，司法权则具有稳定性；行政权具有可转授性，司法权具有专属性；行政权效力具有先定性，司法权效力具有终极性。在国家权力结构中，行政权与司法权同属执行权，但两者最本质的区别在于：行政权以管理为本质内容，是管理权，司法权以判断为本质内容，是判断权。参见孙笑侠：《司法权的本质是判断权——司法权与行政权的十大区别》，载《法学》1998 年第 8 期。

③ 孙笑侠：《论司法多元功能的逻辑关系——兼论司法功能有限主义》，载《清华法学》2016 年第 6 期。

④ 蒋银华：《论司法的功能体系及其优化》，载《法学论坛》2017 年第 3 期。

到公平正义",才能体现司法公正、司法权威,进而实现司法的社会功能、政治功能,实现"良法善治"。作者团队通过对各类案例事实要点、裁判要旨的分析,说法评案,以个案、类案为视角,揭示其司法功能。

二、法典法、制定法、判例法、案例耦合的维度

首先,作者团队对我国传统法中无判例、案例运用的思维、观念正本清源,具有扬弃地吸取历史精华的意识及自觉。我国拥有"立法修律"的悠久法律传统,从传说中的"皋陶造律"、夏"作禹刑"、商"作汤刑"、周"作九刑"、郑"铸刑书"、晋"铸刑鼎",到秦汉律简、《北齐律》及标志中华法系成熟"礼法结合"的唐律(律、令、格、式、典),乃至后朝各有创制、形式多样、体系完整、立法技术高超的法典法(成文法)、制定法(国家法),虽然不能说我国传统法上存在当今语境下的判例法,但是也很难称其为成文法与判例法的"混合法"。"在现代普通法意义上无论是采用严格的英格兰式标准、还是相对宽松的美国式标准在中国古代法的实践中都难以找到完全相符的对应物。"① 但是,在我国传统法上并无法典法、制定法与判例(案例)运用对立的意识,且很早就认识到"法之设文有限","有法者以法行,无法者以类举,听之尽也"。在现有已知文献中,存在不少判例、案例运用的记载,秦有《法律答问》,可视为学理性案例解释;汉有《奏谳书》,记载了春秋至西汉初期的22个案例,其中"阑送南"案中就援引了前案进行判决,而汉之"决事比"则兼具司法判例、行政先例与类推技术的属性,"若今律,其有断事,皆依旧事断之,其无条,取比类以决之";北魏"每有断决,多为故事";唐代对比照成例断案较为谨慎、防止"害律",但未杜绝在经特别程序认可(如皇帝特批、形成"永格")的情况下援引先例断案;②《唐律》《宋书》中就有许多"乞鞫"案例,宋代实行奏案制度,判例使用有所增加,南宋《折狱龟鉴》《名公书判清明集》记载了丰富多彩的案例,但对"贴例取旨""引例破法"的批评之声未绝;在元代,"不知凭何例定罪,都省议得,遇罪名,先送法司检拟,有无情法相应,更为酌古准今,量情为罪";明清时期,着力规范因案生例的创制程序,注重"附

---

① 王志强:《中国法律史叙事中的"判例"》,载《中国社会科学》2010年第5期。
② 参见刘笃才:《中国古代判例考论》,载《中国社会科学》2007年第4期。

例"的编纂，改造为条例，使判例实现成文化。总体而言，中国古代传统法除具有"礼法结合""明德慎刑""权遵于法""权利等差、义务本位""家族本位""执法原情""以法治官"等精华与糟粕并存的内质外，还形成了立法修律、援法定罪、判例援引、比附类推、案情推理等立法、司法的形式特征。① 清末光绪三十二年（1906年）九月，清廷宣布厘定官制，刑部改为法部，责任司法；大理寺改为大理院，专掌审判，有"于律例紧要处表示意见，得拘束全国审判衙门"的权力。大理院的成立，使司法审判权逐渐从传统行政权力中脱离出来，成为近代最高司法审判权的基本形态。民初大理院沿袭自清末大理院，因成文法未及颁行，作为最高司法机关的大理院判例联结中西、圆融法理，顺应社会转型，发挥了重要法源作用，成为中国法律近代化转型期的重要法律内容。1928年11月后，南京国民政府司法院设司法行政部、最高法院及行政法院、官吏惩戒委员会等，其重要职责是行使"统一解释法令及变更判例之权"，在实践中逐渐形成司法院统一解释法令、最高法院发布和汇编判例的分工，且"最高法院各庭审理案件，关于法律上之见解，与本庭或他庭判决先例有异时，应由院长呈由司法院院长"，系在近代成文法背景下实施运用判例的实践。② 1949年，南京国民政府被历史潮流所终结。

在"判例"问题上，"我们虽然无法精准地在中国古代司法中找到法律职业群体，但根据既决案件从以往的司法经验中寻找解决目前问题的思路和方案，这种现象在中国历史上同样普遍存在"。③ 我国传统法上法典法、制定法、判例及案例相互为用、相互推动的历史经验，对当今认识判例（案例）的功能、作用、运用技术均有借鉴意义。

其次，作者团队关注域外相关法律实践，认识、分析域外法典法与判例法互动发展的进程，以资比较。大陆法系国家以罗马法的术语、概念、原则为基础，法典化是其固有传统。《十二表法》（公元前5世纪，习惯法的成文化）是其鼻祖，公元6世纪编成《优士丁尼法典》《学说汇纂》《法学阶梯》《新律》，统称为《国法大全》，其内容丰富，集千年罗马法之大成，标志着罗马法发展的顶峰，对后世

---

① 参见张晋藩：《中国法律的传统与近代转型》，法律出版社2009年版。
② 刘昕杰：《成文法背景下的判例实践——近代中国最高审判机构判例汇编与实效》，载《法学研究》2021年第5期。
③ 王志强：《中国法律史叙事中的"判例"》，载《中国社会科学》2010年第5期。

立法，特别是对大陆法系法典法的形成发展具有重大影响。① 欧陆国家 18、19 世纪加快法典化运动，并终于取得了编纂完成《法国民法典》（1804 年）、《法国商法典》（1807 年）、《德国民法典》（1897 年）、《德国商法典》（1897 年）等傲人成就。但随着法典化和法律实践的推进，法律群体日益发现判例以及判例制度在法律生活中发挥着不可或缺的作用"，② "判例制度从来都是法律制度中的命脉所在，在普通法中尤为重要，在现代民法体系中亦不逊色"。③ 以德国为例，其也发展出联邦宪法法院具正式拘束力的判例及其他法院具非正式拘束力的判例；不过，非正式拘束力判例裁判理由的说服力也会超出个案，而且"最高法院的惯常见解"可具有初步的拘束力，即形成"推定约束力""教义性拘束力"，"它们在司法裁判中发挥着辅助法官进行裁判说理的功能，在无法提出更强理由的时候，法官负有尊重它们的义务"，法院判例的效力受法院层级、合议庭形式、论据的合理性、学术批评等因素的影响。④

在普通法系，"普通法是法官通过司法判例创立和发展起来的法律，这意味着普通法是与作为先例的司法判例相联系的"⑤。"在判例法国家，判例作为法律的重要渊源具有正式的法律拘束力，对下级法院具有约束力，下级法院受到上级法院已做判决所根据的判决理由的拘束"，⑥ 遵循先例（stare decisis）是法官审理案件的一项基本原则，通常是指一个已决案件和法院判决，被认为是为后来发生的相同或相似案件或类似法律问题提供了范例或权威性法律依据，法院按照先前的案例中确定的原则进行审判，先例与制定法具有同等效力。遵循先例可用"普遍化原则"进行解读：若把一个人与另一个人作不同对待，则须为此提出理由；一度曾被认可的某个观点或实践若无理由则不容许又加以抛弃；所有人都是平等的，必

---

① 参见董茂云：《比较法律文化：法典法与判例法》，中国人民公安大学出版社 2000 年版。
② 高尚：《论司法判例在成文法国家的适用空间——以德国对判例的演绎推理"二重需求"为例》，载《社会科学战线》2020 年第 5 期。
③ ［英］丹尼斯·劳埃德：《法理学》，许章润译，法律出版社 2007 年版，第 507 页。
④ 雷磊：《德国判例的法源地位考察》，载《社会科学研究》2022 年第 3 期。
⑤ 董茂云：《比较法律文化：法典法与判例法》，中国人民公安大学出版社 2000 年版，第 40—42 页。
⑥ 参见何建：《民商事指导性案例参照适用研究》，法律出版社 2022 年版，第 21 页。

须对该状态的任何偏离进行证成。① 在英国，上议院的判决是有拘束力的先例，其他所有法院都必须遵守，对上议院本身也有拘束力；上诉法院的判决是对除上议院外，包括自身在内的所有法院都有拘束力的先例；高等法院所作的判决，对郡法院有约束力，通常也被高等法院的不同分院和刑事法院所遵循。② 普通法的先例，一般可分为强制性先例（Mandatory Precedent）和说服性先例（Persuasive Precedent），强制性先例具有绝对的拘束力，法院对必须服从，而不问理由，说服性先例往往只有参考价值，是否服从取决于案件之间的相似度、关联性及判例理由的说服力。③ 不过，普通法系国家因政体（联邦制、单一制）、历史文化等不同，其判例法的主导地位、援引方式等均有不同，如在美国，一方面除联邦宪法或国会法律已作规定外，均适用某一州的普通法，具灵活性，另一方面最高法院又以其宪法解释权、违宪审查权监督下级法院"遵循先例"。值得关注的是，几乎与欧陆法典化同时，普通法系也开始了曲折的法典编纂进程，如英国重述判例法的《合伙法》（1890年）、《货物买卖法》（1893年）以及美国部分州的法典化运动及联邦《证券法》（1933年）的产生。

因此，将大陆法系国家僵化地认为仅有法典法、制定法，将英美法系国家僵化地认为仅有判例法，均不符合历史发展事实。考察判例、案例资源的运用，也不应局限于判例、案例的裁判规则效力约束功能，更应着眼于判例、案例的智识属性和权威属性双重作用，在"智识载体"视角下突破约束性法源与非约束性法源的"二元法源模式"，将判例、案例视为司法经验与智慧的智识载体，判例、案例的约束性与非约束性并不是非此即彼的关系，而更多地体现了程度上的差异。判例、案例作为说服性（非约束性）法源并非全无约束力，其约束力来自司法的权威性与司法理性本身。这样对判例、案例范围的界定，也就不再局限于

---

① M.G. 辛格、佩雷尔曼、罗尔斯等人的观点，参见 [德] 罗伯特·阿列克西：《法律论证理论》，舒国滢译，商务印书馆2020年版，第243—244页。

② 英国法官参照判例裁判的历史可追溯到公元12世纪。13世纪末开始，判例援用逐渐增多，但法官可以不依判例而自由地制作判决。16世纪，判例作为先例而被援引的惯例逐渐形成，但"遵循先例"尚没有确立为一项严格的法律规则。19世纪70年代，英国的司法改革，将英国的法院从源于中世纪的烦琐、复杂而又不时发生对立的双轨法制困境中解脱出来，形成统一的具有严格等级的法院体系。"遵循先例"规则在1898年上议院审理的伦敦街道有轨电车有限公司诉伦敦市政府案中被最后确定下来。直到19世纪末，严格"遵循先例"规则才被英国法院普遍接受。参见董茂云：《比较法律文化：法典法与判例法》，中国人民公安大学出版社2000年版，第42—43页。

③ 参见何建：《民商事指导性案例参照适用研究》，法律出版社2022年版，第20—22页。

狭义的正式约束力司法裁判,而可泛指所有生效裁判文书,从而凸显判例的整体价值。判例、案例由司法场域内全部主体(法官、检察官、律师、当事人、证人等)所形塑,以是否具历史连续性来判断其能否成为制度的一部分。① 正是在"智识载体"视角下,判例、案例的运用场景可突破司法场域,实现司法判例(案例)运用、法教义学间的密切沟通。基于我国国情及法律实践需求,作者团队比较域外国家法典法、制定法与判例法的互动发展进程,进行比较、分析,或对我国判例、案例制度的发展、运用,对丰富我国的法律实践及法学理论提供一定的参考映照。

最后,作者团队关注我国当下商事、金融司法判例、案例制度的发展及其体系,以期使其获得科学认识及运用。"遵循既定判决进行裁判可以更大程度地实现法律适用的连续性,保障法律的明确性、确定性和可预测性,也体现着对司法经验的尊重,是捍卫法律调整的安定性的必然需要。"② 早在1985年,最高人民法院开始公开发行《最高人民法院公报》,公布经最高人民法院审判委员会讨论通过的案例,"供各级人民法院借鉴",③ 但其并不具有拘束力,《最高人民法院公报》案例是提供"范例",是否参考由法官自己决定,即使参考了某个案例,裁判文书中也没有任何体现。1999年,最高人民法院发布的《人民法院五年改革纲要(1999—2003)》提出编选典型案例,"供下级法院审判时参考"。2005年10月《人民法院第二个五年改革纲要(2004—2008)》正式提出"建立和完善案例指导制度"。2010年11月,最高人民法院颁布《关于案例指导工作的规定》,并于2011年12月发布第一批指导性案例,这标志着有中国特色的案例指导制度确立。2015年5月,最高人民法院发布的《〈关于案例指导工作的规定〉实施细则》第9条至第11条规定,各级人民法院正在审理的案件,在基本案情和法律适用方面,与最高人民法院发布的指导性案例相类似的,应当参照相关指导性案例的裁判要点作出裁判。各级人民法院审理类似案件参照指导性案例的,应当将指导

---

① 参见顾培东:《效力抑或效用:我国判例运用的功利取向》,载《法商研究》2022年第5期。
② 杨知文:《非指导性案例的"指导性"与案例指导制度的发展》,载《清华法学》2021年第4期。
③ 《最高人民法院公报》刊出案例除少部分来源于最高人民法院审理或复核的案件外,主要源于地方各级人民法院审理终结的案件,多数是复杂、疑难、新型、法律规定不明确或法律未予规定的案件。在地方各级人民法院报送或推荐后,经《最高人民法院公报》编辑部筛选修订,再报请最高人民法院审判委员会审查通过。

性案例作为裁判理由引述，但不作为裁判依据引用。在裁判文书中引述相关指导性案例的，应在裁判理由部分引述指导性案例的编号和裁判要点。公诉机关、案件当事人及其辩护人、诉讼代理人引述指导性案例作为控（诉）辩理由的，案件承办人员应当在裁判理由中回应是否参照了该指导性案例并说明理由。由此可见，我国司法指导性案例制度既与德国、英美具拘束力的判例可直接加以引用不同，也与德国具非正式拘束力判例不同，其"参照裁判要点""作为裁判理由"的规定已使其具有事实拘束力、规范约束力，具有权威性、普遍适用性，与法律、司法解释的法源性相比，成为一种具约束性的"准法源"。[①] 最高人民法院指导性案例发挥着提升司法规范供给充分性、保持司法规范体系周延性、实现司法规范体系融通性的功能，[②] 具体而言，指导性案例具有保证法律统一实施、提高司法裁判结果的公信度、有利于裁判文书说理、提高司法效率、实现裁判统一及同案同判、发挥制定法与判例法的各自优势。[③] 在我国非指导性案例视域，依据法源属性可分为示范性案例（多为省级人民法院发布）及一般性案例两类，分属引导性法源和智识性法源；示范性案例的功能主要是重构司法见解控制体系，保障法律适用统一，实现类案、同案的同判，并适应"让审理者裁判，由裁判者负责"的司法责任制实施；一般性判例广泛性、数量大，虽不具有指导性案例的约束性，也不具备示范性案例的引导性，但可自不同角度、不同主体间展现司法理念、专业智识，推动法律共同体经验与智慧的共享。[④] 2010年最高人民检察院也发布了《关于案例指导工作的规定》（后经两次修正），指导性案例对各级人民检察院办理案件亦有参照效力。作者团队梳理我国商事、金融司法判例、案例，解析司法裁判的实现过程，评析具体案件裁判的正当与否，正是为立法进步、司法公正提供具有实践意义的实证性素材，也为以司法为重点的法律实践提供不同功能的依据和镜鉴。

---

① 我国在宪制层面尚无判例法的法律渊源地位，指导性案例只能获得相对于制定法的"不完全效力"，拘束力得到司法体制的有限支持，其效力需要间接地依附于制定法。
② 参见顾培东：《我国成文法体制下不同属性判例的功能定位》，载《中国法学》2021年第4期。
③ 参见何建：《民商事指导性案例参照适用研究》，法律出版社2022年版。
④ 参见顾培东：《我国成文法体制下不同属性判例的功能定位》，载《中国法学》2021年第4期。

三、法律实践与法学发展互动、互哺的维度

以中外法律发展史的视角,法律制定、法律解释、法律适用与法律研究间的互动从未隔断、从未中断,其历史经验可供当今法律实践、法学研究、法律教育参考。

其一,中外均存在立法活动与法律研究的相伴发展与互哺。我国春秋战国"刑名法术之学""法家之学"作为官学、私学出现。商鞅变法(公元前356年),改法为律,为律学的产生、发展提供了载体。秦简《法律答问》可视为法律注释学之滥觞;汉有董仲舒以经注律,亦有杜周、马融、郑玄等私家授律、注律、解律,《汉书·刑法志》可视为中国古代第一部法制史著作;魏晋有张斐《汉晋律序注》《律解》,杜预《律本》,张斐、杜预的解律文本与《晋律》具同一法律效力,世称《晋律》为张杜律;魏晋南北朝时期,律学从经学中解脱出来,成为独立的学问。① 长孙无忌的《律疏》(《唐律疏议》)则达到了中国古代律学的巅峰,亦与《永徽律》具同一法律效力。后世,宋代有傅霖《刑统赋》、元绛《谳狱集》、郗秉原《刑统赋解》、桂万荣《棠荫比事》、郑克《折狱龟鉴》,元代有王元亮《唐律释文》,明代有张楷《律条疏议》、王樵《读律笺释》、王肯堂《大明律附例笺释》、唐枢《法缀》,清代有沈之奇《大清律辑注》、王明德《读律佩觹》等。② 中国传统律学以经验主义、实用主义为特征,通过律例参照、阐发律旨、解答疑难对断案发挥作用,甚至在例律无明文时成为断案的依据。

在罗马法的故乡,注解是一种古老的文本研究方式,始于解读宗教典籍,法律评注则可追溯至罗马法时期。罗马共和国建立后制定《十二表法》为后期法律评注的出现提供了先决条件。特别司法官履职时会发布敕令,按照法律规定的诉讼形式处理争议,也可创立新的诉讼形式处理新争议。随着敕令的积累和法律的日益复杂化,在民间逐渐出现为法官和律师提供建议的法学家阶层。法学家们研究各种法律文本,以演绎、类比、对比方式对《十二表法》和法官敕令、各种告示和决议作出评注,从中提炼规则和基本原则,勾勒私法概念,构建出一种松散的法律体系。后世法学家们热衷于评注先前法学家作品,尤其是对法学家萨宾

---

① 何勤华:《中国法学史纲》,商务印书馆2012年版,第54、104页。
② 参见张晋藩:《中国法律的传统与近代转型》,法律出版社2009年版,第220—246页。

《民法专论》的评注,盖尤斯的《法学阶梯》事实上也属于一种法律评注。罗马三大法学家帕比尼安、保罗和乌尔比安的评注代表着古罗马法发展的高峰,成为后期传承罗马法的宝贵资料,并构成优士丁尼《学说汇纂》的主要内容,盖尤斯的《法学阶梯》因较为简要也大受欢迎。西罗马帝国覆灭后罗马法也失去昔日荣光,直到11世纪后,开启罗马法复兴运动,对《学说汇纂》《伦巴第法文集》等古罗马法律文本的发掘和复原,形成帕维亚法学派、波伦亚注释法学派。注释法学派晚期代表人物阿库修斯撰写的《注释大全》内容丰富,统一前人对优士丁尼法律文本的注释,代表注释法学派的最高成就。14世纪,意大利形成波伦亚评论法学派,巴尔多鲁作为波伦亚评论法学派的代表人物认为重要的不是法律文字本身,而是其思想和理性,他将优士丁尼的文本只看作一种原始材料,参考意大利城邦法和教会法的其他法律来源,用来形成新的法律规则,后人将这种新方法称作"意大利方法"。① 1865年《意大利民法典》颁布后,出版了一些法典评注,法学院开设判例法的课程,法学家虽认为法典评注是展现法学分析结构的理想形式,但也使用案例注释形式进行评注,并提炼出抽象规则,如罗马法学家拉贝,这种以判例注解法典的方式拉近了法学院和法院的距离,展现法学家和法官在判例价值层面形成的各种意见。1942年《意大利民法典》颁行后,意大利法学一度具抽象与概念导向,日常生活中的问题极少得到关注。20世纪70、80年代又开始考虑实务判决;而律师的工作方式也发生了变化,除查询专著或特定的大型教科书外,越来越多地诉诸法典评注。②

在其他近代欧陆国家,13世纪法国形成后注释法学派,16世纪、17世纪人文主义法学派、自然法学派登场,1804年《拿破仑法典》的颁布标志着法国现代法的诞生,并影响了欧洲乃至世界的法律发展,法国注解法学派兴起,又在将法典视为完整、封闭体系的保守解释中衰落。③ 在德国,判例对于法学理论同样有着至关重要的作用,"德国司法实践之经验以判例为其血肉、以法体系为其筋骨、以法

---

① 参见吕琳华:《法律评注的历史流变、方法与范式——法国视角》,载《苏州大学学报(法学版)》2020年第2期。

② [意]弗朗西斯科·保罗·帕蒂:《意大利民法典评注:历史、结构与功能》,徐凌波译,载《南大法学》2020年第5期。

③ 参见吕琳华:《法律评注的历史流变、方法与范式——法国视角》,载《苏州大学学报(法学版)》2020年第2期。

教义学为其灵魂。德国司法实践之经验以判例为其血肉、以法体系为其筋骨、以法教义学为其灵魂",通过对判例的规整、分析,从而提取出法教义学意义上的经验范式成为法律人的本职工作,法官对判决的作出、法学者对判决的评价均秉持教义学意识上的自觉,积累出法律适用的有效经验,对判例的重视实质是一种经验理性下对法教义学范式研究的自觉,可称之为法教义学共识"。德国判例制度的基础是联邦宪法法院判例的直接约束力,制度性路径是法官造法,发展动力是判决理由与学术理论的互动。[1] 19世纪末,日本以西方法律为样板颁布了不同的法律,立法者常常追溯到外国法的方法与经验之上,梅谦次郎、冈松参太郎的民法评注以及美浓部达吉的宪法评注均是诠释性的;20世纪20年代至第二次世界大战,法律实务者(尤其是法官)多参考、适用德国法律评注的意见;战后,德国法要素减弱,"美国化"程度增强,呈现"混合法律体系"特征,法律评注活动繁荣,法学协会、多个作者共同完成评注作品,并呼应实践需要,在评注中呈现判例法内容,律师也成为共同作者。[2]

在普通法系,法官与学者的互动促进了普通法的定型与发展。英国权威性法律著作,在判例法初始时期证成普通法原则的存在,促进英国普通法概念、体系、范畴的定型化和条理化,推动普通法的形成。具有划时代意义的权威性法律著作有:格兰威尔所著的《中世纪英格兰王国的法和习惯》、布拉克顿所著的《关于英国的法和习惯》、利特尔顿所著的《土地保有法》、布拉克斯通所著的《英国法释义》。16世纪,判例先例而被援引的惯例逐渐形成,出现了戴尔、普劳顿和科克等人的判决汇编,相作为同事实的案件必须按照先例进行审理观念的也日益加强;18世纪中叶,伯罗编纂的"报告",区分事实、辩论和判决,从而确定了现代"法律报告"的基本形式,19世纪出现了官方的"法律报告"和专门刊登判例的法律

---

[1] 李剑:《判例的形式构成及其"成分"分析——以德国法教义学为视角》,载《交大法学》2018年第3期。

[2] [日]长野史宽:《法律评注在日本的发展与价值——作为法学思维方式映射的文献形式》,张慰译,载《南大法学》2020年第4期。

杂志。① 美国法官、法学家的著书立说、实践活动也促进了19世纪普通法传统在美国的确立，产生过重大影响的著名法官有约翰·马歇尔（1755—1835年）、詹姆斯·肯特（1763—1847年）、约瑟夫·斯托里（1779—1845年）、约翰·班尼斯特·吉布森（1780—1853年）、莱姆尔·肖（1781—1861年）、托马斯·拉芬（1787—1870年）等；还有古尔德的《论辩论》（1832年）、惠顿的《刑法论》（1846年）、塞奇威克的《损害赔偿》（1847年）、帕森斯的《契约法论》（1853年）、沃什伯恩的《不动产论》（1860年）等。这些著作以英国法为基础，在法律界广泛传播，法官们从中找到宝贵的美国法解说，使各州法的分离、地方化倾向得到抑制，最终完成对普通法的全盘继承。②

其二，判例、案例及其汇编成为法律教学、法学研究的重要内容。在普通法系国家，法学院采用判例、案例教学，契合普通法传统与特点，教科书被称为 case book。尽管教科书编著作会对判例、案例进行说明及阐述，但因判例法较法典法缺乏体系性，令学习者较难对法律全面获得认识。1923 年美国法学会在费城成立，宗旨是使美国的法律更加清晰简单，以确保法律得到更为公正地实施，它除与统一法律委员会合作编纂统一法典（如《统一商法典》）、自行编撰系列模范法典（如《模范刑法典》《模范证据法》）外，还创造了"法律重述"，真实、全面地介绍既有的普通法规则，也对应然的普通法规则发表意见，作者通常是某一领域的权威学者、知名法官或者律师。1923 年第一版涉及九个领域，包括合同、代理、冲突法、侵权、恢复原状、财产、信托、担保、判决，2015 年又增补了雇佣法方

---

① 拉努尔夫·德·格兰维尔（R. Granville，1130—1190）所著的《论英格兰王国的法律和习惯》，主要论述王室法院关于土地争讼的程序，涉及契约法、刑法以及世俗法院和教会法院的管辖权，记录、整理、汇编国王各种诉讼令状，论述与令状相关的诉讼方式程序，促进王室法院适用的法律优于地方法院适用的习惯法和程序法，使其逐步发展成为通用于全国的普通法。布拉克顿（H. D. Bracton，1216—1268）所著的《关于英国的法和习惯》，以格兰威尔评论诉讼形式为模式，对判例进行阐述、评注，对日后英国判例法的形成影响巨大。利特尔顿（D. Littleton，1407—1481）所著的《土地保有法》以《年鉴》为资料，研究各种土地所有形态，赋予其体系。爱德华·柯克（S. Edward Coke，1552—1634）所著的《英国法总论》，对利特尔顿的《土地保有法》进行精密注解，对 1215 年《大宪章》颁布至 17 世纪詹姆士一世的约 39 部制定法进行注释，论及刑法、法院管辖权，带有英国法百科全书的性质。布莱克斯通（Sir William Blackstone，1723—1780）所著的《英国法释义》，除绪论外分四卷，包括人的权利、物的权利、私的违法行为、公的违法行为，间接接受罗马法"人""物""诉讼"三分法的影响，在内容上对宪法、动产和不动产、家庭法、继承法、契约法、侵权法、刑法、诉讼法等有详细的论述，在法理上将英国传统法与 18 世纪自然法学说结合起来，对普通法作了全新的解释，对英国法产生了深远影响。参见董茂云：《比较法律文化：法典法与判例法》，中国人民公安大学出版社 2000 年版，第 42、47—50 页。

② 董茂云：《比较法律文化：法典法与判例法》，中国人民公安大学出版社 2000 年版，第 55—56 页。

面的内容,在编纂方法和体例上增加了更详尽的评论、更有说服力的辅助材料、更完整的学术立场理由说明,附录部分援引相关领域联邦法院判决及州上诉法院判决摘要。法律重述的目标群体主要是法官,意在向法官释明普通法原则,[①]法律重述成为美国法学会最重要、最有影响力的产品,帮助法律共同体从体系的高度审视既有的普通法,在案例的丛林中看清法律的真面目,乃至有学者指出,重述其实就是对普通法进行法典化改造,或者说是法典化了的普通法;卡多佐大法官曾宣称"我对法律重述在统一法律方面所具有的潜质充满信心"。[②]

在成文法体系下对判例、案例的法学总结、研究同样存在,而且日渐兴盛。罗马法时期,帕维亚法学派、波伦亚注释法学派采取的法典研究及教学方法包括阅读、评论、提问、争论和总述,教师们首先逐字逐句阅读和解释文本,对其细节进行评论让学生理解,再对学生提问,让学生针对某个主题辩论,最后总结所有出现的学说。他们还用辩证法来发掘某个段落的准确含义,对文本作出归纳、总结和分析。[③]仅以近世法国为例,自19世纪起,法国出现了许多判例集期刊、法学评论期刊,一些是专门针对判例进行批判的期刊,如最有名的《民事判例批评》,评注虽仍是法国法学最重要的教学与研究方法之一,包括法典评注、案例评注、案例注释、法条评注和文本评注,但更重要的趋势是从传统的法典评注转向法条或案例评注。[④]

随着我国法治体系的不断完善,许多领域的立法已基本完成,法学研究范式正历经从以立法论为主到以解释论为主或并用的转型,法律评注类文献能够厘清法律概念、解释与调和法律间的矛盾和冲突、提供法学研究素材及法院判例(案例)、对现有法律材料进行筛选、整合和体系化,对是否在立法中形成良法、是否在司法中体现了公平正义等追问予以回应,促进法治不断进步。我国案例指导

[①] 美国法律资源大体包括两类:首要法源和次要法源,前者指的是法院必须遵循和采纳的规则,包括制定法、先例等;后者包括外国法、学者著作等,其对法院不具有当然拘束力。在次要法源中,法律重述由业界公认权威编纂,某种意义上被理解为通说,被公认为具说服力。当律师援引某一重述时,法官将会认真对待并将其适用于眼前的案件,甚至一些法院直接将重述作为本辖区的准据法。

[②] 林彦:《美国法律重述与判例》,载《法律适用(司法案例)》2017年第8期。

[③] 参见吕琳华:《法律评注的历史流变、方法与范式——法国视角》,载《苏州大学学报(法学版)》2020年第2期。

[④] 参见吕琳华:《法律评注的历史流变、方法与范式——法国视角》,载《苏州大学学报(法学版)》2020年第2期。

制度的建立，已形成"法律—司法解释—案例指导规则"多元法律规则体系。指导性案例纳入教义学体系，并抽象出一般性规则，使司法与法学的良性互动必不可少，判例虽由司法者作出，但从判例中抽取先例性规范并划定射程的工作则需由法律共同体完成。2022年2月《中国应用法学》杂志已开辟了"法律评注"专栏。在实践性教学方面，与开启新时期法治进程同步，20世纪70年代末、80年代初，虽法律体系尚不完备，但在法学教育方面部分高校已开设"律师实务""法律实务"课程。2000年，复旦大学等七所高校开始设立"法律诊所"课程，随后普及全国。教育部等2011年12月发布《关于实施卓越法律人才教育培养计划的若干意见》，培养计划总体目标是形成科学先进、具有中国特色的法学教育理念，形成开放多样、符合中国国情的法律人才培养体制，培养造就一批信念执著、品德优良、知识丰富、本领过硬的高素质法律人才，将培养应用型、复合型法律职业人才作为实施卓越法律人才教育培养计划的重点，把培养涉外法律人才作为培养应用型、复合型法律职业人才作为突破口。当下，为实现依法治国的基本国策，为实现国家治理体系与治理能力的现代化，培养卓越法律人才是一项迫切的任务。在新背景下，类似法律评注的编纂及判例（案例）的汇编，有助于实现立法与司法的互动，有助于实现法律实务与法学研究、法律教育的互动。作者团队以广阔的历史与现实的视野，展开《中国商事金融司法研究报告》编著工作，也努力尝试使其成为有特色的中国版"法律评注"。因此，本系列报告的编著还具有以下特点：

第一，作者团队专业、多元。本书作者主要包括商法、金融法、诉讼法等领域学者、国内顶尖律师事务所合伙人（团队成员）、司法人员、行政监管部门人员、企事业法务人员等。作者团队在相关领域均办理过具较大社会影响的典型案件，并在所涉领域有深入研究的经历及成果，发表或出版过研究论文、专题报告或专业书籍。我们期待在系列报告的编辑、出版中，能有更多具共同法治理念、共同学术追求、丰富实践经验的人士加入我们的团队，共同打造一个法律共同体进行理论总结与提升、进行实践经验交流的平台，服务于新时代国家法治建设。

第二，研究专题务实而灵活。商法、金融法领域法律、法规众多、更新快，法理、法律新问题层出不穷，具有突出的"革命性"，这也令我们有更丰富的领域与内容去挖掘，可以常写常新。《中国商事金融司法研究报告》（2021—2022）择选公司、破产、海事海商、商业秘密、银行、证券、信托、保险、基金、期货衍生品等十个专题领域的司法实践分析、研究，涵盖了商事、金融司法的主要领域及重要内容。在日后系列报告编著中，我们将进一步丰富、调整研究专题，紧紧伴随法学理论、商事金融立法与司法实践发展的需要。

第三，研究内容全面而深入。报告的每个专题从司法实践总体观察、典型案例评析、热点前沿法律问题探讨、域外考察与借鉴、未来展望等五个方面展开，对我国相关年度商事、金融司法状况进行全景式回顾及梳理，对域外法律实践予以观照，让读者快速、全面地了解域内外相关领域的理论动态、司法实践状况，通过对各案例客观、深入的评析，让读者在具不同拘束力的判例、案例中体察司法态度与取向。本系列报告为法律共同体，乃至一切关心商事、金融司法前沿问题的人士提供处理案件的参鉴与引导，为法律实务教学提供参考素材，助力法律教学改革。

感谢学界、业界同仁和读者朋友对系列性《中国商事金融司法研究报告》付梓出版的大力支持。期待与各界朋友一起，共同推进中国商事、金融司法理论与实践的发展与进步！

复旦大学法学院教授
复旦大学中国金融法治研究院执行院长
2022 年 12 月

目　录

中国公司纠纷司法研究报告（2021—2022）……………………… 001
中国破产司法研究报告（2021—2022）…………………………… 093
中国海事海商纠纷司法研究报告（2021—2022）………………… 165
中国商业秘密纠纷司法研究报告（2021—2022）………………… 231
中国银行纠纷司法研究报告（2021—2022）……………………… 279
中国证券纠纷司法研究报告（2021—2022）……………………… 347
中国信托业及信托纠纷司法研究报告（2021—2022）…………… 403
中国保险纠纷司法研究报告（2021—2022）……………………… 453
中国基金纠纷司法研究报告（2021—2022）……………………… 535
中国期货衍生品纠纷司法研究报告（2021—2022）……………… 595
本书作者简介………………………………………………………… 647

中国公司纠纷司法研究报告

（2021—2022）

一、司法实践总体观察

本报告所称的"公司纠纷",主要是指最高人民法院《民事案件案由规定》中"与公司有关的纠纷"项下的相关纠纷,又称公司类纠纷、公司诉讼等。根据最高人民法院《民事案件案由规定》,以民事权利类型编排案由的纵向体系,划分为十一大类一级案由,其中就包含了"与公司、证券、保险、票据等有关的民事纠纷"。"与公司有关的纠纷"即属于该案由下的二级案由,这一案由下包含了24个三级案由,其中,"公司决议纠纷""损害公司债权人利益责任纠纷"又分别下设两个子案由。

(一)公司纠纷司法大数据分析

1. 公司纠纷案件数据来源说明

本部分以2021年度为重点,围绕近5年内(2017—2021年)全国审判机关对"与公司有关的纠纷"案由项下案件作出的司法裁判文书进行宏观数据分析,并在此基础上开展司法审理状况调研。相关裁判文书主要来源于中国裁判文书网、北大法宝、威科先行·法律信息库三个数据库。经过对三个数据库所刊载的相关裁判文书信息进行横向比较,发现如下问题。

第一,北大法宝相比于其他数据库收录裁判文书的数量最少,可能出现收录文书不够全面的问题。以2021年度"与公司有关的纠纷"案由项下收录裁判文书数量为例,北大法宝收录49 018件,而同期中国裁判文书网收录62 691件,威科先行·法律信息库收录78 920件。

第二,威科先行·法律信息库对"与公司有关的纠纷"案由项下的三级案由分类不规范或更新不及时,该数据库显示的三级案由将近30个,其中所列"公司清算纠纷""股权确认纠纷"等均不属于目前《民事案件案由规定》中所规定的三级案由。且案件数据记载不准确，如其记载收录2021年"与公司有关的纠纷"案件裁判文书78 920件，但该案由下全部子案由裁判文书数量相加仅为44 815件。

第三，中国裁判文书网对案由分类下案件数据记载不准确。例如，其记载收录2021年"与公司有关的纠纷"案件裁判文书62 691件，但该案由下全部子案由裁判文书数量相加仅为59 289件。此外，还存在同一文书在不同案由项下重复出现的情况。

从上述信息来看，主流数据库在进行裁判文书收录、数据统计过程中均存在一定问题，或将对本次调研相关统计结果造成一定偏差。为了尽可能地保障本次司法审理情况调研内容真实、全面，本分析将主要依据权威官方网站中国裁判文书网展开，对于中国裁判文书网数据收录、分析不便的领域，将辅以北大法宝或威科先行·法律信息库来进行调研分析。

2. 公司纠纷案件总量情况

以"案由：与公司有关的纠纷""裁判年份：2021年"为限定条件进行检索，中国裁判文书网收录该案由项下裁判文书62 791件，其中判决书24 791件、裁定书33 569件、其他文书4431件。将2021年度与公司有关纠纷案件与前四年案件数量进行横向对比，可以发现2017年度至2020年度，该案由项下纠纷数量处于逐年增长态势，判决书与裁定书数量均逐年增加，但增长趋势在2020年达到顶点后出现回落。具体情况如图1-1。

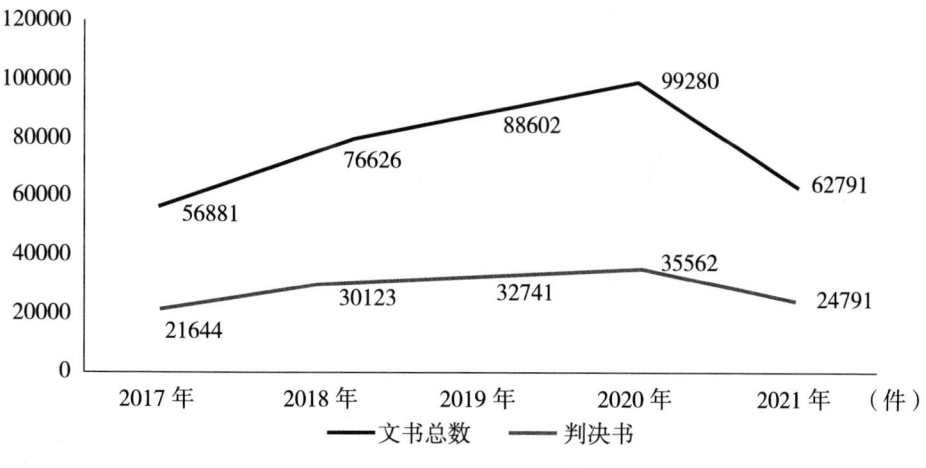

图1-1 2017—2021年与公司有关的纠纷案件数量总体情况

公司纠纷在一定程度上亦可以视为社会经济发展水平的"晴雨表"，社会经济活动的繁荣性及活跃程度与公司纠纷发生数量一般呈现正相关。2021年度公司纠纷案件数量相比于往年骤减，除了当年度裁判文书上网率普遍大幅下降的客观状况之外，新冠肺炎疫情对社会经济发展所造成的影响也产生了一定的缓释效应。

3. 公司纠纷案件审理程序分布情况

以"案由：与公司有关的纠纷""裁判年份：2021年""审判程序：民事一审、二审、民事审判监督"作为限定条件，筛选得出该案由项下一审审判程序文书40 047件，二审审判程序文书12 729件，再审审判程序文书2345件。通过该数据可反映，2021年度与公司诉讼有关的纠纷的上诉率约为31.78%，再审申请率约为18.42%。以同样方法对合同纠纷、侵权纠纷案由进行统计，计算得出2021年度合同纠纷的上诉率约为8.43%，再审申请率约为21.63%；侵权纠纷的上诉率约为17.34%，再审申请率约为10.53%。通过对比，可以看出公司纠纷案件的上诉率和再审申请率均处于明显高位，案件争议性较大（具体详见图1-2）。

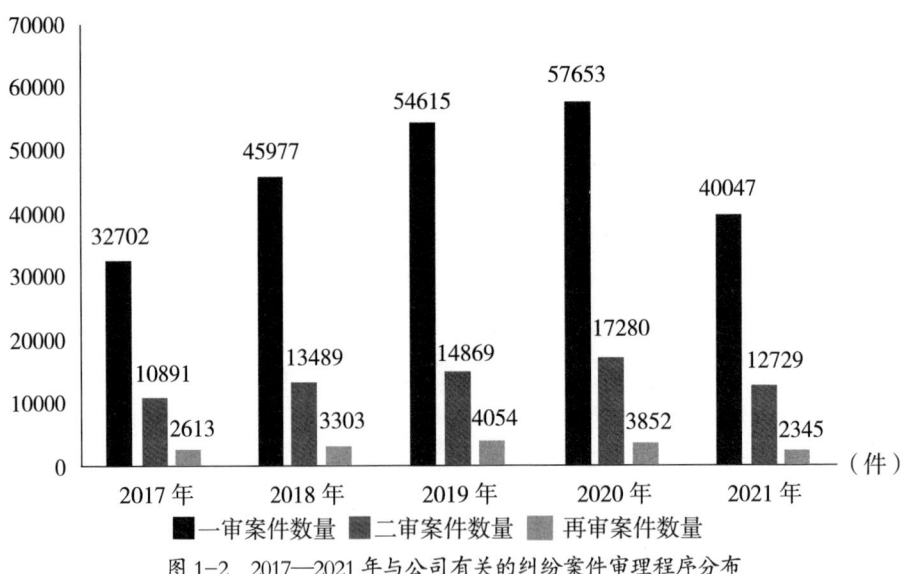

图1-2　2017—2021年与公司有关的纠纷案件审理程序分布

将2017—2021年度相关数据进行横向筛查对比，可以发现案件上诉率2019年之前总体呈现降低趋势，但此后开始逐年稍有上升，平均值稳定在30.33%，而再审申请率则恰好呈现相反变化趋势，平均值稳定在23.29%。对此，还应考虑再审程序作为审判程序中的最终救济途径，其申请时间跨度较长、裁判文书作出以及上传时间较为延迟的情况，可能影响统计结果。具体数据情况见图1-3。

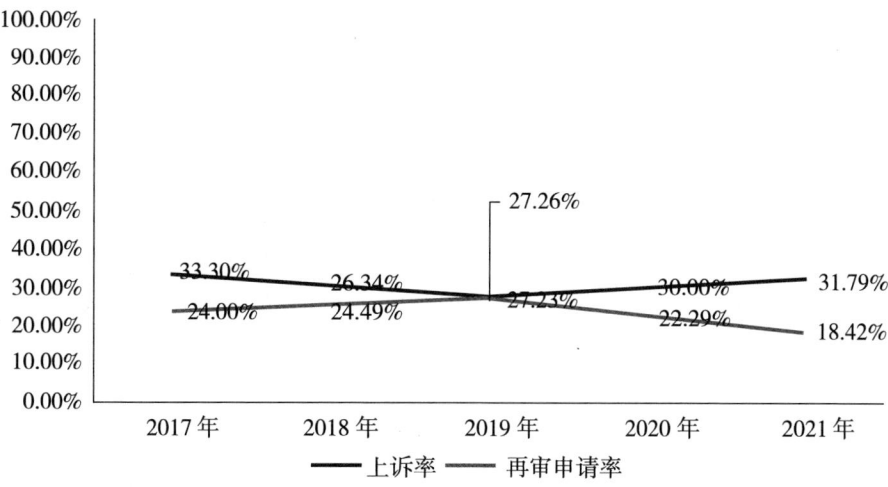

图 1-3 2017—2021 年与公司有关的纠纷案件上诉率与再审申请率

4. 公司纠纷案由分布情况

经调研发现，威科先行·法律信息库、中国裁判文书网对案由划分方式与《民事案件案由规定》存在不一致。例如威科先行·法律信息库中存在"清算组成员责任纠纷"，中国裁判文书网存在"申请公司清算"等非法定分类案由。为契合法定案由分类形式，并提高三级案由分布情况调研数据准确性，此部分分析将以北大法宝数据库公布的相关司法数据为基础展开。

在北大法宝数据库，以"与公司有关的纠纷""审理年份"作为筛选条件，分别得到该二级案由项下 2017—2021 年案例，以 24 个三级案由作为分类基础，对案由分布情况进行统计，所得数据见表 1-1。

表 1-1 2017—2021 年度与公司有关纠纷三级案由文书案件数量分布（件）

案由 \ 案件数量	2017 年	2018 年	2019 年	2020 年	2021 年
股东资格确认纠纷	5034	4950	5524	5216	3599
股东名册记载纠纷	73	110	71	97	55
请求变更公司登记纠纷	872	1208	1675	2064	2041
股东出资纠纷	2372	2425	3077	3350	2652
新增资本认购纠纷	261	385	596	510	231
股东知情权纠纷	2824	3071	3720	3987	2773
请求公司收购股份纠纷	27	153	332	249	184

续表

案件数量 案由	2017 年	2018 年	2019 年	2020 年	2021 年
股权转让纠纷	23554	28203	29532	30434	19162
公司决议纠纷	2537	2910	3110	3080	2186
公司设立纠纷	216	247	282	322	141
公司证照返还纠纷	764	956	1026	1006	735
发起人责任纠纷	93	135	141	143	60
公司盈余分配纠纷	1060	1014	1268	1207	725
损害股东利益责任纠纷	1093	1098	1089	1196	829
损害公司利益责任纠纷	2286	2862	3373	3975	3046
损害公司债权人利益责任纠纷	2283	2569	3339	5571	5014
公司关联交易损害责任纠纷	37	32	64	122	53
公司合并纠纷	27	34	32	25	17
公司分立纠纷	11	14	22	21	15
公司减资纠纷	59	68	86	151	54
公司增资纠纷	298	379	463	419	220
公司解散纠纷	1908	2258	2892	2936	1372
清算责任纠纷	988	1084	1533	2108	1910
上市公司收购纠纷	0	2	0	0	1

根据表 1-1 可发现，股权转让纠纷、股东资格确认纠纷、股东知情权纠纷、损害公司债权人利益责任纠纷四类案件的数量相对最多，近 5 年每年的案件数量之和均远远超过了案例总量的一半。以 2021 年为例，股权转让纠纷、损害公司债权人利益责任纠纷、股东资格确认纠纷案由项下案件数量，就已分别占据案例总量的 40.70%、10.65%、7.64%。与此同时，上述案由分布情况，随着年份的变化亦发生了相应的改变。将往年数据横向对比，2020 年后损害公司债权人利益责任纠纷案件数量激增，占比从原先的略低于股东知情权纠纷，到一跃成为仅次于股权转让纠纷的案由。相比 2020 年度，受裁判文书上网率、新冠肺炎疫情防控等内外部因素影响，2021 年度的公司纠纷总量减少了约 36.85%①。其中，案件占有率排名前三的案由所对应的案件数量，都出现了普遍的下降。但损害公司债权人利益责任纠纷案件同比数量仅下降约 10%，因此，可以合理预测，如在排除非正常因

---

① 计算公式为：（2020 年与公司有关的纠纷案件总量 -2021 年与公司有关的纠纷案件总量）÷2020 年与公司有关的纠纷案件总量。

素的市场环境下，该类纠纷很可能出现"逆势上涨"态势。

对于损害公司债权人利益责任纠纷案件数量激增，除了其他社会背景因素，还应当考虑该案由所涉法律问题在法律制度层面的完善细化以及司法实践层面相关共识的形成对债权人选择通过此类诉讼维护权益起到的积极推动作用。以威科先行·法律信息库相关数据作为参考可知，该案由项下的裁判文书中，引用率最高的法条为《公司法》第20条，即法人人格否认制度的法律基础。并且，其他与该法律制度相关的法条如《公司法》第3条、第63条等的引用频率也显超其他实体法，上述种种足以反映法人人格否认制度在损害公司债权人利益责任纠纷中的重要性。

而对照相关时间段法人人格否认制度的发展情况可知，2019年11月8日，最高人民法院发布《全国法院民商事审判工作会议纪要》（以下称《九民纪要》）从指导思想层面首次提出"当用则用"，从具体实施层面也较为详尽规定了适用条件，其中明文列举了适用法人人格否认制度的具体情形（人格混同、过度支配与控制、资本显著不足）以及关联法人人格否认制度。在该文件颁布之前，法人人格否认制度的法律依据仅有2005年后修订的《公司法》第20条、第63条，以及2013年最高人民法院第15号指导案例。司法机关也的确存在"不善于适用、不敢于适用"的倾向。《九民纪要》的出台，成为2019年以后损害公司债权人利益责任纠纷案件数量骤增的重要原因。

5. 公司纠纷地域分布情况

以"与公司有关的纠纷""审理年份2021"作为筛选条件，对筛选的案例进行地域分类，其中广东、江苏、北京、上海为该案由分布占比最高的区域。可见案件数量与地域的经济发展水平、辖区面积、人口数量、区域位置等综合因素，呈现较为明显的正向关系。具体案件地域分布情况如图1-4。

值得关注的是2017—2021年湖北地区案件数量的变化趋势。2020年之前，湖北省公司纠纷数量呈逐年上升态势，年度增长率约为15%；2020年之后数量开始骤减，从2020年的微降2.62%转为2021年的骤降61.67%，由此也可以一窥疫情对公司纠纷案件的影响。

6. 公司纠纷案件标的数额分布情况

因中国裁判文书网功能限制，此部分主要采用威科先行·法律信息库中的数据，对公司纠纷案件所涉标的数额分布情况进行观察。具体案件标的额分布情况详见表1-2。

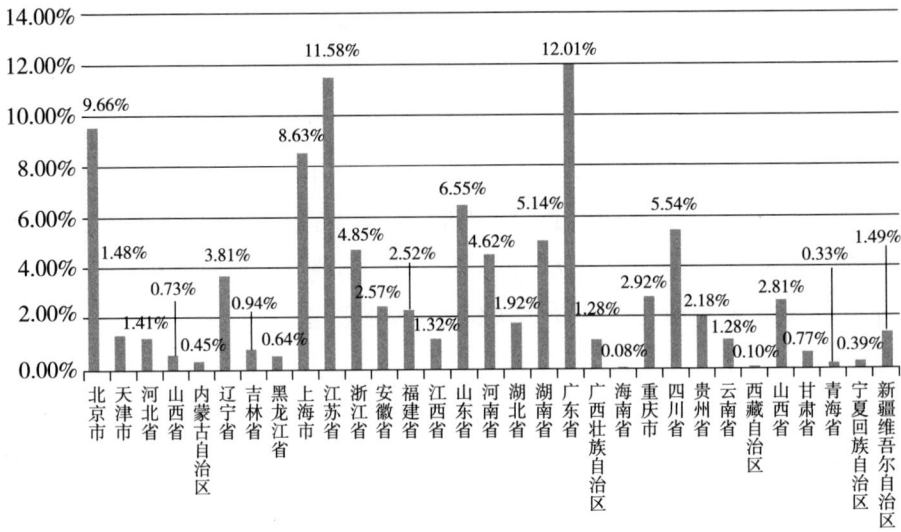

图 1-4 2021 年度与公司有关的纠纷案件地域分布情况

表 1-2 2017—2021 年度与公司有关的纠纷案件标的数额分布情况（件）

标的额范围		年份数量 2017 年	2018 年	2019 年	2020 年	2021 年
50 万元以下（含 50 万元）	0—10 万元	4586	11187	13169	13625	10008
	10 万—50 万元	2505	5985	7053	8195	5579
50 万元以上	50 万—100 万元	1080	2526	3085	3234	2104
	100 万—500 万元	2111	4226	5638	5860	3819
	500 万—1000 万元	542	1207	1529	1525	1069
	1000 万—5000 万元	618	1385	1802	1910	1135
	5000 万元	206	394	500	526	255

通过对上述数据表 1-2 进行分析，公司纠纷案件标的数额主要集中于 50 万元以下（含 50 万元）区间，相关案件数量约占案件总量的 65.03%。其中标的额在 0—10 万元范围的案件又是该区间内案件的"主力"，对公司纠纷而言。导致这一现象的一个特殊原因是，占据案件数量较大比例的纠纷类型如股东资格确认纠纷、股东知情权纠纷、公司决议纠纷、公司证照返还纠纷等，并不涉及具体的财产标的。50 万元以上的标的区间中，100 万元至 500 万元标的范围是相关案件分布的重点区域，其案件数量几乎占据该区间案件总量的一半。并且，通过将 2017 年

至 2021 年的相关标的额分布情况图进行横向对比，亦可发现该案由所涉案件标的额分布情况近五年来均趋于稳定，未发生较大变动（具体详见图 1-5）。

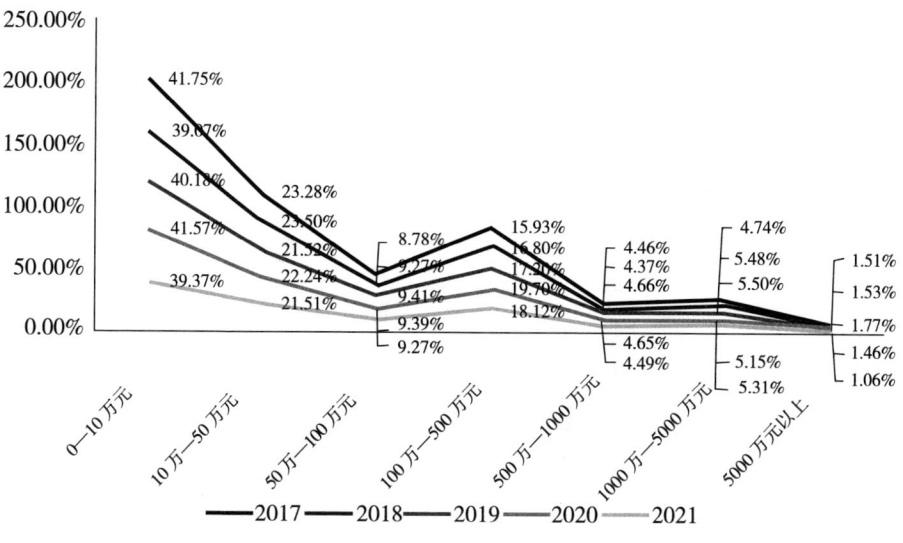

图 1-5　2017—2021 年度与公司有关的纠纷案件标的数额分布

7. 公司纠纷案件审理周期情况

案件的审理周期是司法效率的重要体现，是优化营商环境、彰显法治效能的重要组成内容。受限于中国裁判文书网的功能，此部分主要采用威科先行·法律信息库的相关数据信息。具体案件审理周期情况，如表 1-3 所示。

表 1-3　2017—2021 年度与公司有关的纠纷案件审理周期分布情况（件）

审理周期 \ 年份数量	2017 年	2018 年	2019 年	2020 年	2021 年
当天审结	960	1164	592	457	236
2—15 日审结	1556	1898	1945	2087	1070
16—30 日审结	882	1173	1295	1103	598
31—90 日审结	1829	2150	2390	2082	1147
91—180 日审结	704	925	1060	788	359
181—365 日审结	346	397	487	426	117
365 日以上审结	179	127	209	176	79

基于上述数据分析可知，公司纠纷案件审理周期分布较为分散，一般为 31—

90日。从发展态势上看，2019年后当日审结案件数量显著降低。由于该类案件一般采用调解、和解、撤诉等方式结案，由此数据趋势可以推测该案由项下案件调解率、撤诉率自2019年起可能存在一定回落。同时还需注意，审理期限长于91日的案件数量亦从2019年起逐年减少，由此亦能推测复杂案件的审理周期呈现逐年缩短的趋势，审理效率日渐提高（具体详见图1-6）。

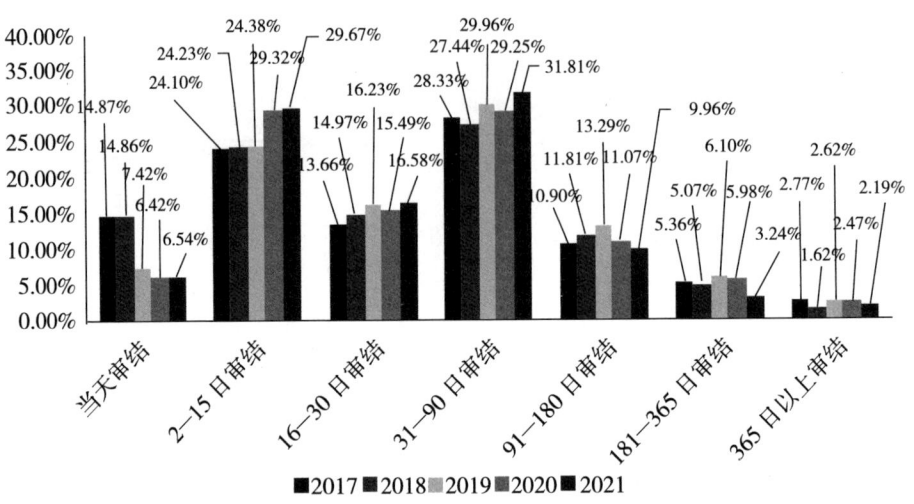

图1-6　2017—2021年度与公司有关的纠纷案件审理周期分布

（二）公司纠纷司法审理规则观察

审判白皮书及类案审判指引是由各地方法院结合本院及辖区法院的审判实务对法律问题及司法经验的总结成果，尤其是审判白皮书，对其进行研究有助于从微观层面了解公司纠纷的局部审理状况，学习审判机关的裁判规则和经验。因此，本部分将以各地法院发布的公司纠纷审判白皮书作为研究对象进行重点研究，辅之以类案审判指引作为补充。

1. 审判白皮书、审判指引发布情况概述

通过对各地法院官方网站以及官方微信公众号等多种渠道进行检索，据不完全统计，2021年1月至2022年6月，全国各地法院发布与公司纠纷相关审判白皮书或指引文件42个，其中部分文件直接以公司纠纷作主题，例如北京市第三中级人民法院发布的《公司类纠纷审判白皮书（2013—2020）》等；有的文件则是以保护投资者、优化营商环境等宏观或股东知情权、股权转让纠纷等微观角度为主题，例如厦门市中级人民法院发布的《中小投资者权利保护白皮书》，上海市第一中级人民法院发布的《股权转让纠纷案件的再审审理思路和裁判要点》等。

针对从公开渠道获取的审判白皮书、指引文件等进行研究，发现其中仅有32个文件对公司纠纷的相关案由进行了明确的研究和分析。以该32个文件为对象，对文件提及的案由进行数量统计，可发现股东知情权纠纷、股权转让纠纷、公司决议纠纷、损害公司利益责任纠纷、股东资格确认纠纷为各法院主要关注的公司纠纷类型，具体分布情况如图1-7所示。

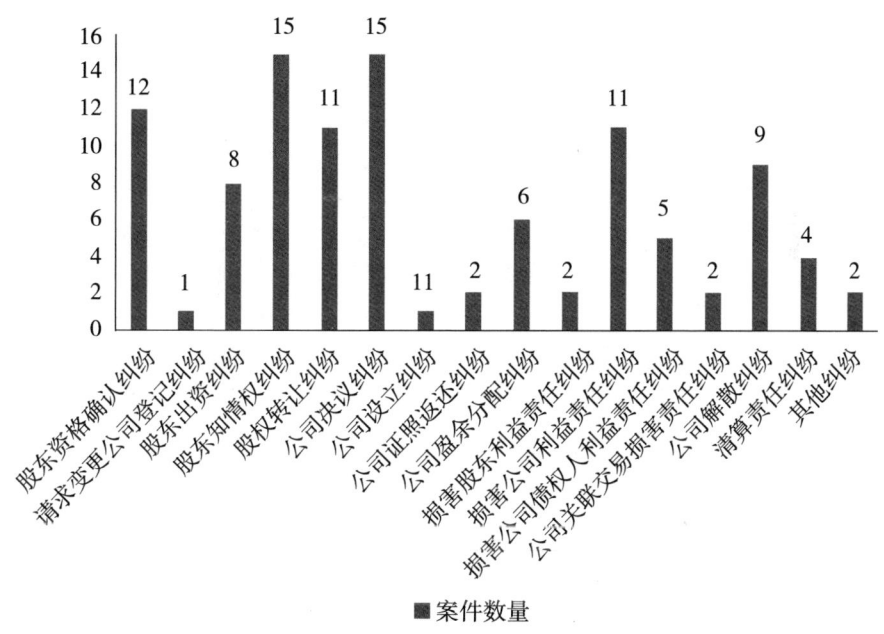

图1-7 审判白皮书、审判指引对公司纠纷案由关注情况

2. 审判白皮书、审判指引观察

结合对审判白皮书、审判指引的关注情况以及对公司纠纷案由分布情况观察及分析可知，股东知情权纠纷、股权转让纠纷、公司决议纠纷、损害公司利益责任纠纷、股东资格确认纠纷五大案由较为频发且法律关系复杂，在司法实践中存在较大争议。为深入了解各地方法院对公司纠纷的审查观点，本部分以审判白皮书、审判指引中相关内容为考察对象，对上述重点案由的相关裁判规则、法院观点进行梳理与总结。

（1）股东知情权纠纷

基于审判白皮书、审判指引文件中股东知情权纠纷在司法实践中的典型问题、审理焦点的归纳总结可知，股东知情权纠纷的主要审查要素集中在行权主体、行权事由、行权范围、行权方式、阻却条件五个方面。囿于篇幅限制，本部分将重点围绕行权主体、行权范围、行权阻却条件这三类审查要素进行总结与梳理。同时，为还原语境、精准体现地方法院的观点，裁判规则、法院观点总结内容均引用通过相关文件原文或原文精简后的的方式呈现。具体总结情况见表1-4。

表1-4 地方法院审判指引文件对审查要素及裁判规则、裁判要点的规定

文件名称	审查要素	裁判规则、法院观点
北京市第三中级人民法院《公司类纠纷审判白皮书》①	行权范围审查	严格遵守法律对知情权范围的规定，注重平衡股东权利和社会公共利益，公司利益同样需要保护。对于法律未规定的文件，秉承慎审处理的原则，在考虑公司管理层独立经营决策的必要性、公司运营效力及商业秘密的保护时，结合个案情况综合判断
	行权范围审查	现行法律规定并未涉及会计凭证等原始会计凭证，则对于股东要求查阅原始会计凭证的请求，一般情况下不予支持，但股东有证据证明会计账簿不真实、不完整，必须查阅原始会计凭证的除外
上海市第二中级人民法院《股东知情权纠纷案件要素式审判指引（试行）》②	行权主体审查	（1）前股东或新股东。新股东行权不受影响，前股东只能在特定情况下对特定材料行权。 （2）瑕疵出资。在原告未被解除股东资格情况下，原则上行权不受影响。 （3）名实不一（隐名、冒名）。部分案件中会出现原告以隐名股东的身份主张知情权，或被告抗辩原告系替他人代持股权，有时甚至存在被冒名股东主张行使知情权的情况。对此可参酌《关于适用〈中华人民共和国公司法〉若干问题的规定（三）》第24条、第28条的规定，查明股权的真实权属情况后对原告行权主体资格进行综合判断。 （4）间接持股。有限合伙人可代位行权，一般公司股东原则上无法代位行权。 （5）委托他人行权。可委托依法或者依据职业行为规范负有保密义务的中介机构执业人员辅助行权

---

① 北京市第三中级人民法院：《北京市第三中级人民法公司类纠纷审判白皮书》，第28、111页。
② 张新、朱川、李非易：《股东知情权纠纷案件要素式审判指引》，载微信公众号"至正研究"，https://mp.weixin.qq.com/s/UBZVkPHrOkChaHgIGE6vIg，2022年7月23日访问。

续表

文件名称	审查要素	裁判规则、法院观点
上海市第二中级人民法院《股东知情权纠纷案件要素式审判指引（试行）》	行权范围审查	（1）章程、会议记录等。原则上可予准许。 （2）会计账簿。在股东具备合理事由，且履行前置程序的情况下，可予准许。 （3）会计凭证。根据行权事由结合案件相关事实，综合判断股东行权范围合理性。 （4）其他材料（合同、征询函等）同（3）
	阻却条件审查	（1）前置通知程序。审查通知时间，通知对象以及通知形式后予以综合判断。 （2）不当目的抗辩。依照事实对不当目的是否成立予以综合判断。 （3）章程限制知情权。综合考量该种限制的合理性，认定是否构成对股东知情权的实质性剥夺，对实质性剥夺股东知情权的相关规定，应为无效
北京市朝阳区人民法院《有限责任公司中小股东权利保护白皮书》①	行权主体审查	（1）通常情况下，股东身份可以根据企业信用信息公示系统、股东名册、股权转让协议、股东会决议、公司章程等进行认定。 （2）原告在起诉时不具有股东身份，但是有初步证据可以证明在持股期间合法权利受到损害的，可以诉至法院请求依法查阅或复制持股期间的公司特定文件材料
	阻却条件审查	（1）前置通知程序。如果股东未履行前置程序或未说明查阅目的，其诉讼请求则难以得到支持。如已经履行上述程序，但未注意法律规定的15日起限是否届满即诉至法院，此时内部救济程序亦未完成。 （2）不正当目的。基于了解公司的经营情况、核实股权转让价格、了解公司实际控制人有无损害公司利益行为等股东为了实现自己投资利益的目的都可以视为正当的查阅目的。一般来说，股东存在同业竞争行为损害公司利益、股东个人涉嫌与公司利益有关的违法犯罪行为等情形可以被视为不正当目的
天津市滨海新区人民法院、天津自由贸易试验区人民法院《公司纠纷审判白皮书》②	行权范围审查	首先，高度重视股东和知情权的保护，尊重公司内部自治，合理认定章程中对于知情权行使方式和范围的特别规定。其次，在具体行权方式上，注重保障股东知情权落到实处，同时设定合理的查阅时间及查阅地点，防止股东行使知情权影响和妨碍公司的正常经营活动。最后，坚持慎审处理原则，严格按照法律规定的范围对股东知情权予以保护，注重平衡股东权利与公司运营效率、商业秘密等方面的利益，结合个案具体事实予以综合判断

---

① 北京市朝阳区人民法院：《北京市朝阳区人民法院有限责任公司中小股东权利保护白皮书》，第12、13、22页。
② 天津市滨海新区人民法院、天津自由贸易试验区人民法院：《公司纠纷审判白皮书》，第15—16页。

续表

文件名称	审查要素	裁判规则、法院观点
山东省济南市中级人民法院《公司类纠纷审判白皮书（2016—2020）》①	行权范围审查	《公司法》及其司法解释虽未对会计凭证是否属于股东账簿查阅权的范围作出明确规定，但法律赋予股东查阅会计账簿的目的在使其了解公司真实经营状况，会计账簿的真实性和完整性只有通过原始凭证才能予以全面反映。审判实践中，如经审查认为股东查阅目的正当，也履行了前置程序，且无特殊情形的，一般应认定股东会计账簿范围包括会计凭证
	阻却条件审查	公司一方在拒绝股东行使知情权时应就公司合法利益是否受损进行举证，其中一种受损情形是股东自营或者为他人经营与公司主营业务有实质性竞争关系，公司一方应当就此提供证据予以证明；当公司一方已初步证明双方经营业务存在实质性竞争关系且公司利益可能受损时，应转由主张知情权的股东承担反证义务，就其不具有不正当目的以及行使查阅权不会损害公司利益进一步举证
辽宁省沈阳市中级人民法院《与公司有关纠纷审判白皮书》②	行权范围审查	股东行使知情权时，可以委托代理人查阅和复制有关公司文件。股东有权查阅和复制的文件在时限上，包括其取得股东资格前的公司文件，在内容上，包括与会计账簿有关的原始凭证
山东省济宁市中级人民法院《股东知情权纠纷审判指引》③	行权范围审查	股东知情权是股东享有对公司经营管理等重要情况或信息真实了解和掌握的权利，是股东依法行使股东收益、参与重大决策和选择管理者等权利的基础性权利。从立法价值取向看，其关键在于保护中小股东的知情权。会计账簿的真实性和完整性、公司经营活动的真实情况只有通过会计凭证才能反映，若不支持股东查阅会计凭证，则知情权的行使将是受到较大限制并可能落空。故，股东行使知情权要求查阅公司会计账簿及相关会计凭证时，应当支持
	行权主体审查	《公司法》及其司法解释均没有规定隐名股东的概念，而是规定了实际出资人的特殊主体身份，实际出资人不是股东，其若主张股东权利原则上不予支持。实际出资人应先显名，待登记为股东，记载于公司股东名册或者公司章程后方得行使股东权利

① 山东省济南市中级人民法院：《济南市中级人民法院公司类纠纷审判白皮书（2016—2020）》，载济南中院 https://mp.weixin.qq.com/s/sQAFrN68KvOOLoBpYZw2bg，2022 年 7 月 23 日访问。
② 辽宁省沈阳市中级人民法院：《沈阳市中级人民法院与公司有关纠纷审判白皮书》，载沈阳市中级人民法院网，https://syzy.chinacourt.gov.cn/article/detail/2021/09/id/6259132.shtml，2022 年 7 月 23 日访问。
③ 山东省济宁市中级人民法院：《济宁市中级人民法院股东知情权纠纷审判指引》，载济宁市人民政府全国一体化在线政务服务平台，http://www.jining.gov.cn/art/2021/7/3/art_71775_2736315.html，2022 年 7 月 23 日访问。

续表

文件名称	审查要素	裁判规则、法院观点
河南省南阳市中级人民法院《中小投资者诉讼指引》①	行权主体审查	当事人依据《公司法》第33条、第97条或者公司章程的规定起诉请求查阅或者复制公司特定文件材料的，应当具备股东身份。公司有证据证明前款规定的原告在起诉时不具有公司股东资格的，人民法院应当驳回起诉，但原告有初步证据证明在持股期间其合法权益受到损害，请求依法查阅或者复制其持股期间的公司特定文件材料的除外
河南省信阳市平桥区人民法院《股东知情权诉讼指引》②	行权主体审查	（1）该类诉请的要件构成需证明原告的股东资格，作为股东资格的证据通常有股东名册、登记机关的登记信息以及记名或不记名股票，这是股东资格最直接的证据。此外，还可通过公司章程、股东会决议、出资证明、股权转让合同等文件证明股东资格。 （2）原告证明股东资格的证据与股东名册或公司登记信息不一致时，并且原告股东资格未得到公司认可，则需另案解决股东身份问题，待该问题已确认后再启动知情权诉讼。 （3）作为公司股东，有权对公司的经营、财务状况进全面了解，因此通过受让股权进入公司的股东有权查阅其成为股东前公司的相关文件，公司不得以公司文件形成于前拒绝提供
	行权范围审查	对于股东行使知情权的诉讼，诉讼请求不能含糊笼统，股东必须明确请求公司提供何种公司文件供其查询、复制。根据诉请之法律依据可知，可查阅、复制的公司文件采用了列举式，也即以为股东请求查阅、复制的文件范围已被限定，超出的公司文件则不能请求
	阻却条件审查	由于"不正当目的"过于主观，最高人民法院《关于适用〈中华人民共和国公司法〉若干问题的规定（四）》第8条列举了三种情形作为"不正当目的"认定的参考。三种情形简单的概述为股东有同业竞争、股东获取公司信息通敌以及3年内有通敌前科。对于股东的同业竞争问题，并非股东存在同业竞争即可认定其有"不正当目的"，因为目前法律规定中并未对股东有竞业限制，所以还需证明其获取公司信息可能损害公司合法利益，两者具备方能构成拒绝的正当理由

---

① 河南省南阳市中级人民法院：《南阳市中级人民法院中小投资者诉讼指引》，载南阳市中级人民法院网，http://nyzy.hncourt.gov.cn/public/detail.php?id=28400，2022年7月23日访问。
② 河南省平桥区人民法院：《平桥区人民法院股东知情权诉讼指引》，载信阳市平桥区人民法院网，http://pqqfy.hncourt.gov.cn/public/detail.php?id=1592，2022年7月23日访问。

对比发现，各地法院在行权主体、阻却条件审查上的观点或裁判规则较为相近。例如，北京市朝阳区人民法院和信阳市平桥区人民法院均明确提及以企业信用信息公示系统、股东名册等作为认定原告是否属于行权主体的参考要件。

而各地法院在行权范围的审查规则存在较大差异。例如，对于股东查阅原始会计凭证的请求，北京市第三中级人民法院认为因法律未对该项目进行明确规定，因此原则上不予支持查阅。只有在满足证据证明会计账簿不真实、不完整且有查阅必要的情况下，才可能支持查阅。但济南市中级人民法院则认为只有通过会计原始凭证才能反映会计账簿的真实性和完整性，允许查阅符合股东知情权的立法目的，因此一般情况下支持查阅。上海市第二中级人民法院对该问题则表示要"综合判断股东行权范围合理性"。

（2）公司决议纠纷

公司的组织性质决定了其在治理时应强调程式化运作。但根据审判白皮书、审判指引对近年来审判实践的总结，不少公司内部治理仍存在诸多不规范问题，引发了大量纠纷，其中公司决议不规范是引发公司纠纷的重要原因。以纠纷产生原因划分，不规范的公司决议主要存在会议召集程序不当、表决程序不当以及决议内容不合法三种情况。而相对于决议内容不合法，其他两种决议的程序瑕疵问题则更多地涉及了经典公司法模型中"公司股东与债权人之间""公司的大股东与小股东之间""组织程序与实质内容之间"等根本利益的权衡，而成为各地法院审理案件的重点与难点。因此，各地法院白皮书中涉及公司决议的部分，主要也是围绕"处理决议中程序瑕疵问题"的指导原则与利益衡量展开的，具体总结情况见表1-5。

表1-5 各地法院白皮书中涉及公司决议的部分规定

文件名称	法律问题	审判指引
北京市第三中级人民法院《公司类纠纷审判白皮书》①	公司决议类纠纷案件审理中的司法导向	（1）严格遵守法律规定认定决议效力，高度重视公司决议的程序性事项，注重保护中小股东合法权益。 （2）注重维护决议效力和公司内外法律关系稳定。 （3）尊重公司意思自治，重视公司内部治理规则

---

① 北京市第三中级人民法院：《北京市第三中级人民法公司类纠纷审判白皮书》，第20页。

续表

文件名称	法律问题	审判指引
北京市丰台区人民法院《公司决议有瑕疵？十问十答带您快速了解公司决议效力之诉》[1]	公司决议纠纷之诉起诉主体问题	（1）依据《民法典》第85条、《公司法》的第22条第2款请求撤销股东会或者股东大会、董事会决议的原告，应当在起诉时具有公司股东资格。如果仅是决议作出时的股东，因其在起诉时已经不是公司股东，决议本身对其已无诉的利益，其不具备提起公司决议撤销之诉的主体资格。如果决议对其利益造成损害，可通过其他方式予以救济。 （2）股东提起公司决议效力之诉的权利不受其持股比例、是否有表决权、是否出席会议等条件限制，但隐名股东在显名前不是公司法意义上的股东，不具备提起公司决议效力之诉的资格
天津市滨海新区人民法院、天津自由贸易试验区人民法院《公司纠纷审判白皮书》[2]	公司决议纠纷审理原则	首先，高度重视公司决议的程序正当性，严格依法认定决议效力，注重保护中小股东合法权益。其次，注重深挖公司章程、股东会决议、董事会决议的内容或约定，着重审查股东会、董事会议事规则是否有对公司会议召开程序或决议权限的特别规定，并予以尊重。最后，注重维持公司决议涉及的公司内外部法律关系的平衡和稳定，避免因股东恶意利用内部制度设计损害第三人利益
江苏省苏州市中级人民法院《公司类纠纷案件审判白皮书和典型案例（2019—2021）》[3]	公司决议轻微瑕疵问题	在公司股东会决议效力纠纷中，导致否定决议效力的股东会程序瑕疵，不仅是影响股东表决权的行使，并且是程序瑕疵对决议产生了实质影响。如股东会召集程序或者表决方式仅有轻微瑕疵，且对决议未产生实质影响的，不应轻易否定公司股东会决议效力

---

[1] 北京市丰台区人民法院：《公司决议有瑕疵？十问十答带您快速了解公司决议效力之诉丨优化营商环境》，载北京市丰台区人民法院网，https://mp.weixin.qq.com/s/SmwrKAL26lq6v6rQb8—XZQ，2022年7月23日访问。

[2] 天津市滨海新区人民法院、天津自由贸易试验区人民法院：《公司纠纷审判白皮书》，第16页。

[3] 江苏省苏州市中级人民法院：《公司类纠纷案件审判白皮书和典型案例（2019-2021）》，载微信公众号"中国破产法论坛"，https://mp.weixin.qq.com/s/AwWwR7KToaKwpcZUMh4ung，2022年7月23日访问。

续表

文件名称	法律问题	审判指引
山东省济宁市中级人民法院关于印发《公司决议纠纷审判指引》[1]	公司决议纠纷之诉起诉主体问题	（1）公司股东以外的民事主体起诉请求确认公司决议无效或不成立，申请撤销公司决议的，应立案受理，但是经审查如原告提交证据不能证明公司决议侵害其利益且公司决议具有对外效力的，应当驳回起诉 （2）多名股东分别起诉请求确认公司决议无效或不成立、申请撤销公司决议的，可以合并审理，多名股东列为共同原告
	公司决议纠纷诉讼时效问题	决议不成立、无效、可撤销之诉的时效、期间不同。原告请求确认决议不成立、无效的，公司以过诉讼时效为由抗辩的，抗辩不成立。请求撤销公司决议的，超过"自公司决议作出之日六十日"规定的法定期间的，驳回诉讼请求
	董事会对经理、财务人员等的任免决议效力裁判问题	当事人请求法院确认董事会作出的任免经理、财务人员等决议不成立、无效或者申请撤销的，原则上只审查董事会的召集程序、表决方式及内容是否违反法律法规或者公司章程的规定。如果公司章程对董事会任免经理、财务人员等未作限制的，只要董事会会议召集不存在重大程序瑕疵，即使作出决议依据的事实并非真实或者存在瑕疵，该决议仍然成立且不可撤销，因为司法对公司自治的介入需要掌握好边界，属于公司自治部分由公司内部决定
	决议文件为伪造或虚构问题	决议文件为伪造或者虚构的，应当认定决议不成立。伪造或者虚构决议，属于严重违反决议程序的行为，形成的文件不属于决议的范畴，应当认定决议不成立
河南省开封市中级人民法院《中小投资者司法保护白皮书》[2]	公司决议无效或被撤销，对外部法律关系影响问题	属内部法律关系的，探究和维护公司、股东、董监高等主体的真实意思表示；涉及外部法律关系时，则以商事外观公示主义为准绳，维护善意第三人的信赖利益和交易安全

---

[1] 山东省济宁市中级人民法院：《济宁市中级人民法院公司决议纠纷审判指引》，载济宁市人民政府全国一体化在线政务服务平台，http://www.jining.gov.cn/art/2021/7/3/art_71775_2736316.html，2022年7月23日访问。

[2] 河南省开封市中级人民法院：《中小投资者司法保护白皮书》，载开封市中级人民法院，http://kfzy.hncourt.gov.cn/public/detail.php?id=10493，2022年7月23日访问。

续表

文件名称	法律问题	审判指引
山东省济南市中级人民法院《公司类纠纷审判白皮书（2016—2020）》①	公司决议瑕疵对公司决议效力影响	该类案件程序的瑕疵，有轻微瑕疵和重大瑕疵的区别，轻微瑕疵若未对决议内容产生实质性影响，且决议内容已履行完毕，一般不予撤销决议，以维护公司决策的稳定性。重大瑕疵如实体内容和程序形式违反公司章程及法律强制性规定，则对公司决议效力产生影响

上述审判白皮书、审判指引中涉公司决议纠纷裁判规则大多以碎片化形式呈现，且在内容上与公司法及相关司法解释原文表述近似甚至相同。究其原因，或与该类纠纷在实务中表现形式多样、难以类型化梳理有关，抑或与相关司法解释实施时间较短、新类型案件数量不足有直接关系。

然而，规则虽未立，原则已然先行。多数法院均已确立相关案件的司法裁判导向，将"维护中小股东利益""尊重公司内部治理规则""平衡公司内外部法律关系"作为审理本类型案件的三块基石，并尝试对具体规则进一步延伸。如济宁市中级人民法院在确认提起决议无效和未成立之诉的主体资格时，认为最高人民法院《关于适用〈中华人民共和国公司法〉若干问题的规定（四）》[以下简称《公司法司法解释（四）》]第1条"公司股东、董事、监事等"中的未穷尽列举可以包括能够证明公司决议有对外效力的利害关系人。该规则属于"尊重公司内部治理规则"与"平衡公司内外部法律关系"原则的具体体现。相同地，济宁市中级人民法院将《公司法司法解释（四）》第4条中"会议召集程序或者表决方式仅有轻微瑕疵"在董事会任免经理、财务人员等决议效力案件中扩大解释为"不存在重大程序瑕疵"，也体现了司法实践中对公司内部治理规则的尊重。

（3）股东资格确认纠纷

根据法律规定，公司应当备置股东名册，对股东的姓名或名称、住所、出资额等事项进行记载。并且，公司登记机关应对股东姓名或名称等事项进行登记，如事项发生变更的，还应及时办理变更登记。因此，一般情况下股权权属情况应当与股东名册、公司登记机关登记信息等形式呈现保持一致。但在日常实践中，由于各种原因（如股权代持、让与担保等）将出现股权权属形式记载与实际归属

---

① 《济南市中级人民法院公司类纠纷审判白皮书（2016—2020）》，载微信公众号"济南中院"，https://mp.weixin.qq.com/s/sQAFrN68KvO0LoBpYZw2bg，2022年7月23日访问。

情况不符的情况，这也就导致了股东与股东之间或股东与公司之间就股东资格认定存在争议。因此，股东资格确认纠纷的诉请核心即为对与实质不符的股权权属形式记载进行恢复或修正。而于法院而言，如何确认股权权属的实质状态，是该类案件的审查重点。通过研究审判白皮书、审判指引内容可知，各地方法院主要从形式要素、实质要素两个方面进行审查认定。具体总结情况如表1-6所示。

表1-6　各地方法院在形式要素、实质要素两个方面的审查认定

文件名称	审查要素	裁判规则、法院观点
北京市第三中级人民法院《公司类纠纷审判白皮书》①	实质要素	（1）一般审查是否已经出资或认缴出资、已受让或者以其他方式继受公司股权，且不违反法律法规的强制性规定。 （2）隐名股东与显名股东之间的股东资格认定系公司的内部关系，不涉及公司的债权人等外部关系，隐名股东如要求确认其股东资格应当具备实质要件
	形式要素	（1）一般审查公司章程、出资证明书、股东名册、公司工商登记等方面的记载情况。 （2）对于公司与股东之间产生的股东资格确认之诉，应侧重于审查公司章程、股东名册等证据；对于股东之间产生的股东资格确认之诉，应侧重审查出资证明、股东会决议等证据。 （3）在涉及第三人对公司股东资格的认定时，则应主要审查工商登记，坚持外观主义原则
上海市第二中级人民法院《股东资格确认类案件审判白皮书》②	实质要素	（1）股权代持：代持合意与其他股东过半数同意，是判断股东资格的两项直接条件，审判实践中这两项条件往往难以直接得出，需要借助出资、实际行使股东权利等间接条件进行判断。在缺乏股权代持协议的情况下，名义股东虽否认代持关系，但实际股东已经出资，并且行使股东权利（包括股东会行使表决权、从公司分取红利或者以股东身份参与经营管理），其他股东过半数未提出异议的，对实际股东确认其股东资格的请求，人民法院依法予以支持。如果有限公司股东之间存在股权代持关系，因未影响到有限公司的人合性，公司章程未作特别规定的，则股东资格的确认无需经其他股东过半数同意

---

① 北京市第三中级人民法院：《北京市第三中级人民法院公司类纠纷审判白皮书》，第8—9、77页。

② 上海市第二中级人民法院：《2016—2020年股东资格确认类案件审判白皮书》，第7—21页。

续表

文件名称	审查要素	裁判规则、法院观点
上海市第二中级人民法院《股东资格确认类案件审判白皮书》	实质要素	（1）在股权转让过程中，股权的归属与出资无必然关联，甚至在股权转让之前转让人可能已经实缴出资，因此，对于股权转让形式下的代持，出资并非判断实际股东的重要条件。 （2）让与担保：原告以股权让与担保为由主张确认股东资格的，债权人抗辩为真实股权转让，应当着重审查三个方面：首先，是否存在让与担保合意条款；其次，如果缺乏让与担保条款，需要核实借款资金与股权转让款的构成；最后，原股东在转让股权后，是否实际行使股东权利、参与公司经营管理。在未与原股东达成真实股权转让合意的情况下，债权人无权以实际行使股东权利、参与公司经营管理为由主张其已经取得股东资格。 当事人虽达成让与担保合意，但债权人未实际出借资金的，让与担保对应的主债权不成立，原股东有权提起诉讼确认其享有股东资格 （3）冒名：人民法院应主要审查以下内容：其一，原告是否能证明，公司登记机关、公司内部涉及股东身份的证明文件均与本人签名不一致；其二，原告能否对身份材料出现在公司登记机关作出合理解释；其三，是否存在原告同意、追认或默认冒名的情形，且原告有无履行出资义务、有无行使股东权利。 （4）股东出资瑕疵：第一，在公司未形成解除股东资格决议的情况下，其他股东主张确认出资瑕疵股东不享有股东资格的，因不具备利害关系，人民法院应裁定驳回原告的起诉；第二，在公司未形成解除股东资格决议的情况下，公司主张确认出资瑕疵股东不享有股东资格，因属于公司自治的范围，人民法院应裁定驳回原告的起诉；第三，在公司已形成解除股东资格决议的情况下，公司主张确认出资瑕疵股东不享有股东资格，人民法院应审查被告实际出资情况，如不满足未履行出资义务或者抽逃全部出资，应当认定决议无效，驳回原告的诉讼请求；第四，在公司已形成有效的解除股东资格决议的情况下，公司主张确认出资瑕疵股东不享有股东资格并诉请变更登记，但未形成继任者决议的，对于公司变更登记的主张，因属于公司自治的范围，人民法院不予支持。 （5）继承：股东资格的继承，不受其他股东的意志的影响，但如果公司章程作特别规定或者存在法定的股东资格准入要求，则继承人无权请求确认享有股东资格

续表

文件名称	审查要素	裁判规则、法院观点
天津市滨海新区人民法院、天津自由贸易试验区人民法院《公司纠纷审判白皮书》①	实质要素	在股东身份的确认方面：始终坚持"双重标准，内外有别"的审查原则，即对内采取实质审查标准，以出资为核心加以审查；对外采取形式审查标准，以登记为核心进行审查
广东省佛山市顺德区人民法院《商事审判白皮书（2016—2020）》②	实质要素	隐名股东与名义股东之间的股东资格认定系公司的内部关系，不涉及公司的债权人等外部关系，故隐名股东如要求确认其股东资格应当举证证明其具备成为股东的实质要件。在隐名股东与名义股东签订了代持协议的情况下，对代持事实的认定比较简单。但在实践中，隐名股东与名义股东之间一般存在比较密切或信任的关系，往往没有签订协议，这种情况下就要求通过考量名义股东的股权取得方式及对价、隐名股东是否实际行使股东权利、公司及公司其他股东对股权代持是否知悉等因素，对隐名股东与名义股东是否存在股权代持合意进行综合判断，继而对股东资格作出认定
江苏省连云港市中级人民法院《商事审判情况白皮书（2018—2020年度）》③	实质要素	实际出资人与名义股东之间股东资格的确认，司法实践中一般区分公司外部和公司内部两种情形并进行处理；在涉及债权人与股东、债权人与公司等外部法律关系时，应体现商法公示主义、外观主义的要求，保护善意第三人因合理信赖公司登记机关的登记事项而作出的行为效力。在涉及股东与股东之间、股东与公司等内部法律关系时，应贯彻意思自治原则，以是否签署公司章程、是否实际出资、是否享有并行使股东权利等实质要件作为确认股东享有实际权利的主要依据。根据公司法相关规定：实际出资人与名义股东因投资权益的归属发生争议，实际出资人以其实际履行了出资义务为由向名义股东主张权利的，人民法院应当予以支持。名义股东以公司股东名册记载、公司登记机关登记为由否认实际出资人权利的，人民法院不予支持。实际出资人未经公司其他股东半数以上同意，请求公司变更股东、签发出资证明书、记载于股东名册、记载于公司章程并办理公司登记机关登记的人民法院不予支持

---

① 天津市滨海新区人民法院、天津自由贸易试验区人民法院：《公司纠纷审判白皮书》，第16页。
② 广东省佛山市顺德区人民法院：《优化公司内部治理防范企业经营法律分线商事审判白皮书（2016—2020）》，第10—11页。
③ 江苏省连云港市中级人民法院：《连云港法院商事审判情况白皮书（2018—2020年度）》，载连云港市中级人民法院网，http://lygzy.chinacourt.gov.cn/article/essearch.shtml，2022年7月23日访问。

根据表 1-5 总结可知，各地方对股东资格确认纠纷的裁判规则、观点较为趋同，普遍适用"双重标准，内外有别"的原则，即"对外"注重对公司债权人与名义股东债权人的利益保护；"对内"则尊重公司自治，弱化形式注重以实质来确认股东身份。对于股权代持关系中实际出资人的股东身份，亦未突破有限公司的人合性，只是在对其他股东意志的判定问题是，在考虑的具体因素方面从不同角度进行了列举。

（4）股权转让纠纷

在司法实践中，股权转让纠纷是公司纠纷中数量占比最大的案由。不仅有股权转让行为所涵盖的交易流程跨度长、工商变更登记手续烦琐等原因，还有该交易行为与普通货物买卖类似，因此兼具合同关系属性，同时受到《民法典》与《公司法》调整。各地法院的审判白皮书中对于股权转让纠纷的法律风险评述或总结，也明显体现了这一特征。具体总结情况如表 1-7 所示。

表 1-7　各地法院的审判白皮书中对于股权转让纠纷的法律风险评述或总结

文件名称	法律风险
北京市第三中级人民法院《公司类纠纷审判白皮书》[1]	（1）受让方以合同目的不能实现为由诉请合同解除 股权代持无处分权、受让人实际无法参与到公司经营、公司章程限制股权转让、目标公司受让后经营困难、受让人主体不适格、出让股东另设同业竞争公司等原因引发法律风险。 （2）守约方诉请继续履行 股权转让款支付或工商变更登记、股权对价等引发法律风险。 （3）受让人诉请出让股东承担瑕疵责任 出让股东股权瑕疵、债务或者经营情况未如实披露、转让前债务承担等引发法律风险。 （4）因对赌协议条件成就、上市公司摘牌等原因，诉请回购股权
上海市普陀区人民法院《企业转型升级中产权司法保护系列审判白皮书》[2]	（1）协议订立不规范 有的企业在股权转让时未签署书面协议，仅在股东会决议中包含股权转让内容，而未单独订立协议，或者仅通过口头的形式订立等。 （2）履行中问题频发 有的企业在股权转让时故意隐瞒或虚假陈述公司的资产状况，将劣质股权转让给受让方等。 （3）标的股权可能存在瑕疵 有的企业在进行股权转让时，由于未符合法律、法规等强制性审批规范和公司章程对股权转让的限制，导致转让的股权存在权利瑕疵

[1] 北京市第三中级人民法院：《北京市第三中级人民法公司类纠纷审判白皮书》，第 34 页。
[2] 上海市普陀区人民法院：《企业转型升级中产权司法保护系列审判白皮书》，第 3—4 页。

续表

文件名称	法律风险
天津市滨海新区人民法院、天津自由贸易试验区人民法院《公司纠纷审判白皮书》	（1）投资者在股权投资中未能审慎交易导致交易风险频发，留存证据意识不足，导致维权困难。 （2）交易信息披露不完整、交易前尽职调查不全面是诱发此类的纠纷的重要原因。 （3）协议签署不规范或存在瑕疵、协议内容约定不明、错列转让主体等问题多发，易对协议效力发生争议。 （4）股权转让与资产转让杂糅不清，股权转让价款确定缺乏合理依据，影响股权交易的履行
山东省济南市中级人民法院《公司类纠纷审判白皮书（2016—2020）》	（1）审慎交易问题 市场主体从事股权投资时应始终贯彻审慎交易原则，以书面文件等方式固定交易各方的权利义务。 （2）交易信息披露问题 股权转让纠纷中，因信息披露不完整致使当事人对股权价值及其影响因素、交易所涉公司是否存在隐形债务等存在争议而引发的纠纷较为常见。 （3）前置程序问题 在实践操作中，受让人在与出让人签订股权转让合同前，应审查出让人是否已依照公司章程或公司法规定向就其股权转让事项书面通知其他股东征求同意，在经其他股东过半数同意的情况下，视为履行了股权转让的前置程序，可以避免因前置程序的欠缺而导致受让人受让股权的合同目的不能实现，影响公司运营和投资安全。 （4）阴阳合同问题 出让人为逃避纳税义务常采取"阴阳合同"方式签订股权转让合同，并以约定较低股权转让对价的合同进行工商登记，在受让人违约的情况下，受让人通常以工商登记资料中的登记价格作为抗辩的理由
福建省厦门市集美区人民法院《中小投资者风险防范审判白皮书》	（1）股权转让中，公司未将受让人列入股东名册。 （2）转让股权交易双方怠于履行合同义务，股权未办理工商变更登记。 （3）隐名投资中，其他股东对股权转让不知情或不同意

---

① 天津市滨海新区人民法院、天津自由贸易试验区人民法院：《公司纠纷审判白皮书》，第19—21页。

② 山东省济南市中级人民法院：《济南市中级人民法院公司类纠纷审判白皮书（2016—2020）》，载微信公众号"济南中院"，https://mp.weixin.qq.com/s/sQAFrN68KvO0LoBpYZw2bg，2022年7月23日访问。

③ 福建省厦门市集美区人民法院：《中小投资者风险防范审判白皮书》，第15页。

续表

文件名称	法律风险
山东省济南市市中区人民法院《公司类纠纷审判白皮书（2018—2021）》①	（1）审慎交易问题 市场主体从事股权投资时应始终贯彻审慎交易原则，以书面文件等方式固定交易各方的权利义务。 （2）未履行股权转让的前置程序
广东省佛山市顺德区人民法院《商事审判白皮书（2016—2020）》②	（1）合同无效 股权转让合同同时受合同法（民法典）与公司法调整，在合同效力方面存在一般合同效力问题，主要涉及合同无效认定。 （2）真实合同认定 股权转让合同主要义务履行方面，主要涉及虚假意思表示下真实合同以及关于税务问题引起的合同履行，出现真实合同的认定问题

通过研究审判白皮书可以发现，各地方法院在对股权转让纠纷进行法律风险总结或评述时，主要是围绕股权转让合同展开。上列的审判白皮书文件中，大多数法院提及的协议订立不规范、未能审慎交易、合同无效等法律风险，实际是股权转让合同的订立风险；未履行股权转让前置程序、转让方怠于配合办理工商变更登记等法律风险，则是股权转让合同的履行风险。并且，在面对股权转让纠纷中所涉及的法律问题时，审判白皮书中所体现的法院审理观点，也体现了《民法典》原则及条文的适用。例如，在北京市第三中级人民法院《公司类纠纷审判白皮书》中，对于隐名股东以自己名义出让股权，名义股东不同意办理工商变更登记的情形，法院提出了"诉讼中可能因为合同目的无法实现认定案涉股权转让合同解除"的审理意见，明确指向的是《民法典》第 563 条相关规定。

实践中，股权转让纠纷可能也同时触发股东出资纠纷、股东资格确认纠纷等相关法律问题，其根本原因在于注册资本认缴制下股权取得和股东出资实缴产生了时间上的错位，即完全可能出现股权转让行为发生时，转让方认缴出资期限尚未届满的问题，由此引发相应的股东出资法律争议。例如，上海市第一中级人民法院在《商事审判实务纪要》中即提及了未届出资期限的认缴股东转让股权后的出资责任问题。对于该问题，法院认为应当对认缴股东的转让行为进行判断，如果转让行为存在滥用股东出资期限损害他人利益的恶意时，那转让股东仍需在认

---

① 山东省济南市市中区人民法院：《济南市市中区人民法院公司类纠纷审判白皮书（2018—2021）》，载济南市市中区人民政府网，http://www.shizhong.gov.cn/art/2021/11/5/art_84397_4792389.html，2022 年 7 月 23 日访问。

② 广东省佛山市顺德区人民法院：《商事审判白皮书（2016—2020）》，第 13—14 页。

缴出资范围内承担相应出资义务。

（5）损害公司利益责任纠纷

损害公司利益责任纠纷是公司股东滥用股东权利或董事、监事、高级管理人员违反法定义务，损害公司利益而引发的纠纷。司法实践中，损害公司利益的行为主要表现为公司股东或高管擅自挪用或侵占公司资金、违法抽逃出资、违反公司章程规定开展竞争业务、关联交易、谋取公司商业机会等。该纠纷的基础法律关系是侵权法律关系，因此法院的审判思路和侵权纠纷一致，同样是围绕侵权行为、因果关系、主观过错、侵权结果这四个基础要件展开，具体总结情况如表1-8所示。

表1-8 地方法院围绕侵权行为、因果关系、主观过错、侵权结果四个要件展开审查

文件名称	审查要点	审判指引
北京市朝阳区人民法院《有限责任公司中小股东权利保护白皮书》[①]	侵权行为认定问题	审理中会重点考虑行为人是否存在违反忠实义务或勤勉义务的行为导致公司或股东利益受损（损失是否实际发生）及损失范围，行为人是否事先已向公司披露，是否事先经公司股东会或董事会批准同意
	高级管理人员身份认定问题	审查当事人的权利、职责、对公司经营、发展及对外交往的影响程度等，包括审查公司章程是否有规定，如果公司章程有规定依其规定；当事人在公司中是否享有经营管理权，是否符合高级管理人员任职要求，公司是否有任免手续
	关联交易行为是否损害公司利益认定问题	部分中小股东仅仅因为公司高级管理人员与公司的交易相对方存在关联关系即提起公司关联交易损害责任纠纷诉讼，可能因为并未损害公司利益而未获法院支持。如该关联关系没有违反法律的禁止性规定，符合市场交易的合理价格，甚至对公司有利，没有损害公司利益的，该关联交易不应被认定为侵权
北京市第三中级人民法院《公司类纠纷审判白皮书》[②]	挪用或侵占公司资金行为认定问题	审查其行为是否具有相应的合同依据、公司内部文件规定依据或其他为公司利益的用途。对于将公司资金借贷给他人，或以公司财产为他人提供担保等情形，根据《公司法》第148条的规定，应审查该行为是否符合法律法规或规章的规定，是否经股东会、股东大会或董事会同意

[①] 北京市朝阳区人民法院：《北京市朝阳区人民法院有限责任公司中小股东权利保护白皮书》，第23—25页。

[②] 北京市第三中级人民法院：《北京市第三中级人民法院公司类纠纷审判白皮书》，第47—48页。

续表

文件名称	审查要点	审判指引
北京市第三中级人民法院《公司类纠纷审判白皮书》	关联交易行为认定问题	着重从实体、程序两个方面进行审查：第一，关联交易是否已经向公司披露，是否符合法律法规或公司章程规定；第二，关联交易对价是否公允。不仅应审查交易程序、关联交易信息披露是否充分，更应从交易的实质内容根据对价是否公允、是否符合正常的商业交易原则等方面进行审查
	谋取公司商业机会行为认定问题	审查要点在于该商业机会本属于公司，公司董事或高管实施了谋取商业机会的行为。审查商业机会是否属于公司时可结合公司经营范围和资质、是否就此投入过人力、物力和财力、是否已经达成合作意向、是否在该领域存在合作经历并延续、交易相对人的合作对象选择主动权大小等因素进行综合判断
	违反竞业务禁止业务行为认定问题	法院应根据实际从事业务与董事、高级管理人员所任职的公司是否具有实质性竞争关系进行审查，审查行为人是否于任职期间同时为其他公司工作并违反竞业禁止义务
上海市第一中级人民法院《损害公司利益责任纠纷案件的审理思路和裁判要点》①	原告主体资格的审查要点	需要注意的是：第一，一审法庭辩论终结前，符合条件的其他股东以相同的诉讼请求申请参加诉讼的，应当列为共同原告；第二，侵权行为发生时原告尚未成为公司股东，被告以此为由抗辩该股东并非适格原告的，法院不予支持；第三，隐名股东在未获生效判决确认其股东资格前，不得以股东身份提起诉讼
	高级管理人员作为责任主体的审查要点	依据《公司法》第216条的规定，高级管理人员，是指公司的经理、副经理、财务负责人，上市公司董事会秘书和公司章程规定的其他人员。如工作人员身处管理岗位并享有管理职权，但并不具有法律或章程规定的高级管理人员身份，则该人员一般不应被认定为高级管理人员
	实际控制人作为责任主体的审查要点	法院在认定公司实际控制人时，应当结合企业信用信息公示系统中的公司登记信息、股权结构、主要人员等信息，公司章程、决议、合同等书面证据以及证人证言等进行综合判断。如涉及上市公司实际控制人的认定，上市公司的信息披露文件亦可作为认定实际控制人的主要证据

---

① 《损害公司利益责任纠纷案件的审理思路和裁判要点》，载微信公众号"上海一中法院"，https://mp.weixin.qq.com/s/hLIlS0QI3nNFtrKs0LaVVw，2022年7月23日访问。

续表

文件名称	审查要点	审判指引
上海市第一中级人民法院《损害公司利益责任纠纷案件的审理思路和裁判要点》	共同侵权人的审查要点	关联交易案件中，部分损害行为是由股东等人员同与其具有关联关系的第三人共同实施的。因此，该类案件的被告并不限于具有特定身份的主体，与股东等人员有关联的第三人也可作为被告而被要求承担相应的法律责任。需要注意的是，第三人的身份并不限于法人或者自然人，而包括与股东等人员直接构成共同侵权行为的所有主体
	挪用或侵占资金行为的审查要点	第一，审查行为人是否存在不正当使用公司资金的情形。具体可审查行为人将公司资金转出是否具有相应的合同、业务依据或其他符合商业常理的用途，以及收款人与行为人是否存在关联关系等。 第二，审查行为是否已履行法律法规或章程规定的程序。需要注意的是，挪用或侵占公司资金的行为多发生于内部管理缺乏规范性的公司。此时，法院不应局限于审查公司内部决议是否合法合规，还应结合行为人的举证认定其行为是否具有合理性。 第三，审查行为是否有正确的会计处理方式。审查财务会计报告中对相关款项性质的记载
	损害事实和因果关系的审查要点	第一，审查原告能否证明挪用或侵占公司资金的行为导致公司财产损失。 第二，审查被告能否对其行为作出合理解释并提交相应反驳证据
	关联关系的审查要点	审查是否存在关联关系是认定关联交易的前提。所谓关联关系，是指控股股东、实际控制人、董监高与其直接或间接控制的企业之间的关系，以及可能导致公司利益转移的其他关系。实践中，关联关系通常体现为家族关系或持股关系。如交易相对方是行为人实际控制的其他企业，或与行为人关系密切的家庭成员所实际控制的企业时，应认定为具有关联关系。 需要注意的是，在确定关联关系时应以是否存在直接或间接控制作为限定条件，不宜过于宽泛地划定关联关系

续表

文件名称	审查要点	审判指引
上海市第一中级人民法院《损害公司利益责任纠纷案件的审理思路和裁判要点》	关联交易的实体和程序审查要点	第一，审查关联交易对价是否公允。可参照《上市公司治理准则》第76条的规定。关联交易应当具有商业实质，价格应当公允，原则上不偏离市场独立第三方的价格或收费标准等交易条件。 第二，审查关联交易的程序是否合规。法院应审查关联交易是否已向公司披露，是否符合法律法规或公司章程的规定。 第三，除了审查交易价格公允性、审批程序的合法性，法院还可针对具体案情，结合交易内容是否具有商业必要性、是否属于公司经营需要、是否具有真实交易动机等其他因素综合判定关联交易
	关联交易的赔偿责任认定问题	通常是非正当关联交易价格与已查明公允交易价格之间的差额
	商业机会认定问题	法院在判定某一商业机会是否属于公司时，可结合公司的经营范围，审查该商业机会是否为公司所需，公司是否就此进行过谈判、投入过人力、物力和财力等因素进行综合判断。此外，法院还应审查公司是否存在放弃商业机会的情形。如被告能举证证明公司已经明确拒绝该商业机会，并非是被告利用职务便利谋取，则法院应认定被告取得该商业机会符合公平原则
	同类业务认定问题	审查时，法院不应机械地局限于登记的经营范围。如公司实际从事的业务确未包含在工商登记的经营范围内，法院仍应根据其实际从事的业务与董事、高级管理人员所任职的公司是否具有实质性竞争关系进行审查。此外，法院还可结合开展业务的地域和时间加以考量，审查两家公司是否在相近地区、相近时间段开展业务。竞争时间段应当是指行为人能够利用其职务便利的期间
	有无利用职务便利谋取商业机会的认定	在此类案件中，只有特定身份者利用职务便利实施损害行为方才构成《公司法》禁止的行为，因此法院应注意审查被告是否存在利用职务便利的行为

续表

文件名称	审查要点	审判指引
福建省厦门市集美区人民法院《中小投资者风险防范审判白皮书》[①]	抽逃出资行为认定	虽然最高人民法院《关于适用〈中华人民共和国公司法〉若干问题的规定(三)》将第12条第1项"将出资款项转入公司账户验资后又转出"删除，但并非姑息纵容股东抽逃出资，注册资本实缴制改为认缴制亦不排除抽逃出资的认定，完全认缴资本制下，实缴资本一经形成，变成为公司的独立财产，而抽逃出资就是在实缴资本项下对公司财产实施侵权行为
江苏省连云港市中级人民法院《商事审判情况白皮书（2018—2020年度）》[②]	人格混同认定问题	第一，认定有限责任公司人格与股东人格是否存在混同，最根本的判断标准是公司是否具有独立意思和独立财产，最主要的表现是公司的财产与股东的财产是否混同且无法区分。 第二，一人有限责任公司存在未依法进行年度财会审计情况，即违反了法律规定的强制性义务，足以令人对其股东的个人财产是否独立于公司财产产生合理怀疑。又因证明一人有限责任公司的股东财产是否与公司财产相互独立的责任在于公司股东，在无法确定公司财务会计资料客观真实情况下，仅通过审计鉴定尚不足以证明公司财产独立于公司股东

基于上列审判白皮书、审判指引可发现，法院对损害公司利益纠纷的审查要件相比于一般的侵权纠纷，明显具有公司法属性。例如，北京市第三中级人民法院在对关联交易进行审查时，不仅要从实质上判断关联交易是否对价公允，还要从程序上审查是否违反法律或公司章程。而是否符合高级管理人身份、是否具有关联关系等前置性问题，成为认定在相关案件中是否承担损害公司利益责任的决定性要件，上述审判白皮书、审判指引也对尝试对此进行界定，如上海市第一中级人民法院《损害公司利益责任纠纷案件的审理思路和裁判要点》认为"工作人员身处管理岗位并享有管理职权，但并不具有法律或章程规定的高级管理人员身份，则该人员一般不应被认定为高级管理人员"，体现出对高级管理人员认定问题上严守法定及章定原则的裁判思路；对于关联关系则进一步扩展至"行为人实际控制的其他企业，或与行为人关系密切的家庭成员所实际控制的企业"，以直接或

---

① 福建省厦门市集美区人民法院：《厦门市集美区人民法院中小投资者风险防范审判白皮书》，第6页。
② 江苏省连云港市中级人民法院：《连云港法院商事审判情况白皮书（2018—2020年度）》，载连云港市中级人民法院网，http://lygzy.chinacourt.gov.cn/article/essearch.shtml，2022年7月23日访问。

间接控制力为标准进行穿透式审查。此外,值得注意的是部分法院遵循"抽逃出资是对公司财产权的侵犯"这一思路,将抽逃出资行为也纳入该案由项下而非股东出资纠纷案由项下进行救济,如厦门市集美区人民法院《中小投资者风险防范审判白皮书》认为,抽逃出资就是在实缴资本项下对公司财产实施侵权行为,是学理上对抽逃出资属性的争议在司法实务中的影射。

(三)公司纠纷司法制度变革或机制创新观察

为了推进公司纠纷审理,各地结合法院司法制度改革大风向,在司法实践中创设或推动了相关制度变革或机制创新,以期最终实现提升商事审判改革综合效能,促进良好法治营商环境的目标。

1. 遵循审判规律,推进审判队伍专业化

公司纠纷相比较于其他民事纠纷案件,具备显著的专业性特征,因此该类案件的审理尤其考验审判人员的专业素养,审判团队的专业化也在稳步推进。这种专业化建设在近年来人民法院内设机构改革"精干设置内设机构、严格控制内设机构数量"①的要求下,显得尤为难能可贵,承载公司纠纷案件审判职能的商事审判庭在改革后普遍仍作为独立内设机构存在而未参与合并。在微观层面,部分地方法院通过采取司法制度改革,优化专业化审判团队的培育机制,从而保障对公司纠纷审判质效的同步提升。

第一,优化案件繁简分流机制,促进"人案适配"。该制度实际上是通过优化案件的分流机制,来保障案件所分配的审判庭室、审判团队充分具备相关案件的审判经验与专业素养,从而减少审判团队专业领域与纠纷类型不匹配的问题。为实现该目标,地方法院分别实施了不同的司法制度。例如,北京市第三中级人民法院在司法实践中根据公司纠纷案件繁简不同,分别由固定的审判庭室或者审判团队集中、专业审理。福州市鼓楼区人民法院强调探索民商事案件二次繁简分流机制,对诉讼标的、法律关系等做分析,以确定案件类型、繁简程度和审理团队的精准匹配。

第二,完善人员培训考核机制,提升专业素养。随着社会经济发展,公司纠纷所呈现的形式也越来越丰富和复杂,因此审判专业人员的专业素养与司法理念亦应当与时俱进。对此,北京市第三中级人民法院通过实施人员分类分项考

---

① 2018 年 5 月 25 日,中央机构编制委员会办公室、最高人民法院联合印发《关于积极推进省以下人民法院内设机构改革工作的通知》(法发〔2018〕8 号),要求按照上述相应要求于 2019 年 3 月基本完成内设机构改革。

核机制，督促审判人员保持学习。连云港市中级人民法院则积极召开"司法大讲堂""业务技能培训""优秀庭审和裁判文书"等评选活动以促进法官专业能力提升。

2. 创新审判模式，推动法律适用统一化

法律适用不统一、同案不同判是审判实践中由来已久的问题，而非公司纠纷的独有问题。但公司纠纷审判领域对于诸多常见问题尚存在不小的分歧，从上文对审判白皮书、审判指引的观察中亦可见一斑，再加上疑难案件随着商事活动发展而频出的叠加影响，就使得该问题更加难以忽视。这种现象不仅降低了商事主体对司法规则心理预期的稳定性，也势必影响司法权威及法院公信力。

为实现法律适用统一，最高人民法院于2021年11月发布了《统一法律适用工作实施办法》，要求通过发布案例、落实类案检索制度、召开专业法官会议讨论案件等推进法律统一正确实施的各项工作。这对于公司纠纷审判领域对该问题的化解无疑将起到直接的、提纲挈领的作用。在此基础上，地方法院针对公司纠纷法律适用的统一化也纷纷出台了多种措施。例如，上海市普陀区人民法院主要是通过定期开展专题业务培训、组织学习监管规定、撰写审理情况分析报告、积极寻求上级指导意见等方式来保障适法统一；天津市滨海新区人民法院、天津市自由贸易试验区人民法院、济宁市中级人民法院则是通过探索建立涉公司股权、投资类纠纷的示范判决机制来确立裁判规则，促进法律适用统一；上海市第一中级人民法院为进一步促进类案价值取向和适法统一、实现司法公正、探索类案裁判方法总结工作机制、形成类案裁判的标准和方法，在官方微信公众号专版公布，并通过法院传票等载体进行推广，便于当事人了解掌握。

（四）新法及热点事件评述

1. 新法律法规解读

（1）《公司法（修订草案）》征求意见稿揭开神秘面纱

2021年12月24日，《公司法（修订草案）》征求意见在千呼万唤中揭开其神秘面纱，备受关注，这意味着2018年修正的《公司法》即将迎来又一次的大幅调整。从目前全国人民代表大会常务委员会公布的修订草案剖析，很多内容不仅有对已制定司法解释和全国各地法院所优秀裁判规则的成文化精炼，更有多处大刀阔斧之举，涉及诸多公司制度的根本性、重大性变革，甚至囊括了公司种类的变化。其斟字酌句的条款措辞表述以及高瞻远瞩的制度方向定位，更足现全国人大对该次《公司法（修订草案）》之慎重与期冀。

在体例结构方面，本次《公司法（修订草案）》对原有章节体系予以了较大篇幅的重构，合并涉公司登记管理条款后，单独增设"公司登记"作为第二章，与新颁布的《市场主体登记管理条例》相协调。同时，删除了原第二章第三节的"一人有限责任公司的特别规定"的全部内容，似将一人公司之股东从过去动则连带的困境中予以解放。此外，还对原第二章第四节"国有独资公司的特别规定"的内容进行扩充调整，改弦易辙为"国家出资公司的特别规定"且独立设置为修订案第六章。

在内容方面，本次《公司法（修订草案）》在诸多方面凸显颠覆性创新的大胆尝试。延续《九民纪要》关于善意相对人的认定原则；在《公司法司法解释（三）》的规则基础上，完善并新增了股东欠缴出资的失权制度；新增有限责任公司股东认缴出资加速到期制度；明确瑕疵股权转让时转让方与受让方承担连带出资责任；对于法定代表人制度予以完善，平息了此前提议将该制度删除的声浪；将公司董事划分为执行董事与非执行董事，董事原则上可无理由辞职或解任；渗入董事会中心主义部分元素，董事权限得以扩张的同时对其忠实勤勉等义务予以强化、压实；增设控股股东、实际控制人实施不当影响，将与董事、高管承担连带责任的规定，解决了前者恶意脱责的问题；不再将经理定义为公司机关，而定性为高级管理人员之一；承认一人股份有限公司这一"新品种"；针对股份有限公司引入了授权资本制；将股份有限公司发行的股份划分为面额股与无面额股、普通股与类别股；协调统一异议股东回购请求权规定；增加公司简易减资制度等等。修订案所涉内容繁多，不一而足，其经历后续多轮的拉锯、读议后，最终将以何种面目现世，实令人期待。

当然，《公司法（修订草案）》虽尽展诸多制度革新亮点，但相伴而生的批判质疑声亦不乏四起。例如，删除有限责任公司股权转让双重限制中的"经其他股东过半数同意"是否在基础理念上冲击了"人合性"的本源？又如，有限责任公司在章程无规定的情况下，表决权究竟是按实缴出资还是按认缴出资来计算比例，尚存悬疑。再如，授权资本制作为全新的概念创设，其在我国的市场土壤上尚未经实践检验，试错成本能否负担？对于可预判的诸如董事会通过该制度改变股权结构从而与大股东或实际控制人争夺公司控制权所引发的新矛盾、新纠纷，我们是否做好了应对配套法律预案？最后，删除一人有限公司的特别规定，是否会不合理加重公司债权人适用"法人人格否认"的证明责任？

由是，《公司法（修订草案）》融入新规则，亦相伴新问题，这个新法的孕育过程恐不乏阵痛与坎坷荆棘。诸多新理念的灌入将对商业实践与司法实践产生怎样的影响，而商业实践与司法实践又会付以何种回应与转型，让我们拭目以待。

（2）"市场主体统一登记"开启新时代

国务院于 2021 年 8 月 24 日公布了《市场主体登记管理条例》（以下简称《条例》），并自 2022 年 3 月 1 日起施行。

《条例》颁布实施后，同步废止了《公司登记管理条例》《企业法人登记管理条例》《合伙企业登记管理办法》《农民专业合作社登记管理条例》《企业法人法定代表人登记管理规定》。其最终实现了对包括公司、非公司企业法人及其分支机构、个人独资企业、合伙企业及其分支机构、农民专业合作社（联合社）及其分支机构、个体工商户、外国公司分支机构等在内的各类市场主体之登记管理制度予以统一并轨规范的目标。循此意义而言，《条例》终结过往多部文件各自为战、人为割据的态势，一统主体登记的规则，精简法规依据，利于市场效率。

在内容上，《条例》秉持"放管结合""政府公示与企业自治结合"的理念，明确了对申报信息的形式审查规则，放宽了登记准入门槛，将工作重心移至登记后的事中事后监管，进一步明确了国家企业信用信息公示系统的公信力及其法律地位，同时赋予了各市场主体更多的自主选择权。《条例》还进一步固化了此前已逐步适用成熟的简易注销制度，创设了企业自主歇业制度，完善并细化了对提交虚假材料骗取登记的撤销登记程序等。在此基础上，国家市场监督管理总局于 2022 年 3 月 1 日发布并实施了《市场主体登记管理条例实施细则》（以下简称《细则》），进一步保证《条例》的具体贯彻。

各地纷纷遵《条例》及其《细则》落地执行之契机，陆续出台与之相关的地方性法规或制度，如《天津市市场主体登记管理若干规定》、北京市市场监督管理局《关于贯彻落实〈市场主体登记管理条例〉的工作意见》《上海市浦东新区市场主体登记确认制若干规定》《上海市浦东新区市场主体退出若干规定》等。

市场主体乃市场经济的制度承载者、财富创造者与活力驱动者。《条例》的出台正是顺应了各类市场主体的发展诉求，不仅规范了市场主体的登记行为以及行政机关的对应管理行为，推进交互间的法治化市场建设，而且有利于深化"放管服"改革的实质落地，维护良好的市场秩序，切实保护市场主体的合法权益，不断优化我们的营商环境，继而使得公司等市场主体能够在一个公开、公平、公正且高效的竞争环境内得到自由、健康、可持续的发展与壮大，深度激发市场主体的创造潜能和动力，推动实现社会经济的高质量成长。

当然，《条例》之制定亦非全然无可置喙。部分学者对于《条例》使用"市场主体"的表述就提出了较大的质疑，并认为这是一种落后于司法界认知的遗憾。市场主体在学理上的定义是市场的参与主体，包括了监管者，故与市场主体相关的法律关系包括非平等法律关系，其中商事主体才是进行市场交易的平等主体，所以应采"商事主体"的概念表述更为恰当，且此认知已为司法界普遍接纳。[①]

（3）五部《公司法司法解释》的"小修小补"

最高人民法院于 2020 年 12 月 29 日发布了最高人民法院《关于修改〈最高人民法院关于破产企业国有划拨土地使用权应否列入破产财产等问题的批复〉等二十九件商事类司法解释的决定》，其中包含了对《公司法司法解释》（一）—（五）司法解释的修正，并于 2021 年 1 月 1 日施行。抑或碍于即将降世的《公司法（修订草案）》，此次为适应《民法典》而修订的 5 部《公司法司法解释》基本系有限微调，如将《民法典》相应之条款序号或补充加入其中，或替换已废止的《物权法》或《合同法》等相应条款序号等。对其间实质内容的修改，最高人民法院则持保守、克制的原则，仅就"公司承担设立中合同责任的简化""增设董事与利害关系人于清算程序中的主体地位"等问题进行了些许文字删减或增添，但所涉条文本身之内涵、理解或适用并无革新，甚至说此次修改仅为形式性调整，亦不算过。因此，鉴于 5 部《公司法司法解释》这种"静观其变"之态势所做的修订似无展开深入研讨之必要，我们仅作提及，不再赘述。

（4）最高人民法院《关于适用〈中华人民共和国民法典〉有关担保制度的解释》严格规范公司担保行为

最高人民法院于 2020 年 12 月 25 日通过最高人民法院《关于适用〈中华人民共和国民法典〉有关担保制度的解释》，并于 2021 年 1 月 1 日起施行。该解释一经问世，即引发法律圈热议。

该解释系对《民法典》担保部分如何细化适用所作出的专项解释，吸收、提炼并完善了司法实践中对担保行为领域最具争议的疑难复杂问题所形成的长期有益争鸣、探索和经验，并使之书面成文化，其与《民法典》《九民纪要》相关内容共同构筑了现行的担保行为制度体系架构。

最高人民法院《关于适用〈中华人民共和国民法典〉有关担保制度的解释》

[①] 钱玉林：《公司法修订：问题与讨论》，载微信公众号"至正研究"，https://mp.weixin.qq.com/s/z0aU—W3kTA5hStc43ZA0Iw，2022 年 7 月 13 日访问。

制定了相当数量的与公司直接相关的担保制度条款，尤其应引起公司及其经营者的高度关注。该解释第 7 条所涉法定代表人越权担保与善意相对人的判断、第 8 条所涉公司无决议可成立担保情形、第 9 条所涉上市公司信息公开披露与担保的关系、第 10 条所涉一人有限公司之担保、第 11 条所涉公司分支机构对外担保的认定、第 12 条所涉公司债务加入、第 69 条所涉股权让与担保及名义股东责任等内容，均会对公司日常生产经营活动产生举足轻重的影响力与规制力。其实，该解释中的其他条款亦构成公司担保行为所需考量顾及的法律限度。实践中，因公司及其经营管理者未能依法依规从事担保活动并导致巨大法律风险敞口的案例实在不胜枚举，该解释的指导与引示作用不言而喻。

（5）《全国法院涉外商事海事审判工作座谈会会议纪要》提供了涉外公司纠纷的裁判指引

2022 年 1 月 24 日，最高人民法院发布《全国法院涉外商事海事审判工作座谈会会议纪要》。该司法文件涉及的境外公司的诉讼代表人资格认定（第 6 条）、境外公司内部决议效力的法律适用（第 27 条）、境外公司意思表示的认定（第 28 条）、外商投资企业隐名投资协议纠纷处理（第 29 条）等裁判规则，虽于国内公司纠纷诉讼中非为常见，但亦值得关注与认知。

（6）最高人民法院《关于审理证券市场虚假陈述侵权民事赔偿案件的若干规定》对公司信息公开披露以及董监高职责予以了规范完善

2022 年 1 月 21 日，最高人民法院发布《关于审理证券市场虚假陈述侵权民事赔偿案件的若干规定》。该规定重在规制上市公司作为信息披露义务人的公开陈述行为，对虚假陈述给予严格的民事赔偿罚责。同时，规定第 14 条至第 16 条分别对公司董监高等内部人、独立董事的责任、过错及免责等问题进行了规定。这些都值得公司法研究者的关注。

关于董监高的过错审查认定，规定第 14 条第 1 款规定，发行人的董事、监事、高级管理人员和其他直接责任人员主张对虚假陈述没有过错的，人民法院应当根据其工作岗位和职责、在信息披露资料的形成和发布等活动中所起的作用、取得和了解相关信息的渠道、为核验相关信息所采取的措施等实际情况进行审查认定。第 2 款规定，董监高等不能提供勤勉尽责的相应证据，仅以其不从事日常经营管理、无相关职业背景和专业知识、相信发行人或者管理层提供的资料、相信证券服务机构出具的专业意见等理由主张其没有过错的，人民法院不予支持。

在苛责的同时，为保障董监高之正当权益，规定第 15 条明确了发行人的董事、监事、高级管理人员依照《证券法》第 82 条第 4 款的规定，以书面方式发表附具体理由的意见并依法披露的，人民法院可以认定其主观上没有过错，但在审议、审核信息披露文件时投赞成票的除外。

另外，规定第 16 条还规定了独立董事、外部监事和职工监事的免责和减责抗辩事由。

2. 热点事件评述

2021 年商界领域的诸多事件，在吸引大众眼球的同时亦留下了足够的沉思空间，在盘点回顾中细细品味，我们法律人或也可从那些经济信息的喻示中觅得某些启发，并作出某些预判。

2021 年 4 月 11 日，市场监管总局对阿里巴巴开出一张高达 182 亿罚单，这是中国反垄断史上的最大罚单，金额令人咋舌。行业强监管的信号不容小觑。紧随其后，10 月 8 日美团因"二选一"被罚 34.42 亿元。11 月 18 日，国家反垄断局正式挂牌成立。11 月 20 日，反垄断的监管审查涉及阿里、腾讯、京东、百度、字节跳动等业内巨头，对 43 起互联网领域未依法申报经营者集中案进行顶格行政处罚。2020 年年底，中央经济工作会议所提出的"强化反垄断和防止资本无序扩张"的目标落于实处，所言无虚。至此，大规模的公司增资扩股抑或公司合并行为均需在反垄断监管的"鹰眼"注视下老老实实、循规蹈矩地开展。对于监管政策的变化，公司法立法与司法裁判也必当有所回应与调整。

2020 年 8 月，中央银行与国家住建部推出了重点房企资金监测和融资管理的"三道红线"。这一年，恒大集团的现金流隐忧已开始暴露。进入 2021 年，恒大累积的债务危机彻底暴雷。49 家由恒大地产直接控股的地方公司成为被执行人，法定代表人还被限制高消费。恒大所遇到之困局除了资本盲目扩张之罪，我们也窥见了其内部治理实质空洞化，组织制衡架构形同虚设的老问题。而有类似问题的集团公司不胜枚举。如何针对我国公司长久以来的内部管控治理方面的痼疾对症下药，有效优化公司组织结构，真正落实强化内控机制，是新公司法必须考虑的重要使命和课题。

2021 年 11 月，海底捞宣布关店 300 家，行业一片惊愕与哗然。这是海底捞成立 27 年以来关店数量最多的一次。后来，又有茶颜悦色宣布关店 87 家。到了 12 月，曾被评为"最佳美式餐厅"的新元素也宣布停运。国家整体经济形势的下行，加之疫情的沉重打击，餐饮行业由盛极衰。在此背景下，相关公司的歇业、重组、解散、清算乃至破产等情况或无可避免地呈高涨之势，对公司立法、司法均提出的不小的全新挑战与值得探究的新课题。

以上乃从宏观经济维度所作之概览回眸与检视。从微观司法层面来看，2021年涉及公司法领域的相关热门话题也谈资颇多。例如，五洋建设集团股份有限公司所涉证券虚假陈述责任纠纷案；康美药业股份有限公司所涉证券虚假陈述责任纠纷特别代表人诉讼案；海航集团有限公司等321家公司实质合并重整案；北大方正集团有限公司等五家公司实质合并重整案；吕科诉彭萍、彭琮林、王万英、重庆渝嘉建筑安装工程有限公司、重庆旺聚贸易有限公司、重庆品尊投资咨询有限公司、重庆首成房地产开发有限公司及第三人重庆竣尊房地产开发有限公司损害公司利益纠纷案等。这些公司商事领域的司法热点案件涉及投资者保护、企业破产重整、股东代表诉讼、公司董监高责任等多个方面，其中某些案件因其巨大的影响力与典型性，必将在今后很长一段时间成为一类案件的标杆性对照判例与研究对象。

在此，我们不得不提及2021年康美药业股份有限公司因证券虚假陈述所引发的巨额民事赔偿案。此案一跃登上热搜，波及效应明显，其中许多问题值得检视与反思。该案之裁判不仅在资本市场投掷了一枚"原子弹"，在公司法研究领域亦掀起讨论热潮，尤其对于公司中各类董事的职责与定位，一时间受到了前所未有的社会聚焦关注。面对个案中天价的赔偿金额以及适行的法律规则的不确定性，诸多上市公司董事纷纷提出了辞职申请，以免在不经意间于未来的某时滑入法律风险的漩涡。

其实，通过相关判例的返溯可以窥知，本案所传递出的关于强化公司董事职责之司法信号绝非个案偶然之举，早些年最高人民法院（2018）最高法民再366号深圳斯曼特案件所作出的非股东董事也需对股东未实缴出资注册资本承担全部连带赔偿责任裁判观点，其实已露此欲图端倪。诚如学者所述，享有公司经营管理权的董事履行职责时，需要遵守注意义务与忠实义务也往往是强制性的。[①] 此次《公司法（修订草案）》征求意见稿中关于董事职权及其责任的相干条款则进一步实锤了业界对该种法律倾向性的预测。例如，对于董事职权，修订案一改过往主要通过非穷尽列举式立法予以规制的惯习，赋予董事可行使股东会职权以外的职权，这一"放权"不可谓不彻底，以至于后续还出现了董事会甚至可就符合法定条件的公司合并事宜直接作出决议之规则。又如，在董事会下辖审计委员会，该

---

① 梁上上：《公司权力的归属》，载《政法论坛》2021年第5期。

制度在弱化监事职责的同时强化了董事对公司的监督之责。复如，拆分董事之忠实与勤勉义务，将两者分而述之，凸显加重董事责任担当之意。再如，不论公司类型，凡遇清算，统一明确董事为清算义务人，此与2018年《公司法》以及《公司法司法解释（二）》之清算义务人规则大异其趣，董事之责陡增。最后，修订案还拟令执行职务之董事就其故意或重大过失之行为与公司一同对外负担连带责任。凡此种种之立法动向均体现了对董事"边赋权、边压责"的规制理念，修法者的意图彰显，董事之责已不容小觑，值得引鉴。

尽管《公司法（修订草案）》之内容尚待各方争执与博弈，董事之"权与责"终将置归至何等限度仍未可知，然"赋其更大之权、课其更重之责"的大趋势当无可逆回，实乃公司法治向纵深发展并日臻完善之历史宿归，亦与公司法发达之域外国家或地区的前行路径相符。

此外，正是基于社会对此案之关切，最高人民法院亦就此付之回应，并对董事的苛责限度予以了明确规范。2022年1月颁布的最高人民法院《关于审理证券市场虚假陈述侵权民事赔偿案件的若干规定》中关于董监高以及外部独立董事的责任承担以及免责抗辩事由的细化规则便是对前述回应的落实之策。

二、典型案例评析

（一）大股东擅自将公司资金出借给其关联公司，利益受损的小股东可在符合条件的情况下诉请解散公司[①]

1. 基本案情

2015年2月28日，宏远公司与金控公司，共同发起设立金管公司，注册资本10亿元，金控公司出资2亿元，宏远公司出资8亿元，持股分别为20%、80%。2015年7月10日，经中国银监会备案许可，金管公司可以开展金融企业不良资产批量回购、处置业务。

金管公司成立后不久，在未经股东间充分协商及董事会批准的情况下，即将9.65亿元资金借给宏远公司实际控制的3家公司。2015年10月起，金控公司及吉林省金融办多次发函催促宏远公司解决借款问题、保障公司回归主营业务，宏运公司也承诺最迟于2015年年底前收回外借资金，但直至2016年12月31日，金管公司的对外借款问题仍未解决。其后，金控公司又多次向宏远公司发函，要

---

① （2019）最高法民申1474号。本案刊载于《最高人民法院公报》2021年第1期。

求其配合受让调整金管公司股权，宏远公司复函表示同意但坚持按市场化原则操作。双方最终未就股权转让事宜达成共识，金控公司遂提起本案公司解散诉讼。

金管公司章程规定：股东会分为股东年会和临时会议，股东会每年度召开1次；董事会会议分为董事会和临时会议，董事会每年召开2次（第一和第四季度）。金管公司于成立当日（2015年2月28日）召开过第一次股东会会议，2015年4月27日召开了第一次董事会会议，同年12月18日召开了股东会会议和董事会会议。直至金控公司2017年10月提起本案诉讼，未再召开股东会、董事会。

一审法院判决解散金管公司。金管公司、宏远公司不服提起上诉，二审法院判决驳回上诉，维持原判。金管公司、宏远公司不服申请再审，最高人民法院裁定驳回再审申请。

2. 争议焦点

本案各方争议的核心是金管公司是否符合司法解散的条件，审查的焦点问题为：第一，金管公司经营管理是否发生严重困难，继续存续是否会使股东利益受到重大损失；第二，公司困境是否能够通过其他途径解决。

3. 裁判要旨

（1）关于公司经营管理发生严重困难，继续存续会使股东利益受到重大损失的判断，可从公司经营方面和公司管理运行机制方面综合考量。从公司经营方面看，由于标的公司的经营资金被大股东单方改变用途作为贷款出借且长期无法收回，导致公司批量收购、处理不良资产的主营业务无法正常开展、公司设立的目的落空，公司经营发生严重困难。从公司管理机制运行方面看，标的公司在近两年时间里，始终未能召开股东会、董事会对存在的问题妥善协商解决，且股东双方已经对簿公堂，证明股东之间、董事之间的矛盾已经激化且无法自行调和，股东会、董事会机制已经不能正常运行和发挥作用。在此情形下，继续维持公司的存续和股东会的正常运行，只会产生大股东利用其优势地位单方决策，压迫损害另一小股东利益的后果。

（2）关于公司困境是否能够通过其他途径解决，可结合法院调解状况进行判断。两股东因资金外借出现矛盾后，双方多年来乃至案件成诉仍未妥善解决，股东间的信任与合作基础逐步丧失。案件诉讼期间，法院多次组织调解，试图通过股权转让、公司增资、公司控制权转移等多种途径解决纠纷，但均未达成调解协议，可认定属于在司法解散之外的其他途径已经穷尽仍无法解决问题的情形。

4. 案件评述

《公司法》第 182 条确立了司法强制解散公司制度。在经营管理发生严重困难、继续存续会使股东利益受损、通过其他途径不能解决的三项要件中，公司经营管理发生严重困难的认定标准可谓核心。对此，《公司法司法解释（二）》第 1 条和最高人民法院第 8 号指导性案例[①]确立了应从公司组织机构运行状态进行综合分析的原则。有学者批评认为，以被诉公司形成股东会决议为司法解散案件的标准，过于重视形式化要素，忽略了封闭公司的人合性本质，导致不能有效破解公司僵局，未能打通中小股东退出公司的通道，更与公司法的价值理念不相符合。[②]而在司法实践中，由于强制解散公司是公权力对公司自治能力的最严重的否定，法院对于股东解散公司的请求一般持审慎、克制的态度，部分法院机械套用《公司法司法解释（二）》第 1 条第 1、2 款的规定，导致作为手段的公司解散之诉难以实现化解公司僵局、保障中小股东最后退出通道的制度目的。

本案中，宏远公司与金控公司的持股比例分别为 80% 和 20%，在资本多数决原则下金管公司尚能针对一般事项甚至针对重大事项形成有效决议，但三级法院并没有过分拘泥于能否形成股东会决议的形式化要素，以此为由驳回解散公司的诉请，而是回归有限公司的人合性本质。在公司经营方面，关注公司主营业务是否可以正常开展、公司设立目的是否得以实现。在公司管理机制运行方面，关注股东之间和董事之间的矛盾是否已经激化至无法调和的程度、股东会和董事会机制是否能够正常运行并发挥作用，进而认定，继续维持公司的存续和股东会的正常运行，只会产生大股东利用其优势地位单方决策，压迫损害另一小股东利益的后果。

本案对于公司解散纠纷司法实践具有如下几方面的积极意义。

第一，有助于推动确立以人合性丧失为核心考量因素的经营管理困难认定标准。有限公司的经营管理活动以股东之间的信任为基础，一旦股东之间产生矛盾且依靠自身无法调和，公司将有可能陷入僵局状态，司法强制解散制度的目的便在于解决公司僵局，因此，人合性是否丧失是判断经营管理状态时应当考虑的核心问题。本案在延续原有审判路径即通过公司组织机构的运行状态来判断公司经营管理是否发生严重困难的基础上，着眼于有限公司的人合性本质，未过分拘泥于《公司法司法解释（二）》第 1 条第 1、2 款的形式规定，而是将司法强制解散

---

① （2010）苏商终字第 0043 号。

② 梁清华：《公司司法解散制度中"经营管理困难"认定标准的反思与重构——基于判例的实证研究》，载《社会科学家》2019 年第 12 期。

公司制度回归解决公司僵局的根本目的，使得解散手段与制度目的有效匹配，对于后续公司解散纠纷司法实践中经营管理困难认定标准回归到人合性这一本质问题上具有积极引导作用。

第二，对于保障中小股东最后退出机制具有示范作用。《公司法》通过司法强制解散制度，赋予了中小股东在和大股东冲突时退出公司的权利，使得中小股东在无法通过转让、回购、减资等方式退出公司时仍有最后救济方式，本案未一味贯彻既往司法实践中对解散诉讼的审慎克制态度，而是正视案涉小股东所面临的困境，把对中小股东的利益保护落到实处。

第三，有效运用调解机制判断是否丧失人合性及穷尽其他解决途径。调解机制广泛深入我国民商事司法实践，《公司法司法解释（二）》第5条也规定人民法院审理解散公司诉讼案件应当注重调解。本案中，法院利用调解机制积极引导双方通过股权转让、公司增资、公司控制权转移等多种途径解决纠纷，仍无法走出困局，法院据此认定公司的人合性已然丧失，支持解散公司的诉请，具有积极意义。

（二）仅凭公司对股东的个别无原因转移资金的行为尚不足以认定构成人格混同[①]

1. 基本案情

2017年7月15日，碧桂园公司与凯利公司签订《资产转让合同》，约定碧桂园公司以暂定价7亿元受让凯利公司的三亚蓝月湾海景酒店公寓项目所有资产。2017年8月7日，碧桂园公司依约将第一笔3.2亿元的款项通过银行委托贷款形式转入凯利公司银行账户，双方约定该款项在满足一定条件时转为转让价款，同时凯利公司以项目所涉地块为案涉债务设立了抵押担保。张伟男系凯利公司股东之一，认缴出资额1500万元。凯利公司在收到上述款项后次日，向张伟男支付2951.8384万元。后因凯利公司违约，碧桂园公司遂诉至海南省高级人民法院请求解除与凯利公司之间的合同，并要求凯利公司返还已支付款项并支付违约金，同时要求凯利公司股东张伟男对凯利公司的上述债务承担连带责任。

张伟男主张上述支付款项系凯利公司对其偿还先前债务的借款本息，对此，其提交了《借款协议》《还款协议书》等，但其未能提交其向凯利公司支付《借款

[①] 海南碧桂园房地产开发有限公司与三亚凯利投资有限公司、张伟男等确认合同效力纠纷案，最高人民法院（2019）最高法民终960号民事判决书。本案刊载于《最高人民法院公报》2021年第2期。

协议》约定的 2000 万元借款的银行转账凭证。

一审法院判决凯利公司股东张伟男对凯利公司所负 3.2 亿元债务及违约金债务承担连带清偿责任。最高人民法院二审改判张伟男就凯利公司上述债务的不能清偿部分在 2951.8384 万元及其利息范围内承担补充赔偿责任。

2. 争议焦点

公司股东在存在并无依据的单笔转移公司资金行为的情况下，是否应对公司债务承担连带责任？如答案是否定的，则公司股东应否对公司债务承担责任及承担何种责任？

3. 裁判要旨

第一，公司人格独立和股东有限责任是公司法的基本原则。否认公司独立人格，由滥用公司法人独立地位和股东有限责任的股东对公司债务承担连带责任，是股东有限责任的例外情形，须具备股东实施滥用公司法人独立地位及股东有限责任的行为以及该行为严重损害公司债权人利益的法定要件。仅凭公司向股东的个别转账行为，尚不能达到否定公司的独立人格的程度。

第二，股东未能证明其与公司之间存在交易关系或者借贷关系等合法依据的情况下接收公司的大额转账，虽然不足以否定公司的独立人格，但该行为在客观上转移并减少了公司资产，降低了公司的偿债能力，根据举重以明轻的原则并参照《公司法司法解释（三）》第 14 条关于股东抽逃出资情况下的责任形态的规定，可认定股东在转出资金范围内对公司债务承担补充赔偿责任。

4. 案件评述

《公司法》第 20 条第 3 款、第 63 条确立了法人人格否认制度，条文表面字义仅指顺向人格否认规则。2013 年，最高人民法院发布第 15 号指导性案例[①]确立了从人员、业务、财务三方面表征人格的因素来判断是否构成人格混同的审判思路。2019 年的《九民纪要》细化总结了实践中常见的三种人格否认适用情形，即人格混同、过度支配与控制与资本显著不足。针对人格混同，其在指导性案例的基础上强调突出财务混同的重要性，强调最根本的判断标准是公司是否具有独立意思和独立财产，最主要的表现是公司的财产与股东的财产是否混同且无法区分。此外，《九民纪要》详列了判断是否构成上述滥权行为时应当考虑的各种因素，一定程度上缓解了《公司法》第 20 条第 3 款规定之原则性、抽象性对司法实践造成的

---

① （2011）苏商终字第 0107 号。

不利影响。实践中，法人人格否认规则作为股东有限责任的例外本应被各法院审慎适用，但有学者经实证研究发现，相关案例中被告公司人格被否认比率竟然接近七成，可见理论界关于法人人格否认泛滥的忧虑并非空穴来风。①

本案中，张伟男仅存在单笔转账行为，且转账金额 2951 余万元相对于案涉债务 3.2 亿元数额较小，对凯利公司能否完全履行清偿义务的影响较小，加之凯利公司已经以项目地块土地使用权及地上附着物为案涉债务的履行设立了抵押担保，在碧桂园公司尚未行使抵押权，针对案涉土地使用权及地上附着物进行折价或者就拍卖、变卖的价款行使优先受偿权之前，难以认定张伟男的转账行为对碧桂园公司造成了严重损害。最高人民法院基于案件事实谨慎审查是否满足《公司法》第 20 条第 3 款所规定的行为要件和结果要件，即股东是否具有滥用行为以及该行为是否严重损害公司债权人利益，进而认为在凯利公司提供足额财产抵押且未对碧桂园公司造成严重损害的前提下，向股东单笔转账输送利益的行为可能仅是公司独立人格缺乏的一种表现，尚未达到可以否定独立人格的程度。同时，最高人民法院认为在不足以否认公司独立人格的情况下，仍可参照股东抽逃出资的相关法律规定，要求公司股东以转移财产的数额对债务不能清偿部分承担补充赔偿责任。

本案对于适用法人人格否认规则的司法实践具有如下几方面的积极意义。

第一，明确审慎否认法人独立人格的审理态度，有利于遏制司法实践中部分滥用法人人格否认的行为。法人作为促进商品经济快速发展的法律拟制产物，其人格的独立性是现代公司制度不可撼动的基石，然而，正如上述所言，司法实践中公司人格被否认比率竟然接近七成，人格否认存在被滥用之忧，部分案例中甚至存在仅以单一事实即否认独立人格的情况。例如，某法院仅以人员一致为由即否认公司独立人格，其判决论述"天工公司与建新公司虽然都是独立法人，但两公司股东基本一致，属于滥用公司法人独立地位，侵犯债权人利益的行为"②。又如，某法院仅以两股东侵吞公司财产为由即否认公司独立人格，其判决论述"李上淼将自己持有的股份转让给陈显寿（山东鸿利另一股东）个人的行为并无不当，但陈显寿不是用自己的财产而是用公司所有的生产线转让给李上淼折抵股权转让款，且李上淼予以接受的行为不当，双方的行为属于滥用公司法人独立地位和股

---

① 参见李建伟：《关联公司法人人格否认的实证研究》，载《法商研究》2021 年第 6 期。
② （2014）爱民再字第 1 号。

东权利侵害公司和公司债权人的利益"①。上述判决仅以单一事实即否认独立人格的审理思路明显是不谨慎、严密的。本案中最高人民法院否定一审法院的观点，认为不应仅凭借公司向股东个别次数的转移资产的行为就轻易认定公司丧失独立人格，避免了股东因侵吞 2951 万余元的公司财产即对公司 3.2 亿元的巨额债务承担全部连带责任的严苛后果，实际上是重申了在判断是否应否认独立人格时应秉持的严格审慎之态度，防止法人人格否认从例外变成常态。

第二，突出强调在司法实践中常常被不重视的作为结果要件的"严重损害公司债权人利益"的重要性。公司人格否认案件的本质是侵害债权。② 根据《公司法》第 20 条第 3 款字面含义，法人人格否认需要具备两个要件：一是"滥用公司法人独立地位和股东有限责任"的行为要件；二是"严重损害公司债权人利益"的结果要件。然而，作为同等重要的要件之一的结果要件在司法实践中常常被法院所不重视，部分裁判文书未以基本事实为依据进行分析即径行得出债务人公司无法清偿债务的结论，未论述股东滥用行为与损害结果之间为何存在因果关系，甚至部分裁判文书中对于该结果要件仅直接套用法条中"严重损害公司债权人利益"的表述一句带过。本案充分考虑到案涉债权已存在足额抵押的情况下尚未导致严重损害债权人利益的结果发生，进而认定张伟男的单次转账行为尚不足以否认凯利公司独立人格，维护了公司法法人独立人格与股东有限责任的基本原则。

第三，本案在捍卫法人独立人格与保障债权人利益之间寻得了有效平衡。在否认了凯利公司构成人格混同后，最高人民法院并未简单地驳回债权人的诉请，而是根据举重以明轻的原则参照适用了《公司法司法解释（三）》第 14 条关于股东抽逃出资情况下的责任形态的规定，直接将张伟男认定为对案涉债务承担补充责任的义务主体，进而维护了债权人的合法权益。对于股东应在无故转移公司资产的范围内对公司债务承担相应责任的规则，最高人民法院在另案中也给出了肯定的结论，但理由却不同于本案，即在股东没有任何实际出资，而茂昌公司的股东张华又在缺乏合法原因的情况下，擅自转走茂昌公司的账内资金 408.3 万元，势必导致茂昌公司缺乏清偿能力，从而严重损害公司债权人的利益，其实质是滥用公司独立人格和股东有限责任把投资风险转嫁给债权人。根据《公司法》第 20 条第 3 款之规定，张华应当在其转走的 408.3 万元范围内与茂昌公司承担连带责任。

---

① （2014）德中民终字第 890 号。
② 参见朱慈蕴：《论公司法人格否认法理的适用要件》，载《中国法学》1998 年第 5 期。

由此可见，即便在最高人民法院内部，对该问题仍存在较大的认知差异。

（三）先行刑事裁判中无罪的认定并不导致民事案件必然认定侵权行为或违约行为不存在[①]

1. 基本案情

2010年9月29日，宋祖兴与大西洋公司签订《离职后义务协议》，约定竞业限制及保密义务，后宋祖兴从大西洋公司离职。2011年1月，恒瑞谷公司注册成立，经营范围包括与大西洋公司相同的连铸技术研究、开发和连铸工程总承包等业务。大西洋公司认为，宋祖兴向案外人恒瑞谷公司提供注册资金和技术支持，并披露了大西洋公司的商业秘密，违反了协议约定，遂诉至法院，请求判令宋祖兴承担相应的民事法律责任。另查明，武汉江岸法院已在恒瑞谷公司及其法定代表人杨玉祥（大西洋公司的前员工）涉嫌损害大西洋公司商业秘密的刑事诉讼程序中，认定恒瑞谷公司构成侵犯商业秘密罪。

本案一、二审法院均认为，检察院指控恒瑞谷公司及杨玉祥涉嫌侵犯商业秘密罪刑事案，经公安机关侦查终结，侦查结果不涉及宋祖兴，亦无宋祖兴侵犯大西洋公司商业秘密的事实认定。根据刑事案件的侦查结果，恒瑞谷公司及杨玉祥涉嫌侵犯商业秘密的行为与宋祖兴无关，故驳回大西洋公司的诉讼请求。大西洋公司不服，申请再审，最高人民法院再审改判撤销一、二审判决，并支持大西洋公司的诉讼请求。

2. 争议焦点

本案的显性争议焦点为宋祖兴是否违反了《离职后义务协议》中的竞业限制和保密的约定，但实质上是证据法问题，即能否以刑事裁判中未认定宋祖兴侵犯大西洋公司商业秘密为由直接认定其违约行为不存在？

3. 裁判要旨

因为裁判统一性要求民事判决与刑事判决对于同一事实的认定应当是一致的，且刑事诉讼的证明标准比民事诉讼的证明标准要高，所以先行刑事判决认定的基本事实对于后行民事诉讼具有预决力。但先行刑事案件预决事实的预决力是有条件的。除了先行判决已经生效、先行案件裁判所确定的事实与后行案件事实存在相关性，预决事实的证明必须已遵循了法定程序。

就先行刑事案件对后行民事案件而言，有罪的事实认定当然地构成预决力；

[①] （2019）最高法民再135号。本案刊载于《最高人民法院公报》2021年第3期，并入选2020年中国法院十大知识产权案件。

而无罪的事实认定则需要区分是因为被告人确实未参与实施犯罪行为，还是因为证据不足、事实不清。如果是前者则有预决力，如果是后者则因为民事诉讼和刑事诉讼的证明标准不同可能有不同的认定，相关行为是否存在还需结合证据进行判断和认定。

4. 案件评述

最高人民法院《关于适用〈中华人民共和国民事诉讼法〉的解释》（以下简称《民诉法司法解释》）第 93 条和最高人民法院《关于民事诉讼证据的若干规定》（以下简称《民事证据规定》）第 10 条规定了我国现行的预决力规则，即前诉判决已决事实属于免证事实，但是当事人有相反证据足以推翻的除外。"先刑后民"的司法实务惯例对刑民交叉案件的影响十分深刻，根据上述规则以及刑事诉讼的证明标准比民事诉讼的证明标准高的规则，我国先诉刑事判决对于后诉民事判决的预决力实际上是体现在证据效力方面，赋予刑事判决中判决主文、判决理由部分的事实认定结论以免证效力。但是司法实践中也存在因裁判者过分依赖刑事案件事实认定、片面追求效率、不愿承担风险、过度追求裁量统一性等原因导致预决力不当扩张的现象。对此，有学者担忧，如果扩大刑事判决已决事实对民事诉讼的预决力，势必造成刑事审判权对民事审判权独立行使的侵蚀。[①] 本案一、二审法院在没有深入事实查明的情况下，直接以先行刑事案件没有指控宋祖兴为由即认定宋祖兴未违反竞业限制义务，确有欠妥。

先行刑事判决对后行民事案件产生何种预决效力取决于刑事案件事实指向、是否系与定罪量刑有关的事实、是否构成犯罪等多种因素，法院需结合案件具体情况多方面考量以正确适用预决力规则。再审法院在考虑到先诉刑事案件未涉及对宋祖兴指控的重要因素基础上，认为相关事实并未经过正当程序查证并认定，进而正确认定不构成先行刑事诉讼预决事实，充分维护了民事审判权行使的独立性。此外，退言之，即使与本案相反，刑事案件中已经指控民事案件当事人且最终决定不起诉、判决不构成犯罪等，也并不必然意味着当事人无须在民事案件中承担违约或者侵权责任，这主要是因为刑事诉讼"排除合理怀疑"的证明标准通常高于民事诉讼的"高度可能性"标准，因此案件事实有可能存在未达到刑事证明标准但达到民事证明标准的情况，即虽不构成犯罪但构成违约或侵权，孙卫与

---

① 杨秀清：《刑事判决已决事实对民事诉讼的证明效：理论与规则》，载《行政法学研究》2021 年第 1 期。

南通百川面粉有限公司不当得利纠纷案①即为适用不同证明标准不同结果的典型案例。

再审法院在证据法运用中的另一个可圈可点之处，在于明确了刑事询问笔录本质上属于证人证言证据种类，采信仍需满足法律和司法解释对于证人证言的要求。本案中，大西洋公司申请法院调取了其员工在刑事案件侦查卷中的证言、询问笔录，拟证明宋祖兴没有完全归还大西洋公司的保密资料和物品，违反了保密义务。法院认为，上述证据材料虽然是以询问笔录的方式出现，但并不能改变其属于证人证言证据种类的本质。由于上述证据材料系与大西洋公司有利害关系的员工在刑事侦查程序中出具的言词证据材料，且未在先行刑事诉讼中进行过质证。故不能直接用作本案的定案依据，由于大西洋公司并未申请其员工作为证人到庭作证，且其员工的证人证言亦不属于民事诉讼法规定的当事人因客观原因不能自行收集的证据，因此，法院上述证据材料未予采信。这对于纠正实践中普遍存在的民事法官对于刑事询问笔录参照书证进行认证的做法具有积极意义。

（四）修改出资期限不适用资本多数决规则②

1. 基本案情

2017年6月27日，基于鸿大公司取得代理Tesla在中国大陆设立外商投资企业事宜的授权的预期，姚锦城等人与鸿大公司共同签订《合作协议书》，其中姚锦城拟出资700万元占增资后鸿大公司15%的股份，同时约定各入股方应在协议签署后3日内将各自认缴的出资额全部实缴至鸿大公司。

2017年7月17日，鸿大公司形成新的公司章程，载明鸿大公司注册资本1000万元，其中姚锦城出资150万元，各股东出资时间均为2037年7月1日，股东按照出资比例行使股东会表决权。

2018年10月30日，鸿大公司向姚锦城发送2018年临时股东会通知，通知中载明了会议召开时间、地点及会议审议事项。2018年11月18日，鸿大公司形成2018年第一次临时股东会决议，姚锦城未出席，其余占股85%的股东均参会。该次股东大会主要决议内容为：经持有鸿大公司85%股权且表决权超过2/3以上的股东一致表决通过：（1）免除姚锦城公司监事职务；（2）将鸿大公司章程记载的股东出资时间从2037年7月1日修改为2018年12月1日；（3）因姚锦

---

① （2014）安开民初字第00816号。本案刊载于《最高人民法院公报》2015年第7期。

② （2019）沪02民终8024号。本案刊载于《最高人民法院公报》2021年第3期。

城经多次催缴仍未按约定缴付出资款 700 万元，决定限制姚锦城一切股东权利；（4）采取一切必要措施要求姚锦城履行出资义务。

姚锦城诉请法院确认该临时股东会决议第 2、3 项无效。一审法院判决确认第 2 项决议无效并驳回姚锦城的其他诉讼请求。鸿大公司不服提起上诉，二审法院判决驳回上诉，维持原判。

2. 争议焦点

第一，本案修改股东出资期限是否适用资本多数决规则；第二，鸿大公司是否存在亟需股东提前出资的正当理由。

3. 裁判要旨

有限责任公司章程或股东出资协议确定的公司注册资本出资期限系股东之间达成的合意。除法律规定或存在其他合理性、紧迫性事由需要修改出资期限的情形外，股东会会议作出修改出资期限的决议应经全体股东一致通过。公司股东滥用控股地位，以多数决方式通过修改出资期限决议，损害其他股东期限权益，其他股东请求确认该项决议无效的，人民法院应予支持。

4. 案件评述

资本多数决原则作为股东会的基本决议规则，对平衡股东间的利益冲突、使公司快速有效地形成决策并为保护和刺激股东的投资热情具有不可磨灭的贡献。[①] 但是资本多数决在部分情形下也可能造成大股东对小股东的压制，为保护中小股东的权益，我国《公司法》针对可能存在的滥用资本多数决的情形设立了相应的救济途径。例如，《公司法》第 16 条针对股东或实际控制人可能滥用资本多数决利用公司为自身提供担保的问题规定了表决回避；第 21 条针对控股股东、实际控制人等可能滥用资本多数决进行关联交易损害公司利益的问题进行了禁止规定以及损害赔偿规定；第 74 条针对大股东可能存在滥用资本多数决不分配利润、转移主要财产等问题规定了异议股东享有股权回购请求权。上述规定对于保护中小股东不受滥用资本多数决的侵害显然具有积极作用，但其具有零散化、碎片化的特点，原则性、系统性的保护需明确一致决与多数决的界限，进而明确中小股东的何种根本利益是资本多数决原则所不能侵害的。然而，遗憾的是，《公司法》并未对此作出明确规定，因此，本案在一定程度上发挥了弥补法律漏洞的作用。

本案的核心争点在于修改出资期限能否适用资本多数决规则，关于出资期限

---

① 蔡元庆、龚建凤：《资本数决原则与中小股东利益的协调》，载《当代法学》2003 年第 11 期。

的问题，《九民纪要》第 6 条指出在注册资本认缴制下，股东依法享有期限利益。除例外情形，债权人以公司不能清偿到期债务为由，请求未届出资期限的股东在未出资范围内对公司不能清偿的债务承担补充赔偿责任的，人民法院不予支持。可见，司法实务中对债权人主张公司股东出资期限加速到期问题，采取了原则否定例外肯定说的折中说。① 具体到本案中，资本多数决的使用限制与股东出资期限加速到期理由的正当性，是公司股东能否通过公司决议修改股东出资期限加速到期要探讨的问题。

本案判决明确修改股东出资期限属于股东一致决事项而非资本多数决事项，给出的三点理由也为后续的众多类案裁判文书所直接引用。首先，股东的出资期限利益，是公司资本认缴制的核心要义，系公司各股东的法定权利，如允许公司股东会以多数决的方式决议修改出资期限，则占资本多数的股东可随时随意修改出资期限，从而剥夺其他中小股东的合法权益。其次，修改股东出资期限直接影响各股东的根本权利，如允许适用资本多数决，不同意提前出资的股东将可能因未提前出资而被剥夺或限制股东权益，直接影响股东根本利益。因此，修改股东出资期限不能简单等同于公司增资、减资、解散等事项，不能简单地适用资本多数决规则。最后，股东按期出资本质上属于各股东之间的一致约定而非公司经营管理事项，公司经营过程中，如有法律规定的情形需要各股东提前出资或加速到期，系源于法律规定，而不能以资本多数决的方式，以多数股东意志变更各股东之间形成的一致意思表示。

本案决议使得姚锦城的出资缴纳期限从 20 年左右缩减到半个月不到，实质系公司股东滥用控股地位侵害小股东出资期限利益。法院驳回诉请的判决充分保护了小股东的出资期限利益，对于今后司法保护中小股东利益具有积极示范作用。

（五）上市公司股份代持协议效力，应根据民事法律行为效力的相关规定及金融安全、市场秩序、公序良俗、持股比例、影响大小等因素综合审慎判断 ②

1. 基本案情

2015 年 2 月 28 日，陆某与陈某签订《股权代持协议书》约定，陆某委托陈某作为其对明匠公司 2000 万元出资的名义持有人（按明匠公司估值 2.2 亿元价格

---

① 庄龙平、李超、刘江：《修改股东出资期限不适用资本多数决规则》，载《人民司法》2021 年第 26 期。

② 本案系上海市高级人民法院参考性案例第 117 号，发布于上海市高级人民法院 2021 年第二批参考性案例（总第十六批，第 115—120 号）。

计算，对应明匠公司 9.1% 的股权），并代为行使相关股东权利。陈某向陆某承诺明匠公司在 6 个月内被上市公司按估值不低于 3.5 亿元价格收购。上市公司收购后，陆某可选择让陈某一次性给付本金和收益，也可先行给付本金，估值溢价部分折合成股权，或选择将本金与收益部分全部折合成股权。协议签订后，陆某依约向陈某支付 2000 万元。

2015 年 10 月 19 日，陆某、陈某、沈某、明匠公司四方签订《协议》约定，黄河旋风公司以 4.2 亿元价格收购明匠公司 100% 股权的事项已获证监会批准并于近期正式发文，陆某可同时获得黄河旋风公司 487.5 万股流通股股票；陈某应根据陆某指定的股票交易日，按当日黄河旋风公司的收盘价为标准，将 487.5 万股股票价值转化为现金标的额，并由陈某在此后 3 日内将该笔款项汇入陆某指定的银行账号，具体金额以当日价格为准，交易日暂定为 2016 年 1 月 5 日。沈某、明匠公司对陈某的上述全部义务承担无限连带保证责任。

2015 年 10 月 24 日，黄河旋风公司公告，称其已通过发行股份及购买资产并募集配套资产的方式并购明匠公司。此外，陈某在该交易结束后成为黄河旋风公司前十大股东。

2017 年 6 月 15 日，陆某向陈某、沈某、明匠公司发送律师函，要求陈某在 3 日内支付已明确的股权折价款 102521250 元等（2016 年 1 月 5 日黄河旋风的收盘价为 21.05 元）。2017 年 6 月 21 日，陈某出具《付款承诺书》，承诺按《协议》约定向陆某支付相关款项。后陈某一直未履约。

陆某向法院诉请陈某支付股权折价款 102521250 元等，一审判决认定《股权代持协议》及《协议》有效，支持了陆某请求陈某支付股权折价款等部分诉请。陈某不服提起上诉，二审判决认定《协议》无效，撤销了一审判决并改判陈某支付陆某 2305 万元。

2. 案件争点

二审法院归纳的争议焦点有三：一是陆建林与陈俊间的法律关系、系争《股权代持协议书》及《协议》的效力；二是陈俊应承担的责任；三是沈善俊、明匠公司、姜圆圆、黄河旋风公司应承担的责任。此处主要讨论系争《股权代持协议书》及《协议》的效力问题。

3. 裁判要旨

股份隐名代持涉及上市公司兼并重组过程中的股份权属的，其效力如何应当根据现行民事法律关于民事法律行为效力的规定，以及证券市场、上市公司相关法律规定综合判断。

民事法律行为因违背公序良俗而无效，体现了法律对民事领域意思自治的限制。具体到证券市场领域，证券市场的公共秩序应是关涉证券市场根本性、整体性利益和广大投资者合法权益，一旦违反将损害证券市场基本交易安全的基础性秩序。上市公司股份代持行为涉及不特定多数潜在投资人的证券市场公共秩序，涉及金融安全、市场秩序、国家宏观政策等的公序良俗。发行人必须股权清晰，股份不存在重大权属纠纷，且上市需遵守如实披露的义务，披露的信息必须真实、准确、完整。上市公司因涉及发行人等信息披露真实的监管法规要求，要求发行人应当如实披露股份权属情况，禁止发行人的股份存在隐名代持情形。这个要求不仅针对首次公开发行股票并上市的公司，也同样适用于如本案的上市公司兼并重组过程中。

在上市公司隐名代持的情况下，股权代持关系的建立本身并不直接构成对公共利益的危害性，尤其在股权代持的建立时间远早于公司上市时间的情况下。构成违规并对公共利益造成损害的最直接行为是上市主体的不实信批及代持人的刻意隐瞒行为。上市公司股东信息披露不实，会影响证券监管部门对内幕交易、关联交易审查、高管人员任职回避等证券市场基本监管要求。上市公司股权必须清晰，不得隐名代持股权，是对上市公司监管的基本要求，也是上市公司兼并重组等的审查重点。

4. 案件评述

《公司法司法解释（三）》第24条第1款①确认了股权代持协议的法律效力，但最高人民法院近两年在上市公司以及金融机构股权代持纠纷个案中连续确认股权代持协议因违规并危害社会公共利益而无效，使得代持协议的效力认定陷入不确定风险之中。②实际上，现行法律或行政法规均未明确否定上市公司隐名代持行为的效力，因此，上市公司股权代持协议是否有效，应根据民事法律行为的生效要件进行判断。实践中，关于上市公司的股权代持协议效力问题存在两种判定方向。一种认定为无效，该种裁判思路为股权代持行为使得上市公司信息披露要求、关联交易审查、高管人员任职回避等等监管举措落空，损害广大非特定投资

---

① 《公司法司法解释（三）》第24条第1款规定，有限责任公司的实际出资人与名义出资人订立合同，约定由实际出资人出资并享有投资权益，以名义出资人为名义股东，实际出资人与名义股东对该合同效力发生争议的，如无法律规定的无效情形，人民法院应当认定该合同有效。

② 王莹莹：《〈证券法〉2019年修订背景下股权代持的区分认定》，载《法学评论》2020年第3期。

者的合法权益，损害公共利益，有违公序良俗，故判定无效，如杨金国、林金坤股权转让纠纷案[①]即为此种审判思路。在该案中，最高人民法院认为上市公司股权代持必然损害到广大非特定投资者的合法权益，从而损害到资本市场基本交易秩序与基本交易安全，损害到金融安全与社会稳定，从而损害到社会公共利益，故而判定案涉协议无效。另一种审理思路则认为应区分不同情形分别认定，有可能无效，也有可能有效，该种思路内在逻辑是并非全部股东都足以对公众投资者产生影响，在判定代持协议效力时，要充分考虑持股数量占总股比、持股人身份等因素，对于一些持股比例极小的代持合同，不能一概认定为无效，如王雷与杨立强合同纠纷案[②]即采用此种思路。

本案中，法院认为《股权代持协议书》虽约定陈某向陆某承诺明匠公司在被上市公司按照估值不低于3.5亿元价格收购，但该协议签订时明匠公司尚未被黄河旋风公司兼并重组，不涉及上市公司股权代持争议，故该协议合法有效。而各方签订的《协议》系在黄河旋风公司收购明匠公司100%股权等基础上，为了黄河旋风公司收购明匠公司股权事项平稳获得证监会核准批文及陆某委托陈某代持股份的股东权益所签订。无论是《协议》内容还是《协议》签订过程，都涉及明匠公司与上市公司间的股权交易，即双方明知陈某替陆某代持的明匠公司股权将可溢价转化为上市公司股票。明匠公司被上市公司兼并重组前，陈某代陆某持有股份，以自身名义参与黄河旋风公司通过发行股份并募集配套资金的方式收购明匠公司股权，成为上市公司前十大股东，隐瞒了实际投资人的真实身份，关系到以信息披露为基础的证券市场整体法治秩序和广大投资者合法权益。陆某和陈某双方的行为构成了上市公司定向增发股份的隐名代持，根据《证券法》（2014年）第63条及《上市公司重大资产重组管理办法》（2019年）第43条有关信息披露的规定，违反了证券市场的公共秩序，损害了证券市场的公共利益，依据相关民事法律规定，确认系争《协议》无效。

判断上市公司股权代持协议效力时应秉持综合审慎判断的态度，区分不同情形进行判定，而非一概无效化。上市公司股权代持行为有效与否的认定实际上是在金融市场公共秩序与股东投资自由两种利益的冲突之间进行权衡选择，其背后体现的是公序良俗原则与意思自治原则之间的冲突，私法的核心在于尊重当事人

---

① 杨金国、林金坤股权转让纠纷案，最高人民法院（2017）最高法民申2454号民事裁定书。
② 王雷与杨立强合同纠纷案，北京市第三中级人民法院（2021）京03民终6293号民事判决书。

意思自治，而当事人的意思自治又有可能损害公共利益，此两种利益保护时常在个案中发生冲突，但任一利益相较另一利益来说均不应具有绝对优势地位。不区分个案具体情况将上市公司股权代持协议一概无效化的判决行为实际上是给予了公共利益不必要的绝对倾斜保护，在案涉股权持股比例极小的情况下，如在楼毅东与王锐股票权利确认纠纷案[1]中，代持股权比例尚不足上市公司所发行股份的0.01‰，如此微小比例的代持行为对公司治理及对公众投资者几乎不会产生不利影响，此种代持行为可能无涉金融安全、市场秩序等公序良俗，如果一味无效化，可能将侵害被代持方的投资利益。因此，对于上市公司股权代持协议的效力判断，应综合股东持股比例、持股人身份、对上市公司的运营及广大证券市场的投资者的影响大小等因素，综合审慎判断未披露案涉代持关系的行为是否达到足以侵害金融市场公共秩序的程度，进而作出合法、合理的判定。

此外，证监会于2021年新发布的《监管规则适用指引——关于申请首发上市企业股东信息披露》第1条规定，发行人应当真实、准确、完整地披露股东信息，发行人历史沿革中存在股份代持等情形的，应当在提交申请前依法解除，并在招股说明书中披露形成原因、演变情况、解除过程、是否存在纠纷或潜在纠纷等，即公司首次公开发行上市的不得隐名代持股权。但是除此之外，上市公司其他情形下股权代持的效力问题还没有相关明确规定，且上述规范的性质属于部门规章，并不属于法律、行政法规的强制性规范，因此，法官对上市公司股权代持行为效力进行分析时仍应综合案件具体情况，援引公序良俗原则相关规定进行裁判。

（六）控股股东将其对公司的应收款转入公司资本公积科目，应视为其对公司债务的豁免[2]

1. 基本案情

董某、苏某系夫妻关系，董某为红富士公司控股股东、法定代表人，苏某为红富士公司大股东、财务负责人。出于公司上市的目的，2007年6月30日，红富士公司将对于董某的其他应付款10204232.35元、对于苏某的其他应付款7334583.45元调入资本公积；同年12月31日，红富士公司将对于董某的其他应付款11130,760元、对于苏某的其他应付款9970506元调入资本公积。上述的其

---

[1] （2020）沪01民终10695号。

[2] （2020）沪民再1号。本案系上海市高级人民法院参考性案例第111号，发布于上海市高级人民法院2021年第一批参考性案例。

他应付款系董某、苏某向红富士公司出让德威公司股权以及董某、苏某向案外人出让红富士公司股权等交易事宜形成，共计 38640081.8 元。2014 年 10 月 31 日，红富士公司又将上述 4 笔账款从资本公积账目调回至对董某、苏某的其他应付款账目中。

红富士公司诉请确认董某、苏某将资本公积金擅自减少的行为为侵权行为，判令两人将资本公积减少的 38640081.8 元予以转回。一、二审法院驳回了红富士公司的该项诉请。上海市高级人民法院再审判令董某、苏某将会计核算予以更正，将 38640081.8 元恢复至资本公积科目。

2. 争议焦点

案涉 4 笔资本公积金调出是否损害公司利益，是否应当调回？

3. 裁判要旨

公司法的立法宗旨在于强调公司意思自治，一般而言，公司法应当慎重介入公司内部治理及运营，但如果控股股东滥用权利对公司利益及小股东利益造成实质损害，则公司法可以对此予以规制。

资本公积仅能用于公司扩大生产经营或转增注册资本，不得用于弥补公司亏损或转为负债等其他用途，控股股东为推动公司上市而将其对公司的债权转入资本公积，应视为其对公司债务的豁免，控股股东再利用其对公司的控制权，擅自将资本公积调整为公司对其的应付款，减少了公司的所有者权益，损害了公司利益和小股东利益，依法应当承担返还财产、恢复原状的责任，将账款调整回资本公积科目。

4. 案件评述

根据《公司法》和财政部企业会计准则相关规定，资本公积金是一种准资本金或者公司后备资金，属于公司资产，是企业所有者权益的组成部分。该性质亦为既往司法案例所确认，例如在兰州神骏物流有限公司与兰州民百（集团）股份有限公司侵权纠纷案[①]中，最高人民法院认为公司因接受赠予而增加的资本公积金属于公司所有，是公司的资产，股东不能主张该资本公积金中与自己持股比例相对应的部分归属于自己。

本案主要的问题在于，股东将公司对其应付款转至资本公积科目行为的性质和法律后果。对此，法院从资本公积金的属性出发，认为根据相关会计准则对资

---

① （2009）民二终字第 75 号。本案刊载于《最高人民法院公报》2010 年第 2 期。

本公积的规定，无论是控股股东还是非控股股东，其对公司作出的捐赠或债务豁免，从经济实质上如果可以认定为对公司的资本性投入，那么就应当将相关利得计入资本公积。而股东将资金调入资本公积项下带来的后果是公司的应付款减少而净资产增加，这本身即为资本性投入在财务账面的具体体现。在此基础之上，股东为推动公司上市而将其对公司的债权转入资本公积，相应的款项已经变更为资本性投入，属于公司财产，因此法院认为虽然其与公司之间不存在关于放弃债权的书面协议，但该转入行为从经济实质上判断属于股东对企业的资本性投入，应视为股东对公司债务的豁免。

基于资本公积金属于公司资产的性质，股东在无合法、正当理由情形下不得占有公司资产是公司对其财产享有法人独立财产权的应有之意，《公司法》第168条第1款关于公积金用途的规定也可得出相应结论。《公司法司法解释（三）》第14条规定了股东抽逃出资的法律责任，虽然司法实践中较多情况下将其理解为抽逃注册资本，但是从目的论解释出发，股东抽逃资本公积金也应受到该条规制，即股东不得未经法定程序，擅自抽逃公司的资本公积金，否则应向公司承担返还责任。

同理，本案中，股东董某、苏某在对公司债务进行豁免时，相应资金已属于公司财产。而后董某、苏某又利用其控股股东、实际控制人地位，擅自将资本公积调整为公司对其的应付款，法院认为违反了公司资本充实原则，侵害了公司资产。从该转出行为对红富士公司的影响来看，已经实际损害公司利益。2014年10月31日，案涉4笔款项从资本公积项下转出，重新转回为红富士公司对董某、苏某的应付款，红富士公司债务相应增加了38 640 081.8元，该新增债务即红富士公司的损失。据此，法院最终认定董某、苏某将案涉38 640 081.8元从资本公积科目调出的行为系控股股东、董事、高级管理人员损害公司利益的行为，应当根据法律规定承担返还财产、恢复原状、赔偿损失等责任。

本案对相关司法实践具有如下几方面积极意义。

第一，重新强调资本公积金属于公司资产的性质，有利于促进对股东未经法定程序擅自抽逃资本公积的行为的司法规制。虽然资本公积金与公司注册资本的性质、用途存在明显不同，但二者同属公司所有者权益，是公司资产，在公司享有独立财产的法理基础上，股东任意抽逃资本公积金本质上是对于公司财产的侵权行为，应为法律所规制。

第二，明确了财务报表不得任意调整的严肃性，有助于民营企业规范财务制度，促进民营企业依法健康发展。财务报表应当是公司财务情况的客观真实反映，控股股东对公司财务报表任意更改的行为实际上是对公司独立人格的侵害，如果放任该种行为而不加以规制，则会撼动公司法基石之法人独立人格原则。

第三，有效维护了民营企业利益和中小股东利益。公司法的立法宗旨在于强调公司意思自治，一般而言，公司法应当慎重介入公司内部治理及运营。但如果控股股东滥用权利，那么公司的意志形成过程已不再是从公司自身利益出发而是服务于控股股东的利益，将对公司利益及小股东利益造成实质损害。此时，公司法就应当对此予以规制。本案即是法院充分发挥司法介入作用以维护公司和股东利益的典型范例。

（七）对公司减资决议作出后至工商登记变更之前新产生的债务，公司仍有义务将减资事项直接通知相应债权人[①]

1.基本案情

博达公司与梅斯公司先后于 2015 年 10 月 8 日、2015 年 11 月 11 日、2016 年 1 月 5 日签订 3 份设备买卖合同。博达公司已按约交付设备，至起诉前梅斯公司尚欠货款 50 余万元。

梅斯公司设立于 2014 年 7 月，注册资本 2000 万元，股东为杨某、陈某。梅斯公司股东会于 2015 年 9 月 15 日形成决议：公司注册资本从 2000 万元减少到 1000 万元，杨某出资金额由 1950 万元减少到 950 万元，陈某出资额 50 万元，维持不变。2015 年 10 月 16 日，梅斯公司在《苏州日报》上对上述减资事宜进行了公告，载明债权人可自本公告之日起 45 日内要求公司清偿债务或者提供担保。2016 年 1 月 21 日，梅斯公司向苏州工业园区市场监督管理局申请注册资本变更登记。2016 年 8 月，苏州工业园区市场监督管理局核发了新的营业执照。

博达公司以梅斯公司不履行付款义务且未通知减资事宜为由请求法院判令：（1）梅斯公司支付货款以及逾期付款违约金；（2）梅斯公司股东杨某、陈某在公司减资范围内对上述债务承担连带清偿责任。

杨某、陈某辩称，梅斯公司减资决议于 2015 年 9 月 15 日生效，订货合同均于此后签订。梅斯公司减资时博达公司并非其债权人，故梅斯公司不负有通知义务，二人作为梅斯公司股东亦不承担赔偿责任。梅斯公司同意两股东的抗辩意见。

---

① （2020）沪民再 28 号。本案系上海市高级人民法院参考性案例第 124 号，发布于上海市高级人民法院 2021 年第三批参考性案例。

另查明，梅斯公司至 2015 年 12 月 31 日实缴出资 500 万元，至 2016 年 12 月 31 日实缴出资 1000 万元。为办理减资变更登记，2015 年 12 月 1 日杨某、陈某向工商管理部门出具《公司债务担保情况的说明》一份，承诺"本公司于 2015 年 9 月 15 日经股东会决议，将公司注册资本从 2000 万元减至 1000 万元，公司已于减资决议作出之日起 10 日内通知了全体债权人，并于 2015 年 10 月 16 日在《苏州日报》上发布了减资公告。至 2015 年 12 月 1 日，公司已对债务提供担保，所有债务由减资后全体股东担保"。

本案一、二审法院均判决驳回了杨某、陈某在减资范围内对梅斯公司的债务向博达公司承担连带清偿责任的诉请，上海市高级人民法院再审改判支持梅斯公司该项诉请。

2. 争议焦点

第一，梅斯公司就减资事宜对博达公司是否负有通知义务；第二，如梅斯公司负有通知义务，应以何种方式通知；第三，如梅斯公司未依法履行通知义务，梅斯公司股东应如何承担责任。

3. 裁判要旨

公司减资依法应当通知债权人。债权人范围不仅包括公司股东会作出减资决议时已确定的债权人，还包括公司减资决议后工商登记变更之前产生的债权债务关系中的债权人。至于债权未届清偿期或者尚有争议，均不影响债权人身份的认定。

减资通知方式分为书面通知和公告通知。对已知的、明确的债权人，公司必须以书面方式通知；只有对无法找到或者无法通知到的债权人，才可采取公告方式通知。

公司怠于履行上述通知义务的，有过错的股东应在实际减资范围内对公司不能清偿部分承担补充赔偿责任。

4. 案件评述

《公司法》第 177 条规定了公司减资制度，但该条并未相应明确公司在违反程序要求不当减资时对应的法律后果何如。遗憾的是，纵览《公司法》及相关司法解释，亦未能发现对于减资生效要件及违规减资后果的明确规定。有学者通过实证研究发现，在法无明文规定的情况下，司法实践中在公司减少注册资本未通知债权人而债权人诉至法院的案件中，法院一般不判决减资无效，而是用类推适用方法让减资股东对公司不能清偿的债务在减资的范围内承担赔偿责任。[①] 上海德力西集团有限公司诉江苏博恩世通高科有限公司、冯军、上海博恩世通光电股份有限公司买卖合同纠纷案[②] 印证了上述实证研究的结论，在该案中，上海市第二中级人民法院认为，公司未对已知债权人进行减资通知时，该情形与股东违法抽逃出资的实质以及对债权人利益受损的影响，在本质上并无不同，因此类推适用抽逃出资的规则追究相关股东的责任。本案中亦沿袭同样思路，再审法院认为违法减资客观上降低了公司的偿债能力，产生了和股东抽逃出资一致的法律后果。

然而，上述司法实践中普遍适用的追责方法亦值得商榷。第一，减资减少的是公司资产，若判定减资无效，更符合公司以其独立财产对外独立承担责任的逻辑。而如若类推适用抽逃出资规则，则会引发一系列问题。例如，对于减资未减少自身出资额但在减资决议中表示同意的股东，是否需令其在其他股东减资数额内对公司债务承担补充赔偿责任？又如，对于减资被减少自身出资额但在减资决议中表示反对的股东，是否需令其在自身减资数额内对公司债务承担补充赔偿责任？如上列举问题均值得进一步思考。第二，若判定减资无效，则该法律效果具有对世性，而如若类推适用抽逃出资规则，则在个案纠纷中所作判决效力仅针对提起诉讼的债权人，即减资股东仅对特定债权人承担补充赔偿责任，该效力并不广泛及于所有债权人，这对于尚未提起诉讼的债权人颇为不公。

抛开上述问题，本案中再审法院更加关注的问题是减资决议作出后至工商变更登记完成前新产生的债权人，是否属于《公司法》第177条规定的"债权人"范围。从文义解释出发，《公司法》第177条仅要求公司在减资决议作出10日内通知债权人，故梅斯公司自然无须对减资决议作出后形成的债权人负有通知义务，这也是一、二审法院所秉持的观点。而再审法院基于目的解释对《公司法》第177条中减资公司的通知义务范围进行了扩张，将减资决议形成后至工商登记变更前所产生的债权人亦纳入应被通知范围，其主要理由如下。

第一，从条款定位和立法目的出发，《公司法》第177条"公司应当自作出减少注册资本决议之日起十日内通知债权人"之规定，旨在督促公司尽早履行通知

[①] 余斌：《公司未通知债权人减资效力研究——基于50个案例的实证分析》，载《政治与法律》2018年第3期。

[②] （2016）沪02民终10330号。本案刊载于《最高人民法院公报》2017年第11期。

义务，以保障债权人的信赖利益和知情权，而非免除公司对减资过程中与之形成债权关系债权人的通知义务。

第二，从商事外观主义和保障交易安全角度考虑，债权人对于注册资本的合理信赖应当受到保护。交易相对方与公司进行交易之前通常会充分评估公司的资产信用状况，最直接的方法便是查阅市场监督管理部门公示的公司注册资本，其对于公司注册资本的合理信赖理应得到法律的尊重和保护。

第三，从双方利益衡平角度思考，不应对债权人范围进行机械限缩解释。实践中股东滥用认缴制损害债权人利益的情况屡见不鲜，考虑到现有立法就债权人保护制度仍延续法定资本制的规定，所以有必要对公司及其股东与债权人利益保护失衡的状态进行适当矫正，以避免股东利用减资程序损害债权人利益。

第四，根据诚实信用原则，民事主体在民商事活动中应恪守诚信，善意行使权利、履行义务。公司及其股东明知减资行为会损害公司的偿债能力却不履行通知义务，有滥用公司减资程序之嫌，有违诚信原则。

本案对于不当减资纠纷司法实践具有如下几方面积极意义。

第一，在法无明文规定的情况下，类推适用抽逃出资的规定，于个案中充分保护了债权人的利益。如上所述，现行法律和司法解释并未明确规定未履行法定减资通知义务下公司、减资股东或其他股东应当承担的法律责任，本案在法无明文规定的情况下，延续司法实践中类推适用抽逃出资规则的做法并保持裁判口径的一致性，充分有效地保护了博达公司作为债权人的利益。

第二，强调书面通知与公告通知的不同，明确公司不能以公告通知的方式逃避直接通知的责任。上海市高级人民法院认为，书面通知的方式更能确保债权人及时、明确地知晓减资事宜，更有利于保护债权人的信赖利益和知情权。而公告通知是一种拟制通知，是适用应具有备位性，对于已知的、明确的债权人，公司应当以书面方式通知，而不能以公告通知的方式代替之。该观点具有一定的合理性，且的确能更充分地保护债权人的知情权。但《公司法》第177条条文本身对于通知方式的优先性已经作出安排，即"自作出减少注册资本决议之日起十日内通知债权人，并于三十日内在报纸上公告"，从文意来看对已知债权人的告知方式显然不同于公告，是直接通知而非拟制通知。

第三，本案在基本延续上述公报案例的审理思路基础上，基于立法目的与商事外观主义对债权人范围以及通知义务的期限进行合理扩张解释，弥补了减资程序特定时段内债权人保护的"真空地带"。《公司法》第177条的立法目的是督促公司尽早履行减资通知义务，以使得债权人及时选择要求清偿或者提供担保，而非免除公司对减资过程中形成的债权人的通知义务。此种解释具有一定的合理性，这也是本案的关键意义所在，诚如博达公司所称，减资程序不是发生在一个时间点，而是发生在一段时间内。可以预料，在这段时间内，公司完全有可能对外发生新的债务。基于商事外观主义，在减资决议作出后到登记变更前这段时间所产生的债权人，对登记变更之前的交易相对方登记的资本状态存在合理信赖，其信赖利益应当得到法律的尊重和保护。

但是，本案亦有需再行考虑的问题，正如上述，对于减资未减少自身出资额但在减资决议中表示同意的股东，令其在其他股东减资数额内对公司债务承担补充赔偿责任是否公平？本案中，减资前，杨某、陈某的出资额分别为1950万元、50万元；减资后，杨某、陈某的出资额变更为950万元、50万元，陈某本身未在公司减资过程中获得减资或获得其他利益，上海市高级人民法院仅以陈某同意减资为由即判令出资额仅有50万元的陈某对杨某所减资的1000万元部分对债权人承担和杨某一样的补充赔偿责任是否有失公平？法院并未对要求陈某承担责任的理由进行过多阐述，其论述似以侵权责任为依据，但如若陈某是因侵权而承担责任，法院亦未对陈某同意减资的侵权行为与对债权人造成的损害结果之间的因果关系以及陈某、杨某之间的过错责任划分进行充分论述。

（八）公司在其利益受损后已积极采取刑事报案等措施维护公司利益时，无赋予股东提起股东代表诉讼权利之必要[①]

1. 基本案情

彭萍系竣尊公司财务总监，梁刚系竣尊公司总经理及品尊公司实际控制人。2013年，彭萍将其在竣尊公司38%的股份转让给品尊公司，转让价格1.7亿元。协议签订后，梁刚、彭萍采用虚构交易背景等方式，将竣尊公司的1.2亿元资金转至彭萍实际控制的渝嘉公司、联达公司（后更名为旺聚公司）作为股权转让款。2016年10月，竣尊公司向公安机关举报梁刚、彭萍的犯罪事实。2017年1月10日，竣尊公司与彭萍、彭琮林、王万英、渝嘉公司、旺聚公司签订《竣尊公司款项追回及遗留问题的解决协议》，约定彭萍、彭琮林将1.2亿元资金及利息退还竣尊公司，王万英、渝嘉公司、旺聚公司承担连带清偿责任。2017年6月20日，

[①] 吕科诉彭萍、彭琮林、王万英、重庆渝嘉建筑安装工程有限公司、重庆旺聚贸易有限公司、重庆品尊投资咨询有限公司、重庆首成房地产开发有限公司及一审第三人重庆竣尊房地产开发有限公司损害公司利益纠纷案。本案入选最高人民法院2021年全国法院十大商事案件。

竣尊公司与彭萍、彭琮林、王万英、品尊公司、梁刚等签订《和解协议》，约定由王万英、彭萍、彭琮林、品尊公司、梁刚共同筹资 8500 万元退还竣尊公司，并将原彭萍转让给品尊公司的股份转让给竣尊公司大股东斌鑫公司，以弥补给竣尊公司造成的损失；竣尊公司不再另行追究王万英、彭萍、梁刚、彭琮林、品尊公司的经济责任。

2019 年 4 月 16 日，竣尊公司股东吕科向公司监事郭斌发送函件，要求公司对本案被告提起诉讼，追回被转走的资金，郭斌明确表示拒绝起诉。2020 年 11 月 23 日，重庆市永川区人民法院判决：梁刚、彭萍犯挪用资金罪；责令梁刚退赔竣尊公司被挪用的资金 1.7 亿余元，彭萍在 1.2 亿元范围内承担共同退赔责任。

后吕科提起股东代表诉讼，一审判决驳回吕科全部诉请。吕科不服提起上诉。重庆市高级人民法院二审裁定撤销一审判决，驳回吕科的起诉。

2. 争议焦点

在竣尊公司已经积极采取刑事报案等措施以维护公司利益的情况下，股东吕科是否仍然拥有提起股东代表诉讼的权利？

3. 裁判要旨

公司发现资金被挪用后虽未提起民事诉讼，但已经通过刑事报案、协商及和解的方式积极采取补救措施挽回公司损失，并不存在公司利益受损而无挽救的情形，股东提起诉讼并不会再增加公司利益，公司拒绝提起诉讼有正当理由，此时赋予股东提起代表诉讼的权利已经缺乏必要性。

4. 案件评述

《公司法》第 151 条规定了股东代表诉讼制度，也称为股东派生诉讼，是指当公司的利益受到侵害而公司却怠于起诉，或者说公司的操纵者拒绝令公司以自己的名义起诉时，股东则以自己的名义起诉，所得赔偿归于公司的一种诉讼形态。[①] 该制度最初的设立目的是维护中小股东的合法权利，但是为了防止股东的滥诉和恶意诉讼，尊重和维护公司的独立人格，第 151 条在程序上为股东代表诉讼增加了前置程序来制约股东诉权的行使，该程序对于尊重公司自治，过滤无价值诉讼，避免扰乱公司正常经营活动具有重要作用，体现了穷尽内部救济原则。同时，为了使得股东代表诉讼充分服务于维护中小股东权益的本质目的，第 151 条针对前置程序规定了豁免规则，即在"情况紧急、不立即提起诉讼将会使公司利益受到

---

① 段厚省：《略论股东代表诉讼》，载《政治与法律》2000 年 4 期。

难以弥补的损害"的情况下,股东可不受前置程序的制约,2019年出台的《九民纪要》第25条则补充了全新的豁免规则,即在公司治理失灵、根本不存在公司有关机关提起诉讼的可能性时,股东亦无须履行前置程序。周长春与庄士中国投资有限公司、李世慰、彭振傑及第三人湖南汉业房地产开发有限公司损害公司利益责任纠纷案[①]反映了上述豁免规则的内在逻辑,认为在能够证明依法有权代表公司提起诉讼的公司机关基本不存在提起诉讼的可能性,由原告履行前置程序已无意义的情况下,不宜以股东未履行前置程序为由驳回起诉。

关于维护公司利益的方式,虽然《公司法》第151条存在"向人民法院提起诉讼"的表述,但是对于该法条的理解应当遵从目的解释论,从股东代表诉讼的立法目的出发而非拘泥于法律条文进行机械解释。该制度设计旨在敦促公司积极行使权利,强调公司应当在利益受损后依法积极寻求救济,保护自身利益,而非强调公司仅能通过"向人民法院提起诉讼"单一纠纷解决途径来维护利益。具体于本案中,竣尊公司主观上具有积极挽回公司损失的善意,客观上其亦未怠于维护公司合法利益,在发现资金被挪用后也通过刑事报案、刑事退赔、民事协商以及和解等多种方式,积极采取补救措施挽回公司损失,公司的合法利益经过上述补救措施已经得到了极大程度的弥补,股东再行起诉意义不大,因此重庆市高级人民法院裁定驳回股东吕科的起诉。

本案对于股东代表诉讼司法实践具有如下两点积极意义。

第一,有效引导股东合理行使权利,对于后续股东代表诉讼司法实践具有积极示范意义。股东代表诉讼制度是保障中小股东对抗大股东不当压制、防止公司管理层专断经营的制度设计,其最初的立法目的在于赋予股东派生诉权,约束董事、监事等高级管理人员的权力滥用。但制度设计一般都具有双面性,赋权的对立面是权利滥用或不当行使权利,实践中也不乏中小股东滥用诉权谋取私利的行为,由此可能造成公司资源及司法资源的不必要消耗。本案股东虽已履行前置程序,但公司拒绝提起诉讼系出于已经通过刑事方式等解决纠纷的原因,属于正当理由,此种情况下,股东再行提起代表诉讼并不能增加公司的利益,本质上是重复采取的维权措施,将导致公司成本及司法资源不必要的消耗,法院因此驳回股东起诉。

第二,在保护中小股东权益和遵循公司自治原则的此消彼长的冲突之间中寻

---

① (2019)最高法民终1679号。本案刊载于《最高人民法院公报》2020年第6期。

得良好平衡，对于后续司法中法院如何权衡二者以实现立法目的具有启示作用。股东代表诉讼、代表诉讼的前置程序、前置程序的豁免规则实际上均是在保护中小股东权益和遵循公司自治之间寻求、构建利益平衡。股东代表诉讼的制度目的在于，在董监高损害公司利益而公司怠于救济时，为中小股东赋予诉权以维护自身利益。前置程序的设置目的则在于制约股东滥诉，给予公司重新审查是否自行起诉的机会，以防止突破资本多数决原则的异态规则取代公司自行救济的常态规则，损害公司自治性。[①] 豁免规则的设置意图则在于，在符合一定条件时不再要求必须履行形式性程序，以更好地实现保护中小股东利益的实质目的。对这种对平衡状态的寻求应是动态的，部分案件中需要在法律框架内通过利益衡量不断校准。本案即遵循了"保护少数股东权利、公司自治与国家干预相平衡、鼓励正当诉讼与防止投机诉讼相协调"[②] 的均衡性原则，既维护了公司自治，又未使中小股东利益受损。

（九）股东抽逃出资时，中介机构的验资行为与债权人损失之间不存在法律上的因果关系的，依法无需承担补充赔偿责任[③]

1. 基本案情

2018年5月23日，泰元公司召开股东会，一致同意公司增资扩股，原股东雏鹰公司认缴新增注册资本17.55亿元，新股东吉腾公司认缴3.85亿元。为履行增资决议，2018年5月28日，雏鹰公司将第一笔投资款3.81亿元汇入泰元公司账户，泰元公司收到上述款项后即将该款项以债权投资形式转给牧阳养殖专业合作社、天顺养殖专业合作社等8家养殖合作社，而后上述8家养殖合作社及庚良公司、贵新公司等3家单位把该款项转入深圳泽赋基金账户，深圳泽赋基金又通过减资的形式把该款项退回雏鹰公司账户，如此循环6次，雏鹰公司向泰元公司六轮出资共计21.762亿元，吉腾公司也以同样方式进行增资，金额达到3.85亿元，至此泰元公司的注册资金达到30亿元。

2018年5月28日，新郑农商银行向正通联合会计师事务所出具4份《银行询证函回函》，分别载明收到雏鹰公司投资款金额3.28亿元、3.25亿元、3.28亿元、1.494亿元。同日，正通联合会计师事务所向泰元公司出具《验资报告》，载

---

① 李建伟：《股东派生诉讼前置程序的公司参与》，载《中国法律评论》2022年第3期。
② 胡滨、曹顺明：《股东派生诉讼的合理性基础与制度设计》，载《法学研究》2004年第4期。
③ （2021）豫民终1034号。本案入选最高人民法院2021年全国法院十大商事案件。

明截至 2018 年 5 月 28 日，泰元公司已收到股东雏鹰公司新增注册资本 17.55 亿元，收到吉腾公司出资 3.85 亿元。

2018 年 8 月 9 日，中原小额贷款公司与雏鹰公司等签署协议，约定对于中原小额贷款公司此前发放的贷款 1 亿元，追加泰元公司为共同连带保证人，同意还旧借新、对违约行为不起诉、不下调信贷资产风险分类、不上报不良。后上述贷款债权经生效判决确认及强制执行，包括泰元公司在内的各债务人因无可供执行的财产，案件最终被裁定终结本次执行。

现中原小额贷款公司提起诉讼，要求泰元公司股东雏鹰公司、吉腾公司分别在抽逃出资的范围内对泰元公司的债务承担连带赔偿责任；新郑农商银行、正通联合会计师事务所在虚假验资的范围内对债务未足额清偿部分承担赔偿责任。法院生效判决判令雏鹰公司在抽逃出资的本息范围内就泰元公司债务对中原小额贷款公司承担补充赔偿责任，新郑农商银行、正通联合会计师事务所不承担赔偿责任。

2. 争议焦点

第一，雏鹰公司是否抽逃出资，是否应当在抽逃出资的范围内对中原小额贷款公司的债权承担补充赔偿责任；第二，新郑农商银行、正通联合会计师事务所是否存在虚假验资行为，是否应当在虚假验资的范围内对泰元公司的责任承担补充赔偿责任。

3. 裁判要旨

第一，股东将一笔资金，循环多次投入目标公司，虚增增资数额，随后此笔资金流入第三方，该股东又以第三方股东的身份以减资的名义将资金从第三方收回，虽然第三方召开合伙人会议，决议退还出资款，作为第三方股东也公告了减资事宜，但因最终收回的款项发生在上述增资款的循环流转中，并非实质来源于第三方，且在国家企业信用信息公示系统，此第三方的减资也未做变更登记，应当认为从第三方收回的资金并非减资款，上述收回资金的行为属于抽逃资金，抽逃出资的股东应当对在抽逃出资的本息范围内对公司债务不能清偿的部分承担补充赔偿责任，

第二，债权人没有直接的证据证明，其接受担保人提供的担保是基于担保人的增资行为，或使用了金融机构和会计师事务所出在担保人增资时，为其出具的《银行询证函回函》《验资报告》，债权人未收回贷款的损失与金融机构和会计事务所的验资行为不存在法律上的因果关系，依法不应当承担补充赔偿责任。

4. 案件评述

本案涉及金融机构、会计师事务所在为企业验资过程中的法律责任问题。本

案判决虽然将中介机构是否构成虚假验资作为争议焦点之一，但裁判理由中并未对该问题正面回应，而是直接分析虚假验资的责任承担条件。关于虚假验资法律责任的相关规定主要散落于最高人民法院《关于审理涉及会计师事务所在审计业务活动中民事侵权赔偿案件的若干规定》（法释〔2007〕12号）、最高人民法院《关于金融机构为企业出具不实或者虚假验资报告资金证明如何承担民事责任问题的通知》（法〔2002〕21号）、最高人民法院《关于会计师事务所为企业出具虚假验资证明应如何承担责任问题的批复》（法释〔1998〕13号）三个司法解释当中。根据上述司法解释的条款文义及原则精神，金融机构、会计师事务的虚假验资行为本质上是侵权行为，基于侵权责任的法理，金融机构、会计师事务承担赔偿责任的前提是虚假验资行为与被验资单位债权人的损害结果之间具有因果关系，即"相关当事人使用该报告或者证明，与该企业进行经济往来而受到损失"[1]。因此，更核心的问题是对于"使用"一词应作何解释。

司法实践中，对于"使用"存在不同的理解：第一种解释认为"使用"不应狭义理解为仅指相关当事人直接使用该验资报告或资金证明去进行经济活动，企业凭上述文件变更工商登记、领取工商执照，进而使得交易相对方根据国家公示而对企业资信状况及履约能力产生错误认识并发生经济往来，亦应属于"使用"之义，如肇庆端州农村商业银行股份有限公司东岗支行、新乡市升华新能源有限公司买卖合同纠纷案[2]的二审判决中即为此种观点；第二种解释则认为"使用"应具有直接性、目的性和行为的主动性，即向交易对方采取主动的明示行为并发生经济往来，因此，债权人应当证明其在经济往来的过程中直接使用了该验资报告或资金证明，否则，验资行为与债权人损失之间不存在因果关系，如中国农业银行股份有限公司漯河郾城支行、中国建设银行股份有限公司漯河交通路支行财产损害赔偿纠纷案[3]的再审裁判文书中即为此种审理思路。

本案中，法院认定雏鹰公司的整体行为构成抽逃出资，应依法对目标公司的债权人承担补充赔偿责任。至于新郑农商银行、正通联合会计师事务所的责任，如前所

---

[1]《最高人民法院关于金融机构为企业出具不实或者虚假验资报告资金证明如何承担民事责任问题的通知》第1条规定，出资人未出资或者未足额出资，但金融机构为企业提供不实、虚假的验资报告或者资金证明，相关当事人使用该报告或者证明，与该企业进行经济往来而受到损失的，应当由该企业承担民事责任。对于该企业财产不足以清偿债务的，由出资人在出资不实或者虚假资金额范围内承担责任。

[2]（2019）豫07民终2490号。

[3]（2018）豫民再1346号。

述,法院并未正面评价其相关行为是否构成虚假验资、是否存在主观过错,而是从验资行为与债权人损失之间的因果关系出发。首先认为中原小额贷款公司贷款无法收回的风险应有所预判并自行承担;其次认为中原小额贷款公司未能证明接受泰元公司的担保与增资之间存在因果关系,也未证明使用了相应验资材料,故此不能证明验资行为与损害结果之间具有因果关系,据此法院判决银行与会计师事务所无须承担责任。

最高人民法院将该案选入 2021 年全国法院十大商事案件,案例标题为"股东应当在抽逃出资本息范围内对公司债务不能清偿的部分承担补充赔偿责任,中介机构的行为与债权人未收回债权的损失之间不存在法律上的因果关系,依法不应当承担补充赔偿责任"。可见本案中关于中介机构的责任认定思路是案例入选理由之一,从这点来说似倾向性赞同该案审理思路中所隐含的对"使用"解释为直接性使用的观点。本案的积极意义在于,一方面对抽逃出资适用"实质优于形式"理念予以认定,法院透过表面复杂的商业交易安排、资金往来,查明当事人隐匿于复杂交易下的抽逃出资行为,进而有效保护了债权人的合法利益;另一方面阐明了中介机构承担赔偿责任的相关构成要件,依据一般侵权责任成立要件确认了当中介机构的行为与债权人未收回债权的损失之间不存在法律上的因果关系时,中介机构依法不应当承担补充赔偿责任。

需注意的是,最高人民法院《关于金融机构为企业出具不实或者虚假验资报告资金证明如何承担民事责任问题的通知》第 2 条规定,"对前项所述情况,企业、出资人的财产依法强制执行后仍不能清偿债务的,由金融机构在验资不实部分或者虚假资金证明金额范围内,根据过错大小承担责任,此种民事责任不属于担保责任",即该条文本身规定了承担清偿责任的先后顺序,故即使中介机构的验资行为与债权人的损害结果之间具有因果关系,在债务人公司及其股东尚未被强制执行且仍不能清偿前,负责验资的金融机构也无须承担责任。

(十)股权代持合同约定的准据法仅适用于代持关系的判断,股权变更登记依法应当适用公司登记地法律①

1. 基本案情

2016 年 3 月,为拓展境外钢材市场,蒋某等人在中国境内设立某贸易公司,

---

① (2021)苏 05 民终 2105 号。本案于 2022 年 1 月 14 日入选江苏省高级人民法院 2021 年度十大典型案例,于 2022 年 1 月 22 日入选由最高人民法院与中央广播电视总台共同主办、评选的"新时代推动法治进程 2021 年度十大提名案件",于 2022 年 5 月 16 日入选江苏省高级人民法院 10 起涉外、涉港澳台商事典型案例(2018—2021 年)。

以该贸易公司名义在埃塞俄比亚投资设立某钢铁公司，并已取得境外投资审批。

鉴于埃塞俄比亚给予在该国公司持股的外国自然人免于办理签证的便利，贸易公司投资人与在当地负责经营管理的王某约定：钢铁公司名义上由王某与贸易公司共同作为登记注册的股东，但实际上全部股权均属于贸易公司所有；王某同意为贸易公司代持钢铁公司的股权；如贸易公司决定更换代持人，其将无条件配合办理变更登记手续；各方就协议项下的权利义务关系约定适用中国法律。

2019年2月，贸易公司董事会决定将王某代持的钢铁公司股权变更至贸易公司名下，但王某收到通知后未配合办理股东变更授权公证手续，故贸易公司起诉要求王某无偿转让其持有的钢铁公司股份并配合办理股权变更登记手续。

生效判决在查明钢铁公司所在国法律规定的基础上，支持了贸易公司的上述诉请。

2. 争议焦点

王某是否应当将其名下持有的钢铁公司股份无偿转让给贸易公司，并配合办理相应的股份变更登记手续。

3. 裁判要旨

第一，关于是否存在股权代持合意的认定，若双方在书面合同中约定适用中国法律，符合《涉外民事关系法律适用法》第41条的规定，则适用《公司法司法解释（三）》第24条的规定，应当认定显名股东与实际出资人之间对标的公司的股权存在代持合意，其应当按照约定返还股权。

第二，实际出资人要求显名股东配合变更股权登记的诉讼请求，涉及公司股东变更，依照《涉外民事关系法律适用法》第14条的规定，应当适用标的公司登记地法律。法院委托相关专家对案涉境外法律进行查询并出具咨询意见，并应根据公司登记地法律认定显名股东应否无偿转让其代持股份并办理股份变更登记。

4. 案件评述

企业海外投资所引发的涉外股权转让纠纷，除涉及当事人之间的实体权利义务争议，还必然涉及程序上法律适用的问题，其中涉及确定准据法、外国法的查明和解释以及法律适用等诸多国际私法范畴内的问题。涉外股权转让纠纷相较于纯国内的股权转让纠纷，在法律适用、效力认定等方面都更为复杂和困难，而对同一案件中所涉及的不同法律事项进行区分并据此分别确定准据法是作出正确裁判的前提。

关于涉外民事法律关系的实体法和程序法的适用规则主要散见于《民事诉讼

法》《涉外民事关系法律适用法》、最高人民法院《关于适用〈中华人民共和国涉外民事关系法律适用法〉若干问题的解释（一）》等规范。其中,《涉外民事关系法律适用法》旨在明确涉外婚姻家庭、继承、物权、债权、知识产权等民事关系的法律适用,为解决涉外民事争议,维护当事人的合法权益提供了依据。

本案中,关于王某与贸易公司是否存在股权代持关系是双方履行《投资合作协议》过程中产生的争议,该协议明确约定各方就协议项下的权利义务关系适用中国法律,该约定符合我国冲突规范的规定,故应当遵从当事人的意思自治。但需明确的是,该约定的适用具有限制性,仅可适用于是否存在股权代持的法律关系的判断。而关于王某是否应当无偿转让股权并办理变更登记这一问题,系法人属人法适用的范围,应适用登记地法律,当事人合意选择适用的法律不符合我国法律中对于该问题的冲突规范,故无法适用。法院准确地划分了适用中国法和适用埃塞俄比亚法的范畴,并依法查明外国法,为保障投资者合法权益奠定正确基础。

此外,本案查明外国法的必要性还在于,判决需要在钢铁公司所在国执行,因此如若违反当地法律,则很可能无法在境外得到承认与执行。因此,苏州市中级人民法院委托苏州国际商事法庭专家委员会专家,对本案所涉埃塞俄比亚法律进行查询并由其提供专业意见,以准确适用条款并结合案件事实得出正确结论。最终,该判决也得到埃塞俄比亚行政部门的直接认可和执行:一方面,本案秉持国际视野,在处理涉外公司诉讼时成功实现审执兼顾;另一方面,对于进一步推动国际司法互信、司法协助也具有重要意义。

三、热点前沿法律问题探讨

（一）夫妻100%持股公司能否视为一人公司的问题

此问题源起于熊少平、沈小霞申请执行人执行异议之诉再审案［最高人民法院（2019）最高法民再372号］的民事判决。最高人民法院认为,案涉公司系两夫妻股东于婚姻存续期间出资成立,双方又无夫妻财产分割协议。公司注册资本来源于夫妻共同财产,全部股权属于两人婚后取得财产,归双方共同共有。公司的全部股权实质来源于同一财产权,并为一个所有权共同享有和支配,该股权主体具有利益的一致性和实质的单一性。另外,夫妻双方利益具有高度一致性,难以形成有效内部监督。在此情况下,应参照《公司法》相关规定,将公司财产独立于股东自身财产的举证责任分配给夫妻股东。综上,公司系实质意义上的一人有限责任公司。

本案裁判后引起业内一片哗然,其结论很快受到了学界与实务界共同关注。在此之前,大多法院均认为夫妻公司不属于一人公司,如重庆国际复合材料有限公司与李天爱、马俊花等与公司有关的纠纷［重庆市高级人民法院（2018）渝民终 384 号］之民事判决、安徽明光酒业有限公司、成都酒翁酒业有限公司借款合同纠纷［四川省高级人民法院（2019）川民申 3278 号］之再审民事裁定等均持此观点。恰于 2020 年 7 月 15 日,最高人民法院发布了《关于统一法律适用加强类案检索的指导意见（试行）》,文件突出强调了"统一法律适用,提升司法公信"的任务目标。是故,该等"同案异判"现象更饱受诟病,成为近年来公司法领域的又一个争论热点。

我们也注意到一个有趣的信号,此次《公司法（修订草案）》取消一人有限公司及相关连带责任的规定,修法者似有意将该等类化问题归集系属于"股东权利滥用"或"公司人格否认"的制度项下予以统一管处,而无须为一人公司再作"量身剪裁"。此立法倾向一旦得以落实自会对一人公司或夫妻公司等相似纠纷案件的处理产生深刻影响。我们认为,这一立法考量亦有其合理因素。实质上,现行《公司法》之所以对一人公司给予特殊照顾,其制度逻辑无非在于一人公司只有一个股东,缺乏社团性与组织性,公司内部治理机关的阙如必然导致分权制衡与监督结构的失位。股东若既是所有者,又是管理者,则个人财产和公司财产极易混同,继而直接损及公司债权人之利益。循此,对于亦容易造成家企财产混而不分的"夫妻老婆店"现象,司法者只要根据现行规则,通过举证责任倒置,即由夫妻自行证明家企财产之分隔独立性,否则将负担举证不能之败诉风险,由此已足可以完成对债权人之利益保护,自无强行断论多股东公司为一人公司之必要。这也提示我们,所谓一人公司也好,夫妻公司也罢,公司之外观形式并非解铃之关键,真正聚焦点仍应落于"滥用公司法人独立地位和股东有限责任"的本质。

综上所述,与其牵强地将夫妻公司等同于一人公司,毋宁回归于《公司法》第 20 条第 3 款"公司人格否认"制度,并辅之以公平合理的证明责任分配,查明各主体间的"人格或财产混同"事实,才是问题解困的出路,且保证了相干问题均系在一个法律规范下得以自洽。反之,如仅拘泥于一人公司之狭窄视域来观察前述问题,那么夫妻公司之外的父子公司、母子公司、兄弟公司、情侣公司等"亲人公司",当如何处置？难道全部推演为一人公司？结论显非妥适。另外,如果夫妻感情确属不睦,甚至破裂,那是否还认定为一人公司？难道还要将是否为一人公司之界定捆绑于家庭情感纽带,这显然值得商榷。

(二)夫妻一方名下股权处分行为的效力

夫妻一方自行处置其名下股权的效力问题向来受到关注。总体来看,各界观点虽仍存异,但求同趋近乃主流。

最高人民法院在(2014)民二终字第48号艾梅、张新田与刘小平、王鲜等人股权转让纠纷案件中认为,股权各项具体权能应由股东本人独立行使,不受他人干涉。在股权流转方面,《公司法》确认的合法转让主体也是股东本人,而不是其所在的家庭。此后,张洪杰与中国城市建设控股集团有限公司、李殿忠等股权转让纠纷案[(2015)民申字第1342号]、刘奕、王军卿离婚后财产纠纷案[(2018)最高法民申796号]基本保持音调一致,尤其在裁判结果上均以保护股权转让交易为基准,只不过在理据上有的强调善意取得,有的强调股权非夫妻共有。此后,最高人民法院在相关论著中进一步指出,股权是股东基于其股东身份和地位而在公司中享有的权利,兼具财产权与人身权属性。出资并非取得有限责任公司股权的充分条件,不能仅因出资来源于夫妻共同财产而认定该股权为夫妻共同共有。当股权登记于夫妻一方名下时,该股权的各项具体权能应由股东本人独立行使,股东有权单独处分该股权。如无恶意串通损害另一方利益等导致合同无效的情形,登记为股东的一方应按合同约定履行股权转让义务,但因转让该股权而取得的收益属于夫妻共同财产。① 以上观点在实务界具有代表性。

学者对此问题亦各抒己见。部分学者从个体法与团体法辩证关系展开论证,基本内容与实务主张相仿。其认为,夫妻一方股权的性质属于团体法上的社员权,与个体法上的财产权不同,不能直接认定为夫妻共同财产。法律并未将夫妻结合形成的共同体视为独立的主体,也就不存在与之对应的"夫妻股"。夫妻一方股权由股东享有行使,其配偶未经授权无权行使,即便基于家事代理权和股权代持也是如此,所以不宜认定夫妻一方股权为共有股权并可共同行使。② 也有部分学者从其他的角度予以论证并认为,依《民法典》第301条规定之精神,于夫妻未取得一致意见的前提下,单方所为之财产处分显系无权处分,一般认定无效,但构成善意取得之场合除外。同时依据《民法典》第311条的规定,股权善意取得之构

---

① 参见贺小荣主编:《最高人民法院第二巡回法庭法官会议纪要(第二辑)》,人民法院出版社2020年版,第215—233页。

② 参见林芳、章光园:《夫妻一方股权的归属与行使研究》,载《中国应用法学》2021年第6期。

成须满足三个要件：受让人主观善意、支付合理对价、股东名册已经变更登记。①

结合实务界与学界的观点，在一方自行转让股权有效性可得证成的大前提下，各自的论述理据分析有相似点，亦有迥异点。最大的相似点在于，两者皆论及了商事外观主义保护作为重要考量因素，但两者立证之实质基础却判若云泥。最高人民法院的论证基点在于"股权具有人合性，非夫妻共同共有，故一方转让实为有权处分，但转让后的财产收益可视为夫妻共同财产"，此观点似类比于作为夫妻共同财产的"知识产权财产收益"，而学界部分观点则以夫妻共同财产与无权处分之关系为基本出发点，并诉诸于善意取得制度展开讨论。

我们认为，两种阐释均具有自洽性，且最终所导出的保护善意交易第三人的事实性结果也可令人满意，但各自亦有值得进一步厘清之处。

第一，最高人民法院主张"一方名下股权非夫妻共同共有，但其转让的财产收益为夫妻共同财产"，进而得出有权处分的结论，那么原最高人民法院《关于适用〈中华人民共和国婚姻法〉若干问题的解释（二）》第16条第1款［现最高人民法院《关于适用〈中华人民共和国民法典〉婚姻家庭编的解释（一）》第73条］所规定之"出资额分割"当作何解？此包含于股权中的"出资额"若非共同财产，何以分割呢？若系共同财产，为何一方自行处分其载体（股权）却可径行认定为"有权处分"，该点似有悖论未通。此乃司法界观点中存在问题。而认为"股权乃团体社员权，应由社员一方行使"的学者，其论述聚焦于股东资格的行使，但没有很好地就一方自行转让股权之处分行为效力予以有力回应。在这一点上，其也未绕过司法界所临问题。

第二，股权善意取得是否必须将记载股东名册之事实作为善意判定依据？按照《九民纪要》第8条似有此等意味，但该条还规定以"向公司登记机关办理股权变更登记"作为对抗要件，那作为配偶的一方是否可以未办理登记为由主张非善意呢？此外，按照《公司法司法解释（三）》第24条以及《九民纪要》第28条规定的精神，似乎人合性才是真正的股东资格判定标准。循此，即使未记载股东名册或未办理登记，但其他股东都同意或实质认可受让方之股东资格，是否可认定为善意取得？此乃学界观点中存在的问题。

当然暂搁上述疑义，原则上夫妻一方自行处分其名下股权的有效性当无太大

---

① 参见姜大伟：《夫妻单方处分名下股权效力认定的利益衡量及其规范路径》，载《北方法学》2021年第5期。

之分歧，但若第三方非善意的则应为例外排除处理，如明知系夫妻共同财产，或配偶一方已提出异议，或无偿或不合理低价取得等情形，于此，无论系有权处分说，抑或善意取得说，配偶方均可主张股权转让行为的非法性。

（三）商事外观主义在执行与破产程序中的例外

前已提及商事外观主义乃考察夫妻一方股权对外处分之有效性中的重要判定理据之一。实践中，外观主义的适用在其他涉民商事交易的司法领域亦较为活跃。不过，近来关于外观主义适用中的例外场景也受到了多方的关注。原则与例外之间的张力造成了裁判者认知上的左右摇摆，如何衡平外观公信保护与实质权益保护成为一个重要的司法课题。

通常情形下，当相对方所为之交易系基于对该等商事外观之信赖而发生时，裁判者应尽可能尊重商事外观主义的独立性保护，此乃维系商业基本道德规矩与市场经济法治秩序之根本，亦系提升商业运行效率、加速市场资源流动的必备心理条件。若失此信赖体系之建构，则市场规则及由此铸就的交易主体信心必会瞬间损毁殆尽。故而，凡由商事外观信赖利益所生之交易秩序，应受到司法之重点关怀与护佑。如"善意取得"即为由此构筑而生的经典制度，类似场景还包括《民法典》第404条关于正常经营中普通买受人保护、《公司法司法解释（三）》第25条、第26条关于名义股东处分权保护及其出资义务规制等。

反之，若相对方所采之法律行为非囿于外观信赖，则其所取之权益将受到权利实质审查的挑战而令其不具可得法律特殊保护之事由。此等商事外观主义的例外情境在执行异议之诉中多为常见。如河南省高级人民法院（2019）豫民终1708号某银行与某创投中心执行异议之诉民事判决、上海金融法院（2020）沪74民终1025号严某与孙某执行异议之诉民事判决，此两案中法院均对商事外观主义采取了在执行异议之诉中的例外排除，其原因在于信赖利益保护主体应当是依赖公示记载信息并在此基础上实施法律行为的人，执行程序并非基于信赖交易而发生，执行中的普通债权人对债务人责任财产乃一般期待，并不产生对特定财产的信赖利益，故非为特定保护。同时，当基金外观登记与实际情况不符的，不能仅以形式权属为依据，此时应结合合同签订、履行等事实，辅以其他证明材料，综合判断基金的所有权归属。

由此，我们可窥见在执行异议之诉中当以实体真实为基点的司法倾向，其实最高人民法院在《九民纪要》引言部分已对商事外观主义的适用实施了限缩性政策指引。最高人民法院指出，"外观主义系民商法上的学理概括，并非现行法律规定的原则，现行法律只是规定了体现外观主义的具体规则，如《物权法》第 106 条规定的善意取得，《合同法》第 49 条、《民法总则》第 172 条规定的表见代理，《合同法》第 50 条规定的越权代表，审判实务中应当依据有关具体法律规则进行判断，类推适用亦应当以法律规则设定的情形、条件为基础。从现行法律规则看，外观主义是为保护交易安全设置的例外规定，一般适用于因合理信赖权利外观或意思表示外观的交易行为。实际权利人与名义权利人的关系，应注重财产的实质归属，而不单纯地取决于公示外观"。此后，最高人民法院亦将商事外观主义之例外嵌入最高人民法院《关于适用〈中华人民共和国民法典〉有关担保制度的解释》（以下简称《民法典担保制度解释》）的相关规定中，如该解释第 69 条关于让与担保中名义股东的出资责任限制，即与前述《公司法司法解释（三）》第 26 条形成鲜明的对比之势。此间商事外观主义的适用与例外，值得细细品析。

商事外观主义之例外在涉及《企业破产法》第 38 条有关财产取回权的案件中亦有所显现。例如，杭州市中级人民法院（2019）浙 01 民终 7474 号陈某与绿岛公司与破产有关的纠纷民事判决，杭州市中级人民法院即认为，虽然工商登记显示破产企业为股东，但外观主义一般适用于因合理信赖权利外观或意思表示外观的交易行为，破产财产认定中涉及实际权利人与名义权利人的关系，应注重财产的实质归属，外观主义的适用范围不应被任意扩大。实际权利人有充分证据证明代持事实的，取回权应予以支持。由此，破产取回权制度和执行异议之诉制度乃为异曲同工，司法实务中部分法院以权利实质审核标准对此两类纠纷的权属争执予以认定。

（四）公司"增信措施"的法律定性和适用规则

金融商事交易中，为保障交易安全，通常会安排由公司提供增信措施。"增信措施"系金融商事交易中的常见用语，但长期以来，在法律规范层面，并未演化成规范的法律术语。结合《九民纪要》《民法典担保制度解释》及司法实践中的相关案例，我们对公司增信措施的法律定性和适用规定进行梳理。

《九民纪要》第 91 条将"增信文件"指向"信托合同之外的当事人提供第三方差额补足、代为履行到期回购义务、流动性支持等类似承诺文件作为增信措施"，《民法典担保制度解释》第 36 条所涉"增信措施"则指"第三人向债权人提供差额补足、流动性支持等类似承诺文件"。从前述规定来看，其规定的增信措施主要指向的是第三方主体提供的承诺性文件，内容主要涉及差额补足、流动性支持、代为履行到期回购义务等。在法律关系方面，并不具有法律明确规定的某种定性，而是具有非典型特征，需结合承诺文件的具体内容、真实意思表示来认定其性质。

根据《九民纪要》《民法典担保制度解释》及相关司法实践的裁判路径来看，对于第三方主体提供的增信措施的法律定性主要有以下几种。

第一，保证关系。如增信文件有明确的担保意思，通常会被定性为保证关系。根据《全国法院民商事审判工作会议纪要理解与适用》的观点，法院在认定当事人的意思表示是否构成保证或债务加入时，应当坚持文义优先原则，即首先应从第三方出具的承诺函或当事人签订的协议所使用的文字词句出发。如果承诺函或协议明确使用"保证"或"债务加入"的措辞，原则上应依其表述进行相应的定性，除非存在足以支持偏离文义进行解释的特别情事。如在（2019）最高法民终560号案中，最高人民法院根据《差额补足合同》的主要内容来认定差额补足责任的性质，无论是从《差额补足合同》的核心条款文义解释来看，还是从合同体系解释来看，该合同的性质均符合保证合同的法律特征。

第二，债务加入关系。根据《民法典担保制度解释》第36条的规定，第三人向债权人提供差额补足、流动性支持等类似承诺文件作为增信措施，具有提供担保的意思表示，债权人请求第三人承担保证责任的，法院应当认定为债务加入。对加入债务的第三方而言，其承担的责任比保证人更重，显然需要在承诺文件中有明确的意思表示才能认定。如果意思表示不明确，增信措施不宜解释为债务加入。

第三，独立的合同。若第三方提供的承诺文件未记载明确的担保意思或债务加入意思，法院一般会认为是一种独立的合同，当事人应按约定承担相应的责任。如在（2020）沪民终567号案件中，上海市高级人民法院认为，对于差额补足等增信措施是何种性质，不能一概而论。如果确定符合保证规定的，理应按照保证担保处理。如果属于其他法律性质的，则应当按照差额补足的实际性质认定法律关系确定法律责任。系争《差额补足函》中并无明确的连带责任保证担保表意，也没有担保对象，一审法院将其认定为独立合同并无不当。

关于增信措施适用的规则，存在着不同的解释方案。若增信措施经意思表示解释为保证，当然适用保证的各项规则；若增信措施被解释为债务的加入，根据《九民纪要》第23条、《民法典担保制度解释》第12条之规定，债务的加入适用公司为他人提供担保的有关规则处理；若增信措施被解释为独立的无名合同，并不意味着就不适用保证的相关规则。

增信措施属于一种广义上的担保,当其与保证合同的利益指向和法律评价一致时,应类推适用担保及保证合同的规则。但也并非所有保证规则一概都能适用于增信措施。若所有保证规则都可以适用于独立的无名合同,则后者也失去了其独立的法律和市场价值。增信方需要根据承诺文件无偿履行义务,责任后果较重。因此,基于保证的无偿性、责任严苛性而特别设置的规则,与增信措施在这些方面的评价点上一致,可以考虑类推适用保证的相关规则。① 如担保主体资格的限制、公司对外担保规则、保证中的债权转让或债务人变更的规则等可以类推适用。但为保证人利益所专设的规则,如担保的从属性、保证方式的推定、保证人的抗辩权、保证期间等规则等缺乏类推适用的空间。

（五）执行程序中追加股东为被执行人问题

《九民纪要》出台之后,实务中很多执行法官将《九民纪要》和《关于民事执行中变更追加当事人若干问题的规定》规定的追加股东情形混为一谈,执行裁定中经常同时引用两个文件,并相互印证,导致追加股东为被执行人的情形过于随意。

《关于民事执行中变更追加当事人若干问题的规定》第17条规定:"作为被执行人的企业法人,财产不足以清偿生效法律文书确定的债务,申请执行人申请变更、追加未缴纳或未足额缴纳出资的股东、出资人或依公司法规定对该出资承担连带责任的发起人为被执行人,在尚未缴纳出资的范围内依法承担责任的,人民法院应予支持。"适用该条的基本条件有二:一是情形限于被执行人"财产不足以清偿生效法律文书确定的债务";二是主体限于"未缴纳或未足额缴纳出资的股东、出资人或依公司法规定对该出资承担连带责任的发起人"。与该条对应的是《公司法司法解释（三）》第13条第2款"公司债权人请求未履行或者未全面履行出资义务的股东在未出资本息范围内对公司债务不能清偿的部分承担补充赔偿责任的,人民法院应予支持;未履行或者未全面履行出资义务的股东已经承担上述责任,其他债权人提出相同请求的,人民法院不予支持"的规定。此处的"未缴纳或未足额缴纳出资"针对的应当是已届出资期限的股东,而非《九民纪要》第6条规定的股东出资期限加速到期的情形。

基于《公司法》规定的公司注册资本实行股东出资认缴制,股东依法享有分

---

① 参见朱晓喆:《增信措施担保化的反思与重构——基于我国司法裁判的实证研究》,载微信公众号"现代法学",2022年3月29日访问。

期缴纳出资的期限利益,在没有专门的例外情形规定的情况下,直接以股东享有的期限利益丧失而支持债权人追加股东为被执行人的主张,有悖于公司股东出资认缴制的设立初衷。故在缺乏明确规定的情况下,不宜将前述执行规定第17条扩大解释为可适用于认缴制下因未到期而未出资的股东,应注重保护在认缴制下股东依法享有的期限利益。

目前我国所有法律法规和适法意见中,仅有《九民纪要》规定了非破产清算情形的两种股东出资加速到期的例外情形。《九民纪要》第6条第1项将"公司作为被执行人的案件,人民法院穷尽执行措施无财产可供执行,已具备破产原因,但不申请破产的"作为允许裁判者认定股东出资加速到期的情形之一,且该类情形中的"加速到期"乃系对提起诉讼的债权人之个别清偿,而非破产程序中对全体债权人的一体受偿。此等优势自成为公司债权人于执行程序中频频主张规则引用的巨大诱因,其间权利被滥用之现象亦相应多发。实践中,本用于保护股东出资期限利益的原则并未成为人民法院认定的主流,相反,"具备破产原因,但不申请破产"的例外规则却占据了较高比例,甚至在无股权转让的执行异议之诉案件中,例外情形占比高达87.5%。[①] 例外规则鸠占鹊巢的现象近来愈发引起司法实务界的高度关切。《九民纪要》中具备破产原因情形下的个别清偿导致同样标准却产生了区别于破产程序的法律效果,对其他债权人不公。且仅凭终结执行裁定并不足以证明债务人已经具备破产原因,随意的操作反而导致债权人通过股东出资加速到期而实现对其单一的个别清偿,甚至诱引大量当事人寻求本终裁定,与公司债权人公平受偿的理念相悖,不符合资本认缴制度设立的初衷,也不利于加速"僵尸企业"的有效清退。因此,应尽量引导当事人通过破产申请程序解决问题,其次才考虑《九民纪要》之例外情形,且对债务人财产情况也应按照破产标准进行严格审查,加强诉辩对抗,重点审查是否存在多个债权人的执行终结裁定、执行终结的原因等,综合认定是否具备破产原因。于此,债权人也负有义务证明资产不足以清偿全部债务的事实存在,除非无其他债权人或者债权人的债权数额远小于股东出资额。得以窥见,司法部门已试图扭转例外规则可能被技巧性泛化适用的实务倾向,并采取了适度审慎审查的口袋收紧策略,对债权人适用《九民纪要》第6条第1项之例外条款予以规限。

---

① 张晓菁、柳洋:《股东出资加速到期类型化探究》,载微信公众号"至正研究",2021年8月18日访问。

然而,《公司法(修订草案)》第 48 条规定,公司不能清偿到期债务,且明显缺乏清偿能力的,公司或者债权人有权要求已认缴出资但未届缴资期限的股东提前缴纳出资。在各方对《九民纪要》相关股东出资加速到期规则的研讨方兴未艾之际,此修订案新增规则进一步激起了各界对此问题的关注与兴致,如何平衡股东出资期限利益和公司债权人合法权益,是立法者和裁判者不得不面对的重要课题。

同时,在追加股东为被执行人的程序方面,目前我国现行法律和司法解释并未规定在执行案件中人民法院可以直接追加未到出资期限的股东为被执行人,虽然《九民纪要》规定了股东出资加速到期的适用条件,但也没有明确规定人民法院可以在执行程序中直接追加股东为被执行人。被执行人的变更和追加涉及股东出资期限加速到期问题,涉及被执行人是否具备破产原因但不申请破产、人民法院是否穷尽执行措施等实质性问题的审查和认定,且还涉及将生效法律文书的既判力扩张至未参加诉讼股东等问题,关涉到股东程序权利的保障等。因此,从保障股东程序权利和出资期限利益的角度出发,人民法院宜对被执行人是否已经达到破产法规定的破产条件、执行法院是否完全穷尽了执行措施等问题通过诉讼程序进行实质性的审理,不宜通过非诉程序直接处理。

(六)公司董事对债权人承担连带/赔偿责任

2021 年 11 月,广州市中级人民法院就康美药业虚假陈述案作出一审判决,除公司本身对投资者承担赔偿责任外,公司实控人以及 5 名直接责任人承担连带清偿责任,时任公司董监高的 13 名个人按过错程度分别承担 20%、10%、5% 的连带清偿责任,个人赔偿金额超亿元,震动市场。围绕公司董事在康美药业一案中的责任承担,也引起各界热议。

现行《公司法》规定了董事对公司、股东承担赔偿责任,但并未规定董事对公司债权人的赔偿责任,《公司法司法解释(二)》第 18 条首次提及股份有限公司董事在公司或股东怠于清算时对债权人承担连带赔偿责任,《公司法司法解释(三)》第 14 条规定了董事协助股东抽逃出资的,对债权人承担连带赔偿责任。《公司法》及其司法解释并未全面确立董事对债权人承担连带赔偿责任规则。关于董事对债权人的责任问题,学界和实务界一直存在争议。依学界通说,董事是公司机关或其成员,董事在执行职务过程中给第三人造成损害的,原则上应由公司对第三人承担责任。

随着经济发展,各类公司纠纷案件层出不穷,基于提升公司治理水平的初衷,

2021 年底公布的《公司法（修订草案）》新增了董事在执行职务过程中，因故意或重大过失给第三人造成损害的，应当与公司承担连带责任的规定。二审稿改变了这一连带责任的规定，明确损害行为的赔偿主体为公司，董事、高管在故意或者重大过失的情况下亦需担责。其实在关于董事应否对债权人承担责任方面，域外国家或地区也存在不同的理念。从域外立法来看，董事对债权人承担的义务限于法律规定的特殊场合，既没有过度扩张董事义务和责任，也未将董事责任作为一种普遍的责任形式。我国有学者提出应结合公司生命周期，分别探讨董事义务的内容和范围，进而可以在不同的部门法中规定董事对债权人所负的责任。[①]

综观本次的《公司法（修订草案）》，可以看出董事责任的强化与董事职权的放开紧密关联。修订草案一改过往主要通过非穷尽列举式立法予以规制的惯习，赋予董事可行使股东会职权以外的职权，这一"放权"不可谓不彻底，以至于后续还出现了董事会甚至可就符合法定条件的公司合并事宜直接作出决议之规则。该立法动向体现了对董事边赋权、边压责的规制理念。强化董事责任有助于推动董事勤勉尽责，但若责任过重，是否会束缚董事正常履职的积极性，进而影响公司活力，伤害经济发展？如何避免董事责任失衡，真正推动公司及社会健康、高效发展是在进一步规范董事责任时需要考虑的问题。对此，有学者指出，在设置董事责任规则时，有必要考量董事责任规则的运行效果，协调好赔偿债权人损失和合理惩戒董事的双重功能，以适当缓和董事对职业风险的过度担心。在裁判中，应考量各类董事的实际职权、履职方式和薪酬水平等，发展出限制董事责任的裁判规则，既能体现惩戒功能，又能适当弥补债权人损失。[②] 学者林一英也提出了公司补偿制度，即公司董事因过失执行职务，应第三人诉讼而支出抗辩费用或赔偿金，由公司依照法律规定或公司章程规定给予补偿。同时，也可以引入董事责任保险制度，由保险公司承保董事因对第三人承担赔偿责任未能从公司获得补偿的部分，作为公司补偿制度的补充。当然，其也强调在公司补偿条件方面，仅能对董事执行职务不存在故意或重大过失所遭受的损失进行补偿，并严格限制补偿范围，避免因任意扩大公司补偿制度而过度抑制董事注意义务。[③]

---

① 参见叶林、叶冬影：《公司董事连带/赔偿责任的学理考察——评述〈公司法修订草案〉第190条》，载《法律适用》2022年第5期。

② 参见叶林、叶冬影：《公司董事连带/赔偿责任的学理考察——评述〈公司法修订草案〉第190条》，载《法律适用》2022年第5期。

③ 参见林一英：《董事责任限制的入法动因与路径选择》，载《政法论坛》2022年第4期。

尽管《公司法（修订草案）》之内容尚待各方争执与博弈，董事之"权与责"终将置归至何等限度仍未可知，然"赋其更大之权、课其更重之责"的大趋势当无可逆回，实乃公司法治向纵深发展并日臻完善之历史宿归，亦与公司法发达之域外国家或地区的前行路径相符。在强化董事责任的同时，完善相关救济机制，避免董事责任失衡，真正促进董事职业的高质量孵化，进而推动社会经济的发展。

（七）法定代表人越权行为的效力归属问题

一般情况下，法定代表人代表法人所实施的法律行为，其效力应当归属于法人。而当法定代表人超越代表权限所实施的行为的效力是否依然归属于法人？该问题一直是理论和实务界争议的核心问题之一，也是近年来域外文献讨论的重点。《民法典》第61条第2款规定了法定代表人以法人名义从事的民事活动，其法律后果由法人承受。结合上下文来看，该款的适用应以第61条第1款为前提，即法定代表人只有在法律或者法人章程规定的权限范围内以法人名义从事的民事活动，其法律后果才由法人承受。再根据第61条第3款的规定，法定代表人超越法人章程或者权力机构的限制，不得对抗善意第三人。对此，我们倾向于认为对该条款，应推定相对人为善意，意旨以法人名义从事的民事活动，其法律后果原则上仍应由法人承担，除非法人能够证明相对人并非善意。

就各国立法而言，大多数国家都确立了越权代表行为原则有效的效力归属规则。从我国《民法典》的相关规定来看，法定代表人超越代表权限实施法律行为的效力需要根据相对人是否为善意来判断。而在判断相对人是否善意，又需要考量对法定代表人权利的限制是法定限制亦或意定限制。法定限制系法律对代表权所作的限制，如根据《公司法》第16条的规定，涉及公司向其他企业投资或者为他人提供担保的，需经董事会或股（大会）会决议，涉及为公司股东或者实际控制人提供担保的，必须经股东（大）会决议。法律一经公布，推定所有人都应当知晓并遵守，因此，这类法律明确规定的对代表权的限制，相对人不能以不知道该法定限制为由主张己方为善意而要求公司承担相关责任。司法实践中，法院在裁判过程中一般亦持该观点。在（2019）沪民终415号一案中，上海市高级人民法院认为，"根据公司法第十六条规定，公司对外提供一般担保和关联担保，均应由公司机关依法定程序作决议。这实际上是在公司担保事项上，对法定代表人的代表权进行法定限制。违反公司法第十六条规定的，应当根据合同法第五十条规定对于表见代表行为的效力作出判断。换言之，根据法律一经公布即推定所有人明知及不知法律不免责的法理，公司担保债权人在接受公司提供担保时，对董事会或股东会决议负有必要审查义务,否则不构成表见代表中的善意相对人,该担保行为无效"。当然,相对人负担的审查义务一般限于形式审查,毕竟相对人不是法人内部成员,不宜严格要求其详尽了解交易对手内部具体情况,否则该等审查义务会降低交易效率、有碍商事活动发展。与法定限制相对应的意定限制,包括公司章程对代表权事先所作的一般性限制,以及股东(大)会等公司权力机构对代表权所作的个别限,该类限制通常系公司出于内部治理需要而产生,外部第三人难以知悉。因此,该类限制一般仅具备内部效力,不得对抗善意相对人。法定代表权的意定限制主要基于法人意思自治原则,违反代表权意定限制的越权行为属无权代表,在法律适用上类推适用《民法典》关于无权代理的规定,应属效力待定,由法人根据实际情况决定是否追认。①

法定代表人超越权限实施的法律行为的效果归属问题涉及正常交易秩序与微观主体利益保护之间的平衡。若越权行为一律被认定为对法人不发生效力,则会有损正常的交易安全,若一律被认定为对法人发生效力,则又容易发生法定代表人滥用权利,侵犯公司合法权益的情况。在审判实践中,需要从利益平衡、注意义务分配等多角度考量越权行为的效力归属,进而认定各方责任承担。

(八)股权让与担保中登记股东的身份与权利

自《九民纪要》伊始,让与担保合同效力及担保物权属性得以"正名",随后又通过《民法典担保制度解释》第 68 条、第 69 条,在《民法典》第 388 条"其他具有担保功能的合同"的基础上完成规则续造。尤其是《民法典担保制度解释》第 69 条,直接回应了股权让与担保的登记股东出资责任问题,规范进阶之路不可谓不迅猛。这些规则采取"名为股权转让、实为债权担保"的解释策略,立足于债权人(受让人)的优先受偿权,以便实现股权转让与典型担保在效果上的衔接,因此可以说是一种防止股权让与担保"手段超越目的",将其功能化的尝试。

然而,不同于物的让与担保,股权因兼具财产和成员权双重属性,且必然附着出资等积极义务,因此股权让与担保不仅涉及合同法、担保法的适用,更是一个公司法问题,在相当程度上难以类推适用物的让与担保规则,其功能化之路始终伴随诸多争议。尤其是,在股权让与担保期间受让人仅是名义股东还是实质性

---

① 参见迟颖:《法定代表人越权行为的效力与责任承担——〈民法典〉第 61 条第 2、3 款解释论》,载《清华法学》2021 年第 4 期。

地享有股东权利，认定结果对当事人影响甚巨。对此，现行成文规则尚未给予正面解答，但《民法典担保制度解释》第 69 条对于股权让与担保情境下的受让人使用了"名义股东"的概念，并确认其无须对于股权瑕疵出资承担外部责任，似乎并不认可受让人作为登记股东的股东资格，从而使之与持有一般担保物权无异。事实上，对登记股东而言，舍弃股权质押这一典型担保而选择法律上具有更多不确定性的让与担保，通常是为了克服单一股权质押的弊端。真正意义上的股权包含公司治理中的控制权和收益权，前者包括表决权、请求召开股东会的权利等，本质上是参与公司管理的一种体现；后者则包括股利分配请求权、剩余财产分配请求权、新股认购请求权。① 股权让与正是通过将股权过户至债权人名下，发挥股权的上述全部或部分权能从而将其担保功能在多个维度进行强化，例如实现对股权的控制乃至处分，同时借助股东身份参与目标公司表决程序、限制公司对外担保、投资等涉及股权价值的重要交易，还可以视股权价值本身的增值梯度，灵活安排多层次的收益。如果"担保性"股权不再具有控制权和收益权的内容，债权人无法借助受让股权的形式实现上述功能，则有悖于交易主体选择这一担保形式的初衷。

从近年的实务样态来看，股权让与担保期间的股东权利行使大体可以分为两种类型。一种类型是让与人和受让人通过合同对股权权利的行使作出约定，此前情况下通常双方在决定设立让与担保时即已通盘考虑并预先安排，约定的内容可以是完全的"名义持股"而不行使任何股东权利，也可以是股东权利的全面行使，还可以是股东权利的分割行使。司法实践情况亦表明，登记股东股权行使范围受到股权让与担保合同约定的限制。如在（2017）最高法民再 136 号案件中，法院认为在担保权存续期间，受让人只能根据约定在有限范围内行使股权，若滥用股权则构成违约。另外一种类型是，当事人对让与担保期间相关股权权利的行使没有作出约定。此种情况下名义股东行使股权应受让与担保的经济目的以及诚实信用原则的限制，其负有对股权积极的管理义务，但不能超越担保目的的范围。最高人民法院在（2019）最高法民申 6422 号案件中认为，名义股东仅有权就作为担保标的物的股权享有优先受偿权，但不因持有股权而享有公司法上的股东权利，并在（2018）最高法民终 751 号案件中进一步指出，设定人行使股权恶意减损股权价值、影响担保权人担保目的实现的，其行为效力可能受到否定性的法律评价。

---

① 参见施天涛：《公司法论》，法律出版社 2014 年版，第 257 页。

从司法实务中对登记股东的行权范围的判断标准也折射出，股权让与担保在相关规则设定时仍秉持形式主义，以物权类型法定为原则并适当地引入功能主义的某些处理方式，从而适应担保多元化之趋势。这种思路在争议案件处理中的体现是秉持股债二分的视角去框定当事人的权利和义务、以法定化的结构作定型化配置的操作方式，由此导致在兼顾股权让与形式所蕴含的现实意义方面仍有欠缺。对于股权让与担保的法律构造这一基础法律问题，成文规范与相关案件的裁判思路通常会被解读为我国基本上对股权让与担保采取了担保权构造论，但与此同时，另有相关案例强调担保权人系登记股东、让与人处分行为有违《公司法》第16条的论证逻辑来看[1]，似乎又体现了所有权构造论精神。这种现象被学者归因于在司法裁判层面尚未形成关于让与担保法律构造的稳定观点，抑或是司法实务在让与担保法律构造的选择上呈现出了基于利益衡平的灵活性。[2] 面对此种局面，让与人与受让人之间的协议安排固然是强化功能主义的理性选择，但仍需面临股东权利能否与股东资格分离而行使、如何理解对内由让与人享有股权、对外由受让人享有股权的裁判逻辑的深层追问。

四、域外考察和借鉴

（一）日本《公司法》修改对债权人保护的强化

2021年3月1日，日本最新修改后的《公司法》正式开始实施。本次修改草案早在2019年12月4日就已经通过。在此之前，日本已经于2014年6月20日完成了对2005年颁布《公司法》的第一次修改，因此本次修改可以说是对《公司法》的第二次大修，同时宣告了日本公司法现代化改革完成，标志着日本《公司法》已经开始进入了相对稳定并逐渐成熟的阶段。[3]

回顾日本2005年《公司法》的出台背景，它是在公司法学界所倡导的自由化（规制缓和或称放松管制）原则的指导之下，将《商法》中有关公司法的规范与其他一些相关的单行法规进行汇总而形成的全新法典。因此，法典内容上崇尚自由化，主要表现是强化公司章程自治、废除最低资本金制度、公司机关设计的弹性

---

[1] （2017）最高法民再210号。

[2] 刘牧晗：《股权让与担保的实行及效力研究——基于裁判和学说的分析与展开》，《国家检察官学院学报》2022年底3期。

[3] 参见朱大明：《公司法立法指导原则的研究——以日本公司法现代化改革为中心》，载《清华法学》2022年第2期。

化、引入合同公司、种类股的多样化以及公司重组时对价的弹性化等。① 该部法典虽然有效提升了公司的自由度和经济效率，但是在公正性方面的缺陷日益彰显，尤其是对包括债权人在内的利害关系人权益保障问题上没有进行充分的评估与合理安排。现代公司制度本质上是一种风险分担机制，公司或股东滥用这种分担机制将经营风险不合理地转移至社会及债权人，势必将动摇公司的正义基石。所以，此后15年间对《公司法》的两次大修，在一定程度上是对这种过度自由化以及由此导致的对债权人利益保护失衡局面的纠偏。其中，强化对公司的财务监督、改革公司分立制度就是这一趋势的具体表现。

强化对公司的财务监督是伴随最低注册资本金取消而产生的债权人利益受损风险解决方案。在放松管制的立法指导原则之下，日本在2005年《公司法》中废除了自1990年开始引入的最低注册资本金制度。而在此前的日本公司法理论中，对于如何在公司设立时就实现对债权人利益保护这一问题，通常认为应通过最低注册资本金制度、会计文件披露制度以及董事责任追究制度三者构成的一种三位一体的机制来实现。而废除最低注册资本金制度，则是日本从振兴中小企业的视角，为了进一步降低公司设立的门槛而出台的改革措施。根据现行的日本《公司法》，只需要出资1日元就可以设立股份公司②。与之相配套的是，日本建立了全新的会计参与制度。简而言之，股份公司应从注册会计师、注册会计师事务所、税务师或税务师事务所（仅限这四种主体中）聘任会计参与，会计参与作为公司机关，与公司的董事共同编制公司财务报表及其附随的详细报表等。一方面，会计参与通过深入掌握公司真实财务状况并独立行使职责，建立对债权人的直接保护机制。如2005年日本《公司法》规定，会计参与有权随时检查、复制公司账簿或有关资料或要求董事、经理或其他员工提供会计报告；同时，会计参与需要出席相关董事会会议，并在其认为必要时发表意见，如就财务报表的编制与董事存在不同意见时，还可在股东大会上发表意见；在履行职责过程中，会计参与发现与董事履行职责有关的不当行为或违反法律法规或公司章程的重大事实时，必须予以报告。另一方面，会计参与在特定情况下甚至可以为债权人提供直接的救济途径。2005年日本《公司法》明确规定了会计参与对于公司财务资料的保管义务

---

① 周剑龙：《日本公司法修改的最新发展趋势》，载中国民商法律网，2022年7月25日访问。

② 2005年日本《公司法》中已经取消了有限公司，股份公司（株式会社）是日本主要的公司形态，除股份公司外，还有一类公司是"持份公司"，具体又包括三种公司形态，分别为合名公司、合资公司、合同公司。

及保管期限，同时规定公司债权人可以在营业时间内向会计参与申请查阅、复制或摘抄公司财务报表及其详细附表等资料；会计参与在法律规定的情形下，还可以直接要求公司向债权人清偿债务（或在该债务尚未到期的情况下，提供合理担保）。[1] 由此可见，会计参与制度通过外部专业机构对公司实施的日常监管，实现对公司财务状况的事中、动态管理，同时通过法律赋予的相应职权，为债权人对公司财务状况的知悉，乃至债权的及时兑现均提供了直接的救济途径。这是放松管制背景下应运而生的制度，同时也是在债权人权益保护方面极具特色的法律制度探索。

公司分立通常是为了实现资源的灵活调配，使公司在其优势领域能够进行更精准的决策，降低运营成本，发挥自身优势。同时借助公司分立可以实现不良资产剥离，提升企业价值。但如若在制度层面没有提供充分防范措施，公司分立制度也很容易成为逃避债务、损害债权人利益的手段。日本2005年《公司法》中允许吸收分立中分立公司可以不经过债权人同意就实施分立，规定当分立公司将其一部分或全部的事业转让给另一家既存公司的时候，应当将公司分立的方案以公告或单独通知的方式通知公司的全部债权人。获得了通知的分立公司的债权人可以向分立公司提出异议申告，即债权人异议程序。除了分立公司认为公司分立不会影响公司债权人利益的情况，分立公司应当对提出异议的公司债权人提前清偿其债务或对其债务提供担保。没有提出异议的公司债权人则视为同意公司分立。[2] 但是该制度设计忽略了债务人因种种原因没有能够获得单独通知的情形，如因拟分立的公司不知道该债权人的信息致使相关债权人无法获得单独通知，债权人自然也无法对公司分立提出异议。这种情况下，直接推定相应债权人同意公司分立并使其承担公司责任财产骤然减少的后果，显然忽略了其利益保护。立法上考虑的不周全迅速影响了法律实践，日本开始出现滥用公司分立制度损害债权人利益的情形。为了解决该问题，2014年日本《公司法》修改中将公司分立中债权人保护的问题作为了一个议题对公司分立制度进行了完善，对债权人异议程序进行修改，对于有权向分立公司提出异议的债权人，删除了其必须"获得单独通知"的适用条件，意味着没有获得单独通知的债权人也享有了提出异议的权利内，从而解决了2005年《公司法》规定中留下的问题，堵塞了理由公司分立制度损害债权

---

① 见2005年日本《公司法》第378条、第380条。

② 参见坂本三郎：《立案担当者による平成26年改正会社法の解说》，载《商事法务》2015年第207页。

人利益的漏洞。

从日本 2005 年《公司法》的出台及此后的修改历程来看，对公司法资本制度改革的解读不能以偏概全。公司以其全部财产为债务偿还提供担保，因此不管是取消"最低资本金"要求还是直接抛弃"法定资本"概念，抑或我国 2013 年开始实施的注册资本认缴制，都只是公司法自身的规制方式顺应商业实践发展而进行的调整。类似日本公司法中的财务监督制度表明，这些调整并不意味着商业实践中"资本"对于公司不再重要，仍然需要重视"资本"作为合资公司的财产基础以及最直观的信用指标对于保护债权人利益方面所应发挥的功能。而要在提高经济效益、提振公司创业热情与保护利益相关方之间获得实质性公平的解决方案，关键是要区分《公司法》为便利创业而放松资本管制，与公司本身对资本的需求以及与此对应的股东义务之间区分开来。相应地，在制度设计层面的重心就从对公司设立时的注册资本要求，转移至防止公司资本不当减少为核心的资本维持原则，并强化对公司设立后、经营过程中动态资产状况的监督与方法，如强化债权人对公司真实财务状况的必要了解、适时引入外部监督机制、防范并及时处理股东抽回出资、进行不当利润分配、以公司资产偿还股东自身债务等。

另外一个更为宏观的问题是，我国公司法在立法理念及整体设计层面，必须要考虑公司利益相关者，如债权人、职工等，使之与公司、股东利益之间实现平衡，否则公司法的实质性正义将丧失其赖以存在的基础。事实上，对于通过立法赋予公司更多自由度与灵活性，我国公司法学界也多有探讨并多持支持态度[1]，但从东邻日本的实践情况来看，过度放松管制已呈现出其弊端并在保护利益相关方问题上经历过明显挫折，典型的例子就是公司分立制度的一度滥用对公司债权人利益造成的损害。在日本公司法中的放松管制理念从过去的自由主义逐渐过渡为理性主义的同时，我国的《公司法（修订草案）》似乎也在尽力厘清放松与强化管制两方力量的边界，表现为在出台不少体现放松管制内容（如公司机关设置更为灵活、丰富了股票类型、引入了一人股份公司、增加了简易合并等）的同时，增加了大量强化管制的内容，如强化了实际控制人责任、新增了多重代表诉讼、明

---

[1] 如刘俊海：《新〈公司法〉的设计理念与框架建议》，载《法学杂志》2021 年第 2 期；赵旭东：《强化自治、弱化强制依然是公司法修订的重要方向》，载《西北工业大学学报（社会科学版）》2021 年第 1 期；冯果：《整体主义视角下公司法的理念调适与体系重塑》，载《中国法学》2021 年第 2 期；赵万一：《公司法修改的目标、理念及其实现路径》，载《人民司法》2014 年第 5 期。

确董事对第三人责任等。但也应当看到，对于防范股东滥用公司法人独立人格、利用隐蔽性行为抽逃出资的穿透式认定及其责任承担范围等债权人权益保护领域长期以来的痛点问题，本次公司法修订草案较之以往未作出实质性变更。而事实上这些问题在《九民纪要》明确了股东资本显著不足的责任以及出资加速到期的情形后，公司股东或实际控制人为规避这些明文列举的情形，将会越来越多地通过公司经营过程中看似合法的隐蔽性行为来实现其不当的投诉回报诉求，对于此方面的强化管制，尚需增加制度供给。

（二）精细化立法的域外考察

公司制度的现代化离不开规则精细化的依托。本次《公司法（修订草案）》全篇共260条，相较现行《公司法》第218条的篇幅已有了明显的条款数量提升，其中局部制度亦不乏翔实、具体、严谨的指引，但整体文本相较于域外公司法发达国家或地区的立法，我国的公司法在质量上与容量上仍尚显单薄与粗陋。

日本从2005年制定《公司法》，历经2014年、2019年、2021年三次修改，均一以贯之地秉承着精细化立法的指导原则，其始终将极致化的精细化作为公司法立法的努力目标，并且提出了"穷尽一切可能性的精细化"的要求。2021年日本《公司法》共八编、980余条，其总则部分的概念定义就达到了38个，加之分则中的定义，仅定义就接近300个；在公司类型方面，其规定了股份公司与持份公司（持份公司又细分为合名公司、合资公司、合同公司）、公开公司与非公开公司（以公司股份是否完全自由转让为标准）、大公司与中小公司（以资本金或负债规模为标准）等概念，实现了多样化的公司类型区分设计；关于公司内部治理方面，日本公司法提供了传统的三角制模式（即股东会下设平行的董事会与监事会）、美国式单层制模式（即股东会下设董事会，董事会内设提名、报酬、监查等委员会）、介于三角制与单层制的中间模式（即股东会下设董事会，董事会只内设一个监查委员会）等三种公司机关设计供选择适用，并在此基础上提供了多达24种的公司监督机制模式的选项；2021年日本《公司法》还设计了丰富、全面的类别股制度，规定了共四大类计九种类别股的种类，极大促进了公司股份融资的制度供给；对于公司股份的转换问题，日本《公司法》设计了股份交换、股份转移、股份交付三种具体手段，为公司建构全资关系或控股关系提供了全方位的制度支持；除了宏观上的制度供给，日本公司法在微观制度设计上亦"穷其所有可能之细节"，如关于董事报酬制度，其规定了现金报酬、股票报酬与新股预约权报酬等，明确了无具体报酬金额约定情况下的报酬决定方法，公司章程或股东会决议对报酬的规制，以及董事取得新股是否支付对价等。①日本公司法立法所追求的精细化要求由上可见一斑，精细化立法不仅是日本公司法现代化改革的一项重要立法原则，亦成为其公司法现代改革中最为凸显的特征之一。作为同样承继大陆法系成文化立法基因的国家，我国对日本《公司法》立法过程中的经验精华可适当吸取参鉴。

作为英美法系主要代表的英国，在历经了 8 年的审议后批准通过了 2006 年《公司法》，该法分为 48 个部分，总共 1300 条，包括 16 个附件，其制定的过程中亦遵循精细化立法的原则。英国《公司法》设置了大量的措辞严谨、明确详细的定义条款，对法律中出现的特定术语概念予以解释；在责任承担方面，该法摆脱了原则性、空洞化的言辞，针对董事、高管违反公司法行为后的责任内容或方式作出了具体严格的规制；在公司类型上，英国公司法提供了有限和无限公司、私人和公众公司、股份有限公司和担保有限公司、社区利益公司等多样化的制度选择；英国公司法中对股东会决议的问题就设计了共 7 章内容，包括了书面决议、会议决议、对公众公司和可交易公司股东会的附加要求、对上市公司的附件要求、决议和会议记录等详细内容。其中会议决议部分还区分了关于投票表决与举手表决的不同制度要求，且会议决议程序规则更为细致，涉及召集会议、会议通知、股东声明、会议程序、代理人以及电子通信等全面内容，具备了极强的实践操作性；关于公司资本制度，英国公司法对禁止提供财务资助、资本减少程序、董事控制公司资本能力、股份的赎回与回购、现金分红与实物分红等事项均作了详尽的规范；英国公司法对董事义务亦设计了详细的规则，实现了董事义务的法典化，包括权力内行事义务、促进公司成功义务、独立判断义务、谨慎勤勉义务、避免利益冲突义务、不得收受第三方利益义务、获利信息公开义务等 7 项一般义务内容，从而明确了董事义务的内涵，使董事更清楚他们的义务是什么。②由上窥之，即使作为普通法系的代表，英国亦在《公司法》的制定中尽其所能地实现精细化与翔实化，以使其成文立法的规范性与指导性更为明确具体，避免模糊争议，具备更可靠的操作性与实用性。

当然，借鉴域外的有益立法经验并不意味着简单拷贝或径直移摘，立法并非条款"多多"必然"益善"，但基于对国情与社会需求的友善回应型的法律，在力

---

① 参见朱大明：《公司法立法指导原则的研究——以日本公司法现代化改革为中心》，载《清华法学》2022 年第 2 期。

② 参见葛伟军：《英国公司法改革及其对我国的启示》，载《财经法学》2022 年第 2 期。

所能及的条件下,精细化立法目标所追求的全面性、明确性、指引性、完善性,当值肯认,且系利大于弊。反观国内,立法者总是寄希望于司法者的适法解释,诉诸司法补缺立法的思路,实乃本末倒置,绝非可取之道。司法者亦有其部门利益与个性诉求,故而事实上根本无从消解司法解释中自带的部门化倾向与非社会化痼疾,此乃其一。其二,司法机关所管领的资源集合与立法机关难以等量齐观,前者的能量并不足以支撑起类似立法的社会系统工程,司法解释并非在全面吸收兼融社会各层各面之意志的基础上精炼型塑而成,故司法难以一己之力而担负真正意义上的立法之职。其三,事前的粗略化立法所酿成的不确定性因素势必将纠纷解决大量后移至诉讼机制,导致司法审理压力骤增,法院一边要应付日益高企的案件,一边要频频通过司法解释弥补法律缺漏,往往事倍功半。

公司诉讼的有效性以公司法立法的科学性为基础。公司法作为一国经济政策中的重要基础性制度,在总结确认现行各式有益的公司商业规则的同时需要瞻前顾后并引领未来社会的前进方向,为我国的公司5年甚至10年后的发展提供充分的制度引导,备足法律养料。从这个意义上来看,目前粗略化的公司法立法看似空间巨大、游刃有余,实则牺牲了细节可操作性,有法似无法,既不能为现行公司运营中的纠纷提供定纷止争的具体规则,又难以为今后的公司发展提供全面前瞻性制度部署,以避免无法可循后的诉讼兴起。尽管在本次《公司法》修订过程中,部分全国人大专家委员对公司法中某些制度领域提出了细化规定的要求,但该些呼吁基本系围绕单项或局部制度而言的[1],具有非系统、非整体的特点,恐难以实现精细化立法的总体理念原则。

综上所述,我们认为对公司法的修订应采"适度精细化立法"的指导原则,改变过去粗线条的立法路径,这不仅回应了国内公司商事活动的迫切需求,也顺势了国际上公司法演进变迁的潮流,真正实现了我国公司法的现代化转型、变革与升级,亦助力于我国公司诉讼解纷的适法统一、公平正义,限缩裁判者不合理的自由心证空间。

五、公司纠纷的未来展望

《公司法(修订草案)》及其后续各期修改稿浓缩着立法者对《公司法》未来

---

[1] 《细化公司履行社会责任的相关规定》,载《法治日报》2021年12月24日;《徐明建议:公司法修订应完善股份收购的相关条款》,载《上海证券报》2022年4月25日。

发展走势的憧憬与希冀，尤其修订案中的那些创新亮点更昭示着制度甚至理念嬗变的动向。当然，也有部分长久争论之问题虽未在本次修订案中占得一席之地，却也不容小觑，值得关注。与公司法相应的公司诉讼亦肩负着通过司法活动优化营商环境、保护民营企业权益、促进中小企业成长、服务国企改革的重任。在此，基于本次修订案之内容，我们尝试对公司诉讼未来可能面临的或值得进一步探究的部分问题予以列举式展望，希起抛砖引玉之效。

我们注意到，本次修订案第 48 条增设了"公司不能清偿到期债务，注册资本加速到期"规则，这是对传统僵化注册资本制的一大突破，介入了更多合理的商业灵活性，对长期以来的股东出资期限利益与公司债权人债权实现之间的博弈、股东出资期限利益与公司自身资本需求之间的利益冲突等问题将产生深远的影响。自 2019 年末，新冠肺炎疫情产生以来，大量的公司深陷经营困境（即便如恒大集团、苏宁控股等巨型企业亦概莫能外），债务危机不断叠加，时至今日疫情仍蹂躏着商业生活的方方面面。在此背景下，未来涉及股东出资加速到期的诉讼案件或将面临一波井喷式增长，公司解散与公司清算诉讼或也将相伴而生地迅速高涨。

在本次修订案一审稿中，一人有限公司之股东连带责任的"终幕"信号或已揭示着公司人格否认之主张将全面归于"公司人格混同、过度支配与控制、资本显著不足"等事实认定及相伴的证明责任制度的管领之下，这必将对未来的相关诉讼产生较大影响。因此在对一人公司松绑的同时，如何正当化适用公司人格否认无疑需要理论与实务的进一步探索与完善。删除一人公司之股东连带责任的特别规定后，是否会不合理加重公司债权人适用法人人格否认的举证证明责任？在"人格否认"的诉讼实务中，既要防止标准把握不严而滥用的现象，也要防止标准过严而难以适用的现象，因此立法者应当对此问题给予直接明确的规范指引，否则完全可以预见到未来诉讼中法律适用的无序与无奈。需注意的是，二审稿中又恢复了该内容，进一步彰显对一人公司股东责任的重视与强化。

董监高责任可能也将是未来公司诉讼中的一个高频词。尤其随着公司内部治理中呈现出由"股东中心主义"向"董事中心主义"的转向，董事会中心主义元素不断渗入，董事权限得以扩张的同时其忠实勤勉等职责义务将日益在司法层面得到强化确认与责任压实。监事与高级管理人员亦负有与董事相似之忠实勤勉义务。故而可以预想，未来公司对董监高、股东对董监高、债权人对董监高的纠纷数量将持续增加。如果《公司法（修订草案）》中全新创设的授权资本制得以落地，考虑到其在我国市场土壤上尚未经实践检验，那么这种制度试错所引发的纠纷诉讼乃意料中事，特别是董事会与大股东或实际控制人的公司控制权之争很可能成为未来公司诉讼的聚焦领域之一。同时，《公司法（修订草案）》增设控股股东、实际控制人实施不当影响，将与董事、监事、高管承担连带责任的规定，由此我们判断未来公司诉讼中，被告主体范围必将呈扩大之势，诉讼主体的多元化也令得诉讼将更为复杂，专业化要求进一步提升。另外，我们也发现在董监高职责得以强化之际，商业判断规则的司法审查机制已渐兴起，并为相当之裁判者所接纳，该规则对董监高的独立商事决策权予以充分保护，但鉴于其本身的内涵非标化、模糊化，也必将给未来的公司诉讼带来不小的专业性冲击与挑战，引申出全新的司法课题。对此问题的完善解答，需有诉讼实务案例与经验的不断累积总结。

关于董事会决议、股东会决议与公司章程、股东协议之间的关系在司法实践中向来争议。特别是当股东协议约定"与公司章程冲突时，以协议为准"，此时董事会决议或股东会决议之内容违背了股东协议，该股东协议是否可以作为公司章程的解释或视为公司章程的组成部分，继而也适用公司决议撤销的相关规则？目前的《公司法》及其修正案均未能就此争议予以正面回应，但审判实务的需求早已迫在眉睫，亟待解决。出于对法律统一适用的权威维护，我们认为立法应当就此问题做出积极应对，为司法裁判定分止争功效的发挥提供强大助力。否则，未来围绕该问题的纠纷案件恐有增无减。

在过往司法实践中，股东知情权纠纷一直在公司诉讼中占据着重要分量。本次《公司法（修订草案）》将股东知情权的行权客体范围扩张覆盖至"会计凭证"，且不论是有限责任公司，抑或是股份有限公司之股东，均将被赋予相同之知情权益，且委托中介机构查阅亦无须股东在场。这一立法明文确认必将对股东发起知情权诉讼起到激励与催化作用，可以想象到今后的一段时间内，股东知情权纠纷案件量在原有基础上必会有新一波的增幅。

此外，"类别股"概念被正式引入立法，我们预测因其与普通股在利润与剩余财产分配、表决权数、转让受限等方面存在不同程度的异化规制，若实务中对此等差异事项处理失当，则极易诱发股东间争执，进而很可能导致公司诉讼中损害股东权益类纠纷案件的高发。因此，与"类别股"相关的公司诉讼，值得我们今后留心观察与研究。

上述诸点未来展望之列举实乃公司诉讼领域的冰山一角。以《公司法》为核心的一系列新规则、新理念的灌入及其所带来的新商业实践，均不可避免地将对公司诉讼实务产生深刻影响乃至引发转型变革，公司、股东、董事、高管以及司法裁判者、律师、公司法务等圈内人,均无一例外地将迎接新的挑战、机遇与问题应对。如果我们跳出公司法之小视域,从宏观维度窥之,诸如人工智能技术的日新月异、网络信息科技的不断精尖、数据信息安全监管的逐步完善、企业合规管理要求的持续强化等等林林总总之社会新因子的出现,在为公司经营发展注入新活力与新动能的同时,也必将在不同程度上对公司诉讼的发展产生各式可预见或非可预见之影响。我们相信,未来的公司诉讼领域将迎来更多更大的新垦地,也相应伴随着更复杂与疑难的课题等待我们去攻坚克服。

中国破产司法研究报告
（2021—2022）

一、司法实践总体观察

2021年始于《民法典》的实施，注定是个不寻常的开始，对于破产法亦然。破产法是市场经济的基本法律之一，2021年以来，其在立法及司法实践方面都有了很多积极的实践与探索，对疫情以及市场环境也都做出了及时的响应。

在立法方面，破产制度已开展一系列改革和试点。从立法形式来看，既包括法律、司法解释等常规的立法形式，也包括指导性案例、各地法院的审判规范，还包括2021年新创设的地方立法形式（海南自由贸易港法规、浦东新区法规）。从立法内容来看，尤其引人注目的内容包括：《民法典》及其司法解释中与破产有关的内容、内地与香港特别行政区法院相互认可和协助破产程序机制、个人破产制度、金融机构破产相关配套制度、管理人推荐制度、董事破产申请义务、预重整制度、中小微企业破产的配套制度等。并且，《企业破产法》即将迎来全面修订。

在司法实践方面，随着供给侧结构性改革持续深化，同时受宏观经济环境、新冠肺炎疫情等因素的影响，全国破产案件数量持续大幅增加，尤其是房地产、航运、文旅等行业集中出现了大量破产案件。在此背景下，我国破产司法实践中涌现了大量具有重大影响和典型意义的案件。以本报告重点分析的10起案件为例，海航集团重整案代表了特大型企业重整案件；方正集团重整案代表了多元化企业集团重整案件；康美药业重整案涉及虚假陈述诉讼案件、刑事案件与破产程序的衔接；大船海工重整案代表了债权人如何通过自救方式取得重整成功；呼煦晖个人破产清算案代表了个人破产制度的操作实践；森信洋纸案代表了跨境破产司法实践的最新发展；其他案件也各有其典型意义和重大影响。

基于当前的立法及司法实践，我们选取了10个关于破产制度的热点话题展开了讨论，包括涉疫破产审判规范、房地产企业破产、金融机构破产、预重整制度、实质合并破产、通过接受推荐方式指定管理人、董事的破产申请义务、府院联动机制、中小微企业重整、个人破产。

破产制度在迎来重要发展机遇的同时，也需要回归《企业破产法》第1条所规定的"本心"。《企业破产法》第1条规定："为规范企业破产程序，公平清理债权债务，保护债权人和债务人的合法权益，维护社会主义市场经济秩序，制定本法。"破产制度立足于市场经济，永远都在面对并回应最新的市场环境，破产制度是否真正取得了成功，取决于市场的反应，取决于破产制度相关的利益主体。我们从破产法律服务市场参与者的角度，描绘了破产制度自2021年以来的最新发展，也可以说描绘了《企业破产法》当前立法和司法实践的边界，或许可以作为《企业破产法》全面修订的序章。

（一）全国破产案件总体审理情况

1. 破产案件主要审理数据（全国）

如《全国人民代表大会常务委员会执法检查组关于检查〈中华人民共和国企业破产法〉实施情况的报告》所述，党的十八大以来，随着供给侧结构性改革持续深化，加快建立和完善市场主体挽救和退出机制，破产案件数量快速上升，2017年至2020年受理和审结的破产案件分别占到2007年法律实施以来案件总量的54%和41%。

2021年，全国及地方层面破产案件数量快速上升的趋势仍在延续。根据全国法院司法统计公报披露的数据[①]，2021年度全国强制清算与破产案件的主要审理数据如表2-1所示。

表2-1 2021年、2020年的收案量与结案量对比（单位/件）

时间	2021年		2020年	
类型	收案	结案	收案	结案
强制清算申请审查	5299	4933	3549	3417
强制清算	4316	3082	2249	1707
破产申请审查	22660	21083	19531	19159

---

① 参见《2021年全国法院司法统计公报》，载中华人民共和国最高人民法院公报网，http://gongbao.court.gov.cn/Details/a6c42e26948d3545aea5419fa2beaa.html，2022年7月25日访问。

续表

时间	2021 年		2020 年	
类型	收案	结案	收案	结案
破产	16187	12659	13369	10132
破产清算与破产上诉	926	777	651	657
强制清算与破产监督	38	26	27	30
合计	49426	42560	39376	35102

2. 破产案件主要审理数据（地方）

就地方层面而言：

- 2021 年，上海破产法庭全年立案受理破产、公司强制清算、衍生诉讼等各类案件共计 2381 件，同比增长 51.9%，其中全年正式进入破产和公司强制清算程序的共计 687 件，同比上升 29.7%；全年审结各类案件共计 1927 件，同比上升 54.2%，其中审结正式进入破产程序的破产案件共计 323 件，同比上升 100.6%。①

- 2021 年，深圳破产法庭共审理破产各类案件 4028 件，同比增长 28.9%；审结企业破产案件 2741 件，个人破产案件 62 件，同比上升 68.35%，其中破产申请审查 1361 件，破产案件 735 件，破产衍生诉讼案件 691 件，强制清算案件 12 件，司法惩戒案件 4 件。②

- 2021 年，重庆破产法庭新收各类案件 2306 件，同比上升 45.49%，其中破产申请审查案件 911 件，强制清算申请审查案件 175 件，破产案件 362 件，强制清算案件 140 件，衍生诉讼案件 707 件，其他案件 11 件；审结各类 2104 件，结收比 95.77%，同比上升 68.59%，其中破产申请审查案件 783 件，强制清算申请审查案件 154 件，破产案件 288 件，强制清算案件 116 件，衍生诉讼案件 750 件，其他案件 13 件。③

- 2021 年，浙江省全省法院共受理破产案件 3693 件，同比上涨 7.7%，其中

---

① 参见上海破产法庭：《上海破产法庭 2021 年度审理数据》，载微信公众号"上海破产法庭"，2022 年 7 月 25 日访问。

② 参见深圳破产法庭：《深圳破产法庭成立三周年：三载先行示范路 改革征程再出发》，载微信公众号"深圳破产法庭"，2022 年 7 月 25 日访问。

③ 参见重庆市第五中级人民法院：《重庆破产法庭破产审判白皮书（2021 年）》，载重庆市第五中级人民法院网，2022 年 7 月 25 日访问。

破产清算 3644 件（占比 98.7%）、破产重整 45 件（占比 1.2%）、破产和解 4 件（占比 0.1%）；共审结破产案件 3282 件，同比上涨 16%，其中破产清算 3220 件（占比 98.1%）、破产重整 59 件（占比 1.8%）、破产和解 3 件（占比 0.1%）；全省法院受理个人债务集中清理案件 610 件，共审结个人债务集中清理案件 439 件，清理成功的案件 141 件。[①]

- 2021 年，江苏省全省法院新收各类企业破产案件 12864 件，同比增长 94.17%，其中新收实质进入破产审理程序的企业破产案件 4494 件，同比增长 71.46%；新收强制清算案件 1212 件，同比增长 98.69%。此外，全省法院审结各类企业破产案件 11248 件，同比增长 80.63%，其中全省法院审结实质进入破产审理程序的企业破产案件 3769 件，同比增长 66.25%；审结各类强制清算案件 1117 件，同比增长 89.32%，全省法院强制清算与破产案件结案率为 85.63%。[②]

- 2021 年，山东省全省法院共计受理强制清算与破产 1576 件，同比下降 10.15%；共计结案 1521 件，同比下降 22.99%。[③]

- 2021 年，河北省全省法院受理破产案件 224 件，盘活资产近 100 亿元，化解债务近 500 亿元，安置职工 1.2 万余人。[④]

- 2021 年，河南省全省法院全年共审结各类破产案件 1607 件，同比增长 14.1%。其中，破产清算、重整、和解案件 579 件，使 1080 亿元债务得到清理，385 家企业通过破产清算有序退出市场，71 家亿元以上规模企业重整成功。[⑤]

- 2021 年，江西省全省法院审结破产案件 202 件，成功重整企业 13 家，盘活土地 3722 亩、房产 174 万平方米，清理债务 59.3 亿元，稳住就业

---

① 参见浙江省高级人民法院：《2021 年浙江法院企业破产审判工作报告》，载微信公众号"浙江天平"，2022 年 7 月 25 日访问。

② 参见江苏省高级人民法院：《2021 年江苏法院破产审判工作情况通报》，载江苏法院网，2022 年 7 月 25 日访问。

③ 参见山东省高级人民法院：《全省法院各类案件情况统计表》，载山东省高级人民法院网，2022 年 7 月 25 日访问。

④ 参见《黄明耀向河北省第十三届人民代表大会第五次会议作法院工作报告》，载河北法院网，2022 年 7 月 25 日访问。

⑤ 参见《全国政协委员史小红：依法释放破产制度价值》，载微信公众号"豫法阳光"，2022 年 7 月 25 日访问。

11521 人。①

- 2021 年，贵州省全省法院共审结破产案件 226 件，同比上升 737.04%；2021 年 1 月至 11 月，全省法院审结的破产案件解决就业人数 2324 人，引入投资 61 亿元，清理债务 223 亿元，盘活资产价值 159 亿元。②

（二）上市公司破产重整案件审理情况

2021 年，适用破产程序的上市公司数量也快速上升。以重整计划经法院裁定批准通过的上市公司为例，截至 2021 年 12 月 31 日，我国共有 92 家上市公司重整计划经法院裁定批准通过，其中 2021 年度共有 19 家，约占总量 20%；2020 年度共有 13 家，2019 年度共有 6 家。③

2021 年度，上市公司重整案件（包括申请/被申请、受理/不予受理重整或预重整申请、法院裁定批准重整计划）的基本情况如表 2-2 所示④：

表 2-2　2021 年度上市公司重整案件基本情况

序号	上市公司简称	股票代码	公司全称	受理日期	重整计划裁定批准日期	受理法院
1	天翔退	300362	成都天翔环境股份有限公司	2020/12/14	2021/4/16	成都市中级人民法院
2	贵人鸟	603555	贵人鸟股份有限公司	2020/12/8	2021/4/26	泉州市中级人民法院
3	中孚实业	600595	河南中孚实业股份有限公司	2020/12/11	2021/8/10	郑州市中级人民法院
4	*ST 雅博	002323	山东雅博科技股份有限公司	2021/4/25	2021/9/30	枣庄市中级人民法院
5	ST 大集	000564	供销大集集团股份有限公司	2021/2/10	2021/10/31	海南省高级人民法院
6	*ST 海航	600221	海南航空控股股份有限公司	2021/2/10	2021/10/31	海南省高级人民法院

---

① 参见《江西省高级人民法院工作报告》，载江西省人民政府网，2022 年 7 月 25 日访问。

② 参见贵州省高级人民法院：《盘活资产价值 159 亿元！贵州法院破产审判开新局》，载贵州省高级人民法院网，2022 年 7 月 25 日访问。

③ 参见申林平：《中国上市公司破产重整 2021 年度报告》，载锦天城律师事务所网，2022 年 7 月 25 日访问。

④ 参见申林平：《中国上市公司破产重整 2021 年度报告》，载锦天城律师事务所网，2022 年 7 月 25 日访问。已另行补充 2022 年 1 月 1 日至 2022 年 6 月 30 日的相关情况。

续表

序号	上市公司简称	股票代码	公司全称	受理日期	重整计划裁定批准日期	受理法院
7	*ST 基础	600515	海航基础设施投资集团股份有限公司	2021/2/10	2021/10/31	海南省高级人民法院
8	天津松江	600225	天津松江股份有限公司	2021/4/20	2021/11/15	天津市第二中级人民法院
9	ST 康美	600518	康美药业股份有限公司	2021/6/4	2021/11/26	揭阳市中级人民法院
10	广州浪奇	000523	广州市浪奇实业股份有限公司	2021/9/29	2021/11/11	广州市中级人民法院
11	东方网络	002175	东方时代网络传媒股份有限公司	2021/10/27	2021/11/30	桂林市中级人民法院
12	ST 众泰	000980	众泰汽车股份有限公司	2021/6/9	2021/11/30	金华市中级人民法院
13	ST 实达	600734	福建实达集团股份有限公司	2021/11/26	2021/12/27	福州市中级人民法院
14	索菱股份	002766	深圳市索菱实业股份有限公司	2021/11/26	2021/12/27	深圳市中级人民法院
15	ST 华英	002321	河南华英农业发展股份有限公司	2021/11/20	2021/12/22	信阳市中级人民法院
16	华谊嘉信	300071	北京华谊嘉信整合营销顾问集团股份有限公司	2021/10/28	2021/12/16	北京市第一中级人民法院
17	*ST 凯瑞	002072	凯瑞德控股股份有限公司	2021/11/5	2021/12/8	荆门市中级人民法院
18	华昌达	300278	华昌达智能装备集团股份有限公司	2021/11/18	2021/12/20	十堰市中级人民法院
19	赫美集团	002356	深圳赫美集团股份有限公司	2021/11/29	2021/12/29	深圳市中级人民法院
20	恒康医疗	002219	恒康医疗集团股份有限公司	2021/7/8	2022/4/22	陇南市中级人民法院
21	*ST 星星	300256	江西星星科技股份有限公司	2022/5/25	—①	萍乡市中级人民法院

① 截至 2022 年 6 月 30 日，江西星星科技股份有限公司尚未被法院裁定批准重整计划。

续表

序号	上市公司简称	股票代码	公司全称	受理日期	重整计划裁定批准日期	受理法院
22	长动退	000835	长城国际动漫游戏股份有限公司	2021/8/12①	-	成都市中级人民法院
23	*ST安控	300370	四川安控科技股份有限公司	2021/8/5②	-	宜宾市中级人民法院
24	ST爱迪尔	002740	福建省爱迪尔珠宝实业股份有限公司	2021/11/24③	-	深圳市中级人民法院
25	退市中新	603996	中新科技集团股份有限公司	不予受理④	-	台州市中级人民法院
26	*ST海核	002366	台海玛努尔核电设备股份有限公司	-⑤	-	烟台市中级人民法院
27	*ST澄星	600078	江苏澄星磷化工股份有限公司	2022/3/14⑥	2022/4/19⑦	无锡市中级人民法院
28	紫鑫药业	002118	吉林紫鑫药业股份有限公司	-⑧	-	通化市中级人民法院

---

① 2021年8月12日，福建省厦门市中级人民法院作出（2021）闽02破预2号通知书，决定对长城国际动漫游戏股份有限公司启动预重整程序；截至2022年6月30日，长城国际动漫游戏股份有限公司仍处于预重整阶段，尚未进入重整程序。

② 2021年8月5日，四川省宜宾市中级人民法院作出（2021）川15破申19号决定书，决定对四川安控科技股份有限公司启动预重整程序；截至2022年6月30日，四川安控科技股份有限公司仍处于预重整阶段，尚未进入重整程序。

③ 2021年11月24日，深圳市中级人民法院决定对福建省爱迪尔珠宝实业股份有限公司启动预重整程序；截至2022年6月30日，福建省爱迪尔珠宝实业股份有限公司仍处于预重整阶段，尚未进入重整程序。

④ 2021年11月16日，浙江省台州市中级人民法院决定终止对中新科技集团股份有限公司的预重整，并且不予受理其重整申请。

⑤ 2021年10月15日，台海玛努尔核电设备股份有限公司收到债权人青岛融发融资租赁有限公司向山东省烟台市中级人民法院提出破产重整申请的通知书；截至2022年6月30日，法院尚未裁定受理其破产重整申请。

⑥ 2021年11月5日，申请人江阴市建筑装潢制品厂申请对江苏澄星磷化工股份有限公司（以下简称澄星股份）重整。2022年3月14日，无锡市中级人民法院作出（2021）苏02破申11号民事裁定书，裁定受理澄星股份的和解申请及同意江阴市建筑装潢制品厂撤回对澄星股份的重整申请。

⑦ 2022年4月19日，澄星股份收到无锡市中级人民法院送达的（2022）苏02破2号《民事裁定书》，裁定认可澄星股份和解协议，并终止澄星股份和解程序。

⑧ 2021年11月，吉林特伊堂配方食品股份有限公司向吉林省通化市中级人民法院申请对吉林紫鑫药业股份有限公司进行重整；截至2022年6月30日，法院尚未裁定受理吉林紫鑫药业股份有限公司破产重整申请。

续表

序号	上市公司简称	股票代码	公司全称	受理日期	重整计划裁定批准日期	受理法院
30	*ST 中安	600654	中安科股份有限公司	2022/7/1①	—	湖北省武汉市中级人民法院
31	金刚退	300064	郑州华晶金刚石股份有限公司	不予受理②	—	郑州市中级人民法院
32	腾邦退	300178	腾邦国际商业服务集团股份有限公司	不予受理③	—	深圳市中级人民法院
33	猛狮退	002684	猛狮新能源科技（河南）股份有限公司	不予受理④	—	深圳市中级人民法院
34	华讯退	000687	华讯方舟股份有限公司	不予受理⑤	—	深圳市中级人民法院
35	退市金钰	600086	东方金钰股份有限公司	不予受理⑥	—	深圳市中级人民法院

其中，共有 6 家上市公司的重整申请未被法院受理，分别是退市中新（603996）、金刚退（300064）、腾邦退（300178）、猛狮退（002684）、华讯退（000687）、退市金钰（600086）。其中，审理退市中新（603996）重整申请的法院为台州市中级人民法院，审理金刚退（300064）重整申请的法院为郑州市中级人民法院，其余重整申请案件均由深圳市中级人民法院审理。

---

① 2021 年 12 月 23 日，中安科股份有限公司（以下简称中安科股份）债权人深圳昀德私募证券投资基金管理有限公司向湖北省武汉市中级人民法院提出对中安科股份进行破产重整。2022 年 7 月 1 日，中安科股份收到湖北省武汉市中级人民法院（2022）鄂 01 破申 27 号决定书，决定对中安科股份启动预重整程序。

② 2021 年 11 月 8 日，河南省郑州市中级人民法院作出（2021）豫 01 破申 236 号民事裁定书，裁定不予受理对河南林川建筑工程有限公司的重整申请。

③ 2021 年 12 月 15 日，腾邦国际商业服务集团股份有限公司（以下简称腾邦国际）收到深圳市中级人民法院（2021）粤 03 破申 250 号民事裁定书，裁定不予受理腾邦国际的破产重整申请。

④ 2021 年 12 月 3 日，猛狮新能源科技（河南）股份有限公司（以下简称猛狮科技）收到深圳市中级人民法院下发的（2021）粤 03 破申 409 号民事裁定书，裁定不予受理猛狮科技提出的破产重整申请，同时终结预重整。

⑤ 2021 年 10 月 22 日，华讯方舟股份有限公司收到深圳市中级人民法院送达的（2020）粤 03 破申 97 号民事裁定书，深圳市中级人民法院已裁定不予受理对华讯方舟股份有限公司的重整申请。

⑥ 2021 年 2 月 5 日，东方金钰股份有限公司收到深圳市中级人民法院下发的（2019）粤 03 破申 372 号民事裁定书，裁定不予受理对东方金钰股份有限公司的破产重整申请。

（三）个人破产制度实施情况

2019年以来，中共中央、国务院、国家发改委、最高人民法院等先后发布了《关于深化人民法院司法体制综合配套改革的意见》《加快完善市场主体退出制度改革方案》《关于新时代加快完善社会主义市场经济体制的意见》等相关规定，要求推动个人破产立法，实现市场主体有序退出。

2021年以来，个人破产制度（包括个人债务集中清理制度）的主要实施情况如下。

1. 深圳个人破产制度的实施情况

2021年3月1日，我国的第一部"个人破产法"——《深圳经济特区个人破产条例》正式实施。为配合该条例的实施，2021年12月31日，深圳市破产事务管理署依职权发布《深圳市个人破产信息登记与公开暂行办法》，以规范规范个人破产信息登记、公开及相关活动；深圳破产法庭又于2022年5月17日发布《深圳破产法庭加强个人破产申请与审查工作的实施意见》，以进一步加强对个人破产申请的审查。

根据"深圳个人破产案件信息网"[①]披露的公示信息，经统计，自《深圳经济特区个人破产条例》实施之日，截至2022年6月30日，深圳市中级人民法院（以下简称"深圳中院"）已启动个人破产程序43件，其中重整30件、和解3件、清算10件。

2. 其他地区个人债务集中清理制度的实施情况

（1）浙江省

自2018年起，浙江在温州、台州、丽水的遂昌县等地试点个人债务集中清理，2020年12月2日，在总结试点经验的基础上，浙江省高级人民法院出台《浙江法院个人债务集中清理（类个人破产）工作指引（试行）》，在全省范围内展开个人债务集中清理（类个人破产）制度，推行个人债务集中清理工作。

根据浙江省高级人民法院发布的《2021年浙江法院个人债务集中清理（类个人破产）工作报告》，该年度浙江全省共受理个人债务集中清理案件610件，共审结个人债务集中清理案件439件，其中共成功清理141件，所涉债务总额合计

---

① 参见深圳个人破产案件信息网，https://birp.szcourt.gov.cn/pcczajxxw/gpHome/index，2022年7月25日访问。

185057.06 万元，清偿金额共计 9608.33 万元，平均清偿率 5.19%。[①]

值得一提的是，浙江在推行个人债务集中清理试点时，注意到部分债务人为企业提供担保或作为公司的股东、实际控制人并因此产生大量债务的情况，将该类个人债务集中清理案件与企业破产案件一并受理。2021 年整年，在所有受理与办结的个人债务集中清理案件中，该类与企业破产案件一并受理的案件共受理 19 件，办结 11 件。[②]

（2）其他省份

2021 年 12 月 7 日，江苏省高级人民法院发布《江苏省高级人民法院关于开展"与个人破产制度功能相当试点"工作中若干问题解答》，就"与个人破产制度功能相当试点"作出细化规定。2019 年 10 月至今，江苏省内推行个人债务集中清理的试点法院已扩展到南京、苏州、徐州 3 市两级法院和无锡锡山、镇江京口、南通海门、泰州医药高新技术产业开发区、盐城经济技术开发区、连云港海州 6 家基层法院。截至 2021 年 12 月 31 日，各试点法院已合计受理案件 170 件，结案 117 件。23 名债务人因不符合条件被驳回申请，67 名债务人得到免责，清偿债务 1700 余万元。[③]

四川省也在对个人破产制度做出积极尝试。继 2020 年 5 月 29 日四川省泸州市龙马潭区人民法院印发《个人破产和解实施办法（试行）》后，成都市中级人民法院也于 2021 年 12 月 23 日印发《关于个人债务集中清理的操作指引（试行）》。目前四川省已有以上 2 家法院成功审结的个人破产和解案件，暂未在全省范围内形成大范围试点。

山东省人民政府办公厅于 2019 年 10 月 26 日印发通知[④]，要求开展个人破产制度试点。2020 年 12 月 1 日，东营市中级人民法院率先出台了《关于个人债务清理的实施意见（试行）》，并于 2021 年受理了山东省第一起个人债务清算案件。

[①] 参见浙江省高级人民法院：《2021 年浙江法院个人债务集中清理（类个人破产）工作报告》，载微信公众号"浙江天平"，2022 年 7 月 25 日访问。

[②] 参见浙江省高级人民法院：《2021 年浙江法院个人债务集中清理（类个人破产）工作报告》，载微信公众号"浙江天平"，2022 年 7 月 25 日访问。

[③] 丁国锋：《67 名"诚实而不幸"债务人被免责，江苏高院发布"类个人破产"程序 28 个问题解答》，载法治网，2022 年 7 月 25 日访问。

[④] 参见《关于深化"放管服"改革优化营商环境重点任务的分工方案》，载山东省人民政府网，2022 年 7 月 25 日访问。

（四）破产制度总体立法动向

1.《民法典》体系下的破产制度

2021年1月1日起《民法典》正式施行，这是一部"固根本、稳预期、利长远的基础性法律"。[①] 由于我国民商合一的立法体例，《民法典》将对包括破产法在内的商法产生直接或间接的重大影响。具体而言，《民法典》对破产法产生直接影响的规定包括以下几个方面。第一，《民法典》及其配套司法解释新增或修订的、涉及破产程序的直接规定。例如，《民法典》第68条（法人被宣告破产并依法完成清算、注销登记的，法人终止）、第73条（法人被宣告破产依法完成破产清算、注销登记时，法人终止）、第411条（动产浮动抵押财产范围在抵押人被宣告破产或者解散时确定）、第423条（最高额抵押债权在债务人、抵押人被宣告破产或者解散时确定）、第536条（债权人可以代位向债务人的相对人的管理人进行债权申报）、第537条（债务人破产的，债权人代位权的行使依照相关法律规定处理）、第687条（法院受理债务人破产案件后保证人不得行使先诉抗辩权）、第935条（委托人被宣告破产之后、清算人承受委托事务之前，受托人应继续处理委托事务）、第936条（受托人被宣告破产之后、委托人作出善后处理之前，受托人的清算人应采取必要措施）；最高人民法院《关于适用〈中华人民共和国民法典〉有关担保制度的解释》（以下简称《担保制度司法解释》）第22条（主债务人破产后担保债权停止计息）等。第二，《民法典》及其配套司法解释新增或修订的、涉及财产担保的规定。根据《企业破产法》第109条的规定，破产程序中别除权的直接依据为法律关于担保物权的规定。涉及的规定，如《民法典》第411条（动产浮动抵押财产范围在抵押人被宣告破产或者解散时确定）；第423条（最高额抵押债权在债务人、抵押人被宣告破产或者解散时确定）、《担保制度司法解释》等。第三，《民法典》关于民商事制度的其他新增或修订。例如关于诉讼时效制度的修订等。这些规定都将通过债权审核、债务人财产处置、重整计划的拟定和实施等环节，对破产程序产生直接影响。例如，《民法典》第188条将民事权利的一般诉讼时效由2年延长至3年，将对管理人的债权审查产生直接影响。

与此同时，《企业破产法》的相关司法解释也随着《民法典》的颁布而作了相应修正。例如，最高人民法院《关于适用〈中华人民共和国企业破产法〉若干问题

---

① 习近平：《充分认识颁布实施民法典重大意义 依法更好保障人民合法权益》，载《中国人大》2020年第12期。

的规定（三）》第 13 条规定，破产申请受理后，管理人未依据《企业破产法》第 31 条进行破产撤销的，债权人可依据《民法典》第 538 条、第 539 条行使债权人撤销权。相较于原《合同法》第 74 条的规定，《民法典》第 538 条、第 539 条增加了诸如债务人"放弃债权担保""恶意延长其到期债权的履行期限""以明显不合理的高价受让他人财产""为他人的债务提供担保"等债权人可以行使撤销权的情形，有利于债权人在破产程序中通过撤销权之诉维护自身的合法权利。

2. 最高人民法院规范性文件和指导性案例

2021 年 1 月 1 日至 2022 年 6 月 30 日，最高人民法院发布的涉及破产的规范性文件主要包括：（1）国家发展改革委、最高人民法院等 13 家单位于 2021 年 2 月 25 日联合发布的《关于推动和保障管理人在破产程序中依法履职进一步优化营商环境的意见》（发改财金规〔2021〕274 号）；（2）最高人民法院于 2021 年 12 月 31 日下发的《全国法院涉外商事海事审判工作座谈会会议纪要》（其中第 6 条认可了外国破产管理人代表债务人参加国内诉讼的资格）；（3）最高人民法院于 2022 年 1 月 13 日发布的《关于充分发挥司法职能作用助力中小微企业发展的指导意见》（法发〔2022〕2 号，其中第 16 条涉及中小微企业的挽救制度）。

2021 年 9 月 14 日，最高人民法院发布第 29 批指导性案例，其中涉及 3 起实质合并破产案件。此外，最高人民法院还发布了一系列涉及破产的典型案例，如《最高人民法院发布 10 件典型破产案例》（2021 年 4 月 28 日）、《人民法院助推民营经济高质量发展典型民商事案例》（2021 年 9 月 3 日）、《人民法院实施破产法律制度优化营商环境典型案例》（2021 年 4 月 28 日）等。

3. 与香港特别行政区破产程序的相互认可和协助

2021 年 5 月 14 日，最高人民法院和香港特别行政区政府律政司在深圳签署《关于内地与香港特别行政区法院相互认可和协助破产程序的会谈纪要》。最高人民法院还进一步发布了《关于开展认可和协助香港特别行政区破产程序试点工作的意见》。上述规定使得内地与香港特区破产程序的相互认可与协助有法可依。

4. 各地破产审判制度试点和创新

2021 年 10 月 31 日，国务院正式发布《国务院关于开展营商环境创新试点工作的意见》，首批试点城市包括北京、上海、重庆、杭州、广州、深圳 6 个城市，要求"推行破产预重整制度，建立健全企业破产重整信用修复机制，允许债权人等推荐选任破产管理人。建立健全司法重整的府院联动机制，提高市场重组、出清的质量和效率"。

事实上，在地方层面，对于破产审判制度的试点和创新由来已久。值得关注的事项主要如下。

第一，从立法形式来看，新授权的地方立法（如海南自由贸易港法规、浦东新区法规）均在第一时间对破产程序作出了变通性的规定。2021年6月10日，《海南自由贸易港法》《全国人民代表大会常务委员会关于授权上海市人民代表大会及其常务委员会制定浦东新区法规的决定》正式施行。基于上述法律及决定，海南自由贸易港法规可以对"法律或者行政法规的规定作变通规定"；浦东新区法规可以对"法律、行政法规、部门规章作出变通规定"。

2021年11月25日，上海人大常委会公布了《上海市浦东新区完善市场化法治化企业破产制度若干规定》，涉及的制度创新包括但不限于：破产临界期的董事、高管责任（第4条）；重整案件中逾期申报视为放弃债权的规则（第6条）；简易重整程序（第8条）等。2021年12月1日，海南省人大常委会颁布了《海南自由贸易港企业破产程序条例》，涉及的制度创新包括但不限于：破产临界期的董监高责任（第6条）；破产事务管理部门（第三章）；破产企业档案管理制度（第56条）等。

第二，从规定主体来看，对破产程序创设特别规定的法院不限于《国务院关于开展营商环境创新试点工作的意见》列明的6个城市。尤其值得注意的是高级人民法院以及专门破产法庭[①]设定的审判规则。这些审判规则主要是对《企业破产法》及相关法律法规的细化和补充，往往不以特别立法权为前提。并且，一些高级人民法院、破产法庭的影响力已远超其管辖范围，成为影响全国破产审判的风向标。例如，2021年起实施的《深圳经济特区个人破产条例》、2022年发布的《北京破产法庭中小微企业快速重整工作办法（试行）》《北京破产法庭接受债权人推荐指定管理人的工作办法（试行）》即是相关领域的开创性规定。

第三，从规定的内容来看，2021年来新颁布的规定涉及破产审判各方面的内容。一是涉及破产受理前的预重整程序，直至破产终结后的档案管理、信用修复机制等各个程序事项。值得注意的是，对于相同的程序事项，各地的规定不尽相同，既显示了破产审判的张力，又可能是未来构建"全国统一大市场"过程中需要解决的问题。例如，同于2021年颁布的《重庆市第五中级人民法院预重整工作

---

① 在破产审判专业化的背景下，2021年以来，成都、海口等地相继设立了破产法庭；截至2022年6月30日，全国已有15家专门破产法庭。

指引（试行）》和《上海市浦东新区完善市场化法治化企业破产制度若干规定》，预重整的适用主体存在显著差异：前者为"存在债权人人数众多、债权债务关系复杂、职工安置数量较大、影响社会稳定等情形的"债务人，后者为"具有挽救价值，且在短期内有实现重组可能的债务人"。

二是涉及债务人、债权人，乃至债务人，董监高等多个程序主体的义务。例如，重庆破产法庭于 2021 年先后出台了《债务人参与破产事务指引》《债权人参与破产事务指引》；前述海南自由贸易港法规、浦东新区法规明确了董事的破产申请义务。

5.《企业破产法》的全面修订

《企业破产法》于 2006 年 8 月 27 日颁布，并于 2007 年 6 月 1 日起实施，至今已实施超过 15 年。事实上，破产制度修订的呼声紧随于《企业破产法》的颁布，并且为顺应司法实践的需求以及营商环境建设的需求而被不断提起。具体而言：第一，《企业破产法》仅有 136 个条文，难以涵盖破产程序涉及的所有情形。甚至，由于《企业破产法》缺失个人破产制度、金融机构破产制度，起草者认为其仅仅发挥了"半个破产法"的作用。① 第二，在司法实践中逐渐成形，并在个案或由各地零星规范的府院联动机制、预重整制度、合并破产制度等，有待《企业破产法》加以统一规定。并且，根据 2022 年 3 月 25 日作出的《中共中央国务院关于加快建设全国统一大市场的意见》第 25 项的规定，要"清理废除妨碍依法平等准入和退出的规定做法"，破产制度的统一是其中的应有之义。第三，根据全国人大常委会执法检查组 2021 年的调研结果，尽管《企业破产法》已出台一系列配套司法解释及规定，但其实施过程中仍存在若干突出困难和问题。第四，世界银行已于 2022 年 2 月 4 日推出《项目初步概念书：营造宜商环境（BEE）》（Pre-Concept Note: Business Enabling Environment），以替代《营商环境报告》，新增关于破产管理人专业素养、中小微企业专门程序、破产前程序、破产程序专门机构和运作机制质量等四方面的指标，《企业破产法》需要回应新的营商环境评价体系。②

全国人大常委会 2021 年度、2022 年度立法工作计划均将"企业破产法（修

---

① 《企业破产法》起草组组长、全国人大财经委原副主任委员贾志杰称：缺失了个人破产制度和金融机构破产的破产法仅仅是"半个破产法"。参见杨华云：《个人破产法应尽快纳入立法计划》，载新浪财经网，2022 年 7 月 25 日访问。

② 参见梁春瑾、陈科林：《译文 | 世行宜商环境评价指标"商事破产"（Business Insolvency）》，载微信公众号"阳光破产法课堂"，2022 年 7 月 25 日访问。

改）"列为年度"初次审议的法律案"。全国人大常务委员会委员长栗战书于 2022 年 3 月 8 日在《全国人民代表大会常务委员会工作报告》中亦表示，2022 年全国人大常委会已根据年度立法工作计划，预安排审议包括修改《企业破产法》在内的 40 件法律案。《企业破产法》的修正案有较大希望于今年公布并公开征求意见。

为配合修法工作，全国人大常委会执法检查组牵头对《企业破产法》的实施情况进行执法检查，并于 2021 年 8 月 18 日作了《全国人民代表大会常务委员会执法检查组关于检查〈中华人民共和国企业破产法〉实施情况的报告》（以下简称《报告》）。《报告》指出了《企业破产法》在实施过程中的如下突出困难和问题：第一，对《企业破产法》作用的认识不到位。债权人（包括部分金融债权人）、债务人、地方政府等各方面对破产制度功能的认识仍然不足，观念转变还不到位；第二，市场化破产的机制不完善，即由政策性破产向市场化法治化破产转变的机制仍不完善，一是政府发挥作用的工作机制不健全，二是政府与法院联动处置的工作机制不完善；第三，《企业破产法》有效实施的审判力量不适应，一是审判组织建设不适应，二是法官知识结构不适应，三是法院内部制度和技术支撑不适应；第四，防范打击逃废债行为制度不健全，一是恶意逃废债侵蚀市场信用基础，二是缺少打击恶意逃废债的具体制度，三是社会信用体系仍在不断完善；第五，《企业破产法》中的一些规定不适应新形势，一是有些关联法律与企业破产法相关规定重叠，个别甚至相对冲，二是有些法规规章缺乏针对性规定，三是配套制度不够健全。

二、典型案例评析

（一）海航集团有限公司等 321 家公司实质合并重整案

1. 基本案情

海航集团涉及航空运输、机场运营、酒店管理、金融服务等板块，2017 年底爆发流动性危机，最终转为严重资不抵债的债务危机。2021 年 2 月 10 日，海南高院依法分别裁定受理债权人对海航集团等 7 家公司提出的破产重整申请，并在同年 3 月 13 日作出（2021）琼破 1 号之一民事裁定书，依法裁定对海航集团等 321 家公司进行实质合并重整。

此外，海航控股公司（ST 海航，股票代码 600221）及其 10 家子公司、海航基础公司（ST 基础，股票代码 600515）及其 20 家子公司、供销大集集团（ST 大集，股票代码 000564）及其 24 家子公司分别采取协同重整方式，海航系众多公司形成 3 家上市公司内部协同重整、非上市公司实质合并重整、上市公司与非上市公司共计 378 家公司同步重整、联动推进的模式。①

2021 年 10 月 31 日，海南高院裁定批准《海航集团有限公司等三百二十一家公司实质合并重整案重整计划（草案）》，根据该重整计划，实质合并重整企业将以自身财产设立信托计划，并通过信托份额抵偿债务。其后，海航集团破产重整专项服务信托依法成立。

2022 年 4 月 24 日，海南高院裁定确认，海航集团等 321 家实质合并重整计划已经执行完毕。在此之前，3 家上市公司及其关联公司内部协同重整已经海南高院裁定重整计划执行完毕。至此，海航系公司重整案落下帷幕。

此外，在 Re HNA Group Co., Limited (in Reorganisation in the Mainland of the People's Republic of China)［2021］HKCFI 2897 一案中，香港法院对于海航集团在内地的重整程序签发了认可和协助的命令，该案是香港法院首次认可并协助内地重整程序的案例。应管理人提出的申请，海南高院向香港高等法院请求认可该公司在内地的重整程序，并在香港向管理人的特定代表提供协助。香港高等法院审查后，于 2021 年 9 月 16 日颁发认可令，认可海航集团的重整程序并任命管理人，同时还授予管理人在香港行使常规职权，包括但不限于向第三方索取和接受有关公司的文件和信息；在法院管辖范围内查明、保护、保障并控制公司有权拥有的资产、公司账簿记录文件；采取一切必要措施防止处置公司资产；以公司名义和代表公司管理、操作公司银行账户等。管理人还可以向香港法院申请中止任何在香港法院的诉讼或向香港法院申请其他指示。②

2. 案件评述

该案获评 2021 年"全国法院十大商事案件"。如李曙光教授所说，"该案是目前亚洲地区债务规模最大、债权人数量最多、债权人类型最多元、重整企业数量最多、法律关系最复杂、程序联动最复杂的破产重整案件"③，其影响力毋庸置疑。

海航集团 321 家公司实质合并重整案的成功，至少在以下方面值得研究、学

---

① 最高人民法院：《2021 年全国法院十大商事案件》，载最高人民法院网，2022 年 7 月 25 日访问。

② 参见香港高等法院于 2021 年 9 月 16 日作出决定的 Re HNA Group Co., Limited (in Reorganisation in the Mainland of the People's Republic of China)［2021］HKCFI 2897 一案，https://legalref.judiciary.hk/lrs/common/search/search_result_detail_frame.jsp?DIS=139053&QS=%24%28%5B2021%5D%7CHKCFI%7C2897%29&TP=JU，2022 年 7 月 25 日访问。

③ 最高人民法院：《2021 年全国法院十大商事案件》，载最高人民法院网，2022 年 7 月 25 日访问。

习、借鉴。

第一,特大型企业的破产能力。海航集团系特大型集团企业,对于其321家非上市公司,负债规模达1.04万亿元,约为海南省2020年GDP总额5532.39亿元的2倍。对于此类特大型企业,任凭其在市场消失将可能导致当地生产总值锐减、财政收入流失、失业率飙升、维稳压力陡增,因此行政机关往往倾向于对它们施以援手,使其坐享"大而不能倒"(too big to fall)带来的红利,甚至在资不抵债时仍能高枕无忧,安然渡过危机。[1]对海航集团适用重整程序,使得特大型企业"大而不能倒"的神话破灭,同时也通过市场化的重整程序将可能的社会震荡降到最低。[2]并且,可能由于该案资产、负债体量巨大以及所涉法律关系复杂,该案罕见地由高级人民法院直接审理。

第二,金融系统性风险的防控。法院受理特大型企业破产案件的主要顾虑之一,是其潜在的、对金融系统性风险带来的冲击。而在该案重整过程中,为有效防范金融风险,法院充分听取总行级金融机构债委会的意见,发挥金融机构债委会的协调功能,对有效防范金融风险、统一广大债权人的共识及推进重整工作起到了非常重要的作用。[3]该案为特大型企业化解和处置金融风险提供了范本:金融风险没有阻却破产程序的受理,反而由破产程序化解和处置了金融风险。对于特大型企业,既要防范、化解、处置其可能引发的金融风险,也要避免过度关注该等金融风险,并以此为由架空《企业破产法》,影响破产案件的依法受理。

第三,跨行政区划的实质合并破产。海航集团321家非上市企业遍布全国各地,根据《全国法院破产审判工作会议纪要》第35条的规定,实质合并破产案件应由关联企业中的核心控制企业住所地人民法院管辖;而破产案件一般由债务人所在地人民法院管辖。司法实践中,由于不同行政区划,尤其是不同省份法院之间往往难以协调案件管辖,对于跨行政区划,尤其是跨省的关联企业,适用实质合并破产的关联企业范围往往以省为界。而在该案中,海南高院于2021年2月裁定受理海航集团等7家公司破产重整后,根据管理人的申请,在听证后裁定众多关联企业与海航集团实质合并,最终达到321家关联企业实质合并的效果,且321

---

[1] 参见张钦昱:《破产歧视与反歧视》,载《法学杂志》2021年第6期。

[2] 参见王静、蒋伟:《实质合并破产制度适用实证研究——以企业破产法实施以来76件案例为样本》,载《法律适用·司法案例》2019年第12期。

[3] 最高人民法院:《2021年全国法院十大商事案件》,载最高人民法院网,2022年7月25日访问。

家关联企业所在地涉及多个省份。根据《全国法院破产审判工作会议纪要》第36条的规定，实质合并后该321家企业原则上视为合并为1个企业，财产合并清偿、内部债务消灭。

第四，有针对性的经营方案。对那些长时间"缺乏有效监管"和"野蛮生长"的特大型企业而言，在没有强大的外部监管压力和激励机制的情况下，指望其通过自身努力来改变这些问题重重的经营方式、商业模式乃至企业文化，是极其困难的。① 通过重整程序，海航集团等321家公司得以转变经营方式、商业模式。针对海航集团等321家公司业务跨度大、形态多元的实际情况，《海航集团有限公司三百二十一家公司实质合并重整案重整计划》立足于分业经营，有针对性地设计了20页篇幅的经营方案。根据该经营方案，海航集团将拆分为7个完全独立运营的板块，陆续引入战略投资人，完成各自板块的资产整合和充分联动，各板块独立运营，互不干涉。与此同时，考虑到核心的航空牌照、机场运营资质、金融牌照等具有价值且经营必须的相关资质及业务资产均依托于各公司主体存续，合并为1个企业不利于运营资质的保留，将进一步贬损债务人财产价值，根据《全国法院破产审判工作会议纪要》第37条的规定，321家公司将分块分类规整业务，分层分级规整股权，在实质合并的基础上，仍然安排相关企业保持单体存续及经营。

第五，取得香港法院的认可和协助。本案系首次取得香港法院认可和协助的内地重整案件。需要注意的是，已和香港开展相互认可和协助破产程序的试点法院并不包括海南法院②，香港法院与海南法院在司法协助的对等性上并不一致，对此，夏利士法官认为，对等性原则（Reciprocity）并非香港法院根据普通法承认并协助境外破产的必要条件或先决条件之一，海南法院是否对等承认香港破产程序和清盘人不妨碍香港法院作出相关认定，也不是应考虑的因素。基于该等考虑，香港法院此前也曾分别认可了内地上海华信国际集团有限公司、深圳市年富供应链有限公司清算程序并协助管理人。③ 以上案例均体现了香港法院对承认和协助内

---

① 陈瑞华：《有效合规管理的两种模式》，载《法制与社会发展》2022年第1期。

② 参见最高人民法院《关于开展认可和协助香港特别行政区破产程序试点工作的意见》第1条规定："最高人民法院指定上海市、福建省厦门市、广东省深圳市人民法院开展认可和协助香港破产程序的试点工作。"

③ 参见香港高等法院于2021年9月16日作出决定的Re HNA Group Co., Limited (in Reorganisation in the Mainland of the People's Republic of China) [2021] HKCFI 2897 一案，https://legalref.judiciary.hk/lrs/common/search/search_result_detail_frame.jsp?DIS=139053&QS=%24%28%5B2021%5D%7CHKCFI%7C2897%29&TP=JU，2022年7月25日访问。

地破产程序的积极态度,也是香港和内地之间对跨境破产重组司法协助的重要里程碑,为未来管理人追收香港地区的债务人资产、在香港地区行使管理人职权树立了案件样本。

(二)北大方正集团有限公司等 5 家公司实质合并重整案

1. 基本案情

2019 年底,北大方正集团有限公司(以下简称"方正集团",方正集团及其下属公司合称"北大方正集团")流动性危机爆发。2020 年 2 月 19 日,北京一中院以方正集团不能清偿到期债务、已缺乏清偿能力、同时具备一定的重整价值及挽救可能为由,裁定受理债权人北京银行股份有限公司对北大方正集团有限公司的重整申请。[①] 北京一中院指定方正集团清算组担任方正集团管理人。

2020 年 7 月 17 日,方正集团管理人以产业控股、北大医疗、信产集团、资源集团与方正集团存在高度的关联性且财务严重混同,区分方正集团与 4 家公司财产的成本过高,对方正集团实施单独重整将严重损害债权人公平清偿利益为由,向北京一中院申请将 4 家公司与方正集团进行实质合并重整。经审查,北京一中院于 2020 年 7 月 31 日裁定方正集团等 5 家公司实质合并重整。[②] 重整期间,根据北京一中院作出的(2020)京 01 破 13 号之六、十三的复函,方正集团及其管理人对外融入借款折合人民币共计约 22 亿元,该等借款将作为共益债务,依据相关借款协议的约定,以重整投资款优先清偿。[③] 该等借款还开创性地被用于下属非重整主体。[④] 据报道,重整期间已直接或间接使用共益债借款的下属公司,还需配合为该等借款办理股权质押手续作为增信措施。[⑤]

2021 年 5 月 28 日,北京一中院通过线上方式召开了方正集团等 5 家公司实质合并重整案第二次债权人会议,债权人会议各表决组均高票通过重整计划草案。根据重整计划草案,各方拟通过资产出售式重整使企业迅速恢复正常经营,有财产担保债权在担保财产的评估价值范围内全部获得现金清偿,职工债权、税款债权及普通债权在 100 万元以下的部分亦可获得全额现金清偿;普通债权 100 万元

---

① (2020)京 01 破申 42 号。
② (2020)京 01 破申 530 号。
③ 参见《北大方正集团有限公司等五家公司重整计划(草案)》。
④ 参见《北大方正集团有限公司等五家公司重整计划(草案)》。
⑤ 彭骎骎、张宇哲:《方正海外子公司被判清盘 境内外破产如何并行 | 金融人·事》,载微信微信公众号"金融一线观察",2022 年 7 月 25 日访问。

以上的部分可在"全现金""现金加以股抵债""现金加留债"三种清偿方式中任选一种获得清偿，预计清偿率分别为31%、61%、33%。经审查，北京一中院认为重整计划内容完备合法、具有可行性，重整计划草案的各项程序符合相关法律规定，故于2021年6月28日裁定批准方正集团等5家公司重整计划，并裁定终止重整程序。①

通过司法重整，成功为北大方正集团引入700多亿元投资，化解2600多亿元债务，帮助400余家企业持续经营，稳住3.5万名职工的工作岗位，最大限度保护各类债权人权益，并使方正集团重获新生。②

此外，该案还涉及维好协议的效力问题。方正集团通过其英属维尔京群岛的两家子公司（以下简称发行人）发行债券，由其两家香港子公司（以下简称担保人）提供担保。为此，方正集团与发行人和担保人签署维好协议，承诺方正集团将促使发行人和担保人在任何时候至少保持1美元的净资产，并有足够的现金流以确保发行人和担保人及时支付债券向下的任何应付款项；维好协议还约定协议适用英国法，由香港法院专属管辖。③方正集团进入破产程序后，发行人与担保人以方正集团违反维好协议为由向方正集团管理人申报债权。但管理人对基于维好协议的债权申报不予确认普通债权，并告知如有异议应根据破产集中管辖向北京一中院起诉。随后，发行人和担保人在香港法院对方正集团提起诉讼（以下简称香港令状诉讼）。对此，方正集团以发行人和担保人已向方正集团管理人申报债权为由申请搁置香港令状诉讼程序。此外，北京破产管理人亦向香港法院申请认可和协助内地重整程序，同时还申请了搁置香港令状诉讼程序。2021年12月，香港高等法院夏利士法官作出判决，认为香港法院将认可及协助内地的破产重整程序，但香港令状诉讼程序不应该被搁置，并认为应当根据约定的专属管辖条款由香港法院而非北京法院进行管辖。④

2. 案件评述

---

① （2020）京01破13号之五。

② 最高人民法院：《2021年全国法院十大商事案件》，载最高人民法院网，2022年7月25日访问。

③ 冯柏栋：《德辅案评｜跨境破产案件及关于维好协议的争议解决：对诺熙资本有限公司诉北大方正集团有限公司一案的点评》，载微信公众号"德辅大律 DesVoeuxChambers"，2022年7月25日访问。

④ See Nuoxi Capital Ltd vs. Peking University Founder Group Co., Ltd [2021] HKCFI 3817, https://legalref.judiciary.hk/lrs/common/ju/ju_frame.jsp?DIS=141062&currpage=T, last visited on 30 June 2022.

该案获评 2021 年度"全国破产经典案例"。如王欣新教授所述，方正集团业务涵盖多个板块，是我国首例真正意义上的多元化"企业集团"重整。①方正集团实质合并重整案妥善化解集团债务危机，有效维护企业的营运价值，充分保障了职工、债权人等各方利益主体权益，是《企业破产法》实施以来充分实现重整制度立法目标的典型案例之一。②

该案的主要特点如下。

第一，从重整路径来看，该案限定了合并重整的范围，且采取了整体重整的方式。该案将重整范围限定在方正集团等 5 家控股平台公司中，有利于其余 400 余家未纳入重整程序的关联企业正常经营，维持集团整体的运营价值。通过 5 家控股平台公司的重整能够对整个集团超 3400 亿元债务中的近 2000 亿元债务进行处理，有利于以点带面、快速高效地化解集团的债务危机。尽管北大方正集团业务覆盖多个板块，但该案始终坚持整体重整的原则，要求投资人整体承接北大方正集团的资产，以优质板块带动其他板块的整体盘活，最终一揽子、一次性地实现整个集团的资产盘活与债务化解，避免因拆分重整而带来的重整计划执行期间拉长、不确定性提高的问题。

第二，该案采取了出售式重整模式的方式。根据重整计划安排，北大方正集团资产被划分为保留资产和待处置资产，其中保留资产放入新方正集团和各业务平台公司，作为重整后的运营主体。该案通过出售式重整，一方面，实现了原股东的彻底退出，有助于达到全部资产用于清偿债权人的案件效果；另一方面，通过运营实体的转移，能够最大限度隔离老北大方正集团风险传导至新北大方正集团，有利于集团公司的运营尽快摆脱债务危机的影响，实现正常化。

第三，较之其他适用债转股的案例，该案充分尊重了债权人的选择权，并且设定了兜底回购退出机制。在整体重整与出售式重整的基本模式下，重整计划为债权人提供了多样化的清偿方案，最大程度地满足不同债权人的清偿需求。重整计划规定，对于 100 万元以下的小额债权予以一次性全额现金清偿。此外，重整计划为普通债权人提供了三种清偿方案，分别是"现金加以股抵债"方案、"全现金"方案以及"现金加留债"方案。其中现金加以股抵债或留债方式能够在实

---

① 最高人民法院：《2021 年全国法院十大商事案件》，载最高人民法院网，2022 年 7 月 25 日访问。

② 最高人民法院：《2021 年全国法院十大商事案件》，载最高人民法院网，2022 年 7 月 25 日访问。

现债权人获得部分现金清偿的前提下，通过以股抵债或留债的方式很大程度上缓解新方正集团的资金压力，帮助其恢复持续盈利能力以实现更大比例清偿的效果。对于急需快速获偿退出的债权人，方案亦能够最大程度地满足其现金清偿的需求，一次性现金清偿比例超过30%。

第四，该案中债务人经法院批准对外融入了共益债借款。经北京一中院批准，方正集团及其管理人共对外融入共益债借款约22亿元，并基于相关协议约定以重整投资款优先受偿。法院批准、约定优先受偿等措施有利于消除资金提供方对于款项收回的顾虑，降低债务人的融资成本。融入的资金还首次于集团式企业重整案中被用于下属非重整主体，有利于暂时缓解北大方正集团现金压力，实现集团的平稳经营和保持职工队伍稳定，从而维护了集团的运营价值，为后续引入投资人、通过重整计划打下了良好基础。

第五，该案涉及对维好协议的确认问题。在该案之前，境内企业通过采用维好协议加上股权回购承诺进行海外债务融资的案例为数不少，但维好安排尚未经过境内司法程序的检验。维好安排难以被认定为中国法下的担保责任，一方面维好提供方仅承担补充流动性和回购股权的义务，另一方面方正集团提供的债券发行说明书已明确维好提供方并无提供保证的意思表示。不过维好协议大多约定适用境外法律，约定由境外法院或仲裁机构专属管辖，发行人或担保人可在获得境外生效判决或裁决后，通过申请内地认可和执行的方式维护自身权益。2020年11月16日，上海金融法院发布全国首例涉维好协议香港判决的认可与执行案例，裁定认可和执行香港法院支持维好协议的生效判决。[1] 这无疑在方正集团管理人拒绝确认涉维好安排债权之后，重新提振了众多海外债券持有人对维好协议的信心。

（三）康美药业股份有限公司重整案

1. 基本案情

康美药业是一家以中药饮片、化学原料药及制剂生产为主导，集药品生产、研发及药品、医疗器械营销于一体的上市公司。

2020年5月，中国证监会认定康美药业《2016年年度报告》《2017年年度报告》《2018年半年度报告》存在虚假记载和重大遗漏。2020年12月，顾华骏等11名投资者起诉康美药业、马兴田等证券虚假陈述责任纠纷一案在广州中院

---

[1] 王珊、郑倩：《全国首例！上海金融法院审结一起涉"维好协议"申请认可和执行香港特别行政区法院判决案》，载微信公众号"上海金融法院"，2022年7月25日访问。

立案。2021年4月，中证中小投资者服务中心有限责任公司接受56名投资者的特别授权，向广州中院申请作为代表人参加诉讼。经最高人民法院指定管辖，广州中院适用特别代表人诉讼程序审理该案，启动康美药业证券集体诉讼。2021年11月12日，广州中院作出（2020）粤01民初2171号民事判决书，判决康美药业向原告顾华骏等52037名投资者赔偿投资损失2458928544元，并判决江镇平等独立董事分别在投资者损失的5%—10%范围内承担连带赔偿责任。①2021年11月13日，康美药业发布《关于投资者民事诉讼索赔进展的公告》："公司将根据判决，向马兴田、许冬瑾、邱锡伟、庄义清、温少生、马焕洲、广东正中珠江会计师事务所（特殊普通合伙）、杨文蔚等21名承担连带清偿责任的被告依法主张相关权利。"②

2021年6月4日，揭阳中院根据债权人的申请裁定受理康美药业重整一案，并于同日指定北京市金杜（深圳）律师事务所担任康美药业管理人。2021年11月15日，康美药业召开第二次债权人会议，重整计划（草案）进行投票表决，截至19日，经全体债权人通过线上形式投票表决，对重整计划（草案）获得通过。根据康美药业的最新公告，其已依据重整计划中的债权受偿方案，通过现金、抵债股票等方式统一实施清偿。

2021年11月17日，佛山中院对康美药业原董事长、总经理马兴田等12人操纵证券市场案公开宣判。马兴田因操纵证券市场罪、违规披露、不披露重要信息罪以及单位行贿罪数罪并罚，被判处有期徒刑12年，并处罚金人民币120万元；康美药业原副董事长、常务副总经理许冬瑾及其他责任人员11人，因参与相关证券犯罪被分别判处有期徒刑并处罚金。2022年1月13日，广东高院裁定驳回马兴田等人的上诉，维持原判，此为终审裁定。

2. 案件评述

康美药业同时涉及虚假陈述民事诉讼案件、破产重整案件以及刑事案件，其中涉及的民事诉讼案件是2020年3月1日新《证券法》实施以来首例证券纠纷特别代表人诉讼，被媒体誉为"中国版证券集体诉讼制度"第一案。

从破产法的角度而言，康美药业重整案的主要特点如下。

第一，民刑破程序的有效衔接。（1）从民刑破案件的管辖来看，本案并重考

---

① 参见（2020）粤01民初2171号。
② 参见2021年11月13日发布的《康美药业关于投资者民事诉讼索赔进展的公告》。

虑了公共政策与法律规定。具体而言，民事案件未在特别代表人中证中小投资者服务中心（以下简称投服中心）诉讼启动后，将案件转移至康美药业上市地的上海金融法院，而是经最高人民法院指定管辖后，由富有同类案件审判经验的广州中院一审；在最高人民法院和广东省高级人民法院的协调下，刑事案件由佛山市中级人民法院审理；而破产重整案件由揭阳中院管辖。由此，民刑破三个程序均在广东省内提起，以最大限度降低司法沟通成本。① 同时，民事案件先于重整案件提起，因此揭阳中院不适用集中管辖规则，可以大幅度减少揭阳中院的工作量，使其可以更加聚焦重整案。②（2）从民刑破案件的程序进展来看，与康美药业重整有关的虚假陈述赔偿案、刑事责任追究案一审判决结果都在康美药业召开第二次债权人会议之前发布，促进了相关债权在重整计划中的确定③，以及证券投资者债权的确认。

第二，证券投资者的债权由投服中心代为申报债权。2021年7月22日，投服中心作为集体诉讼特别代表人，在破产程序中代为申报了债权。因投服中心在前期申报债权时未及获得债权人的专项授权，其后期参与程序的适格性曾遭遇管理人质疑；此问题经过协调后已获解决。④ 从法律规定而言，在最高人民法院《关于证券纠纷代表人诉讼若干问题的规定》项下，投服中心得到的授权只是证券法上的授权，若要到破产法的语境中去代表债权人，还需要投资者进行破产法上的授权，甚至还需要在破产法制度中去制定相应的赋权规则作为此种授权的根本法律依据。⑤

第三，证券投资者的债权通过以股抵债、现金清偿、信托受益权方式综合清偿。根据康美药业的重整计划，证券投资者的债权属于普通债权，对于普通债权，每家债权人普通债权金额50万元以下（含50万元）的部分，由康美药业在本重整计划执行期限内以现金方式一次性清偿完毕。超过50万元的债权部分，将按照

---

① 参见冷静：《康美启示：证券集团诉讼首案的制度突破与未尽议题》，载《中国法律评论》2022年第1期。

② 参见陈夏红：《从康美药业重整看大规模侵权的破产法应对》，载《中国法律评论》2022年第93期。

③ 参见陈夏红：《从康美药业重整看大规模侵权的破产法应对》，载《中国法律评论》2022年第93期。

④ 参见冷静：《康美启示：证券集团诉讼首案的制度突破与未尽议题》，载《中国法律评论》2022年第1期。

⑤ 参见冷静：《康美启示：证券集团诉讼首案的制度突破与未尽议题》，载《中国法律评论》2022年第1期。

以下方式进行清偿:"(1)每家普通债权人按照每100元普通债权分得约8.829股股票,股票的抵债价格为10元/股;(2)每家普通债权人按照每100元普通债权分得约7.29元现金;(3)每家普通债权人按照每100元债权分得4.42份信托受益权份额"。换言之,对于证券投资者债权金额50万元以上的部分,主要通过以股抵债以及取得信托受益权的方式获得清偿。根据目前的司法实践,该部分债权是否可以视为已全额受偿(尤其是未取得现金收益的信托受益权对应的债权),存在一定的不确定性。

(四)大连船舶重工集团海洋工程有限公司重整案

1. 基本案情

2018年,受国际石油价格周期性大幅下挫影响,国外买方纷纷弃船,致使大连船舶重工集团海洋工程有限公司(以下简称大船海工)发生严重债务危机。2019年1月23日,经债权人申请,大连中院依法裁定受理大船海工重整案。

然而,大船海工破产重整之路面临重重困难。在进入破产程序之前,大船海工所涉债务近200亿元,其中包括38家外协单位数千名农民工的6.2亿元劳务费。在进入重整程序后,又收到大连港湾海关申报的近20亿元关税和增值税债权。该类债权的形成原因是大船海工以保税方式进口料件来建造海工平台,并在海关处办理加工贸易手册。相关保税料件成品如出售给国内买方或出现其他原因如加工贸易手册到期等,则需补缴该等关税和增值税,这将直接导致普通债权的清偿率为零。同时,潜在投资人先后基于各种原因退出重整,导致重整工作一度陷入死局,大船海工勉强靠自身经营资金、应收账款回收、原股东的共益债借款维持,在破产清算边缘苦苦挣扎。

为尽快化解大船海工重整工作中的实际困难,大船海工管理人创新性地提出了"自救式"重整方案,同中国出口信用保险公司(以下简称中国信保)达成一揽子协议,在依法合规的原则下将10座平台未来仲裁结果、转卖价格、转卖时间等不确定因素全部固化为确定的17.8元亿人民币赔付金额,并以中国信保的保险赔款为主要重整资金来源,以现金、留债、转股等多种形式进行清偿,部分普通债权人进行债转股成为公司的新股东,外协劳务费债权则参照职工债权全额清偿,挽留原大船海工管理团队作为重整后公司的经营主体。

2021年6月30日,大连中院依法裁定批准大船海工重整计划草案;终止大船海工重整程序。2021年11月18日,中国信保与大船海工赔付仪式在大连市政府、各监管机构领导、大连中院、破产管理人、银行债权人代表的共同见证下顺利举行。仪式当天，中国信保向大船海工管理人账户进行打款，最终赔付金额高达 17.8 亿元，这标志着该案重整大获成功。

2. 案件评述

该案获评 2021 年度"全国破产经典案例"，同时被辽宁省高级人民法院选为辽宁法院法治化营商环境建设典型案例。

大船海工重整案历经了重重困难与诸多波折，最终虽无投资人但通过债权人自救的方案，成功挽救了具有极高重整价值的优秀企业，不仅开创了国内非上市公司自救式重整的先河，也成功为国家保留了极具战略意义的高端海洋装备制造产业发展机会。该案在以下几个方面具有参考价值。

第一，该案是全国首个创造性地以债权人自救方式，通过政策性保险公司赔付，在无投资人的情况下自主寻求资金，最大限度维护债权人权益的案例。大船海工所处的行业具有极高的专业性和特殊性，在重整资金需求量大、整体市场环境较差的背景下，大船海工基于种种原因未公开招募到投资人。尽管没有合适的投资人，但管理人创新性地提出利用政策性保险公司赔款帮助企业恢复流动性，并说服大部分债权人进行自救，同时挽留管理团队维持好企业生产经营，为后续重整工作奠定了坚实的基础。

第二，该案充分结合市场情况及业态动向适时调整重整思路，以市场化手段牢牢把握机遇获得重整成功。企业重整方案应当在紧密结合市场真实情况的基础上提出，脱离市场基础的重整将很有可能导致企业重整后二次破产。该案在制作重整计划时，充分把握了石油及海工装备市场波动情况，在市场低谷时抓住油价暴跌的窗口期以及政策性保险逆市场调节的特性，争取到了最高额的重整资金。同时，在市场回暖后，又提出切实可行并符合市场预期的经营方案，在充分论证大船海工可行性的基础上才提出自救式重整方案，坚定了各方对重整的信心。从这个角度看，大船海工重整计划是在充分尊重、理解市场基础上得出的重整成果，也是坚持以市场化手段推动重整获得成功的有效例证。

第三，该案充分保障了债权人权益，实现重整程序正义与实质正义、经济效果与社会效果高度统一。重整案件由于涉及主体众多、牵连关系广泛，应当特别注意程序正义与实质正义、经济效果与社会效果的统一。该案重整方案充分保证和平衡了各方的合法权益和程序权利，主要体现在两个方面：一是大船海工欠付 38 家外协单位近 6000 余名农民工的 6.2 亿元劳务费，考虑到船舶行业特殊的用工模式，并参考同类案件的处理方式，管理人向大连中院请示参照职工债权顺位清偿外协单位债权，最终有效维护了农民工权益及社会稳定；二是普通债权采取现金加债转股的方式进行清偿，清偿率由清算状态下的不足 2.8%（实际可能为 0）上升到了重整情况下的 24%，且大部分普通债权人获得了全额现金清偿。其重整方案有效避免了众多外协企业和中小供应商发生连锁破产效应的风险，维护了地方营商环境稳定健康。在重整计划表决中，虽普通债权组表决金额略有差额未通过表决，但同意人数超过了该组总人数的 95.6%，虽少数金融债权人由于债权金额巨大未表决同意方案，但重整计划遵从法律规定且符合绝大多数债权人的利益，能够有效挽救真正具有发展价值的优秀企业。

（五）紫光集团有限公司重整案

1. 基本案情

紫光集团于 1988 年由清华大学创办。在国家战略引导下，紫光集团以"自主创新加国际合作"为"双轮驱动"，形成了以集成电路为主导，从"芯"到"云"的高科技产业生态链，在全球信息产业中强势崛起，曾被称为"全球第三大手机芯片企业"。

紫光集团的债务危机，源于其决定不行使"15 紫光 PPN006"永续债的赎回权。这一公告成了紫光集团债券风波的导火索。而此后，紫光集团连续发生到期债务实质违约、所发行债券价格暴跌、主体信用评级被下调等情况。[①]2021 年 7 月，徽商银行以紫光集团不能清偿到期债务为由，向北京一中院申请对其破产重整。

2021 年 7 月 16 日，北京一中院裁定受理紫光集团重整一案，并于同日指定紫光集团清算组担任紫光集团管理人，具体负责开展各项重整工作。2021 年 8 月 27 日，北京一中院裁定对紫光集团及其子公司北京紫光通信科技集团有限公司、北京紫光资本管理有限公司、西藏紫光大器投资有限公司、西藏紫光卓远股权投资有限公司、西藏紫光通信投资有限公司、西藏紫光春华投资有限公司（以下简称紫光集团等七家企业）实质合并重整，并指定紫光集团管理人担任紫光集团等七家企业实质合并重整管理人。

2021 年 12 月 13 日，紫光集团有限公司管理人公布了《紫光集团有限公司等七家企业实质合并重整案重整计划（草案）》，并宣布智路建广联合体中标，成为资管集团战略投资人。

---

① 王子霖：《重整投资方案公布！紫光集团有望再次扬帆起航》，载上海证券网，2022 年 7 月 25 日访问。

2021年12月29日，紫光集团在官网发布公告，在紫光集团等七家企业实质合并重整案第二次债权人会议暨出资人组会议上，由财产担保债权组、普通债权组以及出资人组进行分组表决，经统计表决结果，各组均已表决通过《重整计划（草案）》。

2022年1月17日，北京一中院作出（2021）京01破128号之三民事裁定书，裁定批准紫光集团等七家企业实质合并重整案重整计划，并终止紫光集团等七家企业重整程序。

2022年7月13日，北京一中院作出（2021）京01破128号之五民事裁定书，裁定确认紫光集团等七家企业重整计划执行完毕，并终结重整程序，标志着紫光集团等七家企业实质合并重整案顺利完成。

2. 案件评述

紫光集团破产重整案件，作为探索关联企业实质合并重整、实现企业集团整体脱困重生的典型案例，存在不少值得借鉴和思考的地方。

第一，经营方案的设计。经营方案是《企业破产法》规定的重整计划的核心内容之一。重整的重点是维持企业的营运价值，而重整计划中的经营方案是否实际可行，能否真正帮助企业重新获得盈利能力，是能否实现重整制度价值的关键。根据《全国法院破产审判工作会议纪要》的相关规定，法院审查批准重整计划草案时，需要审查"重整计划中关于企业重新获得盈利能力的经营方案具有可行性"。

然而，上市公司等大型企业的重整计划，往往仅注重债务重组方案，其经营方案往往不是真正意义上的经营方案，不足以判断该公司是否实际具有重新获得盈利能力可行性。相比而言，紫光集团的重整计划则用了大量篇幅详细介绍了重整完成后紫光集团的经营方案，通过战略投资人整体赋能紫光集团的方式，在做好紫光集团稳定持续经营的同时，通过对核心业务加大资金投入、人才引进等多种形式，集中优势资源重点投入"移动及物联网芯片"（紫光展锐、紫光国微、紫光联盛等）、"存储芯片"（长江存储、西安国芯等）、"云网芯片"（紫光同创等）以及"云设备及服务"（紫光股份、紫光恒越、紫光云、紫光华智等）等四大核心板块，并将这四大板块塑造成全球领先的高科技产业集群。[1]紫光集团经营方案

---

[1] 阮润生：《紫光集团600亿重整方案详情揭晓！有望高比例清偿，债权人：超预期！》，载新浪科技网，2022年7月25日访问。

还围绕不同核心板块的特点，详细列举了重整后提升整体盈利水平的方式和措施，具有典型意义。

债务人陷入经营困境，其原因往往在于商业模式有缺陷。通过制订详细的经营方案，可以纠正并完善有缺陷的商业模式，这是促使债务人恢复盈利能力，进而实现重整价值的重要体现。

第二，战略投资者的招募与选聘。紫光集团从事半导体、芯片、云网等敏感行业，在引入战略投资者的问题上，需要对战略投资者的背景等进行审慎考虑。在紫光集团的战略投资者招募过程中，管理人以支持和促进紫光集团下属核心实体企业芯片产业和云网产业整体发展为指导方针，要求战略投资者整体承接紫光集团或紫光集团核心产业。同时，管理人充分强调战略投资者应具备芯片产业和云网产业的管理、运营或并购整合经验，具备管理和运营紫光集团产业核心的能力，能够支持和促使紫光集团下属核心实体企业做大做强。①

能否引进合适的重整投资人对于重整企业能否实现债务清偿和危机化解起着决定性的作用。而"合适"二字并非只是简单地利用投资人的资金优势和融资优势解决公司债务问题，而是依托原来主营业务，充分挖掘和发挥企业的重整价值，从根本上改善公司的盈利能力，实现战略发展。

而近年来，在重庆钢铁重整案、力帆股份重整案等大型重整案件中，均引入了产业／战略投资人，而非财务投资人。较之财务投资人，产业／战略投资人，除了现金和实物投入，更重要的是输出管理，带来上下游产业链、销售、管理和运营等无形投入，这些投入是债务人重整成功、恢复生产经营、获得营业收入的关键，是区别于财务投资人的核心优势。

（六）呼煦晖个人破产清算案

1. 基本案情

呼煦晖于 2014 年初创立深圳呼延文化公司，因同楼层超市倒闭，物业管理处对该处强制断水、断电，致使该公司被强行关闭，并产生债务 480 多万元。前述借款均用于公司经营，后呼煦晖于 2018 年将唯一个人住房出售，所得价款全部用于清偿债务，之后坚持还债。截至呼煦晖提出申请破产之日，呼煦晖所负债务为 135 万多元，现有财产 2 万多元，无固定收入。② 深圳中院根据呼煦晖申请，作出

---

① 参见《紫光集团有限公司管理人关于招募战略投资者的公告》，载全国企业破产重整案件信息网，2022 年 7 月 25 日访问。

② 参见（2021）粤 03 破 417 号（个 11）。

（2021）粤 03 破 417 号（个 11）号民事裁定书，裁定受理呼煦晖的个人破产清算申请，并相应地指定了破产管理人。

2021 年 11 月 1 日，深圳中院裁定确认《呼煦晖财产报告》《呼煦晖豁免财产清单》和《呼煦晖破产案债权表》。根据《呼煦晖豁免财产清单》，呼煦晖得到豁免的财产主要包括家具、手机等残留价值不高的生活、学习、工作必需品，及每月收入扣除应缴社会保险费后保留的必要生活支出，包括赡养费、抚养费、生活费三类。

经管理人申请，深圳中院认为，呼煦晖因生产经营损失导致负债，资产不足以清偿全部债务，且在破产程序中遵守个人破产条例规定的相关义务，符合宣告破产的条件。深圳中院于 2021 年 11 月 8 日作出裁定，宣告债务人呼煦晖破产。2021 年 12 月 6 日，深圳中院裁定认可《破产财产分配方案》，并终结呼煦晖个人破产清算程序。

自深圳中院宣告呼煦晖破产之日起 3 年，为免除呼煦晖未清偿债务的考察期。考察期内，呼煦晖的高消费行为依然被限制，并被限制出境，同时呼煦晖作为破产人不得担任上市公司、非上市公众公司和金融机构的董事、监事和高级管理人员职务；并应当每月在破产事务管理部门的破产信息系统登记申报个人收入、支出和财产状态等信息；借款 1000 元以上或者申请等额信用额度时，应当向出借人或者授信人声明本人破产状况等。

截至目前，呼煦晖仍在考察期内，考察期届满后，深圳中院将根据债务人申请和管理人报告，裁定是否免除债务人未清偿债务，同时作出解除对债务人行为限制的决定。

2. 案件评述

《深圳经济特区个人破产条例》在个人破产程序上规制了清算、重整、和解三种制度和路径。呼煦晖个人破产案为深圳中院受理的首例个人破产清算案件，该案充分体现了个人破产清算制度的完整程序。

我们理解，个人破产制度的核心在于免责。王欣新教授指出，个人破产立法要实现促进竞争、鼓励创新、宽容失败、保障生存的立法目的，并通过自由财产和免责等个人破产的特色制度激励财务失败的债务人积极融入社会、创造财富，客观上达到使各方利害关系人减少损失或共同受益的效果，同时促进市场经济发展、维护社会稳定。①但破产并不等于免责，免责制度构建是影响到债权人与债务人利益的重大制度变革，这一制度需要很好的制度设计以防范其滥用，以实现债务人"全新开始"与债权人保护之间的利益平衡。②围绕这一核心，该案的相关情况如下。

第一，免责的前提：案件受理及程序选择。在该案中，呼煜晖因经营公司失败而承担巨额债务，并已将其唯一住房出售以偿还债务，但仍负有大量债务无法清偿。对呼煜晖而言，其已竭尽所能偿还债务，但变卖完毕有价值财产后，微薄的劳务收入对偿还债务仅仅是杯水车薪。可以预见的是，如果深圳中院没有受理呼煜晖的个人破产清算申请，等待她的必然是失信被执行人、限制高消费等一系列惩戒"老赖"的措施。但事实上，无能力执行与有能力但拒不执行的"老赖"应当有所区分，二者在行为后果上虽然看似一致，但主观态度并不相同。对呼煜晖这类"诚实而不幸"的债务人采取个人破产制度，实现债务集中清理，既有利于破解我国"执行难"的现状，也有利于平等保护社会主义市场经济各类主体，维护社会稳定，更是完善我国市场经济法律体系的题中应有之义。③

就个人破产三类程序的选择，呼煜晖的资产负债情况决定了个人破产清算程序对其是最优解。从破产法庭及该案破产管理人对呼煜晖的调查来看，呼煜晖将来的收入为稳定性较低的劳务收入而无持续、稳定的收入，并不符合个人破产重整所要求的基本条件，同时呼煜晖所持有的现有财产价值较低，未来仍有收入的可能性，其债权人数量较多，达成一致的可能性也较低，其债权人达成和解的可能性也较低。

与个人破产重整和个人破产和解制度横向比较，个人破产清算对个人信用和营业事务影响最大，行为限制也最严格。在个人破产清算程序中，债务人无财产管理权，除豁免财产外，其余财产均需用于偿还债务；个人破产清算程序特有的考察期内债务人始终被严格限制于基本生活水平的维持，对个人信用有较大影响，不利于将来的经营活动，对债务人"再生"的障碍也更大。④因此在加强宣传引导

---

① 王欣新：《用市场经济的理念评价和指引个人破产法立法》，载《法律适用》2019年第11期。
② 贺丹：《个人破产免责的中国模式探究——一个国际比较的视角》，载《中国法律评论》2021年第6期。
③ 参见汤维建：《指定我国〈个人破产法〉的利弊分析及立法对策》，载《甘肃政法大学学报》2021年第6期。
④ 曹启选、李曙光等：《盘点个人破产十大关键问题，详解全国个人破产首案》，载微信公众号"最高人民法院司法案例研究院"，2022年7月25日访问。

后，债务人申请重整与和解所占比例比前期增加了许多。①

第二，免责的范围：豁免财产及惩戒机制。与企业破产不同，法院裁定确认个人破产的财产分配方案后，个人仍需继续生存并参与社会交往和社会经济活动，破产人的人格权和人身权仍应得到保障，对债权人的权利的保护与对债务人生存权的保障始终是个人破产制度衡平之处。

为此，《深圳经济特区个人破产条例》特别规定了个人破产清算的财产豁免制度和考察期，简要介绍如下。

（1）豁免财产范围及上限：主要包括债务人及其所抚养人生活、学习、医疗、职业发展的必需品和合理费用；对债务人有特殊纪念意义的物品；没有现金价值的人身保险；勋章或者其他表彰荣誉的物品；专属于债务人的人身损害赔偿金、社会保险金以及最低生活保障金等。同时《深圳经济特区个人破产条例》对豁免财产价值的上限限定为20万元，相关必需品和合理费用的具体分项和各分项具体价值上限标准由深圳中院另行制定，实际上也根据个案的不同而相应调整。

（2）考察期要求及后果：为了避免利用个人破产制度恶意逃废债，《深圳经济特区个人破产条例》通过考察期来持续确认债务人的"诚实"属性。在3年甚至延长后更长的考察期内，债务人应当继续履行人民法院作出的限制行为决定规定的义务（主要参考限制高消费的行为规定），并需要按月向破产管理署履行报告义务。若债务人故意违反了相应义务，或有其他规定情形，则无法通过考察期，债务人的未清偿债务也无法予以免除。另外，并非所有未清偿债务都可通过考察期予以免除。《深圳经济特区个人破产条例》第97条特别规定了无法免除的债务，主要涉及损害赔偿（故意或重大过失侵犯他人身体权或生命权、恶意侵权）、公权力性质债权（税款、罚金）；基于法定身份关系产生的赡养费、抚养费和扶养费等；基于雇佣关系产生的报酬请求权和预付金返还请求权；知悉而未记载于债权债务清册债务。

第三，免责范围外的财产：清偿率的不确定性。不同于企业注销或分配方案确定时就已经确定的清偿率，正因为个人被宣告破产至考察期届满免除未清偿债务间存在3—5的考察期，债务人在考察期间也仍需偿还债务，因此在个人未清偿债务免除之前，债务人对债权人需要继续清偿，个人破产清算案件中的清偿率因

---

① 曹启选、李曙光等：《盘点个人破产十大关键问题，详解全国个人破产首案》，载微信公众号"最高人民法院司法案例研究院"，2022年7月25日访问。

此存在不确定性。

（七）森信洋纸有限公司清盘人申请认可和协助香港破产程序案

1. 基本案情

森信洋纸公司（Samson Paper Company Limited）于 1981 年 3 月 24 日在香港注册成立，在香港从事纸制品贸易已有 40 多年。森信洋纸公司 A 类股股东于 2020 年 8 月 14 日通过书面决议，自愿将公司清盘，并委任德勤·关黄陈方会计师行的黎嘉恩、何国樑共同和各别担任公司的清盘人，相关委任清盘人通知书和股东会决议亦提交至香港公司注册处备案。随后，清盘人在香港报纸上刊登公告，告知公司已委任清盘人。2020 年 8 月 25 日，公司第一次债权人会议表决确认黎嘉恩、何国樑作为清盘人的委任。森信洋纸公司在内地的主要财产包括股权投资、物业资产和应收账款。①

为了追收森信洋纸公司在内地的资产，经其清盘人申请，香港高等法院作出《根据认可和协助香港特别行政区破产程序试点方案发出的司法协助请求函》，商请深圳中院认可森信洋纸公司清盘程序及清盘人身份，为清盘人在内地履职提供协助。随后，黎嘉恩、何国樑于 2021 年 8 月 30 日向深圳中院提出申请，请求：第一，认可森信洋纸公司在香港的债权人自动清盘程序及其作为森信洋纸公司清盘人的身份；第二，允许森信洋纸公司清盘人黎嘉恩、何国樑在内地履行职责，具体履职事项包括：（1）接管森信洋纸公司的财产、印章和账簿、文书等资料；（2）决定森信洋纸公司的内部管理事务；（3）决定森信洋纸公司的日常开支和其他必要开支；（4）管理和处分森信洋纸公司的财产。②

深圳中院认为，森信洋纸公司清盘人申请允许其在内地履行相关职责，均已获得森信洋纸公司债权人会议的授权，符合香港法律有关规定，亦符合《企业破产法》和最高人民法院《关于开展认可和协助香港特别行政区破产程序试点工作的意见》有关规定。并据此于 2021 年 12 月 25 日作出（2021）粤 03 认港破 1 号民事裁定书，对森信洋纸公司清盘人黎嘉恩、何国樑的相关申请予以认可，并强调，森信洋纸有限公司清盘人黎嘉恩、何国樑在履行上述职责时，如涉及放弃财产权益、设定财产担保、借款、将财产转出内地以及实施其他对债权人利益有重大影响的财产处分行为，需经人民法院另行批准。

---

① 参见（2021）粤 03 认港破 1 号。
② 参见（2021）粤 03 认港破 1 号。

2. 案件评述

该案为内地法院首例认可和协助香港破产程序案件。① 在此之前,最高人民法院曾于 2011 年 9 月 28 日就香港特别行政区高等法院作出的清盘命令作出《关于北泰汽车工业控股有限公司申请认可香港特别行政区法院命令案的请示的复函》[(2011)民四他字第 19 号],明确涉案清盘命令不属于《关于内地与香港特别行政区法院相互认可和执行当事人协议管辖的民商事案件判决的安排》规定的可以相互认可和执行的判决范围,也不能适用《民事诉讼法》《企业破产法》关于对外国法院所作判决的承认和执行的规定。

2021 年 5 月 11 日及 14 日,最高人民法院先后出台了《关于开展认可和协助香港特别行政区破产程序试点工作的意见》《最高人民法院与香港特别行政区政府关于内地与香港特别行政区法院相互认可和协助破产程序的会谈纪要》,指定上海市、福建省厦门市、广东省深圳市人民法院开展认可和协助香港破产程序的试点工作,使得承认与执行香港地区破产裁判有法可依。

深圳中院在以上会谈纪要和意见的指导下,对两地程序的连接因素、认定主要利益中心、对香港地区的自行清盘程序、香港清盘人的请求协助事项分别加以审查,并认为符合以上会议纪要和意见的要求,未发现违反内地法律的基本原则或违背公序良俗的情形,并予以认可。

早在上述会谈纪要和意见出台前,出于实践需要,上海华信国际集团有限公司、深圳市年富供应链有限公司两公司破产清算程序和管理人身份已得到香港高等法院夏利士法官的认可和协助。但上述会谈纪要和意见的出台,则标志着两地相互认可和协助破产程序的制度设计已经完成,两地司法协助再开新的篇章。深圳中院作出的裁定,标志着两地相互认可和协助破产程序机制从制度设计走向司法实践。②

内地与香港特别行政区在相互认可和协助破产程序试点工作已奠定了坚实基础,但我们仍注意到一些问题目前尚未明确。比如,香港管理人在内地的履职范围,不得超出《企业破产法》和香港特别行政区法律规定各自规定的范围,其履职范围以二者的交集为限,仍有待将来进一步明确。此外,目前仅为试点安排,

---

① 参见深圳市中级人民法院:《深圳中院裁定全国首例申请认可和协助香港破产程序》,载微信公众号"深圳市中级人民法院",2022 年 7 月 25 日访问。

② 深圳破产法庭:《认可和协助森信公司香港破产程序案》,载微信公众号"深圳破产法庭",2022 年 7 月 25 日访问。

要求香港地区债务人在内地的主要财产位于试点地区、在试点地区存在营业地或者在试点地区设有代表机构。因此，若香港清盘企业在内地的资产不满足如上条件的，仍无法适用上述会谈纪要和意见，对境内资产的追索和处置仍需考虑其他可行路径。

（八）上海悦合置业有限公司重整案

1. 基本案情

悦合置业系一家房地产开发企业，其开发的项目为"悦合国际广场"，该项目由 1 幢甲级写字楼、3 幢 LOFT 公寓和 1 幢商业综合体构成，占地面积约为 4.5 万平方米，总建筑面积约为 22 万平方米。

由于资金链断裂、资产相继被查封，悦合置业难以完成既定的竣工验收、房地产销售等目标，并于 2014 年 5 月停工。项目停工后，悦合置业屡次尝试庭外债务重组，并尝试引入多家央企和民企盘活项目，但由于债权债务关系错综复杂、资产权属不清等多种原因，多次庭外重组均以失败告终，并成为上海地区建筑规模最大的烂尾楼。

2020 年 3 月 3 日，上海三中院裁定受理上海悦合置业有限公司破产重整一案并指定方达律师事务所担任管理人。经市场化公开招募，管理人最终确认了以上海绿庭投资控股集团股份有限公司（以下简称绿庭投资）以共益债方式投资金额 2.5 亿元。2021 年 7 月 1 日，重整计划草案获得上海三中院裁定批准；2021 年 9 月 29 日，项目复工续建；2021 年 10 月底，重整投资人支付的第二笔重整投资款顺利到位，目前，项目在有效推进建设中。

2. 案件评述

悦合置业涉及债务规模高达 126 亿元，债权人数超过 700 余户，其中小业主接近 400 户，400 户中又有 386 户系以居住为目的购买了 LOFT 公寓。尽管该案项目"烂尾"时间长、各方利益不一致、维稳压力大、债权金额远超想象，但法院、管理人仍克服各种困难，积极创新工作方法，通过引入投资人以共益债方式盘活存量资产，提高项目增量价值，将项目利益留存给债权人，最终在法律框架下，最大程度保护了消费性购房者优先权、真实购房人、债权人和投资人等各方利益。

悦合置业重整案的成功，主要在以下方面值得研究、学习、借鉴。

第一，依法确定消费性购房者优先权认定标准，制定消费性购房人保护方案，维护民生利益。由于上海市在 2017 年出台了类住宅整顿政策，该案涉及的 LOFT 公寓在法律定性上不再属于住房，是否能够销售也存在极大不确定性，这意味着购房人在破产程序中能否享有债权清偿的优先地位变成了未知数,这个未知数导出的结果必定对社会维稳造成不小压力。管理人准确适用最高人民法院关于消费性购房者优先权的相关规则,以房屋是否具有客观居住功能为抓手而非房屋性质来认定消费性,有力地维护了消费性购房人的利益。

第二,在融资情况复杂的房地产开发企业破产重整案中确立了识别真实购房人的标准。管理人主动调查,在审查债权时对于真实购房和非真实购房进行区分,最终识别出四类真实购房人,对于非真实购房一律认定为普通债权,最大限度释放了可售房源,提升破产财产价值。同时,管理人创造性地提出由债权人会议核查真实购房债权表,不枉不纵,有力保障全体债权人利益。

第三,创新制订共益债式重整方案,对房地产企业进行续建,提升资产价值。该案是上海首例续建式房地产开发企业破产重整,也是首例以共益债方式进行重整的"烂尾楼",对上海地区地产项目的破产重整案件具有借鉴意义。

投资者招募过程中,大部分投资者均要求其共益债要享有超级优先受偿权,因此与优先债权人陷入僵局。对此,管理人团队提议在破产程序受理之日就确定破产财产的现状价值,原来的抵押权在现状价值范围内优先受偿,共益债则从增值部分当中优先受偿,从而化解了僵局。

鉴于共益债资金本身的风险属性,管理人也为共益债设定了退出机制。通过要求投资人保障该项目的销售金额不低于某个固定金额,以锁定投资人的销售承诺为抓手,再用超额激励方式努力提升投资人的销售意愿,确保共益债将来能够安全退出。

管理人最终确认了以绿庭投资以共益债方式投资金额 2.5 亿元,同时绿庭投资作为悦合置业的项目受托方,负责悦合国际广场后续的开发续建管理、招商和运营管理、销售管理,实现了以较少的资金体量通过续建的方式提升整体的资产价值,以此提高广大普通债权人的清偿率。

(九)张院生个人破产和解案

1. 基本案情

张院生在 1999 年担任深圳金圳投资公司法定代表人期间,为该公司一笔经营贷款向银行提供担保。因公司未能如期还款,银行提起诉讼后,法院判决张院生对上述贷款本息承担连带还款责任,张院生名下唯一房产被法院强制执行拍卖后债务仍未能全额清偿。2021 年,张院生已年满 76 岁,身患多种基础性疾病,其负债仍高达 97 万元,生活困难,于 6 月 7 日向深圳中院提交个人破产和解申请。

经听证后,深圳中院于7月16日作出(2021)粤03破347号(个6)号民事裁定书,裁定受理张院生个人破产和解申请,并相应指定管理人。

截至债权申报期限届满之日,共1家债权人向管理人申报了1笔债权,管理人对张院生的负债原因经过、家庭生活情况、财产和收入状况、财产交易行为以及涉诉情况进行全面调查。张院生已于2009年退休,主要收入来源为深圳市社会保险基金管理局按月发放的养老金及深圳市民政局按月发放的高龄津贴。其中,养老金已被法院予以司法冻结,按月发放生活保障费用。张院生的全部财产为金融社保卡账户余额、医疗保险个人账户余额及生活保障费用余额。管理人在此基础上相应制作了《张院生个人破产和解案和解协议(草案)》及《豁免财产清单》并获唯一债权人表决通过。该和解协议(草案)约定债务减免的主要内容为:(1)和解协议执行期为一个月;(2)债务人向债权人支付,截至2021年8月19日债务人金融社保卡账户内的全部余额47 285.88元;(3)债务人向债权人支付,和解协议执行期内收到的养老金扣减合理生活医疗费用后的余额4817元;(4)债务人履行上述合计52 102.88元款项的支付义务后,剩余未清偿债务予以免除。①

深圳中院认为,在管理人的协助下,债务人张院生与本案唯一债权人平安银行达成和解协议。本案和解程序规范完整,和解过程公开透明,和解协议系债务人与债权人的真实意思表示,未损害国家利益、社会公共利益或他人合法权益,亦不违反法律、行政法规的强制性规定,并于2021年10月8日依法裁定终结张院生个人破产和解程序,同时决定解除对张院生采取的限制消费行为措施。

2. 案件评述

该案是《深圳经济特区个人破产条例》实施后深圳中院受理的首宗个人破产和解案,也是我国境内法院审结的首宗债务人与债权人达成和解的个人破产案件。②

在商业交易中,企业主个人或家庭成员、法定代表人为企业债务提供担保的情形比较普遍。企业爆发的经济危机往往因担保链波及个人,在受到企业债务危机波及时,该案债务人张院生不推脱、不失联,并配合拍卖个人名下房产全力履行债务。此后坚持用养老金偿债,每月仅保留基本生活费用。债务人年近耄耋,

---

① 参见(2021)粤03破347号。

② 深圳破产法庭:《回顾2021·案例 | 张某个人破产和解案》,载微信公众号"深圳破产法庭",2022年7月25日访问。

甚至一度居无定所,但仍尽力履行债务,配合深圳中院及管理人的各项工作开展,充分展现了债务人的"诚实而不幸"的属性。[1]

就该案程序而言,张院生个人破产和解一案于 2021 年 7 月 16 日裁定受理,9 月 22 日债权人表决通过了债务人张院生的《豁免财产清单》和《张院生个人破产和解案和解协议(草案)》,执行期 1 个月,深圳中院于 2021 年 10 月 8 日裁定终结该案破产和解程序,案件从受理到终结历时不到 3 个月,办理周期短、和解效率高、方式灵活,程序规范完整、过程公开透明,为个人破产和解审理和办理提供了经验样本。

与《企业破产法》项下的破产和解相比,个人破产和解的特点在于:

(1)申请人:相较于企业破产和解仅可由债务人申请,在受理个人破产清算后宣告破产前,债权人或债务人均可以向法院申请和解。(2)表决程序:《企业破产法》规定债权人会议通过和解协议的决议,由出席会议的有表决权的债权人过半数同意,并且其所代表的债权额占无财产担保债权总额的 2/3 以上,而个人破产和解规定和解协议需由债务人和全体债权人达成。(3)对债务人的限制:基于自然人的特殊属性,对自然人债务人的限制消费措施贯穿个人破产和解程序始终,直至和解程序终结后得以解除。(4)个人破产和解程序特别规定了法院委托和解和庭外和解程序,法院可以委托人民调解委员会、特邀调解员、特邀调解组织或者破产事务管理部门等组织和解,此外债务人与全体债权人可以就债务清理在庭外自行委托上述组织进行和解,达成和解协议的,可以直接请求人民法院裁定认可和解协议。

根据《深圳经济特区个人破产条例》的规定,法院受理个人破产和解案件后,债务人与全体债权人达成和解协议的,可以申请人民法院认可和解协议。符合规定的,人民法院应当裁定认可和解协议并终结和解程序。自和解协议执行完毕之日起 15 日内,债务人可以向人民法院申请免除其未清偿的债务。与个人破产清算、个人重整制度不同,个人破产和解案件中,债务人必须与全体债权人达成和解协议,因此,和解协议充分展现了债权人与债务人之间的意思自治,债权人的同意至关重要,《深圳经济特区个人破产条例》也规定了债务人与全体债权人的庭外和解及和解协议法院认可的制度,为各方达成和解协议创设最大可能,也为债

---

[1] 深圳破产法庭:《回顾 2021·案例 | 张某个人破产和解案》,载微信公众号"深圳破产法庭",2022 年 7 月 25 日访问。

权人与债务人在庭外达成和解开放了路径。

（十）四川成安渝高速公路有限公司破产清算转和解案

1. 基本案情

成安渝公司成立于 2009 年，其与资阳市政府、成都市政府签订了《成安渝高速公路四川段 BOT 项目特许权协议》（以下简称《特许权协议》），并负责成安渝高速公路四川段的开发。2015 年，因成安渝公司资金链断裂，成安渝高速公路全面停工。后上述《特许权协议》被解除，成安渝高速公路四川段 BOT 项目特许权被收回，由其他公司接盘继续修建，后建成通车（即渝蓉高速），并成为连接成都和重庆两核心城市的重要交通动脉。

然而，成安渝公司修建期间产生了包括建筑成本、财务成本在内的大量债务，由于管理混乱导致相关材料不齐，且各方对成安渝公司撤离时的已完工部分工程量分歧巨大，故一直未能进行结算。随后，涉及该公司的金融贷款纠纷、建设工程纠纷的相关案件起诉至法院，因诉讼标的巨大、案情复杂、争议巨大，难以在短期内得到解决。①

2021 年 2 月 24 日，经债权人申请，资阳中院作出（2021）川 20 破 1 号民事裁定书，以"不能清偿到期债务，且经人民法院强制执行，无法清偿债务"为由，裁定受理成安渝公司破产清算。

成安渝公司在人民法院受理破产申请后、宣告债务人破产前向资阳中院申请和解并提交了和解协议草案，对清偿债务资金的来源、清偿方案等内容进行了说明，由于该和解协议草案具备和解可行性，且该申请符合法律规定，资阳中院准许其转入和解程序。后债权人会议通过了和解协议。

2021 年 12 月 24 日，资阳中院作出（2021）川 20 破 1 号之五民事裁定书，并认为：经审查已经债权人会议通过的《四川成安渝高速公路有限公司和解协议》，决议程序合法，协议内容未违反法律及行政法规，亦未损害债权人的一般利益，本院予以认可。据此，依照《企业破产法》第 97 条、98 条规定，裁定如下：（1）认可《四川成安渝高速公路有限公司和解协议》；（2）终止四川成安渝高速公路有限公司和解程序。②

最终，根据和解协议，成安渝公司清偿债权将达 104 亿余元，其偿债资源主

---

① 樊彬、吴显云：《国内规模最大破产案件成功和解 清偿债权 104 亿》，载四川法制报网，2022 年 7 月 25 日访问。

② 参见（2021）川 20 破 1 号之五。

要来源于《特许权协议》解除后成安渝公司应从成都、资阳市政府获得的103亿余元补偿款及诉讼退费和退还税款等。其中，建设工程债权、金融债权本金及诉讼费、税款债权将实现全额现金清偿，普通债权及金融债权利息将按比例受偿。

2. 案件评述

该案获评2021年度"全国破产经典案例"，是全国首例高速公路破产清算转和解案。

根据该案管理人的介绍，该案的主要特点如下。第一，该案是迄今为止国内标的最大的破产清算转和解案。成安渝公司资产规模近200亿元，申报债权金额近300亿元。第二，该案自管理人接受指定到和解结案用时仅5个月，比预计程序时间缩短数年。自资阳中院裁定清算转和解至裁定认可和解协议耗时仅17天，自资阳中院裁定认可和解协议至首期偿债资金分配耗时仅4天。第三，该案本着"以时间换空间""求得最大公约数"的思路与金融、建工等众多债权人反复磋商，最终获得了债权人对和解的一致支持，在建工、金融、税款债权全额受偿的情况下，普通债权清偿率实现了从0到超50%的提升。第四，府院联动贯穿全案，针对审理中涉及的行政补偿、破产涉税、案件推进等问题，多次组织专题研究，以市场化、法治化手段助力解决困扰资阳、成都两市政府多年的历史遗留问题。①

司法实践中，破产和解适用较少。其主要原因在于，破产的目的在于挽救债务人企业，然而，较之重整程序，其难以实现该目的，原因如下。第一，破产和解不能限制别除权的行使。而重整程序中，别除权原则上将暂停行使。第二，破产和解难以形成有效的监督机制。《企业破产法》第九章"和解"未规定任何监督机制；而重整程序设定了管理人监督机制。第三，破产和解主要是债务重组，缺乏重建企业的丰富措施。②

该和解案件的特殊性在于：第一，该案别除权人，即金融债权人的权利性质即是否系有财产担保债权尚存争议。③一方面，对其在和解程序中行使别除权构成了障碍，给达成和解协议创造了空间；另一方面，和解协议草案将债权清偿方式

---

① 发现律师事务所：《我所承办的成安渝高速公路公司破产清算转和解案获评"全国破产经典案例"》，http://www.faxianlaw.com/a/dongtai/2022/0407/1008.html，2022年7月25日访问。

② 张钦昱：《破产和解之殇——兼论我国破产和解制度的完善》，载《华东政法大学学报》2014年第1期。

③ 参见《四川成安渝高速公路有限公司和解协议（草案）》。

（包括金融债权人的债权清偿方式）交由债权人会议表决。第二，该案未引入外部投资人，偿债资金来源主要为成安渝公司账列资产中的应收账款，即《特许权协议》解除后，成安渝公司应从成都、资阳两市政府获得的补偿款 10332482544.75 元。第三，尽管该案为和解案件，但和解协议执行完毕后，成安渝公司将依法予以注销，成安渝公司的主要经营证照也已在破产和解中予以解除。实质上而言，该案类似于在破产清算程序达成了和解协议，不是典型意义上的破产和解程序。第四，该案涉及重大的公共工程、涉及众多府院联动事项、涉及数额巨大的债权，该案通过和解协议对该等事项进行了妥善处置，给了破产和解新的可能性。

三、热点前沿法律问题探讨

（一）涉疫破产审判规范

2021 年以来，国内新冠肺炎疫情外防输入、内防反弹的压力依然较大。尤其是 2022 年以来，奥密克戎的超强传播力使得各地零星疫情频发，企业乃至司法系统的正常运转均面临重大挑战。

早在 2020 年，最高人民法院就发布了包括三份《关于依法妥善审理涉新冠肺炎疫情民事案件若干问题的指导意见》在内的多个涉疫司法问题的文件。2021 年以来，在疫情常态化尤其是面对 2022 年以来新一轮新冠肺炎疫情的背景下，最高人民法院以及各级法院以出台意见、发布典型案例等形式进一步为涉疫情的审判工作提供规范指导，其中就包括了与破产相关的部分。

就规范形式而言，主要包括审判规范性文件以及典型案例。前者如最高人民法院发布的《关于充分发挥司法职能作用助力中小微企业发展的指导意见》（2022 年 1 月 13 日），上海市高级人民法院先后发布的《关于司法服务保障疫情防控和经济社会发展的若干意见》（2022 年 3 月 31 日）、《关于涉新冠肺炎疫情案件法律适用问题的系列问答四（2022 年版）》（2022 年 4 月）等。后者如最高人民法院发布的《人民法院助力中小微企业发展典型案例》（2022 年 4 月 19 日）、《最高人民法院发布 10 件典型破产案例》（2021 年 4 月 28 日）中涉及疫情的相关案例。

从规范内容来看，主要涉及下列事项。第一，运用破产挽救受疫情影响出现暂时性债务危机且营运价值尚存的企业。例如，上海市高级人民法院《关于司法服务保障疫情防控和经济社会发展的若干意见》第 9 条要求对于受疫情影响出现暂时性资金和经营困难，但运营价值尚存的债务人企业，应当运用好重整、和解等手段对债务人进行挽救。《最高人民法院 10 件典型破产案例》（2021 年 4 月 28

日）中公布的上海祥发危险品船务储运有限公司重整案还涉及：因疫情导致投资人招募工作进展困难，最终在债权人知情权、参与权获得充分保障的前提下，债转股方案得以顺利通过。第二，增设或明确破产程序事项的法定延长事由，对涉疫情破产案件中债权申报、重整期限、重整计划执行期限等期限的延长问题提供了指引。例如，上海市高级人民法院在《关于涉新冠肺炎疫情案件法律适用问题的系列问答五（2022年）》问题7规定，对于债权申报期限已确定且即将届满的案件，人民法院可根据实际情况，依法适当延长申报期限；确因疫情防控影响导致耽误申报期限的，可以向法院申请顺延期限。第三，完善关于中小微企业破产的相关制度。在所有困境企业中，中小微企业由于规模小、抗风险能力较弱，受疫情冲击较大。对此，最高人民法院《关于充分发挥司法职能作用助力中小微企业发展的指导意见》第16条特别要求利用好债务重组、资产重构等庭外重组工具，同时通过破产重整、和解等庭内挽救手段，帮助中小企业渡过难关；《人民法院助力中小微企业发展典型案例》特别涉及2起通过破产重整、破产和解挽救中小微企业的案例（某果蔬公司破产清算转重整案、某高新技术公司破产清算转和解案）。

（二）房地产企业破产

2021年以来，房地产企业屡屡发生公开债券违约、商票无法兑付等"爆雷"事件。具有地区乃至全国影响力的建筑业企业、房地产开发企业或进入破产程序，或进行债务重组屡见报端。据不完全统计，2021年至2022年6月，已有4家具有特级资质的建筑业企业进行了破产或重组。其中，中国云南路建集团股份公司（公路工程特级资质）、成龙建设集团有限公司（房建特级、市政一级、建筑行甲资质）、江苏南通六建建设集团有限公司（房建特级）先后进入了破产程序；江苏南通三建集团有限公司（房建特级）进行了债务重组。2021年至2022年6月，数百家房地产开发企业进入破产程序或被宣告破产，其中包括曾经的百强房企光耀集团有限公司因重整失败被法院宣告破产；此外，包括恒大、融创、阳光城、正荣等多家国内头部房企接连发生境内外公开债券违约事件，已经或者正在通过谈判展期等方式开展自救。

房地产企业的破产关乎重大社会民生问题，被拆迁人、消费性购房者、施工方等各方利益错综复杂，如无法妥善处理，容易引发群体性事件，危及社会稳定和金融安全。对于近年来的房地产企业破产案件，值得注意的事项如下。

第一，关于优先债权的清偿顺序。房地产企业破产案件可能涉及拆迁补偿款、消费性购房人的债权、建设工程价款优先受偿权等特殊类型的优先债权。（1）拆迁补偿款。在 2021 年之前，不少法院的判决认定拆迁补偿款的清偿顺位优先于消费性购房人的债权、建设工程价款优先受偿权①，裁判的依据为 2003 年最高人民法院《关于审理商品房买卖合同纠纷案件适用法律若干问题的解释》原第 7 条②。然而，2021 年 1 月 1 日起实施的新司法解释已废除该条款，目前拆迁补偿款的清偿顺位有待明确。（2）消费性购房人的债权。其优先顺位的法律依据为最高人民法院《关于人民法院办理执行异议和复议案件若干问题的规定》第 29 条③以及《全国法院民商事审判工作会议纪要》（以下简称《九民纪要》）第 125 条④。在破产案件，对于如何认定"商品房消费者支付的价款接近于百分之五十""在案涉房屋同一设区的市或者县级市范围内商品房消费者名下没有用于居住的房屋"等事项，在不同个案中的适用口径可能存有差异。（3）建设工程价款优先受偿权。根据 2021 年 1 月 1 日起生效的最高人民法院《关于审理建设工程施工合同纠纷案件适用法律问题的解释（一）》第 41 条的规定⑤，行使建设工程价款优先受偿权的最长期限已由 6 个月延长至 18 个月。

第二，关于集中管辖。根据近年来的司法实践，对于涉及大型集团企业的诉讼、执行案件（通常为该等企业作为被告或被执行人的案件），最高人民法院可能会发布内部通知，要求该等案件由其指定的人民法院实行集中管辖，并且该等内部通知通常并不公开。例如，涉及恒大系企业的相关案件，均由广州中院管辖；对于涉及华夏幸福的案件，根据相关公开判决，自相关通知下发之日起 1 年内，

---

① 例如，根据广州市越秀区人民法院作出的（2019）粤 0104 民初 35974 号民事判决书，"被拆迁人依约定取得补偿安置房屋的权利在与其他权利人产生冲突时，其优先受偿权依法大于建设工程承包人、房屋抵押权人的优先受偿权"。

② 该条规定："拆迁人与被拆迁人按照所有权调换形式订立拆迁补偿安置协议，明确约定拆迁人以位置、用途特定的房屋对被拆迁人予以补偿安置，如果拆迁人将该补偿安置房屋另行出卖给第三人，被拆迁人请求优先取得补偿安置房屋的，应予支持。"

③ 该条规定："金钱债权执行中，买受人对登记在被执行的房地产开发企业名下的商品房提出异议，符合下列情形且其权利能够排除执行的，人民法院应予支持：（一）在人民法院查封之前已签订合法有效的书面买卖合同；（二）所购商品房系用于居住且买受人名下无其他用于居住的房屋；（三）已支付的价款超过合同约定总价款的百分之五十。"

④ 该条对前述最高人民法院《关于人民法院办理执行异议和复议案件若干问题的规定》第 29 条的认定标准进行了细化，规定，"'买受人名下无其他用于居住的房屋'，可以理解为在案涉房屋同一设区的市或者县级市范围内商品房消费者名下没有用于居住的房屋。商品房消费者名下虽然已有 1 套房屋，但购买的房屋在面积上仍然属于满足基本居住需要的，可以理解为符合该规定的精神"。"对于其中'已支付的价款超过合同约定总价款的百分之五十'……如果商品房消费者支付的价款接近于百分之五十，且已按照合同约定将剩余价款支付给申请执行人或者按照人民法院的要求交付执行的，可以理解为符合该规定的精神"。

⑤ 该条规定："承包人应当在合理期限内行使建设工程价款优先受偿权，但最长不得超过十八个月，自发包人应当给付建设工程价款之日起算。"

以华夏幸福基业控股股份公司及其关联公司（包括廊坊市京御房地产开发有限公司）为被告或者被执行人的除涉农民工工资案件、劳动争议、涉自然人房屋买卖合同纠纷、租赁合同纠纷、建设工程施工合同纠纷以外的民商事诉讼案件、执行案件，统一由河北省廊坊市中级人民法院及河北省高级人民法院管辖。

第三，关于重整方式。对于房地产开发企业（尤其是涉及"烂尾楼"的企业）重整案件，债务人的主要重整价值在于项目的续建和销售。除常见的债权转股权、承债式重整外，近年来出现的重整方式还包括共益债式重整。如上海悦合置业有限公司（重整计划于2021年7月1日由上海三中院裁定批准）、浙江林垟房地产开发有限公司（于2022年6月30日完成续建、顺利交房）[1]等（预）重整案件即适用了共益债式重整。在共益债式重整模式中，重整投资人向债务人提供共益债借款，并一般以项目全部或部分资产为其共益债借款提供担保，最终以续建后的销售收入对共益债借款、破产债权等债务进行清偿。共益债式重整一般需要债务人原有的开发团队具备继续开发的能力，相应地，债务人通常能够获得更高比例的清偿。

（三）金融机构破产

2021年以来，金融机构破产的司法实践和配套规定都迎来了里程碑意义的事件。

就金融机构破产的司法实践而言。第一，2021年2月2日，广东省高级人民法院作出（2021）粤破1号民事裁定书，裁定全面终结广东国际信托投资公司破产程序。至此，历时21年的全国首例非银行金融机构破产案件终于结案，此案同年收录至《广东省破产审判白皮书》的十大经典案例。第二，包商银行股份有限公司（以下简称包商银行）在历经人民银行、银保监会会同有关方面行政接管后，由北京一中院于2021年2月10日裁定宣告破产[2]，成为我国第三家被宣告破产的银行。该案共裁定确认728家债权人的729笔无争议债权，确认债权金额合计达2013.98亿元。

就金融机构破产的配套规定而言。《银行保险机构恢复和处置计划实施暂行办法》以及《金融稳定法（草案）》的出台具有标志性意义，具体而言：2021年6月9日，中国银行保险监督管理委员会发布《银行保险机构恢复和处置计划实施

---

[1] 温州市中级人民法院：《烂尾楼交房了！温州首例房地产领域共益债务预重整案例办结》，载微信公众号"温州市中级人民法院"，2022年7月25日访问。

[2] 参见（2020）京01破270号之一。

暂行办法》，并自公布之日起施行，其附件《处置计划建议示例》明确将破产清算列为处置工具之一。该办法规定银行保险机构应预先制定恢复和处置计划，从而在重大风险情形发生时按计划先实施恢复措施，并在恢复计划无法有效化解风险，或者可能出现引发区域性与系统性风险情形时，按计划实施处置措施，维护金融稳定。办法在将金融机构"生前遗嘱"制度化的同时，通过附件就商业银行、保险公司提供了恢复计划和处置计划建议示例。示例建议设定的恢复措施和选择的处置工具为金融机构通过破产程序（包括破产清算、破产重整乃至破产和解）进行恢复或处置提供了制度空间：除了将破产清算直接列为处置工具，还将增加资本金、发行普通股、发行优先股、发行资本补充债券、收购承接、建立过桥机构、暂时国有化（政府注资）、财务重组、兼并重组等作为恢复措施或处置工具。

2022年4月6日，中国人民银行就其会同相关部门研究起草的《金融稳定法（草案征求意见稿）》[以下简称《金融稳定法（意见稿）》]向社会公开征求意见。《金融稳定法（意见稿）》全面搭建了金融风险防范、化解、处置机制的基础框架。在《金融稳定法（意见稿）》中，申请破产为金融风险处置的方式之一，与重组、接管、托管、撤销相并列；并且，申请金融机构破产前，处置部门可以先行通过接管、托管等行政清理方式处置金融风险，并最终仅实现技术性破产。在此框架下，《金融稳定法（意见稿）》也进一步规定了行政机关在破产案件中的职能和必要限制（例如，规定地方人民政府不得违反规定干预金融机构的正常经营活动和人事任免等事项），进一步使得行政机关参与破产案件有法可依。同时，《金融稳定法（意见稿）》要求处置风险先由金融机构自救纾困后采取外部救助，减少对外部资金的依赖；存款保险或行业保障基金必须在自救纾困并引入外部资金（如有）的前提下，才能适用。目前，金融稳定法已同《企业破产法》一并被列入全国人大常委会2022年度立法工作计划中的"初次审议的法律案"。

2021年8月《全国人民代表大会常务委员会执法检查组关于检查〈中华人民共和国企业破产法〉实施情况的报告》指出："迄今为止，金融机构破产实施办法尚未出台。实践中，由金融机构风险处置的行政程序进入到破产司法程序，面临风险处置工作能否被司法程序认可、风险处置资金费用能否优先受偿、风险处置的接管人或行政清理组能否继续担任破产管理人等一系列问题，不利于金融机构破产和金融风险防范。原华夏证券、德恒证券等9家进入破产程序的高风险证券公司因程序衔接等原因多年未能完成破产。"

早在2015年5月1日，金融机构破产最重要的配套制度《存款保险条例》即已实施。随着相关配套规则趋于完善以及更多金融机构破产案件的成功办结,未来破产程序可能将成为金融监管部门和地方政府考虑作为处置工具的重要路径之一和现实选择。

(四)预重整制度

预重整制度发源于美国,联合国国际贸易法委员会在其制定的《破产法立法指南》中将预重整定义为:使受到影响的债权人在程序启动之前自愿重组谈判中谈判商定的计划发生效力而启动的程序。

目前,我国尚未建立起全国统一的预重整制度,理论界和实务界也尚未形成统一、确定的预重整概念。最高人民法院在《全国法院破产审判工作会议纪要》中将预重整制度解释为:在企业进入重整程序之前,可以先由债权人与债务人、出资人等利害关系人通过庭外商业谈判,拟定重组方案;重整程序启动后,可以重组方案为依据拟定重整计划草案提交人民法院依法审查批准。

目前,预重整实践主要的制度供给来自地方性的预重整规则。截至2022年6月,据不完全统计,各地已出台的预重整规则超过40个,涉及约21个省、自治区、直辖市。2021年以来发布的比较有影响力的预重整规则包括重庆市第五中级人民法院《预重整工作指引(试行)》(2021年1月8日发布)、《上海破产法庭预重整案件办理规程(试行)》(2022年5月27日发布)等。

2021年10月,国务院发布《关于开展营商环境创新试点工作的意见》(国发〔2021〕24号),进一步明确要求在北京、上海、重庆、杭州、广州、深圳6个城市试点推行破产预重整制度。

综合目前已发布的预重整相关规范,实务界对预重整制度已基本达成如下共识。第一,适用预重整程序的必要性。正因为如此,国务院、最高人民法院发布了相关规定,各地的预重整规则在近年来大量出现。第二,预重整期间的"禁止反言"规则。2019年11月发布的《九民纪要》第115条即明确,"人民法院受理重整申请前,债务人和部分债权人已经达成的有关协议与重整程序中制作的重整计划草案内容一致的,有关债权人对该协议的同意视为对该重整计划草案表决的同意"。各地的预重整规则对此基本均有相应的规定。第三,预重整期间,可以预先指定管理人(或称"临时管理人")。由管理人负责清产核资、引导制定重整方案。各地的预重整规则对此基本均有相应的规定。

与之相应,实务界对预重整制度的主要分歧如下。第一,关于预重整的适用对象。比较有代表性的规定,如《上海市浦东新区完善市场化法治化企业破产制度若干规定》(以下简称《浦东新区破产规定》)第5条将适用对象限于"对于具有挽救价值,且在短期内有实现重组可能的债务人";深圳中院《审理企业重整案件的工作指引(试行)》则要求债务人具备"需要安置的职工超过五百人""债权人两百人以上""涉及超过一百家上下游产业链企业""直接受理重整申请可能对债务人生产经营产生负面影响或者产生重大社会不稳定因素"等情形之一。对此,近期的司法实践仍未统一。第二,关于预重整的主导方。目前主要有两种司法实践:一是由政府主导的预重整,代表性规定为温州市人民政府印发的《企业金融风险处置工作作府院联席会议纪要》;二是法院引导下的当事人意思自治。近期发布的预重整规则基本上均采取了这一模式,只是法院在预重整程序的启动条件、临时管理人的选任、债务人对外清偿等方面的介入程度上有所差异。并且,为充分保障当事人意思自治,不少预重整规则均明确债务人及主要债权人有权推荐管理人。第三,关于预重整的方式。目前,预重整方式主要包括三种:一是法院受理破产申请前的"庭外预重整";二是法院预立案阶段的"庭内预重整";三是法院受理破产申请后的"清算转预重整"。大部分预重整规则均选择适用了其中一种模式(主要是前两者)。我们也注意到,重庆市第五中级人民法院《预重整工作指引(试行)》同时规定了当事人可以自前两种预重整方式中择一向法院提出申请。其中,重整申请前,当事人按照指引自行完成预重整工作后,可以直接请求法院在受理重整申请后批准其预先制作并表决通过的重整计划草案。

(五)实质合并破产

《企业破产法》未明确规定实质合并破产制度。在司法实践的基础上,最高人民法院于2018年3月4日发布的《全国法院破产审判工作会议纪要》正式确立了实质合并破产的制度框架。纪要第32—37条具体规定了"实质合并"的审判规则,并将其区分于"协调审理"的审判规则(规定于纪要第39至40条)。其中,纪要第32条在规定实质合并受理标准的同时,明确了"关联企业实质合并破产的审慎适用"原则,要求"人民法院在审理企业破产案件时,应当尊重企业法人人格的独立性,以对关联企业成员的破产原因进行单独判断并适用单个破产程序为基本原则。当关联企业成员之间存在法人人格高度混同、区分各关联企业成员财产的成本过高、严重损害债权人公平清偿利益时,可例外适用关联企业实质合并破产方式进行审理"。

尽管纪要搭建了实质合并破产的制度框架,但实质合并破产的审判规则仍未完全明确,例如,纪要第32条未明确关联企业的认定标准、法人人格混同等受理标准的认定口径、实质合并破产申请主体的范围；纪要第33条未明确受理听证程序中利害关系人的范围。因此，纪要一方面给实质合并破产的司法实践预留了空间，另一方面也使得实质合并破产的审判规则需要进一步通过立法、司法文件、指导性案例等形式加以明确。

就司法实践而言，2021年以来，特大型企业破产案件已广泛适用实质合并，如海航集团有限公司等321家公司实质合并重整案件、北大方正集团有限公司等5家公司实质合并重整案、雨润控股集团等78家公司实质合并重整案。整体而言，适用方式可以分为两种。第一，在受理审查阶段或破产受理后较短时间内适用实质合并。例如，海南省高级人民法院于2021年2月10日裁定受理海航集团有限公司等首批7家公司重整案件后，于2021年3月13日即裁定受理将321家公司进行实质合并重整。第二，在破产受理后陆续进行实质合并。例如，对于上海三中院于2019年11月15日裁定受理的上海华信国际集团有限公司破产清算一案，该案受理时系单体公司的破产清算案件；经管理人先后3次申请，截至2021年4月29日，上海三中院已先后7次裁定对70家公司适用实质合并破产清算。

就立法及司法文件而言，2021年以来，一些法院发布了关于实质合并破产的审理规则，进一步细化了相关审理规则。例如，2022年4月28日，北京一中院发布了《北京市第一中级人民法院关联企业实质合并重整工作办法（试行）》，通过60个条款细化规定了关于申请审查和裁定受理、重整期间、重整计划的相关事项。

就指导性案例而言，2021年9月14日，最高人民法院发布第29批指导性案例，所涉第163号［江苏省纺织工业（集团）进出口有限公司及其五家子公司实质合并破产重整案］、164号（江苏苏醇酒业有限公司及关联公司实质合并破产重整案）、165号（重庆金江印染有限公司、重庆川江针纺有限公司破产管理人申请实质合并破产清算案）3个案例均为实质合并破产案件，足见最高人民法院对于此类案件的重视。在此之前，最高人民法院发布的多起典型案例也涉及实质合并破产案件，第一次为2018年3月6日发布的"10起全国法院破产典型案例"，其中浙江南方石化工业有限公司等3家公司破产清算案件等即涉及实质合并破产。较之此前发布的典型案例，此次发布的3个指导性案例效力位阶更高，并且进一步细化了审理规则。例如，第165号指导性案例明确管理人有权申请实质合并破产；第163号指导性案例除强调"关联企业实质合并破产的审慎适用"原则外，还进一步明确"合并重整中，重整计划草案的制定应当综合考虑进入合并的关联企业的资产及经营优势、合并后债权人的清偿比例、出资人权益调整等因素"，并可以

"通过'预表决'方式事先征求债权人意见并以此为基础完善重整方案"。

(六)通过接受推荐方式指定管理人

目前,指定管理人的主要依据为最高人民法院《关于审理企业破产案件指定管理人的规定》,其中接受推荐方式仅适用于金融机构破产案件。具体而言,根据该规定第20—22条,除指定个人或清算组为管理人的企业破产案件外,管理人一般通过随机方式公开指定;对于涉金融机构或者在全国范围有重大影响、法律关系复杂、债务人财产分散的企业破产案件,可以采取竞争方式指定管理人;对于经过行政清理、清算的金融机构的破产案件,可以指定清算组为管理人,或在金融监督管理机构推荐的已编入管理人名册的社会中介机构中指定管理人。

综观各国的立法例,关于管理人的选任主体,历来存在法院与债权人会议之争:有法院选任模式,如我国、日本、韩国、意大利、法国;有债权人会议选任模式,如美国、加拿大、瑞士;有双轨制模式,如德国、英国。[1]而联合国国际贸易法委员会《破产法立法指南》也指出,管理人的选任可以通过以下两种方式:(1)债权人委员会推荐或选择;(2)债务人申请破产时同时选择(在此情形下鼓励债务人与债权人等其他当事人在程序启动前进行讨论)。[2]

我们理解,由债权人等市场主体推荐管理人,将引入市场机制,从而更为充分地实现当事人意思自治,也能促进破产案件的尽早受理。债权人,尤其是大债权人,有强烈动机选聘敬业的管理人以实现自身权益,也会主动关心和选择业务水平较高的管理人,从而形成管理人的良性市场竞争。并且,法院可以在初步审查后,迅速指定管理人,使得破产程序可以尽早启动。

事实上,在2021年之前,根据各地法院发布的预重整规则[例如,成都市中级人民法院发布的《破产案件预重整操作指引(试行)》、北京破产法庭发布的《破产重整案件办理规范(试行)》、深圳中院发布的《审理企业重整案件的工作指引(试行)》],在预重整程序中,法院往往有权接受主要债权人或债务人推荐指定临时管理人,而该等管理人很可能成为后续重整案件的管理人。2021年之后,对于适用接受推荐方式指定管理人的破产案件,其适用范围已突破最高人民法院《关于审理企业破产案件指定管理人的规定》设定的框架。

2021年11月25日,国务院颁布《国务院关于开展营商环境创新试点工作

---

[1] 陆晓燕:《破产管理人制度中司法控制与当事人自治之间的制衡》,载《人民司法(应用)》2015年第1期。

[2] 联合国国际贸易法委员会编著:《破产法立法指南》(2006年版),第159页。

的意见》，规定在北京、上海、重庆、杭州、广州、深圳等 6 个试点城市"允许破产企业的相关权利人推荐破产管理人，并由人民法院指定"。同日，上海市第十五届人大常委会第三十七次会议通过了《上海市浦东新区完善市场化法治化企业破产制度若干规定》（已于 2022 年 1 月 1 日起施行），其中第 17 条规定，"债权人或者债务人提出破产申请的，可以向人民法院书面提名一名管理人人选。被提名人选符合任职条件并事先作出相关书面承诺的，人民法院应当指定其担任破产案件管理人"，未限制适用的破产案件类型。2022 年 2 月 8 日，上海市浦东新区人民法院裁定受理上海生南实业发展有限公司破产重整一案，并根据重整申请人的提名，于 2022 年 2 月 17 日指定上海市方达律师事务所担任管理人，这也是《上海市浦东新区完善市场化法治化企业破产制度若干规定》的首次适用。

2022 年 4 月 22 日，北京破产法庭发布并实施了《北京破产法庭接受债权人推荐指定管理人的工作办法（试行）》，这是迄今为止第一个专门针对接受债权人推荐指定管理人的实施细则，在实务界引起了巨大的反响。根据该办法，主要债权人或金融机构债权人委员会有权向法院推荐管理人；如推荐重整管理人或者预重整临时管理人的，还应当与债务人协商一致；法院可以指定被推荐的中介机构担任破产案件的管理人，或者预重整的临时管理人。同时，该办法将其适用的案件范围限于"债务人经过庭外重组或者预重整的""关联企业合并破产的""已经依照有关规定成立金融机构债权人委员会的""涉及利害关系人人数众多，在本地有重大影响的"四类情形，适用该办法的债务人通常为大型企业。2022 年 4 月 29 日，北京破产法庭根据债权人的推荐，指定北京市金杜律师事务所为博天环境集团股份有限公司预重整期间的临时管理人，这也是北京破产法庭适用新出台的办法，以接受债权人推荐方式指定预重整临时管理人的首例案件。

2022 年 5 月 5 日，重庆市第五中级人民法院发布并实施了《重庆市第五中级人民法院破产案件管理人指定办法》。根据该办法，"主要债权人可以推荐重庆法院管理人名册的成员单独或者联合担任管理人"。同时，该办法将主要债权人推荐指定管理人的适用范围限于"债务人财产相对较少，且债务规模不大、债权相对集中的破产案件"，设定了与北京破产法庭截然不同的适用范围。

由此可见，关于通过接受推荐方式指定管理人的操作方式，无论是从申请主体、还是从适用案件类型等方面来看，上海、北京、重庆现行规则之间均存在较大的差异，相关规则有待未来进一步统一。

（七）董事的破产申请义务

关于债务人具备破产原因时其董事的破产申请义务，我国现行法律未作明确规定。现行法律中最值得关注的是《企业破产法》第 125 条第 1 款"企业董事、监事或者高级管理人员违反忠实义务、勤勉义务，致使所在企业破产的，依法承担民事责任"的规定。尽管根据立法者的本意，《企业破产法》第 125 条可以解释为涵盖企业濒临破产期间董事行为所造成的损失，但本款被更多地理解为是针对导致公司陷入破产状态的责任，不包括已经陷入或将要陷入破产状态后，减损公司财产致债权人损害的责任行为。①

对于该项破产申请义务，域外的立法例主要包括两种：其一为以德国为典型代表的"大棒"模式，当公司出现破产原因时，董事必须不迟延地提出破产申请；其二为以美国为典型代表的"胡萝卜"模式，董事被鼓励而非被强制要求提出破产申请。②

而联合国国际贸易法委员会于 2013 年 7 月 18 日发布的《贸易法委员会破产法立法指南》第四部分"临近破产期间董事的义务"则建议：（1）关于破产的法律应当指明负有义务的人，其中可包括经正式任命为董事的任何人，以及行使实际控制权和履行董事职能的任何其他人；（2）上述负有义务的人，在知悉或正常情况下应当知悉破产临近或不可避免的时间点开始，将有义务适当顾及债权人和其他利益关系人的利益，并且采取合理的步骤避免破产，或破产不可避免时，尽量缩小破产的范围；（3）前述合理的步骤包括启动或请求启动正式的重整或清算程序。③

2019 年 7 月 16 日，国家发展改革委、最高人民法院等 13 个部门联合印发《加快完善市场主体退出制度改革方案》，提出要"研究规定企业和企业高级管理人员等相关责任主体在企业陷入财务困境时负有及时申请破产清算或重整义务的必要性和可行性"。

2021 年，浦东新区法规、海南自由贸易港法规首次对董事等相关责任主体的破产申请义务作出了明确规定。其中，《上海市浦东新区完善市场化法治化企业破

---

① 金春：《破产企业董事对债权人责任的制度建构》，载《法律适用》2020 年第 17 期。

② 李小宁：《公司实际破产时董事对一般债权人的义务研究》，载《湖南社会科学》2017 年第 4 期。

③ 参见联合国国际贸易法委员会：《破产法立法指南第四部分：临近破产期间董事的义务（包括企业集团的董事在内）》（第 2 版）建议第 255、256、257、258 条，载联合国国际贸易法委员会网，2022 年 7 月 25 日访问）。

产制度若干规定》第 4 条规定："企业董事、高级管理人员知道或者应当知道本企业出现《企业破产法》第二条情形的，应当及时采取启动重组、向债权人披露经营信息、提请企业申请预重整或者破产重整、和解、清算等合理措施，避免企业状况继续恶化和财产减损。企业董事、高级管理人员因故意或者重大过失违反前款规定造成企业财产损失，管理人或者债权人主张其在造成损失范围内向企业承担赔偿责任的，人民法院应当予以支持。"

《海南自由贸易港企业破产程序条例》第 6 条第 4 款、第 62 条第 3 款分别规定："债务人的董事、监事、高级管理人员知道或者应当知道债务人有本条例第二条规定情形的，应当及时书面提请债务人向人民法院提出重整、和解或者破产清算申请，避免债务人状况继续恶化和财产减损""债务人的董事、监事、高级管理人员因故意或者重大过失违反本条例第六条第四款规定，造成债务人财产损失的，应当依法承担赔偿责任。"

值得关注的是：第一，关于义务人的范围。《上海市浦东新区加强企业破产工作若干规定（草案）》规定的主体包括企业董事、监事、高级管理人员、实际控制人、控股股东，但正式稿将主体范围缩小为董事和高级管理人员；《海南自由贸易港企业破产程序条例》规定的主体则包括董事、监事、高级管理人员。第二，关于义务的形式。事实上，《上海市浦东新区加强企业破产工作若干规定（草案）》类似于"胡萝卜"模式，义务人有权采取一种或多种方式（即重组、向债权人披露经营信息、提请债务人申请预重整或者破产等合理措施），避免企业状况继续恶化和财产减损；《海南自由贸易港企业破产程序条例》类似于"大棒"模式，义务人应当及时书面提请债务人申请破产。第三，两者规定的责任形式均为损害赔偿责任。

我们注意到，在世界银行全新的"宜商环境"（BEE）评价体系下，对于"商事破产"，新增的评价指标之一为"破产前程序"，要求对"企业债务人陷入紧急债务危机时可使用的法律救济途径，包括早期预警机制，与董事在此情形下申请破产的义务作出评判"[①]。因此，未来进一步试点或推广董事的破产申请义务，对于提升营商环境具有重要意义。

---

① 参见世界银行：《世行宜商环境评价指标"商事破产"（Business Insolvency）》，载微信公众号"阳光破产法课堂"，2022 年 7 月 25 日访问。

（八）府院联动机制

自《企业破产法（试行）》时期"政策性破产"至《企业破产法》时期"市场化破产"的转轨过程，其间政府介入始终是我国破产实践的鲜明特征。① 在府院联动机制中，司法居于程序引导，行政居于社会配套，主要形式有两种：其一为政府与法院之间以个案中的协调小组为载体形成的"一案一议"甚至"一事一议"；其二为政府与法院就联动机制签署一揽子文件的做法。② 目前，府院联动机制又有了第三种形式，即破产事务管理机构。

2021年以来，在个案层面，几乎每一个大型破产案件均涉及府院联动机制；在规范性文件层面，无论是中央还是地方，都进一步搭建了常态化的府院联动机制；在破产事务管理机构层面，深圳市破产事务管理署首先挂牌成立。

关于府院联动机制，最值得关注的事项有如下三个。

第一，国家发展改革委、最高人民法院等13个部委于2021年2月5日颁布了《关于推动和保障管理人在破产程序中依法履职进一步优化营商环境的意见》（发改财金规〔2021〕274号）。该意见不仅搭建了府院联动机制的架构，还就可以采取的具体措施提出了意见，其主要内容如下：（1）优化破产企业注销和状态变更登记制度。具体措施，如通过全国企业破产重整案件信息网向国家企业信用信息公示系统推送；进一步落实破产企业简易注销制度；建立破产企业相关人员任职限制登记制度；（2）加强金融机构对破产程序的参与和支持。具体措施，如金融机构应当支持管理人依法履行接管破产企业财产等法定职责；对于金融机构或在本地有重大影响的企业破产案件，清算组作为管理人的，可以依法指定金融资产管理公司作为清算组成员参与破产案件；便利管理人账户开立和展期；支持管理人依法接管破产企业账户；促进协助配合推进破产程序；加强重整企业融资支持；支持重整企业金融信用修复；切实保护职工和债权人投资者合法权益。（3）便利破产企业涉税事务处理。具体措施，如保障破产企业必要发票供应；依法核销破产企业欠缴税款；便利税务注销；支持企业纳税信用修复；落实重整与和解中的所得税税前扣除政策。（4）完善资产处置配套机制。具体措施，如有效盘活土地资产；妥善认定资产权属；管理人

---

① 陆晓燕：《"府院联动"的建构与边界——围绕后疫情时代市场化破产中的政府定位展开》，载《法律适用》2020年第17期。

② 陆晓燕：《"府院联动"的建构与边界——围绕后疫情时代市场化破产中的政府定位展开》，载《法律适用》2020年第17期。

持受理破产申请裁定书和指定管理人决定书,依法向有关部门、金融机构申请解除对破产企业财产的查封、扣押、冻结等保全措施的,相关部门和单位应当予以支持配合。(5)加强组织和信息保障。具体措施,如建立常态化协调机制;强化信息共享和沟通。

第二,国务院于2021年10月31日颁布《国务院关于开展营商环境创新试点工作的意见》(国发〔2021〕24号),选定北京、上海、重庆、杭州、广州、深圳6个城市为首批试点城市,开展营商环境创新试点工作。其中与破产相关的试点内容详见表2-3。

表2-3 《国务院关于开展营商环境创新试点工作的意见》与破产相关的试点内容

序号	改革事项	主要内容
附件1 首批营商环境创新试点改革事项清单		
16	优化破产企业土地、房产处置程序	企业破产案件中因债务人资料缺失或第三方机构(如设计、勘察、监理等单位)不配合竣工验收等情形导致无法办理竣工验收的建设工程,经委托有关专业机构对工程质量进行安全鉴定合格后,可办理不动产登记
17	优化破产案件财产解封及处置机制	建立破产案件财产处置协调机制,破产案件经试点城市人民法院裁定受理后,由破产管理人通知债权人及相关单位进行财产解封,破产管理人对已查封的财产进行处置时无须再办理解封手续。债务人在试点城市的不动产或动产等实物资产被相关单位查封后,查封单位未依法解封的,允许破产管理人对被查封的财产进行处置。处置后依据破产受理法院出具的文件办理解封和资产过户、移交手续,资产处置所得价款经与查封单位协调一致后,统一分配处置
18	进一步便利破产管理人查询破产企业财产信息	允许破产管理人通过线上注册登录等方式,经身份核验后,依法查询有关机构(包括土地管理、房产管理、车辆管理、税务、市场监管、社保等部门和单位)掌握的破产企业财产相关信息,提高破产办理效率
19	健全企业重整期间信用修复机制	人民法院裁定批准重整计划的破产企业,可以申请在"信用中国"网站、国家企业信用信息公示系统、金融信用信息基础数据库中添加相关信息,及时反映企业重整情况;有关部门依法依规调整相关信用限制和惩戒措施。探索重整计划执行期间赋予符合条件的破产企业参与招投标、融资、开具保函等资格

续表

序号	改革事项	主要内容
20	进一步完善破产管理人选任、预重整等制度	允许破产企业的相关权利人推荐破产管理人,并由人民法院指定。探索建立破产预重整制度
附件2	国务院决定在营商环境创新试点城市暂时调整适用有关行政法规规定目录	
2	优化破产企业土地、房产处置程序	企业破产案件中因债务人资料缺失或第三方机构（如设计、勘察、监理等单位）不配合竣工验收等情形导致无法办理竣工验收的建设工程,经委托有关专业机构对工程质量进行安全鉴定合格后,可办理不动产登记
3	健全企业重整期间信用修复机制	人民法院裁定批准重整计划的破产企业,可以申请在"信用中国"网站、国家企业信用信息公示系统、金融信用信息基础数据库中添加相关信息,及时反映企业重整情况;有关部门依法依规调整相关信用限制和惩戒措施

第三,全国首家个人破产事务管理机构——深圳市破产事务管理署于2021年3月1日挂牌成立,该日同时为《深圳经济特区个人破产条例》的生效日期。该机构系深圳市司法局的直属机构,行使条例项下"个人破产事务的行政管理职能"。具体而言,其职能包括:(1)负责确定个人破产管理人资质,建立管理人名册;依法提出管理人人选;管理、监督管理人履行职责;拟订管理人的任用、履职和报酬管理具体办法。(2)组织实施破产信息登记和信息公开制度,及时登记并公开破产申请、行为限制决定、财产申报、债权申报及分配方案、重整计划、和解协议、免责考察等信息。(3)协助调查破产欺诈和相关违法行为。(4)提供破产事务咨询和援助服务。(5)建立完善政府各相关部门办理破产事务的协调机制。(6)配合人民法院开展与破产程序有关的其他工作;完成上级部门交办的其他任务。[1]如该机构的职能所示,个人破产程序涉及大量行政层面的内容,其设立大大减轻了司法层面的压力[2],也使得深圳在个人破产领域构建起"法院裁判、机构管理、管理人执行、公众监督"四位一体的破产办理体系。[3]为进一步规范其职能,《深

---

[1] 参见深圳市司法局网,http://sf.sz.gov.cn/xxgk/xxgkml/jgsz/zsjg/content/post_9073989.html,2022年7月25日访问。

[2] 郑玮、周南:《专访陈夏红:个人破产的"深圳贡献"主要在破产行政机构》,转引自微信公众号"破产法快讯",2022年7月25日访问。

[3] 参见郑秀丽:《深圳创新破产事务管理体制机制的探索与实践》,载微信公众号"中国破产法论坛",2022年7月25日访问。

圳市破产事务管理署管理办法》已列入深圳市人民政府 2022 年度立法工作计划。

（九）中小微企业重整

近年来，国内理论界和实务界对于中小微企业重整的关注，始于美国于 2019 年颁布的《中小企业重整法》（The Small Business Reorganization Act），该法对中小企业债务人呈现友好倾向，相关措施也以对企业的及时挽救为导向。[①] 与此同时，2020 年以来，中小微企业由于规模小、抗风险能力较弱，受新冠肺炎疫情冲击较大，使得中小微企业重整进一步得到关注。

中小微企业重整的特殊性主要在于[②]：第一，中小企业的经营权和所有权具有不可分性，中小企业的经营往往依赖于企业主个人的人脉、专业技能，因此中小企业的重整无法绕开原企业主。对此，可行的应对措施包括但不限于：在重整计划的表决安排中为绝对优先原则设置必要例外；合理评价企业所有者的人力资本价值，以保留其股权；采纳"破产财产膨胀主义"，即债权人允许原企业主暂时继续经营企业并在条件达成时最终恢复对企业的权利，而企业主则同意债权人对于重整计划执行期间产生的利益也有权主张。第二，中小微企业的破产常意味着企业所有者个人的破产，中小微企业的真正拯救，往往需要个人破产制度的配合。

2022 年 1 月 14 日，最高人民法院发布《关于充分发挥司法职能作用助力中小微企业发展的指导意见》，肯定了中小微企业在破产法中的特殊地位，引导对未进入破产程序的中小微企业适用庭外重组，以降低程序成本，对已进入破产程序的中小微企业适用重整或和解。[③]

2022 年 4 月 25 日，北京破产法庭发布并实施了《北京破产法庭中小微企业快速重整工作办法（试行）》。该办法值得关注的事项包括但不限于：第一，中小微企业的认定。该办法第 2 条将中小微企业界定为债权债务关系明确，财产状况清楚，且无财产担保负债总额不超过 1 亿元，或符合国务院相关部门制定的中小微企业划型标准规定的企业。第二，以当事人同意为原则。基于当事人意思自治，该办

---

① 韩长印：《中小企业重整的法理阐释与制度重构》，载《中国法律评论》2021 年第 6 期。

② 韩长印：《中小企业重整的法理阐释与制度重构》，载《中国法律评论》2021 年第 6 期；许德风：《最高法发布指导意见，依法保护有挽救价值的中小微企业》，载微信公众号"人民法院报"，2022 年 7 月 25 日访问。

③ 相关规定如下："受疫情等因素影响无法清偿所有债务但具有挽救价值的中小微企业，债权人提出破产申请的，积极引导当事人通过债务重组、资产重构等方式进行庭外和解，帮助企业渡过难关。对于已经进入破产程序但具有挽救价值的中小微企业，积极引导企业通过破产重整、和解等程序，全面解决企业债务危机，公平有序清偿相应债权，使企业获得再生。"

法第 3 条明确规定：如债务人明确反对，或其他利害关系人提出异议且有充分理由的，不适用该办法进行审理。第三，对于"破产财产膨胀主义"的吸收。该办法第 25 条第 2 款规定，"重整计划草案可以规定以债务人未来一定时期内的经营收益清偿债务"。第四，对于企业所有者人力资本价值投入的特殊规定。该办法第 26 条规定"中小微企业的出资人承诺投入资金或实物、知识产权、股权等非货币财产，或者承诺继续投入商业资源、专业能力等，有利于债务人重整的，重整计划草案可以规定保留部分或全部出资人权益"。第五，对于企业所有者个人债务的特殊规定。该办法第 27 条规定，"中小微企业出资人、法定代表人、实际控制人等企业相关人员及其家庭成员为企业债务提供担保的，在取得担保人及相应债权人的同意后，可以在重整计划草案的债权调整和受偿方案中对于相关人员担保债务的清偿作出规定"。

我们注意到，在世界银行全新的"宜商环境"（BEE）评价体系下，对于"商事破产"，新增的评价指标之一为"中小微型企业的专门程序"。因此，未来进一步试点或推广专门针对中小微企业的破产程序（尤其是重整程序），对于提升营商环境具有重要意义。

（十）个人破产

2021 年 3 月 1 日，我国第一部"个人破产法"——《深圳经济特区个人破产条例》正式实施。为配合该条例的实施，2021 年 12 月 31 日，深圳市破产事务管理署依职权发布《深圳市个人破产信息登记与公开暂行办法》，以规范个人破产信息登记、公开及相关活动；深圳破产法庭又于 2022 年 5 月发布《深圳破产法庭加强个人破产申请与审查工作的实施意见》，以进一步加强对个人破产申请的审查。

条例的适用对象为"诚实而不幸"的债务人。关于受理条件，条例第 2 条规定，"在深圳经济特区居住，且参加深圳社会保险连续满三年的自然人，因生产经营、生活消费导致丧失清偿债务能力或者资产不足以清偿全部债务的，可以依照本条例进行破产清算、重整或者和解"。根据该条款，债务人丧失清偿能力系"因生产经营、生活消费"所导致，或者"资产不足以清偿全部债务"。换言之，债务人不能恶意申请破产，进行破产欺诈。就司法实践而言，深圳破产法庭对受理条件把握严格。截至 2022 年 1 月 24 日，深圳中院已接收个人破产申请 943 件，但裁定受理的仅 21 起①，受理率不足 3%。在深圳破产法庭 2021 年典型案例之不予受理刘某个人破产申请案中，深圳破产法庭即因刘某"存在虚假陈述、逃避债务、转移财产的嫌疑"，依法不予受理其破产申请。②

正因为条例的适用对象为"诚实而不幸"的债务人，所以条例对于债务人"诚信"的要求贯穿破产程序的始终，简要列明如表 2-4。

表 2-4 《深圳经济特区个人破产条例》中有关债务人"诚信"的规定

时间点	债务人的诚信要求
申请时	（1）债务人需提交材料说明破产原因及经过、个人财产及夫妻共同财产清册等（第 8 条）。 （2）法院在审查时若发现申请人基于转移财产、恶意逃避债务、损害他人信誉等不正当目的申请破产或有虚假陈述、提供虚假证据等妨害破产程序行为的，以及在 8 年之内 2 次破产的，应当裁定不予受理（第 14 条）
程序中	债务人需如实申报个人及配偶、未成年子女及其他共同生活近亲属名下的财产和财产权益（第 33 条）
终结后	清算案件： （1）债务人应当继续履行人民法院作出的限制行为决定规定的义务，并每月在破产信息系统登记申报个人收入、支出和财产状况等信息（第 96、99 条）； （2）债务人若违反行为限制，申报财产要求，隐匿、毁弃、伪造、变造财务凭证等资料物件，隐匿、转移、毁损财产、不当处分财产权益等，不得免除未清偿债务（第 98 条）； （3）债务人若通过欺诈手段获得免除未清偿债务的，法院可撤销该裁定（第 103 条、104 条）。 重整案件： 债务人存在欺诈行为的，可以终止执行重整计划并转入破产清算程序（第 130 条）

就具体制度而言，条例规定破产程序分为破产清算、重整、和解三种，详见本报告前文关于"呼煦晖个人破产清算案""张院生个人破产和解案"案件的评析。就条例设定的免责制度，详见本报告前文关于"呼煦晖个人破产清算案"的评析。就条例的破产事务管理部门，详见本报告前文关于"府院联动机制"部分的

---

① 参见深圳破产法庭：《深圳破产法庭成立三周年：三载先行示范路 改革征程再出发》，载微信公众号"深圳破产法庭"，2022 年 7 月 25 日访问。

② 参见深圳破产法庭：《2021 年典型案例之不予受理刘某个人破产申请案》，载微信公众号"中国破产法论坛"，2022 年 7 月 25 日访问。

评析。

如本报告前文所述，浙江、江苏、四川、山东等省份也对个人破产制度开展了积极的探索，主要采取"类个人破产"或"个人债务集中清理"的模式和路径，其设定依据主要建立在执行程序规定的参与分配、执行和解等制度，同时借鉴企业破产制度的相关规定。例如，该类工作开展较为深入的浙江、江苏均将相关自然人存在无法执行到位的执行案件作为程序的启动条件。《浙江法院个人债务集中清理（类个人破产）工作指引（试行）》规定：基层人民法院有以该自然人作为被执行人的强制执行案件，且该自然人不能清偿到期债务，资产不足以清偿全部债务或者明显缺乏清偿能力的，可以开展个人债务集中清理工作。江苏出台的《江苏省高级人民法院关于开展"与个人破产制度功能相当试点"工作中若干问题解答》开宗明义，"与个人破产制度功能相当试点"是为了促进确无履行能力的诚信被执行人个人依法有序退出民事执行程序，试点法院的审查条件之一即为被执行人资产不足以清偿全部债务或者明显缺乏清偿能力。

四、跨境破产

（一）跨境破产的立法情况及动态

跨境破产主要包括破产债务人在不止一个国家拥有财产或有些债权人不是来自进行破产程序所在国家等情形。跨境破产的法律制度核心无外乎境内破产程序在境外的效力问题和境外破产程序在境内的效力问题。因为破产域外效力的实现最终有赖于外国法院的承认与协助[1]，所以，是否承认和执行以及如何承认和执行外国的破产程序，是每个国家跨境破产法律要解决的重要问题。

《企业破产法》赋予了我国破产程序域外效力，即在中国发生的破产程序，对债务人包括在境外的所有财产发生效力。但在外国发生的破产程序是否可能在中国境内产生效力的问题，即境外的破产程序是否可以被中国法院承认、外国破产管理人在中国的身份及代表债务人行使管理财产权利如何，《企业破产法》仅作了原则性描述。此外，少数最高人民法院文件中认可了外国破产管理人作为债务人代理人参加国内诉讼程序的资格，但并未赋予外国管理人其他权利。

我国2006年以后现行有效的直接涉及跨境破产的主要法律文件如下。

---

[1] 石静遐：《跨国破产的法律问题研究》，武汉大学出版社1999年版，第75页。

1.《企业破产法》

《企业破产法》第 5 条第 2 款对跨境破产作了原则性规定①，截至目前，只有一个案例明确援引该条作为给予外国破产程序协助的依据。② 本条规定实操指导性有限，主要原因有以下几点：一是我国目前尚未和其他国家缔结有关跨境破产的国际条约；二是在较长时间内我国法院对互惠原则的适用较为保守；三是《民事诉讼法》中关于承认和执行外国判决、裁定的规定与该条内容相仿，过去法院倾向于援引《民事诉讼法》来解决跨境破产问题；四是法律未明确我国法院承认外国破产程序后伴随产生的具体法律效果，导致法院在裁判时较为谨慎。

2.《全国法院破产审判工作会议纪要》（法〔2018〕53 号）

2018 年《全国法院破产审判工作会议纪要》以《企业破产法》第 5 条为基础，对跨境破产与互惠原则、跨境破产案件中的权利保护与利益平衡作出了指导意见。③

在先前的司法实践中，我国法院曾以不存在互惠关系为由驳回承认和协助境外破产程序的申请。但近年来，在民商事裁判执行方面，法院逐步接纳国际趋势开始接受推定互惠概念的适用，即不再以建立法律互惠或事实互惠为前提，只要该国没有以不存在互惠关系为由拒绝承认和执行我国民商事判决的先例且在立法上有可能对我国判决予以承认和执行，就可推定该国已经与我国有互惠关系④。可以看出，该会议纪要也对涉及跨境破产领域的推定互惠持支持探索态度。

---

① 《企业破产法》第 5 条规定，依照本法开始的破产程序，对债务人在中华人民共和国领域外的财产发生效力。对外国法院作出的发生法律效力的破产案件的判决、裁定，涉及债务人在中华人民共和国领域内的财产，申请或者请求人民法院承认和执行的，人民法院依照中华人民共和国缔结或者参加的国际条约，或者按照互惠原则进行审查，认为不违反中华人民共和国法律的基本原则，不损害国家主权、安全和社会公共利益，不损害中华人民共和国领域内债权人的合法权益的，裁定承认和执行。

② 2021 年，厦门海事法院根据《企业破产法》第 5 条第 2 款中互惠原则承认新加坡航运公司西河公司的司法管理人身份。

③ 人民法院在处理跨境破产案件时，要妥善解决跨境破产中的法律冲突与矛盾，合理确定跨境破产案件中的管辖权。在坚持同类债权平等保护的原则下，协调好外国债权人利益与我国债权人利益的平衡，合理保护我国境内职工债权、税收债权等优先权的清偿利益。积极参与、推动跨境破产国际条约的协商与签订，探索互惠原则适用的新方式，加强我国法院和管理人在跨境破产领域的合作，推进国际投资健康有序发展。依照《企业破产法》第 5 条的规定，开展跨境破产协作。人民法院认可外国法院作出的破产案件的判决、裁定后，债务人在中华人民共和国境内的财产在全额清偿境内的担保权人、职工债权和社会保险费用、所欠税款等优先权后，剩余财产可以按照该外国法院的规定进行分配。

④ 方达跨境破产研究小组：《跨境破产中若干重要问题的实务操作及建议》，载《人民司法》2020 年第 25 期。

3.《全国法院涉外商事海事审判工作座谈会会议纪要》（2021年12月31日发布）

该会议纪要第6条认可了外国破产管理人代表债务人参加国内诉讼的资格。[①] 并且，境外破产管理人参加我国诉讼的资格无须通过承认和执行外国破产程序获得。除此之外，没有其他现行有效的法律法规进一步阐述境外破产管理人在境内是否具有其他资格或积极权利。

4.《关于内地与香港特别行政区法院相互认可和协助破产程序的会谈纪要》和《关于开展认可和协助香港特别行政区破产程序试点工作的意见》

2021年5月14日，最高人民法院和香港特别行政区政府律政司签署了《关于内地与香港特别行政区法院相互认可和协助破产程序的会谈纪要》（以下简称《会议纪要》），最高人民法院当天亦发布了《关于开展认可和协助香港特别行政区破产程序试点工作的意见》（以下简称《实施意见》）。

在内地和香港特别行政区频繁的商业合作和高额的投资往来的背景下，两地债务清理司法互助程序经多时酝酿终见崭新起点，在借鉴联合国国际贸易法委员会制定的《跨国界破产示范法》的基础上，《会议纪要》对两地破产司法协助合作达成了共识，《实施意见》进一步对内地法院承认和执行香港特别行政区债务清理程序作出具体试点规定，使得内地对于承认和执行香港特别行政区程序有章可依，不再是摸石头过河。

《试点意见》主要内容如下：

（1）试点地区。内地采用试点方式，上海市、福建省厦门市、广东省深圳市法院可以依据《试点意见》认可和协助香港破产程序。

（2）程序范围。适用于香港具有"集体清偿程序"性质的程序，包括香港公司强制清盘、公司债权人自动清盘、由清盘人或者临时清盘人提出并经香港高等法院批准的债务重组程序。

（3）管辖权审查。申请内地法院承认和执行的债务人需符合"主要利益中心"持续6个月以上为香港特别行政区的要求，"主要利益中心"是指债务人注

[①] 在境外公司的诉讼代表人资格认定方面，该纪要规定在中华人民共和国领域外登记设立的公司因出现公司僵局、解散、重整、破产等原因，已经由登记地国法院指定司法管理人、清算管理人、破产管理人的，该管理人可以代表该公司参加诉讼。管理人应当提交登记地国法院作出的判决、裁定及其公证认证手续等相关文件证明其诉讼代表资格。人民法院应当对上述证据组织质证，另一方当事人仅以登记地国法院作出的判决、裁定未经我国法院承认为由，否认管理人诉讼代表资格的，人民法院不予支持。

册地，同时综合考虑主要办事机构所在地、主要营业地、主要财产所在地等因素判定。

（4）受理法院。香港特别行政区破产程序与内地试点城市的连接点包括主要财产所在地、营业地、代表机构所在地。此外，因债务人在内地的主要财产、营业地、代表机构可能分布于内地试点范围的不同区域，《试点意见》还规定了两个以上法院均具有管辖权时的解决方式。

（5）法律效力。一是在内地法院收到认可和协助申请之后、作出裁定之前，可根据香港特别行政区管理人的申请依法采取保全措施。二是内地法院认可香港破产程序后，即发生与内地启动破产程序类似的效力，包括不得个别清偿，中止有关诉讼、仲裁和执行程序，解除保全措施等。三是认可程序不具有溯及效力，债务人已进行的清偿，原则上不可撤销。

（6）协助方式。第一，内地法院认可香港特别行政区管理人的身份，允许其在内地履职，职权范围限于两地法律规定的交集部分。第二，内地法院可以依照申请指定内地管理人协助香港特别行政区破产程序涉及内地的事务。

2021年12月，深圳中院在森信洋纸案中作出了全国首例基于《试点意见》认可和协助香港破产程序的裁定，不仅认可香港特别行政区管理人的身份，而且明确允许森信公司清盘人在内地的履职范围。

（二）跨境破产案例综述

1.我国对境外破产程序的承认和协助情况

（1）我国法院处理跨境破产案件的几种方式

由于暂无具体的规则指引，我国法院处理境外破产程序的方式多样，通过总结归纳以往案例可以发现我国法院在处理跨境案件时的做法主要包括以下几种。

第一，通过非司法途径解决境外管理人在我国权利的问题。通过非司法途径"协助"境外程序，发生在20世纪的香港妙丽集团案（1980年）和南洋纺织品商行案（1983年）中。由于彼时破产制度尚未建立，实务届对跨境破产认识尚浅，法律观念相对不成熟，从而出现绕过司法途径允许境外破产管理人穿透处置了债务人子公司的资产，事实上相当于采取了"普遍性原则"，甚至是超"普遍性原则"。

第二，依据地域主义原则拒绝给予境外程序协助。在荔湾区建筑公司诉欧美中国财产有限公司案（1990年）和中国银行（香港）有限公司诉新纪元实业有限公司案（2002年）等中，内地法院采取了地域主义原则[①]处理跨境破产事宜，对于被告进入的香港特别行政区清算程序未给予协助或提供诉讼中止等相关救济。此外，2006年《企业破产法》实施之后，在2009年北泰控股公司破产案中，最高人民法院曾以复函的形式，认为"目前内地法院承认香港高等法院作出的清盘令缺乏法律依据"，并以此为由拒绝承认香港清盘程序或提供救济。[②]

第三，适用国际私法认可境外管理人特定权利和资格。在一些案件中，法院将跨境破产作为涉外案件的事实问题进行处理，以国际私法规则确定准据法来进行考察以判断境外管理人的资格和权利，包括其是否在我国诉讼案件中具备诉讼代表资格、是否可以更换或委任境内子公司董事或法定代表人等。例如在珠光（香港）有限公司诉黄金海岸房产等股东权纠纷案（2004年）、韩国合纤株式会社诉青岛二和纤维有限公司案（2007年）、中华环保与大拇指公司出资纠纷案（2012年）中，均通过适用国际私法相关规则，认可了境外管理人的资格和一定的权利。这种做法将境外破产程序的发生和管理人的权利或行为转化为事实问题，在当时的法律框架下解决争议，避免在个案中作突破性尝试。美中不足的是，这种做法难以全面考察境外破产程序对境外资产和债权人的影响，虽能够解决个案问题，但难以具有普适参考性。

第四，依据《民事诉讼法》（国际条约或互惠原则）承认境外破产判决。2006年《企业破产法》出台前，在承认意大利法院关于 E. N. Group 破产的判决案和承认法国法院关于法国百高洋行破产判决案中，佛山市中级人民院和广州中院已经按照《民事诉讼法》中关于外国生效民商事判决的承认与执行规定承认了境外破产判决。由于《企业破产法》并没有创设单独的承认与执行外国破产判决或裁定的规则，因此在《企业破产法》后，武汉中院也在按照《民事诉讼法》中的互惠原则承认德国 SP Management GmbH 的破产判决。虽然在这些案例中，法院承认了境外破产程序，但并未对境外管理人提供有效协助。

第五，按照《企业破产法》承认境外破产判决。2021年厦门海事法院根据《企业破产法》第5条第2款中互惠原则承认新加坡航运公司西河公司的司法管理人身份案。在该案中，厦门海事法院认为在跨国破产程序的相互承认方面，新加坡

[①] 地域主义，是指一国法院所作的破产程序，其效力仅及于破产债务人在该国领域内的财产，其他国家的财产不受该国程序的影响。

[②] 最高人民法院《关于北泰汽车工业控股有限公司申请认可香港特别行政区法院命令案的请示的复函》（〔2011〕民四他字第19号）。

高等法院亦曾确认江苏省南京市中级人民法院（2016）苏 01 破 8 号破产程序裁定。因此根据事实互惠原则，我国法院可以对符合条件的新加坡法院的民事判决及破产案件裁定予以承认和执行、承认新加坡公司司法管理人身份，确认新加坡法下司法管理人有权代表公司在我国进行相关诉讼。由于该裁定未完整公布，该司法管理人是否被明确赋予其他在内地的管理人职权尚不可知。

（2）我国承认和协助境外破产程序实践评述

由上可见，我国的跨境破产实践呈现如下几个特点。

第一，处理方式不具有连贯性和一致性。法院在同一时期适用不同法律规则处理跨境破产案件，且同地区法院也存在适用不同规则处理跨境破产案件的情形，由于先前缺乏完备的立法和实践的不确定性，就导致了境外当事人向我国寻求破产程序承认和协助的意愿较为消极。在 2016 年世界最大航运公司韩进破产案中，韩进公司破产管理人向全球 43 个国家申请了承认和协助，韩进公司在中国拥有大量业务和财产，但韩进中国公司向上海市浦东新区人民法院提起破产申请后又撤回申请，并且韩进公司管理人嗣后也未向中国法院申请承认和协助，其中原因不乏对我国跨境破产程序以及我国法院开放合作态度的负面预期。[1]2017 年 2 月，一家俄罗斯公司向大连海事法院申请承认与执行俄罗斯滨海边疆区仲裁法院作出的判决，可惜的是，因为审理周期漫长等因素，外方当事人最终撤回了申请。[2]由于承认和协助破产程序需依申请作出，在相关主体未向我国法院提出申请的情况下，中国法院及中国债权人没有机会参与跨境破产的全球合作。

第二，以往法院倾向于避免援引《企业破产法》第 5 条第 2 款。由于该条规定表述较为原则性，难以提供具体实践指引，因而法院对于该条文的引用普遍持谨慎态度。在改革开放初期，亟需吸引并留住外资在我国发展的诉求下，属地保护的立法价值取向下保护我国境内资产利益是本能诉求，对境内资产的充分保证侧面激发了外资在境内投资的热情。随着我国广泛参与国际投资和全球合作，《企业破产法》确立了修正的普遍主义价值，但是，由于缺乏详细的实践规则，使得我国在参与全球破产合作中的角色与我国世界前列经济体的地位极度不匹配，从长远来看，也可能由于对等互惠的缺失使得我国企业在境外资产的保护中处于被动地位。

---

[1] 石静霞、黄圆圆：《跨界破产中的承认与救济制度——基于"韩进破产案"的观察与分析》，载《中国人民大学学报》2017 年第 2 期。

[2] 宋建立：《跨境破产是值得我们重视的话题》，第九届中国破产法论坛演讲文稿。

第三，随着破产法实践的成熟化，我国法院在处理境外破产程序时，也逐步多了一些开放性和积极性，由上述案例的发展和演化可见，我国法院正在从严格地域主义逐步向修正的普遍主义进行转变。

所幸的是，《试点意见》的出台已经为内地法院承认和协助香港破产程序提供了明确指引，这为如何处理境外其他国家或地区的破产程序的问题也提供了一些思路和参考。虽然全面的跨境破产规则尚未建立，但从《试点意见》的出台可以看出，我国已经开始从立法层面高度关注跨境破产问题。2021年厦门海事法院首次援引《企业破产法》第5条的互惠原则承认了境外程序，这也显示了近年来我国法院对于跨境破产的认识和开放态度有了极大的提升。

2. 境外承认和协助我国破产程序的实践

（1）香港特别行政区承认内地破产程序的情况

早在2001年，香港高等法院已对广东省高级人民法院受理的广东国际信托投资公司破产程序给予救济，禁止香港当地债权人扣押债务人位于香港的财产。该判决未直接承认内地公司的破产程序，也未对清算组地位作出说明或提供其他协助。

由于两地法律传统存在差异、合作机制不明确且合作难度较大，直到2020年上海市第三中级人民法院受理的华信公司破产案中，香港高等法院才再一次对内地破产程序进行协助。在华信案中，香港高等法院直接承认华信在内地的破产程序和管理人地位，并赋予了华信管理人在香港特别行政区可行使的权利。该案也成为《企业破产法》实施以来内地和香港特别行政区在完善跨境破产协作机制层面的里程碑案件。随后，在2020年6月，香港高等法院亦对深圳中院受理的年富公司破产程序作出了授权令，认可了该内地破产程序并列明内地破产管理人在香港特别行政区的职权范围。

随着两地之间合作机制的正式建立，香港特别行政区与大陆之间的跨境破产互助案例将逐步增多。

（2）其他国家承认我国破产程序的情况

频繁的国际交易使得实践中出现了诸多境内破产程序在域外寻求破产保护的案例，例如2014年浙江尖山光电重整案（美国新泽西州地区联邦破产法院）[①]、

---

① 2014年8月12日，美国新泽西州破产法院裁定承认我国浙江海宁人民法院裁定的浙江尖山光电股份有限公司重整程序，并给予相应救济措施。这是美国法院正式承认我国大陆破产程序域外效力的第一案。

2019年洛娃集团重整案（美国纽约南区联邦破产法院）①、2020年江苏舜天船舶破产案（新加坡高等法院）②。在这些案件中，境内破产程序获得了新加坡、美国等多个法域认可并给予跨境协作。

这些在域外寻求承认和协助的跨境破产案例，进一步凸显了我国参与国际跨境破产合作的制度缺口和紧迫需求。

（三）跨境破产在我国未来发展趋势的展望

随着跨境破产案件日益增多，相伴而生的是制度不完善导致的法律实践困境，跨境破产已受到立法层面的高度关注，完善跨境破产法律制度的呼声也越来越高。

在立法尚未出台前，为助力改善我国整体营商环境，对涉外破产主体提供更具确定性的法律指导，我国法院在审理跨境破产案件时应持有更开放的态度，借鉴厦门海事法院的做法，灵活地扩大解释《企业破产法》第5条第2款的规定。首先要对互惠关系做推定解释。由于中国目前尚未与其他国家签署破产相关合作条约（《会议纪要》除外），互惠原则成为我国和其他国家跨境破产合作的主要依据。若对符合一定条件的国家适用推定互惠解释，则将极大便利我国法院承认和执行境外破产判决。其次是对"保护中国境内债权人利益"予以合理解读，"中国境内债权人的合法权益"应更多从程序权益的角度予以解读，如外国破产法中是否有保护境内外债权人合法权益的条款、中国债权人是否有权参与在外国程序中举行的债权人会议、是否有权就有关事项进行投票表决等。③

与此同时，跨境破产体系的建立已经提上日程。2019年，国家发展改革委员会、最高人民法院等13部门联合发布《加快完善市场主体退出制度改革方案》，要求完善跨境破产规则并推动解决跨境破产难题；2020年最高人民法院发布《关于人民法院服务保障进一步扩大对外开放的指导意见》，要求坚持同类债权平等保护原则，积极参与和推动跨境破产国际条约的制定，完善跨境破产协调机制，依法保护债权人和投资人权益；在《全国人大常委会2022年度立法工作计划》中，《企业破产法》修改也位列其中，2022年"两会"期间，亦有代表提交有关修订破

---

① 2019年5月13日，北京市朝阳区人民法院裁定受理洛娃科技、双娃乳业和洛娃日化的破产重整申请。在中国重整管理人的申请下，美国纽约南区破产法院于2019年10月8日承认中国程序为外国重整程序并给予相关救济措施。

② 2020年6月10日，新加坡高等法院裁定承认江苏省南京市中级人民法院于2016年12月29日开始的舜船发展公司破产程序（2016）苏01破8号破产程序为外国主要程序，并承认该程序中指定的破产管理人。这是我国首例获新加坡法院承认的破产程序及管理人身份案件。

③ 黄圆圆：《"一带一路"倡议下的跨界破产合作及中国的因应》，载《武大国际法评论》2018年第2期。

产法的议案,并对完善跨境破产提出了具体的方案。

从跨境破产的国际立法看,国际上最主要的立法成果包括《联合国跨境破产示范法》和《欧盟破产程序条例》,联合国国际贸易法委员会还于2018年通过了《承认和执行与破产有关判决的示范法草案》为进一步推动跨境破产司法合作提供了新的范本。我国在制定跨境破产法律时,可能需要特别关注的问题包括对充分保护债权人利益的理解、承认境外破产判决后协助模式的选择、承认境外破产判决后提供何种救济内容、平行程序的协调等问题。在建立跨境破产机制的过程中,除了吸取境外跨境破产制度的先进经验,也需结合我国实际情况进行本土化,相信很快,我国的跨境破产制度将在切合我国国情的前提下以广阔的视野和开放的气度为我国开展跨境破产国际合作保驾护航。

五、未来展望

(一)"后疫情时代"的破产法

我们身处"后疫情时代",新冠肺炎疫情常态化,各地零星疫情频发,企业乃至司法系统的正常运转均面临重大挑战。我们身处"后疫情时代",国际形势格局正发生重大变化,新冠肺炎疫情影响广泛深远,逆全球化、单边主义、保护主义思潮暗流涌动[1],全球贸易链产业上下游企业、出口导向型企业受到前所未有的冲击。我们身处"后疫情时代",经济下行压力持续加大[2],受新冠肺炎疫情、俄乌冲突等因素的影响,供给受限,需求收缩,经济发展环境的复杂性、严峻性上升。

如本报告所述,破产立法和司法实践已积极回应了"后疫情时代"的问题,例如,如何运用破产挽救受疫情影响出现暂时性债务危机且营运价值尚存的企业、如何调整破产案件的审理方式、如何完善关于中小微企业破产的相关制度等。

从更宏观的角度看,"后疫情时代"给破产立法和司法实践带来了如下影响与挑战。

第一,大幅上升的破产案件数量。由于新冠肺炎疫情对市场经济的影响,同

---

[1] 习近平:《加快建设科技强国,实现高水平科技自立自强》,载《求实》2022年第9期。

[2] 根据新华社2022年5月23日的报道,国务院常务会议日前召开,进一步部署稳经济一揽子措施,努力推动经济回归正常轨道、确保运行在合理区间。会议指出,当前经济下行压力持续加大,许多市场主体十分困难。见新华社:《6方面33项措施!国务院进一步部署稳经济一揽子措施》,载中国政府网,2022年7月25日访问。

时由于"供给侧结构性改革持续深化"等政策相关因素[①]，我国近年来破产案件受理及结案数量持续大幅上升。事实上，新冠肺炎疫情并不必然导致破产案件数量的上升，政策相关因素起到非常重要的作用。例如，由于政府补助等，德国2021年受理的企业破产案件数量为1999年实施破产法以来的最低水平，但该年度有更多经济重要性较高的公司申请破产。[②]

破产案件数量的大幅上升，对破产案件（及其衍生诉讼）审判人员的专业化以及审判效率都提出了挑战。前者将促进专业化的破产审判庭、破产法庭以及未来破产法院的建立，后者将促进破产案件繁简分流、在线审理、债务人财产在线调查及处置等相关制度。

第二，持续上升的"市场化"破产需求。为对抗经济下行压力，一方面需要通过供给侧改革，出清落后产能；另一方面，通过重整、和解等盘活暂处于困境的优质企业。市场化的企业再生（退出）通道和资源重置（流动）机制，已成为"后疫情时代"的一大需求。[③]

一方面，市场化破产对应于市场主体、市场规则。对此，既需要破产法涵盖金融机构、个人、中小微企业等市场主体；也需要破产法引导企业的经营，设定董事的破产申请义务；还需要破产法吸纳并完善预重整、实质合并、通过推荐方式指定管理人等市场化的制度和规则。

另一方面，市场化破产的反面是政策性破产。对此，我们需要警惕的是，在府院协调机制的名义下，由于司法权与行政权的边界往往无法清晰区分，府院协调机制沦为由行政权操纵的政策性破产机制。尤其需要警惕的是，重整案件中行政权是否过度介入，以至于影响重整程序对市场资源的重新配置，甚至导致"二次破产"。

第三，完善跨境破产制度的紧迫性。近年来逆全球化趋势抬头，加之新冠肺炎疫情对国际经贸的冲击和重塑，跨境破产案件更有明显增多趋势；与此同时，我国在推进"一带一路"倡议建设、加大国内国际市场双循环的进程中，为提升我国经济开放层次、促进国内外市场规则融合，完善跨境破产制度、助推营商环

---

① 《全国人民代表大会常务委员会执法检查组关于检查〈中华人民共和国企业破产法〉实施情况的报告》。

② 驻法兰克福总领事馆经济商务处：《2021年德国企业破产数同比降11.7%，处历史最低水平》，载中华人民共和国商务部网，2022年7月25日访问。

③ 陆晓燕：《"府院联动"的建构与边界——围绕后疫情时代市场化破产中的政府定位展开》，载《法律适用》2020年第17期。

境的优化显得尤为关键。①

2021 年以来，跨境破产制度的主要发展在于《关于内地与香港特别行政区法院相互认可和协助破产程序的会谈纪要》和《关于开展认可和协助香港特别行政区破产程序试点工作的意见》。尽管如此，上述规定不涉及《企业破产法》第 5 条。如何适用《企业破产法》第 5 条以承认与执行外国破产程序，仍是破产实务需要解决并完善的问题。②

（二）全新营商环境评价体系下的破产法

2022 年 2 月 4 日，世界银行发布了《项目初步概念书：营造宜商环境（BEE）》，提出了"宜商环境"（BEE）评估的十大一级指标，用于取代《营商环境报告》的十大一级指标。"商事破产"仍位列十大一级指标之一。

较之《营商环境报告》中的"办理破产"，BEE 中的"商事破产"拟增加"破产前程序""中小微型企业的专门程序""破产管理人的专业素养""破产程序的专门机构和运作机制的质量"等四方面的指标③（以最终发布的指标为准），也从该等方面对破产法提出了挑战。

第一，对于"破产前程序"，评判对象为企业债务人陷入紧急债务危机时可使用的法律救济途径，包括早期预警机制、董事在此情形下申请破产的义务等。④对此，《金融稳定法（草案）》已搭建金融机构的预警机制框架，浦东新区法规、海南自由贸易港法规均引入了董事的破产申请义务（尽管两者的规定存在较大差异），未来正式的立法已有雏形。

第二，对于"中小微型企业的专门程序"，将用于衡量在破产制度中是否有处理中小微企业破产问题的专门清算程序与重整程序。⑤如本报告所述，理论及实务界均已关注到美国 2019 年《中小企业重整法》，最高人民法院已发布相关指导意

---

① 石静霞：《中美跨境破产合作实例分析：纽约南区破产法院承认与协助"洛娃重整案"》，载《中国应用法学》2020 年第 5 期。

② 截至目前，只有一个案例明确援引该条作为给予外国破产程序协助的依据。2021 年，厦门海事法院根据《企业破产法》第 5 条第 2 款中互惠原则承认新加坡航运公司西河公司的司法管理人身份。

③ 参见梁春瑾、陈科林：《译文　世行宜商环境评价指标"商事破产"（Business Insolvency）》，载微信公众号"阳光破产法课堂"，2022 年 7 月 25 日访问。

④ 参见梁春瑾、陈科林：《译文｜世行宜商环境评价指标"商事破产"（Business Insolvency）》，载微信公众号"阳光破产法课堂"，2022 年 7 月 25 日访问。

⑤ 参见梁春瑾、陈科林：《译文｜世行宜商环境评价指标"商事破产"（Business Insolvency）》，载微信公众号"阳光破产法课堂"，2022 年 7 月 25 日访问。

见，北京破产法庭已设专项规定。可以预见的是，对于中小微企业破产的特别规定将逐步趋于完善。

第三，"破产管理人的专业素养"以及"破产程序的专门机构和运作机制的质量"，将分别用于衡量破产从业者的专业能力，以及有效实施破产制度所必需的破产机构与运作机制。[①] 以上指标正对应于目前破产程序市场化、破产审判专业化以及"互联网审判"的趋势，未来的破产立法及司法体系将有能力应对该项挑战。

不可否认，世界银行的营商环境评价体系直接推动了我国营商环境的发展。而近年来，在我国营商环境整体排名大幅上升的情形下，我国"办理破产"这项一级指标的得分却提升较慢[②]。目前，世界银行营商环境评价体系迎来了变化，也给我国破产立法及司法实践迎来了新的发展契机。对破产法而言，提升营商环境，不仅需要正面回应世界银行的外部评价标准，要正面回应个人破产、跨境破产等市场以及司法实践的现实需求，无论该等现实需求是否已列入外部评价标准。

（三）即将全面修订的《企业破产法》

《企业破产法》即将迎来全面修订。《企业破产法》的全面修订，是否能回应其立法之初的遗憾，补全个人破产制度和金融机构破产的"半个破产法"[③]，是否能回应其实施15年以来市场经济对于破产制度的需求，是否能回应《全国人民代表大会常务委员会执法检查组关于检查〈中华人民共和国企业破产法〉实施情况的报告》的调研结果，是否能回应"后疫情时代"优化营商环境的需求？由于《企业破产法（征求意见稿）》尚未公布，目前尚不知晓其具体修订的内容。

通过对《企业破产法（试行）》的全面修订，2006年颁布的《企业破产法》统一了分散的破产制度，终结了政策性破产，迎来了市场化破产；建立了破产管理人制度，并且破产管理人队伍已日渐壮大；创设了破产重整、破产和解制度，并且破产挽救制度已日益得到重视；初步建立了债权人保护制度，并且债权人的

---

① 参见梁春瑾、陈科林：《译文｜世行宜商环境评价指标"商事破产"（Business Insolvency）》，载微信公众号"阳光破产法课堂"，2022年7月25日访问。

② 在2018年世行发布的《2019年营商环境报告》中，我国整体营商环境的排名为第46名；在2019年发布的《2020年营商环境报告》中，我国的得分为77.9（以满分100分计），位居第31位，较上年的名次提升了15位。在2017年、2018年和2019年《营商环境报告》中，我国"办理破产"指标得分并无任何变化，但排名却因其他经济体得分的提升而从第53名降到第56名，再降至第61名。2020年，我国"办理破产"指标的得分从2018年的55.82分提升到了62.1分，位居全球第51名。见韩长印：《界银行"办理破产"指标与我国的应对思路》，载《法学杂志》2020年第7期。

③ 《企业破产法》起草组组长、全国人大财经委原副主任委员贾志杰曾说，缺失了个人破产制度和金融机构破产的破产法仅仅是"半个破产法"。参见杨华云：《个人破产法应尽快纳入立法计划》，载新浪财经网，2022年7月25日访问。

权利范围还在不断明晰与扩大。在司法实践层面,《企业破产法》对营商环境的提升有目共睹。可以说,2006 年的全面修订使得破产制度迎来了蜕变。

我国的破产制度能否在本次全面修订中再次迎来蜕变,让我们拭目以待。

中国海事海商纠纷司法研究报告
（2021—2022）

一、司法实践总体观察

党的十八大以来，以习近平同志为核心的党中央高度重视建设海洋强国，推动我国海洋事业发展取得了举世瞩目的成就。海事海商争议解决是实行高水平对外开放、加快建设海洋强国的重要保障。我国海事①司法和仲裁的发展在一定程度上仍落后于我国海洋经济的发展步伐，国际海事海商争议解决的话语权与我国在全球贸易中的地位尚不能完全匹配。我国经济正在经历转型期，海运、海工市场也在经历变革，贸易孤立主义抬头、新冠肺炎疫情等因素更推动了以上变革趋势，随着"一带一路"倡议的深入发展，一套行之有效、具有中国特色的海事海商争议解决机制得以建立，并不断完善。

（一）国内海事司法、仲裁数据分析

为全面理解我国（港澳台地区未统计）海事司法、仲裁情况，我们结合各渠道了解的信息，整理 2019 年至 2022 年上半年海事审判、仲裁数据如下。

1. 海事审判②

截至 2022 年 5 月 31 日，最高人民法院受理海事案件 36 件，其中新收 5 件，旧存 31 件，另审结 29 件。各高级人民法院共受理海事案件 2134 件，其中新收 1269 件，旧存 865 件，另审结 827 件。各海事法院共受理 12905 件案件，其中新收 9304 件，旧存 3601 件，另审结 7256 件。（详见图 3-1）

---

① 海事案件中的"海事"常常做广义理解，本文中若不做特殊说明，亦包含海商，一切有关涉海事务，如航海、造船、验船、海上法规、海损事故调查处理、港口建设及运营、航道疏浚测量与航标设置、海洋开发利用与防污染、海洋教育与培训、海洋气象观测及预报等均可包含在广义的海事概念之内。

② 数据主要来源于最高人民法院主导建设的中国海事审判网，也结合了可查询的各法院白皮书。

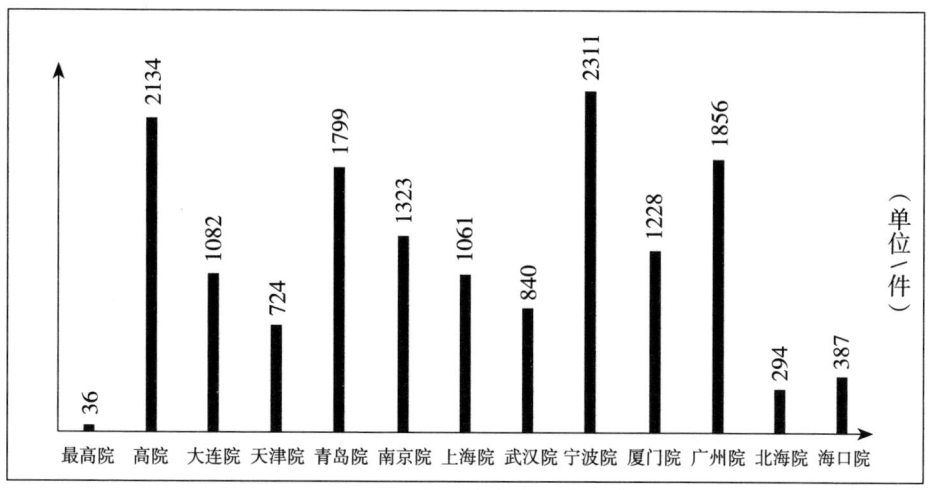

图 3-1 2022 年上半年受理案件情况

2021 年度，最高人民法院受理海事案件 475 件，其中新收 430 件，旧存 45 件，另审结 444 件。各高级人民法院共受理海事案件 3350 件，其中新收 3019 件，旧存 331 件，另审结 2485 件。各海事法院共受理 28065 件案件，同比上升 33.92%。其中，新收 25574 件，同比上升 37.79%；旧存 2491 件，同比上升 3.92%。此外，各海事法院共审结 24464 件案件，同比上升 32.29%。（详见图 3-2）

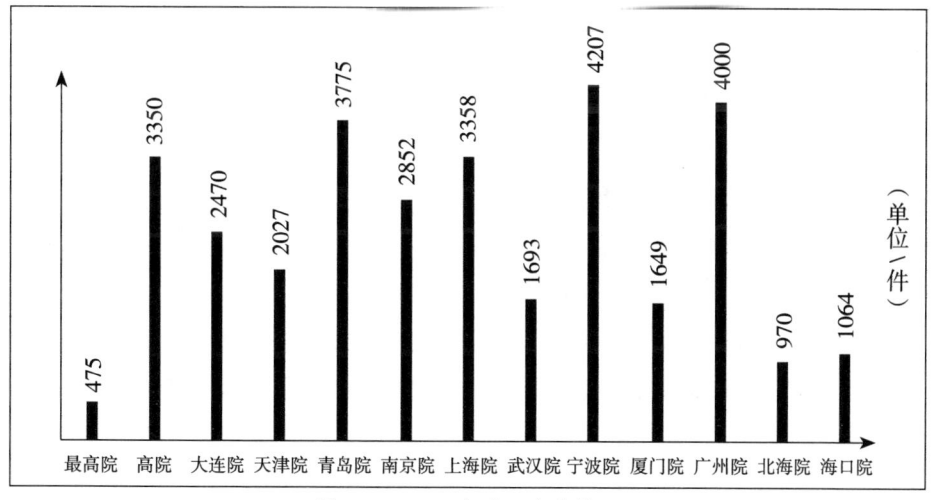

图 3-2 2021 年受理案件情况

2020 年度，最高人民法院受理海事案件 472 件，其中新收 433 件，旧存 39 件，另审结 342 件。各高级人民法院共受理海事案件 2931 件，其中新收 2486 件，旧存 445 件，另审结 2421 件。各海事法院共受理 20957 件案件，其中新收 18560 件，旧存 2397 件，另审结 18493 件（详见图 3-3）。

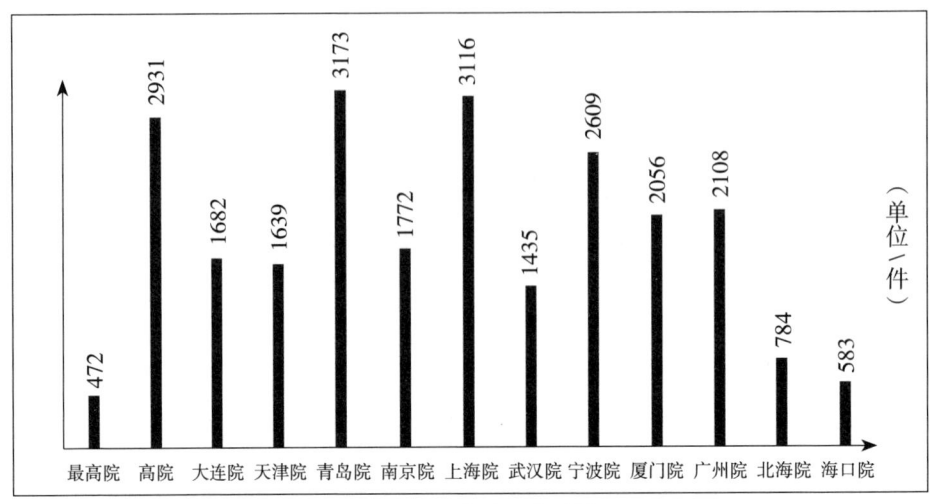

图 3-3　2020 年受理案件情况

2019 年度公开数据有限[①]，大连海事法院受理 2473 件案件，其中新收 2429 件，旧存 144 件，另审结 2383 件。天津海事法院受理 2708 件案件，其中新收 2267 件，旧存 441 件，另审结 2546 件。厦门海事法院受理 3131 件案件，其中新收 2884 件，旧存 247 件，另审结 2857 件。广州海事法院受理 4795 件案件，其中新收 4260 件，旧存 535 件，另审结 4203 件。青岛海事法院新收 3549 件，审结 4491 件。宁波海事法院受理 4680 件，审结 4975 件。

可见，近年来国内法院受理海事案件数量有相当程度的上涨，相关数据信息披露的完整性和及时性有显著提升。

针对不同案件类型，我们进一步整理如下。

（1）民事案件

2020 年至 2022 年海事审判案件数量中占比较大的 10 个案由为：船员劳务合同纠纷、海上及通海可航水域货物运输合同纠纷、海上及通海可航水域货运代理合同纠纷、海上及通海可航水域人身损害责任纠纷、船舶物料和备品供应合同纠纷、海事债权确认纠纷、船舶买卖合同纠纷、海上及通海可航水域保险合同纠纷、船舶租用合同纠纷及其他海事海商纠纷。

---

① 除文中列明以外，其他法院数据未能从公开渠道获取。

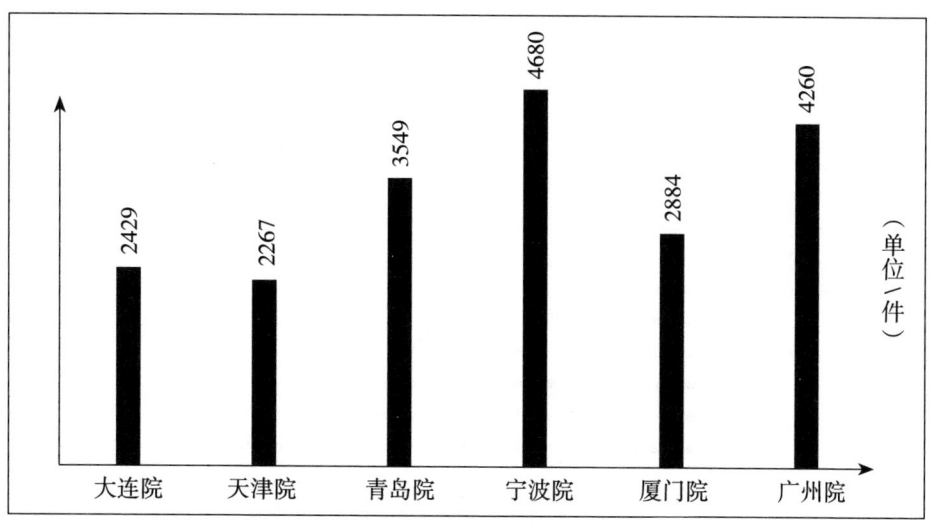

图 3-4　2019 年新收案件情况（部分法院）

2022 年上半年，上述十大案由新收案件数量共计 5281 件，占各级法院总新收案件数量的 49.92%。其中，船员劳务合同纠纷 1444 件，占总新收案数量的 13.65%；海上及通海可航水域货物运输合同纠纷 1178 件，占总新收案数量的 11.14%；海上及通海可航水域货运代理合同纠纷 881 件，占总新收案数量的 8.33%；海上及通海可航水域人身损害责任纠纷 403 件，占总新收案数量的 3.81%。具体可参下述图 3-5。

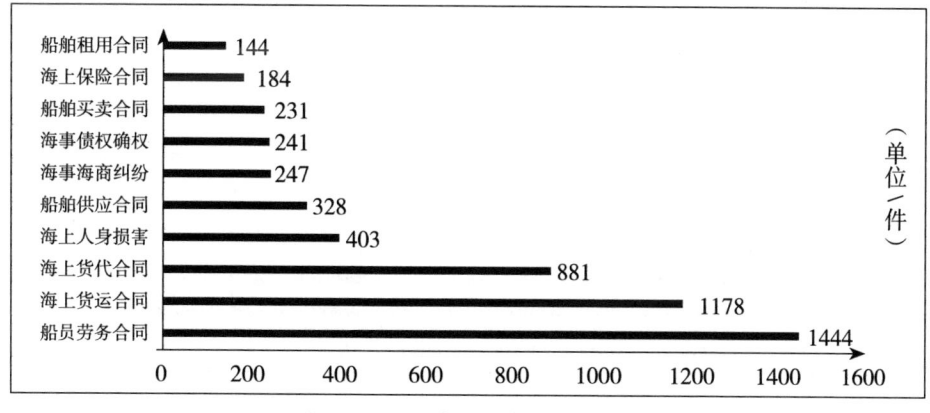

图 3-5　2022 年主要案由收案情况

2021 年度，上述十大案由新收案件数量共计 13277 件，占各级法院总新收案件数量的 45.75%。其中，海上及通海可航水域货运代理合同纠纷 3392 件，占总新收案数量的 11.69%；船员劳务合同纠纷 2539 件，占总新收案数量的 8.75%；海上及通海可航水域货物运输合同纠纷 2312 件，占总新收案数量的 7.97%；海事债权确认纠纷 1154 件，占总新收案数量的 3.98%。具体可参下述图 3-6。

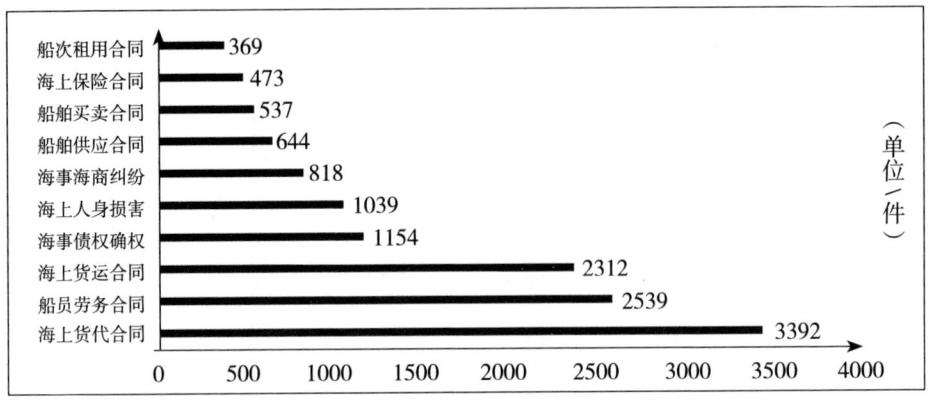

图 3-6　2021 年主要案由收案情况

2020 年度，上述十大案由新收案件数量共计 12480 件，占各级法院总新收案件数量的 58.10%。其中，海上及通海可航水域货运代理合同纠纷 3454 件，占总新收案数量的 16.08%；船员劳务合同纠纷 2667 件，占总新收案数量的 12.42%；海上及通海可航水域货物运输合同纠纷 2018 件，占总新收案数量的 9.40%；海事债权确认纠纷 1032 件，占总新收案数量的 4.80%。具体可参下述图 3-7。

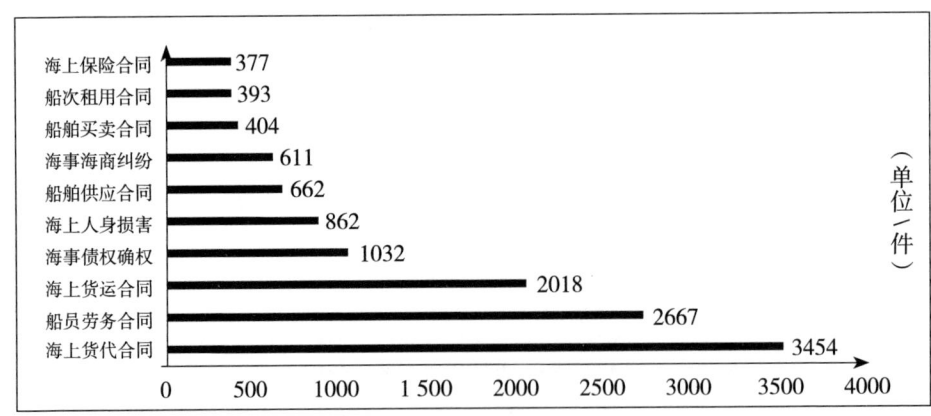

图 3-7　2020 年主要案由收案情况

除上述十个案由外，经查询威科先行数据库信息，以近三年、海商海事纠纷、全文公开为关键词进行查询，仍有部分案由涉及的公开判决、裁定较多，例如船舶经营管理合同纠纷 1106 件、船舶租用合同纠纷 1037 件、与船舶营运有关借款合同纠纷 871 件、船舶抵押合同纠纷 739 件、船舶修理合同纠纷 490 件、船舶权属纠纷 432 件。

以上，涉外海事案件多数依靠国内海事法院的天然连接点，并由国内当事人选择管辖，例如提单所证明的海上货物运输合同纠纷[①]；而当事人主动通过合同约定选择中国法院管辖的案件数量仍有限，例如船舶建造、融资、买卖，船舶租用，海难救助、共同海损等。

（2）行政案件

2020 年度，在海事行政案件方面，大连海事法院新收 83 件，审结 93 件；天津海事法院新收 8 件，审结 11 件；青岛海事法院新收 19 件，审结 18 件；南京海事法院新收 130 件，审结 45 件；宁波海事法院新收 35 件，审结 36 件；厦门海事法院新收 71 件，审结 73 件；广州海事法院受理 102 件（含非诉审查案件），审结行政一审案件 23 件。

2019 年度，在海事行政案件方面，大连海事法院新收 181 件，审结 174 件；天津海事法院新收 12 件，审结 9 件；青岛海事法院新收 18 件，审结 21 件；宁波海事法院新收 49 件，审结 56 件；厦门海事法院新收 57 件，审结 50 件；广州海事法院受理 73 件，审结 80 件。

从上述数据来看，海事行政案件数量相对稳定且数量较少。相当一部分是由海上交通事故责任认定书可诉性的问题衍生而来，然而，2021 年 12 月 31 日印发的《全国涉外商事海事审判工作座谈会会议纪要》第 89 条明确了海上交通事故责任认定并非具体行政行为，有可能降低海事行政纠纷的数量。

（3）执行案件

2022 年上半年，各海事法院本年度共受理执行案件 3352 件，执结 1715 件。就受理数量而言，大连海事法院 394 件、天津海事法院 220 件、青岛海事法院 380 件、南京海事法院 233 件、上海海事法院 92 件、武汉海事法院 349 件、宁波海事法院 509 件、厦门海事法院 343 件、广州海事法院 456 件、北海海事法院 202 件、海口海事法院 174 件。

2021 年度，各海事法院共受理执行案件 7586 件，执结 6743 件。就受理数量而言，大连海事法院 833 件、天津海事法院 551 件、青岛海事法院 839 件、南京海事法院 557 件、上海海事法院 589 件、武汉海事法院 809 件、宁波海事法院 993

---

① 但往往与船舶租赁合同或者提单条款中的管辖权、仲裁约定冲突，并遭遇挑战。

件、厦门海事法院830件、广州海事法院704件、北海海事法院396件、海口海事法院485件。

2020年度，各海事法院共受理执行案件10854件，执结10133件。就受理数量而言，大连海事法院752件、天津海事法院753件、青岛海事法院1078件、南京海事法院535件、上海海事法院1607件、武汉海事法院1118件、宁波海事法院1596件、厦门海事法院922件、广州海事法院1360件、北海海事法院607件、海口海事法院526件。

针对2019年度，大连海事法院新收执行案件690件、天津海事法院新收643件、青岛海事法院新收679件、宁波海事法院新收1766件、厦门海事法院新收470件、广州海事法院新收1285件。

短期来看，执行受理案件有一定程度的下降。（详见图3-8）

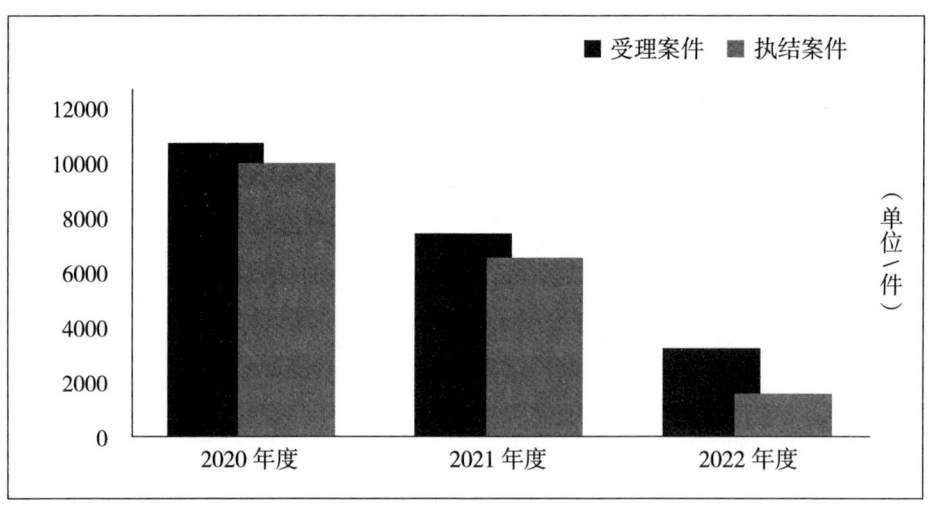

图3-8 2020年至2022年上半年执行案件情况

（4）涉外案件

2022年上半年，我国大陆地区法院处理的涉外海事案件共计524件，涉及69个国家（地区）。其中，从涉外新收海事案件所涉国家（地区）的角度，位列前十的是：新加坡121件、美国91件、丹麦35件、法国32件、英属维尔京群岛24件、巴拿马23件、德国16件、瑞士14件、英国13件、韩国11件，详见图3-9。

2021年度，我国大陆地区法院处理的涉外海事案件共计598件，涉及79个国家（地区）。其中，从涉外新收海事海商案件所涉国家（地区）的角度，美国133件、新加坡67件、德国36件、日本35件、丹麦32件、法国20件、瑞士20件、

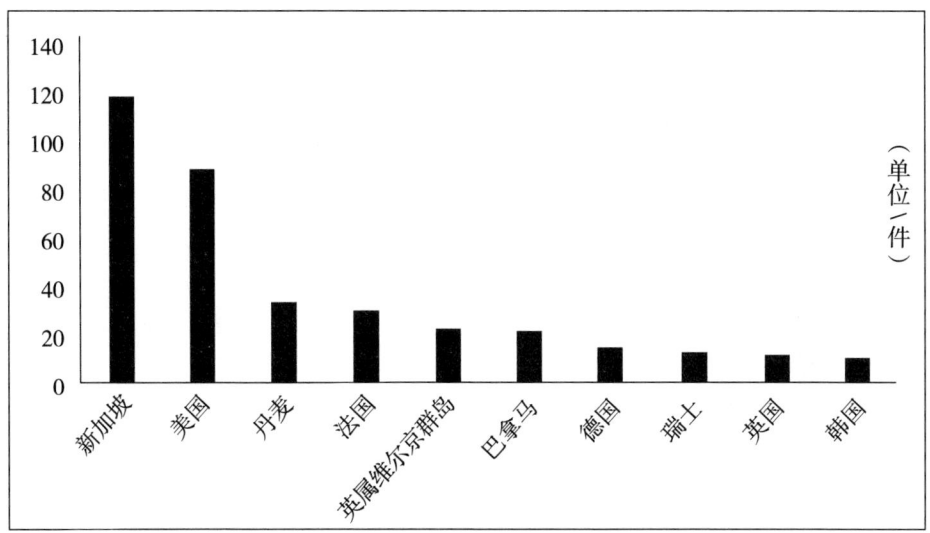

图 3-9 2022 年涉外海事海上案件所涉国家

巴拿马 18 件、英国 17 件、挪威 15 件，详见图 3-10。

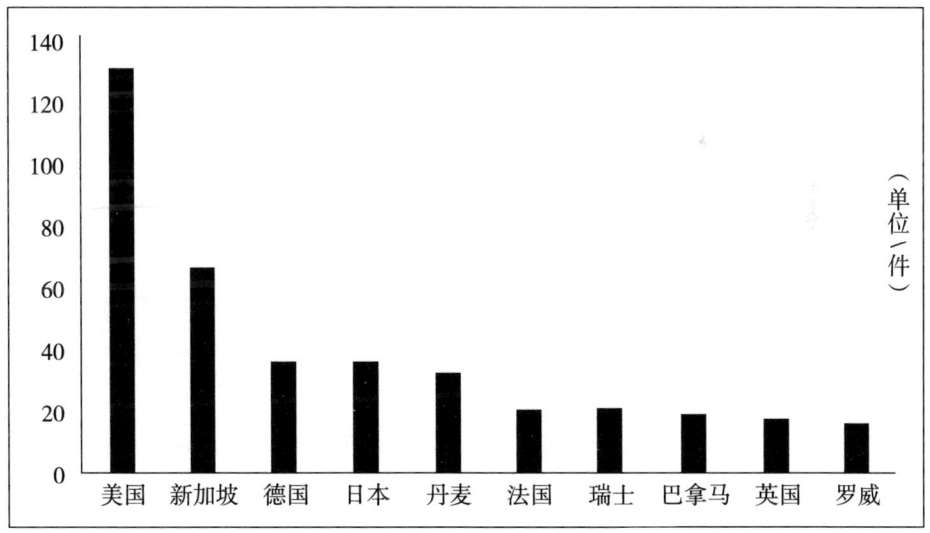

图 3-10 2021 年涉外海事商事案件所涉国家

2020 年度，我国大陆地区法院处理的涉外海事案件共计 461 件，涉及 68 个国家（地区）。其中，从涉外新收海事案件所涉国家（地区）的角度，位列前十的是：美国 117 件、法国 54 件、新加坡 25 件、瑞士 22 件、丹麦 20 件、德国 17 件、加纳 13 件、尼日利亚 13 件、韩国 13 件、伯利兹 12 件，详见图 3-11。

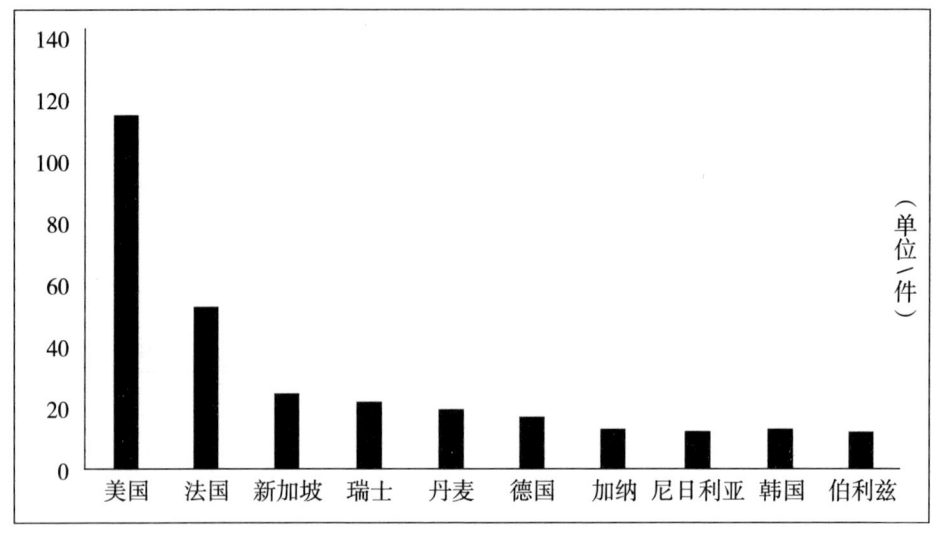

图 3-11　2020 年涉外海事海商案件所涉国家

以上在一定程度上反映了我国与相关国家货物贸易频繁程度，此外，方便船旗国和船东利益也有明显的体现，但尚不足以反映相关境外当事人选择中国法院管辖的情况。

争取中国法院管辖权，除了需要法院长期正确、稳定的适用当事人选择的实体法律，在程序法上也需要给予当事人更多便利，例如充分利用保全措施及海事强制令对抗现实的或潜在的平行诉讼[①]等，使得中国利益方有更多机会寻求中国法院管辖的救济。此外，当事人身份识别标准较高，公证认证程序烦琐，送达困难，证据披露、采信标准苛刻，选择专家辅助人的范围受限等，都可能影响当事人选择中国法院解决纠纷的信心。

2. 海事仲裁

虽然现行法律法规不限制国内仲裁机构受理海事纠纷[②]，但多数的海事仲裁案件仍由中国海事仲裁委员会（以下简称海仲或 CMAC）受理，故选取海仲数据作

---

①　例如，依据航次租船合同签发的提单所证明的海上货物运输合同，中国货主及其保险人往往遭遇英国法禁诉令（Anti-suit Injunction），往往在诉讼措施上有所顾忌，但反制措施却非常有限。武汉海事法院（2017）颚行保 3 号案件通过海事强制令反制香港特别行政区高等法院 HCCT28/2017 号禁诉令，但此后未见类似实践。

②　包括上海仲裁委员会（上海国际航运仲裁院）、上海国际经济贸易仲裁委员会（上海国际仲裁中心）、厦门仲裁委员会（东南国际航运仲裁院）、大连仲裁委员会（大连国际航运仲裁院）、广州仲裁委员会（广州国际航运仲裁院）、武汉仲裁委员会（海事仲裁院）、华南（前海）海事物流仲裁中心等仲裁机构。此外，一些仲裁机构由于受案数量较少或不单独统计海事受案数量。

为我国大陆地区海事仲裁案件数据样本。

2016年至2021年，海仲共受理案件493件，其中涉外案件共205件，涉外率约为41.58%①。（详见图3-12）

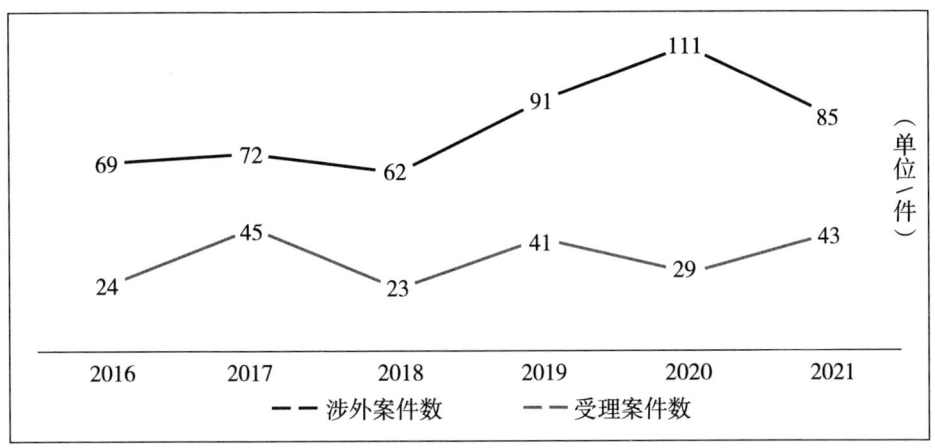

图3-12 中国海事仲裁委员会2016—2021年收案情况

我国海事仲裁处于高速发展的阶段。从案件受理数量及影响力来看，与波罗的海国际航运公会（BIMCO）推荐的仲裁地相比有一定的差距。伦敦海事仲裁员协会（London Maritime Arbitrators Association，LMAA）共受理案件8308件②，但通常认为LMAA仲裁属于临时仲裁，启动便利，其受案数量不宜与机构仲裁直接作比较；伦敦国际仲裁法院（The London Court of International Arbitration，LCIA）受理海事纠纷占比不大，这里不作表述。新加坡海事仲裁院（Singapore Maritime Court of Arbitration，SCMA）共受理案件224件③；新加坡国际仲裁中心（Singapore International Arbitration Centre，SIAC）共受理海事案件277件④。香港国际仲裁中心（Hong Kong International Arbitration Centre，HKIAC）共受理海事案件387件⑤。

我国现行法律对仲裁协议的内容和形式要件有较多限制，司法实践中对仲裁协议效力的解释也相对严格，使得海运当事人在签订中国境内仲裁的条款时有所顾忌。此外，我国的仲裁机构由于行政色彩较浓，机构数量繁多，人员配备参差

---

① 该数据参考中国海事仲裁委员会官网及中国海事仲裁委员会2021年工作报告。
② LMAA Statistics Calculation 2016–2020，https://lmaa.london/.
③ SCMA 2016–2020 Year in Review https://scma.org.sg/.
④ SIAC ANNUAL REPORT 2016—2020https://www.siac.org.sg/.
⑤ 数据来源于HKIAC官网，https://www.hkiac.org/about-us/statistics，2021年12月15日访问。

不齐，财务管理体系不灵活，较难做到自给自足，仲裁员以兼职为主，报酬与其本职工作收入不相匹配，这些自身因素对其参与市场竞争也有影响。但国内机构仲裁在案件处理方面也有自己的特色，如在成本、结案效率等方面有不小的优势，相关统计口径可以尝试从不同角度做一些统计和比较。

（二）我国海事争议解决机制的发展现状

从不同角度观察商事、海事争议解决机制，或许会对其有不同的理解。一方面，这是国家主权的延伸，难免需要自上而下的视角；但从平等商事主体的视角出发，商事争议解决更像一种服务或者产品，有特定的、不可替代的市场需求。普通法，或者说英国法仍可能是国际商事往来中被接受程度最高的实体规则；相应的，普通法系国家、地区的商事、海事争议解决服务也具有竞争优势。这里有历史的原因，不仅涉及商业实践对规则稳定性的现实考虑，也涉及国家对贸易规则话语权的内在需求，以及对相关机制的扶持方式。看待我国海事争议解决机制，应当意识到其建设、发展的时代背景及环境与普通法系国家和地区的机制不同，不能片面地做简单对比，在认识到不足的前提下，也要看到我国国力进步、法律体系逐渐完善，与司法公信力和影响力提升形成了正向促进的关系，近年来，我国海事审判、仲裁的专业化建设取得了许多成果。

1. 海事审判精品战略深化实施

高品质的裁判文书和稳定的裁判尺度是获取司法公信力的前提，也是法律指引作用的体现和保障。虽然判例不是我国的实体法律渊源，但2018年以来，最高人民法院发布服务保障自由贸易实验区建设和第三批涉及一带一路建设的海事典型案例4件，涉及船员权益保护典型案例8件；第四批年度海事审判典型案例41件，涉及海事司法管辖权行使、准确查明和适用外国法、海洋及通海水域环境资源保护、承运人责任认定、责任限制的丧失、船舶优先权确认等多方面的法律问题。通过精品案例指导、统一裁判标准，完善审理规则，丰富和发展中国海商法律制度，指导地方各级法院审判工作，也有利于同案同判，提高司法公信力，指导海事司法实践。

例如，上海海事法院作为中国法院，首次裁定承认英国高等法院上诉法院民事判决；厦门海事法院认可非对称管辖协议效力；青岛海事法院为境外仲裁申请方利益扣押外籍船舶；大连海事法院以海事强制令，帮助数百家进口冷链企业解决清关难题，降低疫情对进出口贸易的影响；广州海事法院在妥善化解外籍船员劳务纠纷案件中，为妥善处置疫情期间全球性海员换班及遣返难题提供了中国方案；南京海事法院仅用 27 天就成功调解了一起持续 5 年之久的国际船舶建造合同纠纷。

2. 信息技术助力海事司法数字化

最高人民法院设立的中国海事审判网在 2022 年 4 月正式上线。该网站将人民法院现有的各类信息化平台打通、链接、融合，实现信息的共建、共享、共用，网站设置了外网和内网两个平台，并存中文和英文两种界面，汇集了船舶扣押拍卖、船舶动态查询、船舶评估系统、船舶数据分析系统、海事司法案例库等各种具有鲜明海事特色的信息化建设成果，在为当事人提供诉讼服务便利，为海事法官提供辅助办案智慧审判工具的同时，向全社会展示真实、立体、全面的中国海事司法，也为案例公开、类案指导、当事人监督提供了技术支持，实现智服、智宣、智审、智管的多重功能。

此外，各海事法院尝试在全国法院系统内率先实现跨域立案，通过门户网站、微信公众号和小程序为中外当事人提供诉讼服务。在新冠肺炎疫情全球肆虐的背景下，各级法院尝试运用智慧法院的成果，提供全流程网上诉讼服务，实现了疫情期间审判工作不停摆。

3. 涉海法律体系不断完善

2021 年 11 月，最高人民法院在对《海事诉讼特别程序法》（以下简称《海诉法》）修改的必要性和可行性进行充分研究的基础上，向全国人大常委会报送了关于建议修改《海诉法》的报告，推动《海诉法》修改纳入立法规划。全国人大法工委附函对该建议表示赞同，并将与《海商法》修改工作一并统筹考虑。

2020 年 6 月，最高人民法院发布了《关于依法妥善审理涉新冠肺炎疫情民事案件若干问题的指导意见（三）》，聚焦受疫情影响较大的运输合同、船舶建造合同、涉船员纠纷，并提出了具体的指导意见，切实起到了稳外贸、稳外资和保障航运市场健康发展的作用。2020 年 9 月，最高人民法院发布了《关于审理涉船员纠纷案件若干问题的规定》，对法院的主管和管辖、船员报酬标准、船舶优先权保护、涉外船员劳务合同法律适用等问题作出了明确规定，规范引导船员市场和航运市场秩序。2022 年 5 月，最高人民法院与最高人民检察院联合发布了《关于办理海洋自然资源与生态环境公益诉讼案件若干问题的规定》，明确了法院管辖，为不同主体提起公益诉讼作出了制度安排，构建了具有中国特色的海洋环境公益诉讼制度。

2021 年的 12 月，最高人民法院印发了《全国法院涉外商事海事审判工作座谈会会议纪要》，总结历年形成的成熟审判经验，对涉及运输合同、船舶物权等海事案件，仲裁司法审查涉外案件的管辖、送达、法律适用等上百个问题作出了相应的规定，统一裁判尺度。

各级法院近年来还出台了一系列的司法文件，为上海自由贸易试验区临港新片区，海南自由贸易港和一带一路的建设提供司法服务保障，为海事审判服务国家建设提供司法政策指引。

4. 当事人对域外实体法律的选择适用得到尊重

在当事人不愿选择适用中国实体法律的情况下，如果能够尊重当事人选择，适用域外实体规则，对争取和维护中国司法管辖，促进中国海事司法审判机构、仲裁机构的发展更为有利。

1988年，最高人民法院《关于贯彻执行〈中华人民共和国民法通则〉若干问题的意见（试行）》首次在民商事领域对域外法查明途径问题上进行细化，并涵盖了多项查明域外法的方法，但在司法实践中，各法院对其的理解有差异，裁判结果可能相差较大。

2013年1月7日起施行的最高人民法院《关于适用〈中华人民共和国涉外民事关系法律适用法〉若干问题的解释（一）》尝试将查证域外法的责任在当事人与法官之间进行了分配。但实践中，法院仍倾向于将查明责任分配给当事人。由于核实困难、要件缺失、适用难度大等各种因素影响，法院在审理涉外案件中查明和适用域外法的态度仍然比较保守。以宁波海事法院为例，2011年至2018年，宁波海事法院共审理涉外案件2176件，涉外案件判决结案数为603件，其中适用域外法（含中国香港地区）裁判案件为14件，域外法适用率仅为2.32%[1]。

2019年11月，最高人民法院设立了域外法查明统一平台，汇集了5家域外法查明机构和52名国际商事专家委员会资源，在解决域外法查明难的问题上迈出了重要一步。疫情期间，最高人民法院委托这些查明机构和专家委员就全球60多个主要国家和地区的不可抗力规则及案例进行研究，形成了7期的研究报告，受到社会各界的广泛关注。据悉，最高人民法院正在起草相关司法解释，专门就域外法的查明和适用作出规定。

---

[1] 胡建新等：《关于外国法查明及适用问题的调查分析——以宁波海事法院审判实践为例》，载《中国海商法研究》2019年第1期。

5.国际司法交流合作积极开展

最高人民法院近年来举办或者组织人员积极参与中国与新加坡、中国与英国司法圆桌会议等国际会议、积极参与海牙国际私法协会的外国判决项目和管辖权项目、积极参与《北京草案》[①]等国际规则的制定。

2021年底,最高人民法院与新加坡共和国最高法院签订了《关于法律查明问题的合作谅解备忘录》,该文件自2022年4月3日起生效。2021年10月还以线上线下结合的方式,以"加强司法合作、推动供应发展"为主题举办了海上丝绸之路泉州司法合作国际论坛,深化各国法治交流,增进了法治共识。

各级法院尊重当事人仲裁意愿,有效采取仲裁保全措施,依法承认和执行外国仲裁裁决,充分体现了我国海事司法支持仲裁发展的坚定立场和对仲裁领域国际司法协助机制的友好态度。

各海事法院、仲裁机构也采取多种方式,积极对外传播海事司法工作的成果,越来越多的海事法院通过发布中英文的审判白皮书、案例或者其他司法文件,向世界发出中国司法的声音。例如,广州海事法院连续4年以中、英、葡三种语言发布白皮书;大连、南京、宁波等海事法院在门户网站设立专栏,有法官用英语介绍中国的海事司法实践,增强了海事司法国际传播力。

6.海事审判、仲裁布局进一步优化

2019年的11月,南京海事法院新设为全国第11家海事法院。同时,2018年以来,新设了武汉海事法院芜湖法庭、上海海事法院长兴岛法庭、宁波海事法院宁波自贸区法庭和杭州法庭,海事司法在空间布局上为社会各界提供了更便利的诉讼条件。

海事审判三合一改革试点有序推进,除了2017年开始试点的宁波海事法院,最高人民法院还授权海南省高级人民法院审查指定海口海事法院试点管辖特定类型的海事刑事案件。在海口海事法院审理的外籍渔民在中国南海海域非法捕捞水产品及刑事附带民事公益诉讼案中,相关被告人被依法判处有期徒刑,并判令其承担生态修复费用,对我国海域实施了有效的司法管控。同时,宁波、海口海事法院与海警检察机关建立了协作机制,加强在海事刑事案件上的程序衔接。

近两年,海仲同样高度重视服务网络的建设、健全。2020年9月,海仲海南仲裁中心揭牌;2020年10月,浙江自贸区仲裁中心与宁波相关部门签署合作意

---

① 参见《关于外国司法出售船舶及其承认的国际公约草案》。

向；2020年11月，"北京+上海"跨区域联动"双总部"建设落地，上海分会正式更名为上海总部；2021年11月，海仲青岛仲裁中心揭牌运营；东北亚国际仲裁中心即将完成登记；广西办事处同时加挂海仲广西自贸区办事处牌子；福建分会应邀入驻厦门海丝中央法务区。

7. 海事争议多元化解机制不断建设

各海事法院与海仲在共建国际海事争议解决机制的过程中，不断加强交流分享。一方面，提高案件处理质量；另一方面，借助调解自愿性、灵活性和契约性的特点，推进探索了以诉调对接为特色，诉讼、仲裁和调解"三位一体"的国际海事争议多元化解机制，在控制降低争议解决成本，维系当事人之间商业合作关系和商业信誉等方面具有的独特优势。

上海、广州、武汉、天津、南京、宁波海事法院与海仲建立了委托调解机制。2021年11月，上海海事法院与海仲联合发布了《海事案件委托调解白皮书2011—2021》，对海事案件委托调解机制的经验进行了总结。2011年至2020年，上海海事法院委托海仲调解处理案件共200余件，委托案件和成功调解案件数量呈现逐年稳步上升趋势。目前，每年符合要求并经当事人同意委托调解的案件保持在20件左右①。

其他海事法院也在通过不同方式尝试多元化解决海事争议，例如大连海事法院设立了诉调对接中心，以优质、高效的服务，助力市场化、法治化、国际化、营商环境的建设。

二、典型案例评析

（一）在不违反我国法律基本原则或者损害我国国家主权、安全、社会公共利益的情形下，我国法院可基于互惠原则承认和执行英国法院商事判决②

1. 基本案情

挪威SPAR航运公司与大新华香港公司签订三份船舶期租合同，2010年3月25日，大新华物流公司出具三份履约保函，担保大新华香港公司履行上述三份船

---

① 《海事案件委托调解白皮书2011—2021》，第5页。

② 2022年3月17日，上海海事法院作出（2018）沪72协外认1号案裁决，即大新华物流公司与挪威SPAR航运公司租船合同纠纷英国判决承认案，这是中国法院首次基于互惠原则承认并执行英国法院的商事判决案例，也是我国法院首例参照《全国法院涉外商事海事审判工作座谈会会议纪要》审理承认和执行外国法院判决的案件。

舶期租合同。保函均约定适用英国法,且约定保函项下任何针对大新华物流公司或其财产所提起的诉讼均应提交英国高等法院审理。

因大新华香港公司迟延支付租金,挪威 SPAR 航运公司撤回船舶,并依据保函约定向英国高等法院提起诉讼,大新华物流公司到庭应诉。经审理,英国高等法院于 2015 年 3 月 18 日作出判决,支持挪威 SPAR 航运公司的诉求,并确认大新华物流公司应承担损失本金及利息共计 37238126 美元。大新华物流公司不服判决并向英国上诉法院提起上诉,英国上诉法院于 2016 年 10 月 7 日作出判决驳回上诉。

2018 年 3 月,挪威 SPAR 航运公司向上海海事法院提出承认英国法院判决的申请,上海海事法院基于互惠原则承认并执行英国法院的商事判决案例。

2. 争议焦点

本案系申请承认外国法院民商事判决案,核心争议包括以下几个方面。(1)中国与英国在民事判决的承认和执行上是否构成互惠关系,包括英国法院有无承认和执行或拒绝承认和执行中国法院判决的先例。在没有先例的情况下,是否可以基于互惠原则承认英国法院的判决。(2)英国法禁诉令制度是否构成不予承认英国法院判决的理由。(3)英国判决适用我国法律存在错误是否构成不予承认和执行的理由。(4)利息和费用的罚金是否属于承认外国判决的范畴。

3. 裁判要旨

第一,互惠原则的适用采取应然标准,而不以外国法院在先承认与执行我国法院判决案例为前提。《民事诉讼法》互惠原则并没有限定必须是相关外国法院先行承认我国法院民商事判决,我国法院作出的民商事判决可以得到该外国法院的承认和执行即可认为双方存在互惠关系。

第二,英国判决在适用我国法律时是否存在错误,不属于承认和执行外国法院判决之诉的审查范畴。即便英国法院判决适用法律存在错误,也只有在违反我国法律的基本原则或者国家主权、安全、社会公共利益时,才构成拒绝承认和执行的事由。

4. 案件评述

根据我国《民事诉讼法》第 289 条的规定,人民法院对申请或者请求承认和执行的外国法院作出的发生法律效力的判决、裁定,依照中华人民共和国缔结或者参加的国际条约,或者按照互惠原则进行审查。本案裁定对互惠原则作出了进一步解释,即《民事诉讼法》并未将互惠原则限制在有关外国法院对我国法院的民商事判决先行承认和执行。因此本院认为，依照外国法院判决所在国的法律，中国法院作出的民商事判决可以被所在国法院承认和执行，可以认为中国和该国在承认和执行民商事判决方面是一种互惠关系。改变了长期以来我国司法实践中将互惠关系限制解释为"事实互惠"的认识。

该案裁定作出前，最高人民法院发布了《全国法院涉外商事海事审判工作座谈会会议纪要》纪要。该纪要第 33 条规定，由于我国和英国尚未缔结或共同加入《承认与执行外国民商事判决公约》，纪要可适用于中国法院对承认英国判决的复核。第 44 条第 1 款规定，根据该法院所在国的法律，人民法院作出的民商事判决可以得到该国法院的承认和执行，正式明确我国承认外国法院判决的互惠标准为"法律互惠"，而非所谓的"事实互惠"。本案也是中国法院首例参照纪要审理承认和执行外国法院判决的案件。

该案作为第一个承认英国法院商事判决的案件，具有重要意义。船舶建造、买卖、融资、租用，以及货物运输实务中，适用英国法并约定英国法院管辖条款非常常见，英国法院在商事案件争议解决方面具有较强影响。我国作为世界贸易的重要参与者，海上货物运输需求旺盛，相关纠纷不可避免。该案表明我国将在涉外商事海事审判和司法协助领域持更加开放和包容的态度。

（二）不具有自航能力的沿海作业浮吊可申请设立海事赔偿责任限制基金，申请人是否存在轻率地作为或不作为不属于基金设立申请程序的审查范围[①]

1. 基本案情

2019 年 9 月 22 日，无自航能力的沿海作业浮吊"稳强 8"在南通沿海盛东如东 400MW 海上风电场 #32 桩基附近海域锚泊防抗第 17 号台风"塔巴"期间，受风、浪、潮影响，锚钢索断裂，走锚并触碰南通港洋口港区陆岛通道管线桥。事故造成（1）"稳强 8"受损；（2）南通港洋口港区陆岛通道管线桥 #134 至 #155 桥墩及桥面损毁，临港工业区达标尾水排放管线部分受损；（3）江苏 LNG 外输管线局部受损，部分天然气损失。案涉事故发生时，"稳强 8"所有人稳强公司与南通水建公司签订有《吊装服务合同》，南通水建公司与中交三航局签订有《船舶租赁合同》。

江苏海事局经调查，认为事故原因是：（1）"稳强 8"在台风来临前未及早撤

---

① 参见（2020）沪 72 民初 2417 号、（2020）沪民终 503 号。江苏稳强海洋工程有限公司申请设立"稳强 8"轮 922 事故非人身伤亡损害赔偿海事赔偿责任限制基金案件。

离至安全水域避风，锚泊抗台措施不当，锚钢索断裂导致船舶走锚，是事故发生的直接原因；（2）"稳强 8"的安全管理不到位是事故发生的间接原因；（3）事发水域受台风、冷空气及风暴潮的叠加影响，海况恶劣是导致事故发生的客观原因。本起事故为单方责任事故，"稳强 8"承担本起事故的全部责任。

江苏洋口港、中石油液化天然气公司及相关保险人就各自损失向稳强公司、南通水建公司、中交三航局及项目业主提出索赔，共计索赔金额近人民币 8 亿元。稳强公司后向法院申请设立非人身伤亡损害赔偿海事赔偿责任基金，金额为 988974 元特别提款权，折合人民币不足 1000 万元，一审法院裁定准许后，中石油液化天然气公司提起上诉，二审法院裁定维持。

2. 争议焦点

（1）上海海事法院对于本案是否有管辖权；（2）"稳强 8"是否为《海商法》第 3 条规定的船舶；（3）事故所涉及的债权性质；（4）稳强公司是否有权享有海事赔偿责任限制。

3. 裁判要旨

第一，管辖恒定原则适用于海事赔偿责任限制基金设立申请的管辖权判断。《海诉法》第 102 条规定，当事人在起诉前申请设立海事赔偿责任限制基金的，应当向事故发生地、合同履行地或者船舶扣押地海事法院提出。法院对某个海事赔偿责任限制基金申请是否享有管辖权，以申请时为准，申请时对案件享有管辖权的法院，不因确定管辖的因素在申请过程中发生变化而受影响。

第二，对于航区明确属于近海或远洋的船舶，即便其无自航能力，仍有机会被认定为《海商法》第 3 条规定的船舶从而申请设立海事赔偿责任限制基金。

第三，船舶触碰事故导致固定物或浮动物遭受的损失，应属于与船舶营运直接相关的财产损失，其债权性质符合《海商法》第 207 条关于限制性债权的规定。

第四，海事赔偿责任限制基金设立阶段，法院仅应审核基金申请人的主体资格、事故所涉及的债权性质和申请设立基金的数额。事故船舶是否存在配员不足、锚泊措施不当、存在轻率地作为或不作为等主张，属于对申请人能否享有海事赔偿责任限制实体权利的判定，应在案件的实体审理中予以解决，不应在海事赔偿责任限制基金的设立阶段予以审核。

4. 案件评述

在"双碳"及补贴收尾的背景下，近年来海上"风光"项目施工过程中的事故屡见不鲜。因受损方多涉及项目业主、桥梁及其上附管道、电缆等的所有人或经营人，呈现诉争标的重大的特点，船舶所有人及承租人能否设立海事赔偿责任限制基金往往是此类案件的重要争议问题。此后的"港华吊18""升平001"，以及最近的"福景001"相关案件，可能都会受到此案裁判的影响。

本案现有裁决即是针对船舶所有人稳强公司能否申请设立海事赔偿责任限制基金作出，法院仅就案件管辖权归属、申请人主体资格、事故所涉及债权的性质及申请设立基金的数额进行了程序性审查。虽然异议人提出申请人存在锚泊措施不当等轻率行为不应享受海事赔偿责任限制，但法院以涉及案件实体为由未予审查。此外，异议人提出"稳强8"不具有自航能力，不属于我国《海商法》下的船舶。法院则依据船舶检验证书载明内容，"'稳强8'轮准予航行近海航区（航线）作起重船用"，认可稳强公司具有申请海事赔偿责任限制基金的主体资格。

本案的典型意义在于确认"船舶检验证书"等在申请人主体资格认定过程中的重要作用，另再次确认海事赔偿责任限制基金申请过程中，利害关系人提出异议时法院的审查思路，明确基金申请设立程序与损失索赔程序的分界，以不同程序解决不同问题。

（三）大豆水分偏高、有杂质，并非不适合海上运输；货舱通风不当，收货人办理行政许可迟延导致货物在船时间长，海运承运人和收货人均应承担责任①

1. 基本案情

2019年1月31日，渤海公司购买的54178吨巴西大豆在巴西圣特雷姆港装上"天鹰座"轮（M/V "Bulk Aquila"），装港品质证书表明的货物含水量13.23%，中国大豆国家标准（GB1352-2009）载明：收购、储存、运输、加工和销售的商品大豆，大豆水分含量应小于等于13%。3月21日运抵目的港青岛，渤海公司4月24日取得农业转基因生物安全证书，4月28日船舶开始卸货，5月20日卸毕。卸载期间，收货人发现货物热损霉变。公估人根据货物参混、豆粕、豆油产出，以及仓储及检验情况定损，货物保险人太保青岛公司赔付渤海公司后，向船舶所有人岱荣公司和光船承租人MMSL公司提起保险人代位求偿之诉。

法院最终判决MMSL公司赔偿原告损失人民币244.5万元及利息。青岛海事

---

① （2020）鲁72民初1236号。该案入选青岛海事法院发布的2020年中英文海事审判白皮书，并被评为2021年度山东全省法院优秀裁判文书。

院作出上述判决之后，原被告皆没有提起上诉。

2. 争议焦点

本案系海上货物运输合同纠纷案件，货损责任归属及货损金额的确定系争议焦点，具体包括：（1）案涉大豆品质是否适合海上运输要求；（2）货舱通风措施是否得当；（3）迟延卸货对货损发生的影响；（4）货损金额的计算方法。

3. 裁判要旨

第一，大豆水分不高于13%的国家标准，是对大豆储藏、运输、商业流通等环节的一般要求，不同国家关于大豆含水量均有不同规定，国际上关于大豆远洋运输亦无统一规范，因此即便大豆虽然水分高于13%，也不必然意味着在远洋运输过程中会发生货损。

第二，在货物外表良好的情况下，承运人即可签发清洁提单。承运人签发清洁提单与否，应建立在适任船厂、船员根据通常的观察方法以及通常应当具备的知识能够观察和发现的基础上，货物内在品质不在此列。

第三，货舱通风的"三度规则"应当仅适用于温度相对稳定、变化不大的货物。对于进口大豆，因货物水分含量通常较高，航程较长，承运人需要采取更有效的措施检测大豆温度。机械的依据"三度规则"采取的通风措施，若与实际海上运输情况下舱内外温湿度、天气频繁变化等情况不相适应，则不能体现承运人对货物尽到了谨慎的注意义务。

4. 案件评述

该案确定的裁判思路对同类大豆热损案件具有借鉴和指导意义。我国是大豆进口大国，每年发生的大豆热损案件都比较多，有些案件损失金额巨大。在大豆热损案件中，原被告双方的争论多涉及大豆的品质是否存在缺陷、船方的通风管货措施以及迟延卸货等方面。本案判决对前述三个问题都进行了详细而深入的分析，并根据船货双方过错程度确定了损失承担比例。

特别是对于迟延卸货的问题，法院清晰地树立了转基金大豆的进口流程、检疫审批手续，明确货物进口及报检手续未及时办理完毕是导致案涉大豆迟延卸货的直接原因，进口方对此负有过错责任。同时，法院提出，在迟延卸货期间内承运人处置在船货物的能力和权力有限，除了采取通风措施履行妥善、谨慎的管货义务，难以采取更加合理有效的措施减少损失，进而减轻承运人的管货义务。

本案涉及包括中国、巴拿马、新加坡、英国、巴西等多个国家的公司。审理中公平公正地对待外方当事人，判决结果不仅对收货人、货物保险人、船舶所有人、光船承租人有直接的影响，而且对租约链条中其他关系方亦产生影响。该案判决后被告选择不上诉也是与其下家租家共同确认接受法院判决的结果，因此本案的服判息诉意味着中国法院的裁判规则获得了除当事人之外更多外国公司的认可。

同时，从庭审技术创新方面，本案亦可圈可点。本案审理过程中，因新加坡公司委托的专家鉴定人 Chris 教授所在的英国疫情严重，青岛海事法院首次采用远程视频方式允许其出庭作证，接受双方当事人的询问，并全程网上直播，庭审效果良好。

（四）目的港所在国战乱不影响货运代理合同项下的费用支付[①]

1. 基本案情

重庆公路公司为其承接的也门阿姆兰至亚丁高速公路建设项目，于 2014 年 11 月 12 日与捷喜货代公司签订协议，约定由捷喜货代公司代其办理 161 台工程车辆的出运事宜装货港为中国上海港，卸货港为也门荷台达港。货物运抵目的港顺利交货后，重庆公路公司未能按约向捷喜货代公司支付运输协议下的应付费用。2015 年 2 月 4 日，重庆公路公司向捷喜货代公司出具付款承诺书，称由于也门局势不稳定和沙特国王突然离世，其无法在约定时间内从沙特项目基金收到工程预付款，故而拖欠捷喜货代公司费用，并承诺将于 2015 年 3 月 2 日前付清所有拖欠费用，但此后并未支付。经查，该项目已搁置，相关人员在 2015 年 3 月的也门撤侨事件中已撤回国内。庭审中，重庆公路公司以目的港所在国也门发生战乱为由，主张援引不可抗力免责。一审法院未支持重庆公路公司抗辩主张，二审亦被驳回。

2. 争议焦点

本案系海上货运代理合同纠纷，主要争议包括：（1）捷喜货代公司作为货运代理人留置报关单是否影响付款条件的达成；（2）也门共和国战乱是否构成不可抗力，重庆公路公司是否可以据以免责或免除其支付费用的义务。

3. 裁判要旨

第一，货运代理企业有权以委托人未支付相关费用为由拒绝交付单证。货运代理人扣留两份报关单的行为系重庆公路公司不履行付款义务情况下的自助行为。

[①] （2015）沪海法商初字第 1668 号、（2016）沪民终 4 号。本案入选上海海事法院 2017 年至 2021 年涉外海事审判十大经典案例，2022 年人民法院发布的第三批涉"一带一路"建设典型案例。

托运人已通过付款承诺书的形式确认付款期限和金额,可视为双方对之前签署的运输协议中约定的付款条件的变更。

第二,不可抗力抗辩亦应充分重视因果关系。在合同链条中,一方当事人不得以前手合同存在不可抗力未能收到价款为由,在后手合同关系中援引不可抗力。目的港发生战乱,影响的是公路建设项目,托运人的偿付能力因此受到波及,但与案涉货运代理合同项下托运人能否向货运代理人支付费用之间并不存在法律上的必然因果关系,其不能因为无法收到建设项目下的合同款项而免除向货运代理人承担的付款义务。

4. 案件评述

"一带一路"沿线国家众多,政治、经济、民族、宗教、法律、文化、地理状况复杂各异。在"走出去"参与投资、合作、建设过程中,遭遇政局动荡、战乱、罢工、自然灾害等不可抗力事件或者其他不可预测的情势变更都在所难免。本案中的货物系用于国内企业通过海外竞标承接的重大基础设施建设项目。纠纷的产生与也门局势突变存在关联,因此充分尊重合同相对性,准确划分合同当事人在类似事件下的责任界限和风险负担,对依法保障企业海外投资利益,鼓励和促进企业参与"一带一路"建设具有现实意义。

本案判决明确了海上货运代理合同的委托人不能因其建设项目受阻,而免除其在海上货运代理合同下对受托人应承担的合同义务,相关风险不能转嫁给航运产业链。该原则也同样适用于海上货物运输合同以及为海外投资项目提供诸如物资、融资等的其他相关合同的履行场合。

本案对参与"一带一路"建设的企业而言,也起到风险提示的作用。各企业在走出去的同时,对外应充分重视当地政治经济条件,避免遭受不稳定投资环境的影响,对内要充分管理合同法律关系矩阵,通过书面明确约定的方式,实现利益共享、风险共担。

(五)疫情原因,船员要求解除合同无果后自行离船回国,诉请解除劳务合同关系,并要求公司支付工资、住宿费用、回国机票、隔离费用得到法院支持[①]

1. 基本案情

2020年2月13日,凯航公司与船员签订劳务合同,安排船员赴西非从事海

---

① (2021)鲁72民初131、132、134、135、136号。该系列案件入选2021年青岛海事法院十大典型案例、2022年青岛海事法院发布的优化海洋法治化营商环境十大典型案例。

上渔业生产，合同约定，若船员在此期间无故提出辞职要求回国，须向凯航公司支付违约金2万元并承担往返交通费用。

合同签订后，船员从北京前往埃塞俄比亚首都亚的斯亚贝巴，凯航公司为此支付机票费7090元。后新冠肺炎疫情产生，塞内加尔于同年3月24日进入国家紧急状态，于6月30日解除国家紧急状态。截至7月30日，塞内加尔累计确诊病例10106例，死亡病例204例。船员认为，塞内加尔发生疫情后，当地船员在船舶到港后仍可自由上下船，有疫情传播的风险。故船员向凯航公司提出解除合同，在未取得凯航公司同意的情况下，于7月28日自行离船。

船员要求法院确认劳务合同于9月7日回国之日解除，并支付合同解除后产生的机票款、隔离费与国外住宿费用；凯航公司反诉要求法院认定船员单方解除合同构成违约，其应当支付违约金和出国机票款。

2. 争议焦点

本案系船员劳务合同因疫情不能如约履行导致的纠纷，核心争议包括：（1）船员是否有权解除案涉劳务合同及劳务合同何时解除；（2）凯航公司是否有权要求船员支付违约金和出国机票款的请求；（3）船员是否有权要求凯航公司支付其回国机票款、隔离费及国外住宿费。

3. 裁判要旨

第一，鉴于船舶营运的国际性、流动性，国际海员的防疫难度更大、防疫需求更高。按照"生命权高于财产权"的原则，船员在船公司未能提供足够防护措施的情况下，有权以"用人单位未能提供安全生产环境"为由主张解除合同。

第二，用人单位违法解约的情况下，船员有权主张违约金及必要费用。考虑到船舶的流动性，船员如选择在异地、异国维权或解约，其行权成本将不得不包括高额的返程费用、隔离费用等，相关维权成本可以得到法院支持。

4. 案件评述

生命权是人享有其他民事权利的基础。从原《民法通则》中"生命健康权"的表述到原《侵权责任法》《民法总则》中"生命权、健康权"的表述，再到《民法典》专门设置的单独条文保护生命权、健康权，可以看到法律对生命权的保护随着时代的变化而发展，从最初的只有消极防御权能变为兼备积极权能和消极权能，更新了关于人之生命的价值理念，不仅体现了法律对人之本体的高度重视，也符合弘扬社会主义核心价值观的价值导向。

权利人有权行使维护生命安全的权利，防止他人对自己生命的非法侵害。当有非法侵害生命的行为和危害生命的危险发生时，权利人有权采取相应的措施，保护自己，消除危害，使生命继续延续。权利人身处对生命构成危险的环境之中，有权请求改变生命危险环境，保护生命安全。当周围环境对生命安全构成危险，即使危险尚未发生，权利人也有权要求改变环境，消除危险。危险环境包括威胁生命安全的一切场合、处所、物件。改变生命危险环境可以由权利人自行改变，也可以请求危险环境的管理人、占有人改变。生命权人有权申请司法机关依法消除威胁生命的危险，是生命权法律保护的重要内容，因为生命一旦丧失，就无法逆转，因而更加突出了消除生命威胁请求权的作用和地位。在疫情肆虐的情形下，船员的生命健康受到威胁，生命权、健康权作为基本人权，理应受到法律保障。

船员劳务是航运业和远洋渔业的重要生产要素，此案或对相关行业成本产生较大影响。

（六）因港口防疫管控导致货物滞留产生超期使用费，航运企业坚持等待提单载明目的港具备卸货条件后完成货物交付，由此产生的合理费用由船货双方公平分担[①]

1. 基本案情

2020年8月，马士基公司受托从阿根廷马德普拉塔港至中国马尾港运输冷冻集装箱，并签发了提单。提单背面条款载明，"货方应就与货物相关的原因而引起的不属于承运人责任范围之内的全部损失和费用承担责任，并对承运人作出赔偿"。马士基在其官网上载明了进口转运重箱滞港费的费率表。

2020年8月15日，案涉货物从起运港装船出运。9月18日，福州青州港区发布通知，要求装载冷藏集装箱的船舶须得到批准后方可装船。10月30日，马士基公司向百鲜食品发出到货通知，预计抵港时间为11月5日。因受福州青州港上述管控政策影响，案涉两个集装箱于11月6日卸载厦门港嵩屿集装箱码头，等候驳船转运马尾港。直至12月15日，两个集装箱才获准进入福州港区，并于12月20日装船离开厦门港，12月21日运抵马尾港。集装箱滞留厦门港期间，马士基公司向第三方支付了库场使用费21492元。

---

① 百鲜食品（福建）有限公司与马士基有限公司就港口防疫管控额外产生的集装箱滞留费用的负担发生纠纷，马士基有限公司就两次承运产生的滞留费用诉诸厦门海事法院。厦门海事法院针对上述纠纷，先后作出（2021）闽72民初166号、（2021）闽72民初167号，其中（2021）闽72民初166号入选最高人民法院发布的2021年全国海事审判典型案例。

此外，交通运输部于 2020 年 8 月 26 日发布通知，要求冷链物流运输企业、港口码头严格做好疫情防控工作。2020 年下半年起，境外进口至福州马尾港的冷链货物须通过相应的新冠病毒检疫措施，进口冷藏箱在福州各港区的堆场时间大幅延长，港区冷藏箱箱位长期处于满负荷状态。

2. 争议焦点

百鲜食品是否应当承担中转港集装箱滞留费用的支付义务。

3. 裁判要旨

第一，提单中要求货方承担非货方原因导致的额外费用，相应条款无效。尽管双方的权利义务关系依据提单而确定，但提单条款是承运人为重复使用而预先拟定的格式条款。根据《海商法》第 44 条、第 48 条的规定，承运人责任期间系自装货港接收货物时起至卸货港交付货物时止，即负有将货物安全及时地运抵目的港的合同义务。而提单条款要求货方承担在其责任期间内与货物相关但不属于货方责任的全部损失和费用支出，即承运人通过预设提单条款强行将其责任期间内本不归责于货方的全部损失和费用支出转嫁由货方先行负担，从而减轻自己的法定责任和运营成本。上述提单条款因违反《海商法》第 70 条有关货方的过失赔偿归责原则而应认定为无效，但该条款无效，并不影响案涉提单其他条款的效力。

第二，集装箱超期使用费确认标准可参考承运人长期在官网上公开的费率及适用条件。承运人通常通过提单规定集装箱超期使用费条款，并在其官方网站公布相关费率标准、适用条件，此做法已是海运行业惯例，在司法实践中也被普遍认可和尊重。

第三，如提单记载目的港无法正常驶入，承运人可将货物运抵临近港口，并主张提单项下运输义务履行完毕。因目的港疫情防控因素而无法照常履行的情况下，如承运人已实际完成货物在国际海运干线段的运输，并将货物安全存放在目的港的邻近港口，承运人可以主张履行完毕货物运输合同项下义务，对此不承担违约责任。

4. 案件评述

本案核心问题在于，在提单载明目的地为马尾港的情况下，马士基公司是否有权将案涉货物运至临近港口，而视为运输合同履行完毕。本案运输合同确因目的港疫情防控因素而无法照常履行，马士基公司将货物安全存放在目的港的邻近港口厦门港，即可主张运输合同履行完毕。从承运人的角度，此规则相对有利，且具有指导性意义。在因不可抗力或其他原因导致运输目的地无法抵达时，承运人可将货物运抵临近港口，并视为合同履行完毕，从而缩短合同约定的责任期间，并减少费用，规避风险。

本案根据公平原则，合理认定中转港集装箱滞留费用数额，并判定双方对因疫情防控在中转港额外增加的履约成本和费用予以分摊。一审判决作出后，双方当事人均服判息诉，取得良好社会效果。本案对航运企业克服疫情影响，坚持等待目的港具备卸货条件后完成运输合同全部义务的行为给予了正面评价和司法支持，在目前航运经济遭受疫情巨大影响的背景下，对鼓励航运企业恪尽职守、促进航运复苏具有积极作用。判决合理确定相关费用数额，平衡船货双方利益，依法保护进出口企业的合法权益，为促进疫情影响下国际贸易顺畅有序发展提供了有力保障。

（七）保险人依据被保险人与第三人之间运输合同中的仲裁约定行使代位求偿权；仲裁庭根据网状责任制适用外国实体法律认定承运人责任[①]

1. 基本案情

C公司与被申请人签署《物流服务协议》，约定被申请人向C及其子公司提供完整的门到门的物流服务，其中包括"从中国出口至他国及其可能市场的空运与海运"。

2016年10月，C的子公司D委托被申请人提供自中国某港运输汽车配件至T国L省某地的运输服务，被申请人作为X公司的代理签发了多式联运提单。案涉货物实际由F公司经海运运输至T国G省某港，F以D为托运人签发海运提单。2016年11月到港卸船后，F雇佣当地承运人将货物经公路运往最终目的地途中，在L省某公路段与一油罐车发生碰撞事故而导致火灾，货物受损金额为50019.28美元。根据提单记载，受损货物总重为3960千克。

C向申请人投保了全程的货物运输险，被保险人之一是D，事故发生在保单承保期间内。2019年6月，申请人向D理赔后取得代位求偿权，2020年7月提起仲裁。

2. 争议焦点

本案系依据含海运的国际货物多式联运合同展开的保险人代位求偿纠纷，核心争议包括：（1）保险人是否可以依据被保险人与第三人之间的仲裁约定行使代

---

① 根据中国海事仲裁委员会2021年3月的一份裁决书整理，因仲裁私密性，已对案件信息作脱敏处理。

位求偿权;(2)网状责任制情况下,实体法律的适用,包括时效、归责原则及责任限制。

3. 裁判要旨

第一,非涉外民商事案件中,保险人代位求偿权受被保险人与第三人之间的仲裁条款或仲裁协议的约束。根据债权法定转移理论,保险人行使代位求偿权系"穿进被保险人的鞋子",债权转移时,债权上附属的权利义务一并转让。如原合同有仲裁约定,债务人基于仲裁协议的程序利益,不因债权转让而被剥夺。但是,对于具有涉外因素的此类纠纷,由于案件常常与国家主权、司法合作、国际条约和国际惯例等密切相关,相关问题具有特殊性,因此我国法律尚未作明确要求。

第二,《海商法》第 105 条关于多式联运网状责任制的规定,仅针对赔偿责任和责任限额,并不适用于诉讼时效。我国《海商法》对多式联运合同下请求权的诉讼时效未作规定,故本案多式联运合同项下货损赔偿请求权的诉讼时效应适用案涉运输行为发生当时所施行的法律规定,即原《民法总则》第 188 条规定的 3 年诉讼时效规定,并适用原《民法总则》第 195 条规定的诉讼时效中断的规定。

第三,多式联运承运人单位责任限制应依照网状责任制予以确定。结合《物流服务协议》的措辞,F 公司提单以 D 为托运人,以及运费支付、D 与 X 公司之间的股权关系等因素,那么 D 是全程承运人。依据《海商法》第 105 条的规定,其赔偿责任限额适用 T 国法律关于公路运输的相关法律规定。依据申请人提供的网上查询到的 T 国法院判决书,以及被申请人提供的 T 国律师意见,按照 T 国《〈机动车辆法〉的适用规则》(G 省法规 26/58)的规定,案涉卡车运输的责任限额为每千克受损货物不超过 4.41T 国货币元。案涉受损货物提单载明重量为 3960 千克,因此被申请人的赔偿责任限额为 17463.60T 国货币元。

4. 案件评述

此案虽然标的金额不高,但涉及法律争议颇多,充分考验仲裁庭的专业水准,最终处理结果获得双方当事人认可,并得到妥善履行。复盘争议焦点,不少问题值得进一步探讨。

(1)仲裁庭对保险人代位求偿权性质的理解非常清楚,与 2005 年最高人民院民四庭印发的《第二次全国涉外商事海事审判工作会议纪要》第 126 条及此后的司法解释精神一致,值得一提的,应该还有最高人民法院《关于适用〈中华人民共和国仲裁法〉若干问题的解释》(2006 年)第 9 条,债权债务全部或者部分转让的,仲裁协议原则上对受让人有效。

（2）仲裁庭在时效问题上采用了（2009）沪海法商初字第881号判决书的观点，没有适用《海商法》第257条有关海上货物运输合同的时效，以及第267条的时效中断条件，似乎会有不小的争议。毕竟《海商法》中有关含海运的多式联运合同的规范存在于第四章第八节，而第四章的标题是海上货物运输合同。从法条体系结构上，应当将此类多式联运合同作为海上货物运输合同的一个类型。特别是在海运集装箱化不断深入发展的今天，海运的陆上延伸几乎已成为普遍现象，统一、确定的时效制度有利于全程承运人及其责任保险人评价和管理风险，也有利于督促货物利益方及时行权。

（3）关于承运人的识别，似乎与最高人民法院《关于审理海上货运代理纠纷案件若干问题的规定》（2012年）第4条有出入，没有完全按照提单记载判断承运人身份，似乎也没有充分讨论D与X之间的授权关系。但仲裁庭依据《物流服务协议》的缔约目的和文意，并结合C、D、X各企业之间的关联性，认定D应当承担承运人责任，有利于迅速、妥善的解决现有纠纷。

（4）有关网状责任制的理解，此案与（2018）最高法民再196号案的裁判思路完全一致，并灵活、便利的查明外国法有关运输区段的承运人责任限制的规范。

（八）船舶所有人未尽船舶安全管理义务，理应预见船员不适任等可能导致的危险和损害，无权享受海事赔偿责任限制①

1. 基本案情

2018年12月26日，蒋某某所有的"华伦67"轮与林某某所有的"浙奉渔26011"轮在浙江舟山朱家尖岛东侧水域发生碰撞，"华伦67"轮倾覆沉没，"浙奉渔26011"轮事故后擅自驶离现场，未及时施救。舟山沈家门海事处调查认定，"华伦67"轮和"浙奉渔26011"轮各负事故主、次责任，双方均未配备足够且满足要求的合格船员。蒋某某起诉请求判令林某某赔偿损失。林某某抗辩"华伦67"轮对事故负有主要责任，且其有权享受海事赔偿责任限制。

2. 争议焦点

本案船舶碰撞责任纠纷案件，核心争议包括：（1）碰撞责任比例和损失承担；（2）被告林某某是否享有海事赔偿责任限制权利。

3. 裁判要旨

第一，对船舶碰撞所致损失的过错比例的确定，需考虑船舶配员、船舶航区

---

① （2019）浙72民初1036号。该案入选2020年全国海事审判典型案例。

以及事故发生后的施救情况。在两轮发生碰撞的情况下，权衡各艘船舶的过错的过程中，应充分考虑的因素包括但不限于是否超过法定航区航行、是否存在船舶配员不足、是否存在船员不适任、是否存在属于瞭望等情况。同时，需将碰撞事故发生后，各船舶参与施救、避免损失的情况同样列入考虑。

第二，船舶配员不足、船员不适任属于突破海事赔偿责任限制的情形之一。船舶所有人若妥善履行船舶经营管理安全义务，应知晓船舶配员不足、船员不适任、无证驾驶等严重违法行为，对可能发生的危险和造成的危害也理应预见，却仍然实施或者放任上述严重违法行为，表明其对船舶碰撞事故的发生存在重大的主观过错，足以构成"明知可能造成损失而轻率地作为或者不作为"。

4. 案件评述

近年来，沿海及内河运输中船舶配员不足现象严重，船员未持证、船舶超航区航行现象也十分突出，极易发生水上交通安全事故，对国内水路通航环境和人民生命财产安全带来严重威胁。

本案明确内河船舶入海超航区航行在船舶碰撞事故责任认定中作为过失程度比例认定的考虑因素，并在此基础上结合案件事实，依法认定内河船超航区航行、未遵守避碰规则系事故发生的主要原因，判令"华伦67"轮对事故承担主要责任；另外，准确适用《海商法》的规定，明确界定船舶不适航为由认定责任人丧失海事赔偿责任限制权利的标准。强调船舶所有人负有船舶经营安全管理义务，因配员不足、船员不适任、无证驾驶等严重违法行为导致事故损失，船舶所有人无权主张海事赔偿责任限制。

本案明确了内河船舶入海超航区航行和海事赔偿责任限制丧失的裁判标准，警示违规航行风险与责任承担，引导船舶所有人和经营人培养安全航行意识、强化船舶安全管理，对遏制内河船违规入海、船舶配员不足、船员无证驾驶现象，进一步规范水上交通秩序，维护船舶航行安全具有积极意义。

（九）在适用1989年《救助公约》和2001《燃油公约》的情况下，非漏油船应当对船舶碰撞导致的污染承担相应责任[①]

1. 基本案情

2013年3月19日，普罗旺斯公司所有并由达飞公司经营的英国籍"达飞佛

[①] （2015）甬海法商初字第442号、（2017）浙民终581号、（2018）最高法民再368号。该案入选最高人民法院2019年全国海事审判典型案例。

罗里达"轮与罗克韦尔公司所有的巴拿马籍"舟山"轮在长江口东海海域发生碰撞，致使"达飞佛罗里达"轮五号燃油舱严重破损，约613.278吨燃油泄漏入海。上海海事局、上海上搜救中心先后协调、组织包括交通运输部上海打捞局在内的多家单位启动应急行动。上海打捞局就本次事故采取水下探摸、切割外翻钢板、清除破舱存油、监护、护航等多项救助措施，并根据"边抢险、边清污、边移泊、边观察"方案，组织"达飞佛罗里达"轮在六艘专业救助船、专业清污船的伴航下起锚，沿途救助船和清污船保持即时清污，并最终安全抵达舟山的船厂。事后普罗旺斯公司、达飞公司支付了部分款项，上海打捞局就未获款项向宁波海事法院提起诉讼。

2. 争议焦点

案件审理中，上海打捞局提交了《"佛罗里达"轮与"舟山"轮碰撞事故应急处置行动概况》，认为其派遣的"深潜号""联合正力""德泳"轮参与对"佛罗里达"轮的救助作业，诉请费用的性质是海难救助费用。核心争议包括：（1）上海打捞局案涉活动是否构成海难救助；（2）承担赔偿的责任主体，相关费用是否属于限制性海事赔偿请求；（3）上海打捞局诉请各项费用的合理性，及计算标准的确定。

3. 裁判要旨

本在两艘船舶互有过失碰撞导致其中一艘船舶漏油污染环境的情形下，有过失的非漏油船舶应当承担污染损害赔偿责任。

《2001年国际燃油污染损害民事责任公约》第3条第1款关于"事故发生时的船舶所有人应对由船上或源自船舶的任何燃油造成的污染损害负责"的规定，是关于漏油船舶所有人承担责任的正面表述，但不能由此反向推断其他任何人不应当负责，该条款并无排除其他责任人的含义。该公约第3条第6款关于"本公约中的任何规定均不应损害独立于本公约的船舶所有人的任何追偿权"的规定，是关于漏油船舶所有人追偿权的规定，并不意味油污损害索赔权利人不能直接请求其他责任人赔偿。《2001年国际燃油污染损害民事责任公约》在第3条第3款第2项中专门规定船舶所有人免责事由之一为"损害完全系由第三方故意造成损害的行为或不作为所引起"，但该公约通篇没有规定该第三方是否应当承担责任。根据《2001年国际燃油污染损害民事责任公约》有关条款文义和公约主旨，可知该公约仅规定漏油船舶方面的责任，在类似本案船舶碰撞导致其中一艘船舶漏油的情形中，非漏油船舶一方的污染损害赔偿责任承担问题应当根据有关国家的国内法予以解决。

原《侵权责任法》第 68 条规定:"因第三人的过错污染环境造成损害的,被侵权人可以向污染者请求赔偿,也可以向第三人请求赔偿。污染者赔偿后,有权向第三人追偿。"最高人民法院《关于审理环境侵权责任纠纷案件适用法律若干问题的解释》第 5 条规定:"被侵权人根据民法典第一千二百三十三条规定分别或者同时起诉侵权人、第三人的,人民法院应予受理。被侵权人请求第三人承担赔偿责任的,人民法院应当根据第三人的过错程度确定其相应赔偿责任。侵权人以第三人的过错污染环境、破坏生态造成损害为由主张不承担责任或者减轻责任的,人民法院不予支持。"

在两艘船舶互有过失碰撞导致其中一艘船舶漏油污染环境的情形下,非漏油船为上述法律和司法解释中规定的第三人,应当承担污染损害赔偿责任。

4. 案件评述

本案是一起由两艘外籍船舶在东海海域发生碰撞后泄油引起的法律关系复杂的海事纠纷案件,该案再审判决在法律适用规则和裁判方法上均具争议:第一,具体明确了合理区分海难救助与防污清污作业的标准,为准确认定案件所涉法律关系和明确纠纷的准据法确立必要前提。结合作业的初始目的、船舶所面临的风险、实际作业内容等事实进行分析判断,对海难救助认定突破了"无直接且迫切危险"的一般认定原则。第二,明确了我国海事界争论达 20 多年之久的船舶碰撞事故中非漏油船一方的油污损害赔偿责任及其相关的责任限制与责任限制基金分配规则。第三,认定《2001 年国际燃油污染损害民事责任公约》仅规定漏油船舶方面的责任,非漏油船舶一方的污染损害赔偿责任承担问题应当根据有关国内法予以解决,进而依法认定碰撞双方均对油污损害承担赔偿责任。同时,认定事故船舶双方享有海事赔偿责任限制的权利。第四,根据当事人举证情况,在费用计算标准上,统一采用国际海上救助市场普遍选用的"船东互保协会特别补偿条款"费率(SCOPIC 费率),提高了赔偿金额的认定标准。

(十)进口货物提货单与仓单载明权利人不一致导致仓储合同无法继续履行时,货物所有权人有权要求港口经营人交付货物[①]

1. 基本案情

2013 年 2 月 21 日,中化新加坡公司与沈阳东方公司签订铁矿粉《买卖合

[①] (2019)最高法民申 3187 号。该案入选最高人民法院发布的 2019 年全国海事审判典型案例。

同》，中化新加坡公司将货物委托运输（运输工具为"蓝月亮"轮）后取得指示提单。因沈阳东方公司未支付货款，中化新加坡公司于2013年9月30日将货物转卖给中化公司，中化公司以提单换取了提货单，并向海关缴纳了关税。"蓝月亮"轮承载的铁矿粉运至大连港后卸于大连港公司的矿石码头，由大连港公司依据其与沈阳东方公司签订的《委托港口作业合同》及单次《港口作业合同》仓储保管。其后，沈阳东方公司将货物转让至中铁公司，大连港公司根据沈阳东方公司提供的货物过户证明和其与中铁公司签订的《仓储合同》向中铁公司出具了入库证明。就案涉货物的所有权，生效裁判文书确认属于中化公司所有。中化公司要求大连港公司配合提取货物被拒，遂诉至大连海事法院。

2. 争议焦点

本案系中化公司要求大连港公司交付其仓储占有的案涉货物产生的港口货物保管合同纠纷。主要争议焦点包括：（1）沈阳东方公司与大连港公司之间的《委托港口作业合同》是否有效；（2）货物所有权及中铁公司是否善意取得；（3）中化公司是否有提货权；（4）案涉货物被查封和大连港公司留置货物是否影响向货物所有权人中化公司交付案涉货物；（5）货物损失计算。

3. 裁判要旨

第一，仓单的效力无须考虑委托人是否为仓储物的所有权人。仓单的效力应依照原《合同法》第386条的规定，判断其是否满足形式要件及实质要件，而无须考虑委托人是否为仓储物的所有权人。换言之，仓单本身并非货物所有权的证明。

第二，进口货物提货单与仓单载明权利人不一致导致仓储合同无法继续履行时，货物所有权人有权要求港口经营人交付货物。原《物权法》第39条规定，所有权人对自己的不动产或者动产，依法享有占有、使用、收益和处分的权利。在仓单记载权利人与货物所有权人不一致的情况下，货物所有权人基于物权的请求权优先于仓单记载权利人基于合同的请求权。

4. 案件评述

本案为港口货物保管合同纠纷，最为关键的争议焦点实际为提货权的归属问题。仓单及提货单皆是单据持有人提取货物的凭证，本案的特殊之处在于，因货物原买方沈阳东方公司没有如约支付货款，导致货物卖方中化新加坡公司将货物再次出售给中化公司，中化公司取得提单并在缴纳关税后取得提货单。而沈阳东方公司则继续将同批货物转卖中铁公司，中铁公司自货物仓储方取得货物仓单。

由此导致同批货物提货单权利人与仓单持有人分离，港口经营人面临向谁交付货物的问题。

港口经营人作为海关监管的企业法人，在海关准予放行后，经生效判决确认的进口货物所有权人有权要求其交付货物，即虽然仓储合同签署及货物入库时，我国法律不要求港口经营人严格调查货物所有权人，但当特殊情况导致多方皆享有提货凭证时，港口经营人应关注货物上占有、处分等权利的最终归属方，但最终提货方的认定并不影响港口经营人依法行使货物留置权。

本案判决一方面在我国法律框架之内肯定了依法成立的仓储合同的效力，另一方面在特殊情况导致多方享有提货凭证使得仓储合同无法继续履行时，考虑货物所有权人的物上权利，从最终解决纠纷、避免讼累的角度支持持有提货凭证且享有进口货物实际所有权的一方提货，在司法实践中公平维护了各市场主体的合法权益，促进了国际贸易顺畅有序发展，对于营造诚实信用的营商环境发挥了良好的指引作用。

三、热点前沿法律问题探讨

（一）国际经济制裁对中国航运相关主体的影响和应对

2018年以来，美国政府开始大力推行保护主义、单边主义、霸凌主义，煽动联合其他西方国家动用国家机器对中国企业肆意打压，利用经济制裁措施和所谓"长臂管辖"，限制乃至禁止其本国和第三国企业与中国企业之间的正常业务往来，严重破坏了贸易自由化和经济全球化。而随着俄乌战争爆发，此类经济制裁更是愈演愈烈，尤其是美国针对第三国自然人或实体的次级制裁更是严重影响了涉外属性明显的航运相关企业。

从运输企业的角度，那些已经或正在考虑签订可能受俄罗斯广泛制裁影响的租船合同或其他航运合同的实体应仔细考虑现有或未来的合同关系。租船合同可能包括处理关键考虑因素的定制条款，因此必须仔细审查以评估权利、义务和抗辩。在租约下，安全泊位／安全港口条款的审查尤其应当注意，一个港口的安全与否可能需要考虑的不仅仅是物理风险，还包括被扣留或由于制裁列入黑名单的风险，以及政治和战争风险。此外，还应了解可能受到出口管制影响的贸易合同。例如，涉及运往俄罗斯的石油和天然气设备，以及对以前不受管制的商品出口到俄罗斯的广泛限制。对海运承运人而言，在签发提单或其他海运单证时，一旦涉及无船承运人和贸易商等中间人，在电放货物或更改提单信息时也要严格审核可能涉及的收货人主体信息，审查其制裁风险。总而言之，美国等国家对俄罗斯制裁手段多样、清单复杂，且不同的清单项下可能存在相应的宽限期、豁免例外等，企业应根据自身不同业务场景进行风险排查和分析。例如，确认交易是否涉及敏感地区和敏感行业，确认交易参与主体是否涉及制裁清单，评估俄罗斯银行受制裁对基础交易的资金流转的影响等。

对保险人而言，制裁限制与除外条款的适用显然也应引起重视。远洋船舶险和进出口货运险普遍存在该标准条款，表述为"当保险人（再保险人）对某类风险提供保险保障，如依照保险条款对某项索赔进行赔付或者给付保险金的行为使被保险人（再保险人）有可能因违反联合国决议或欧盟、英国及美国其中任一国有关贸易或经济的制裁法令或任何相关法律法规的规定而面临制裁、禁止或限制，则在以上情况下保险人（再保险人）都不应视作为该类风险提供了任何保险保障，亦不应承担任何赔偿或给付保险金的责任"①。该条款的中英文理解存在一定分歧，英国法下英国高等法院商事法庭最近公布的（2018）EWHC 2643 号判决认为，这种违反应当是一种直接的、确定的违反，而不仅仅是一种预期的、可能的违反。进一步地，该判决认为即使允许被告保险公司援引该条款不予赔付，那么保单的条款存在"在一定的范围内"（to the extent that the provision of such cover）的约定，那么保险项下的赔付责任并未"消失"（extinguish）而仅仅是"可以推迟"（suspend）即"在当赔付不违反相关规定后保险公司仍应承担赔付义务"。而中国法下，青岛海事法院在（2018）鲁72民初1860号判决中认定依据制裁条款保险公司有权拒绝做出赔付，且认为此种免除是永久免除（extinguish）而非迟延赔付（suspend）。

需要特别注意的是，2021年1月9日中国商务部颁布了《阻断外国法律与措施不当域外适用办法》（以下简称《阻断办法》），为中国企业应对国际经济制裁提供了新的探索路径。根据《阻断办法》的相关规定，当中国公民、法人或者其他组织遇到外国法律与措施禁止或者限制其正常的经贸和相关活动时，相关主体有义务在30日内向国务院商务主管部门如实汇报，否则可能遭受到警告或罚款处罚。此外，国务院商务主管部门可以发布不得承认、不得执行、不得遵守有关外

---

① Sanction Limitation and Exclusion Clause: No (re) insurer shall be deemed to provide cover and no (re) insurer shall be liable to pay any claim or provide any benefit hereunder to the extentthat the provision of such cover payment of such claim or provision of such benefit would expose that (re) insurer to any sanction prohibition or restriction under United Nations resolutions or the trade or the economic sanctions laws or regulations of the European Union United Kingdom or United States of American.

国法律与措施的禁令。

以上述青岛海事法院处理的案件为例，在阻断办法公布后，船东在遭受美国 OFAC 制裁情况后，其有义务如实汇报并有权申请商务主管部门发布禁令。值得注意的是，在阻断办法公布前，我国在此方面主要的规定为中国人民银行发布的《中国人民银行执行外交部关于执行安理会有关决议通知的通知》（银发〔2010〕165 号），但该通知仅仅针对安理会的制裁，而不包括美国或者英国等其他国家的单独制裁措施。在青岛海事法院处理的案件中，客观事实是船东已经依法解除了联合国的制裁，但无法解除美国的制裁。在此情况下，如果船东申请商务主管部门发布禁令并且得到了商务主管部门的允许，那么保险公司是否有权依据制裁条款免除保单责任，这将可能会成为新的法律争议。

当然，作为中国应对国际经济制裁的前期尝试，阻断办法的效力位阶并不高，其实操性也有所欠缺，例如阻断办法规定的求偿权是否会影响仲裁条款的效力，相关裁判文书的域外执行如何实现等都有待进一步探索，中国相关应对措施的完善和立法动向都值得关注。

（二）新冠肺炎疫情给国际海运带来的影响以及相应法律问题

自新冠肺炎疫请在全球流行以来，国际海运市场的原有秩序和运转遭到了严重的打击，一系列棘手的问题接踵而至，由此产生的法律纠纷给市场相关主体带来了很大困扰，对此我们整理一些疫情带来的主要问题，以及简要法律分析以供市场主体参考。

1. 航次租船合同下的滞期费

由于疫情期间港口和码头管控措施不断升级，船舶抵达目的港后常需要等待泊位，加之港口作业效率的降低，合同原定的装卸时间往往无法完成装卸任务，进而很容易产生滞期费纠纷。我们认为，对于受疫情影响引起的船期延误损失，应根据个案情况，结合合同对装卸时间起算条件、除外事项等约定，综合判定违约责任。若装卸时间已经起算，因港口拥堵造成的时间损失通常需由货方承担，若装卸时间未起算，该时间损失则通常由船方承担，除非合同对非因合同双方控制的原因造成的时间损失如何承担有明确的约定。此外，疫情期间船舶靠泊作业所需的检疫许可耗时明显增加，也会导致滞期费争议，对此，应在航次租船合同中尽量明确 NOR 的递交条件以及除外事项等约定，如合同明确约定装卸时间起算条件或 NOR 的递交条件包括检疫许可等，船方很可能要自行承担时间损失。

2. 船舶不能正常前往装卸港的责任划分

疫情期间，船舶不能按期到港，或者无法前往原定目的港，甚至被迫取消既定航次的情况经常出现。对此，《海商法》第90①、91条②作出了原则性规定，赋予了承运人解除合同和在临近港口卸货的权利，后最高人民法院出台《关于依法妥善审理涉新冠肺炎疫情民事案件若干问题的指导意见（三）》，其中第12③、13条④明确了疫情造成的运输合同不能按约履行可以适用上述《海商法》的规定，并对适用情形进行了细化。

2. 货物滞港

受疫情影响，货物到目的港后无人提货或提货迟延的情况频出，这使得货方可能面临支付目的港滞箱费、堆存费、仓储费，甚至因退货产生的额外费用等风险。对此，除尝试主张不可抗力外，货方应关注此类费用的合理性问题，尤其是滞箱费的上限应参考同类集装箱重置价格。此外，如争议短期无法解决导致无法提货，货方可以考虑通过海事强制令的方式先取得货物控制权，进而降低损失，争取谈判主动性，此方式已有先例可循，具体参最高人民法院发布的2021年全国海事审判典型案例中的大连凯洋食品有限公司等申请海事强制令，即（2021）辽72行保16号案，但强制令作为一种行为保全措施，并不能就此解决实体争议。

3. 散改集的风险

随着疫情期间集装箱运力的紧缺和运价的飞涨，越来越多的船公司以"散改集"的方式投入到国际集装箱海运中，但在高利润的同时，这种模式相伴的风险

---

① 该条规定，船舶在装货港开航前，因不可抗力或者其他不能归责于承运人和托运人的原因致使合同不能履行的，双方均可以解除合同，并互相不负赔偿责任。除合同另有约定外，运费已经支付的，承运人应当将运费退还给托运人；货物已经装船的，托运人应当承担装卸费用；已经签发提单的，托运人应当将提单退还承运人。

② 该条规定，因不可抗力或者其他不能归责于承运人和托运人的原因致使船舶不能在合同约定的目的港卸货的，除合同另有约定外，船长有权将货物在目的港邻近的安全港口或者地点卸载，视为已经履行合同。船长决定将货物卸载的，应当及时通知托运人或者收货人，并考虑托运人或者收货人的利益。

③ 船舶开航前，因疫情或者疫情防控措施出现以下情形，导致运输合同不能履行，承运人或者托运人请求依据《海商法》第90条的规定解除合同的，人民法院依法予以支持：（1）无法在合理期间内配备必要的船员、物料；（2）船舶无法到达装货港、目的港；（3）船舶一旦进入装货港或者目的港，无法再继续正常航行、靠泊；（4）货物被装货港或者目的港所在国家或者地区列入暂时禁止进出口的范围；（5）托运人因陆路运输受阻，无法在合理期间内将货物运至装货港码头；（6）因其他不能归责于承运人和托运人的原因致使合同不能履行的情形。

④ 目的港具有因疫情或者疫情防控措施被限制靠泊卸货等情形，导致承运人在目的港邻近的安全港口或者地点卸货，除合同另有约定外，托运人或者收货人请求承运人承担违约责任的，人民法院不予支持。承运人卸货后未就货物保管作出妥善安排并及时通知托运人或者收货人，托运人或者收货人请求承运人承担相应责任的，人民法院依法予以支持。

也需要格外警惕，尤其是集装箱因船舶结构或系固绑扎缺陷而倒塌的风险，一旦出现此类事故，各类运输链条及保险合同下的争议也往往会随之而来，例如"大美"轮（M/V Great Beauty）案。对此，建议船东应制定被船级社批准的《货物系固手册》，详细列明装载位置、批准使用的系固设备类型以及系固方法，并在实际操作中严格执行，对于改造方案和集装箱系固方案等相关事项应提前和船舶险和保赔险保险人进行沟通确认。无论是作为运输合同下的承运人还是保险合同下的被保险人，保证船货安全和适航性都是最基本的要求，尤其是对于初次接触集装箱运输的承运人，更应重视改造方案的安全性，注重风险评估，对船员的绑扎系固培训落实到位。

4.船员换班问题

各国为应对疫情多采取限制人员流动的入境管理政策，导致疫情期间船员换班困难，船员超期工作现象严重，而船员是否超过合同期又是港口国监控（PSC）要检查的项目之一。此外，船员换班又多会导致租船合同下的时间损失，进一步导致船东陷入两难的境地。对此，很多国家和地区的PSC政策有所调整，例如允许船员自愿延长合同期限、延长证书有效期等。为了解决船员换班的困难，中国交通运输部和人力资源社会保障部于2020年3月12日联合发布了《关于妥善做好新冠肺炎疫情期间中国籍国际航行船舶在船船员换班安排的公告》，依该公告的要求，船公司应及时掌握新冠肺炎疫情期间船舶到达港口的疫情防控措施，制定船员换班和船舶航行计划，及时安排船员劳动合同或上船协议到期的在船船员换班。对于在船上连续服务达到12个月的船员，航运公司应当立即安排船员换班，确因相关港口疫情防控措施不能安排船员换班的，应当立即安排船员在船休息，若涉及船舶配员减员的应符合《船舶最低安全配员证书》的要求，符合相关规定的，航运公司可向海事管理机构申请配员减员或特免证明。由于换班困境一定程度上是客观条件所致，因此船东应尽可能和船员建立良好的沟通方式，重视船员的身心健康和福利待遇。在履行租约或提单方面，一旦出现为换班而导致的绕航，相应的费用和责任划分应考虑绕航的合理性以及租约下对于绕航产生的时间损失承担方式的相关约定，一旦被认定为不合理绕航，那么船方将面临货物损失索赔、保赔险下可能拒赔等诸多严重后果。

（三）海上"风光"建设引出的"船舶关系"

《海商法》调整的法律关系围绕着"船舶"展开，《海商法》第1条中提到的"船舶关系"范畴相当广泛，《海商法》第3条定义的船舶显然不限于从事海上运输的船舶。工程船舶、平台是包括海上风电、光伏在内的新能源项目建设必要的生产工具，2021年作为我国新建海上风电项目可享受国家补贴的最后一年，出现了明显的抢工潮，某些工程船舶租金相比两年前上涨了2—3倍，仍然有价无"船"，出现了大量船东为追求更高收益违约的情况，与此有关的安全管理不到位、江船或者低质量船舶入海、改建等增加了事故隐患，保险人承保政策收紧。稳强8""升平001""港华吊18"等多起事故造成的系列纠纷正在相关海事法院审理过程中，2022年7月2日的"福景001"事故更引发了社会广泛关注。

在相关事故所致纠纷处理过程中，出现了一些新的争议问题。例如，业主、施工方等主体如何分担事故责任？是否各类工程船舶均受《海商法》调整，能否享受海事赔偿责任限制，以及能够享受海事赔偿责任限制的主体范围？

1.《海商法》第3条定义的船舶

《海商法》第3条定义的船舶，是指"海船"和"其他海上移动式装置"。自升式平台在桩腿插入海底后，似乎不在此列，但作为浮体时是否属于满足该定义？其他非自航船舶，例如"浮吊"是否受《海商法》调整，也存在争议，焦点在于"自航能力"是否是成为"船舶"的必要条件。从条款措辞来看，船舶的特性应当是能在海上移动，"移动"是一个位移概念，而非动力概念，只要某船舶或海上装置能改换其在海上的位置，无论是依靠自动力还是需要依靠他动力，该船舶或海上装置均应被认定为能在海上移动，因此，船舶是否具备自航能力并非构成海船的必要条件。不论船舶是机动的还是非机动的，只要适于并用于海上航行就属于海船的范畴。海上移动式装置则是指非固定的、可以在海上漂浮并移动的装置，这种装置多指用于各种目的的可移动的海上平台。①

如果将自航能力作为定义船舶的要件，在涉及海上拖航作业时还会产生新的争议。根据《海商法》第162、163条的规定，被拖方过失造成承拖方损失的，被拖方应当承担赔偿责任，如果因承拖方或被拖方的过失造成第三人损失的，承拖方对第三人的损失承担连带赔偿责任。也就是说，无论被拖物是自动力还是他动力，被拖方因过失承担赔偿责任上与承拖方是相同的。如果把被拖物排除在《海商法》第3条适用的船舶之外，当承拖方和被拖方须对第三人承担连带责任时，则在适用海事赔偿责任限制方面，必然会发生承拖方可以享受海事赔偿责任限制，而被拖方无权援引的司法窘境。这将造成承、被拖方之间的权利义务完全失衡，尤其是在承

---

① 司玉琢、张永坚、蒋跃川编著：《中国海商法注释》，北京大学出版社2019年版，第4页。

拖方的过失造成第三人损害时，被拖方在无辜的情况下因连带责任而案涉。

从事海上作业与从事海上运输，都需要较大的资金投入并承担海上风险，《海商法》通过一系列特殊的限制、分担这种风险的制度来调整并规范这一特殊行业中各个相关方的利益。我国海工行业存在大量近海作业的无动力的工程船舶、装置，如果不能受《海商法》调整，将使的船舶所有人、承租人、保险人等主体权责存在很大的不确定性，似乎不利于促进海洋工程事业的发展。

2.《海商法》第 207 条所规定的限制性债权

《海商法》第 207 条第 1 项使用的"船舶营运"一词是从《1976 年海事赔偿责任限制公约》中的"the operation of the ship"翻译而来，其确切含义应为"船舶操纵"（或"船舶作业"）。因此，在解释该项规定时，应对"船舶营运"一词作扩大解释，即与商业上的"船舶营运"及与技术上的"船舶操纵"直接相关的人身伤亡和财产损失，都应属于限制性债权。"安民山"案件对"船舶营运"作了限制性的解释，认为试航中的船舶仍处于测试检验阶段，能否通过检验并取得船舶资格尚不确定，故不能将认定为与"船舶营运"直接相关的活动，这使得更多争议围绕"船舶运营"的概念展开。对于工程船舶而言，何谓"运营"？避台抗风期间是否仍在"运营"？有待司法实践进一步明确。

3.《海商法》第 204 条承租人的范畴

工程船舶通常并非海上"风光"建设项目的工程承包方自有，在工程承包方和船舶所有人之间，往往存在一个较长的合同链条。《海商法》第 204 条将船舶承租人列为可享受海事赔偿责任限制的主体之一，那么与船舶相关的事故造成第三方损害，以上合同链条中的那些当事人可能援引海事赔偿责任限制？这很大程度上取决于该主体与船舶所有人之间的合同性质。

实践中此类合同名称千奇百怪，有采用"租用""租赁"的表述的，也有采用"吊装""服务"等措辞的。这些合同的性质属于承揽或工程合同，还是租赁合同，或者《海商法》第六章定义的"租用合同"，需要充分结合合同的内容判断，到底是为了完成特定任务、交付特定成果，还是在一定期间内让渡特定船舶的使用权，并搭配特定人员。如果可以归于租赁或租用合同，承租人有机会援引海事赔偿责任限制。当然，"承租人"如何与船舶所有人共同援引责任限制，除了实体上的争议，还会存在程序上的诸多障碍。

为履行承诺，新能源项目建设在未来相当长的一个时期有着广阔的发展空间，海上风电、光伏从补贴激励过渡到平价上网，进一步走向大型化、深远海化是必然的趋势，对工程船舶的技术要求越来越高，与之有关的法律争议，有待司法实践关注和解决。

（四）"长赐"轮搁浅事件在中国视角下的法律评论

苏伊士运连接亚非欧三大洲，北接地中海，南连红海，沟通了大西洋、印度洋和太平洋，是世界最繁荣和忙碌的航线之一，更是世界航海版图中的咽喉要道。2021年3月21日，日本正荣汽船所属的大型集装箱船"Ever Given"轮（"长赐"轮）于苏伊士运河搁浅，导致这一咽喉要道被一剑封喉，航道被阻塞了六天，数百艘船舶积压，严重扰乱了全球贸易与供应链稳定性。

作为世界贸易大国，此次事件对中国主体的影响尤其严重。"长赐"轮的满载货运量为2万个集装箱，此次则搭载了1.83万个集装箱，由高雄港驶往鹿特丹港，接近满载，船上货物总价值约为8亿美元。该船先后挂靠青岛、上海、宁波、台北、盐田等港口，据估计，船上8成货物来自中国，货运险大部分由中国各大保险公司承保。"长赐"轮在事故发生后不久即宣布共损，在最终放货前，理算人也已收集共损担保等文件，这导致中国的货物相关方，尤其是货物保险人将面临后续高额的共损分摊索赔。

根据我们对此事件的持续跟踪了解，船东最终与苏伊士运河管理局达成了2亿美元的原则性和解协议，该赔偿已经支付完成，其中包括1.6亿美元的"救助费用"。目前理算人已经向货物保险人发送初步理算书，初步建议货方分摊的总金额高达1.16亿美元，据悉，目前暂无国内保险人据此进行分摊。针对上述情况，我们从中国相关主体的视角出发就后续应对的一些法律问题尝试进行讨论。

对于1.6亿美元的"救助费用"的全部或部分是否应认定为共损费用，运河当局提供的脱浅服务是基于行政义务还是基于船方为船货安全考量而自愿提出的要求值得讨论。根据2020年8月版《运河航行规则》（Canal Rules of Navigation Edition August 2020）第59条第（3）款的规定，运河当局有义务按照当地法规使船舶起浮，而根据The Gregerso［1971］1 Lloyd's Rep.220的判例，非基于"自愿"的脱浅行为不能主张为救助费用。另外，1.6亿美元的"救助报酬"是否合理也应当关注，可以尝试要求船东披露具体构成。

在共损纠纷管辖权不在国内的情况下，国内保险人在境外尝试拒绝分摊共损的成本和风险都很高，因此可能不是一个好的选择。7月底，船东在伦敦按照《海事赔偿责任限制公约》（LLMC）1996年议定书标准设立海事赔偿责任限制基金，金额81563858 SDR，但囿于成本和适用法方面的障碍，中国主体一般不会去申请债权登记，且在英国司法实践中，货方分摊共损后再追偿的机会也很渺茫。

对此，国内有专业法律人士尝试借助中国内地法域特殊性，利用平行诉讼，迫使船东及其协会单独处理与国内保险人有关的共损案件及提单下索赔，主要思路是基于提单证明的运输合同就潜在的共损分摊等对承运人、实际承运人索赔，以此建立国内管辖。由于中国内地非 LLMC 缔约方，船东在伦敦设立的基金不会得到中国内地海事法院承认，国内诉讼有可能迫使船东另外安排担保，甚至按照我国《海商法》，即 1976 年 LLMC 标准另设基金，如此一来有机会迫使船东考虑对货方的额外补偿。

此外，搁浅事故的原因决定了船东是否可以在《海商法》下主张免责．目前来看船东必然会主场搁浅是航海过失所致，但从现有信息来看，此次事故可能并非单一原因导致，且船东对免责事项，以及免责事项与损失之间的因果关系负有举证责任。根据我们目前掌握的信息，已经有中国货主就货物的损失在青岛海事法院向船东提起了诉讼，我们将紧密跟踪该案件。

（五）绿色航运及海洋环境保护

目前，中国经济社会发展已全面进入绿色低碳转型时代。作为节能减排、减污降碳重点领域之一，航运业绿色低碳发展已成为迫切要求和未来发展趋势。2022 年 7 月 11 日是第 18 个中国航海日，今年中国航海日的主题是"引领航海绿色低碳智能新趋势"，航海日活动公告强调，要加快推进绿色低碳可持续发展。航运业具有运能大、能耗低、环境友好等优势，要在"碳达峰、碳中和"中承担重任、率先破局。要加强海洋生态文明建设，科学合理开发利用海洋资源，维护海洋自然再生能力，为人类留下造福千秋万代的"蓝色宝库"。

除政府层面的制度要求和政策导向外，近些年，海洋环境保护在司法实务层面也越来越受到重视，新的司法解释、典型案例等逐一呈现，较好地发挥了引领和保障作用。主要体现在以下几个方面。

1. 关于海洋环境公益诉讼司法实践

最高人民法院、最高人民检察院（以下简称"两高"）于 2022 年 5 月 10 日联合发布了《关于办理海洋自然资源与生态环境公益诉讼案件若干问题的规定》（以下简称"两高"《文件》），对海洋环境公益诉讼司法实践中的争议点和社会关切进行了明确。

依托于《民事诉讼法》2012 年修订后所赋予的环境民事公益诉讼原告主体资格，社会组织在我国环境公益诉讼中发挥了重要作用，尤其在内河长江保护的民事公益诉讼上更是亮眼。然而，海洋环境公益诉讼作为环境公益诉讼的一种特殊情形，在原告主体资格等问题的法律规定上与环境公益诉讼不尽相同。出于对此的不同理解，数年来，环保社会组织一次次地尝试提起海洋环境民事公益诉讼，但都因原告主体资格问题而频频受阻。法院驳回起诉或不予受理的理由主要为《海洋环境保护法》第89条第2款是海洋自然资源与生态环境损害赔偿方面的特别规定，依照"特别法优于一般法"的原理，海洋环境公益诉讼应优先适用《海洋环境保护法》第89条第2款的规定。

针对包含备受关注的原告主体资格争论在内的种种争议，"两高"《文件》均作出了积极的回应，亮点如下：第一，明确了《海洋环境保护法》第89条第2款规定的"损害赔偿要求"属于海洋环境民事公益诉讼；第二，确定了海洋环境公益民事诉讼的原告主体资格，即海洋环境监管部门及检察院有权提起公益诉讼，而社会组织不享有原告主体资格；第三，厘清了不同主体提起海洋环境民事公益诉讼的衔接，规定检察院在提起海洋环境民事公益诉讼时，应履行诉前告知程序，这一规定区别于普通的民事公益诉讼，也体现了基于海洋生态环境管理的专业性等特点；第四，明确了检察院有权提起海洋环境行政公益诉讼，相较于民事公益诉讼，行政公益诉讼中检察院是唯一适格原告主体且必须履行诉前程序；第五，规定了海事法院对海洋环境公益诉讼进行专属管辖。

由于海洋污染与陆地污染相比具有多重特殊性，海洋环境公益诉讼对原告主体能力要求较高，趋严地限制适格原告范围具有其合理性。"两高"《文件》虽然排除了社会组织在海洋环境公益诉讼的主体地位，但其将具备索赔资格的原告限定为享有一定调查权且代为行使主权权能的公权机关是一项合理可行的制度设计方案。

2. 关于非漏油船的污染损害赔偿责任

关于船舶碰撞导致船舶漏油污染损害赔偿案中，最典型和有指导意义的案件莫过于2013年3月19日，"达飞佛罗里达"轮与"舟山"轮在长江口发生碰撞，造成"达飞佛罗里达"轮受损并泄漏燃油一案。本案中，防污清污费由谁承担？一审和二审判决均适用最高人民法院《关于审理船舶油污损害赔偿纠纷若干问题的规定》第4条"船舶互有过失碰撞引起油类泄漏造成油污损害的，受损害人可以请求泄漏油船舶所有人承担全部赔偿责任"之规定，认定漏油船"达飞佛罗里达"轮承担防污清污费，"舟山"轮不承担，即"非漏油船不担责"。

最高人民法院再审判决一方面适用《2001燃油公约》第3条第1款认定漏油

船"达飞佛罗里达"轮对清污防污费承担全部赔偿责任;另一方面又适用原《侵权责任法》第 68 条"因第三人的过错污染环境造成损害的,被侵权人可以向污染者请求赔偿,也可以向第三人请求赔偿。污染者赔偿后,有权向第三人追偿"之规定、最高人民法院《关于审理环境侵权责任纠纷案件适用法律若干问题的解释》第 5 条中"被侵权人根据民法典第一千二百三十三条规定分别或者同时起诉侵权人、第三人的,人民法院应予受理。被侵权人请求第三人承担赔偿责任的,人民法院应当根据第三人的过错程度确定其相应赔偿责任"之规定,认定"舟山"轮按其 50% 过错比例承担防污清污费;该判决由此得出"原则上污染者负全责,另有过错者相应负责"之规则。

3. 关于基金追偿权

司法实务中典型的案例为:2012 年 12 月,内河小油船"山宏 12 轮"在航行至长江白节沙北水道时因上浪致沉没。沉船事故导致船载废油溢出并扩散漂移至长江上海段水域,造成崇明岛沿岸受到严重污染。由于"山宏 12 轮"船舶所有人未能向油污清理公司支付清理油污的相关费用,最终,油污清理公司向油污基金申请先行赔付其损失。油污基金向油污清理公司进行赔付后,油污清理公司确认将理赔范围内追偿的权利转让给基金理赔中心。2018 年下半年,基金理赔中心发现油污损害责任人目前可能有财产可供执行,即在基金赔偿或补偿的范围内,向"山宏 12 轮"船舶所有人进行追偿。2019 年年初,基金理赔中心依据最高人民法院《关于民事执行中变更、追加当事人若干问题的规定》第 9 条申请上海海事法院追加其为"山宏 12 轮"执行案件的申请执行人。

目前,我国法律明确规定的代位求偿权仅限于保险法范畴。但是,油污基金作为一项创新措施,"山宏 12 轮"案又是基金理赔中心正式赔付的第一起案件,基金理赔中心理赔后是否取得代位求偿权问题成为司法实务中关注的焦点。

交通运输部和财政部出台的《船舶油污损害赔偿基金征收使用管理办法》第 26 条第 1 款规定:"船舶油污损害赔偿基金管理委员会在赔偿或者补偿范围内,可以代位行使接受赔偿或补偿的单位、个人向相关污染损害责任人请求赔偿的权利。"虽然《船舶油污损害赔偿基金征收使用管理办法》已就此问题作了明确规定,但是就法律性质而言,《船舶油污损害赔偿基金征收使用管理办法》仅是部门规章,无法直接作为被援引的法律规定。而在执行程序中,能否通过追加申请执行人方式行使代位求偿权问题是这一问题的延伸。具体到实践层面,以"山宏 12 轮"案为例,基金理赔中心只有在油污损害责任人无财产可以理赔的情况下才予以核定赔偿，而无财产可供执行的依据便是法院的终结本次执行程序裁定书。因此，基金理赔中心在执行阶段中行使代位求偿权将是一个必然结果。在今后审判执行实践中基金理赔中心申请追加其为申请执行人的案件将不断涌现。

4. 关于海事环境污染事故中的刑事、行政和民事责任的结合

我国的《海洋环境保护法》曾在 2016 年和 2017 年作了重要修订，加大了对海洋环境污染损害肇事者的处罚力度。相比原有的《海洋环境保护法》规定"前款规定的罚款数额按照直接损失的百分之三十计算，但最高不得超过三十万元"，新版的《海洋环境保护法》规定"对造成一般或者较大海洋环境污染事故的，按照直接损失的百分之二十计算罚款；对造成重大或者特大海洋环境污染事故的，按照直接损失的百分之三十计算罚款"，取消了罚款 30 万元的封顶限制，直接根据海洋环境污染事故的等级及直接经济损失金额计算罚款。也就是说"损失"的大小与肇事方需要承担的行政责任密切相关。

此外，"损失"的认定，不仅影响了行政处罚的金额范围，也决定了民事诉讼的索赔金额。以"艾灵顿"轮与"佐罗"轮船舶碰撞造成溢油事故一案为例，嘉兴市自然资源和规划局、嘉兴市生态环境局、嘉兴市农业农村局提出民事公益诉讼，法院判决被告承担海洋生态修复费用 4100 万元、渔业资源损失 214.54 万元及调查评估费用 340 万元。其中 4100 万元海洋生态修复费用主要用于整治清理，及采取人工增殖放流鱼类、虾类和蟹类措施加快恢复天然渔业资源等。因此，在该案中，民事公益诉讼的索赔范围与船舶污染事故直接损失的范围存在一定的重合。行政处罚依据的"直接损失"作为总体"损失"的一部分，相当于提前锁定了赔偿基金的一部分，这必将挤占民事索赔的"损失"的争议空间。同时，行政处罚与民事诉讼的前后顺序也对此类案件存在影响。如果行政处罚在前，会影响后续民事损害赔偿纠纷诉讼中，法院对损失金额的判断，民事纠纷当事人为掩护其民事诉讼权益，也很可能针对处罚提起行政复议和行政诉讼。如果行政处罚等待民事损害赔偿纠纷的解决，可能会因时效或期间问题遭遇更多麻烦。

此外，《刑法》第 338 条规定了污染环境罪，亦存在民刑交叉的适用空间。如"桂藤县货 1088"船案中，船长将垃圾运到海上倾倒，相关责任人被珠海市检察机关以污染环境罪被追究刑事责任。同时珠海市生态环境局对相关责任人提起民事公益诉讼，要求其恢复原状并连带赔偿修复费用共计 2049119.45 元，并请求判令各被告赔礼道歉。

海洋环境保护作为海洋强国的重要组成部分，需要民事诉讼、行政诉讼、刑

事处罚并举。如何有效协调不同法律制度、不同诉讼之间的关系，考验着我国立法者和一线司法实务工作者的智慧。随着建设海洋强国、"一带一路"倡议的深入推进，海洋环境保护将被提高到更为重要的高度，海事司法作用更加凸显。加大海事司法改革力度，充分发挥海事司法职能作用，推行海事案"三审合一"是大势所趋。

（六）中国建设国际海事司法中心成果巡礼

经过几代人近40年来的不断耕耘，中国的对外贸易及相关产业取得了突飞猛进的发展，现阶段我国已经发展成为世界第二大经济体、第一大货物贸易国和海运大国，港口吞吐量、集装箱吞吐总量以及造船总量连续多年保持世界第一，国际海运量已占全世界国际海运量的1/3，连续10余次当选国际海事组织A类理事国，中国成为国际航运中心和航运司法中心已具备客观的经济条件以及理论、实践基础。

在此基础上，中共中央进一步提出海洋强国战略，为保障该战略的实施，中国最高人民法院一直坚持推动完成建设国际海事司法中心的目标任务，各方共同努力提高我国海事司法的全球影响力，这也是强化海事司法主权，维护和创立公平有序的国际海事规则，积极推进国际法治建设的必然选择。可喜的是，近年来在各方的积极推进下，中国在建设国际海事司法中心方面取得了很多具有重要意义的阶段性发展成果。

2021年10月26—27日，海上丝绸之路（泉州）司法合作国际论坛在福建举行，中国首席大法官、最高人民法院院长周强出席论坛开幕式并致辞表示，希望传承和发扬丝路精神，深化"一带一路"沿线国家司法交流合作，广泛凝聚共识，加强交流互鉴，为高质量共建"一带一路"、构建人类命运共同体提供有力司法服务。此次论坛共有来自21个国家和3个国际组织的代表以现场或视频的形式参会，形成了广泛深远的国际影响力。泉州论坛就"外国民商事判决承认与执行以及域外法查明的司法合作""海洋自然资源与生态环境保护法律问题""船舶司法出售的国际承认问题""新冠疫情下船员权益的保护""国际商事纠纷多元化解决机制的创新与完善"等五个议题进行深入讨论，为构建国际海事司法中心的国际规则体系提供了宝贵的借鉴经验。

继泉州论坛之后，第五届中新法律和司法圆桌会议以视频方式举行，周强院长和新加坡最高法院首席大法官梅达顺出席会议并致辞，会上双方共同签署了两国最高法院《关于法律查明问题的合作谅解备忘录》，为域外法查明的操作规范性、准确性和权威性提供了指引和依据。

在国内司法审判领域,最高人民法民四庭在回顾总结2018年以来全国法院涉外商事海事审判工作情况后,结合长期的调研和经验交流,于2021年12月31日发布了《全国法院涉外商事海事审判工作座谈会会议纪要》(以下简称2021年《会议纪要》),其中就涉外送达、涉外民事关系的法律适用、域外法查明、申请承认和执行外国法院判决和外国仲裁案件的审查等问题都进行了明确的规定,为域外主体在中国解决海事纠纷提供了指引和保障。

在2021年《会议纪要》后不久,2022年3月,经最高人民法院批准,上海海事法院基于互惠原则裁定承认了英国高等法院的商事判决,这是中国法院首次承认英国法院作出的商事判决,也是首例参照2021年《会议纪要》审理承认和执行外国法院判决的案件。该案中,上海海事法院认为尽管西霞口一案不构成英国法院承认和执行我国法院判决的先例,但《民事诉讼法》在规定互惠原则时并没有将之限定为必须是相关外国法院先行承认我国法院民商事判决,我国法院作出的民商事判决可以得到该外国法院的承认和执行即可认为双方存在互惠。这一裁判是《会议纪要》大幅拓宽"互惠原则"司法导向的具体表现。鉴于英国法院在全球商事争议解决方面的影响力,该裁定对中国涉外商事审判和司法协助的进一步发展具有里程碑意义。

(七)法院委托仲裁机构调解,多元纠纷解决的有益尝试

海事法院委托海仲调解,是法院主导下的海事纠纷多元化解体系中的创新和有益尝试,为当事人解决纠纷提供法院判决之外的另一种途径选择。2011年6月,上海市高级人民法院与海仲签订《关于建立海事纠纷委托调解工作机制协作纪要》(以下简称《协作纪要》),首次确立了在征得各方当事人同意的前提下,由海事法院委托仲裁机构进行调解的争议解决方式。随后上海海事法院与海仲上海分会[①]为落实以上纪要,分别发布了《上海海事法院关于委托海事仲裁机构委托调解工作暂行办法》和《中国海事仲裁委员会上海分会接受人民法院委托调解规则》。2015年,上海海事法院将此前的暂行办法更新为《上海海事法院关于委托海事仲裁机构委托调解工作规定》,为程序事项提供明确参照。自2011年10月起,至2021年11月海仲与上海海事法院共同发布《海事案件委托调解白皮书》,已实际通过

---

① 中国海事仲裁委员会上海分会于2020年11月升级更名为中国海事仲裁委员会上海总部,以下简称海仲上海总部。

这一机制委托调解案件 211 件，成功调解 102 件，成功率 48.34%。[①] 在委托调解机制运行期间，上海海事法院和海仲上海总会通过完善程序规则，加强案件管理专员制，累积经验精准评估和选取案件，建设专业的调解员队伍，利用在线网络和大数据平台等方式，通过磨合，调解成功率得到提升。在 2018—2022 年间，海仲还先后与广州、武汉、天津、南京、宁波海事法院签署了合作协议。

一个有趣的争论是，委托仲裁调解不成退回时，调解信息是否应当披露给审理实体纠纷的法庭或仲裁庭？调判分离，还是审调合一，现有司法实践中似乎有着不同的理解，且倾向性发生着变化。

最高人民法院 2009 年 7 月印发的《关于建立健全诉讼与非诉讼相衔接的矛盾纠纷解决机制的若干意见》第 19 条强调，调解过程原则上不公开，从事调解的机关、组织、调解员，以及负责调解事务管理的法院工作人员，不得披露调解过程的有关情况，不得在就相关案件进行的诉讼中作证，当事人不得在审判程序中将调解过程中制作的笔录、当事人为达成调解协议而作出的让步或者承诺、调解员或者当事人发表的任何意见或者建议等作为证据提出。海仲调解规则中，亦明确调解不成的情况下，调解员原则上不可以担任同一案件仲裁程序中的仲裁员。最高人民法院 2008 年《关于民事诉讼证据的若干规定》第 67 条也强调，"在诉讼中，当事人为达成调解协议或者和解的目的作出妥协所涉及的对案件事实的认可，不得在其后的诉讼中作为对其不利的证据"，然而该条款在 2019 年《关于民事诉讼证据的若干规定》中已经删除了。

《协作纪要》没有调判分离的规定，甚至要求受托调解的仲裁机构主动将调解过程和主要争议报法院参考。上海海事法院和海仲的相关程序规则，以及 2020 年上海海事法院发布的《关于涉外海事纠纷诉讼、调解、仲裁多元化解决一站式工作规则》，都贯彻了审调合一的思路。

调判分离，隔绝后续实体审理案件的法庭或仲裁庭对调解情况的获知，目的是避免法官或仲裁员形成先入为主的预判思路，而对后续实体问题的公正处理造成不当影响。目前英美法系国家司法实践中严格遵循调解员与审理案件法庭、仲裁庭相分离的原则。相反，在审调合一的情况下，在相当程度上会影响当事人的调解意愿。在实践中也存在"已调代拖""久调不判"的情况，不仅拖延了案件的审理时限，也造成当事人的反感及不信任。然而，《协作纪要》及此后的实践更倾

---

① 来源于海仲与上海海事法院共同发布《海事案件委托调解白皮书 2011—2021》。

向于审调合一亦有其考量。

首先,从现有司法资源与诉讼案件量之间的客观矛盾来看,法院主持下的调解通常贯穿于诉讼的整个过程,不能实现调解与审判的法官分离,在这种情况下要求委托仲裁机构调解时完全做到调判分离,严格隔离调解信息会与法院调解实践存在矛盾。

其次,从审判效率的角度出发,审理法官获得调解所额外获取的信息,有助于了解案件背景情况及相关事实,对完整把握案情具有辅助功能,不少案件中,双方当事人的真正矛盾焦点往往并不完全体现在诉讼争议事项中,而要真正实现化解纠纷目标,探知案件背后的纠纷症结是法官定纷止争的重要抓手,当事人在调解过程中所披露的对解决纠纷所持心理预期亦是法官最终裁断的参考依据之一。

再次,就委托仲裁调解而言,仲裁机构就调解过程及所了解主要争议向法院披露,是履行受托调解任务后予以报告的应有义务,亦可成为评估委托调解工作情况的有效载体。

最后,尽管目前情况下调解信息向法院披露有上述现实需求,但所披露信息范围如何,如何启动披露程序等问题仍值得在实践中进一步加以完善。从目前《协作纪要》的规定看,披露信息范图仅限于"调解过程"及"双方主要争议",且仅限于供法官处理案件时做参考,对超出此范围的信息,仍应按照《关于建立健全诉讼与非诉讼相衔接的矛盾纠纷解决机制的若干意见》的规定进行。

不同思考维度孰优孰劣,有待未来在司法实践中进一步博弈、演进。

(八)船舶拍卖领域的司法动态

一方面,自 2008 年经济危机以来,全区范围内的航运企业破产案件已不鲜见,大量国际船舶被出售,尤其是韩国 STX 等航运巨头的破产对中国当事方产生了巨大影响。另一方面,随着国内破产相关立法的完善和航运市场的持续萎靡,国内航企的破产案件数量也呈明显上升趋势。对此,中国一直在努力推动相关公约的缔结和完善,并制定有明确指引的裁判规则,下文即对中国近两年来的最新司法动态进行简要介绍。

国内层面,船舶拍卖所涉的海事诉讼程序与破产程序的冲突如何解决一直是广受争议的问题。针对这些问题,2021 年《会议纪要》进行了有效指引,其第 87 条规定,"因光船承租人而非船舶所有人应负责任的海事请求,对光租船舶申请扣押、拍卖,如果光船承租人进入破产程序,虽然该海事请求属于破产债权,但光租船舶并非光船承租人的财产,不属于破产财产,债权人可以通过海事诉讼程序而非破产程序清偿债务。因光船承租人应负责任的海事请求而对光租船舶申请扣押、拍卖，且该海事请求具有船舶优先权、抵押权、留置权时，如果船舶所有人进入破产程序，请求人在破产程序开始后可直接向破产管理人请求从船舶价款中行使优先受偿权，并在无担保的破产债权人按照破产财产方案受偿之前进行清偿"；第88条则规定，"海事法院无论基于海事请求保全还是执行生效裁判文书等原因扣押、拍卖船舶，均应当在知悉针对船舶所有人的破产申请被受理后及时解除扣押、中止拍卖程序。破产程序之前当事人已经申请扣押船舶，后又基于破产程序而解除扣押的，有关船舶优先权已经行使的法律效果不受影响。船舶所有人进入破产程序后，当事人不能申请扣押船舶，属于法定不能通过扣押行使船舶优先权的情形，该类期间可以不计入法定行使船舶优先权的一年期间内。船舶优先权人在船舶所有人进入破产程序后直接申报要求从产生优先权船舶的拍卖价款中优先受偿，且该申报没有超过法定行使船舶优先权一年期间的，该船舶优先权所担保的债权应当在一般破产债权之前优先清偿。因扣押、拍卖船舶产生的评估、看管费用等支出，根据《关于执行案件移送破产审查若干问题的指导意见》第15条的规定，可以从债务人财产中随时清偿"。

然而需要注意的是，我国法院对境外法院作出的破产裁定的承认和执行一直较为谨慎。2021年《会议纪要》第33条第2款规定，"破产案件、知识产权案件、不正当竞争案件以及垄断案件因具有较强的地域性、特殊性，相关判决的承认和执行不适用本纪要"。可以看出，2021年《会议纪要》虽然大幅度放开了境外法院裁判文书的承认和执行，但在破产案件中仍是持严格审查态度。

国际层面，船舶的域外司法出售往往面临其他法域国家拒绝承认其他国家作出的船舶出售判决或裁定的情况，导致船舶买受人所获得所有权可能并不"清洁"，同时也会影响到船舶相关的债权人的权益实现，对此，中国一直积极推动相关公约的缔结，最终联合国国际贸易法委员会将其列入工作方案，专门成立第六工作组起草相关国际公约，形成《关于外国船舶司法出售及其承认的国际公约草案》（以下称为"北京草案"）。经过长期的修改讨论，联合国贸法会第六工作组第四十次会议后，其秘书处在"北京草案"第五修订稿的基础上对草案进行了修订，形成《船舶司法出售国际效力公约》（以下称为"北京公约"）文本并提交联合国贸法会审议。根据最新消息，贸法会已于第55届年会批准了北京公约文本并将提请第77届联大正式通过、批准于2023年在北京举行签字仪式。

"北京公约"在适用范围、司法出售的通知程序、司法出售条件和效力、出售政府签发和效力、船舶的注销和重新登记、司法出售的承认及拒绝条件等进行了详细规定，解决了船舶国际司法拍卖取得"完全的"还是"限定的"清洁物权、公约是否应赋予司法出售证书决定性证据的效力、证书具有"国际效力"还是得到"国际承认"、司法出售的瑕疵与救济等核心问题进行了明确，该公约的通过和生效无疑将有利于提升船舶国际司法出售的信用，增强买受人的购买信心，提高船舶的出售价格，保证船舶融资的安全性，也维护其他相关方的基本权益。

（九）《海上交通安全法》大修及海事调查报告可诉性

《海上交通安全法》由全国人民代表大会常务委员会第二十八次会议于 2021 年 4 月 29 日修订通过，并自 2021 年 9 月 1 日起施行。《海上交通安全法》此次修订是我国涉海法律体系的一次重大修改和完善，修改的内容至少包括：将旧《海上交通安全法》十二章 53 个条款修改为新的十个章节，计 122 个条款。全文字数从原来的 3553 字增加到 18000 字左右。不仅如此，新《海上交通安全法》从法律层面新增或明确了 8 项法律制度，分别是航运公司安全与防污染管理制度、船舶保安制度、船员在船工作权益保障制度、船员境外突发事件预警和应急处置制度、海上交通资源规划制度、海上无线电通信保障制度、特定的外国籍船舶进出领海报告制度、海上渡口管理制度。此外，新《海上交通安全法》在原有基础上充实完善了 6 项法律制度，分别是船员管理制度、货物与乘客运输安全管理制度、维护海洋权益有关法律制度、海上搜寻救助制度、交通事故调查处理制度、法律责任制度。

新《海上交通安全法》对于海事事故调查报告是否可诉等长期困扰海事司法审判实务的问题进行了有针对性的回复和明确，这是一个长期以来有争论的问题，在 2020 年之前，已经基本形成了事故责任认定不可诉的初步共识。有研究者通过中国裁判文书网进行案例检索，统计得出 2020 年以前认为海事责任认定可诉的占 17.6%；认为海事责任认定不可诉的占 82.4%[①]。

但上述初步共识在 2020 年遭遇了一些波折。2019 年 5 月，最高人民法院民事审判第四庭《关于对〈交通运输部海事局关于商请明确海事调查结论是否可诉的函〉的复函》（法民四〔2019〕15 号）认为："目前我国交通事故责任认定书不仅对有关事实进行确认且对当事人的责任进行了分配，实际影响了行政相对人权利

---

① 郭峰：《论新修订海上交通安全法第八十五条对海事调查的影响》，载《中国海事》2022 年第 4 期。

义务，在民事诉讼中作为处理交通事故案件的证据，并不能成为阻碍行政相对人向人民法院提起行政诉讼的理由。公安机关交通管理部门制作的交通事故认定书之所以不可诉，是因为《道路交通安全法》第七十三条作出了特别规定予以排除。将水上交通事故责任认定书排除行政诉讼受案范围没有法律依据。"

此后，关于海事责任认定可诉性的问题，在不同地区法院出现了不同认识。比如在招商局重工（江苏）有限公司不服福建海事局事故结论案中，厦门海事法院认为，对于被告作出案涉结论书的行政行为，是海事行政机关根据行政法规授权实施的一种行政确认行为，原告作为被拖船"招商重工2"轮的所有权人，上述行政行为直接关系到原告能否得到民事赔偿的问题，涉及原告的权利和义务，依法属于海事法院行政诉讼的受案范围，原告有权就被告作出案涉结论书的行政行为提起行政诉讼。而与之不同的是，在陈安奇诉广西海事局不履行行政复议法定职责案中，一审的北海海事法院和二审的广西高级人民法院均认为，"海事管理机构进行事故调查并作出水上交通事故调查结论等文书的行为是水上交通事故调查处理工作的一个环节，不是独立完整的具体行政行为"。

《海上交通安全法》第85条第2款的规定明确了海事事故责任认定书的证据属性，2021年《会议纪要》第89条也再次对此问题进行了回应，"海上交通事故责任认定行为不属于行政行为，海上交通事故责任认定书不宜纳入行政诉讼受案范围。海上交通事故责任认定书可以作为船舶碰撞纠纷等海事案件的证据，人民法院通过举证、质证程序对该责任认定书的证明力进行认定"。

应该说，《海上交通安全法》第85条第2款和2021年《会议纪要》第89条的规定实质上是重新回到了此前全国人大常务委员会的观点和态度。2005年1月5日，全国人大常务委员会法制工作委员会《关于交通事故责任认定行为是否属于具体行政行为，可否纳入行政诉讼受案范围的意见》（法工办复字〔2005〕1号）曾指出：根据《道路交通安全法》第73条的规定，公安机关交通管理部门制作交通事故认定书的行为不属于具体行政行为，不属于行政诉讼的受案范围。

整体而言，支持海事事故调查报告或责任认定书不属于行政诉讼受案范围的一个主要理由是，海事事故调查与责任认定行为不是法律责任分配的认定，对行政相对人的权利义务并不直接产生实际影响，故不具有行政可诉性。实践中，多数海事事故调查报告仅对涉事船舶的主次责任进行划分，并不涉及任何相对方的权利义务关系。但是，部分特别重大海事事故的调查报告还会出具对事故责任人的处理建议，在部分处理建议中，交通运输部或交通运输部海事局成立的调查组直接认定责任方违反具体的法律规定，建议下属海事局作出具体处理决定，对当事人的权利义务处置作出了非常明确具体的建议。以《青岛"4·27"船舶污染事故调查报告》为例，交通运输部会同生态环境部、农业农村部及山东人民政府成立调查组出具调查报告，报告中明确建议由行政层级较低的青岛海事局按照相关规定做出行政处罚。在生产安全事故调查领域，《生产安全事故报告和调查处理条例》要求人民政府负责成立调查组对事故进行调查，出具事故调查报告，并对报告作出批复。针对该事故调查报告，最高人民法院在（2018）最高法行再127号案与（2018）最高法行申2613号案中对事故调查报告的可诉性曾作出不同的结论，其核心依据在于判断这一报告是否对当事人的实体权利造成实际影响，根据不同情况对可诉性作出科学合理的界定。

（十）海运的延伸——港口经营人法律地位分析

作为海运的起点和终点，港口无疑在海运体系中扮演了举足轻重的地位，港口经营人的高效合规经营将极大提高航运业的效率。中国作为航运大国，近年来的港口货物吞吐量也有着显著增长，但由于《海商法》等相关法律法规缺少关于港口经营人的详尽规定，有关港口经营人的法律地位一直争议不断，本节即尝试对此问题进行简要分析。

为使承运人的受雇人、代理人享受承运人的抗辩和责任限制等权利，平衡海运参与主体的权利和义务，"喜马拉雅条款"自出现以来逐渐被相关国际公约和各国立法所借鉴和认可，其中《汉堡规则》进一步删掉了"独立合同人"的概念，减少了对适用"喜马拉雅"条款的限制范围，而《鹿特丹规则》更是创设了"海运履约方"概念，在原有的受雇人和代理人之外进一步扩大了可享受承运人抗辩权和责任限制的主体范围。

中国《海商法》同样借鉴了"喜马拉雅条款"，其第58条规定，"就海上货物运输合同所涉及的货物灭失、损坏或者迟延交付对承运人提起的任何诉讼，不论海事请求人是否合同的一方，也不论是根据合同或者是根据侵权行为提起的，均适用本章关于承运人的抗辩理由和限制赔偿责任的规定。前款诉讼是对承运人的受雇人或者代理人提起的，经承运人的受雇人或者代理人证明，其行为是在受雇或者受委托的范围之内的，适用前款规定"。但显然目前《海商法》没有引入海运履约方和独立缔约人等概念，港口经营人是否可以享受承运人抗辩权和责任限制还要看其法律地位是否可以被认定为承运人的"受雇人""代理人"或"实际承运人"①

然而实践中港口经营人一般都是以自己的名义完成作业，其作业义务是基于和承运人之间的委托合同（特别是集装箱业务）而非基于承运人的授权在承运人和第三人之间建立法律关系，故"代理人"一说并不成立；而由于中国民法理论框架下雇佣关系更强调人身依附性，雇主有权对雇员的工作进行指示和监督，这显然与港口经营人的独立业务模式不符；至于是否应将港口经营人识别为"实际承运人"，目前学术界争议很大，但实践中法院作此认定的判决也存在不同观点。

值得注意的是，最高人民法院民四庭副庭长王淑梅在全国海事审判实务座谈会中对此问题进行阐述，作出"一般不倾向认定港口经营人可以享受承运人的责任限制抗辩，如果有特殊情形可以再进一步研究"的结论，因此港口经营人现阶段在中国法下主张享受责任限制的难度很大，尽管这与国际上对此问题的放宽趋势并不一致。同时，如果就在港口作业期间造成的损失向海运承运人主张赔偿责任，承运人对此是否可以享受责任限制也将会产生较大的争议。

不过，交通运输部提请审议的《海商法（修改送审稿）》改变了交通运输部法制司公开发布的《海商法（修订征求意见稿）》中关于港口经营人的相关规定，送审稿第四章第50条第6项明确规定，"港口经营人，是指在港区内从事本法第五十六条规定的货物作业的人"。第74条规定，"就货物灭失、损坏或者迟延交付，对港口经营人提起的任何索赔，不论是根据合同或者是根据侵权行为提起的，均适用本章关于承运人的抗辩理由和限制赔偿责任的规定"。如果上述两条在《海商法》修订后最终能够保留下来，港口经营人的法律地位和限制赔偿责任问题也将被明确，且结论也将更符合国际趋势。

四、域外考察和借鉴

海商法是随着海上贸易的发生和发展逐步演变成近现代的法律体系，与国际经济贸易有着密不可分的联系，关于海商法的域外实践的借鉴具有重要的意义。鉴此，本报告对域外海商海事以及与之相关的前沿发展进行考察。

（一）BIMCO发布新租船合同条款与船舶买卖标准协议

随着航运大周期的波动，船舶买卖与租赁于近年来进入一个繁盛期。波罗的

---

① 《海商法》第61条规定："本章对承运人责任的规定，适用于实际承运人。对实际承运人的受雇人、代理人提起诉讼的，适用本法第五十八条第二款和第五十九条第二款的规定。"

海国际航运公会（BIMCO）于 2021 年 7 月推出新的租船合同条款，并于 2022 年 5 月发布船舶买卖标准合同（SHIPSALE 22）。

1. 租船合同条款（2021）

2020 年新冠肺炎疫情产生以及各种贸易制裁对海运产生了大量影响和纠纷，BIMCO 租船合同的条款针对这些情形进行了相应的更新和应对。

（1）AIS 关闭条款

该条款可以帮助解决船舶自动识别系统（AIS）可能被违反制裁者滥用的问题。根据《国际海上人命安全公约》（SOLAS）的规定，所有船舶都必须使用 AIS。但在现实情况中，船舶关闭 AIS 是"违反"禁止与某些国家进行贸易的制裁方法之一，以减少位置被知悉的可能性。AIS 传输包括身份和位置的船舶相关信息。SOLAS 要求 AIS 在任何时候不得被关闭或禁用，除非由于法规允许的、非常特殊的安全安保原因，如避免在高风险地区被海盗发现等情况。

2020 年，美国外国资产控制办公室（OFAC）发布了一份航运制裁报告，建议航运业应以"AIS 关闭条款的形式"制订合同条款。根据该建议，该条款将允许船东、租船人和运营人终止与出现"多个违反 SOLAS 公约的 AIS 操作实例"的任何一方合作。

BIMCO 担心，一些租船人可能在仓促满足制裁合规的同时制定他们自己的 AIS 关闭条款，而这些条款可能使船东在 AIS 已因合法理由关闭，或是由于船东无法控制的原因而未能传输或接收信号时，也面临合同被解除的风险。新 BIMCO 条款认为船舶 AIS 信号中断可能出于合法原因，所以租船人要以船东违反 SOLAS 公约 AIS 使用准则而解除合同，就必须证明船东有隐藏信号的意图。

（2）EEXI 合规条款

在 BIMCO 的工作议程中，首要任务是制定"碳条款"以解决现有船舶能效指数（EEXI）、碳排放强度指数（CII）和碳排放交易系统等问题。相关条款中首项得以批准推出的是适用于期租合同的 EEXI 过渡条款。该条款重点关注业界为符合 EEXI 而可能采用的最常见的发动机改装方式——发动机功率限制（EPL）或轴功率限制（SHAPOLI）——但也为选择其他节能措施改装船舶的船东和经营人留下了可操作空间。随着《国际防止船舶造成污染公约》（MARPOL）最新碳减排法规生效日益临近，该条款表明船东和租船人需要采取更多协调合作的方式来实现碳减排目标。在符合 EEXI 的情况下，船东和租船人应互相合作，在不影响船舶服务的情况下安排并实施船舶改装措施。在这一过程中，信息共享至关重要，只有如此，租船人才能充分认识到改装措施对船舶最大航速和相关耗油量的影响；与此同时，船东也能及时了解船舶的预期营运，以便拟定计划。改装费用和船舶的任何时间损失都是船东的责任。

（3）准时到达原则

BIMCO 发布了一项新条款鼓励散货行业采用准时到达（just in time，JIT）原则，这可以通过规定程租合同双方使用更有效的运输方案从而减少二氧化碳的排放。

当前准时到达的主要障碍是：在不偏航的前提下，船东有义务以应有的或最大限度的速度运营船舶。航速是准时到达的关键点，消除上述障碍能在不违反其他航行租船义务时优化船舶速度，使船舶在最佳时间到达港口以及避免延误。

BIMCO 给航次租船合同研发的准时到达条款赋予了租家一项权利。租家可以要求船东在按时到达装货港时优化航速。反过来，如果船舶处于前往装货港的途中，租家应同意修改租船合同解约日。船舶安全不可忽视，任何航速变化要求都必须在船舶的安全操作范围之内。该条款还要求租家在提单和运单中加入措辞，表明船东按承租人要求降低航速时不违反租约。

（4）不可抗力条款

疫情大大增加了业界对不可抗力的关注，BIMCO 制定了一项独立的不可抗力"示范"条款，该条款可经调整用于各种合同。在租船合同或其他合同下成功援引"不可抗力"取决于许多因素。在适用英国法管辖的合同下，援引"不可抗力"的必要因素之一是合同必须包含界定何为"不可抗力"事件的条款，并规定在何种情况下不履约时可援引该条款免责。尽管 BIMCO 的一些标准合同中包含了定制的不可抗力条款，如 SUPPLYTIME 2017 和 NEWBUILDCON，此项新的 BIMCO 不可抗力条款旨在并入没有约定该问题的合同。该条款以 2020 年国际商会不可抗力条款为基础，但根据航运业的需求进行了调整。BIMCO 不可抗力条款的重要特点之一是，当事人需根据其使用的合同进行调整——由于合同的不同性质，期租合同与船舶买卖合同中的不可抗力条款应约定不同的法律后果。术语解释将帮助当事人明确如何修正和补充不可抗力条款，以适用于特定合同——尤其在可能涉及货物的情况下。

2. 船舶买卖标准合同（SHIPSALE 22）

（1）前提条件

在实践中，买卖双方通常在签署协议备忘录（Memorandum）前处理先决条件，使在签署时交易不会受限于任何前提条件。SHIPSALE 22 中的前提条件条款，允许合同双方在协议中列出协议生效前需要满足的条件。如果在约定日期前有任何条件尚未达成，协议将自动无效。买卖双方决定在协议备忘录中加入前提条件，则应当明确约定哪一方负责满足哪一款前提条件，并且确认该等前提条件已经满足。

（2）履约担保

在船舶买卖交易中，一方或双方（尤其是买方）的履约由另一个实体担保的情况较为常见，尤其当该方是单一用途实体。为了方便合同方在同一份文件中记录履约担保，SHIPSALE 22 中包含担保人的签名栏和相关声明，担保人通过作出该声明保证卖方或买方（视情况而定）将根据协议履行其责任。

（3）订金和付款

SHIPSALE 22 修订了订金条款，尤其提及订金持有协议（deposit holding agreement）。该协议将列明订金持有人收取、持有和发放订金的依据。此外，SHIPSALE 22 也提到干扰性银行事件（disruptive banking events）的概念。订金条款规定，如果订金持有人收到订金的时间因某些干扰性银行事件而延迟（例如，因银行制裁审查而导致的延误），买方将有两个银行营业日的宽限期。SHIPSALE 22 还包含补足条款，即当付款方需要按照适用法律要求就相关款项进行扣除或预扣，付款方应补足相关款项，以确保另一方收到全额款项。

（4）线上交割

除了实际交割，SHIPSALE 22 明确提供线上交割的选项。SHIPSALE 22 规定，卖方发出准备就绪通知书后，文件交割应以电子方式远程进行或实物交割。该等修订反映了当前的市场惯例，近年来许多船舶买卖交易都采用线上交割，尤其由于新冠肺炎疫情。

（5）制裁、反贪污及保密

根据市场惯例，BIMCO 在 SHIPSALE 22 中加入制裁和反贪污条款。当一方违反这些条款，非违约方有权终止协议，并要求违约方就违约提供损害赔偿。相比之下，新加入的保密条款不会在任何一方违约时产生终止协议的权利（与此类条款的市场做法一致）。

这些新条款可以减少谈判的时间和成本，因为合同方通常会加入类似的措辞，以满足其内部要求。如果交易涉及外来融资，这些条款也可满足贷款人的要求。若当事人要求时，也可采用其他的替代措辞，以满足相关的合规要求。

（二）海运仲裁领域的新发展

海运争议解决一般约定仲裁的方式，以下的两个仲裁案件受到广泛关注。

1. 英国法院裁定租船合同中的仲裁条款受"sub"条款限制

英格兰高等法院处理的 DHL Project & Chartering Ltd v. Gemini Ocean Shipping Co Ltd［2022］EWHC 181（Comm）案，该案涉及包含"sub"条款的租船合同中仲裁条款的效力问题。由于英国目前还没有更高级法院关于该问题的判例，审理该案的 Jacobs 法官准予上诉许可，以便上诉法院对该法律问题提供指导和增加确定性。同时，鉴于租船合同包含"sub"条款的情况非常常见，该案判决以及将来英国上诉法院的判决将对租船合同争议解决提供有益的指导。2022年1月31日，英格兰高等法院裁定，待定的租船合同中要求托运人或收货人批准的"sub"条款不受限制。法庭判决，租家摘掉"sub"条款之前，租船合同不具约束力。由于此案中的"sub"条款从未被摘除，因此不存在任何仲裁协议，仲裁庭对船东所称的租家违约没有仲裁管辖权。

2. 在英国申请承认和执行裁决时，判断仲裁协议的有效性应适用英国法

2021年10月27日，英国最高法院在 Kabab-Jiv Kout Food Group［2021］UKSC 48 案中认定，当仲裁庭已经作出仲裁裁决，裁决胜诉方在英国申请承认和执行裁决时，判断仲裁协议的有效性应适用英国法，继而进一步回答两个问题：第一，就英国法而言，被告是否是仲裁协议的一方当事人，因而要受到协议约束；第二，如果被告不受仲裁协议约束，那么程序上，英国法院是否有权通过简易判决（summary judgement）拒绝承认和执行裁决。

在该案前，国际商会三人仲裁庭（多数意见）认为应当适用仲裁地法即法国法判断 Kabab-Jiv Kout Food Group 公司是否受到仲裁协议约束，但是要适用英国法判断 Kabab-Jiv Kout Food Group 公司是否享有 FDA 协议规定的权利并要承担相应义务：（1）根据法国法，Kabab-Jiv Kout Food Group 公司受仲裁协议约束；（2）根据英国法，Kabab-Jiv Kout Food Group 公司通过"合同更新"（novation）成为了 FDA 协议的额外当事人；（3）Kabab-Jiv Kout Food Group 公司违反了 FDA 协议，因此要向 Kabab-Ji 赔偿许可费、其他损失和法律费用共计约673.4万美元。

Kabab-Jiv Kout Food Group 公司向巴黎上诉法院申请撤销仲裁裁决。此后不久，Kabab-Jiv Kout Food Group 公司在英国高等法院起诉要求承认和执行仲裁裁决。英国高等法院认为，仲裁协议的准据法是英国法，而根据英国法，K 公司不是包含仲裁协议在内的 FDA 协议的一方当事人，也没有违反协议。不过，高等法院以要等待巴黎法院诉讼程序的最终结果为由，没有作出拒绝承认和执行的裁定。英国上诉法院认为，仲裁协议的准据法是英国法，Kabab-Jiv Kout Food Group 公司不是 FDA 协议的一方当事人，也没有违反协议，但通过简易判决裁定拒绝承认和执行国际商会仲裁裁决。Kabab-Jiv Kout Food Group 公司将案件上诉至最高法院。需要注意的是，在英国上诉法院判决后不久，巴黎上诉法院驳回了 Kabab-Jiv Kout Food Group 公司申请撤销仲裁裁决的请求。Kabab-Jiv Kout Food Group 公司已向法国最高法院提起了上诉，但尚未有结果。

既然巴黎上诉法院没有撤销裁决，那么为使英国法院拒绝承认和执行裁决，Kabab-Jiv Kout Food Group 公司只能在英国法院根据前引《纽约公约》第 5 条第 1 款（甲）项或（戊）项［英国《1996 年仲裁法》第 103 条第 2 款（b）项或（f）项］主张仲裁协议无效。英国最高法院认定，当仲裁庭已经作出仲裁裁决，裁决胜诉方在英国申请承认和执行裁决时，判断仲裁协议的有效性应适用英国法。根据英国法，被告并非仲裁协议的一方当事人，因而未要受到协议约束；由于被告不受到仲裁协议约束，在程序上，英国法院有权通过简易判决拒绝承认和执行裁决。根据该案的司法实践，在英国申请承认和执行裁决时，判断仲裁协议的有效性应适用英国法，而非仲裁庭判断仲裁协议有效性所适用的法律。对我国而言，若我国法院也采用相同的做法，《纽约公约》范围内的些裁决在我国法院可能会受到挑战。例如，我国法院对于租船合同中的仲裁条款并入提单的要求是严格的，而英国、新加坡则相对宽松，可能的结果是，裁决胜诉方依据《纽约公约》请求在中国法院执行裁决时，我国法院可能以仲裁条款无效拒绝执行裁决。

（三）提单项下的承运人识别

在中国的理论与司法实践中，对于承运人识别有两类观点，大部分案件是按照提单表面直接识别或者推定识别提单项下的承运人，司玉琢教授和郭瑜教授亦持此种观点；另有个别案件是认为"定期租船合同下船长签发提单而又未载明承运人名称，一般应当将定期租船的承租人识别为承运人"。对于提单持有人，域外已明确按照提单识别承运人，而国内则短期内仍陷于凭借提单识别还是凭租约推定识别的争论中，英美法对承运人识别已相对规范与成熟，值得国内借鉴。

在"The Rewia"案中，Leggatt L. 法官认为"为船长签署的提单不能成为租船人的提单，除非合同是单独与租船人签订的，而且签提单的人有权代表租船人而不是船舶所有人签署"①。在"The Starsin"判例中，英国上议院认为提单背面的"承运人条款"甚至"光船条款"不能超过提单正面记载的承运人。即关于承运人识别的问题应该在提单正面找，而不是在背面的小字上，应更重视当事各方特别选择的字句，特别注意构成签名的一部分的措辞，而不是重视印刷表格的规定。②在 Paterson Zochonis & Co.vs Elder Dempster 案和 Samuel vs West Hartlepool 案中，提单上有定期承租人的名字，由船长签字，这时定期承租人为承运人。如果提单持有人实际收到了船长无权代表船舶所有人签字的通知，则提单下承运人的一般原则不适用于提单持有人。③

在国内近一年来的无单放货系列案中，如（2021）沪72民初473号、（2022）津民终714号、715号、716号、717号案等，法院认定在原告依据案涉提单的记载不能识别出船长的签单授权来自期租人时，船长代表被告签发提单，船舶所有人应当被认定为提单项下的承运人。在涉及承运人识别时，中国法院应考虑通常的航运经济秩序的维护。在国际贸易与航运中，不能脱离国际航运与国际贸易的常理与习惯，否则最终遭受损害的是中国航运企业和中国贸易企业。

（四）疫情是否构成不可抗力

涉外商事合同的履行受到疫情的影响，合同当事人可否援引"不可抗力"以免除其履行义务或违约责任？英国法中没有法定的不可抗力定义，因此判断事件是否符合案涉合同约定的不可抗力事由，取决于案涉合同中不可抗力条款的表达与措辞。在 British Electrical and Associated Industries（Cardiff）Ltd v Patley Pressings Ltd 案中，如果只是泛泛提到 force majeure clause shall apply，而没有对不可抗力的判断标准进行约定，或者没有对属于不可抗力的情形做任何列举，则法院会认为该条款约定不明因而无效④，即合同中不可抗力条款中应该明确有 government acts/

---

① See The Rewia［1991］2 Lloyd's Rep. 325. See also Tillmanns v. Knutsford［1908］1 K.B. 185; Wilston v. Andrew Weir（1925）22 Ll. L. Rep. 521.

② See Homburg Houtimport B.V. v. Agrosin（The Starsin）［2004］A.C. 715［2003］1 Lloyd's Rep. 571 reversing［2001］1 Lloyd's Rep. 437 restoring［2000］1 Lloyd's Rep. 85 and overruling The Flecha［1999］1 Lloyd's Rep. 612.

③ See The Paterson Zochonis & Co.vs Elder Dempster［1924］A.C. 522; The Samuel vs West Hartlepool（1906）11 Com. Cas. 111; Manchester Trust v. Furness［1895］2 Q.B. 282 539; The Hector［1998］2 Lloyd's Rep. 287.

④ See British Electrical and Associated Industries（Cardiff）Ltd v Patley Pressings Ltd［1953］1 WLR. 280.

order/prohibition 的约定。另一个重要点是不可抗力条款的措辞，譬如使用"阻止"（prevent）与使用"妨碍"（hindered）在解释上会产生不同的效果。在 Thames Valley Power Ltd v. Total Gas & Power Ltd 一案中，由于合同的履行只是变得"经济上更加繁重"，并非实质上阻止，天然气供应合同中的不可抗力条款并不判以适用来免除合同义务。如果使用的措辞是"阻止"，那么因为仅仅是在履行上增加难度或亏本不足以构成"阻止"，应当是履行确是无法进行才行。① 相比而言，如果使用的措辞是"妨碍"，则在解释上会宽松很多，只要在履行上客观增加了一定程度的难度便可构成"妨碍"。② 在美国第二巡回法院在 2022 年 3 月 23 日审理的 JN Contemp.Art LLC v.Phillips Auctioneers LLC 案中，法院认为 2019 年新冠肺炎疫情和政府停业令属于不可抗力条款范围内的事件，即超出任何一方合理控制的事件，并符合使人们对业务运营方式的预期受挫的事件，可以免除履约责任。③

（五）美国制裁对合同履行和仲裁裁决执行的影响

2020 年 6 月 3 日，巴黎上诉法院就 SA T. c. Société N. 案作出判决。法院认为，对伊朗实施制裁的联合国安理会决议和欧盟条例对法国具有约束力，但其不适用于本案争议合同，因此仲裁庭未考虑前述制裁文件不构成对国际公共秩序的违反。对于美国的单边制裁措施，鉴于法国和欧盟均反对该单边制裁，因此其不能构成法国国际公共秩序的一部分。

该案中，被申请人申请撤销仲裁裁决，其主张国际制裁系强制性规定（loi de police），其构成国际公共秩序的一部分，仲裁庭未能将有关对伊朗的国际制裁的规定纳入裁决，它使得一项受国际制裁的合同生效，而该合同不能在不违反制裁决议的情况下进行执行，这有悖于法国的国际公共秩序。巴黎上诉法院认为，根据《法国民事诉讼法典》第1520条第5项的规定，对于国际仲裁，"撤销之诉仅可在下列情况下提起：……仲裁裁决的承认或执行违反国际公共秩序"。第一，对于联合国安理会，联合国安理会的决议和欧盟的制裁对于包括法国在内的成员国均具有约束力，其构成外国强制性规定或者国际强制性规定，但不涉及本案的天

---

① See Ross T. Smyth& Co. v. W. N. Lindsay Ltd.（1953）2Lloyd's Rep. 378，Warinco A. G. V. Fritz Mauthner（1978）1 Lloyd's Rep. 151 Exportelisa S. A. v. Giuseppe & Figli Soc. Coll.（1978）1Lloyd's Rep. 433.

② See Navrom v. Callitsis Ship Management S. A.（1988）2 Lloyd's Rep. 416.

③ See JN Contemp.Art LLC v.Phillips Auctioneers LLC 29 F.4th 118.

然气领域。第二，欧盟的制裁构成法国的强制性规定。因同样不涉及本案的天然气领域。仲裁庭未对这些欧盟制裁措施进行考虑不构成对国际公共秩序的有效和具体的违反。第三，美国的制裁，其构成美国的强制性规定。但一项外国强制性规定不可以视为与法国的国际公共秩序相关，除非其同样包含有在国际语境下的不可减损的价值和原则。美国的单边制裁并不能构成一项国际共识，这些制裁的域外适用是法国和欧盟所反对的。因此，法院认为仲裁庭未考虑美国的制裁措施不涉及对国际公共秩序的违反。

对于经济制裁，虽然学者们对于其是否构成国际私法下的强制性规定存在争议，但就本案而言，联合国安理会决议对于联合国成员均具有约束力，欧盟的条例则直接约束欧盟成员国，因此安理会和欧盟的制裁文件对于法国具有约束力。但因裁决的适用对象以及适用时效问题，本案争议合同下的标的并不属于制裁的范围，因此不存在违反国际公共秩序的问题。对于外国的强制性规定，只有在其与法国的基本价值一致时，才可以被视为法国国际公共秩序的一部分。鉴于法国和欧盟均反对美国的单边经济制裁措施，因此其不能构成法国国际公共秩序的一部分。在国际贸易和跨国运输中，往往会在某一个环节里涉及被制裁风险，尤其是运输过程中所涉的船舶、飞机、和列车等运输工具，也应考虑在是否受制裁的范围内。而不管是诉讼还是仲裁中，贸易合同、租船合同等均设置了制裁条款，而合同一方总会以制裁作为主张理由或抗辩理由。因此，各国及各国际组织的制裁措施及合同中的制裁条款及是否影响合同履行及法律责任，则上升为制裁背景下的具体考虑因素。同样，中国法院及仲裁庭在裁判时，应首先考虑到具体的仲裁措施是否构成本国的公共政策或违反本国的公共政策，其次再考虑合同本身的履行及其法律责任。不能因某一制裁措施具有所谓的"长臂管辖"效力而盲目适用导致合同无效否则将损伤中国公司的商业利益及法律权利。针对外国及域外组织的制裁措施，中国也采取了应对之策，分别颁布了《反外国制裁法》《阻断外国法律与措施不当域外适用办法》《出口管制法》《中国禁止出口限制出口技术目录》《不可靠实体清单规定》，这些法律规定为中国企业挑战美国单方面的制裁提供了依据和思路。

五、未来展望

我国海事法院受理案件范围，远大于我国《海商法》作为一部商事法律调整的法律关系范畴，况且，在远洋船舶建造、买卖、租用等涉外海商领域当事人常常选择仲裁，而非法院管辖解决纠纷，我国海事司法实践既有其向外的一面，也要看到其向内的一面。宁波海事法院海事庭庭长，审委会委员吴胜顺先生曾提出以"二分法"看待《海商法》的实体规范，在观察、评价和展望我国海事司法实践时，或许也可以借鉴这一思路。

（一）成为国际海事纠纷解决服务市场的重要参与者和方案提供者

海商事法律规范为服务国际贸易和航运而生，是我国融入全球经济体系的重要抓手和依仗，《海商法》在立法过程中就参考了相关公约，借鉴了被航运业广泛接受的规则和标准合同，其适用和理解并非与众不同，如果我国海事司法要增加其国际影响力、公信力、竞争力，就必须维护通用规则的协调和统一，强化商业主体对中国司法裁判的稳定预期。长期坚持司法公开，促进类案同判是实现这一目的的必要措施。此外，我国法院进一步加强与其他国家和地区的跨境司法协作，更积极的参与国际规则的制定，对海事仲裁，甚至外国海事司法裁判的承认和执行持更加开放的态度，以及更宽容的尝试适用外国实体法律解决海商纠纷等，仍然是未来可见的趋势。新冠肺炎疫情、国际经济制裁、贸易冲突等因素在一定程度上给海事司法实践带来了新的问题，但这并不会否定或削弱海事司法的外向型特征，反而是其充分国际化的体现。

在保持开放姿态的同时，随着中国国力的不断增强，中国海事争议解决机制不断发展、完善有其内在动力和独特的实践基础，例如"一带一路"涉及的 EPC 项目货物运输、涉海工程相关纠纷，特定的航运周期和供应链需求所导致的"散改集"相关纠纷，涉俄、涉伊货物运输，以及与北美农产品进口运输有关的纠纷等，中国司法裁判将起到越来越多的指引作用。

此外，信息技术的广泛和深入运用，在相当程度上助推了中国海事司法的进步和发展。一方面，数字化平台是审判公开、信息披露的载体，也是对外宣传中国海事纠纷解决法律服务的窗口；另一方面，在线法院、庭审进一步提升了中国司法、仲裁的效率优势和成本优势，为境内外诉讼、仲裁参与人提供了便利，或成为中国海事纠纷解决服务的一大特色。

（二）作为中国司法体系的一部分服务于国内经济建设和社会发展

统计数据表明，我国内地海事法院受理的涉外案件占比较小，从案由来看，不具涉外因素，或者涉及境外当事人利益较少的船员劳务合同纠纷、货运代理合同纠纷，以及国内水路运输合同相关纠纷等"鱼小刺多"的案件占到了海事法院总受案量的一多半，而且这一比例长期不会发生较大变化。作为我国司法体系的重要组成部分，海事司法必须回应，并服务于国内经济建设、社会发展和民生保障，不能忽视其对内的一面。以下几个问题值得持续关注。

海事审判"三合一"成为部分海事法院尝试和推进的重点工作，相关案件主要涉及海域使用权、海洋环境保护、捕捞权益以及海上交通安全。虽然海事法院仍旧是重要的商事审判机构，但相关行政、刑事诉讼显然与运输、工程、渔业等相关商业领域密不可分，在海事法院与相关行政、检察机关之间构建良性的工作衔接机制，避免与民商事案件关联的行政、刑事案件多头管辖，实现司法联动效能，在维护国家海洋主权、安全和发展利益方面有其积极作用。

"双碳"目标下，我国的能源和经济的绿色转型强调的是"增量优先"的策略，随着产量扩大、技术改进，成本加快下降，进而加快新老能源比例的转换进度。我国沿海地区的海上风电、光伏、储能项目建设和维护在补贴逐步退出后，将进入一个长期且相对稳定发展的阶段。与此相关的海上作业引发的商事、海事案件将在很大程度上拓展海事争议解决的范畴，考虑到沿海航行权的加持，相关船舶及海上设施的建造、融资、租用、工程等合同纠纷也不容易外流。大力度的补贴政策及行业的迅速发展，必然伴随着大量纠纷，近年来的事故也足够吸引观察者的眼球，相关案件需要国内司法实践在未来几年内消化，并借此总结更多的裁判经验，以服务于行业健康发展。

航运、海工从来都是重资产的行业，随着船舶大型化、自动化，其资产属性更加明显，与此相关的融资方式，近年来不断多样化，对之相对应的资产处置、航运企业破产等纠纷，与海事审判的边界相互交错，涉及海事法院管辖的船舶扣押及拍卖、与船舶有关的执行异议等案件，如何与其他司法程序协调一致，参与到航运企业的整个生命周期之中，未来仍是值得关注的话题。

随着海运业不断向陆上延伸，运输、仓储企业控制下的货物相关的"供应链自金融"纠纷也涉及海事法院的管辖，货物之上的担保物权种类，以及实现方式，通过司法实践、司法解释不断规范，例如"让与担保"。

当然，我们必须强调海事司法实践的内外两面并非泾渭分明，往往是相互关联和影响的。例如，作为保险业深入程度较高的行业，船舶和货物背后都有不同类型的保险人，不断评价、管理航运、海工行业的风险，并紧密参与相关事故的处理，即使是表面上没有涉外因素的沿海风电场，以及参与施工的工程船舶，其再保险仍旧大比例的由国际市场承接；又如，船舶资产处置，对于远洋船舶、光租入境船舶、在建船舶来讲，往往也涉及境外当事人利益；再如，数据合规及个人信息保护，随着国内法律体系的完善，以及物流、运输行业的平台化不断受到关注，相关纠纷可能潜入到货运代理、运输、仓储纠纷之中，对天生外向的航运相关企业而言，需统筹考虑其合规体系建设。

中国商业秘密纠纷司法研究报告

(2021—2022)

一、司法实践总体观察

2021年是最高人民法院受理技术秘密案件上诉二审的第三年，亦是最高人民法院《关于审理侵犯商业秘密民事案件适用法律若干问题的规定》（法释〔2020〕7号）、最高人民法院、最高人民检察院发布《关于办理侵犯知识产权刑事案件具体应用法律若干问题的解释（三）》等商业秘密领域重要司法解释施行的第二年。随着审判体系改革的日渐深入以及相关重要法规、司法解释的修订、施行，在过去的2021—2022年里，虽然与商业秘密相关的民事法律规定只有《反不正当竞争法》第9、17、32条，刑事法律规定只有《刑法》第219条；但是，商业秘密纠纷依然呈现出案件数量持续增长、法律适用疑难问题增多、司法保护力度加大等诸多特点。

（一）概述

1.案件数量持续增长

在民事案件方面，根据中国裁判文书网上公开的信息，2021—2022年8月12日（本报告写作截稿之际），侵害商业秘密案由纠纷的民事判决书共计71份；技术秘密转让和技术秘密许可合同案由纠纷的民事判决书共计4份。① 根据《最高人民法院知识产权法庭年度报告（2021）》，最高人民法院知识产权法庭2019年受理技术秘密纠纷实体案件12件，2020年增长到44件，2021年增长到79件、数量相比于前两年显著增加。在刑事案件方面，根据最高人民法院发布的《中国法

---

① 统计时间截至2022年8月12日；考虑到商业秘密案件本身的特殊性，存在作出实体判决，但未在中国裁判文书网上公开判决书的情形。

院知识产权司法保护状况（2021年）》，侵犯商业秘密刑事案件61件，比2020年增加16件。总体而言，2021—2022年，商业秘密案件数量总体呈现增长趋势；且民事案件数量要显著多于刑事案件以及行政诉讼案件数量。在民事案件类型方面，以不正当竞争纠纷为案由的案件数量占据大多数；涉及技术秘密许可合同等合同纠纷案由的数量比例相对较小。

2. 法律适用疑难问题增多

随着案件数量持续增长，其中呈现的法律适用疑难问题也逐渐增多。程序问题方面，涉及2017年和2019年修订的《反不正当竞争法》如何适用的确定，商业秘密刑民保护手段的差异以及刑民交叉案件的识别和处理，重复起诉情形的认定，《反不正当竞争法》第32条规定关于举证责任移转规定的理解和适用，毁损证据的法律后果等。实体问题方面，则主要围绕权利基础、侵权行为认定和民事责任承担三方面的内容展开，包括组合秘密非公知性和相应保密措施的认定，使用他人商业秘密的法律推定，将在职期间接触到的商业秘密转发至私人邮箱的行为定性，通谋虚伪技术秘密许可合同的认定，事先约定损害赔偿对实际侵权损害赔偿计算的影响，将他人商业秘密申请为专利公开的损害赔偿的确定，侵害经营秘密停止侵权法律责任的适用等。

3. 司法保护力度加大

2021—2022年，法院对于商业秘密的司法保护力度空前加大。在"香兰素"案件中，法院判决侵权人赔偿共计1.59亿元；该案是人民法院史上生效裁判判赔额最高的商业秘密侵权案件，且最高人民法院二审判决确认原告可以就各被告于2018年及之后侵权行为造成的损失另行提起诉讼，并依法将本案涉嫌侵犯商业秘密犯罪的相关线索移送公安机关处理。在"斯太尔公司"技术秘密许可合同纠纷案件中，最高人民法院采用三步法，依法确认案涉技术秘密许可合同无效，并判令被告返还原告2亿元。

在"路启公司"案[①]中，最高人民法院二审采取现场勘验、调取证据、罚款处罚等多项举措，在准确查明技术事实的基础上，撤销一审法院驳回原告全部诉讼请求的判决，改判被告赔偿原告经济损失及合理开支共计600万元，彰显了司法保护的力度。

除了在实体处理层面加大赔偿力度，法院在程序方面亦加强对商业秘密的保

---

① （2019）最高法知民终7号。

护力度。在"必沃公司"案[①]中，法院准确识别刑民交叉案件中的同一事实和牵连关系，并撤销一审裁定，裁定一审法院继续审理违反技术秘密许可合同的民事案件，确保对商业秘密权利人的及时救济。根据《最高人民法院知识产权法庭年度报告（2021）》，最高人民法院知识产权法庭"在'芯片设计及量产'技术秘密侵权案件中首次采取'发回重审＋临时禁令'的裁判方式，切实提高侵权救济时效和权利保护效果，及时有效制止侵权行为，防止权利人'赢了官司输了市场'"。此外，随着司法解释的制定和实施以及各地法院的实践探索，法院在商业秘密案件中越来越重视采取相应措施，包括但不限于出具保密令、有限开示保密证据等，以防止诉讼过程中的二次泄密。

（二）司法解释、审理指南、审理标准等制定情况

1. 出台司法解释

2019 年修订的《反不正当竞争法》第 17 条第 3 款规定了经营者恶意实施侵犯商业秘密行为，情节严重的，可以在按照上述方法确定数额的一倍以上五倍以下确定赔偿数额。赔偿数额还应当包括经营者为制止侵权行为所支付的合理开支。该制度为商业秘密侵权案件的惩罚性赔偿制度。2021 年 3 月 3 日，最高人民法院《关于审理侵害知识产权民事案件适用惩罚性赔偿的解释》（法释〔2021〕4 号）施行，该司法解释规定了法院可以初步认定被告具有侵害知识产权的故意的情形，并进一步规定，该司法解释所称故意包括《反不正当竞争法》第 17 条第 3 款规定的恶意。同时，该司法解释规定了法院可以认定为情节严重的情形，为法院在审理侵害商业秘密民事案件时，如何确定适用惩罚性赔偿的"恶意"和"情节严重"要件作出了清晰的指引，使得权利人在侵害商业秘密民事案件中主张惩罚性赔偿更有可行性和操作性。

2. 制定审理指南和举证参考

江苏省高级人民法院于 2021 年 4 月发布《江苏省高级人民法院侵犯商业秘密民事纠纷案件审理指南（修订版）》，该指南是在其 2011 年版本基础上修订的，并于 2020 年 12 月 29 日经江苏省高级人民法院审判委员会第 36 次全体会议讨论通过，并按最高人民法院审查意见修改完成。该指南主要包括侵犯商业秘密民事纠纷案件审理概述、商业秘密及侵权行为的认定、民事责任承担、司法鉴定、刑民交叉处理、诉讼保全措施的适用、防止诉讼中商业秘密泄露等内容。包括侵权认

---

① （2019）最高法知民终 333 号。

定中的举证责任转移及证明标准降低、防范诉讼中商业秘密二次泄露的相关措施等内容，体现了地方法院根据最新法律修订和司法解释制定等，对商业秘密侵权案件审理规则的探索和创新。该指南对于江苏辖区乃至其他辖区内法院审理侵害商业秘密民事案件具有极强的指导和参考价值。

北京知识产权法院于 2021 年 10 月 29 日发布《北京知识产权法院侵犯商业秘密民事案件诉讼举证参考》。该举证参考包括关于权利基础的举证参考、关于侵权行为的举证参考、关于请求承担民事责任的举证参考以及关于程序事项的举证参考的四大部分。该举证参考能够助力于破解侵犯商业秘密民事案件中的举证难问题，并引导当事人更好地完成举证责任，从而获得理想的诉讼裁判效果。

3. 制定标准

为引导企业加强商业秘密管理，并采取符合法律和司法解释要求的保密措施，从而在民事诉讼案件中不致因保密措施不当而维权失败，相关协会和地方市场监督管理部门相继发布了相关保密管理标准。中国专利保护协会等共同起草的《企业商业秘密管理规范》团体标准（T/PPAC 701-2021）于 2021 年 12 月 31 日发布，从案涉人员管理、涉密载体管理、涉密设备管理、涉密区域管理、对外合作的商业秘密管理等多个方面，就企业如何采取针对案涉保密信息的相应管理措施给予指引。深圳市市场监督管理局于 2022 年 4 月 25 日发布《企业商业秘密管理规范》深圳市地方标准（DB4403/T 235-2022），从员工管理、外部人员管理、物理区域管理、物品及载体管理、信息系统管理、评估与改进、泄密时间管理等多个方面，就企业如何采取针对案涉保密信息的相应管理措施给予指引。实务中，企业依据该等标准对涉密保密信息进行管理，一方面，可以有效避免商业秘密被泄露、减少泄密事件的发生；另一方面，在发生民事案件时，企业亦可以提供符合法律和司法解释要求的保密措施，进而争取有利的诉讼结果。

二、典型案例评析

2021—2022 年，最高人民法院和地方各级法院审结了多件商业秘密民事案件。从案件类型来说，绝大部分案件为不正当竞争案由项下的侵害商业秘密纠纷案件；少数案件为合同案由项下的技术秘密许可合同纠纷案件。从案件涉密类型来说，最高人民法院审结的是涉技术秘密或技术秘密与经营秘密复合纠纷案件；地方法院审结的则既有涉技术秘密纠纷案件，也有涉经营秘密纠纷案件。从案件涉及问题来说，程序问题主要与管辖相关，实体问题则与权利构成要件、权属、侵权行为认定和民事责任承担等相关。

本报告选取了共计 7 个案例：其中 1 个案例为最高人民法院审结的技术秘密许可合同纠纷案件，其余 6 个案例均为侵害技术秘密或技术秘密与经营秘密复合纠纷案件；其中 5 个案例由最高人民法院审结，2 个由地方法院审结。法院通过审理该 7 个案例，或明晰法律适用要件，或厘清界定不同行为和责任承担方式的标准，或指引损害赔偿计算。该等案例均体现了法院在完善商业秘密案件裁判规则、加强商业秘密司法保护方面的努力。

（一）三步法认定 2 亿元标的技术秘密许可合同构成虚假通谋[①]

1. 基本案情

2016 年，斯太尔股份公司（系深圳证券交易所上市公司）与中关村产业园洽谈在江苏省溧阳市投资建厂事宜。依据溧阳市 2015 年发布的招商引资政策，符合该市产业发展规划的制造业项目可按照设备投资额的一定比例获得奖励。根据斯太尔股份公司计划投资的项目规模，初步测算可获得 2 亿元奖励。

2016 年 12 月 6 日，斯太尔股份公司为提前兑付前述 2 亿元奖励，通过其全资子公司斯太尔江苏公司（许可方）与江苏中关村公司签订案涉技术许可协议，约定的主要内容包括斯太尔江苏公司将 3 项与柴油发动机相关的全部商业机密和核心技术授权给中关村公司独家使用；许可使用费为 2 亿元固定费用及每年使用该技术秘密收入（不含税收入）的 3.5% 的提成费用。许可期限为 10 年。协议还约定了交付物。

案涉案涉技术许可协议签订后，斯太尔江苏公司向中关村公司交付了 3 款柴油发动机样机各 1 台，中关村公司签收并出具验收报告。中关村公司按案涉案涉合同约定，分三次向斯太尔江苏公司转账 2 亿元。但是，根据案涉案涉三方协议，该笔资金受中关村公司以及中关村产业园监管，斯太尔江苏公司不能自由支配。

斯太尔股份公司于 2016 年发布公告以及于 2017 年发布年度报告，对案涉合同签订及履行情况进行了披露。深圳证券交易所关注了案涉合同，先后多次向斯太尔股份公司发出关注函和询问函，要求其对案涉合同相关问题进行说明。

案涉合同签订 4 个月后，斯太尔股份公司与中关村公司商定以 2 亿元回购上述案涉技术。但因证监会启动调查，斯太尔股份公司开出的支票无法使用，中关村公司未能收回 2 亿元。

[①] （2021）最高法知民终 809 号。

中关村公司于 2018 年 5 月向江苏省高级人民法院起诉,主张案涉技术许可协议是为斯太尔江苏公司为先行兑付 2 亿元政府投资奖励而签订,并非双方真实意思表示,应属无效;请求法院判令斯太尔江苏公司返还技术许可费 2 亿元。

一审法院认定案涉技术许可协议无效,判令斯太尔江苏公司返还 2 亿元;并同时判令中关村公司返还 3 台样机及相关技术资料。双方均不服一审判决,提出上诉。最高人民法院根据"三步法"的审理思路,认定双方均没有签订技术许可协议的真实意思表示,案涉技术合同无效,最终判决驳回上诉,维持原判。

2. 争议焦点

中关村公司与斯太尔江苏公司之间签订案涉技术许可协议是否存在虚假意思表示(即通谋虚伪)。

3. 裁判要旨

对于双方当事人签订特定类型合同是否存在虚假意思表示,一般可以按照"三步法"进行具体认定。第一步,根据合同主给付义务的真实情况进行判定。如果双方当事人之间的主给付义务实际上根本不具备特定类型合同项下主给付义务的基本特征,则可以初步认定双方签订合同时存在虚假意思表示。第二步,根据双方当事人订立合同前后的情况(特别是双方缔约背景)和履约行为等相关事实,进一步认定双方订立合同所隐藏的真实意图。第三步,综合全案案情,如果上述两个方面的认定可以相互吻合并能够排除合理怀疑,即可最终认定双方当事人以虚假意思表示订立合同。

4. 案件评述

《民法典》第 146 条第 1 款(对应原《民法总则》第 146 条第 1 款)规定,行为人与相对人以虚假的意思表示实施的民事法律行为无效。司法实践的审判难点是如何识别和认定双方当事人签订合同是否存在虚假意思表示。理论上而言,针对不同类型的合同,识别和认定双方当事人签订合同时是否存在虚假意思表示的标准存在差异。最高人民法院通过本案的审理,确定了具有普遍适用意义的三步法,要件清晰、逻辑自洽,为该类案件的审理提供了重要参考和指引。

本案涉及的合同类型是技术秘密许可合同。该类型合同的主义务是许可方向被许可方提供约定的技术由被许可方使用;被许可方向许可方支付使用费由许可方自由支配。本案中,首先,双方当事人的实际合同履行情况(中关村公司未实际获得案涉技术秘密并进行使用;斯太尔江苏公司无法自由支配案涉资金)与前述技术秘密许可合同主义务特征不相符合;同时结合后两步的判定,认定双方当事人签订合同时存在虚假意思表示,案涉技术许可协议无效。

该案未涉及资金占用费（利息）损失的认定。考虑到通谋虚伪的法律行为，双方当事人存在过错，因此，即使存在利息损失，通常情况下资金支付方也无法向资金收取方提出该等损失并获得法院支持。

（二）被诉侵权人以侵权为业的，可以以被诉侵权行为相关产品的销售利润为基础计算损害赔偿数额①

1. 基本案情

嘉兴中华化工公司与上海欣晨公司共同研发了乙醛酸法生产香兰素工艺，并均采取了保密措施将之作为技术秘密保护。嘉兴中华化工公司和上海欣晨公司的相关香兰素生产技术和工艺曾获浙江省科学技术奖二等奖、中国轻工业联合会科学技术进步一等奖等奖项。在本案侵权行为发生前，嘉兴中华化工公司是全球最大的香兰素制造商，占据全球香兰素市场约60%的份额。

2010年，嘉兴中华化工公司前员工、香兰素车间副主任傅祥根从王龙集团公司获得报酬后，将生产设备图和工艺管道及仪表流程图等香兰素技术秘密披露给王龙集团公司监事、王龙科技公司董事长、本案被告之一王国军；同年5月入职王龙科技公司的香兰素车间工作。2011年3月，王龙科技公司获评生产年产量5000吨香兰素；同年6月起开始生产香兰素。2015年，喜孚狮王龙公司成立，持续使用王龙科技公司作为股权出资的香兰素生产设备生产香兰素。

王龙集团公司、王龙科技公司非法获取"香兰素"技术秘密后，从2011年6月开始生产香兰素并持续至今，其自述实际年生产香兰素至少2000吨，可以满足全球10%的市场份额需求。同时，上述被告侵害案涉技术秘密生产的香兰素产品销售地域遍及全球主要市场，并对标嘉兴中华化工公司争夺客户和市场。

嘉兴中华化工公司、上海欣晨公司认为王龙集团公司、王龙科技公司、喜孚狮王龙公司、傅国祥、王国军未经许可使用其香兰素生产工艺，侵害其技术秘密，故诉至浙江省高级人民法院，请求判令停止侵权、赔偿经济损失及合理开支5.02亿元。浙江省高级人民法院认定侵权成立，判令停止侵权、赔偿经济损失300万元及维权合理开支50万元。浙江省高级人民法院在作出一审判决的同时，作出行为保全裁定，责令王龙科技公司、喜孚狮王龙公司立即停止使用案涉技术秘密，但王龙科技公司、喜孚狮王龙公司并未停止使用行为。

除王国军外，本案各方当事人均不服一审判决，提出上诉。二审中，嘉兴中

---

① （2020）最高法知民终1667号。该案获评2021年中国法院十大知识产权案件。

华化工公司、上海欣晨公司上诉请求的赔偿额降至 1.77 亿元。最高人民法院根据权利人提供的经济损失相关数据，综合考虑在案各项情节和因素，改判王龙集团公司、喜孚狮王龙公司、傅某某、王龙科技公司及其法定代表人王某某连带赔偿权利人经济损失 1.59 亿元（含合理维权费用 349 万元）。同时，最高人民法院决定将本案涉嫌的犯罪线索向公安机关移送。

2. 争议焦点

本案涉及的争议焦点较多，程序方面涉及如何适用法律（即是适用 2017 年《反不正当竞争法》还是适用 2019 年《反不正当竞争法》）、上海欣晨公司的原告主体资格是否适格、本案诉讼请求是否已过诉讼时效和本案是否构成重复起诉；实体方面涉及案涉技术秘密的侵权使用认定、法定代表人共同侵权的认定以及损害赔偿额的计算等。

3. 裁判要旨

第一，权利人举证证明被诉侵权人非法获取了完整的产品工艺流程、成套的生产设备等技术秘密信息或者技术秘密载体，且被诉侵权人已经实际生产出相同产品的，可以根据优势证据规则和日常生活经验，推定被诉侵权人使用了全部技术秘密。

第二，被诉侵权企业系其法定代表人或者实际控制人专门为从事侵权而登记设立，该被诉侵权企业的生产经营主要系实施被诉侵权行为，且该法定代表人或者实际控制人自身积极参与侵权行为实施的，可以认定该法定代表人或者实际控制人与该被诉侵权企业共同实施了侵权行为，并应当依法承担连带法律责任。

第三，在侵害技术秘密纠纷案件中，被诉侵权人以销售侵权行为相关产品为业的，可以被诉侵权行为相关产品的销售利润为基础计算损害赔偿数额；被诉侵权行为相关产品的销售利润难以确定的，可以被诉侵权行为相关产品的销售量乘以权利人相关产品的销售价格及销售利润率为基础计算损害赔偿数额。

4. 案件评述

香兰素案件是我国司法史上判赔额最高的商业秘密案件。本案的审理彰显了法院最严格保护知识产权、打击恶意侵权人的司法态度。本案涉及的法律问题众多，最高人民法院二审判决详尽论述了各个法律问题的适用意见，为今后类似问题的处理提供了裁判指引。

本案涉及的重大法律问题之一是如何认定案涉技术的侵权使用行为。一审法院在处理本案时，经过比对仅认定各被告使用的案涉秘密为 17 个设备的设计图和

5 张工艺流程图。最高人民法院在二审时,未采用现场勘验或委托鉴定等技术事实调查手段,而是基于案涉技术秘密的特性(香兰素生产设备和工艺流程具有配套性)以及各被告拒绝提交自身的研发记录等在案证据情况,在确定各被告已经非法获取案涉技术秘密的事实基础上,基于优势证据规则和日常生活经验,合理推定各被告使用了全部 185 张设备图和 15 张工艺流程图。由此,可资借鉴的是,法院今后在认定相关被告是否使用案涉商业秘密时,将可能采用推定方式,以加强对权利人的保护和对侵权人的打击。

本案涉及的重要法律问题之二是如何计算损害赔偿数额。本案应予适用的法律规范为 2017 年《反不正当竞争法》。根据最高人民法院就该法所作的司法解释的规定,关于侵犯商业秘密损害赔偿额的计算可以参照侵犯专利权的损害赔偿额的方法进行。由此,最高人民法院在本案中以被诉侵权行为相关产品的销售量乘以权利人相关产品的销售价格及销售利润率确定销售利润。值得注意的是,考虑到被诉侵权行为相关产品系完全依据案涉技术秘密制造而得,因此,最高人民法院最终计算销售利润时,未在前述计算基础上再乘以相关的贡献率。当然,对于非完全依据案涉技术秘密制造而得的被诉侵权相关产品,在计算销售利润时需要考虑案涉技术秘密的贡献率,而不能将销售利润等同于被诉侵权人的全部侵权获利。例如,浙江省高级人民法院在二审的(2017)浙民终 123 号案件中即确定案涉技术秘密的贡献率为 50%。

此外,本案亦值得关注的是,基于"诉、审、判"一致的原则,由于嘉兴中华化工主张计算损害赔偿对应的侵权行为期间截至 2017 年年底;对于 2018 年以来仍在持续的被诉侵权行为给嘉兴中华化工造成的损失,最高人民法院二审明确可另诉寻求救济。

(三)针对同一技术秘密的披露行为系一次性的侵权行为,不能重复起诉[1]

1. 基本案情

优铠公司是一家制造、销售优选锯产品的公司,拥有"边测量边锯切的设计"的技术秘密。李某、周某和曹某系优铠公司前员工,签有保密协议,且李某、周某接触并知悉案涉技术秘密。三人在优铠公司任职期间共同成立了路启公司,并共同将优铠公司的技术秘密披露给路启公司使用,路启公司据此制造、销售优选锯产品。后李某、周某和曹某陆续从优铠公司离职加入路启公司。鲁丽公司购买

---

[1] (2019)最高法知民终 7 号。该案获评最高人民法院"人民法院反垄断和反不正当竞争典型案例"。

并使用路启公司生产的被诉侵权产品。

在本案诉讼之前,上海知识产权法院曾就优铠公司诉曹某、周某、李某和路启公司技术秘密侵权纠纷案做出(2015)沪知民初字第 275 号民事判决,判令曹某、周某、李某和路启公司立即停止侵犯优铠公司"边测量边锯切的设计"的技术秘密,并不得披露、使用和允许他人使用案涉技术秘密。上海市高级人民法院就该案作出(2016)沪民终 470 号判决维持原判。

在前述判决生效判决之后,优铠公司发现曹某、李某、周某仍未经许可向路启公司披露案涉技术秘密,并且在 2013 年 10 月至 2017 年 4 月期间,共同使用案涉技术秘密,制造被诉侵权产品 V200、Q80(二审放弃主张)和 S200 优选锯,在 2017 年 5 月至 2017 年年底期间,制造、销售被诉侵权产品 F308、H18 优选锯。优铠公司遂就新的侵权行为提起本案诉讼,请求判令李某、周某、曹某、路启公司停止侵权,要求各被告共同赔偿损失及合理开支 1100 万元,并就其侵权行为刊登声明、消除影响;判令鲁丽公司停止使用自路启公司处购买的利用案涉技术秘密制造的优选锯。

为查明案件需要,一审法院依据优铠公司的申请,委托北京国创鼎城司法鉴定所就路启公司制造的 V200、Q80、S200、F308 和 H18 优选锯产品与案涉技术秘密是否具有同一性进行鉴定。鉴定结论为路启公司生产的前述型号优选锯所体现的技术信息与优铠公司"边测量边锯切的设计"的技术信息不相同且实质不同。一审法院判决驳回优铠公司的全部诉讼请求。

优铠公司不服,向最高人民法院提起上诉。二审期间,合议庭根据当事人的申请,前往山东省临沂市、寿光市两地工厂对公证封存的机器进行现场勘验,通过现场操作机器,将精心设计的十余组锯切实验方案一一锯切,细致比对锯切结果,最终查明了技术事实,推翻了一审鉴定结论,合议庭据此认定被诉侵权产品使用了案涉技术秘密。二审判决路启公司停止侵权,赔偿优铠公司 500 万元经济损失及 100 万元合理开支。此外,最高人民法院针对鲁丽公司无正当理由毁损人民法院查封证据的行为,依法给予 10 万元的罚款处罚。

2. 争议焦点

本案的争议焦点主要包括:针对非法披露技术秘密行为重复诉讼的认定;以及技术秘密内容的确定。

3. 裁判要旨

第一,针对同一技术秘密的披露行为系一次性的侵权行为,在前案对该行为已经审理并作出相应判项的情况下，优铠公司在本案中再次主张曹某、李某、周某未经许可向路启公司披露优铠公司案涉技术秘密，属于重复起诉。

第二，技术秘密内容的确定往往涉及繁重的事实认定和复杂的法律判断。随着诉讼进程的推进，各方当事人的辩论、筛选和甄别，技术秘密的内容会逐渐从原来范围较大、界限较为模糊变得范围更为合理、不断明晰，从而划分出技术秘密与公知信息的边界。

在侵害技术秘密案件中，权利人原则上应当在一审法庭辩论结束前明确所主张的技术秘密具体内容，对于一审法庭辩论结束后提出的技术秘密内容，人民法院一般不予审查。但是，如果权利人有证据证明其在一审法庭辩论结束后提出的内容仅是对主张的技术秘密具体内容的解释和说明，并未超出其主张的技术秘密的内容，也没有改变其所主张的技术秘密内容，则这种解释和说明不会损害各方当事人的权利，有利于人民法院在充分理解技术秘密内容的基础上作出公正裁判，通常不会违反诚信原则。

4. 案件评述

最高人民法院关于本案的二审判决，除了对以上两个主要争议焦点作出准确的法律解释和适用，关于复杂技术事实的查明手段亦为类似案件的处理提供了指引。

本案一审法院采用委托鉴定方式查明相关技术事实。但是，二审法院经审理，认定一审法院的委托鉴定存在瑕疵，在原告提出重新鉴定后，二审法院在公证保全证据完好的情况下，采用现场勘验手段查明了相关技术事实。最高人民法院法院未组织重新鉴定，一方面节约了当事人的诉讼成本，另一方面有利于加快案件审理的节奏，解决案件审理周期长的问题，从而切实、及时维护权利人的合法权益。现场勘验的顺利推进，也得益于最高人民法院知识产权法庭储备的丰富的技术调查官资源。最高人民法院的这一做法，对于地方法院今后通过多种方式及时、有效查明复杂技术事实具有重要的参考和指引意义。

为了规范诉讼行为，倡导诉讼当事人遵循诚信原则参与诉讼活动，最高人民法院就本案中鲁丽公司无正当理由毁损查封证据的行为作出处罚，并且在实体上认可被告所毁损对其不利证据的待证事实。根据最高人民法院的这一裁判指引，诉讼当事人在诉讼活动中若存在毁损证据、提供虚假证据等诉讼不诚信行为，将在程序和实体两方面承担法律责任。程序方面，诉讼当事人可能会被法院课以民事制裁、进行罚款等；实体方面，与证据相关的待证事实，将采信诉讼相对方的主张，由不诚信的诉讼当事人承担于己不利的法律后果。

此外，最高人民法院在本案中重申了其在（2007）民三终字第 10 号知识产权与竞争纠纷裁定书中的意见，即销售侵犯技术秘密所制造的侵权产品不属于《反不正当竞争法》第 9 条所列明的侵犯技术秘密的行为。相应地，使用侵犯技术秘密所制造的侵权产品亦不属于《反不正当竞争法》第 9 条所列明的侵犯技术秘密的行为。

（四）合同约定保密期限届满后被许可人仍不得对外披露或允许他人使用许可人的商业秘密[①]

1. 基本案情

君德同创公司研发有"单氰胺法生产胍基乙酸"的制备方法，并于 2011 年 11 月 10 日提出胍基乙酸新饲料添加剂申请，于 2014 年 10 月 23 日获得农业部核发的饲料和饲料添加剂新产品证书。

君德同创公司与泽兴公司在 2010 年签订战略合作协议，泽兴公司在君德同创公司向农业农村部申请新饲料和新饲料添加剂时给予了支持。君德同创公司与泽兴公司在 2010 年 8 月 1 日签订了加工协议，约定君德同创公司独立占有生产胍基乙酸的有关知识产权（如专利、新产品等），泽兴公司按照君德同创公司提供的生产工艺生产胍基乙酸。战略合作协议和加工协议的履行期限均为 2010 年 6 月 30 日至 2013 年 6 月 30 日，且两份协议明确约定，合作期内及双方合作结束后 3 年内，泽兴公司必须对双方合作有关的销售数据、技术信息等进行保密，不得向任何人泄漏任何相关资料。战略和合作协议以及加工协议的实际履行最后日期为 2014 年 6 月。

君德同创公司主张，泽兴公司在双方合作结束之后、保密期限届满前和届满后，未经君德同创公司许可，与大晓公司共同实施了生产和将胍基乙酸作为饲料添加剂销售给用户等行为，共同构成商业秘密侵权。君德同创公司诉请泽兴公司、大晓公司立即停止制造、销售、许可他人销售侵害君德同创公司知识产权和技术机密的饲料级胍基乙酸；并连带赔偿君德同创公司造成的经济损失以及君德同创公司为制止侵权所支付的合理费用共计 1067 万元等。

河北省石家庄市中级人民法院一审判决泽兴公司、大晓公司立即停止制造、销售侵害君德同创公司技术秘密的饲料级胍基乙酸产品；两公司共同赔偿君德同

---

① （2020）最高法知民终 621 号。

创公司经济损失及合理开支共计 50 万元。最高人民法院二审判决在维持赔偿数额的情况下，改判泽兴氨公司立即停止允许他人使用君德同创公司案涉技术秘密的行为，以及大晓公司立即停止使用君德同创公司案涉技术秘密的行为。

2. 争议焦点

泽兴公司在战略合作协议、加工协议约定的保密期限届满后，是否仍然负有保密义务，以及保密义务的具体范围。

3. 裁判要旨

第一，技术秘密许可合同约定的保密期限届满，除非另有明确约定，一般仅意味着被许可人的约定保密义务终止，但其仍需承担侵权法上普遍的消极不作为义务和基于诚实信用原则的后合同附随保密义务。

第二，被许可人可以在保密期限届满之后，自行使用案涉商业秘密；但是负有不得向他人披露以及允许他人使用案涉商业秘密的义务。

4. 案件评述

该案处理的情形涉及被许可人与许可人在许可协议或相关协议约定的保密期限届满后保密义务承担的问题。最高人民法院从多个角度论述被许可人在保密期限届满之后，仅自己可以使用案涉商业秘密，但不得向他人披露并允许他人使用。司法实践中，与此相类似的情形还有一种，即员工与雇主约定了离职后的保密期限，则在保密期限届满之后，该员工是否可以使用、披露或允许他人使用在职期间接触到的商业秘密。

按照最高人民法院在本案中确定的裁判规则，由于员工普遍的负有侵权法上不侵害商业秘密的义务，因此，只要商业秘密没有为公众所知悉，即雇主的商业秘密权利仍在持续，则即使保密期限届满，员工仍然负有保密义务，不得披露或允许他人使用在职期间接触到的商业秘密。存在争议的是，保密期限届满之后，员工自己是否可以使用。

在许可关系项下，最高人民法院认可被许可人可以自己使用。但是，在劳动关系项下，是否可以比照许可关系认可员工可以自己继续使用，对此，我们认为，答案应当是否定的，即在劳动关系项下，在保密期限届满之后，员工通常不可以继续使用在职期间接触到的商业秘密。原因是，商业秘密属于一项重大的民事权利，他人使用权利人的商业秘密，是对权利人设定的一种负担或权利处分，应当以明确的意思表示为前提。在许可关系项下，许可人的负担之一就是允许被许可人使用自身的商业秘密。因此，许可人和被许可人通过保密期限划定了被许可在不同阶段使用商业秘密的情形：在保密期限内，被许可人不得使用；在保密期限届满之后，许可人即不再限制被许可人的使用。但是，在劳动关系项下，通常而言，公司未为自身设定允许员工使用商业秘密的负担；且在部分情况下，员工在实际工作中也不涉及对案涉商业秘密的使用。因此，在公司与员工未就使用商业秘密做出明确约定的情况下，即使保密期限届满，员工依然不能使用在职期间接触到的商业秘密。

从域外的情况来看，"离职员工负有不得使用期前雇主商业秘密的义务，人们对该义务的性质存在不同的观点，尤其是在不同的管辖区域。在英国，目前的正统理论是，离职雇员负有的该种义务是经由默示合同产生的。与此相反，在澳大利亚，离职雇员负有的义务通常被视为衡平法上的义务，或者既是普通法上的义务也是衡平法上的义务"①。"第二个问题是默示义务的范围，也是受到更多关注的问题。并非所有的保密信息均落入离职后义务限制的范围。离职后义务的范围至少在离职雇员使用这些信息的时候仅限于'商业秘密'。"②因此，根据域外的司法实践，离职员工在劳动关系项下仍负有保密义务，且不得继续使用在职期间接触到的"商业秘密"。

最高人民法院曾经在（2012）民监字第253号知识产权与竞争纠纷裁定书中指出，合同的附随义务与商业秘密的权利人对具有秘密性的信息采取保密措施是两个不同的概念，不能以合同一方负有合同法上的保密附随义务来判定相对方对其主张的信息采取了保密措施。本案中，最高人民法院认为在合同约定的保密期限届满后，根据合同法规定的附随义务，综合判断被许可人负有保密义务的，未经同意许可他人使用的，构成侵害商业秘密。尽管如此，最高人民法院在本案中确定的裁判规则，并未改变在此前案件中关于合同付随义务不能作为保密措施的认定。理由如下：保密措施和保密义务是不同的法律概念，前者是构成商业秘密的要件之一，后者是判定侵权人是否实施侵权行为的要件之一。因此，合同附随义务无法认定为保密措施并不影响法院可以基于合同随附义务综合判断侵权人是否对权利人负有保密义务。

---

① ［英］坦尼亚·阿尔平等：《高锐论违反保密义务》，黄武双等译，法律出版社2021年版，第632页。

② ［英］坦尼亚·阿尔平等：《高锐论违反保密义务》，黄武双等译，法律出版社2021年版，第638页。

（五）职工未经许可转发公司技术秘密至私人邮箱构成盗窃技术秘密侵权；事先约定的侵权损害赔偿可作为判赔参考[①]

1. 基本案情

崔某某是倍通数据"爬虫平台"项目负责人，自2019年7月1日入职倍通数据以来，先后签署了《保密合同书》、具有保密条款的《员工手册》《离职保密协议》，其中《保密合同书》将公司数据库、系统源代码及内含资料定为绝密级，并约定侵犯绝密秘密的赔偿50万—100万元。

2019年12月19日，崔某某作为责任人签署《处置协议》，确认其于2019年12月4—16日违反公司信息安全规章制度，通过公司电子邮箱向个人电子邮箱发送包括"爬虫平台"的数据库文件、系统运行程序文件、源代码和配置文件的电子邮件。双方签署《处置协议》的过程中，倍通数据的工作人员已将崔某某外发的邮件从崔某某的电子邮箱中删除。

倍通数据诉请要求判令崔某某立即停止侵权、赔偿倍通数据经济损失50万元及律师费1.5万元。

一审法院认为，崔某某的行为构成《反不正当竞争法》第9条禁止的以"其他不正当手段获取权利人的商业秘密"的侵犯商业秘密行为，应当停止侵权，并酌定崔某某赔偿倍通数据包括制止侵权行为所支付的合理开支在内的损失5万元。一审判决后，双方均不服，提出上诉。最高人民法院二审改判禁止崔某某披露、使用或者允许他人使用倍通数据的案涉技术秘密，并赔偿倍通数据经济损失25万元及合理开支1.5万元。

2. 争议焦点

一是职工未经许可将在职期间接触到的公司技术秘密转发至私人邮箱的行为定性；二是事先约定的侵权损害赔偿对于确定案涉损害赔偿数额的影响。

3. 裁判要旨

第一，员工明知保密规定，仍然违反公司的相关保密要求和保密管理规定，在公司不知情的情况下，将含有案涉技术信息的文件通过电子邮件发送至私人邮箱，致使案涉技术信息脱离倍通数据的原始控制，使案涉技术信息存在可能被披露和使用的风险，该行为已经构成以盗窃手段获取他人商业秘密的行为。

第二，对于权利人与侵权人在保守商业秘密条款中就侵权责任的方式、侵权

[①] （2021）最高法知民终1687号。

损害赔偿数额作出的协商约定，属于双方就未来可能发生的侵权损害赔偿达成的事前约定，在人民法院确定侵害技术秘密赔偿数额时，可以作为重要参考因素。

4. 案件评述

关于将在职期间接触的信息转发至私人邮箱或个人存储装置的行为定性，上海市第一中级人民法院早在审理的（2013）沪一中民五（知）初字第119号案件中认定，被告擅自将案涉文件转存至于个人电子设备，违反了原告的规章制度，具有不正当性，属于《反不正当竞争法》所规定的"以其他不正当手段获取权利人的商业秘密"的行为。本案亦将崔某某的行为认定为"以其他不正当手段获取权利人的商业秘密"。

最高人民法院认定，依据《反不正当竞争法》第9条第1款第1项的规定，如果行为人未经技术秘密权利人许可，以复印、照相、发送邮件等方式窃取权利人的技术秘密，使得该技术秘密脱离权利人的原始控制，则行为人构成以盗窃手段获取他人商业秘密。行为人在实施窃取权利人技术秘密行为之前是否合法知悉该技术秘密，对该盗窃行为的定性不产生影响。

从文义上解释，盗窃是指以非法占有为目的，采用规避他人管控的方式，转移而侵占他人财物管控权的行为。不同于有形物在物理意义上只有一个，商业秘密作为一种信息，理论上可以存在无穷多的复制件。因此，对于任何一个信息复制件管控权的侵占，均可能构成盗窃。最高人民法院从商业秘密无形性、可复制性特征出发，纠正了一审法院的认定，将崔某某的行为定性为盗窃，进行了准确地法律适用。

关于本案确定的另一裁判规则，即以事先约定的损害赔偿作为计算损害赔偿数额的重要参考。最高人民法院在早先审理的（2013）民提字第115号案件中即指出，相关法律未禁止被侵权人与就侵权责任的方式、侵权赔偿数额等预先作出约定，这种约定的法律属性，可认定为双方就未来发生侵权时权利人因被侵权所受到的损失或者侵权人因侵权所获得的利益，预先达成的一种简便的计算和确定方法。正是因为该种约定性质为预先达成的一种简便的损害赔偿数额计算和确定方法，而非确定的损害赔偿数额。因此，法院在审理侵害商业秘密或其他知识产权案件时，并不能将约定损害赔偿数额与实际侵权损害赔偿数额画等号。这也是本案中，虽然倍通数据与崔某某约定关于案涉绝密级商业秘密损害赔偿数额为50万—100万元，但是法院最终判定崔某某赔偿经济损失25万元的原因所在。

（六）侵害经营秘密可不予承担停止侵害民事责任①

1. 基本案情

瑞昌公司自 2008 年 10 月始，先后建立和制订了相关客户档案和管理办法，并持续跟进客户项目进展、维护客户关系并适时对所收集的客户经营信息进行动态更新；本案共计涉及 32 家客户。此外，瑞昌公司主张拥有一种"CBCFIII-1.0 型燃烧器（试验炉和耐火砖）"技术方案的商业秘密，并为此采取了相应的保密措施。该技术秘密载体为李某 2014 年 2 月 8 日上传至瑞昌公司 OA 系统的 PPT 文件。

程某、李某和武某等十人为瑞昌公司前员工，分别负责市场、营销、研发、设计等方面的工作；在职期间均与瑞昌公司签订有保密协议。明远公司为程某原始设立的公司。2013 年至 2016 年期间，程某等 10 人陆续从瑞昌公司离职入职明远公司。明远公司与瑞昌公司主张的 32 家客户中的 25 家存在交易；瑞昌公司和明远公司提供有与同一家客户的交易记录的有 23 家。此外，明远公司于 2014 年 11 月 21 日申请并于 2015 年 4 月 22 日获得授权公告，发明人为程某、李某、范某的一件燃烧器实用新型专利。该专利中的相关技术方案与瑞昌公司主张的案涉技术信息实质上相同。

瑞昌公司于 2018 年起诉明远公司、程某、李某和武某等，请求判令各被告立即停止侵害瑞昌公司的技术秘密和经营秘密，并赔偿经济损失及维权合理开支 1000 万元。

河南省郑州市中级人民法院一审认定明远公司等共同侵害了瑞昌公司的经营秘密，但因瑞昌公司提交的证据不能证明其主张的燃烧器技术方案属于"不为公众所知悉"的技术秘密，判决明远公司、程某等人立即停止侵害瑞昌公司经营秘密的行为，明远公司赔偿瑞昌公司经济损失及合理开支共计 150 万元；程某等 3 人各对其中的 10 万元承担连带赔偿责任，李某等 7 人各对其中的 5 万元承担连带赔偿责任。

瑞昌公司、明远公司和程某等均不服一审判决，提起上诉。最高人民法院二审撤销一审判决，改判明远公司、程某、李某立即停止侵害洛阳瑞昌环境工程有限公司技术秘密的行为，在专利有效期内不得自行或许可他人实施案涉专利；明远公司赔偿经济损失 300 万元及合理开支 10 万元，程某对其中的 100 万元承

---

① （2020）最高法知民终 726 号。

担连带责任，王某、程高某分别对其中的 50 万元承担连带责任，李某对其中的 20 万元承担连带责任，武某、蔡某、田某分别对其中的 10 万元承担连带责任。

2. 争议焦点

侵权人侵害经营秘密的行为，应否必须承担停止侵害的民事责任。

3. 裁判要旨

侵权人实施侵害经营秘密的行为，应依法承担停止侵害的民事责任。但考虑到：首先，侵权人与原单位签订的《保密协议》明确约定离职后承担保密义务的期限为自离职之日 5 年。侵权人从原单位离职的时间至今已超过 5 年，超过约定的承担保密义务的期限。其次，根据客户信息的特点，随着时间的推移和市场供需关系的变化，客户信息的价值和带来的竞争优势会随之减弱。如果长期禁止其他经营主体进入市场，不利于建立平等、公平、有序的市场环境。最后，本案中通过判令侵权人支付赔偿金额已经足以弥补原单位因经营秘密被侵害造成的经济损失。据此，本案中对侵害经营秘密行为继续判决停止侵害已经失去必要性和时效性，故仅在说理部分明确侵权人应当承担的民事责任，而不在判项中予以表述。

4. 案件评述

关于侵害经营秘密行为适用停止侵害民事责任的问题。最高人民法院《关于审理侵犯商业秘密民事案件适用法律若干问题的规定》（法释〔2020〕7 号）（以下简称《商业秘密民事案件审理规定》）第 17 条第 2 款规定，"依照前款规定判决停止侵害的时间明显不合理的，人民法院可以在依法保护权利人的商业秘密竞争优势的情况下，判决侵权人在一定期限或者范围内停止使用该商业秘密"。该条司法解释的规定与最高人民法院《关于审理不正当竞争民事案件应用法律若干问题的解释》（法释〔2007〕2 号）第 16 条第 2 款的规定类似。但是，在以往司法实践中，仅有个别法院在个别案例适用了前述规定。例如，上海市徐汇区人民法院在审理的（2012）徐民三（知）初字第 23 号案件中认定，鉴于《反不正当竞争法》不仅制止不正当竞争行为，更在于鼓励和保护公平竞争，本案中原告掌握某某海南公司客户信息的具体信息随着时间推移必然会发生变化，不设限期予以保密则无必要，故本院综合考量原告某某公司获取该客户信息的难度大小、保护原告享有该客户信息竞争优势的合理期限、平衡商业秘密权利人和社会公众之间的利益等因素，判定在 2013 年 12 月 31 日前，案涉被告不得侵害原告享有的案涉商业秘密。大部分法院在认定侵权人侵害商业秘密行为成立的情况下，往往判决侵权人永久性停止侵权。

从域外的情况来看,"在某类案件中,法院签发的禁令只能在有限的时间有效:通常被叫作'跳板禁令'。这类禁令得到国内外广泛的认同。跳板禁令保护的是那些保密程度有限的信息,即使被告可以从公开资源中或是产品反向工程中获得这些信息,这些信息仍受法律保护"①。因此,对于可以自行开发获得的经营秘密等,即使被控侵权人构成侵权,国外法院在判令停止侵权时,亦会限制一定期限而非永久性的。

最高人民法院在本案中确立的裁判规则,为理解和适用前述司法解释规定以及类似案件的处理给出了权威性的指引。不同于技术信息,客户信息等在内的经营信息随着时间的推移和发展,竞争优势会发生减弱。易言之,竞争对手即使未获得该等客户信息,其通过市场开拓、营销活动等,也可以在合理期间内自行获取到该客户信息并与之发生交易。因此,如果永久性禁止侵权人使用客户信息,既与客户信息竞争优势随时间变化的特点不相符合,也不利于公平竞争市场环境的构建。

2009年发布的最高人民法院《关于当前经济形势下知识产权审判服务大局若干问题的意见》提出,"如果停止有关行为会造成当事人之间的重大利益失衡,或者有悖社会公共利益,或者实际上无法执行,可以根据案件具体情况进行利益衡量,不判决停止行为,而采取更充分的赔偿或者经济补偿等替代性措施了断纠纷"。本案中,最高人民法院亦是依据上述司法解释规定,基于利益平衡原则,在判令侵权人承担的损害赔偿数额足以弥补权利人经济损失的情况下,不再适用停止侵权的法律责任。本案还涉及侵权人将案涉技术秘密申请为专利后的民事责任。关于赔偿责任,最高人民法院在本案中考量该技术秘密的商业价值,即研究开发成本、每台燃烧器的合理利润、实施技术秘密的可得利益、因技术秘密被公开导致瑞昌公司失去竞争优势的合理期限等因素,酌情确定侵害技术秘密的赔偿数额为100万元。关于本案中,被告在专利有效期内是否不得自行或许可他人实施案涉专利可以进一步探讨。

首先,原告在本案中并未提出该诉讼请求。原告的诉讼请求仅仅是立即停止侵害技术秘密等不正当行为。最高人民法院该判项针对的是侵权人未来可能施行的行为,属于消除危险而非停止侵害责任承担的具体实现形式。其次,该判项的

---

① [英]坦尼亚·阿尔平等:《高锐论违反保密义务》,黄武双译,法律出版社2021年版,第884页。

权利基础是专利权。但是，原告在本案中未同时诉请将案涉专利权转让给自身。最高人民法院在本案中也指出原告可以依据本案查明的事实另行起诉，确认案涉专利权的权属。最后，由于被告已经将案涉技术信息申请为专利，案涉技术信息已为公众所知悉，无法再作为商业秘密受到保护。法院已经判令侵权人需要为其公开案涉技术秘密承担相应的赔偿责任，因此，原告已经获得法律上的充分救济，再判令被告在专利有效期内不得自行或许可他人实施案涉专利，超出了合理的救济范围，有失公平。

（七）组合信息可以具备非公知性①

1. 基本案情

原告中金公司的主营业务包括研发、生产、销售各种泵类产品，在研发、生产过程中设计完成各类产品图纸。中金公司采取制定公司员工手册、签署保密条款、实施技术软件加密等措施保护其产品图纸等商业秘密。

被告赵某高、吴某忠、金某明、姚某保均为中金公司前员工，在原告公司担任生产负责人、技术员等工作。被告南元公司系赵某高、金某明从原告处离职后投资成立的企业，经营范围包括水泵、供水设备的生产、销售、研发。被告吴某忠、姚某保从原告处离职后相继加入南元公司工作。中金公司经市场调查发现，南元公司生产销售的立式多级离心泵SDL32系列产品与中金公司生产销售的CDL32系列产品基本相同。

中金公司认为上述5名被告侵害了其商业秘密，遂诉至法院，要求停止侵权、赔偿经济损失及合理费用。诉讼中，中金公司明确其主张的商业秘密是案涉产品设计图纸所承载的尺寸公差、形位公差、粗糙度、图样画法（表达方法）、局部放大视图、明细表内容、尺寸标法和技术要求。

杭州市中级人民法院经审理认为，案涉技术图纸所承载的技术信息，可以实际用于水泵的加工，具有现实的经济价值，可以为原告带来竞争优势，符合商业秘密具有商业价值的要求。原告通过制订《员工手册》、使用保密软件对案涉技术图纸的接触人员进行管控等方式，对案涉技术图纸采取了相应的保密措施，符合商业秘密的保密要求。对于秘密性要件，虽然单个零部件所承载的尺寸公差、形位公差信息已经属于公共领域的知识，但案涉技术信息系经重新组合设计而成的新的技术方案，既无法通过查阅公开资料或其他公开渠道得到，也无法通过反向

---

① （2020）浙01民初287号。该案获评浙江法院八大商业秘密司法保护典型案例。

工程测绘产品实物获得，故这些技术信息不为公众所知悉，构成《反不正当竞争法》意义上的商业秘密。而原告主张的粗糙度、图样画法（表达方法）、局部放大视图、明细表内容、尺寸标法和技术要求等技术信息，或可通过反向工程获取，或可通过查阅公开资料获得，属于为本领域技术人员所熟知或为公众所知悉的内容，不符合商业秘密的构成要件。

经庭审比对，南元公司的技术图纸中共有22份图纸所载总计47处尺寸公差、6处形位公差与中金公司享有商业秘密的对应技术信息构成实质性相同，对此南元公司并未提交证据证明上述技术信息系其自行研发取得或具有其他合法来源，故法院认定南元公司的被诉侵权技术图纸实际使用了原告的案涉商业秘密，构成商业秘密侵权。由于中金公司并未提供有效证据证明被告赵某高、吴某忠、金某明、姚某保具体实施了非法获取原告的案涉商业秘密并披露给被告南元公司使用的行为，故对于原告关于该四被告的侵权主张，法院未予支持。

综上，该院于2021年8月27日判决：被告南元公司于判决生效之日起立即停止侵害原告中金公司案涉技术图纸商业秘密的行为，即停止复制、存储并删除含有案涉商业秘密的技术图纸，停止使用侵权技术图纸生产销售侵权产品，并销毁侵权产品专用模具；被告南元公司于判决生效之日起10日内赔偿原告中金公司经济损失及为维权支出的合理费用110万元；驳回原告中金公司的其他诉讼请求。一审宣判后，各方当事人均未提起上诉。

2. 争议焦点

为公众所知悉的单个零部件的技术信息重新组合设计后的技术方案的非公知性的认定。

3. 裁判要旨

权利人主张的技术信息只有符合不为公众所知悉、具有商业价值、经权利人采取保密措施的法定要件，才构成我国《反不正当竞争法》保护的商业秘密。虽然单个零部件所承载的技术信息已经属于公共领域的知识，但通过重新组合设计成为新的技术方案，且通过查阅公开资料或其他公开渠道无法得到，通过反向工程也不容易获得的，应当认定该技术方案不为公众所知悉。

4. 案件评述

公开信息的组合是否具有非公知性，一直是司法实践中的难点，观点莫衷一是。部分案件比照作品独创性的判定方法，在认定非公知性时，将公开信息一一剔除，导致原告主张的商业秘密难以满足非公知性的要求，进而败诉。这也是商业秘密案件中,原告败诉率高的主要原因之一。

从域外来看,"美国第四巡回上诉法院在去年年底的 AirFacts Inc. 诉 Diego de Amezaga 案中判定,如果完全公开的信息以附加值的方式组合,根据'马里兰州统一商业秘密法'(MUTSA),可以作为商业秘密保护。第四巡回法院引述第二巡回法院的意见指出'商业秘密可以存在于本身属于公共领域的特征和组成部分的组合中,只要其中统一的过程/工艺、设计和操作呈现独特的组合,提供了竞争优势,便构成一个可保护的商业秘密"[①]。因此,即使组合前的各个单元信息已经公开,但是,只要组合后的整体信息没有公开,则组合后的整体信息依然可以作为商业秘密获得保护。正是因为此,《商业秘密民事案件审理规定》第4条第2款规定,"将为公众所知悉的信息进行整理、改进、加工后形成的新信息,符合本规定第三条规定的,应当认定该新信息不为公众所知悉"。本案关于组合信息非公知性的认定是对前述司法解释规定的正确理解和适用。

前述司法解释规定给出了组合信息具备非公知性的可能性。实务中,判断组合信息非公知性的方法可以参考江苏省高级人民法院在审理的(2010)苏知民终字第0179号案件中确定的裁判要旨:对于技术秘密纠纷案件中普遍存在的"某一全部由公知信息组成的技术信息是否具有非公知性"这一问题的判断,取决于形成该技术信息的过程中,各公知要素的选取和组合是否蕴含创造性劳动,即该技术信息并不是由随意选取的公知信息进行简单罗列、堆砌而形成,而是需要以专业知识为基础,有目的、有依据地从海量公知信息中选取特定信息,并进行取舍、整合、反复校验,并最终形成可行的技术路线或方案。易言之,如果将公知信息组合获得的整体信息不是本领域技术人员的常识、惯例,需要一定的创造性劳动,则组合后的整体信息通常可以认定为具有非公知性。

三、热点前沿法律问题探讨

如本报告第二部分典型案例评析中所指出,2021—2022年期间,法院通过多个案件的审理,逐渐完善了商业秘密裁判规则。但是,随着商业秘密案件越来越多,由此呈现的问题也愈发复杂、疑难。部分问题虽然伊始于2021年之前,但是,由于其具有的共通性特点,且尚未有法律规定和司法解释作出明确规定,仍

[①] 《郑友德:公开信息的组合可以构成商业秘密》,载微信公众号"知产力",2022年7月20日访问。

然是 2021—2022 年期间的热点前沿问题。

本报告共计选取了 8 个热点前沿问题。其中，前面 4 个涉及的问题为程序相关问题、商业秘密刑民保护手段的差异、刑民交叉案件的识别和处理，商业秘密民事诉讼案件中的证据开示规则，以及《反不正当竞争法》第 32 条的理解和适用；余下 4 个问题则为实体相关问题，涉及客户名单的司法保护、相应保密措施的认定，销售侵害他人商业秘密产品行为的定性以及因申请专利公开商业秘密的损失数额的确定。

（一）商业秘密的刑法保护与民法保护的差异性

商业秘密保护存在民事、行政和刑事三种手段。民事、行政手段主要规定于《反不正当竞争法》。商业秘密权利人可以对侵权人提起不正当竞争民事诉讼，主张损害赔偿等请求权。刑事手段则规定于《刑法》第 219 条（侵害商业秘密罪）。商业秘密权利人可以向公安机关控告，并由检察机关公诉、法院审判后对嫌疑人课以刑罚。实务中，越来越多的权利人希望寻求刑事救济保护商业秘密。由此，刑民保护的差异性成为需要探讨的重要问题。

1. 认定商业秘密构成要件的差异

《反不正当竞争法》第 9 条第 4 款规定构成商业秘密的商业信息应当具备不为公众所知悉、具有商业价值和采取相应保密措施（以下简称保密性）三个要件。《商业秘密民事案件审理规定》采取"定义+列举"方式，对前述三个要件的内涵进行了具体解释。

《刑法修正案（十一）》于 2020 年 12 月 26 日发布，自 2021 年 3 月 1 日起施行。该修正案删去了《刑法》第 219 条原有关于商业秘密构成要件的规定。"通过刑法修正案（十一）的修改，在刑法中不再具体规定商业秘密的定义，具体认定商业秘密时，由司法机关根据反不正当竞争法等法律规定进行，这样更有利于维护刑法条文的稳定性。根据反不正当竞争法第 9 条的规定，商业秘密是指不为公众所知悉、具有商业价值并经权利人采取相应保密措施的技术信息、经营信息等商业秘密。"[①] 由此可知，刑事程序中关于商业秘密构成要件的要求和民事程序一样，均为三要件。

三要件中的不为公众所知悉要件的认定具有较为明确的判断标准、相对客观，可以理解为确定性要件。而价值性和保密性要件的认定则具有一定灵活性、存在

---

① 王爱立主编：《中华人民共和国刑法释义》，法律出版社 2021 年版，第 461 页。

变量空间,可以理解为裁量性要件。

对于同一商业信息,通过民事和刑事手段给予不同保护或救济时,司法机关在审查构成要件,尤其是确定性要件时,标准应当一致,通常而言不应存在差异。但是,对于裁量性要件的审查标准,则可能存在差异。"刑事保护的前提是:侵犯商业秘密的行为违法性质十分明确,社会危害性达到刑法规定的标准,采取其他规范性措施已无法遏制。因此,刑事保护本质上应当是一种补充形式。"① 基于刑事手段相对于民事手段具有的补充性和更严厉性特点,司法机关在刑事程序中审查同一商业信息是否构成商业秘密的裁量性要件时,应当采用高于民事程序的标准。

2. 第三人"违法—犯罪行为"过错和归责行为内容的差异

(1)过错差异

《反不当竞争法》第 9 条第 3 款规定,第三人明知或者应知商业秘密权利人的员工、前员工或者其他单位、个人实施本条第一款所列违法行为,仍获取、披露、使用或者允许他人使用该商业秘密的,视为侵犯商业秘密。"第三人的主观状态限于'明知或者应知'。其中,'明知'是指明明知道,即第三人的主观状态就是知道,其行为存在故意。'应知'是指应当知道,即第三人的主观状态虽然不知道,但是从客观情况上判断,只要尽到必要、合理注意义务的人都应当知道,其行为存在过失。"② "换言之,根据行为人欠缺注意的程度的不同,过失有具体的过失、抽象的过失和重大过失三种类型,并分别具有不同的判断标准。"③ "明知是一种恶意(故意)状态,应知(应当知道而因为过失不知道)是一种重大过失的主观状态。"④ 因此,在商业秘密案件的民事程序中确定第三人违法行为的过错时,目前普遍接受的意见是过错包括故意和重大过失两种形态。

民事诉讼司法实践中,对于《反不正当竞争法》第 9 条规定的其他违法行为,相关法院亦认定违法行为人的过错包括故意和重大过失两种形态。"从行为人主观构成要件来看,根据侵权责任法的基本原理及《反不正当竞争法》的立法本意,上述规定中规制的侵犯商业秘密行为,需以故意及重大过失的主观要件为前提。"⑤

《刑法修正案(十一)》将《刑法》第 219 条之原规定"明知或者应知前款所

---

① 孔祥俊主编:《商业秘密司法保护实务》,中国法制出版社 2012 年版,第 260 页。
② 王瑞贺主编:《中华人民共和国反不正当竞争法解读》,中国法制出版社 2017 年版,第 42 页。
③ 孔祥俊:《反不正当竞争法新原理分论》,法律出版社 2019 年版,第 453 页。
④ 王爱立主编:《中华人民共和国刑法释义》,法律出版社 2021 年版,第 452 页。
⑤ (2017)京 0105 民初 68514 号。

列行为，获取、使用或者披露他人的商业秘密的，以侵犯商业秘密论"修改为"明知前款所列行为，获取、披露、使用或者允许他人使用该商业秘密的，以侵犯商业秘密论"。本次修改的主要原因是，"这主要是考虑到根据刑法规定，故意犯罪，行为人主观上都是出于明知，而所谓'应知'，实际上是指在认定行为人主观上是否处于'明知'状态时的一种推理依据和方法。这样修改后也与其他罪名的表述统一起来"。根据该等立法解读可知侵犯商业秘密罪属于故意犯罪。《刑法修正案（十一）》作出相关修改之前，虽然法条中使用了"应知"概念，但是，如前所述，"应知"并非过错要件，而是指在认定行为人主观上是否明知即是否故意时，可以结合各种因素和情节要素推定行为人是否明知。在《刑法修正案（十一）》作出相关修改之后，构成侵犯商业秘密罪的过错要件亦为故意。"实际上，在司法实务中，侵犯商业秘密罪的罪过限于故意的观点已经趋于统一。在本文所统计的案例中，没有一个案例将侵犯商业秘密罪的罪过定为过失。并且从学理层面而言，侵犯商业秘密的罪过应仅限于故意，不包括过失。"① 最高人民法院在出版的关于《刑法修正案（十一）》理解与适用的书中，将包括第三人犯罪行为在内的全部侵犯商业秘密罪行的过错要件统一为"故意"。② 因此，刑事程序中关于第三人犯罪行为的过错要求与民事程序中关于第三人违法行为的过错要求显著不同。

（2）归责行为内容差异

根据《反不当竞争法》第9条第3款的规定，第三人明知或者应知商业秘密权利人的员工、前员工或者其他单位、个人实施本条第一款所列违法行为，仍获取、披露、使用或者允许他人使用该商业秘密的，视为侵犯商业秘密。但是，与之不同的是，在侵害商业秘密罪刑事程序中，"此种明知商业秘密来源不合法仍获取、使用、披露的'第二手'侵权行为，相较于直接非法获取商业秘密及违反约定披露、使用、允许他人使用商业秘密的行为，社会危害性相对小，因此，规定此行为只有使用商业秘密给权利人造成销售利润损失的，才定罪处罚"③。据此，第三人只有使用案涉商业秘密，才可以被追究刑事责任。如果第三人仅仅是非法获取、披露或者允许他人使用案涉商业秘密，将不会被追究刑事责任，权利人仅仅

---

① 马忠法、李仲琛：《〈中美经济贸易协议〉对侵犯商业秘密罪的影响及应对措施——兼析〈关于办理侵犯知识产权刑事案件具体应用若干问题的解释（三）〉》，载《武陵学刊》2021年第2期。

② 参见杨万明主编：《〈刑法修正案（十一）〉条文及配套〈罪名补充规定（七）〉理解与适用》，人民法院出版社2021年版，第214页。

③ 郑新俭、李薇薇：《"两高"〈关于办理侵犯知识产权刑事案件具体应用法律若干问题的解释（三）〉解读》，载《人民检察》2020年第21期。

可以通过民事手段寻求保护。

3. 使用行为内涵的差异

《商业秘密民事案件审理规定》第 9 条规定，"被诉侵权人在生产经营活动中直接使用商业秘密，或者对商业秘密进行修改、改进后使用，或者根据商业秘密调整、优化、改进有关生产经营活动的，人民法院应当认定属于反不正当竞争法第九条所称的使用商业秘密"。根据该规定，民事程序中禁止的使用案涉商业秘密违法行为包括直接使用和间接使用两类。"根据商业秘密调整、优化、改进有关生产经营活动的"之间接使用行为包括，"例如，根据权利人研发失败所形成的数据、技术资料等商业秘密，以及研发过程中形成的阶段性成果商业秘密等，相应优化、调整研发方向；或者根据权利人的经营信息商业秘密，相应调整营销策略、价格等"[1]。由前述列举的间接使用行为的内容和特点可知，被控侵权人间接使用案涉商业秘密的行为，往往不会造成权利人销售利润的损失。

不同于民事程序，《刑法》及相关司法解释未对使用案涉商业秘密行为的内涵进行规定。汪东升教授认为，"鉴于立法上的积极扩张态势，从刑法谦抑性、最后保障法的定位以及侵犯商业秘密等知识产权犯罪的立法特点来看，为了避免刑法提前介入导致的滥用诉权、'先刑后民'等问题影响到罪刑明确性和稳定性，应该在司法适用过程中对该罪部分构成要件要素作出必要的限缩解释，以符合刑法谦抑原则和罪刑法定原则的基本要求"[2]。所谓限缩解释，"又称缩小解释，指法律条文之文义过于广泛，不符合立法真意，乃限缩法律条文之文义，使局限于其核心，以正确阐释法律意义内容的解释方法"[3]。根据最高人民法院、最高人民检察院《关于办理侵犯知识产权刑事案件具体应用法律若干问题的解释（三）》第 5 条规定，使用案涉商业秘密行为造成的权利人损失或者侵权人违法所得数额，主要依据权利人因被侵权造成的销售利润的损失确定。从该规定出发，采用限缩解释方法，应当将侵犯商业秘密罪中的使用行为限定为可以直接造成权利人销售利润损失的行为。这是根据刑法谦抑性原则，应予规范和调整的居于"核心"的使用行为。因此，对于不会直接造成权利人销售利润损失的间接使用行为，不应纳入刑法评价的使用行为范畴之中。

---

[1] 林广海、李剑、杜微科：《〈最高人民法院关于审理侵犯商业秘密民事案件适用法律若干问题的规定〉的理解与适用》，载《法律适用》2021 年第 4 期。

[2] 汪东升：《论侵犯商业秘密罪的立法扩张与限缩解释》，载《知识产权》2021 年第 9 期。

[3] 梁慧星：《民法解释学》，法律出版社 2015 年版，第 225 页。

4. 确定损害后果方法的差异

民事程序中，确定损害后果的方法主要规定于《反不正当竞争法》第 17 条第 3 款和第 4 款。该规定第 3 款规定可先后依据权利人因侵权所受到的实际损失和侵权人因侵权所获得的利益确定损害后果。另外，该款规定了权利人还可以主张惩罚性赔偿。该规定第 4 款则规定了权利人可主张 500 万元以下的法定赔偿。同时，有关商业秘密民事司法解释亦规定了在确定损害后果时，可以考虑商业价值、参照商业秘密许可费等。

《刑法修正案（十一）》将侵害商业秘密罪由原先的结果犯更改为"情节犯"，当涉嫌犯罪行为"情节严重"或"情节特别严重"的，才可以定罪入刑。但是，如何认定情节严重和情节特别严重，目前未有相关法律或司法解释作出具体规定。"以强调法益保护的积极主义刑法观为指导，修正后的刑法第 219 条采用情节犯商业秘密加以保护，通过'情节严重'对侵犯商业秘密的处罚范围进行提示和限定，将体现行为之社会危害性的全部情节纳入评价体系中，增强了该罪法条的张力与适用性。"[①] 易言之，无论是权利人遭受的损失，还是侵权人违法所得，均不再是认定情节严重和情节特别严重的唯一因素。

笔者认为，《刑法修正案（十一）》只是在原先依据权利人损失或侵权人违法所得确定入罪门槛的基础上，增加了新的可以定罪入刑的其他情节，原先规定的权利人损失和侵权人违法所得仍然可以用于认定情节严重和情节特别严重。因此，对某一涉嫌构成侵犯商业秘密罪的行为而言，如果其造成的权利人损失或侵权人违法所得达到了与原《刑法》及相关司法解释规定相同的数额（即重大损失后果为 30 万元、特别严重后果为 250 万元），则亦可认定为情节严重和情节特别严重，从而定罪入刑。至于权利人损失或侵权人违法所得的计算方式，则可依据最高人民法院、最高人民检察院《关于办理侵犯知识产权刑事案件具体应用法律若干问题的解释（三）》的相关规定操作。

商业秘密民事保护手段和刑事保护手段在保护客体、第三人"违法—犯罪行为"过错和归责行为内容、使用行为内涵和确定损害后果方法等方面存在诸多差异。该等差异主要因刑事立法和民事立法目的不同所产生。除此之外，商业秘密刑民保护在证据标准、法律程序等方面亦存在差异。但是，该等差异并非特定地

---

① 吴允锋、吴祈泫：《侵犯商业秘密罪"情节严重"的内涵诠释义》，载《上海法学研究》2021 年第 21 卷。

围绕商业秘密法益保护发生,而是普遍存在于各类法益保护的刑事和民事程序之间,此处不再一一讨论。商业秘密权利人应当注意到上述差异的存在,并根据在案证据的实际情况等,选择合适的救济手段。

(二)商业秘密刑民交叉案件识别及解决

尽管商业秘密刑民保护手段存在一些差异性,但是,在实践中,对于某一相同或牵连的法律事实,仍可能同时形成民事和刑事法律关系,进而发生刑民交叉,因此,需要准确识别商业秘密刑民交叉案件并确定相应的解决之道。

1. 商业秘密刑民交叉案件的识别

基于事实上产生的民刑交叉,区分为竞合型与牵联型民刑交叉。一是竞合型民刑交叉,即基于"同一事实"产生,包括侵权行为、合同行为、准合同行为等与犯罪行为竞合而产生的交叉。二是牵连型的民刑交叉,又称关联型,即基于"不同事实"产生的民刑交叉,但行为人涉嫌的犯罪行为对民事案件受理程序、实体审理有影响。也就是说,同一主体因不同的法律事实分别涉及刑事程序的侦查、公诉、裁判和民事程序的受理、审判、执行,因法律事实之间存在一定的牵联关系,导致刑事案件与民事案件相互影响、相互交织。[1]

商业秘密刑民交叉案件可能涉及以上两种类型,即竞合型和牵联型交叉。对于商业秘密技术许可合同纠纷案件和商业秘密刑事案件发生的交叉,主要为前述第二种类型。最高人民法院在审理的"必沃公司"案中认为,本案系慈星公司以必沃公司违反合同约定为由所提起的合同之诉,系技术秘密许可使用合同法律关系。而浙江省宁波市公安局所立案侦查的必沃公司涉嫌商业秘密犯罪,系必沃公司涉嫌侵犯慈星公司商业秘密的侵权法律关系。二者所涉法律关系不同,并非基于同一法律事实所产生的法律关系,分别涉及经济纠纷和涉嫌经济犯罪,仅是二者所案涉件事实具有重合之处。一审法院应将与本案有牵连,但与本案不是同一法律关系的犯罪嫌疑线索、材料移送浙江省宁波市公安局,但也应继续审理本案所涉技术秘密许可使用合同纠纷,故裁定撤销一审裁定,指令一审法院审理。[2]因此,对于前述第二种类型的商业秘密刑民交叉案件,应当依据最高人民法院《关于在审理经济纠纷案件中涉及经济犯罪嫌疑若干问题的规定》(法释〔1998〕7号)第10条"人民法院在审理经济纠纷案件中,发现与本案有牵连,但与本案不是同

---

[1] 李玉林:《民刑交叉案件并行处理原则的理解与适用——以〈九民会议纪要〉第128条的规定为中心》,载《法律适用》2022年第8期。

[2] (2019)最高法知民终333号。

一法律关系的经济犯罪嫌疑线索、材料,应将犯罪嫌疑线索、材料移送有关公安机关或检察机关查处,经济纠纷案件继续审理"之规定,采用"刑民并行"的解决方案。

对于商业秘密侵权纠纷案件和商业秘密刑事案件的交叉,则主要为前述第一种类型,即竞合发生的交叉。对于该等交叉案件的解决之道,依据刑事案件和民事案件发生的时点,通常采取刑事附带民事和先刑后民或先民后刑的解决之道。但是,司法实践中,在商业秘密案件领域之中,无论是刑事附带民事,还是先刑后民或先民后刑均存在一定的争议。

2. 商业秘密案件刑事附带民事诉讼

当商业秘密刑事案件先发,能否在刑事诉讼中附带提起民事诉讼,以对商业秘密权利人实现充分、及时的赔偿救济等,关键取决于对于商业秘密财产属性的界定。《刑事诉讼法》第101条第1款规定,"被害人由于被告人的犯罪行为而遭受物质损失的,在刑事诉讼过程中,有权提起附带民事诉讼。被害人死亡或者丧失行为能力的,被害人的法定代理人、近亲属有权提起附带民事诉讼"。据此,持否定意见者认为,知识产权权利人因违法犯罪行为遭受的损失不属于物质损失。而在商业秘密违反犯罪案件中,由于商业秘密的无形性、可复制性特征,即使犯罪嫌疑人将案涉商业秘密对外披露、使用,也未给商业秘密权利人造成物质损失,因而,商业秘密权利人无法提起刑事附带民事诉讼。"当然,在知识产权刑事案件中提起附带民事诉讼,目前还缺乏法律依据。根据《最高人民法院关于适用〈中华人民共和国刑事诉讼法〉的解释》的规定,刑事附带民事诉讼的范围必须是因人身权受损或财物损坏而产生损失。商业秘密侵权一般不涉及人身权,商业秘密属于无体物,也不符合财物损坏。"[①]

持肯定意见认为,不能限缩理解物质损失,"知识产权作为一种无形财产权,属于民法意义上的无体物,知识产权被侵犯遭受的财产损失属于物质损失,故知识产权刑事案件符合附带民事诉讼的范围"[②]。"在刑事附带民事诉讼范围的问题上,'物质损失'、'财产损失'和'经济损失'三词在逻辑上属于同一概念。"[③]《江苏

---

① 王立梅、张军强:《商业秘密刑民交叉案件审理模式的再思考》,载《江淮论坛》2020年第4期。

② 童海超:《知识产权刑事附带民事诉讼的刑民之别——熊四传假冒注册商标罪案评析》,载《科技与法律》2012年第2期。

③ 戴滢:《知识产权案件刑事附带民事诉讼受案范围之争议解决——基于"物质损失"的研究重心》,载《上海法学研究》2022年第12卷。

省高级人民法院侵犯商业秘密民事纠纷案件审理指南（修订版）》（以下简称《江苏高院高级人民法院商业秘密民事案件审理指南》）提出，"在侵犯商业秘密犯罪刑事自诉、公诉案件中，探索引导自诉人或者被害人及时提起刑事附带民事诉讼，一并解决民事赔偿问题"。司法实践中，陕西省高级人民法院在审理的裴国良侵犯商业秘密案一案中，判决裴国良构成侵犯商业秘密罪，并在判决中对原告提起的附带民事诉讼一并作出了处理，判令被告停止侵权行为并赔偿被害人经济损失1782万元。① 2020年6月1日，陕西省高级人民法院亦在审结的烟台开发区瑜纲电缆材料有限公司等侵害商业秘密刑事附带民事案件中判定两被告单位犯侵犯商业秘密罪，被告人和两被告单位共同赔偿附带民事诉讼原告经济损失5700多万。②

笔者认为，随着各地法院推进知识产权三审合一审判体系改革，保障权利人权益的及时救济以及确保裁判结果的统一性，可以对"物质损失"作扩大解释，并将知识产权权利人遭受的经济损失认定为物质损失，从而允许知识产权刑事附带民事诉讼。此外，实践中需要关注的是知识产权刑事附带民事案件可能引起的管辖问题。以上海法院为例，"根据全国人大常委会关于知识产权案件的管辖规定，上海知识产权法院管辖民事和行政案件，知识产权刑事上诉案件由上海市第三中级人民法院管辖。在基层法院提起的刑事附带民事诉讼案件上诉后，上海三中院能否受理，是否违反全国人大常委会的决定，有待进一步研究"。③ 因此，实务中，在通过刑事附带民事诉讼解决刑民交叉问题时，需要特别关注管辖等程序问题。

3. 商业秘密案件"先刑后民"

当商业秘密案件民事案件先发，后公安机关对刑事案件侦查立案等，则涉及民事案件是否需要中止审理，即先刑后民的问题。理论上，学者观点认为，"权属有争议的商业秘密案件应先进行民事诉讼，以确认商业秘密的权属"。④ "如果商业秘密的权利归属存在争议，定罪基础就当然地被动摇。……如果商业秘密权利人究竟是谁在民事上存在较大争议，就不宜通过刑事案件予以处理，否则将冲击法秩序统一性原理。"⑤

---

① （2006）陕刑二终字第50号。

② （2013）陕刑二终字第00117号。

③ 陈健淋：《刑事附带民事诉讼中的物质损失应该如何理解——上海知识产权刑事附带民事诉讼研讨会会议综述》，载《人民法院报》2020年9月24日。

④ 张明楷：《程序上的刑民关系》，载《人民法院报》2006年5月24日。

⑤ 周光权：《"刑民交叉"案件的判断逻辑》，载《中国刑事法杂志》2020年第3期。

尽管理论上对于商业秘密案件"先刑后民"的合理性提出质疑,并提出"先民后刑"的解决之道。但是,在具体实务中,依据《全国法院民商事审判工作会议纪要》(法〔2019〕254号)第130条"人民法院在审理民商事案件时,如果民商事案件必须以相关刑事案件的审理结果为依据,而刑事案件尚未审结的,应当根据《民事诉讼法》第150条第5项的规定裁定中止诉讼。待刑事案件审结后,再恢复民商事案件的审理。如果民商事案件不是必须以相关的刑事案件的审理结果为依据,则民商事案件应当继续审理"之规定,在特定情形满足的情况下,商业秘密民事案件应当中止审理,即采取"先刑后民"的处理方案。对此,《商业秘密民事案件审理规定》第25条规定,"当事人以涉及同一被诉侵犯商业秘密行为的刑事案件尚未审结为由,请求中止审理侵犯商业秘密民事案件,人民法院在听取当事人意见后认为必须以该刑事案件的审理结果为依据的,应予支持"。因此,商业秘密刑民交叉案件是采取"先刑后民"还是"刑民并行"的解决之道,主要取决于民事案件是否需要以刑事案件的审理结果为依据。在部分商业秘密案件中,若权利基础以及违法行为已经获得充分的举证和证明,则该类民事案件的审理通常并不依赖于刑事案件的审理结果,可以"刑民并行"作出相应处理。

此外,为保障及时救济商业秘密权利人,即使相关案件必须"先刑后民",在民事案件中止之前的审理程序中,商业秘密权利人也可以向审理民事案件的法院提出行为保全申请等,以及时禁止被诉侵权人的违法行为。

(三)商业秘密民事纠纷案件中保密证据的开示规则

商业秘密民事纠纷案件中,既有原告的秘点等保密证据,也可能有被告自主研发的技术信息等保密证据。为防止诉讼过程中的泄密,原被告双方通常会提出更利于己方的保密证据开示规则。但是,怎样的开示规则符合法律规定、应当按照何种原则确定开示规则,值得探讨。

1. 法律和司法解释的规定

证据应当在法庭上出示并由当事人互相质证。对此,《民事诉讼法》第71条作了明确规定。同时,《民事诉讼法》及相关司法解释已经考虑到防止诉讼过程中的泄密。前述《民事诉讼法》第71条规定,涉密的证据不得在公开开庭时出示,以及最高人民法院《关于适用〈中华人民共和国民事诉讼法〉的解释》(法释〔2015〕5号)(以下简称《民诉法解释》)第103条第3款规定,涉及国家秘密、商业秘密、个人隐私或者法律规定应当保密的证据,不得公开质证。作为实现"不公开出示""不公开质证"的措施或手段,《民事诉讼法》第 137 条第 2 款规定,涉及商业秘密的案件,当事人申请不公开审理的,可以不公开审理。

除了不公开审理这一基本措施,最高人民法院《关于知识产权民事诉讼证据的若干规定》(法释〔2020〕12 号)第 26 条规定了两项进一步防止泄密的措施:一是要求保密证据接触人签订保密协议、作出保密承诺,或者作出裁定等法律文书责令其承担相应的保密义务;二是限制接触人员范围。关于第一项措施中的法院作出的保密裁定,在实务中称为保密令。如在笔者经办的一起侵害商业秘密案件中,江苏省苏州市中级人民法院即出具该院历史上首份保密令,要求各被告及代理人不得出于本案诉讼目的之外的任何目的披露、使用、允许他人使用在诉讼程序中接触到的申请人的商业秘密。① 相比于接触人签订保密协议或单方作出保密承诺,法院出具保密令更能体现保密要求的严肃性,也更容易获得诉讼参与人的遵守。

从域外比较来看,美国《联邦民事诉讼规则》第 26 条(c)款第 7 项规定,为了避免当事人或者第三人遭受干扰、尴尬、压迫,或者过度负担或花费,法院可以基于"正当理由"颁发保密令,要求不予披露或仅以特定方式披露商业秘密或其他机密研究、开发或商业信息。② 对于违反保密令将受到严厉的制裁,第 37 条(b)项规定,法院对于违反其命令之人,享有广泛裁量权,依具体个案之情状审酌适当之制裁。③

尽管如此,上述法定的保密证据开示规则下,防止泄密的措施不是特别严苛,实践中仍存在泄密风险。例如,诉讼参与人为质证需要,拿到保密证据副本之后,未按照保密承诺书的规定,非法将保密证据披露给案件无关的第三方。该等情形比较隐蔽,也难以事后追责。虽然最高人民法院《关于充分发挥知识产权审判职能作用推动社会主义文化大发展大繁荣和促进经济自主协调发展若干问题的意见》(法发〔2011〕18 号)提出,"完善商业秘密案件的审理和质证方式,对于涉及商业秘密的证据,要尝试采取仅向代理人展示、分阶段展示、具结保密承诺等措施限制商业秘密的知悉范围和传播渠道,防止在审理过程中二次泄密"。但是,该等措施尚属于倡议、建议层面,并未落地到具体执行阶段。

---

① (2019) 苏 05 知民初 1227 号。

② Rule 26(c)(1) of the Federal Rules of Civil Procedure.

③ Rule 37 (b) of the Federal Rules of Civil Procedure.

2. 地方法院的实践探索

在以往的司法实践中，部分地方法院探索了更为严苛的保密证据开示规则。例如，上海市高级人民法院在一份关于商业秘密保护的司法调研报告中指出，"证据的有限开示原则。即对于当事人要求保密的证据，采取仅允许在法院阅看、摘录，不得复印、刻录的措施"①。这样的措施，可以更好地起到防止诉讼过程中的泄密的作用。

又如，《江苏省高级人民法院侵犯商业秘密纠纷案件审理指南》进一步指出，"对较为敏感或价值较大的涉及秘密信息的证据，可以根据当事人或利害关系人申请不交予对方质证，直接交由第三方专家审查，但专家审查意见需交由当事人质证"。虽然该措施可以起到非常好的防止诉讼过程中的泄密的作用；但是，该措施却剥夺了当事人对于保密证据的质证权。目前我国法律或司法解释未规定质证权行使的例外事由；凡是证据都应当质证是民事诉讼法的基本原则。而且，如果当事人仅仅是对专家审查意见进行质证，也可能流于形式。因此，该等措施在实务操作中的合规范性和效果仍然值得进一步观察和检验。

3. 结语

在法律和司法解释规定的"不公开审理、签署保密协议、限制接触人员"三项基本的保密证据开示规则之下，根据相关地方高级人民法院的探索和实践经验来看，原被告双方仍可以结合诉讼法院的审理实践，充分的依照意思自治，提出、协商确定更为细化的开示规则，以保障各自在诉讼过程中开示的保密证据不被二次泄密。最终的开示规则如需获得原被告一致同意，则应当遵循"实质对等"原则，即依据该规则，原被告开示各自保密证据的权利、义务以及风险或法律后果实质上是均等的，没有明显的倾向于某一诉讼相对方。

（四）《反不正当竞争法》第 32 条的理解和适用

2019 年 4 月 23 日《反不正当竞争法》作出修改，主要围绕商业秘密相关条款展开，并新增第 32 条规定。根据之后披露的相关资料，这次《反不正当竞争法》的修改主要是依据并落实中美两国政府 2020 年 1 月 15 日签订的中美经济贸易协议。但是，第 32 条自制定以来，对其理解和适用的争议便一直不断。

---

① 上海市高级人民法院知识产权审判庭：《关于商业秘密司法保护的调研材料》，载孔祥俊主编：《商业秘密司法保护实务》，中国法制出版社 2012 年版，第 351 页。

1.《反不正当竞争法》第 32 条是关于举证义务的规定

"证明责任（客观证明责任）大致是指当事人主张的事实未获证明时的不利后果——谁承担证明责任，就需要对相关事实未获证明承担诉讼中的不利后果。""关于民事诉讼证明责任的分配，目前在中国学界占据主导地位的是德国罗森贝克的法律规范要件分类说"①，即"原告应当主张和证明与权利发生规范的构成要件相对应的事实，被告则应主张和证明与权利妨碍规范、权利消灭规范或权利排除规范相应的事实"②。"举证义务（主观证明责任）则是指诉讼过程中在当事人之间不断转移的提供证据的义务或责任。"③

实务中存在将"证明责任和举证责任"混用或等同情形。当提及举证责任倒置时，实际上是在讨论客观证明责任分配的问题。当提及举证责任转移时，实际上是在讨论主观证明责任转移的问题。"考虑到第三十二条出台的背景，因而对第三十二条作出举证责任转移的解释，一方面没有超出中美第一阶段经贸协议第1.5条规定的要求，另一方面，也没有改变举证责任分配中'法律要件说'关于主张权利的一方应当承担举证责任的基本规则。"④《江苏省高级人民法院侵犯商业秘密纠纷案件审理指南》提出，"在审理过程中，应当综合案件事实，合理确定原告提供初步证据的证明标准，降低原告的举证难度，及时运用举证责任转移，解决原告维权难、审理难、周期长等问题"。

因此，笔者认为，《反不正当竞争法》第 32 条规定举证义务即主观证明责任移转问题。在原告就相关要件事实提供初步证据之后，推定相关要件事实成立；被告若认为相关要件事实不成立，则应当就其主张提供证据，此时发生举证义务的移转；但是，客观证明责任并未发生倒置。

2. 权利人于商业秘密构成要件的初步证据标准

《反不正当竞争法》第 32 条第 1 款规定，"在侵犯商业秘密的民事审判程序中，商业秘密权利人提供初步证据，证明其已经对所主张的商业秘密采取保密措施，且合理表明商业秘密被侵犯，涉嫌侵权人应当证明权利人所主张的商业秘密不属于本法规定的商业秘密"。根据文义理解，权利人关于举证商业秘密构成的初

---

① 崔国斌：《商业秘密侵权诉讼的举证责任分配》，载《交大法学》2020 年第 4 期。
② 李浩：《〈民事诉讼法〉修订中的举证责任问题》，载《清华法学》2011 年第 3 期。
③ 参见何家弘、刘品新：《证据法学》，法律出版社 2019 年版，第 308—326 页。
④ 宋健：《2019 年反不正当竞争法第三十二条对侵害商业秘密案件审理思路的影响》，载《中国专利与商标》2020 年第 4 期。

步证据包括两项：一是对所主张的商业秘密采取措施；二是合理表明商业秘密被侵犯。但是，该第二项属于侵权行为的证据，客观上与商业秘密构成要件的证明无关，因此，"对于第 32 条的规定，个人理解其规范目的是为了减轻商业秘密权利人举证的负担。从这个目的出发，似乎应该将商业秘密权利人对商业秘密采取保密措施的证据，作为推定商业秘密符合法律规定保护条件的初步证据，而在商业秘密权利人提交了相关证据时，举证责任就发生转移"①。司法实践中，在本报告第二部分评述的"倍通数据"案中，最高人民法院在认定案涉商业秘密构成要件时，除了认定倍通数据采取保密措施，还认定了倍通数据公司的研发投入以及崔某某实施的违法行为，进而认定，"倍通数据已经尽到初步的举证责任，在案证据可以初步证明案涉技术信息不为公众所知悉。"②本报告第二部分评述的"君德同创公司"案和"瑞昌公司"案中，法院亦采取类似的处理。尽管如此，法院的该等处理并不是对《反不正当竞争法》第 32 条规定的原告关于商业秘密构成要件的初步证据标准的变更或提高。原因在于，在通常情况下，权利人能够提交的关于商业秘密构成的证据往往会多于保密措施一项（很多情况下，权利人为了评估是否需要提起诉讼，甚至会先行委托鉴定案涉技术信息的非公知性），因此，法院是根据在案实际情况，就原告提交的证据进行综合的认定。

3. 权利人关于被诉侵权行为的初步证据标准

《反不正当竞争法》第 32 条第 2 款规定："商业秘密权利人提供初步证据合理表明商业秘密被侵犯，且提供以下证据之一的，涉嫌侵权人应当证明其不存在侵犯商业秘密的行为：（一）有证据表明涉嫌侵权人有渠道或者机会获取商业秘密，且其使用的信息与该商业秘密实质上相同；（二）有证据表明商业秘密已经被涉嫌侵权人披露、使用或者有被披露、使用的风险；（三）有其他证据表明商业秘密被涉嫌侵权人侵犯。"

该款规定第 1、2 项证据即是对实践中常见侵犯商业秘密行为证据的总结，且第 3 项予以兜底。因此，三项结合之后，并不存在其他合理表明商业秘密被侵犯证据。合理表明商业被侵犯证据与本款规定的三项证据属于种属关系而非并列关系。因此，权利人关于被诉侵权行为的初步证据即为《反不正当竞争法》第 32 条第 2 款中的任何一项即可。

---

① 刘军华：《侵犯商业秘密民事诉讼证据规则——〈反不正当竞争法〉第三十二条理解与适用》，载上海交大知识产权与竞争法研究院网，2022 年 7 月 21 日访问。

② （2021）最高法知民终 1687 号。

司法实践中，在本报告第二部分案例评述的"香兰素"案中，最高人民法院在认定各被告是否实施了使用案涉商业秘密的侵权行为时，即是基于"被告非法获取了完整的产品工艺流程、成套的生产设备等技术秘密信息或者技术秘密载体，且被告已经实际生产出相同产品的"等在案事实证据，进而根据优势证据规则和日常生活经验，推定被告使用了全部技术秘密。①从司法实践的该等处理看出，关于被诉侵权行为的初步证据标准是比较低的；甚至并不要求直接证据而只需要达到间接证据的程度即可。"第三十二条对'初步证据'的规定，实际上是给出了降低证明标准的裁判尺度，而且也完全符合商业秘密案件的审理实际。"②

4.《反不正当竞争法》第32条未免除权利人关于权利内容和权属等的证明责任和举证义务

《反不正当竞争法》第32条虽然仅仅规定原告应当提供采取相应保密措施以及合理表明商业秘密被侵犯的初步证据，但是，该条规定并没有免除权利人关于商业秘密内容（即秘点）、载体、权属（原始权利或被许可人或受让人）的证明责任和举证义务。秘点关系到被诉侵权人能否恰当提出抗辩；载体和权属关系到权利人是否为适格诉讼主体的确认，因此，权利人需要依法提出该方面的证据并承担相应的证明责任。当然，依照《反不正当竞争法》第32条确定的减轻商业秘密权利人举证的负担的规范目的，笔者认为，对于前述三类证据的举证，也可以采用初步证据标准。

（五）客户名单的司法保护

虽然因新的司法解释施行，最高人民法院《关于审理不正当竞争民事案件应用法律若干问题的解释》（法释〔2007〕2号）已于2022年3月20日废止，客户名单作为该司法解释的一种类型的经营信息，在满足法定构成要件的情况下，依然作为商业秘密获得保护。而且在涉经营信息商业秘密侵权纠纷案件中，客户名单占据较大的比例。（2019）最高法民再268号案件③系最高人民法院提审案件，在一审、二审法院认定原告华阳公司享有43家客户名单商业秘密、各被告构成侵权的情况下，最高人民法院撤销一审、二审判决，并改判驳回华阳公司的全部诉讼请求。该案判决厘清了客户名单的保护范围以及侵权判定标准，对于客户名单

---

① （2020）最高法知民终1667号。

② 宋健：《2019年反不正当竞争法第三十二条对侵害商业秘密案件审理思路的影响》，载《中国专利与商标》2020年第4期。

③ （2019）最高法民再268号。

的司法保护具有重要的指导意义。

在（2019）最高法民再268号案件中，最高人民法院确定了涉商业秘密案件的裁判理念，即恰当平衡案涉各主体的利益。在本院认为部分，最高人民法院首先开宗明义地提出，人民法院在审理商业秘密案件中，既要依法加强商业秘密保护，有效制止侵犯商业秘密的行为，为企业的创新和投资创造安全和可信赖的法律环境，又要妥善处理保护商业秘密与劳动者自由择业、竞业限制和人才合理流动的关系，维护劳动者正当就业、创业的合法权益，依法促进劳动力的合理流动和自主择业。职工在工作中掌握和积累的知识、经验和技能，除属于单位的商业秘密的情形外，构成其人格的组成部分，是其生存能力和劳动能力的基础，职工离职后有自主利用的自由。在上述裁判理念的指引下，最高人民法院并未在华阳公司案中超出法律和司法解释的相关规定，创新或创设任何新的裁判，而仅仅是进行精准的法律解释和适用。关于该案判决两方面的内容，尤其值得关注。

1. 联系人、联系电话是认定客户名单保护范围以及判断侵权的关键要素

首先，从字面含义来看，联系人、联系电话即属于客户名单整体信息的当然组成部分。其次，除网络上存在的由相关客户主动公示的联系人、联系电话不具有秘密性之外，权利人诉请保护的联系人、联系电话等信息往往是通过各种方式，努力开拓形成，因而属于深度信息，满足秘密性要件。最后，尽管商业秘密侵权表现的隐蔽性强，但是，涉客户名单类案件的侵权表现，则往往是通过使用相同的联系电话，与相同的联系人联系。因此，在被诉主体交易中与某一特定客户的联系人、联系电话一致的情况下，通常可确定其使用了案涉的客户名单；反之，则难以认定使用了案涉的客户名单。在（2019）最高法民再268号案件中，最高人民法院即指出，在联系人、联系电话较大比例不相同的情况下，也难以认定麦达可尔公司使用了华阳公司43家客户名单相关信息进行市场交易。

2. 客户名单中的客户交易需求、习惯或内容等应当不为公众所知悉

实践中，与客户名单相关的两类信息可能会被认定为公众所知悉。

其一，需方市场中的需方信息。在最高人民法院二审判决的与化学工业部南通合成材料厂等相关的案件中，其确认了江苏省高级人民法院的二审认定，即一审法院尤其注意到，在改性PBT产品的交易过程中，一般均是由生产厂家先按产品使用方的技术性能要求提供样品，待样品试用合格后才建立正式的购销关系，

这说明改性 PBT 产品的交易属于典型的买方市场。而所有的生产企业在建立自己客户的过程中，首先必须表明其能够满足需方的技术要求，并付出自己的商业努力。这一点可从前述相关鉴定意见书以及东方公司提供的客户说明中得到印证。因此，案涉改性 PBT 产品的相关客户交易信息因不具备明显有别于公知信息的深度交易信息，不能认定为商业秘密意义上的客户名单。① 在（2019）最高法民再 268 号案件中，尽管未确认案涉产品是否属于需方市场，但是，结合当前的网络环境，最高人民法院指出，在当前网络环境下，相关需方信息容易获得，且相关行业从业者根据其劳动技能容易知悉。因此，案涉产品市场的交易模式及特点，以及案涉客户信息存在的平台和环境等，将最终影响到客户交易需求、习惯或内容等是否具有秘密性。

其二，客户交易需求、习惯或内容等信息并非特定的，而是一般性的交易信息。在（2019）最高法民再 268 号案件中，重要的一点事实是，原告主张的 43 家客户名单中，有 70% 的客户与原告交易了同一款产品。同时，结合相关信息，最高人民法院最终认定相关客户信息难以反映特殊的客户需求等。当然，需要说明的是，特殊或一般交易信息的区分，和案涉产品所处的行业、案涉产品是否属于标准化产品以及客户的交易实践等诸多因素相关，不能一概而论。

3. 权利人采取相应保密措施的认定

"经权利人采取相应保密措施"是商业秘密的法定构成要件之一。司法实践中，权利人是否就其主张的商业秘密采取相应保密措施，往往是案件诉辩的焦点和难点之一。不少案件正是由于权利人未能举证证明采取了相应保密措施，导致其主张未能获得法院的支持。

最高人民法院在审理的兰光公司侵害商业秘密案中指出，鉴于案涉技术秘密载体为市场流通产品，属于外部性载体，故思克公司为实现保密目的所采取的保密措施，应能对抗不特定第三人通过反向工程获取其技术秘密。此种对抗至少可依靠两种方式实现：一是根据技术秘密本身的性质，他人即使拆解了载有技术秘密的产品，亦无法通过分析获知该技术秘密；二是采取物理上的保密措施，以对抗他人的反向工程，如采取一体化结构，拆解将破坏技术秘密等。② 最高人民法院

---

① （2014）民三终字第 3 号。
② （2020）最高法知民终 538 号。

在之后审理的鼎源公司侵害技术秘密纠纷案件中重申了这一裁判规则。①

在前述两件案件中,最高人民法院提出权利人就附载于市场流通产品中的案涉商业秘密采取的保密措施应能对抗不特定第三人通过反向工程获取。对此,笔者认为,最高人民法院提出的该等要求,已然超出了法律和司法解释要求的合理或相应限度,对于权利人课加的举证责任过重。

4. 认定相应保密措施应坚持合理性标准

《商业秘密民事案件审理规定》第5条第2款规定,"人民法院应当根据商业秘密及其载体的性质、商业秘密的商业价值、保密措施的可识别程度、保密措施与商业秘密的对应程度以及权利人的保密意愿等因素,认定权利人是否采取了相应保密措施"。同时,该司法解释第6条列举了可以认定权利人采取相应保密措施的各项情形,并在第7项作出"采取其他合理保密措施"的兜底性规定。由此可见,《反不正当竞争法》要求的相应保密措施,是指与个案实际情形相符的合理保密措施。"对于相应保密措施,并不要求达到严丝合缝、万无一失的程度,而是要'在正常情况下足以防止商业秘密泄漏'。"②"过高的保密性要求当然更能确保信息的秘密性,但这却恰恰是对技术秘密法律制度的否定。过高甚至足以阻止非正当或非法行为的保密措施,与自力救济的初始状态无异,不能实现技术秘密的知识产权促进知识传播的制度功能。"③

从域外来看,"美国1979年《统一商业秘密法》在第1条(商业秘密的定义中),设定的保密措施的合理标准为'在特定情势下已尽合理保密努力。'……特定情形下的合理努力,是指针对特定商业秘密保护而实际采取的措施已足够严密,从而迫使他人只能使用不正当、不道德或非法的手段来发现或使用他人的商业秘密,当然无须做到使他人无法通过任何渠道获取商业秘密的程度"④。最高人民法院在前述兰光公司和鼎源公司案中提出的保密措施要求,已然是要求他人无法通过任何渠道获取商业秘密的程度,高于合理性标准。并且,反向工程为司法解释赋予被诉侵权人针对侵权行为的抗辩事由,与商业秘密构成要件并

---

① (2021)最高法知民终1440号。

② 林广海、李剑、杜微科:《〈最高人民法院关于审理侵犯商业秘密民事案件适用法律若干问题的规定〉的理解与适用》,载《法律适用》2021年第4期。

③ 黄武双、戴芳芳:《论技术秘密构成要件的认定——以定作产品技术秘密为视角》,载《科技与法律》2022年第4期。

④ 黄武双:《商业秘密保护的合理边界研究》,法律出版社2018年版,第14页。

无关联。若依照最高人民法院确立的前述裁判规则，则在涉商业秘密侵权案件之中，被诉侵权人客观上无须针对被诉侵权行为提出反向工程抗辩，进而使得司法解释规定的反向工程抗辩事由成为制度空文。法院在创设裁判规则时，可能导致法律或司法解释的相关规定成为制度空文，则该创设的裁判规则显然不当。

5. "他人通过正当方式获得的难易程度"不是认定相应保密措施的因素

最高人民法院《关于审理不正当竞争民事案件应用法律若干问题的解释》（2007年）第11条第2款规定，"人民法院应当根据所涉信息载体的特性、权利人保密的意愿、保密措施的可识别程度、他人通过正当方式获得的难易程度等因素，认定权利人是否采取了保密措施"。与之相比，《商业秘密民事案件审理规定》第5条第2款规定新增了保密措施与商业秘密的对应程度，并删除了他人通过正当方式获得的难易程度。

根据《商业秘密民事案件审理规定》第3条"权利人请求保护的信息在被诉侵权行为发生时不为所属领域的相关人员普遍知悉和容易获得的，人民法院应当认定为反不正当竞争法第九条第四款所称的不为公众所知悉"之规定，案涉信息是否容易获得是判断商业秘密构成要件之不为公众所知悉的充分必要条件之一。因此，他人通过正当方式获得的难易程度仅仅关系案涉信息是否容易获得，进而关系案涉信息是否不为公众所知悉的判断。他人通过正当方式获得的难易程度与权利人采取相应保密措施这一商业秘密构成要件无关。这也是《商业秘密民事案件审理规定》第5条第2款将其删除的原因。

因此，最高人民法院在前述"兰光公司案"和"鼎源公司案"中提出保密措施应能对抗不特定第三人通过反向工程获取其技术秘密；系混淆了不为公众所知悉和权利人采取相应保密措施两个不同商业秘密构成要件的具体内涵。至于判断不为公众所知悉中的"容易获得"时，是否一定要求达到对抗不特定第三人通过反向工程获取其技术秘密的程度，仍然应当根据个案实际情形加以判断。正如一位作者所言："容易获取，就是在连续实施反向工程难度中的某一个点。反向出来的时间越早，被反向的客体成为商业秘密的可能性就越小。"①

因此，认定商业秘密构成要件之权利人采取相应保密措施，应当坚持合理性标准，且不应当将他人采用包括反向工程等在内的正当方式获得案涉信息的难易

---

① 黄武双：《商业秘密保护的合理边界研究》，法律出版社2018年版，第7页。

程度作为考量合理性的因素。

（六）销售侵害他人商业秘密产品行为是否构成侵权

由于欠缺明确的法律或司法解释规定，销售商销售侵害他人商业秘密产品是否构成侵权的问题在司法实践中存在争议，上海知识产权法院审理的富田公司侵害商业秘密案[①]即涉及该问题。

1. 单纯销售侵害他人商业秘密产品行为不属于商业秘密侵权行为

从域外实践来看，"EU-TSD（欧洲《商业秘密保护指令》）还规定故意制造、提供侵害商业秘密的商品以及进行此类商品的销售、进出口或以此为目的的商品存储，亦构成非法使用行为，此规定同于对辅助侵权行为的认定。而行为人仅在明知或应知商业秘密未经授权使用时方可认定为'故意'。DTSA（美国《保护商业秘密法》）则规定，如果行为人偶尔或因错误而获取商业秘密，仅在实际使用或披露商业秘密时才承担责任；如果解除商业秘密的行为人角色没有发生实质性改变，其可能不承担侵权责任。但 DTSA 未涉及对辅助侵权行为的认定"[②]。由此可见，欧美国家关于单纯销售侵害他人商业秘密产品行为是否为侵权行为的规定存在不同。

我国《反不正当竞争法》第 9 条规定了获取、披露、允许他人使用、使用四种侵害商业秘密行为。销售侵害他人商业秘密产品行为，客观上只可能纳入"使用"侵权行为中讨论。但是，此前的法律法规或司法解释均未规定"使用"侵权行为的内涵或外延，导致该问题存在争议。《商业秘密民事案件审理规定》则明确了这一问题。该司法解释第 9 条从正向角度列举了"使用"侵权行为外延，具体包括"在生产经营活动中直接使用商业秘密，或者对商业秘密进行修改、改进后使用，或者根据商业秘密调整、优化、改进有关生产经营活动的"三类，且未使用"等"字予以兜底。与 EU-TSD 的规定不同，我国法律和司法解释未将销售侵害他人商业秘密产品行为规定为前述三类非法"使用"行为中的任何一种，因而难以认定构成侵权。

最高人民法院在 2007 年审理的四维公司等诉艾利丹尼森公司等案件[③]中也提出，根据《反不正当竞争法》第 10 条的规定，销售侵犯商业秘密所制造的侵权产

[①] （2017）沪 73 民初 269 号。

[②] 李薇薇、郑友德：《欧美商业秘密保护立法新进展及对我国的启示》，载《法学》2017 年第 7 期。

[③] （2007）民三终字第 10 号。

品并不属于该法所列明的侵犯商业秘密的行为,被告被控销售侵犯商业秘密所制造的侵权产品的行为不是《反不正当竞争法》规定的侵犯商业秘密的行为。且在本报告第二评述的(2019)最高法知民终 7 号案[①]中,最高人民法院重申了这一裁判规则。

司法实践中,有观点主张依据《反不正当竞争法》第 2 条规制单纯销售侵害他人商业秘密产品行为。对此,笔者认为,《反不正当竞争法》第 2 条属于原则条款,不应轻易向其"逃逸"。在单纯销售侵害他人商业秘密产品行为不构成《反不正当竞争法》第 9 条规定之侵权行为的情况下,说明依据立法目的解释,即不认为该等行为违法或应被法律干预,进而不应再通过第 2 条原则条款予以规制。

2. 非单纯销售侵害他人商业秘密产品行为可能构成商业秘密侵权

具体而言,包括两类情形,一类是单纯销售侵害他人商业秘密产品行为之外的行为,构成独立侵权行为。如某些产品为大型设备或生产线,最终用户购买该类产品后,需要由销售商安装、调试等。而案涉商业秘密,除了存在于设备本身之上,可能还为该设备的安装、调试方法等。此时,销售商实施的该类商业秘密控制的"使用"行为,将构成独立侵权。

另一类是单纯销售侵害他人商业秘密产品行为之外的行为,与生产商的"使用"行为构成共同侵权。实践中,若销售商并非只是销售侵害他人商业秘密产品,而是和生产商一道,针对权利人享有商业秘密产品实施侵权行为,只不过存在销售商和生产商名义上的分工。此时,销售商和生产商符合"意思联络型"共同侵权行为的表征,构成共同侵权。同时,实践中,还存在另一种共同侵权情形,即销售商为生产商的"使用"侵权行为等提供帮助,如提供场地或人员,或教唆生产商实施"使用"侵权行为等,此时,销售商与生产商符合"帮助教唆型"共同侵权行为的表征,构成共同侵权。而无论哪种情形下,销售商均应与生产商承担连带责任。

(七)论如何确定因申请专利公开商业秘密的损失数额

司法实践中,存在一类侵害商业秘密行为是,离职员工将其在原单位掌握的技术秘密披露给新单位,并由新单位申请获得专利。在该等情形下,是否依据案涉商业秘密的商业价值确定损失数额。在展开题述问题的讨论之前,笔者暂且设

---

① (2019)最高法知民终 7 号。

定两个前提：一是该专利申请最终获得授权；二是该公开行为确实导致案涉商业秘密为公众知悉。

1. 相关司法解释关于确定公开商业秘密行为造成的损失数额的规定

最高人民法院《关于审理不正当竞争民事案件应用法律若干问题的解释》（2007年）第17条第2款规定，"因侵权行为导致商业秘密已为公众所知悉的，应当根据该项商业秘密的商业价值确定损害赔偿额。商业秘密的商业价值，根据其研究开发成本、实施该项商业秘密的收益、可得利益、可保持竞争优势的时间等因素确定"。《商业秘密民事案件审理规定》第19条则规定，"因侵权行为导致商业秘密为公众所知悉的，人民法院依法确定赔偿数额时，可以考虑商业秘密的商业价值。人民法院认定前款所称的商业价值，应当考虑研究开发成本、实施该项商业秘密的收益、可得利益、可保持竞争优势的时间等因素"。可以看出，两司法解释的规定存在差异。最高人民法院《关于审理不正当竞争民事案件应用法律若干问题的解释》（2007年）采用"应当"一词；《商业秘密民事案件审理规定》则采用"可以"一词。

之所以存在上述差异性规定，究其原因，导致商业秘密为公众所知悉的侵权行为形态是多样的。典型的包括两种：一是通过互联网、书刊、论文等将商业秘密公开；二是通过申请专利将商业秘密公开。

在第一种情形下，案涉商业秘密被侵权人披露给全社会，任何人都可以自由地使用，权利人无法从中获得任何经济回报，因而，依据案涉商业秘密的商业价值确定损失数额是合理的。在第二种情形下，尽管案涉商业秘密被公开，仍然转变成另一种知识产权，即专利权。此时，原权利人仍能获得对相关技术方案的独占/垄断，可以凭借专利权获得许可费收益，并禁止任何第三人未经许可的使用（当然，权利人需要通过提起专利权属确权诉讼，将专利权拿回去）。换言之，权利人基于对案涉商业秘密的投入可以收获回报。因而，该等情形下不适合以商业秘密的商业价值确定损失数额。这也是商业秘密民事审理规定使用"可以"一词的原因所在。"可以"一词表明，应当根据侵权行为的具体形态，确定公开商业秘密行为的损失数额。同样的，最高人民法院、最高人民检察院《关于办理侵犯知识产权刑事案件具体应用法律若干问题的解释（三）》第5条第1款第5项使用的是也是"可以"一词。

2. 确定因申请专利公开案涉商业秘密的损失数额的方法

在本报告第二部分评述的（2020）最高法知民终726号案件，即涉及将他人案涉商业秘密申请为实用新型公开的损害赔偿数额确定问题，最高人民法院在该中考量该技术秘密的商业价值，即研究开发成本、每台燃烧器的合理利润、实施技术秘密的可得利益、因技术秘密被公开导致原告失去竞争优势的合理期限等因素，酌情确定侵害技术秘密的赔偿数额为 100 万元。对此，笔者认为，从制止侵权行为、惩戒侵权人、加强商业秘密保护的角度而言，最高人民法院的该等判项是合理的。但是，酌定方法未能为今后法院在类似案件中精细化裁判确定赔偿数额提供明确的指引。

基于前文所述，笔者认为，确定因申请专利公开案涉商业秘密的损失数额主要方法是进行价值评估比较，即分别评估案涉商业秘密的商业价值和专利权的商业价值。若专利权的商业价值更高，则对权利人而言，其本身没有任何损失；相反，其通过专利公开行为获有收益。若专利权的商业价值低于案涉商业秘密的商业价值，则两者之间的差额可以确定为权利人的损失数额。

评估商业秘密和专利权的商业价值的方法应是科学合理的，且极为复杂。原因在于，商业秘密和专利权各自存在一些不同的特点。对专利权而言，其有期限限制，但是，其独占/垄断力是绝对的，任何人未经许可都不得使用。对商业秘密而言，尽管其没有期限限制，但是，其独占/垄断力不是绝对的，任何第三方均可以独立研发，并通过申请专利或其他方式将其公开。此外，商业秘密权利人不能排除他人反向工程并使用该商业秘密。因此，在前述权利特点存在的情况下，并不能直接得出哪一方商业价值更高的结论。在司法实务中，应当由专业机构，根据个案的特定情形，合理的作出评估和价值认定，进而为损害赔偿数额的计算提供确切依据。

四、未来展望

总结过去的 2021—2022 年，在这期间，随着国家审判体系改革的不断完善和相关法律、司法解释陆续制定施行，商业秘密案件在纠纷频发、法律适用难点问题增多的情况下，最高人民法院和各级法院依然通过个案的审理和裁判，加强对于商业秘密权利人的保护，取得了诸多丰硕有效的成果。展望未来商业秘密纠纷司法发展，一是纠纷类型仍然比较集中；二是司法实践将重点解决三大问题。

（一）纠纷类型仍将集中于离职员工引发的商业秘密案件

尽管《反不正当竞争法》第 9 条第 1 款规定了多种类型的商业秘密侵权行为，

但是，在过往以及可期的未来，商业秘密纠纷类型依然会集中于离职员工违反保密义务，对其掌握或接触的商业秘密实施非法行为引发的案件。在该等案件处理过程中，焦点主要是离职员工在其期间掌握或接触商业秘密事实的证明，及商业秘密本身是否符合相关构成要件。

在本报告的第一部分，我们指出，随着行业协会以及各地市场监管部门等推出企业保密管理标准或指南，越来越多的企业已愈发重视构建及完善内部的商业秘密管理措施。因此，对于离职员工引发的商业秘密案件，企业将有机会完成员工在其期间掌握或接触商业秘密事实的证明，从而有助于诉讼案件的推进，以及最终胜诉结果的取得。

关于另一焦点问题之商业秘密本身是否符合相关构成要件，重点是案涉商业是否具备"秘密性"以及"采取相应保密措施"的要件证明。这个有待于司法实践着力破解举证难的问题。

（二）司法重点解决三大难题

一是着力破解举证难的问题。举证难问题是商业秘密权利人获得案件胜诉的最大障碍。虽然随着《反不正当竞争法》第 32 条的制定施行，以及司法实践在过去 2021—2022 年期间的不断探索，举证难问题已经获得很好的缓解。但是，这个问题依然是未来司法发展中需要面对的重点和难点。各级法院除了通过个案审理，将《反不正当竞争法》第 32 的适用边界、要件和标准界定清楚，还需要在相关法律和司法解释的框架下，积极探索有利于破解举证难问题的裁判规则，合理运用法律推定以及多种技术事实调查手段对案件事实予以查明。

二是如何及时高效救济权利人。商业秘密案件因为涉及复杂事实的查明、委托鉴定等程序的运用，以及刑民交叉案件处理等，导致审理周期远远长于一般知识产权案件。笔者经办的一起侵害商业秘密民事案件，仅仅一审阶段就长达 4 年之久，虽然案件最终获得了较为理想的结果，但是，"迟来的正义有时是非正义的"。未来的司法发展，在确保案件公正、合法审理的情况下，从程序和实体方面，及时高效救济权利人。在程序方面，对于刑民交叉案件，应当及时识别，采用刑民并行、刑民附带民事诉讼等方式推进案件的尽快审理；及时回应当事人的申请，采用行为保全或先行判决等制度，制止侵权人的显著违法行为。在实体方面，应当准确理解和适用相关法律和司法解释规定，运用除委托鉴定之外的技术调查官、现场勘验、法律推定、咨询外部专家等多种方式，尽快查明相关事实、加快案件审理。

三是精细化裁判确定赔偿额，体现补偿和惩罚并行的司法态度和决心。目前绝大部分的案件，法院均是在法定赔偿限额内酌定确定赔偿额，无法体现司法判赔的精细化。法院在未来的司法发展中，可以参考最高人民法院在香兰素案中的判赔计算方式；同时，需要考虑案涉商业秘密的贡献率等因素，精细化裁判确定赔偿数额。此外，对于恶意侵权且情节严重的，司法审判也应积极给予回应。对此，最高人民法院在（2019）最高法知民终562号案件[①]中已经适用惩罚性赔偿。我们期待法院今后作出更多类似的判决。

---

① （2019）最高法知民终562号。

中国银行纠纷司法研究报告
(2021—2022)

一、司法实践总体观察

（一）年度司法大数据观察

2021年至2022年，银行纠纷在案件类型上，从在金融借款、银行卡、保险等传统金融纠纷中占绝对主导地位，开始向各类型金融商事案件并存且融资租赁、保理、信托及其他新兴金融领域案件占比不断提升的发展趋势转变。新兴金融领域案件虽然绝对数量仍然较少，但呈现新颖性、复杂性、技术性、国际性的特点。

（1）储蓄存款合同纠纷

中国司法大数据服务网对2021年至2022年，全国各级法院全部审结的储蓄存款合同纠纷民事案件情况进行研究，截至2022年8月31日，已公布判决的储蓄存款合同纠纷案件总量为2953件。储蓄存款合同中，排名前十的争议焦点依次为：支付存款与利息争议（111件）、兑付义务争议（57件）、存款主体争议（26件）、储蓄合同关系争议（25件）、定期存款争议（22件）、活期存款存款争议（22件）、利息计算方式争议（11件）、取走存款争议（1件）、存款安全保障义务争议（1件）、银行承担全部损失赔偿争议（1件），详见图5-1。[①]

（2）金融借款合同纠纷

2021年至2022年8月31日，已公布判决的金融借款合同纠纷案件总量超7万件，约96.53%的案件由基层法院作出判决。金融借款合同纠纷的主要争议焦点包括利息争议、利率争议、性质认定争议、借款数额争议等，详见图5-2。

[①] 参见中国司法大数据服务网，http://data.court.gov.cn，2022年9月5日访问。以下数据来源相同。

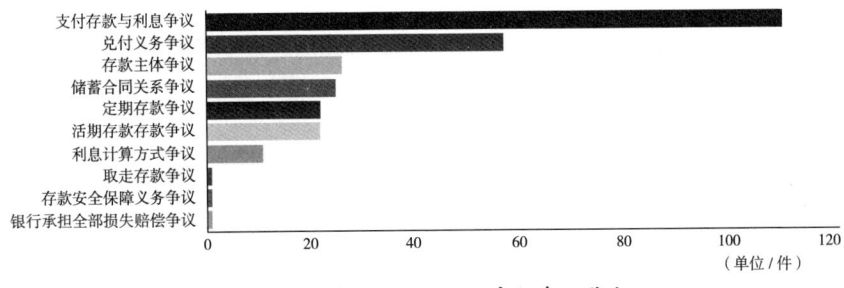

图 5-1　储蓄存款合同纠纷高频争议焦点

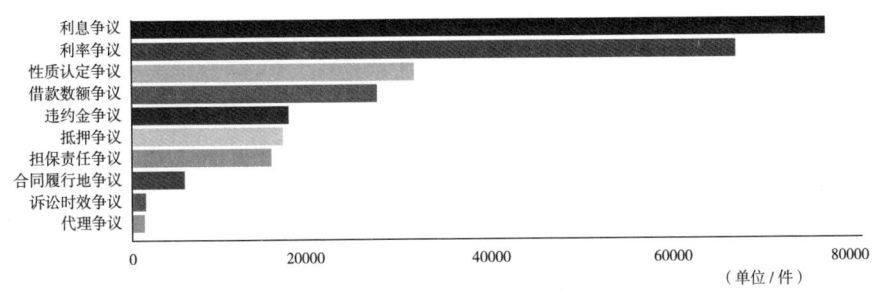

图 5-2　金融借款合同纠纷高频争议焦点

相比往年,金融借款合同纠纷增幅明显,增信担保措施呈多样化和复杂化,其性质及效力认定仍是该类案件的审理焦点。案件数量增长较快的原因,一方面是疫情持续影响企业经营产生逾期违约,另一方面是部分金融机构在金融创新和风险控制的平衡失当,在审核客户资信、合同签订、担保等方面缺乏合理完善的保障措施,增加潜在坏账风险。在《民法典》及相关担保司法解释出台后,相关担保法律规定面临较大调整,保理、融资租赁等业务中涉及非典型担保的法律规定进一步明确与细化,新旧法律衔接适用等问题集中反映到该类案件审理中。

(3)银行卡纠纷

涉银行卡纠纷也是涉银行纠纷中数量占比极高的案件类型,包括借记卡纠纷与信用卡纠纷。2021年至2022年8月31日,已公布判决的案件总量为423330件。银行卡纠纷的大部分案件由基层法院处理。涉银行卡纠纷案件中,排名前十的争议焦点依次为:违约金争议(88898件)、滞纳金争议(78373件)、利息争议(66844件)、手续费争议(27300件)、诉讼费用争议(1027件)、信用卡合同关系争议(855件)、还款责任争议(775件)、超额费争议(449件)、诉讼时效争议(108件)、共同还款争议(95件)。详见图5-3

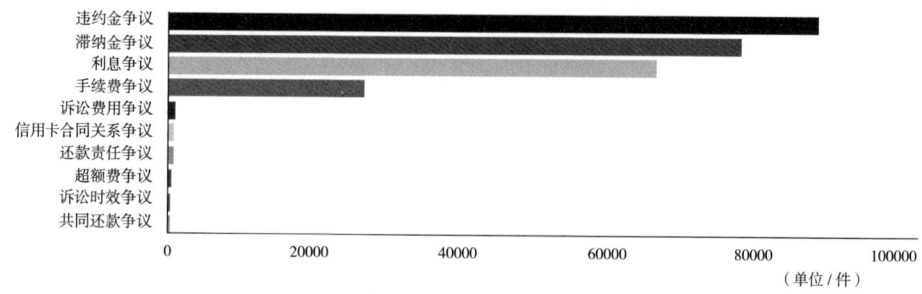

图 5-3　银行卡纠纷案件排名前十的争议焦点

银行卡纠纷中金融机构业务开发环节不完善增加了案件审理的复杂度。信用卡等金融业务加快线上转型，被告户籍地多在外地且下落不明，未约定明确的法律文书送达地址，审理中公告送达较多。部分信用卡纠纷案件中，银行主张分期手续费的依据仅为银行官网发布的公告，无证据证明持卡人知晓存在分期手续费的约定。

（4）信用证纠纷

对于信用证纠纷案件，2021 年至 2022 年 8 月 31 日已公布判决的案件总量为 140 件，争议焦点主要与基础交易相关，各类案件案由所占比例分布详见图 5-4。

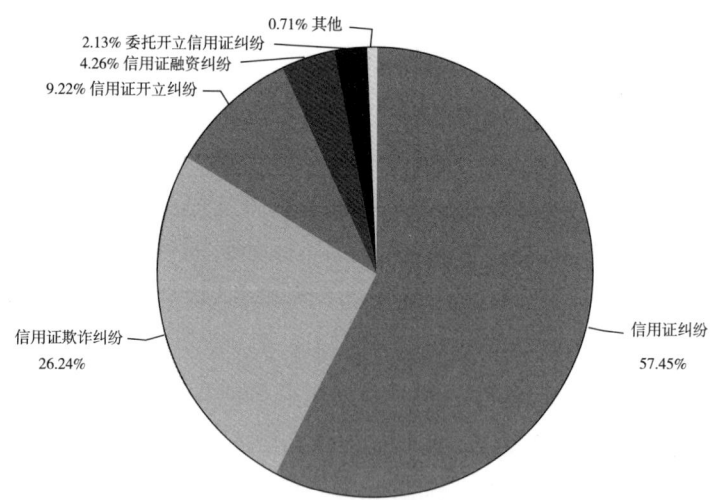

图 5-4　信用证纠纷案件案由分布

2020 年末，最高人民法院发布了修正后的《关于审理信用证纠纷案件若干问题的规定》，并于 2021 年 1 月 1 日生效，该规定对于厘清信用证纠纷中的裁判思路，统一裁判规则具有重大意义。

（5）其他新兴类型纠纷

2021年，上市银行中间业务收入保持强劲增长。59家上市银行手续费及佣金净收入的平均值达146.3亿元，同比增加8.6亿元，同比增幅6.2%。其中，理财、代理及托管等资管业务是带动银行手续费及佣金收入增长的关键因素。[①] 然而，随着这些新兴业务的发展，与之相关的纠纷也随之增多，新兴业务相关的案件相比传统业务的纠纷也相对复杂。

对于涉金融委托理财合同纠纷案件，2021年至2022年8月31日，已公布判决的总量为401件，最常见的争议焦点是金融机构是否违反适当性义务，并需赔偿金融消费者受到的损失。此外，在一些案例中金额争议、诉讼时效争议等也成为争议焦点。详见图5-5。

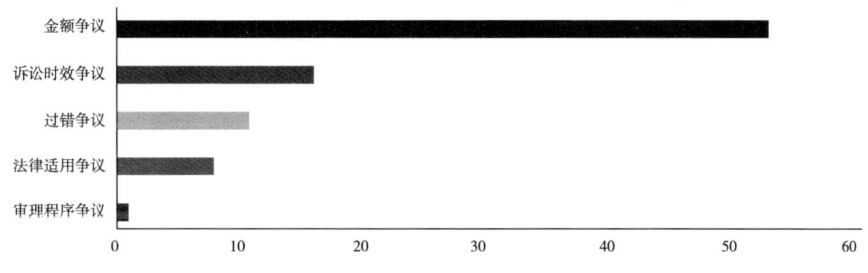

图5-5　金融委托理财合同纠纷案件争议焦点

对于涉银行结算合同纠纷案件，2021年至2022年8月31日，已公布判决的案件总量为29件，高频争议焦点包括：赔偿责任争议、合同履行争议、承担责任争议、违约争议、违规争议。银行在办理结算时对于指定收款人与实际收款人名称的表面不完全一致的特定情形予以结付是否应当承担民事责任成为大多数案件的争议焦点。

涉进出口押汇纠纷案件属于新类型案件，数量相对较少，2021年至2022年8月31日，案件总量为5件。尽管进口押汇业务多伴随于信用证交易所产生，但进口押汇法律关系独立于信用证开证法律关系。最高人民法院《关于修改〈民事案件案由规定〉的决定》（法〔2011〕41号）将"进出口押汇纠纷"规定为独立的第三级案由，在法院级别管辖、审查重点、适用规则等方面均有别于信用证纠纷案件。本次统计范围内的进出口押汇纠纷案件的争议焦点包括：保证责任争议（5

[①] 参见《2022年中国银行业调查报告》，载人民银行网，2022年9月5日访问。

件)、效力性争议(4件)、质押争议(1件)、连带责任争议(1件)。由于目前对进口押汇业务缺乏具体的法律规定,而实务中的操作又有违传统理论,进口押汇纠纷案件往往会被提起上诉甚至提起再审。相对传统的金融借贷业务,银行在进口押汇业务中所面临的法律风险及争议要大得多。

(二)银行业年度整体发展状况观察

2021年,在全球经济复苏分化、国内经济下行压力逐季显现的背景下,中国银行业在克服疫情影响、提升服务实体经济能力、防范系统性金融风险、实现高质量发展方面取得不凡新成绩。

(1)资产规模增速保持平稳

根据银保监会发布的数据,2021年末,我国银行业金融机构本外币资产345万亿元,同比增长7.8%。其中,商业银行总资产288.6万亿元,同比增长8.6%,大型商业银行本外币资产138.4万亿元,占商业银行总资产的40.4%,资产总额同比增长7.8%;股份制银行本外币资产62.2万亿元,占比17.9%,资产总额同比增长7.5%。[①]详见图5-6。

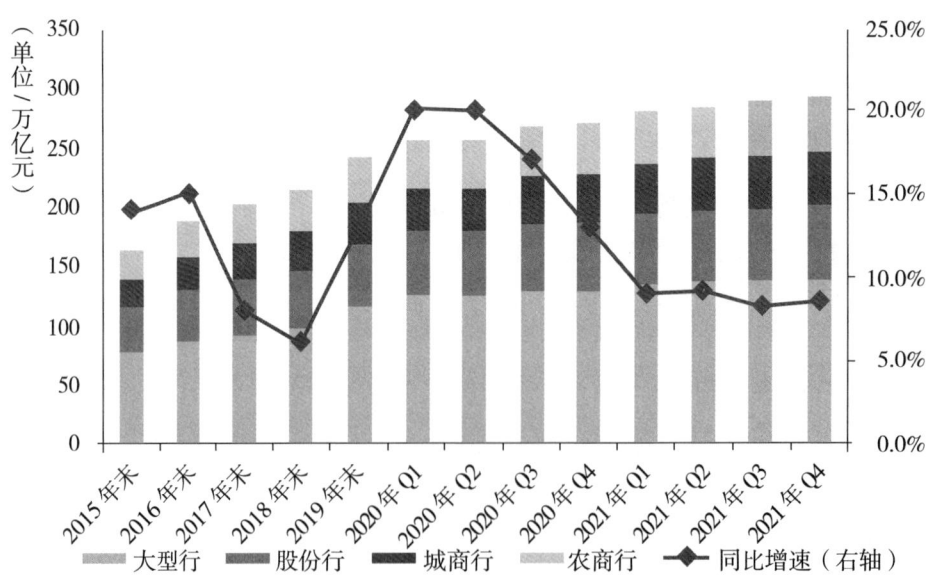

图5-6 银行业金融机构本外币资产变化

---

① 参见《2021年末我国金融业机构总资产381.95万亿元》,载人民银行网,2022年9月5日访问。

（2）净利润增速进一步改善，但分化显著

2021年末，我国商业银行累计实现净利润2.2万亿元，同比增长11.9%。分机构类型看，股份制银行改善最明显，为12.6%；大型银行和城商行分别为12%和11%，均超过10%。农商行增长8.7%。从利润增速来看，在经历2020年下跌2.75%之后，2021年已基本回归到疫情前水平，体现银行业与宏观经济的密切相关性。商业银行的盈利效率有所降低，2021年末商业银行整体平均资本利润率为9.6%，较上季末下降0.5个百分点，为年内最低水平。平均资产利润率为0.79%，也较上季末略有下降。[①]

（3）不良资产余额增速下降

截至2021年末，我国商业银行不良贷款总额为2.85万亿元，增速回到了5.4%，较上年同期下降6.6个百分点，是最近几年首次低于10%。从过去几年的走势来看，不良资产余额上升的趋势已经得到遏制，资产质量改善明显，不良资产上升幅度已大幅低于资产增速。详见图5-7。

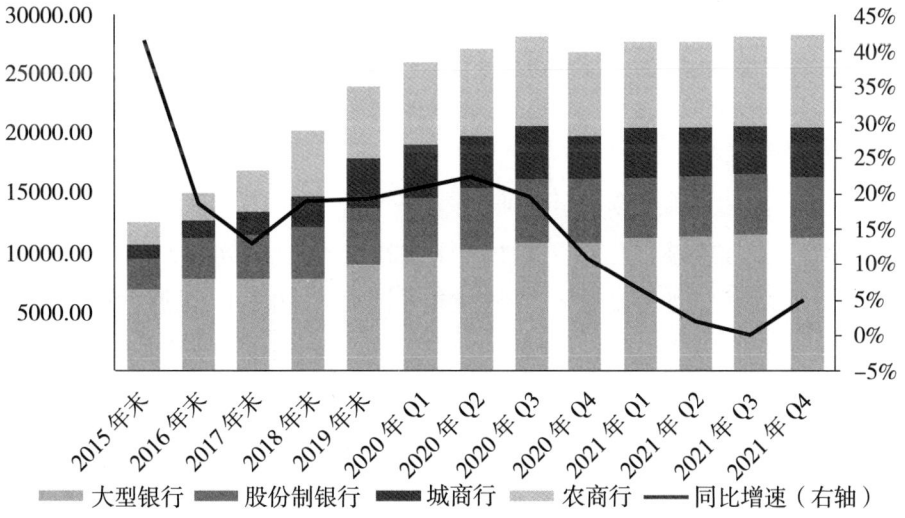

图5-7 商业银行不良贷款变化

---

① 参见《2021银行全行业业绩出炉：净利润增速12.6%持续回暖，非息收入占比降至19.81%》，载https://m.21jingji.com/article/20220212/herald/e8de05282882bcdbacbe5f6ecca9f963_zaker.html，2022年9月5日访问。

(4）流动性指标保持稳定

2021年12月末，商业银行整体流动性比例为60.3%，较上季末增加1个百分点，总体保持稳定态势。分银行类型来看，大型银行流动性比例上升1个百分点，略有上升，股份行基本保持不变，城商行和农商行分别上升6个和5个百分点，存在一定的边际改善。①

（三）年度司法实践状况观察

与新冠肺炎疫情有关的金融案件陆续出现。2020年以来，新冠肺炎疫情对我国社会经济发展造成较大影响，对金融市场也产生一定冲击。例如，受疫情影响，部分企业停产甚至生产经营陷入困境，资金链紧张，由此引发金融借款、融资租赁等纠纷，企业多以疫情作为不可抗力因素要求减免责任或迟延履行义务。又如，国际贸易方面，随着疫情在全球蔓延，对我国外贸活动造成较大冲击，与对外贸易相关的信用证、独立保函纠纷出现增多趋势。

融资租赁不规范经营行为增多，纠纷增长较快，案件争议集中在服务费收取不规范及可否抵扣本金等方面。融资租赁在拓展实体经济融资渠道方面发挥着重要作用，近年来融资租赁业务发展迅速，租赁物不断丰富，担保方式更加多样，但不规范行为也日益增多。融资租赁案件数量及标的额逐年大幅增长，在该类案件中，服务费收取形式多样但不规范，服务费是否合规及是否可抵扣本金等问题往往成为争议焦点。

票据融资形式愈加灵活，票据纠纷中电子票据规则与《票据法》规定的冲突有待协调。随着票据资产化的步伐加快，票据融资流转形式丰富，涉及相关法律规定与交易规则争议也逐渐增多。在多起电子票据案件中，因电票特征与传统票据规则不兼容，电票持票人在出票人或承兑人破产程序中部分受偿后，拆分剩余未受偿的电票金额向各背书人追偿，涉及电票规则、票据法、担保制度、破产法的冲突与衔接，易引发争议。②

互联网平台类融资监管收紧，群体性案件增多，刑民交叉问题突出。随着对互联网平台监管的不断增强，大量互联网融资平台非法经营受到遏制，资金池难以为继。有的融资方为骗取融资而伪造底层资产，引发群体性纠纷，刑民交叉问题凸显。在相关融资类纠纷中，因合同当事人涉嫌刑事犯罪而影响合同效力的争

---

① 参见曾刚：《2021银行业运行分析与2022年展望》，载新浪专栏，2022年9月5日访问。

② 参见《上海金融法院审判工作情况通报（2018—2021）》，载微信公众号"上海金融法院"，2022年6月27日访问。

议比较集中。

涉外金融纠纷类型丰富，既包括金融借款、保函及信用证等实体法律争议，也包括承认与执行外国判决、仲裁裁决，认可与执行港澳台地区法院判决、仲裁裁决等司法协助案件。我国金融机构在涉外合同中约定由外国法院、仲裁机构管辖仍为一种普遍做法，其中银行业最为普遍。

（四）新法律法规、适法意见及热点事件评述

（1）《民法典》正式施行

2021年1月1日，《民法典》正式施行，之前的9部法律同时被废止，我国正式迈入《民法典》时代。《民法典》是新中国成立以来第一部以法典命名的法律，其各编依次为总则、物权、合同、人格权、婚姻家庭、继承、侵权责任及附则，共计1260条。《民法典》作为新中国历史上第一部法典化的法律，为维护交易安全和市场秩序、推动经济高质量发展提供了有力的保障，但同时，居住权制度的设立、抵押财产转让规则的变化、超级优先权等会对银行各项业务产生较大的影响。《民法典》首次明确了担保合同的范围不再仅限于抵押合同、质押合同等典型担保合同，在法律层面认可了有担保功能的非典型担保合同的效力，为银行提供了更为丰富的担保方式，为金融创新留下了空间。

（2）《民法典担保制度解释》正式施行

最高人民法院《关于适用〈中华人民共和国民法典〉有关担保制度的解释》（以下简称《民法典担保制度解释》）于2020年12月31日发布，自2021年1月1日起施行。这一司法解释改变和厘清了若干担保领域的重要法律原则和裁判尺度，对银行纠纷的审理具有极其重要的影响。《民法典担保制度解释》明确了质权设立的条件，明确了监管人的责任，有利于规范质押担保时的交易秩序。在非典型担保部分，《民法典担保制度解释》明确了融资租赁、保理、让与担保等非典型性担保合同的性质，并规定了债权人实现担保物权的方式，丰富了担保交易的类型，拓宽了银行信用结构的选择

（3）北京金融法院成立

2021年3月18日，北京金融法院成立，北京金融法院按照直辖市中级法院设置，属于专门人民法院。3月18日上午，某资产管理有限公司诉被告某银行股份有限公司、被告某会计师事务所、被告某联合资产评估有限公司、被告某律师事务所证券虚假陈述责任纠纷通过网上途径成功立案，成为北京金融法院受理的第

一案。①

最高人民法院《关于北京金融法院案件管辖的规定》（以下简称《规定》）对北京金融法院管辖的金融民商事案件、涉金融行政案件和执行案件等三类案件范围进行了明确，对北京各级法院金融案件的审级关系作出了划分。

银行纠纷下的信用证、独立保函、保理、金融借款合同、银行卡、融资租赁合同、委托理财合同、储蓄存款合同、典当、银行结算合同纠纷等都属于北京金融法院的管辖案件范围。此外，目前《民事案件案由规定》中没有的新型金融民商事纠纷，包括资产管理业务、资产支持证券业务、私募基金业务、外汇业务、金融产品销售和适当性管理、征信业务、支付业务及经有权机关批准的其他金融业务引发的金融民商事纠纷案件也属于北京金融法院审理的案件类型。当事人对北京市各基层人民法院第一审金融案件提起上诉、申请再审的案件，以及检察机关对北京市各基层人民法院第一审金融案件提起抗诉的案件，均由北京金融法院审理；当事人对北京金融法院作出的第一审判决、裁定提起上诉的案件，由北京市高级人民法院审理。②

《规定》的主要创新之处有：一是对境外公司损害境内投资者合法权益的相关案件，由北京金融法院实行跨区域集中管辖；二是对全国中小企业股份转让系统"精选层"挂牌企业相关证券纠纷，由北京金融法院实行跨区域集中管辖；三是对国家金融管理部门因履行金融监管职责引发的行政诉讼和非诉行政执行案件，由北京金融法院管辖。

（4）最高人民法院《关于审理银行卡民事纠纷案件若干问题的规定》

2021年5月25日，最高人民法院发布了《关于审理银行卡民事纠纷案件若干问题的规定》（以下简称《银行卡规定》），该规定于发布之日起实施。《银行卡规定》共16条，主要对持卡人与发卡行、非银行支付机构、收单行、特约商户等当事人之间因订立银行卡合同、使用银行卡等产生的民事纠纷进行规范。《银行卡规定》回应社会关切，对银行卡盗刷责任进行了规定。

此外，《银行卡规定》第2条根据《民法典》关于格式条款的规定对息费违约金格式条款进行了规制。根据《民法典》规定的诚实信用原则，《银行卡规定》第

---

① 参见最高人民法院，《今天，北京金融法院正式亮相！》，载最高人民法院网，2022年7月25日访问。

② 参见《最高人民法院民二庭负责人就〈最高人民法院关于北京金融法院案件管辖的规定〉答记者问》，载中国法院网，2022年7月25日访问。

3 条对诉讼时效中断问题进行了规定。《银行卡规定》还涉及银行撤销不良征信记录的义务等内容。

（5）现金管理业务监管新要求

2021 年 5 月，银保监会、央行联合发布《关于规范现金管理类理财产品管理有关事项的通知》，对商业银行及理财公司发行的现金管理类产品提出了具体监管要求。现金管理类理财产品作为《资管新规》过渡期的创新产品，得益于监管红利，其规模快速扩张。一方面，当前的银行现金理财产品是《资管新规》过渡期的创新产物，是助力银行理财顺利推进净值化转型的主要动力；另一方面，由于现金管理类理财产品缺乏明确的风险防范要求，享受了较大的监管红利，监管的套利空间，存在产生"小资金池"风险，需要有相应的监管规则进行规范。现金理财新规的发布，正是为了满足《资管新规》过渡期之后的监管需求，将现金管理类理财与货币基金纳入统一监管标准，使现金理财产品真正朝向流动性管理的本质发展。①

（6）《资管新规》过渡期即将结束

《关于规范金融机构资产管理业务的指导意见》（以下简称《资管新规》）规定的过渡期即将结束。《资管新规》发布之后，银行理财产品面临全面的净值化转型。但是对于银行理财而言，一方面，投研能力较弱，缺少净值型产品管理的经验及人员配置；另一方面，银行客户的固有低风险偏好，投资者不能马上适应理财产品从"刚性兑付"转向"净值化"的盈亏浮动模式，多种客观因素的存在导致《资管新规》发布后银行理财业务的转型进度十分缓慢。根据监管要求，2021 年是《资管新规》过渡期最后一年，这意味着资产管理行业净值化转型进入最后阶段。2021 年以来，银行加速压降不符合新规的"老产品"。银行业理财登记托管中心日前发布 2021 年三季度理财市场数据显示，截至三季度末，净值型产品规模稳步上升，占比达 86.56%，较去年同期提高 26.08 个百分点。②

（7）各银行加强数据合规

2021 年初，央行印发《金融业数据能力建设指引》（以下简称《指引》），《指引》明确了金融业数据工作的基本原则，从数据战略、数据治理、数据架构、数

---

① 参见王语嫣：《现金管理类理财新规对商业银行的影响及对策》，载《银行家》2021 年第 8 期。

② 参见《银行业 2021 年十件大事，你了解了吗？》，载微信公众号"中国证券报"，2021 年 12 月 16 日访问。

据规范、数据保护、数据质量、数据应用、数据生存周期管理等方面划分了 8 个能力域和 29 个对应能力项，提出了每个能力项的建设目标和思路，为金融机构开展金融数据工作提供全面指导。银行业加强数据合规、合作数据实践不断深入。2021 年，银行业开展了丰富的大数据实践。交通银行牵头成立上海金融科技产业联盟数据产业化专业委员会、江苏银行与江苏省大数据管理中心战略合作、北京银行建设企业级数据湖、哈尔滨银行搭建零售客户数据智能分析平台、桂林银行打造数据管控平台……各家银行不断加码数据治理建设。

（8）存单质押"罗生门"

2021 年 10 月和 11 月，渤海银行南京分行和浦发银行南通分行分别与企业客户因存单质押银行承兑汇票业务发生纠纷，并分别向公安机关报案，涉及金额超过 30 亿元。

两家企业客户均称，存于上述两家银行的存款是在不知情的情况下被质押。对此，12 月 7 日，银保监会称，对于个别商业银行第三方存单质押承兑汇票案件，前期已第一时间派驻监管工作组开展现场调查和督导，并要求涉事银行总行同步进驻相关分支机构，对相关票据业务开展全面风险排查。目前，监管部门正在抓紧进行违规事实认定和证据固化等工作，下一步将依法依规做好行政处罚，和涉事机构问责等相关工作，督促机构加快弥补管理缺陷和漏洞，树立合规经营理念。

二、典型案例评析

（一）法院对金融机构收取的服务费、咨询费等变相和不合规费用应加以严格审查[①]

1. 基本案情

建行大连市分行、进出口银行、建行甘井子支行（以下简称各银行）与生态公司签订《银团贷款合同》，发放额度 135000 万元贷款，后因生态公司未按期偿还借款本息，各银行提起本案诉讼。一审时，生态公司主张在履行《银团贷款合同》期间，各银行以牵头费、代理费、参加费、咨询费为名收取生态公司 1520 万元费用，因银行收费后并未提供相应服务，故案涉 1520 万元应从生态公司欠付的借款本息中予以抵扣。各银行抗辩称 1520 万元费用的争议问题不应与借款合同纠

---

① （2021）最高法民终 691 号。本案系最高人民法院第二巡回法庭公布典型案例。

纷案件一并审理，且银行方面亦提供了具备相应内容的服务。

一审对生态公司主张 1520 万元费用在案涉欠付本息中予以抵扣的诉请不予支持，最高人民法院二审支持了神态公司以已支付的 1520 万元服务费抵扣应付利息的主张。

2. 争议焦点

生态公司向大连市分行、建行甘井子支行支付的牵头费等 1520 万元能否在案涉欠付本息中予以抵扣。

3. 裁判要旨

法院对金融机构收取的变相和不合规费用应加以严格审查，应审查银行是否提供了独立于贷款且具备实质内容的服务。实践中，银行利用其优势地位捆绑贷款强制变相收取利息或提供中间服务，增加了实体企业负担。为优化营商环境，促进金融和实体经济实现良性循环，有效降低企业用资成本，人民法院对金融机构收取的变相和不合规费用应加以严格审查。若银行举示的证据不足以证明其已经向借款人提供了独立于银团贷款外且具备实质内容的服务，其与借款人之间的真实意思也非成立代理、咨询等服务合同关系，而是其利用贷款优势地位收取不合理费用，变相增加企业融资成本，属于《九民纪要》第 51 条规定的"收取的相关费用不合理的"的情形，相关费用应在借款人欠付银行利息中予以抵扣。

4. 案件评述

在银行与借款人之间的金融借款业务中，约定借款人向金融机构支付服务费、咨询费、顾问费、管理费等类似名目的费用是实践中较为常见的形式。一般情况下，该等费用的发生通常具有真实的业务背景，但有些情况下上述费用就是金融机构与借款人约定的变相收取利息的一种方式，其合法性存在争议。

为强化金融服务实体经济、降低企业融资成本的价值导向，《九民纪要》对这一问题进行了明确。《九民纪要》第 51 条规定："金融借款合同纠纷中，借款人认为金融机构以服务费、咨询费、顾问费、管理费等为名变相收取利息，金融机构或者由其指定的人收取的相关费用不合理的，人民法院可以根据提供服务的实际情况确定借款人应否支付或者酌减相关费用。"据此，法院在审理金融借款合同纠纷案件过程中，借款人以金融机构收取的费用不合理为由主张不应当支付或者酌减的，金融机构应当举证证明收取该项费用有无政策依据、是否提供实际服务以及所提供的服务与收取的费用是否相匹配。金融机构不能提供证据证明的，应当承担相应的不利后果。①

此外，根据发改委 2016 年发布的《商业银行收费行为执法指南》，商业银行收费行为应当遵循"依法合规、平等自愿、息费分离、质价相符"的原则②。其中，平等自愿，是指商业银行应当在客户自愿基础上提供服务，不应以融资或者其他交易条件为前提，强制或者变相强制提供服务、收取费用。息费分离，是指商业银行应当严格区分收息与收费业务，不得以"息转费"的形式虚增中间业务收入，不将利息或者投资收益转化为收费。质价相符，是指银行提供的服务质量和服务价格要质价相当，不得对未给客户提供实质性服务、未给客户带来实质性收益、未给客户提升实质性效率的产品和服务收取费用。

2021 年 11 月 25 日，银保监会发布《关于规范银行服务市场调节价管理的指导意见（征求意见稿）》，加强对服务收费内部管理、价格测算、定价校准等方面的监管，这要求商业银行从制度管理、流程执行、系统数据等方面进行全面优化。因此，商业银行在向借款人收取利息以外的服务费用时，应当注意以下几点：第一，对代理、咨询等服务，应尽可能单独签订相关协议，而非仅在贷款合同中进行约定；第二，服务内容应当明确、具有针对性，所提供服务应达到约定的服务标准，人员应符合规定的资格和资质；第三，对服务进行完整记录，并妥善存档。

（二）从严认定上市公司和一人公司的担保效力，明确担保相对人的审查义务③

1. 基本案情

浦发银行于 2017 年 12 月 14 日与南一农公司（股东为江苏国星投资有限公司，持股比例为 100%）、于 2018 年 11 月 23 日与红太阳集团公司、于 2019 年 12 月 24 日与红太阳股份公司（A 股上市公司）、杨某某、杨某分别签订《最高额保证合同》，均约定：被担保主债权为范围为浦发银行在债权确定期间内与劲力公司办理各类融资业务所发生的债权，主债权余额以最高不超过 1500 万元为限；保证方式为连带责任保证。就上述担保事宜，南一公司出具股东江苏国星投资有限公司的决定、红太阳集团公司出具董事会决议、红太阳股份公司出具股东大会决议。

---

① 参见《金融机构以提供服务为名变相收取利息的认定》，载微信公众号"第二巡回法庭"，2021 年 12 月 28 日访问。
② 参见《发展改革委发布〈商业银行收费行为执法指南〉》，载中国政府网，2022 年 7 月 20 日访问。
③ （2021）苏 0991 民初 649 号。该案系盐城市中级人民法院 2021 年度金融审判十大典型案例。

2019年12月26日，浦发银行与劲力公司签订《流动资金借款合同》，约定浦发银行根据劲力公司的申请为该公司发放金额为14655965.32元的短期流动资金贷款。浦发银行发放贷款后，劲力公司未能归还借款，浦发银行遂诉至法院。

法院判决南一农公司对被告劲力公司的案涉债务承担连带清偿责任，红太阳股份公司提供的担保应属无效，且不应承担担保关系无效后的民事责任。

2. 争议焦点

南一农公司（一人公司）和红太阳股份公司（上市公司）是否需对劲力公司的借款承担担保责任。

3. 裁判要旨

一人公司对外担保的效力认定应以其担保行为是否得到唯一股东的同意而定。一人公司与银行签订《最高额保证合同》，其股东决定中唯一股东盖章表示同意，且本案借款发生于《最高额保证合同》约定期间内，故一人公司的担保行为合法有效，应受《最高额保证合同》约束，其依法应承担担保责任。

上市公司为他人提供的合规担保应经内部程序决策并进行信息披露。未经内部决策和信息披露的违规担保则会损及股东和潜在股东的利益，影响证券市场的健康发展，应属无效。银行虽提交了上市公司的股东大会决议，但在案证据未体现上市公司为诉争主债务提供担保进行信息披露，该担保关系应属无效。上市公司的公司章程、对外担保情况均可以通过公开渠道进行查询。银行在与上市公司签订《最高额保证合同》时，未尽应有的审慎核查义务，在此前提下，上市公司不应承担担保关系无效后的民事责任。

4. 案件评述

《公司法》第16条将公司内部决议行为的效力外部化，并明确了担保相对人的审查义务，以抑制公司越权担保的危害发生。《九民纪要》第17—23条中，对公司对外提供担保的效力问题予以规范。在金融借款合同纠纷中，债权人作为理性的商事主体，其在审查公司担保效力时，应采取较常人更为审慎的态度。根据不同的公司类型，确定不同的审查义务内容。

《九民纪要》第22条明确了相对人"根据上市公司公开披露的关于担保事项已经董事会或者股东大会决议通过的信息订立的担保合同"，提高了相对人的审查义务标准。《民法典担保制度解释》吸收了《九民纪要》的既有政策选择，并结合《民法典》做了相应完善。根据《证券法》第80条的规定，公司提供重大担保，可能对公司的资产、负债、权益和经营成果产生重要影响的，在投资者尚未得知时，公司应当予以公告。而三大交易所提高了对上市公司的披露要求，要求上市公司所有的"提供担保（含对控股子公司担保等）"均应当公开披露。基于上市公司的上述信息披露机制，相对人对上市公司法定代表人的代表权限存在两种审查途径：一是直接审查董事会或者股东大会决议；二是审查上市公司公开披露的关于担保事项已经适格公司担保决议通过的信息。在《九民纪要》发布前，上述两种审查途径均为司法裁判所认可。① 在《九民纪要》颁布后，有裁判观点认为，上市公司未将担保性质的合同公开披露并不必然导致担保合同无效，而应当结合上市公司的真实意思表示、章程规定以及决议形成的程序合法性综合判断，进行实质审查。② 也有裁判观点认为上市公司对外担保公告是基于监管规则和交易所股票上市规则等规范性文件，并不足以改变对相对人善意的判断标准。③《民法典担保制度解释》明确了上市公司对外担保时相对人善意的判断标准是合理审查上市公司公开披露的关于担保事项已经过适格决议通过的信息，而非担保决议。即使上市公司已经作出适格决议，相对人也已经履行了实质审查，若上市公司未就此进行披露，该担保合同对上市公司也不发生效力。

在本案中，红太阳股份公司作为上市公司在自身治理的完善程度以及信息的公示性上有其独特性，未经依章程决策和信息披露的违规担保会损及股东和潜在股东的利益，影响证券市场的健康发展，应属无效。对于无效后的民事责任，因作为金融机构的债权人未尽应有的审慎核查义务，在此前提下，应适用《民法典担保制度解释》，认定上市公司不承担担保合同无效后的民事责任。

此外，本案考虑了一人公司对外担保的现实情况，法律并未禁止一人公司对外提供担保，但一人公司在对外提供担保时，无法依照《公司法》第 16 条的规定召开股东会或董事会进行决议。因此，一人公司对外担保的效力认定应以其担保行为是否得到唯一股东的同意而定。在本案中，南一农公司的对外担保获得了其唯一股东的同意，法院认定其为劲力公司提供的担保有效。在实践中，一人公司能否为股东提供担保在实务中有一定争议。公司担保客观上可能减损公司财产，而一人公司无法通过会议体的形式治理公司，容易导致股东滥用法人人格，损害债权人利益。一人公司给股东提供担保时，要书面记载该担保事项，在公司存档

---

① 参见高圣平：《上市公司对外担保特殊规则释论——以法释〔2020〕28 号第 9 条为中心》，载《法学》2022 年第 5 期。

② （2020）津民初 370 号。

③ （2020）豫民终 392 号。

备查，以证明个人财产与公司财产分离，在公司不能偿债时，债权人也有机会质疑股东是否利用担保而掏空公司。①本案的判决对金融借款中公司提供担保的责任承担、银行的贷前审查义务均有示范、引领作用。②

（三）存管银行严格按照三方协议履行义务，对出借人损失不承担赔偿责任③

1. 基本案情

吴某系信而富网贷平台注册用户，上海银行为信而富平台网贷资金存管银行。2018年4月，吴某和上海银行、信而富平台签订了《上海银行网贷交易资金存管三方协议》（以下简称《资金存管三方协议》），明确约定存管银行仅承担网贷交易资金划转和存管职责，不负责审核注册用户资金来源的合法合规性，不负责审核平台提供融资人和融资项目的真实性和合法性，不对网络借贷信息数据的真实性、准确性和完整性负责，也不对网络借贷资金本金及收益予以保证或承诺。存管银行仅通过履行表面一致性的形式审核义务对资金及业务授权指令的真实性进行认证，如因执行指令不及时、不准确，未生效而导致注册用户或平台等相关方损失的，存管银行按照其过错承担相应责任。其后，吴某向信而富平台投入35万元出借款。合同履行过程中，吴某认为其通过上海银行存管系统划拨交易中的四笔存在问题，款项转出在信而富平台上并无任何借款协议和债权转让协议，自己未与收款人建立债权转让或借贷法律关系；上海银行未尽监督审核义务，将明显不符合网贷资金划拨条件的资金款项予以划拨，致使自己资金损失，故应承担赔偿责任。吴某遂将上海银行诉至法院，要求赔偿资金损失，同时将信而富平台列为第三人。

上海金融法院二审认定存管银行系根据网贷平台的授权及指示，将出借人账户中的出借资金划拨给借款人，不存在过错行为，进而判决存管银行不承担责任。

2. 争议焦点

上海银行作为网贷资金存管银行，是否存在违反《资金存管三方协议》约定存管职责的情形，对出借人损失是否需承担赔偿责任。

---

① 参见李志刚等：《一人公司能否为股东提供担保：法理基础与制度设计》，载《人民司法》2019年第1期。
② 参见《2021年度全市法院金融审判十大典型案例》，载微信公众号"盐城市中级人民法院"，2022年5月8日访问。
③ （2021）沪74民终247号。

3. 裁判要旨

对于银行存管业务，法院应从银行是否违反《资金存管协议》的角度审查银行是否已尽到监督审核职责。出借人、网贷平台和存管银行共同签订了《资金存管三方协议》，出借人作为签约主体应受该协议约束，存管银行是否构成违约应根据《资金存管三方协议》的约定来判断。《资金存管三方协议》中并未约定存管银行有收取、审核借款协议等资料的义务，相关监管规定对此亦无明确要求。相反，《资金存管三方协议》明确约定，存管银行仅承担网贷交易资金划转和存管取，不负责审核平台提供融资人和融资项目的真实性和合法性，不对网络借贷信息数据的真实性、准确性和完整性负责，也不对网络借贷资金本金及收益予以保证或承诺，对资金及业务授权指令的真实性仅履行表面一致性的形式审核义务。银行依网贷平台指令及时划转款项至平台注册用户，已经履行了资产核对和资金核对职责。

4. 案件评述

银行存管业务中，网络借贷平台将资金交给存管银行，存管银行提供管理客户交易结算资金管理账户、管理交易结算资金汇总账户、交易结算资金存取等服务。银行存管使得资金与交易分离，对平台与用户资金进行有效隔离，使得平台无法直接接触到资金，避免"资金池"的产生，避免客户资金被直接挪用，为网络借贷平台增加了一道风险防控墙。2017 年 2 月 22 日，银监会发布《网络借贷资金存管业务指引》，明确了网络资金存管业务应遵循的基本规则和实施标准，鼓励网贷机构与商业银行按照市场化原则开展业务。2017 年 12 月，P2P 网贷风险专项整治工作领导小组办公室下发《关于做好 P2P 网络借贷风险专项整治整改验收工作的通知》（网贷整治办函〔2017〕57 号），要求各地做好辖内主要 P2P 机构的备案登记工作。各省市金融主管部门均明确要求 P2P 平台需上线银行存管，未上线银行存管的，不予备案验收。

在准入条件上，银行会对网络借贷平台进行审查，审查的条件包括实缴资本、高级管理人员、运营时间、注册资本、信息披露和风险管理（保证金、风险准备金等）、客户量、坏账率、分散度、业务真实性等方面。此外，《网络借贷资金存管业务指引》第 12 条规定了银行在存管业务中应当履行的职责，包括根据法律法规规定和存管合同约定，按照出借人与借款人发出的指令或业务授权指令办理网络借贷资金的清算支付、进行账务核对、定期提供存管报告、妥善保管相关交易数据等。但是网络借贷平台进行银行存管并不意味着银行保证客户资金的绝对安全,在银行存管下,假标和自融的情况也无法被完全杜绝。在本案中,法院认为根据存管协议,存管银行对交易进行表面一致性的形式审核后根据平台的指令划款已经尽到了其审查义务,对出借人的损失不存在过错,因而不需要承担责任。本案系由上海金融法院二审终审,对存管银行应对网贷平台出借人提起的违约之诉具有较强的借鉴意义。

(四)涉港担保合同纠纷中,当事人有权依据非对称管辖权条款向内地法院提起诉讼,且平行诉讼不影响内地法院行使管辖权[①]

1. 基本案情

原告恒生银行以及南浦公司均为在我国香港特别行政区注册公司。2015年6月22日、2016年12月7日恒生银行与南浦公司分别签订《授信函》《贷款协议》,约定恒生银行向南浦公司提供循环贷款额度港币6000万元、1.75亿元的授信。其后恒生银行如约向南浦公司转账。

为担保上述两笔借款,南浦公司董事林某某(香港居民)先后出具《林某某2015年担保函》《林某某2016年担保函》,为南浦公司对恒生银行所负债务提供担保。《林某某2015年担保函》约定适用香港特区相关法律,担保人接受香港法院非排他性司法管辖。《林某某2016年担保函》约定适用香港特区相关法律,关于管辖,双方约定:(1)受下述(c)段落的规定限制,香港法院对解决因本协议而产生的任何争议具有专属管辖权;(2)双方约定以香港法院作为解决双方争议的最合适和最便利的法院,就此各方毫无异议;(3)本第19.1条款仅为了保护贷款人的利益。因此,不得阻止贷款人向其他有管辖权的法院同时提起与争议相关的诉讼。在法律允许的范围内,贷款人可在任何司法管辖区同时提起诉讼。

为担保上述两笔借款,被告天盛仓储有限公司(内地公司)向恒生银行出具《担保函》为其唯一股东南浦公司对恒生银行所负债务提供担保。双方约定,该担保函适用香港特区相关法律,担保人接受香港法院非排他性司法管辖。

因南浦公司未完全履行还款义务,恒生银行以南浦公司、林某某为被告向香港法院提起诉讼。香港高等法院分别于2019年8月8日、10月15日作出判决,支持了恒生银行的诉请。嗣后,恒生银行向上海金融法院提起诉讼,请求判令天盛仓储公司、林某某就南浦公司欠付的贷款本金、利息及逾期利息承担连带还款责任,同时承担恒生银行为实现债权而支出的其他费用。

[①] (2019)沪74民初127号。该案系上海金融法院2021年度典型案例。

上海金融法院认定在本案跨境金融担保合同纠纷中，案涉香港公司有权依据非对称管辖权条款向内地法院提起诉讼，且本案已不属于《涉外民事关系法律适用法》第 4 条规定的因有强制性规定而不能适用香港法之情形。

2. 争议焦点

本案为涉港保证合同纠纷，涉及的争议焦点包括：（1）上海金融法院对本案有无管辖权；（2）内保外贷保证合同纠纷的法律适用。

3. 裁判要旨

对于非对称管辖权条款，若订立过程中无欺诈、胁迫等行为，当事人也不存在危困状态、缺乏判断能力等显失公平之情形，法院应当认定此类条款有效。本案当事人约定非对称管辖权条款以及非排他管辖条款，并未排除香港法院以外的法院对于案件的管辖，因此被告住所地法院及被告可供扣押财产所在地法院享有本案管辖权。

在有平行诉讼的情形下，内地法院仍可对本案行使管辖权。根据最高人民法院《关于适用〈中华人民共和国民事诉讼法〉的解释》第 533 条的规定，同一纠纷已由香港法院作出部分裁决亦并不影响内地法院审理本案并作出裁判。

跨境担保不属于因有强制性规定而不能适用香港法之情形。关于未经批准、登记的内保外贷是否违反我国外汇管制等涉金融安全的强制性规定，以及内保外贷情形下适用香港法是否会损害内地社会公共利益，实践中曾存在争议。随着涉外金融贸易业务的发展，我国已取消跨境担保的登记生效要件，跨境担保已不属于《涉外民事关系法律适用法》第 4 条规定的因有强制性规定而不能适用香港特区相关法律之情形。本案跨境担保纠纷适用香港特区相关法律亦不会导致损害内地社会公共利益之结果。

4. 案件评述

涉外金融合同中，当事人经常约定一方当事人可以从一个以上国家的法院中选择某国法院提起诉讼，而另一方当事人仅能向一个特定国家的法院提起诉讼。这种协议被称为非对称管辖权协议，不同国家对其法律效力之认定有分歧。实践中，一方当事人常以显失公平为由主张该管辖协议无效。对此应当根据个案之情形予以判断。本案中，当事人在订立担保合同过程中并无欺诈、胁迫等行为，也不存在危困状态、缺乏判断能力等显失公平之情形。担保方也不属于消费者或劳动者等需要特别保护的对象。因此，人民法院应当认定该管辖协议有效。

在本案的审理中，上海金融法院认定在跨境金融担保合同纠纷中，案涉香港公司有权依据非对称管辖权条款向内地法院提起诉讼。在案件涉及多个涉外民事关系时，上海金融法院对不同法律关系依据不同冲突规范分别确定准据法。其中内地公司是否具有担保的主体资格以及其法定代表人的代表权限，属于公司权利能力、行为能力等内部治理事项，应适用公司登记地法。案涉跨境担保不属于有强制性规定而不能适用域外法之情形，担保合同争议应适用当事人约定的香港特区相关法律。诉讼过程中内地公司进入破产清算程序后，破产债权范围应依据内地破产法予以确定。上海金融法院在本案中的实践具有典型意义，已得到最高人民法院新近发布的《全国法院涉外商事海事审判工作座谈会会议纪要》的支持。①

（五）储户基于高息诱惑而存款不宜认定为自身存在过错，银行不能以此为由主张减轻对储户存款损失的责任②

1. 基本案情

2012 年 5 月，科力公司在取得沈阳农商银行工作人员谢某预先支付的 360 万元利息后，向银行存入存款 2000 万元。后谢某联合其他人员利用科力公司办理开户时预留的加盖印鉴的空白结算业务申请书等材料将存款转移。

一、二审法院以银行在人员管控、放款核查等阶段存在重大过错为由判令银行就科力公司全部损失承担责任。最高人民法院认定存款人预先收取高息本身不能表明其在储蓄合同项下具有过错，驳回银行再审请求。

2. 争议焦点

储蓄合同纠纷中，储户为获取高额利息存入款项最终遭受损失的，银行能否以储户存在过错为由主张减轻责任。

3. 裁判要旨

根据《人民币银行结算账户管理办法》的有关规定，在办理具体结算业务时，银行应当按照《商业银行法》等有关法律法规的规定，审核客户身份信息，保障客户资金安全。即便在结算关系项下，银行也应对其怠于履行审核客户身份信息义务承担责任。存款人预先收取高额贴息这一事实本身不能表明存款人在储蓄合同项下具有过错。

4. 案件评述

本案中，科力公司基于银行职员的高息诱惑，在存入 2000 万元后收到银行工作人员预先支付的利息 360 万元，该笔存款可能系大额贴息存款。贴息存款的流程一般为有大额闲置资金的储户跟存款中介（或银行职员）谈好贴息价格后，储

---

① 参见《上海金融法院 2021 年度典型案例来了》，载微信公众号"上海金融法院"，2022 年 3 月 3 日访问。（杜涛，华东政法大学国际法学院教授评）

② （2021）最高法民申 1928 号。

户按照中介指示把钱存入指定银行，并把存款证明或承诺书给中介。中介在当日或约定数日内把贴息给储户，储户在存款到期后，按照正常程序从银行得到本息。

贴息揽储出现的背景是银行各项考核指标迫使银行使用各种方式揽储，而利率管制使得银行无法自主提高存款来吸引存款。在利率水平相差不大的情形下，储户倾向于选择大型银行，中小银行为了吸引存款，不得不通过贴息的方式提高"实际利率"。

贴息大致可分为两种，其中一种为"阳光贴息"，在整个业务流程中，储户的对手方都是银行，在银行进行正常的存储业务，资金相对安全。但在非阳光存款中，主要是不符合银行贷款资质的企业进行贴息拉存款，这时，贴息存款在存进银行后就会被转到企业账户上。储户在存款期间不能提前支取，不能随时取现，这种模式透明度较低，储户的资金风险更大。

贴息揽储在合规性上有一定争议，处于灰色地带运作。银保监会、央行于2018年6月8日发布《关于完善商业银行存款偏离度管理有关事项的通知》，规定银行不得通过返还现金或有价证券、赠送实物等不正当手段吸收存款。因此，银行支付贴息揽储是央行及银行业监管机构禁止的行为。银行在揽储过程中存在违规行为，但相应违规行为不影响储户与银行之间储蓄存款合同的有效性，具体司法实践中也可能对于收取额外贴息的储户所收受的贴息进行扣减或追回。①

储户基于高息诱惑而存款是否存在过错的问题，实践中争议较大。一种观点认为，储户对于银行存款的正常利率水平应当知悉，过分高于基准利率的揽储行为往往伴随着违法和犯罪，储户在接受此种存款"要约"本身具有一定的过错。另一种观点认为，高息揽储的特点在于高息，而对于利息的约定属于当事人自行决定的事项，在法律并未禁止此类行为的情况下，不宜认定储户本身存在过错。本案中最高人民法院认为，高额利息仅是储户存款的原因，不能仅以此认定储户在存款合同项下存在过错。但当银行贴息揽储明显高于市场平均利率时，储户还是应当提高警惕，理性区分是存款还是理财。

（六）发卡行负有向持卡人提供安全用卡环境的保障义务②

1. 基本案情

徐某系招商银行延西支行储户，持有该行借记卡一张。2016年3月2日，该

---

① 参见北京商报金融调查小组：《河南村镇银行存款"失踪"背后》，载《北京商报》2022年6月20日。

② （2017）沪01民终9300号。

张借记卡发生 3 笔转账，共计 14.62 万元。后经刑事立案，查明 3 笔转账系案外人谢某非法获取徐某的身份信息、手机号码、取款密码等账户信息后，通过伪造徐某的临时身份证，补办手机 SIM 卡截获徐某发送的动态验证码，进而通过网银转账所致。徐某起诉招商银行延西支行，要求偿付上述盗刷所致损失及利息。

本案一审由上海市长宁区人民法院判决招商银行延西支行给付徐某存款损失 14.62 万元以及按照中国人民银行同期存款利率计算的利息损失。二审由上海市第一中级人民法院维持原判。

2. 争议焦点

借记卡被盗刷时，招商银行延西支行是否尽到了对储户的安全保障义务

3. 裁判要旨

在储蓄存款合同关系中，商业银行对存款人具有保障账户资金安全的法定义务。商业银行系相关技术、设备和操作平台的提供者，应当对交易机具、交易场所加强安全管理，对各项软硬件设施及时更新升级，以最大限度地防范资金交易安全漏洞。尤其是随着电子银行业务的发展，商业银行作为从电子交易系统的开发、设计、维护者，也是从电子交易的风险中获得经济利益的一方，应当也更有能力采取更为严格的技术保障措施，以增强防范银行卡违法犯罪行为的能力。存款人案涉账户的资金损失，系因案外人非法获取存款人身份信息、手机号码、取款密码等账户信息后，通过补办手机 SIM 卡截获存款人发送的动态验证码，进而进行转账所致。银行并未提供相应的证据证明账户信息泄露系存款人没有妥善保管使用银行卡所导致，银行应承担银行卡盗刷造成的全部损失。

4. 案件评述

本案为最高人民法院于 2021 年 11 月 11 日发布的第 30 批指导案例当中的第 169 号指导案例，厘清了对以储蓄存款合同为请求权基础的网络盗刷类案件的审理思路和裁判规则。

最高人民法院于 2021 年 5 月 24 日发布了《银行卡规定》，本案虽于 2017 年下达二审判决，但其审理思路和裁判规则，与《银行卡规定》的精神是一致的。

本案属于《银行卡规定》中予以明确的"网络盗刷"案件，贯彻了"谁更有能力以更低的成本避免损失的发生，谁应当承担更大的责任"之原则分配损失。根据这一原则，在存款人不存在过错的情形下，由于法院一般认为银行更有能力防止盗刷事件的发生、负有更高注意义务，银行往往要承担盗刷造成的全部损失。

本案中，招商银行延西支行提出，取款密码是持卡人徐某自行设置的，因此

徐某自身存在泄露信息的过错。然而，招商银行延西支行此项意见基于其推测，但未进行举证，故判决认定招商银行延西支行应就此承担举证不能的法律后果。本案的另一核心问题，即招商银行延西支行仅凭验证码来识别使用人身份，而没有采用其他合理措施识别使用人是否是持卡人。设想一下，如果招商银行延西支行采取了安全程序更高的交易身份识别系统（如电子密码器、U 盾、人脸识别等），该笔"盗刷"很可能不会发生。

《银行卡规定》第 7 条规定了伪卡盗刷交易和网络盗刷交易发生后的责任分配问题，即借记卡持卡人基于借记卡合同法律关系请求发卡行支付被盗刷存款本息并赔偿损失的，人民法院依法予以支持；发生伪卡盗刷交易或者网络盗刷交易，信用卡持卡人基于信用卡合同法律关系请求发卡行返还扣划的透支款本息、违约金并赔偿损失的，人民法院依法予以支持；发卡行请求信用卡持卡人偿还透支款本息、违约金等的，人民法院不予支持；持卡人对银行卡、密码、验证码等身份识别信息、交易验证信息未尽妥善保管义务具有过错，发卡行主张持卡人承担相应责任的，人民法院应予支持；持卡人未及时采取挂失等措施防止损失扩大，发卡行主张持卡人自行承担扩大损失责任的，人民法院应予支持。而结合第 4 条关于举证责任分配之规定，持卡人可以提供生效法律文书、银行卡交易时真卡所在地、交易行为地、账户交易明细、交易通知、报警记录、挂失记录等证据材料；发卡行、非银行支付机构可以提供交易单据、对账单、监控录像、交易身份识别信息、交易验证信息等证据材料；再结合本案确定的裁判规则，"持卡人对银行卡、密码、验证码等身份识别信息、交易验证信息未尽妥善保管义务具有过错"，在司法实践中，很有可能会被法院认定为需要由发卡行、非银行支付机构承担举证责任。如举证不能，则很有可能会被认定为需要就全部盗刷金额和相应利息承担赔偿责任。

（七）信用卡收单机构与发卡行因共同遵循中国银联制定的交易规则而构成银行卡收单业务中的资金清算合同关系，且双方据此承担相应合同义务①

1. 基本案情

交行信用卡中心及卡友公司均系中国银联的会员单位，均同意接受中国银联制定的各项业务规则约束。2018 年 1 月至 3 月期间，卡友公司为交行信用卡中心作为发卡行的信用卡提供收单业务。中国银联按照卡友公司提供的交易信息，根

---

① （2020）沪 74 民终 662 号。该案系上海金融法院第二批精选案例（非涉外）、2020 上海金融法院十大典型案例之一。

据商户类别码识别交易类型为信用卡还款业务，并按照信用卡还款业务的手续费收费标准即每笔1.5元进行结算，向交行信用卡中心支付手续费。2018年6月，交行信用卡中心在检查业务过程中，发现卡友公司提供的交易信息存在问题，遂向卡友公司发送公函一份。该公函载明：我中心在日常交易监控中发现由贵司发送的部分交易存在非法套用信用卡还款交易商户类别码（MCC 9×××）开展信用卡消费交易的情况。卡友公司后向交行信用卡中心发送致歉函一份，载明对因通过9×××MCC消费交易导致贵中心交易手续费损失一事，卡友公司深表歉意，但未能赔付损失。交行信用卡中心起诉要求卡友公司赔偿信用卡手续费损失。

本案经上海市嘉定区人民法院一审判决卡友公司应当承担交通银行太平洋信用卡中心的上述全部损失，并由上海金融法院二审判决维持原判。

2. 争议焦点

卡友公司与交通银行太平洋信用卡中心之间在无明确书面合同情况下成立何种法律关系，以及卡友公司是否应对交通银行太平洋信用卡中心刷卡手续费损失承担赔偿责任。

3. 裁判要旨

信用卡收单机构与发卡行之间虽并未直接签订相关合同，但根据中国人民银行制定的收单机构业务监管规范、中国银联的交易规则，以及双方当事人间的实际交易状况，结合原《合同法》第10条对合同订立形式的规定，双方在实际交易和结算过程中，按照上述规则所确定的权利义务及费率进行结算并支付和收取刷卡手续费，构成事实上的银行卡收单业务中的资金清算合同关系。

信用卡收单机构因未能履行自身确定和传输商户类别码（MCC）的各项义务，应当承担发卡行的手续费损失。信用卡收单机构与发卡行间的权利义务应当依据二者共同遵循的《银行卡收单业务管理办法》来确定。该办法第25条第1款规定，收单机构应当根据特约商户受理银行卡交易的真实场景，按照相关银行卡清算机构和发卡银行的业务规则和管理要求，正确选用交易类型，准确标识交易信息并完整发送，确保交易信息的完整性、真实性和可追溯性。故收单机构在信用卡支付交易过程中，应当履行确定和传输商户类别码的各项义务。现并无证据证明发卡行负有对商户类别码进行二次审核的义务，特约商户也并未自行更改POS机中已经被设定的商户类别码。因商户类别码错误造成的发卡行刷卡手续费损失系由于收单机构未能履行自身义务造成，收单机构应承担全部损失。

4. 案件评述

本案为典型的发卡行与收单机构之间在银行卡清算过程中产生的纠纷。如何认定发卡行与收单机构之间的法律关系，司法实践中有多种不同观点。例如，有观点认为，二者都是中国银联的会员单位，加入中国银联之时均签署了合同并承诺遵守中国银联制定的交易规则，因此，发卡行、收单机构与中国银联构成了多边的合同关系；也有观点认为，发卡行与收单机构构成委托代理关系，由发卡行委托收单机构来收集商户交易信息。

本案法院认为，发卡行与收单机构之间虽未签订书面合同，但根据央行及中国银联制定的有关收单机构业务监管规范及信用卡交易规则，结合发卡行及收单机构之间的实际交易事实，适用原《合同法》第10条对合同形式的规定，认定双方构成信用卡交易中的资金清算法律合同关系。这一认定正确把握了信用卡交易的法律本质。在此基础上，本案进一步厘清了相关方的责任边界，认为发卡行和收单机构的责任，应当根据央行颁布且二者应当共同遵循的《银行卡收单业务管理办法》来确定。最终认定，发卡行不负有对商户类别码进行二次审核义务，因此，如果收单机构设定及发送错误的商户类别码造成发卡行的手续费损失，那么，应由收单机构对发卡行承担赔偿责任。

本案理顺了信用卡交易中各方当事人的法律关系，合理界定了发卡行和收单机构的责任，对于同类案件的处理具有示范效应。

（八）对于保函性质的识别，应综合考察保函条款内容的实质性，探究当事人真意，附件对合同约定的解释、扩展，并不构成对基础交易合同的变更①

1. 基本案情

2017年9月18日，交通银行上海分行为浦星公司就浦星公司与保乐力加公司2017年7月1日签订的《分销协议》项下货款出具案涉保函。交通银行上海分行承诺，就上述货款在收到保乐力加公司索赔文件后，在人民币6000万元（以下币种均为人民币）范围内无条件向保乐力加公司支付索赔金额。保乐力加公司根据《分销协议》约定供应货物，并经浦星公司检验签收，但浦星公司未能按时支付货款。2018年5月4日，保乐力加公司根据案涉保函约定，向交通银行上海分行提交保函索赔文件，要求交通银行上海分行履行保函项下担保义务，支付浦星

---

① （2018）沪74民初132号。该案系2021年上海金融法院发布涉外、涉港澳台金融纠纷典型案例。

公司应付欠付货款 6000 万元。

交通银行上海分行认为案涉保函与《分销协议》相关，内容明显受制于《分销协议》，系《分销协议》项下的从权利，故不具备独立性，不符合独立保函的特点；且保乐力加公司未得到交通银行上海分行书面同意修改《分销协议》及其附件内容，故交通银行上海分行在保函项下的保证责任解除。保乐力加公司提出索赔时仅提供了相应的订单及出仓单，未满足案涉保函记载的索赔文件要求，交通银行上海分行有理由拒付。保乐力加公司因索赔未果，遂诉至法院，要求交通银行上海分行支付相应款项及利息。

上海金融法院一审支持了保乐力加公司的诉请，后经上海市高级人民法院二审维持原判。其后，最高人民法院作出（2020）最高法民申 5364 号裁定书，驳回交通银行的再审申请。

2. 争议焦点

案涉《保函》的性质及保乐力加公司对合同附件的修改是否导致交通银行上海分行在《保函》项下的付款责任因此解除。

3. 裁判要旨

对于保函性质的识别，应综合考察保函条款内容的实质性，探究当事人真意。案涉保函载明了据以付款的单据和最高金额，系开立人采用书面形式向受益人出具的，同意在受益人请求付款并提交符合保函要求的单据时，在保函最高金额内向受益人支付款项的承诺。保函开立人的付款义务、条件、金额、保函有效期限均独立于基础交易关系及保函申请法律关系，也与基础交易项下债务人的抗辩事由无关，其仅承担交单相符时的付款责任，故案涉保函性质为独立保函。本案不存在独立保函欺诈情形，保函开立人应依约承担相应付款责任。

受益人对合同附件的修改不会导致保函开立人的付款责任解除。《分销协议》是一份框架性协议，其项下每次具体交易的产品删除或增加、价格修订、数量调整等，均是受益人依照《分销协议》约定，有权作出的依单方意思表示即可发生法律效力的行为，不构成对《分销协议》本身进行修改或变更，不会导致保函开立人的付款责任解除。

4. 案件评述

独立保函具有交易担保、资信确认、融资支持等重要功能，是常见金融担保工具。独立性是独立保函的核心价值，本案判决从独立保函的本质出发，考察开立人、受益人各自的合同地位及风险、利益负担，体现了独立保函风险分配和平衡的理念。在独立保函业务不断发展的背景下，充分尊重《见索即付保函统一规则》（URDG758）等国际金融惯例，依法、审慎处理独立保函纠纷案件，正确把握保函欺诈要件和证明标准，有助于保障独立保函功能，减少滥用司法救济的可能性，规范保函止付案件的处理，避免不当止付案件，促进国际贸易发展。

本案中，交通银行上海分行和保乐力加公司对何为"修改合同或其项下附件"存在不同理解。法院认为，因案涉保函系交通银行上海分行出具的格式合同，作为专业金融机构，其对保函文本及据以开立保函的贸易文件应当具备专业的认知和审核能力，勤勉并审慎地审查相关文件后缮制独立保函条款是交通银行上海分行的义务；相应地，保乐力加公司对独立保函记载的信赖利益应当受到法律保护。

法院在认定是否构成表面相符时，应当根据独立保函载明的审单标准进行审查。虽保乐力加公司索赔时提交的出仓单与独立保函条款之间表面上不完全一致，但在其已提交相关文件情况下，应认定其未导致歧义产生且构成表面相符，交通银行上海分行应当承担付款责任。①

（九）引入"期待权"的概念解释融资租赁合同项下的债权人将债权转让给保理人后，其权利的性质、状态以及法律后果②

1. 基本案情

2015 年 9 月，中民公司与和润公司签订融资租赁合同及相应的转让合同，约定中民公司受让和润公司所有的租赁设备，再将租赁设备以融资租赁的方式出租给和润公司使用。为保障上述债权的实现，其他各被告以各种方式提供了担保。2016 年 2 月，第三人进出口银行与中民公司签订了租金保理合同，约定双方开展有追索权的保理业务。为保障上述债权的实现，和润公司确认并签署了债权转让通知确认书，其他各被告以各种方式提供了担保。案涉融资租赁业务、保理业务均在中国人民银行征信中心登记公示系统上进行了登记。和润公司依约支付了融资租赁合同项下的前 11 期（保理合同项下的前 10 期）租金。2018 年 3 月，为向案外人融资，和润公司请求中民公司提前终止融资租赁合同并撤销登记，承诺付清全部余款。中民公司撤销了登记，此后和润公司仅支付了部分款项。2020 年 5 月 9 日，天津海事法院受理中民公司与和润公司等被告的融资租赁合同纠纷一案；2020 年 8 月 28 日，进出口银行请求作为有独立请求权第三人参加诉讼。

---

① 《上海金融法院涉外、涉港澳台金融纠纷典型案例》，载微信公众号"上海金融法院"，2021 年 7 月 21 日访问。

② （2020）津 72 民初 467 号。该案系天津海事法院 2021 年度审判工作典型案例。

天津海事法院判令和润公司向中民公司支付《融资租赁合同》项下的剩余留购价款及违约金；和润公司向第三人进出口银行支付《租金保理合同》项下的保理融资款本息及罚息，中民公司对上述给付事项承担补充清偿责任，中民公司在承担补充清偿责任后，有权向和润公司追偿。

2. 争议焦点

在将债权转让给保理人后，中民公司在融资租赁合同项下是否还享有权利以及其在融资租赁合同项下债权期待权的数额。

3. 裁判要旨

与保理合同相关联的融资租赁合同中，债权人在将融资租赁合同应收租金项下的债权转让给保理人后，其权利并未消灭，而是由"既得权"转为"期待权"，当条件成就时，即债权人履行回购义务或者债务人支付的应收租金在清偿全部保理融资款本息及相关费用后还有剩余，该权利还将重新转为"既得权"。案涉融资租赁合同和保理合同均系合同各方当事人真实意思表示，内容合法有效。因债务人未按期足额支付保理融资款本息，导致债权人回购了部分保理融资款本金和利息，其据此重新获得了融资租赁合同项下的"既得权"。同时，债权人并未转让融资租赁合同项下留购价款的债权，该债权在满足合同约定的条件时也将成为"既得权"。

4. 案件评述

本案为《民法典》实施后，天津海事法院审理的首例保理合同与融资租赁合同相互交叉的案件，案涉标的额 4 亿多元，案件法律关系复杂。本案确立了将保理合同和融资租赁合同（基础应收账款债权债务关系）合并审理的模式。在审理基础的应收账款纠纷时，如果保理人请求作为有独立请求权第三人参加诉讼的，人民法院应当合并审理；在审理保理合同纠纷时，如果基础应收账款合同中的债权人请求作为有独立请求权第三人参加诉讼的，人民法院应当合并审理；当基础的应收账款纠纷和保理合同纠纷分别立案的，人民法院在条件允许下也应当合并审理。

本案引入"期待权"的概念解释了融资租赁合同项下的债权人在将债权转让给保理人后，其权利的性质、状态以及法律后果。本案明确在与保理合同相关联的融资租赁合同中，债权人在将融资租赁合同应收租金项下的债权转让给保理人后，其权利并未消灭，而是由"既得权"转为"期待权"。

此外，本案确立了在融资租赁合同中分别约定普通违约条款和提前终止条款的情况下，应结合双方当事人的具体行为来认定适用哪个约定来计算违约损失。

本案中，承租人在合同履行过程中因再融资的需要，请求出租人提前终止合同、注销登记手续并承诺在取得再融资款后归还欠款，出租人也同意承租人的要求做出了注销登记手续，此时承租人违约未能履行变更协议的义务时，应该适用合同提前终止条款及相应的责任条款计算违约金。①

（十）资管业务差额补足协议不等同于刚性兑付，其法律性质不能一概而论，应依据承诺的具体内容确定相应的权利义务关系②

1. 基本案情

2016 年 2 月，招商财富公司与光大资本公司等共同发起设立上海浸鑫基金，其中，招商财富公司认缴优先级有限合伙份额 28 亿元，光大资本公司认缴劣后级有限合伙份额 6000 万元。2016 年 4 月，光大资本公司向招商银行出具《差额补足函》，载有"招商银行通过招商财富公司设立的专项资产管理计划，认购基金的优先级有限合伙份额 28 亿元；……我司同意在基金成立 36 个月之内，由暴风科技或我司指定的其他第三方以不少于［28 亿元 ×（1+8.2%× 资管计划存续天数/365）］的目标价格，受让基金持有的 JINXIN HK LIMITED（浸辉（香港）投资管理有限公司）100% 股权。若最终该等股权转让价格少于目标价格，我司将对目标价格与股权实际转让价格之间的差额无条件承担全额补足义务。届时，资管计划终止日，如果 MPS 公司股权没有完全处置，我司同意承担全额差额补足义务"。光大证券公司系光大资本公司唯一股东，其向光大资本公司出具《关于光大跨境并购基金的回复》，载明"我司已知悉并认可光大资本公司对招商银行的补足安排"。后因收购的 MP&SILVA HOLDING S.A（以下简称 MPS 公司）濒临破产，上海浸鑫基金无法顺利退出，招商银行遂诉请光大资本公司履行差额补足义务。

一、二审法院均认定《差额补足函》系招商银行和光大资本公司的真实意思表示，不属于刚性兑付，属于独立合同，不违反法律、法规的强制性规定，应为合法有效。

2. 争议焦点

《差额补足函》的性质是否属于刚性兑付，是否应当认定为无效。

3. 裁判要旨

差额补足义务人基于自身利益需求，自愿利用结构化安排以及《差额补足函》

---

① 参见《2021 年天津海事法院审判工作白皮书》，载天津海事法院网，2022 年 7 月 7 日访问。
② （2020）沪民终 567 号。该案系上海金融法院 2021 年度典型案例。

的形式,与投资人就双方的投资风险及投资收益进行分配的,该行为不构成法定无效情形。"刚性兑付"表述本身并非法律意义上的概念,在资产管理业务中,"刚性兑付"是指资产管理产品的发行人或者管理人对投资人承诺保本保收益的行为。因"刚性兑付"违反了资管业务"受人之托,代人理财"的法律关系本质,转嫁损失风险,且不利于金融资源的合理配置,损害了金融秩序及金融市场的稳定,故对于资产管理产品的发行人或者管理人对投资人承诺保本保收益的行为应依法认定无效。案涉差额补足义务人并非所涉投资资金的管理人或者销售机构,不属于《市国资委监管企业私募股权投资基金监督管理暂行办法》所规制的私募基金管理人或私募基金销售机构不得承诺投资本金不受损失或者承诺最低收益的行为。

对于差额补足等增信措施是何种性质,不能一概而论,系争《差额补足函》性质系独立合同。《九民纪要》第 91 条规定,信托合同之外的当事人提供第三方差额补足、代为履行到期回购义务、流动性支持等类似承诺文件作为增信措施,其内容符合法律关于保证的规定的,人民法院应当认定当事人之间成立保证合同关系。其内容不符合法律关于保证的规定的,依据承诺文件的具体内容确定相应的权利义务关系,并根据案件事实情况确定相应的民事责任。系争《差额补足函》中并无明确的连带责任保证担保表意,也没有担保对象,差额补足义务与被补足的债务本身不具有同一性、从属性,应当认定为独立合同,差额补足的条件及范围应依据合同约定确定。

4. 案件评述

目前,资管业务领域存在大量的增信措施,差额补足协议是这其中应用较为频繁、形式较为典型的方式之一。本案裁判遵循了《九民纪要》《关于适用〈中华人民共和国民法典〉有关担保制度的解释》的精神,对差额补足协议进行法律性质和法律效力的逐层剖析。

差额补足区别于刚性兑付。差额补足是交易中的一种增信措施,一般是指差额补足权利人在未达到投资目标或未实现债权时,针对预期目标与实际获得投资回报之间的差额部分或应享有的债权与实际实现债权的差额部分,可要求差额补足义务人按照约定补足差额的交易安排。常用在信托、资产管理产品和股权投资对赌协议中,并不违反法律法规或监管的实体性规范,体现对当事人意志的尊重,也为司法解释所认可。而刚性兑付是信托资管类产品在销售时,作为管理人或销售方的金融机构对投资者作出保本保收益的承诺,并在产品到期后,即使信托、资管计划出现不能兑付或兑付困难时,金融机构也要"兜底"处理,垫付本金利息。刚性兑付往往是金融机构过度吸引资金造成市场虚假繁荣，将信用风险集中到自身可能危害金融稳定，故被法规和监管所禁止。本案争执的焦点显然为差额补足。

差额补足可以是基础合同的组成部分，也可以是独立合同；可以是承担差额补足义务的第三人与主权利人之间的协议，也可是差额补足义务人与基础合同双方共同签署的协议，还可以是差额补足义务人单方出具承诺函。本案就是第三人出具承诺函的独立的差额补足协议。

差额补足的性质根据不同情况可能被定性为保证、债务加入或者独立债务，若定性为保证则需依据公司法和章程规定履行内部决议程序。差额补足在本案中定性为保证或独立债务似乎都可行，若为保证则差额补足义务人的唯一股东出具的安慰函可视为其履行内部程序的凭证。

差额补足义务的履行条件通过对合同相关约定的解释而得以确定。本案中因基础协议未能按期完成股权转让交易的情况下，被告需无条件独立承担支付义务，与基金是否清算无关，故履行条件已成就。

伴随着交易结构设计的精细化，差额补足协议也展现出复杂多变的面貌。法律的任务正是在变迁之中尝试追寻事物的极简内核，因此，法院对于本案争议焦点切中肯綮的把握与条分缕析的思路，很具有借鉴意义。[①]

差额补足义务的主体不是所涉投资资金的管理人或者销售机构的，不属于法律法规所规制的刚性兑付情形。协议双方自愿利用基金的结构化安排以及差额补足的方式就投资风险及投资收益进行分配的，该行为合法有效。

（十一）银行怠于履行对客户不良征信信息的删除报送义务，应当承担相应法律责任[②]

1. 基本案情

2006年8月，胡某与某银行、仕某签订《个人担保借款合同》一份，约定胡某向银行借款5万元，仕某为借款的担保人。合同到期后，胡某、仕某未归还上述借款。银行于2009年9月起诉至法院，要求胡某、仕某立即归还贷款本金及利息，诉讼中，银行申请追加某公司为被告，并同意将该笔贷款直接纳入某公司名下，某公司亦确认该笔贷款由其实际使用，同意偿还借款本息，各方据此达成调

[①]《上海金融法院2021年度典型案例来了》，载微信公众号"上海金融法院"，2022年3月3日访问。（吴弘，华东政法大学教授）

[②] 胡某诉某银行人格权纠纷案，载《人民法院报》2022年3月31日。

解协议，约定案涉贷款本息由某公司偿还。

2021年1月，胡某查询其个人信用报告时发现案涉5万元贷款仍记载为逾期状态，为此，胡某多次与银行交涉要求银行报送删除其不良征信信息，均遭到拒绝。胡某认为，银行报送其不良征信信息不真实，导致其无法正常进行融资、开展经营活动，影响了其社会信用评价，且银行拒绝报送删除其不良征信信息，给其经济和精神均造成严重损害。

胡某诉请某银行向中国人民银行征信中心报送删除其不良征信信息，并赔偿其精神损害抚慰金5000元。法院经审理后判决支持胡某的诉讼请求。

2. 争议焦点

银行怠于履行对客户不良征信信息的删除报送义务，是否应承担赔偿责任。

3. 裁判要旨

客户的征信信息会影响社会对个人信用的评价，银行应按照相关规定妥善处理客户的征信信息。《民法典》第1024条明确了"信用"属于民事主体名誉的组成部分，强化了对民事主体名誉权的保护。《征信业管理条例》第16条第1款规定，征信机构对个人不良信息的保存期限，自不良行为或者事件终止之日起为5年；超过5年的，应当予以删除。客户已通过法院调解与银行处理完案涉债务，不再负担相关贷款本息的清偿责任，银行未按规定及时向中国人民银行征信中心报送删除相关不良信息，导致12年后相关贷款仍在客户的征信记录中显示为逾期状态，对客户的信用评价产生了不当影响。

4. 案件评述

近年来，人格权法律保护体系和保护力度也有了长足的发展。

一是权利体系更加完整。《民法典》第990条不仅确认民事主体享有生命权、身体权、健康权、姓名权、名称权、肖像权、名誉权、荣誉权、隐私权等具体人格权，还规定自然人另享有基于人身自由、人格尊严产生的其他人格权益，通过开放性的规则体系确认了民事主体享有广泛、完整的人格权益。例如，即使一些不实信息仅在较为封闭狭小的范围内传播，不至于导致自然人的社会评价降低造成名誉权受损，但如果自然人基于人格尊严产生的其他人格利益确实受到损害，仍可以依法寻求救济。

二是救济途径更加完善。《民法典》人格权编规定了人格权请求权，其相对独立于侵权损害赔偿请求权。人格权请求权的行使不受诉讼时效限制，可以不以对方存在过错为前提条件。例如，如果征信机构的信用评价信息确有错误，相关民事主体即可以行使人格权请求权要求征信机构予以删除或更正，并不以征信机构对错误的发生是否具有过错为前提条件。

三是权益保护更加周到。《民法典》将个人信息权益纳入保护范围，回应了大数据信息时代的社会关切。第1035条规定处理个人信息应当遵循合法、正当、必要性原则，为信息权益保护奠定了基础。

本案中，银行有义务将贷款人的还款信息及时传输给征信中心，但其未履行该义务，导致贷款人的信用评价降低，无论是从信息处理正当性角度，还是从名誉权保护角度，贷款人都有权要求银行立即向征信中心报送相关信息。此外，因银行怠于报送信息存在过错，贷款人还可以依据侵权损害赔偿请求权向银行主张损害赔偿责任，法院根据原告的诉讼请求结合案件具体情况，不仅支持了贷款人要求银行向征信中心报送相关信息的诉讼请求，而且判决银行向贷款人赔偿精神损害抚慰金。①

（十二）购房人不负有烂尾楼情形下的贷款返还义务②

1. 基本案情

2015年8月12日，王忠诚与越州公司签订《商品房预售合同》，2015年8月14日，王忠诚等三人与建行青海分行签订《借款合同》。后因越州公司未按照约定期限交付房屋，致使案涉《商品房预售合同》解除，《借款合同》《抵押合同》因合同目的无法实现亦被解除，王忠诚等三人无任何过错的情况。

一审法院判决驳回建行青海分行的诉讼请求。二审法院判决撤销一审判决，王忠诚等三人在判决生效后30日内偿还建行青海分行贷款本金、资金占用费和律师费。最高人民法院再审撤销二审判决，维持一审判决。

2. 争议焦点

烂尾楼情形下，购房人是否应承担贷款返还义务。

3. 裁判要旨

烂尾楼情形下，在合同解除后，购房人不负有贷款返还义务。法院应充分考虑商品房按揭贷款商业模式下各合同之间的密切联系和各方权利义务关系的平衡问题，避免因强调单个合同的相对性而造成三方权利义务的失衡。关于商品房按揭贷款商业模式下各方当事人权利义务关系问题，涉及商品房买卖合同和商品房

---

① 秦岸东：《十年前前款已还，十年后却发现个人征信仍显示逾期》，载微信公众号"江苏高院"，2022年5月7日访问。

② （2019）最高法民再245号。

担保贷款合同双重法律关系。从合同内容来看，在商品房买卖合同中，购房人支付房款，开发商交付房屋；在商品房担保贷款合同中，银行将购房人所贷款项直接支付给开发商，开发商实际用款。购房人并不支配购房贷款，但需偿付贷款本息。如果案涉合同正常履行，购房人取得房屋，各方权利义务亦可保持平衡。但当开发商不能交付房屋而致使合同解除时，合同约定的各方权利义务将严重失衡。具体表现为：开发商违约不能交房导致各方合同解除，但却实际占有使用购房人支付的首付款及银行按揭贷款；银行依据合同约定既享有抵押权，又同时享有对开发商、购房人的债权；购房人未取得房屋，却既支付了首付款，又需偿还按揭贷款。若按合同约定的权利义务关系处理，则在购房人对合同解除无过错的情况下，仍要求其对剩余贷款承担还款责任，明显不合理地加重了其负担，各方权利义务失衡，有违公平原则。

4.案件评述

在本案中，最高人民法院基于公平原则和各方当事人之间的权利平衡，在综合考虑商品房买卖合同、贷款合同和抵押担保合同之间的密切联系，突破了合同的相对性，允许在烂尾楼情形下，在合同解除后，购房人不负有贷款返还义务。需要注意的是，该判决中购房人不负有返还贷款义务的前提是商品房购房合同（或商品房预售合同）、贷款合同和抵押合同已确认解除，在此情况下，购房人无须再支付贷款。但是，如果购房人并未主张解除合同，就贷款合同以及抵押合同而言，购房人是否可以停止还贷，该案并未给出解答。

2022年6月底，江西省景德镇某楼盘业主集体发布《强制停贷告知书》以来，烂尾楼楼盘业主集体停贷断供事件逐步发酵，各地已有上百个烂尾楼盘业主宣布强制停贷。然而需要注意的是，《强制停贷告知书》仅属于一种催告行为，并不直接导致商品房贷款合同、抵押担保合同解除。购房者的停贷行为可能导致迟延还款、加速贷款到期等违约责任，还可能面临诉讼、仲裁、个人征信受损等风险。

在指责开发商烂尾逾期交房的同时，不少业主将矛头指向银行在贷款合同中存在的违规行为，包括银行在房屋主体结构未封顶之前发放按揭贷款，将按揭贷款资金违规划入非监管账户，银行未积极履行资金监管义务，导致预售资金支出不明等。在银行违反相关规定存在过错的情形下，广东省高级人民法院（2018）粤民申7516号案件具有典型意义。在该案中银行未将贷款支付到预售款专用账户，而是转到开发商的另一个账户，导致资金挪用工程烂尾。法院认为，银行作为专业的金融机构，对于预售商品房市场中预售资金存入非专用账户而存在的风险是应当知晓的，而银行并未在缔约之时以及合同履行过程中向购房人履行告知义务，银行的上述行为是致使案涉房地产项目"烂尾"的间接原因。法院最终判决银行应当向购房者承担部分缔约过失责任，在起诉之日至房屋具备交付条件之前，购房人可以不履行偿还抵押贷款合同下贷款本金及利息的义务。

烂尾楼盘业主在维权过程中可以先通过诉讼或者协商解除商品房购买合同（或商品房预售合同），购房合同的解除将会导致贷款合同以及抵押合同的目的无法实现，并进一步解除贷款合同和抵押合同，停止还贷。本案在法院处理烂尾楼业主停贷维权事件可能引发的类似诉讼中极具典型意义。

三、热点前沿法律问题探讨

（一）机构的适当性义务及司法审判中的展开

投资者适当性义务，源自英美金融市场，指的是金融机构为客户提供购买特定金融产品的建议时应当保证该投资对该客户是适当的[1]。在我国，以《关于规范金融机构资产管理业务的指导意见》、2019年发布的《九民纪要》及2019年修订的《证券法》为代表，其规范体系已初步成形。近年来我国金融市场迅速发展，有关适当性义务的案件也日益增多，尤其是2019年建设银行恩济支行案[2]、2020年中行原油宝案及平安银行代销基金巨赔案[3]，均引发了国内学界与实务界对于适当性义务诸多方面问题的广泛讨论。

1.适当性义务与告知说明义务的关系

目前，现有法规并未明确界定适当性义务和告知说明义务之间的关系[4]，学界与实务届亦未就此达成共识。有观点认为，告知说明义务是适当性义务的组成部分之一，告知说明义务是适当推荐义务履行的前提[5]，此为主流观点；也有观点认为，告知说明义务有广义和狭义之分，广义概念包含信息披露、风险警示、适当性匹配信息等内容，狭义概念侧重于信息披露义务，而不包括适当性匹配信息，

---

[1] 参见黄辉：《金融机构的投资者适当性义务：实证研究与完善建议》，载《法学评论》2021年第2期。

[2] 参见（2019）京民申3178号。

[3] 参见（2020）辽02民再156号。

[4] 比如，《九民纪要》在第72条对于适当性义务的定义之外，于第76条单独规定了告知说明义务，而《关于规范金融机构资产管理业务的指导意见》第6条和《证券法》第88条则将告知说明义务纳入适当性义务的范畴中。

[5] 参见最高人民法院民事审判第二庭：《〈全国法院民商事审判工作会议纪要〉理解与适用》，人民法院出版社2019年版，第426—427页。

落实适当性义务是告知说明义务的前提，告知说明义务是落实适当性义务的延伸[1]；还有观点认为，缔约前的告知说明义务和适当性义务存在重合性，此时前者为后者的一部分，而在缔约阶段二者则相互分离而各自独立[2]。

2. 适当性义务与合格投资者制度的关系

适当性义务与合格投资者制度在制度目标上存在共通之处：实现投资者适当性的途径既包括适当性义务，也包括合格投资者制度，但二者在作用路径、监管策略等方面存在重大区别[3]。因此，成为合格投资者并不能当然地豁免金融机构的适当性义务，而仅在义务标准和举证责任等方面与普通投资者有所区别。在中行原油宝事件最终采取的方案中，对于大小户进行区别对待，1000万元以下的客户有机会从中行拿回20%的保证金，而1000万元以上的客户需要自行承担全部保证金损失。[4] 对此，有观点认为，"以1000万元为标准进行一刀切并完全剥夺大客户赔偿权利的做法意味着，一旦认定为合格投资者就自动失去适当性义务的保护"[5]，似有混同适当性义务与合格投资者制度的倾向。

3. 适当性义务的性质

尽管《九民纪要》第77条将适当性义务定性为先合同义务，违反适当性义务构成缔约过失责任，但有观点认为，《九民纪要》"在对于责任主体和损失赔偿数额等问题的处理上又体现出侵权责任的色彩"。[6] 而在司法实务中，对于适当性义务的性质主要有三种观点：第一种观点认为，适当性义务属于先合同义务，违反该义务应承担缔约过失责任，此为主流观点；第二种观点认为，适当性义务为卖方的法定注意义务，违反该义务应承担侵权责任；第三种观点则以合同关系为请求权基础，将违反适当性义务定性为违约责任，前提是已生效的合同包含了针对适当性义务的违约责任条款。

---

[1] 参见吴弘、吕志强：《金融机构适当性义务辨析——新〈证券法〉及〈纪要〉视角》，载《上海金融》2020年第6期。

[2] 参见葛翔：《金融产品销售中告知说明义务与适当性义务——从缔约阶段切入》，载《地方立法研究》2022年第2期。

[3] 参见黄辉：《金融机构的投资者适当性义务：实证研究与完善建议》，载《法学评论》2021年第2期。

[4] 参见吴红毓然：《哪些投资者有望拿回20%的保证金？高层定调原油宝责任分担原则》，载《财新》2020年5月5日。

[5] 黄辉：《金融机构的投资者适当性义务：实证研究与完善建议》，载《法学评论》2021年第2期。

[6] 黄辉：《金融机构的投资者适当性义务：实证研究与完善建议》，载《法学评论》2021年第2期。

4. 过失相抵的运用

过失相抵，是指在损害赔偿之中，对损害的发生或者扩大，受害人也有过失的，可以减轻或者免除加害人的赔偿责任，从而公平合理地分配损害承担比例的一种制度。①《九民纪要》分别在第 77 条和第 78 条规定了卖方未尽适当性义务的"全赔"规则和减责免责事由，但现行法规及《九民纪要》均未提及过失相抵的具体适用规则。在卖方已违反适当性义务的情况下，是否可以适用过失相抵这一规则，学界和司法实务届对此尚有争议。有观点认为从保护金融消费者、强化金融机构责任等角度出发，应限制或排除过失相抵的使用。②也有观点认为从防范道德风险、培养金融消费者理性投资意识等角度，应允许在适当性义务中适用过失相抵③。相应地，司法实践中，有法院限制或排除过失相抵的使用，作出"全额赔付"的判决④；也有法院从金融消费者个体因素等方面判定金融消费者应负担的注意义务后，适用过失相抵分配买卖双方的责任范围及承担比例⑤。

（二）关于公司对外提供担保授权的热点问题

继《九民纪要》后，《民法典》及《关于适用〈中华人民共和国民法典〉有关担保制度的解释》的出台，进一步完善了公司对外担保的规范体系，其中树立的多项规则也引起学界和司法实务届的广泛讨论。

1. 相对人非善意情况下的法定代表人越权担保

公司法定代表人越权为非善意的他人提供担保的情况下，公司是否应承担除担保责任之外的其他民事责任，学界和司法实务届对此存在分歧。否定说认为，应类推适用《民法典》第 171 条第 4 款的规定，由法定代表人（行为人）和相对人根据过错程度承担赔偿责任，而公司不应承担任何民事责任。⑥肯定说则认为，法定代表人越权担保行为本质上属于履职行为，公司在选任、监督法定代表人以

---

① 参见王利明等：《民法学》，法律出版社 2014 年版，第 823 页。

② 参见曹兴权、凌文君：《金融机构适当性义务的司法适用》，载《湖北社会科学》2019 年第 8 期。

③ 参见王艺璇：《适当性义务纠纷中过失相抵之适用——平安银行代销基金巨赔案评析》，载《金融法苑》2021 年第 1 期。

④ 如（2019）苏 01 民终 7576 号。

⑤ 如（2019）京 02 民终 15312 号。

⑥ 参见蒋大兴：《超越商事交易裁判中的"普通民法逻辑"》，载《国家检察官学院学报》2021 年第 2 期；甘培忠、马丽艳：《公司对外担保制度的规范逻辑解析——从〈公司法〉第 16 条属性认识展开》，载《法律适用》2021 年第 3 期；高圣平：《再论公司法定代表人越权担保的法律效力》，载《现代法学》2021 年第 6 期。持此观点的判决参见湖南省常德市中级人民法院（2021）湘 07 民终 2277 号民事判决书。

及公章管理等方面存在过错，应承担缔约过失责任，以《民法典》第 62 条为规范依据。①《民法典担保制度解释》就上市公司而言，采取否定说，上市公司不承担任何民事责任；②而就非上市公司而言，则采取肯定说，公司基于其过错应承担不超过债务人不能清偿部分的 1/2 的赔偿责任，但若相对人明知决议是伪造或者变造仍然接受担保的，可认为公司无过错，无须承担缔约过失责任。③

2. 上市公司年度预计担保额度公告

根据《民法典担保制度解释》第 9 条的规定，相对人在接受上市公司提供担保时，应审查上市公司公开披露的相关担保事项已经董事会或者股东大会决议通过的担保公告。实践中，部分上市公司采取年度预计担保额度公告的方式，且在后续实际提供担保时亦未逐笔披露每笔担保的具体信息，导致相对人难以判断某项担保是否仍在前述担保额度范畴。而现行上市公司监管规定④均规定上市公司在后续实际发生担保事项时，应按照规定的详细程度⑤及时披露担保事项。司法实践中，若债权人仅审查内容模糊笼统的担保额度预计公告，存在被法院认为未尽到审查义务的风险。因此，除担保额度预计公告外，债权人角度还应审查上市公司在实际提供该项担保后逐笔披露的担保公告，以判断其所接受的担保是否仍在担保额度范围内。

3. 上市公司已公开披露的全资子公司为其唯一股东提供担保

上市公司全资子公司既属于上市公司的控股子公司，也是一人有限责任公司（以下简称一人公司）。而《民法典担保制度解释》第 10 条规定，未经一人公司内部决议并不影响其为自身股东提供担保的合同效力，若将这一规则适用于上市公司全资子公司为其股东提供担保的情形，则据此上市公司全资子公司无须决议、上市公司亦无须公开披露担保信息，这将与现行上市公司控股子公司对外担保规

---

① 参见最高人民法院民事审判第二庭：《〈全国法院民商事审判工作会议纪要〉理解与适用》，人民法院出版社 2019 年版，第 136—138 页；林文学等：《〈关于适用民法典有关担保制度的解释〉的理解与适用》，载《人民司法》2021 年第 4 期。

② 参见最高人民法院民事审判第二庭：《〈全国法院民商事审判工作会议纪要〉理解与适用》，人民法院出版社 2019 年版，第 156—157 页。

③ 参见最高人民法院民事审判第二庭：《〈全国法院民商事审判工作会议纪要〉理解与适用》，人民法院出版社 2019 年版，第 138 页。

④ 如《上海证券交易所上市公司自律监管指引第 1 号——规范运作》第 6.2.5 条第 2 款、第 6.2.6 条第 2 款；《深圳证券交易所上市公司自律监管指引第 1 号——主板上市公司规范运作》第 6.2.6 条第 2 款、第 6.2.7 条第 2 款。

⑤ 如《上海证券交易所上市公司自律监管指南第 1 号——公告格式》和《深圳证券交易所上市公司自律监管指南第 2 号——公告格式》均规定上市公司及其控股子公司对外担保公告应遵循的格式。

则发生体系冲突。① 结合《民法典担保制度解释》第 9 条以及现行上市公司监管要求②，上市公司全资子公司对其唯一股东提供担保之时，应先由全资子公司履行审议程序，并由上市公司及时披露，相对人据此与其签订担保合同。但若全资子公司为唯一股东的担保构成现行监管规则③项下必须经上市公司股东大会决议的情形，则除子公司的内部决议外，该担保事项还须由上市公司股东大会作出决议并披露。

4. 央企融资担保

国资委于 2021 年 10 月 9 日发布了《关于加强中央企业融资担保管理工作的通知》（国资发财评规〔2021〕75 号，以下简称 75 号文），从被担保人、规模管理、内控管理、报告要求等方面，对中央企业为纳入合并范围内的子企业和未纳入合并范围的参股企业提供融资担保的行为进行规制。75 号文规定了违规的中央企业和相关担保责任人的整改责任及处罚措施，但未提及其对于担保合同效力的影响。尽管 75 号文在效力层级上并非法律或行政法规，但由于其中涉及中央企业对外担保的授权审批等限制，从债权人审查义务角度，在接受中央企业子企业或参股公司提供的担保时，除应审查其章程外，还应审查其内部审批管理制度。

（三）应收账款质押相关热点法律问题

《民法典》第 440 条相比原《物权法》，首次在法律层面将"将有的"应收账款纳入应收账款质权标的物的范围，此外《民法典担保制度解释》也对应收账款债务人确认应收账款真实性的效力，质权人对于应收账款真实性的举证责任、通知对于质权人行权的意义以及应收账款质权的实现方式等作出了新的规定。

1. 应收账款质押的通知与确认

《民法典》第 427 条、第 445 条，《应收账款质押登记办法》以及国务院《关于实施动产和权利担保统一登记的决定》等相关法规均规定以应收账款出质的，当事人应当采用书面形式订立质押合同，质权自办理出质登记时设立。因此，应收账款质押质权的设立以当事方达成书面合意并办理应收账款质押登记作为要件。

需要注意的是，应收账款质权的设立并不以通知应收账款债务人作为要件，

---

① 参见高圣平：《上市公司对外担保特殊规则释论——以法释〔2020〕28 号第 9 条为中心》，载《法学》2022 年第 5 期。

② 如《上海证券交易所上市公司自律监管指引第 1 号——规范运作》第 6.2.10 条、《深圳证券交易所上市公司自律监管指引第 1 号——主板上市公司规范运作》第 6.2.11 条。

③ 如《上海证券交易所股票上市规则》及《深圳证券交易所股票上市规则》第 6.1.10 条。

虽然应收账款债务人是应收账款质权法律关系的当事人，但是其并非应收账款质押合同的当事人。可是，应收账款质权的实现最终依赖于应收账款债务人履行债务，因此，通知应收账款债务人关于应收账款质押的事实，并尽可能地取得应收账款债务人对于应收账款真实性的确认，对于实现质权而言依然意义重大[①]，《民法典担保制度解释》第 61 条第 3 款[②]也参照《民法典》关于债权转让经通知债务人后对其具有约束力的规定，明确了通知在应收账款质权实现中的法律效力。

一方面，通知并确认可以帮助质权人验证应收账款的真实性[③]。一般情况下，质权人都会核查与应收账款相关的基础交易材料，包括基础交易合同、交易流程性文件、增值税专用发票和企业记账凭证等，但这样的核查方式并不能避免出质人单方面伪造基础交易材料欺诈质权人的情况，发送质押通知并获得债务人的确认就可以从债务人的角度帮助核实应收账款的真实性。另一方面，通知并确认是保障质权人处于善意地位的重要手段。尽管债务人确认应收账款存续，现实中依然存在出质人和应收账款债务人串通伪造应收账款的可能性，若质权人此前已完成了对于相应应收账款的通知并获得了应收账款债务人的确认，则其可主张自己处于善意相对人的地位而请求善意保护，司法实践中已有不少案例支持对质权人的善意进行保护。

不过在实践中，该等应收账款质押通知及应收账款债务人的确认应当具体到何种程度，通知和确认的时间要求以及应收账款质押通知应当由出质人还是由质权人发送等问题，市场主体的意见和具体操作方式并不统一。

2. 应收账款质权的执行与实现

《民法典》未对应收账款质权的实现方式进行直接明确规定，但是由于应收账款质权属于权利质权的一种，可适用权利质权实现的一般规定，即《民法典》第 436 条[④]。但在司法实践当中对于质权人是否一定要通过协议折价、拍卖或变卖的程

---

① 经大卫、郑伊芯、程平：《〈民法典〉视角下应收账款质权的相关法律问题初探》，http://www.east-concord.com/zygd/Article/20214/ArticleContent_2248.html，2022 年 7 月 29 日访问。

② 《民法典担保制度解释》第 61 条第 3 款规定，以现有的应收账款出质，应收账款债务人已经向应收账款债权人履行了债务，质权人请求应收账款债务人履行债务的，人民法院不予支持，但是应收账款债务人接到质权人要求向其履行的通知后，仍然向应收账款债权人履行的除外。

③ 刘轶臻：《应收账款质押确认通知的意义及内容》，http://www.360doc.com/content/19/0201/17/42415624_812566379.shtml，2022 年 7 月 29 日访问。

④ 《民法典》第 436 条第 2 款规定，债务人不履行到期债务或者发生当事人约定的实现质权的情形，质权人可以与出质人协议以质押财产折价，也可以就拍卖、变卖质押财产所得的价款优先受偿。

序获得受偿，还是可以直接请求应收账款债务人将应收账款直接支付给自己，有不同观点。

一种观点认为质权人有权要求应收账款债务人将应收账款支付给自己[1]，另一种观点则认为即使存在案涉应收账款，质权人请求应收账款债务人直接向其支付也并无合同依据。"质权人与应收账款债权人之间形成的是应收账款质押法律关系，因应收账款债权人并未将其享有的对应收账款债务人的债权转让给质权人，质权人与应收账款债务人之间并未形成直接的债权债务关系，故质权人无权请求应收账款债务人直接向其支付案涉应收账款。"[2] 根据《民法典担保制度解释》第61条第3款的规定，法院并不禁止应收账款债务人直接向质权人支付案涉应收账款，考虑到拍卖、变卖等行权程序的烦琐和复杂，笔者更倾向于赞同第一种观点，这可以帮助降低质权人的行权成本，且有利于加速当事人之间纠纷的解决。

应收账款质押问题在实践中还有很多法律法规或司法解释并未明确的问题，比如特殊类型的应收账款上创设的质押（如学费收费权质押）的效力、出质应收账款是否应当自始"特定"、应收账款质权是否可以对抗次债务人的抵销权等。

（四）保证金质押相关热点法律问题

保证金质押相关规定最初见于2000年发布的最高人民法院《关于适用〈中华人民共和国担保法〉若干问题的解释》（以下简称《担保法司法解释》）第85条[3]，该条将"金钱质押"的形式划分为"特户""封金""保证金"，此三者本质上都属于将一定的货币特定化的方式，不过《担保法司法解释》并未对三者的含义作出清晰界分，而在实践中"金钱质押"与"保证金质押"也并无明显区分，并普遍将"金钱质押"表述为"保证金质押"。根据最新生效的《民法典担保制度解释》第70条，金钱质押的形式最终被简化为"保证金账户"。

值得注意的是，《担保法司法解释》将金钱质押规定在"动产质押"部分，而最高院在《民法典担保制度解释》的体例上将金钱质押规定于"非典型担保"部分，这一变化的主要原因是学理上对于保证金质押的性质素有不同观点。此前长期理论有债权质押说和特殊动产质押说两种观点，债权质押说关注在存款人与银行之间的债权债务关系，而特殊动产质押说则提出了金钱占有即所有的例外理论。最

---

[1] 参见（2016）苏02民终2861号、（2019）最高法民终1023号等案件。

[2] 参见（2017）最高法民申1572号。

[3] 《担保法司法解释》第85条规定，债务人或者第三人将其金钱以特户、封金、保证金等形式特定化后，移交债权人占有作为债权的担保，债务人不履行债务时，债权人可以以该金钱优先受偿。

高人民法院认为这两种学说均有一定的局限性，忽略了金钱存入银行即进入银行流转体系，并非封存在保证金账户内部发生流动。"就债权质押而言，存款进入银行账户后，与其他债权无法区分，根据合同标的不特定，则合同不能成立的基本原则，亦无法确认为质押。因此，上述争议的根本原因在于对于存款货币的属性认定。如果货币以现实物形态特定化交付，则可以构成动产质押；如果以存款债权的方式交付，则在质押上就会出现解释上的障碍。"①

不过无论用哪一种学说理论定性保证金质押，通说认为保证金质押的有效设立应当符合担保物权的一般要求：一是质押标的财产的特定化；二是质权人对于标的财产的实际控制。

1. 关于保证金质押的特定化

保证金质押的特定化要求包含两个层面的含义：账户特定化和资金特定化。

对于账户特定化，实践中可能是专门设立的保证金账户，也可能是银行账户下设立保证金分户，无论何种形式，均需要采取保证金账户这一专用账户形式，能够与一般结算账户，基本账户相区分。这种区分是否仅从实质上能区分即可，还是同时需要从账户外观形式（不同命名方式或特别标记）上具有识别性，存在不同观点②。从金融机构防范风险和保障债权安全的角度出发，笔者仍然支持尽量使相关质押账户具备一定程度的外观识别性。

对于资金特定化，学界和实务层面已基本确立了保证金账户的"特定化"并非金额"固定化"的原则。保证金质押所要求的特定化仅要求账户及资金区别于质押人的其他财产，而不是要求账户资金固定不变，后者并不符合金融实际需求。最高人民法院认为只要属于保证金业务相关的结算，账户内资金除按照合同约定存入保证金之外，利息增加、保证金的补充等金额的浮动都应当认为是正常合理的，而不影响其满足资金特定化的要求③。

虽然如此，我们注意到司法实践中对于"款项浮动"的质押金额的认可仍然是建立在质押金额与主债权一一对应的基础上。在复杂的金融交易领域，情形可能会变得非常复杂，例如在金融衍生品交易中，如果采用可变保证金方式作为履

---

① 最高人民法院民事审判第二庭：《最高人民法院民法典担保制度司法解释理解与适用》，人民法院出版社 2021 年版，第 580 页。

② 关峰：《〈民法典担保解释〉：金钱质押，你究竟了解多少？》，https://www.chinalawinsight.com/2021/02/articles/dispute，2022 年 7 月 23 日访问。

③ 最高人民法院民事审判第二庭：《最高人民法院民法典担保制度司法解释理解与适用》，人民法院出版社 2021 年版，第 581 页。

约担保，金融合约的价值变动会导致保证金处于持续浮动状态。但金融衍生品的交易又不同于传统保证金业务，不同交易可能会由于单一主协议的协议安排而认定为一个合同，而且即使在同一个交易下其债权金额也不确定。在该等情形下，应当如何理解可变保证金账户内的资金特定化，保证金质押的效力是否因而会受到影响是值得进一步关注的问题。

2. 关于金钱质物的移交占有与控制

实践中对于保证金账户的实际控制主要有三种方式。第一种是保证金账户由债务人或担保人开立于债权人处；第二种是保证金账户由债务人或担保人开立于其他银行并移交债权人管理。这两种情形下出质人因对于银行享有存款债权而无法直接向债权人完成货币交付，债权人实现对保证金账户的实际控制往往需要与债务人及/或账户开立银行达成相应监管安排或签订账户监管协议，约定非依债权人指令不得对账户内资金操作，以实现对于保证金账户的实际控制。第三种是以债权人的名义开立保证金账户，债务人或者第三人将资金存入该账户内，此时债权人作为账户所有人能够实际控制该笔资金，符合移交债权人占有的条件。

（五）差额补足承诺、维好协议等增信措施的法律性质及效力认定

在商事交易领域，第三方提供差额补足、维好协议及流动性支持函等是常见的增信措施。然而，对于这类非典型担保文件的性质判断，在司法实践中一直存在着不同的认识。在《九民纪要》出台之前，司法实践中对于这类非典型担保承诺性文件的性质认定存在三种较为主流的观点，即认定为保证、债务加入及独立合同。在《九民纪要》《民法典》及《民法典担保制度解释》出台之后，司法实践中对于这类非典型担保承诺性文件的性质认定有了较为清晰的指向。

1. 非典型担保类承诺性文件的类型

差额补足协议：差额补足的典型结构通常为第三方与债权人约定，第三方为借款人/资金使用人提供差额补足承诺，在借款人/资金使用人未能按期还本付息或未能实现投资目标或以其他形式导致债权人未能实现其预期债权时，按约定向债权人补足借款人/资金使用人未能清偿/支付的差额部分。

维好协议：维好协议一般作为跨境交易中会出现的一种增信措施，通常为境外法律管辖，由境内第三方、境外融资主体及债权人共同签署。其典型结构为由债权人认购境外融资主体发行的债券，由境内第三方承诺为境外融资主体提供流动资金支持。同时，维好协议中通常会明确约定，境内第三方的上述义务并不构

成保证,且不会对境外融资主体的债务承担连带清偿责任。市场中通常不会将维好协议认定为保证,因此一般无须办理内保外贷登记或在财务报表中进行披露。

流动性支持函:流动性支持函通常为借款人/资金使用人承诺在流动资金无法按时清偿债务或日常经营出现资金缺口时,流动性支持函提供方将为其提供足够资金使其可以维持正常运营或如期履行有关支付义务。流动性支持函与维好协议在功能较为类似。

2.非典型担保类承诺性文件的定性与区分

关于非典型担保类承诺性文件的性质认定。《民法典》及《民法典担保制度解释》的出台明确了承诺性文件的定性思路:如果文件内容中具有提供担保的意思表示,则应认定为保证;如果文件内容中有加入债务或者与债务人共同承担债务的意思表示,则应认定为债务加入;如果难以确定是保证还是债务加入,则应当将其认定为保证。另外,非典型担保类承诺性文件的性质认定不影响第三人根据协议约定承担其项下义务。据此,我们可以认为,该类承诺性文件可能归属的类型和性质为保证及债务加入,但是在实践中仍需要结合个案情况加以具体识别。并且,定性如何不会影响合同效力,义务人仍需按照协议约定履行其义务。

关于非典型担保类承诺性文件定性的区分。在上述裁判思路清晰的情况下,如何认定或区分保证及债务加入,上述规定似乎并没有十分明确地进一步进行表述。保证合同是为保障债权的实现且债务人不履行到期债务时,保证人履行债务或者承担责任的合同;而债务加入是指债务人并不脱离原合同关系,第三人加入债的关系之后,与债务人共同向债权人履行债务。因此债务加入的实际功能与保证较为类似,同样具有担保债权实现的作用。但保证与债务加入仍有本质区别。保证合同具有从属性,如果主债权合同无效,则保证合同无效。同时,保证人义务在履行顺位上也具有补充属性。尤其是在一般保证的情形下,保证人享有先诉抗辩权。然而,债务加入的效力则不会受到原主债权合同的影响。而新增债务人在义务履行上也与原债务人处于同等顺位。另外,保证需要受到诉讼时效和保证期间的限制,而债务加入仅会受到诉讼时效的限制,不会受到保证期间的限制。

3.维好协议在境内的承认与执行

2020年,某债券投资人向上海金融法院申请认可和执行香港特别行政区法院关于维好协议的生效判决,上海金融法院作出支持的生效裁定。该案为全国首例涉离岸债券维好协议的香港特别行政区法院生效判决在内地法院申请认可和执行的案件。[①] 该案明确了两条基本的判断思路：第一，对于约定适用境外法律的维好协议，应依据其准据法的规定进行裁判；第二，根据境外准据法判断，若维好协议不构成保证，则无须根据有关外汇管理的规定办理内保外贷登记。

（六）担保物权设立及执行过程中的其他热点问题

在商事交易中，债权人通常会要求债务人提供担保。而我国对于不同类型的担保物权设立及执行要求不一，且《民法典》及《民法典担保制度解释》沿袭了以往担保物权设立及执行相关规定或对以往规定作出了或多或少的改变。因此，担保物权设立及执行问题值得进行探索和研究。

1. 担保代理人结构对担保物权设立有效性的影响

银团贷款通常为多家银行向借款人放贷，而各银团成员行通常会委托某一家成员行作为担保代理行，将担保物权登记在担保代理行名下。因此，实践中就出现登记担保物权人与实际债权人不一致的情形。以往司法实践中对这一分离情形的法律效力认定存在一定争议。

登记的担保物权人与实际的债权人不一致问题通常是由于不动产登记机关的要求及各银团成员行之间的约定造成的。另外，担保代理结构的安排在银保监发布的《银团贷款业务指引》中已得到肯定，但该法规的效力层级较低。《民法典担保制度解释》第 4 条的出台明确了登记担保物权人与实际债权人不一致的裁判思路。允许担保物权人受托持有，认可登记担保物权人与实际债权人不一致，并支持此种情况下登记担保物权人与实际债权人可在债务人不履行到期债务或者发生当事人约定的实现担保物权的情形下行使担保物权。

这一思路对于司法实践对这一类型案件的裁判提供了清晰的指向。实践中也已经出现担保物权人与实际债权人不一致情形下，法院认可担保物权设立效力的裁判。以（2021）最高法民终 64 号裁判为例，法院认为虽然抵押权凭证上仅记载了担保代理行，但担保代理行登记行为的法律后果应该归属于所有贷款银行，因此全体贷款银行均应享有担保物权。

2. 担保物权的登记期限届满对于担保物权有效性的影响

《民法典》规定不动产抵押权自登记时设立。实践中，不动产登记部门在办理抵押登记时通常会要求抵押合同中明确约定具体的抵押期间。但是，实践中经常

[①] 王珊、郑倩：《全国首例！上海金融法院审结一起涉"维好协议"申请认可和执行香港特别行政区法院判决案》，载微信公众号"上海金融法院"，2022 年 7 月 30 日访问。

会出现在债权履行期限届满之前抵押期限已经届满的情况。在这种情况下，债权人是否有权继续向抵押人行使抵押权值得进行探索和讨论。

根据原《担保法》第52条的规定，抵押权与其担保的债权同时存在，债权消灭的，抵押权也消灭；根据原《担保法司法解释》第12条的规定，当事人约定的或者登记部门要求登记的担保期间，对担保物权的存续不具有法律约束力；根据原《物权法》第202条的规定，抵押权人应当在主债权诉讼时效期间行使抵押权，而未要求抵押权人应当在登记的抵押期间内行使抵押权。而《民法典》第419条也沿袭了上述原则，并未要求抵押权人只能在登记的抵押期间内行使抵押权。

担保具有从属性，且物权法定是物权法的一项基本原则。因此，只要未发生法律规定的担保物权消灭的法定事由，协议当事人自行约定或不动产登记机关登记的抵押期间均不具有法律约束力。抵押人不得以登记机关登记的抵押期限届满为由拒绝向抵押权人承担抵押责任。

司法实践中，大多数司法机关均认可抵押权效力不受登记抵押期限届满的影响的观点。以（2019）浙民再215号判决为例，法院在判决理由中明确表示抵押权效力不受登记抵押期限届满的影响。因案涉主债权并未消灭，因此抵押权人的抵押权仍然存续。

3. 土地出让合同关于不动产转让的限制性约定对抵押的设立和执行的影响

《民法典》规定土地使用权人有权将其土地使用权进行抵押。在实践中，土地使用权人一般通过"招拍挂"的方式竞买得到土地使用权，并与当地土地管理部门签订土地出让合同。土地管理部门会根据土地的用途、性质，在招标时对投标人、竞买人的资格作出规定，并在签订土地出让合同时附上一定的条件，而其中较为常见的就是约定对出让地块禁止买卖或转让。在此种情形下，出让地块能否办理土地使用权抵押并且如何执行抵押权值得探讨。

根据《民法典》《土地管理法》及其配套规定，对土地使用权的抵押不得违背土地出让合同中的相关规定。如果抵押合同中仅约定出让地块禁止买卖或转让，但对于抵押没有限制性规定，则对出让地块的抵押并不会违反土地出让合同的规定，不动产登记机关亦对此持认可态度。

就存在禁止买卖或转让的出让地块，在其上设定抵押权后，如何执行抵押权的问题，实践中，司法机关会根据"招拍挂"土地使用权的相关规定并参考出让地块的用途、性质等确定投标人、竞买人的资格，并通过司法拍卖的方式在违背土地出让合同规定的情况下对土地使用权完成强制转让。但需要注意的是，在该等转让完成之后，新的土地使用权人仍应遵守与出让地块有关的规定，包括对土地使用权禁止买卖或转让。

（七）银行业个人信息保护的法律义务

《个人信息保护法》于 2021 年 11 月 1 日起施行。银行业作为数据密集型行业，如何保护好海量敏感个人信息，应当成为银行业亟待解决的重要任务之一。《民法典》《个人信息保护法》以及中国人民银行《征信业务管理办法（征求意见稿）》（以下简称《办法》）等法律和规章要求，银行从事业务活动时要积极履行个人信息保护主体责任，严格依法依规搜集、管理和使用个人信息，确保商业活动不侵害客户隐私，同时增强个人信息保护工作体制机制。

根据《民法典》第 1034、1035、1037、1038 条的规定，银行业应当依法在搜集、管理和使用个人信息方面承担相应的法律义务。这些义务包括以下内容：第一，银行在处理个人信息时应当遵循合法、正当、必要原则；第二，银行在处理个人信息时，应当遵循知情同意原则，并根据明示的信息用途处理相关信息；第三，银行在收到自然人客户关于删除其个人信息的要求时，应当及时进行审查，以确认是否出现法定的个人信息删除事由，并应积极履行相关义务；第四，加强个人信息管理和风控体系建设，严格履行信息保密义务。

具言之，《个人信息保护法》第 6 条规定，"处理个人信息应当具有明确、合理的目的，并应当与处理目的直接相关，采取对个人权益影响最小的方式。收集个人信息，应当限于实现处理目的的最小范围，不得过度收集个人信息"。因此银行业在处理个人信息时，应当遵循"目的明确""目的合理""目的相关"和"最小必要"四项基本原则。银行在收集个人信息时，应当首先明确收集和使用客户信息的范围、方式和用途，并不得因客户不同意收集相关信息而拒绝为客户提供服务。在收集信息后，应当进行分级分类筛选，及时剔除与业务目的开展无关的信息，例如身份识别、宗教信仰等信息。在处理相关信息时，应及时就所收集的信息与业务目的之间进行比较，按照最小必要原则进行数据审计，及时删除过度收集的信息，确保数据收集与处理合规。此外，根据《个人信息保护法》第 17 条的规定，个人信息处理人应当以清晰易懂的语言、醒目的方式将相关规定告知信息所有人，且相关规定发生变化时，也应当将变更部分告知个人。因此，银行必须充分履行告知义务，并且只有在客户知情且明确同意的情况下才能处理客户的信息；当相关信息处理规定发生变化时，应当及时将情况告知客户，确保客户能够始终对其个人信息享有支配权益。

而银行在开展日常业务时,还应当更充分履行保护客户隐私的义务。《民法典》第1032条第2款规定,"隐私是自然人的私人生活安宁和不愿为他人知晓的私密空间、私密活动、私密信息"。对比第1034条第2款有关"个人信息是以电子或者其他方式记录的能够单独或者与其他信息结合识别特定自然人的各种信息,包括自然人的姓名、出生日期、身份证件号码、生物识别信息、住址、电话号码、电子邮箱、健康信息、行踪信息等"的规定,可知"隐私"与"个人信息"概念存在外延上的重叠:隐私强调私密性、强调因信息涉及人格利益而不愿为他人知晓的主观意愿,意在保护自然人主观上不愿意被公开的信息及其行为,维护个人私生活安宁。个人信息突出"可识别性",因此强调不当使用信息在客观上对信息主体带来的人身和财产风险。就银行日常业务开展而言,银行在从事推广和营销业务时不侵犯客户隐私、不影响客户生活安宁,是银行履行个人信息保护义务中有关"目的合理""目的相关"原则的重要组成部分,也是确保银行不过度使用信息、侵害客户个人信息权益的重要方面。

就银行业强化个人信息收集、处理与使用的合规建设,我们建议:第一,银行应当完善内部治理机制,明确各部门的具体权限与职责,在收集客户个人信息时应严格遵守相关法律法规和行业规范;第二,银行应当加强信息安全基础设施建设,不定期地组织安全漏洞排查,加强数据库与算法安全审计,并及时对所收集的信息进行脱敏处理,从而增强数据风险抵御能力;第三,银行应当加强个人信息保护教育,面向员工定期举行个人信息保护条款解读,防止业务部门怠于履行个人信息保护义务。

(八)银行从业人员涉刑案件相关问题

2020年12月26日,烟台市中级人民法院作出二审判决,认定姜喜运犯贪污、违规出具金融票证、故意销毁会计凭证、会计账簿等罪,决定判处其死刑缓期2年,恒丰银行原董事长姜喜运贪腐案终审结。一审判决认定,2008年1月至2013年1月,被告人姜喜运在担任恒丰银行董事长期间,利用职务上的便利,将本单位的逾2.8亿股恒丰银行股份,陆续转至其个人或亲友控制的公司名下,予以隐匿,按历年恒丰银行年度报告中的每股净资产计算,共计折合人民币7.54亿余元。而这一认定存在巨大争议。原烟台市副市长张广波提到,姜喜运是按照政府把恒丰银行做大做强的要求筹措资金,未发现姜喜运想把恒丰银行资产据为己有,恒丰银行资金是体内体外之分,姜喜运个人没有占一分。学者高铭暄、周光权、高贵君、阮齐林、卢建平认为,从股票的公开性,员工的知情情况及股份及收益的去向上来看，姜喜运将部分股份收益用于偿还恒丰银行呆账、发放员工绩效奖金等因公用途，证明姜喜运对体外循环的股份及其收益并无非法占有之目的。

在近年国家开展的防范和处置金融风险、整治金融乱象的一系列专项行动中，银行业金融机构在公司治理、业务发展等方面暴露出一些新的违规问题，在行为类型、案涉金额、责任主体、责任后果等方面均与以往有所不同。在判断被追究刑事责任的从业人员的罪名、罪数、刑事责任等问题，司法机关也存在争议，从而导致银行从业人员涉刑问题变得更加复杂。

目前，银行从业人员涉刑案件存在如下新特点。第一，涉及业务类型多样，多项罪名相互交织。以往案件通常涉及案涉人员办理的某一笔业务或某一类业务（如贷款、票据等），因此常见情况是仅涉及单一罪名，但近期案件呈现出多罪名相互交织的特点，一个案件往往涉及多种业务类型，且根据不同业务类型和行为可能同时涉及多项罪名。第二，案涉业务时间跨度长，涉及资金规模大。在近年来的案件中，办案机关查处力度大，案涉业务范围广，有的案件甚至追溯到十几年前，而且案涉金额上亿元，资金规模几十亿元甚至上百亿元的情况并不少见。由于案涉金额往往是此类犯罪定罪量刑的重要因素，对相关案件责任人员往往适用最严厉的法定刑。第三，高层人员案涉增多。在传统案件中，基层业务人员或分支行人员未经授权违规开展业务的情况较为普遍。但近年不少案件涉及银行总行系统性、批量化开展业务，案涉人员层级较以往有所上升。第四，股权与关联交易问题较为突出。为此，银保监会《健全银行业保险业公司治理三年行动方案（2020—2022年）》特别指出，"股权关系不清、股东行为失范是近年来银行业保险业市场乱象丛生的根源"。

另外，随着国有企业改革的不断深化和国家逐步放开金融市场准入机制，我国商业银行已经呈现出国有控股、集体控股、民营控股等多种形式。对国有资本控股或者参股的商业银行而言，银行员工是否属于国家工作人员（或者国有公司、企业的工作人员）的判断将直接影响到具体的定罪量刑。例如，针对非法占有银行财物这一行为，国家工作人员会被认定为贪污罪，而非国家工作人员会被认定为职务侵占罪；又如，挪用银行资金这一行为，国家工作人员会被认定为挪用公款罪，而非国家工作人员会被认定为挪用资金罪。

鉴于银行业务本身的特殊性以及银行从业人员身份的多重性，当涉及刑事犯罪时，银行从业人员常常触及多个罪名，且数罪之间还可能存在牵连或竞合关系，容易导致司法机关在罪名判断、罪数认定、刑事责任明确和量刑等问题上存在争议。然而从客观角度来说，银行从业人员涉刑案件对国家金融管理秩序带来潜在破坏，社会危害性要比一般的刑事案件要高；同时此类案件涉及社会面较广，还可能牵连到普通民众的切身利益，容易引发社会广泛关注。因此出于保护民众财产安全、维护国家金融管理秩序和巩固国家金融机构公信力等方面的考虑，司法机关在处置银行从业人员涉刑案件时，从严认定刑事责任的可能性较高。

（九）数字金融背景下银行业的机遇与挑战

作为引领未来的新经济形态，数字经济已成为推动高质量发展的重要引擎。"十四五"期间，中国政府推出新的政策和举措扶植数字经济的发展，正式开启数字经济社会新阶段。随着数字化技术的创新与发展，区块链、大数据、云计算、人工智能等新型科技手段方兴未艾，在金融创新中崭露头角，推动着金融行业服务升级、产业升级，迸发数字金融的发展新动能。

近年来，在国家的政策支持和规范下，基于金融科技的数字化成为我国银行业的"新基建"，智慧升级已成为银行业发展的大势所趋和核心竞争力之一。数字金融为传统银行业金融机构创造了新的发展机遇，例如在数字人民币和电子签约的落地和推进，为传统银行业务创新发展赋能。

我国数字人民币的研发、推广工作已取得了重大进展，商业银行作为数字人民币兑换、流通等一系列相关服务的提供者，将直接成为流量的入口。这将对当下商业银行传统的线下获客模式以及有限的依靠外部合作引流的线上获客模式形成强有力的补充，也是商业银行借鉴互联网思维、创新商业模式的契机。数字人民币所依托的技术和使用方式有助于金融机构降低了解客户和提供金融服务的成本，将帮助打通商业银行普惠金融的发展瓶颈。①

疫情的出现让全社会对"非接触式"金融服务的需求大幅增加，银行业金融机构已积极拓展依托电子银行、手机银行的线上金融服务。电子签约作为金融服务线上化的重要环节，在银行业应用的政策环境、法律环境、技术环境已发展到成熟阶段。电子签约正在重塑商业银行的服务模式和经营理念，一方面丰富了远程服务的场景，使远程服务更加智能高效；另一方面也催生了银行在线网贷、智

---

① 参见裴鸣岐、王军：《数字人民币的冲击与商业银行的应对》，载第一财经网，2022年7月30日访问。

慧网点等新业务的开展，成为银行转型升级的重要突破口。

数字金融的发展对银行业金融机构的现有业务模式以及与其他市场参与者的竞合关系产生深远的影响，除了带来机遇，同时又蕴含挑战。最突出的挑战体现在风险控制与监管合规上：智能技术与金融业务的深入融合，为金融服务提质增效，但也使得金融行为、金融产品结构更复杂，可能给原本就属于高风险性的金融行业带来新的内外部风险。除此之外，"非接触式"金融服务的普及也意味着传统网点运营模式将受到冲击，商业银行"去柜台化"进程将进一步加快；随着新场景、新业务的迭代，金融机构将面临传统业务及其盈利空间被挤压的阵痛；线上化业务占比的大幅提升，商业银行在个人信息保护和数据安全方面也需要更加重视和防范风险。

面对数字金融背景下的机遇与挑战，需要理顺金融创新与金融稳定的关系。金融创新对金融稳定的促进作用体现在金融风险规避、金融效率提高和金融市场发展；金融创新可能带来金融脆弱性、危机传染性和系统性风险，并给金融监管带来巨大困难，对金融稳定产生负面冲击。[①] 从金融监管部门的角度，要推动数字金融领域的高质量发展，需要完善数字金融配套法律。一方面，法律可以有效消解创新带来的风险；另一方面，科学合理的金融监管模式是重要的金融创新推动力，能够保障金融创新与金融稳定同步推进。银行业金融机构则需要拥抱监管，确保金融创新合法监管，依法有序规范发展创新金融业务。

金融是经济发展的领军者，而发展数字金融是传统金融服务的延伸，我们期待中国的数字金融领域能在法律和监管保驾护航的基础上实现持续创新，不仅惠及本国的金融消费者和市场参与者，而且能在世界范围内数字经济提供中国方案。

（十）银行卡支付与银行卡司法解释浅析

银行卡是一种现代化的电子支付工具，在我国已经得到了广泛的使用。伴随着移动互联网的飞速发展，银行卡的应用场景进一步拓宽，银行卡网络支付已经成为我国消费者主流的支付方式之一。与此同时，与银行卡有关的法律风险也不断显现，银行卡息费、盗刷、合同条款、违约金收取等引发的纠纷持续增多，其中涉及的风险损失分配原则、持卡人权益保护问题、金融科技发展与网络交易秩序之间的矛盾等，也引发了银行金融领域与社会公众的广泛关注。

2021年5月25日，首部围绕银行卡民事纠纷的司法解释《银行卡规定》实施，

---

① 郑联盛：《金融创新、金融稳定的历史回望与当下风险管控》，载《改革》2014年第8期。

在定分止争、保护当事人合法财产权益的同时，着力化解影响银行卡支付市场安全稳定的风险因素，健全了国家网络安全法律法规和银行卡制度体系。

格式条款是一方未经充分协商预先拟定并在签约时重复施用的条款，《民法典》第496条规定加重了格式条款提供方的提示和说明义务。在商业银行的各类信贷业务中，银行卡业务是格式条款运用最多的类型。《银行卡规定》第2条第1款根据《民法典》的规定，对银行制订的含息费、违约金等要素的格式条款进行了规制，同时强调了发卡行对持卡人关于息费条款的提示和说明义务。该款规定："发卡行在与持卡人订立银行卡合同时，对收取利息、复利、费用、违约金等格式条款未履行提示或者说明义务，致使持卡人没有注意或者理解该条款，持卡人主张该条款不成为合同的内容、对其不具有约束力的，人民法院应予支持。"

在金融监管部门的发文中，也特别关注到与金融消费者权益保护密切相关的信用卡格式条款和息费问题。2021年3月人民银行发布的〔2021〕第3号公告要求各类贷款机构统一对客户披露实际年化利率，并提供了算法示例，旨在终结各类格式条款中以日息/月息、名义利率或算法不同造成客户"利率错觉"的营销乱象。2022年7月7日，银保监会与人民银行共同制定了《关于进一步促进信用卡业务规范健康发展的通知》，将《银行卡规定》第2条确立的裁判规则转化为对银行业金融机构的监管要求，并在呼应人行3号文的规定，要求以明显的方式向客户展示最高年化利率水平。

近年来，银行卡被盗刷的现象屡见不鲜，也引发了不少的司法争议。《银行卡规定》确立了银行卡盗刷纠纷的裁判规则，即持卡人仅在未尽妥善保管义务具有过错时，或是未及时采取挂失等止损措施时对扩大的损失承担责任，除此之外原则上应由发卡行、非银行支付机构、收单行、特约商户等根据具体情形承担相应的责任，前述主体在承担赔偿责任后可以向盗刷者追偿。《银行卡规定》还强化了发卡行在银行卡盗刷交易事实认定过程中的举证责任。最高人民法院认为，由于在银行卡交易中，有关支付授权的所有记录和数据、录像都掌握在发卡行等主体手中，持卡人难以获得和掌握，无法对上述证据进行举证。因此《银行卡规定》在"谁主张谁举证"的民诉法原则之上，依据证据法上"谁占有证据谁举证"的举证责任分配原则，要求占有上述证据的主体即发卡行或者收单行、非银行支付机构等承担举证责任。

无论是司法机关所作的司法解释还是金融监管机关发布的监管规则，都针对银行业金融机构开展信用卡业务的整体经营行为提出了更为严格和审慎的要求，主要目的是加强风险管控和保护消费者权益，从长期来看将有利于促进信用卡行业高质量发展，对于信用卡资产质量的提升亦有积极意义。

四、域外考察和借鉴

（一）非对称管辖权条款在域外的承认与执行情况

国际融资文件中常见的"非对称管辖权条款"（asymmetric jurisdiction clause 或 unilateral arbitration clause），允许一方（通常是债权人方）在多于一个司法管辖区内提起诉讼或仲裁，但规定另一方（通常是债务人方）只可以在一个特定司法管辖区内提起诉讼或仲裁。其在国际商事交往中被广泛运用更多源于它本身具有一定合理性、灵活性，既提高了诉讼的可预见性，又有利于节约成本。美国联邦最高法院对于嘉年华轮案的判决很好地阐释了其合理性。① 限制借款方的诉讼地点，是为了防止银行等金融机构在多个地点甚至是不可预见的地点被诉。作为金融机构，每天要面对不计其数的来自不同地点的金融消费者，若金融消费者在自己住所地法院起诉，金融机构会面临难以预见的在不同国家法院被诉的风险。为此，金融机构不得不加强审查力度、延长审查时间，随之而来的必然是交易效率的降低和交易成本的提高，应诉的成本也会相应地转嫁到金融消费者身上。未限定出借方的诉讼地点是为了方便银行等金融机构能够及时收回欠款、防止坏账、便于资金流通，使其能够在借款方有可扣押财产之地获得有利判决，而借款方也不会因此过分不便。②

目前对于非对称性仲裁条款的效力不同司法管辖区存在不同态度。普通法系的司法管辖权总体上倾向于尊重当事人的意思自治并认可非对称管辖协议的效力，包括英国、新加坡、澳大利亚、意大利及我国香港地区等。但美国、法国、俄罗斯则分别以违反"义务相互性规则""平等原则"等理由干预当事人的意思自治，德国倾向于否认非对称性仲裁条款的效力，我国可能会基于或审或裁条款无效的理由否定该类条款效力。

2022年发布的《全国法院涉外商事海事审判工作座谈会会议纪要》第2条明确，以"非对称管辖协议"显失公平为由而主张无效的，法院不予支持认可；但

---

① Carnival Cruise Lines Inc. v. Shute 499 U.S. 585（1991）.
② 郭玉军，司文：《单边法院选择条款的法律效力探析》，载《国际法研究》2014年第4期。

该类管辖协议涉及消费者、劳动者权益或者违反民事诉讼法专属管辖规定的除外。因此，除了特定的例外情况，《全国法院涉外商事海事审判工作座谈会会议纪要》已经原则上认可了涉外海事商事领域的"非对称管辖协议"的效力。

英国是以意思自治原则为由维护非对称性仲裁条款效力的典型。在 1986 年之前，英国法院的态度是仲裁协议必须是相互的，即应当为双方提供将争议提交仲裁的平等权利。英国法院司法实践的转折点是 Pittalis 诉 Sherefettin 案（1986）。Fox L. 大法官认为平等主体之间通过合同仅赋予一方提起仲裁程序的权利并没有任何不妥，也没有任何合理理由可以否定这不构成由双方合意达成的仲裁条款，仅一方能"提起"仲裁程序与判断仲裁条款效力并不相干。在该判决后，英国法院不再关注仲裁条款的相互性或对称性。此后，确认 Pittalis 判决观点的典型案例包括 NB Three Shipping Ltd 诉 Harebell Shipping Ltd（2004），Debenture Trust Corp plc 诉 Elektrim Finance BV（2005）等。在前案中，法院指出没有任何规定使该等条款无效，赋予一方当事人比另一方当事人更优势的地位并不特殊。在后案中法院也认为，"……非对称性管辖权条款为一方当事人提供额外的利益，但这与合同中其他有偏向的条款并无本质差别，不能因其单方性就区别对待"。

在 2013 年 Mauritius Commercial Bank Ltd（毛里求斯银行）诉 Hestia Holdings Ltd and another 一案的判决中，融资合同规定："英国法院拥有解决纠纷的排他性管辖权"，但"不妨碍毛里求斯银行在任何其他地方的任何其他法院提起相关诉讼"。英国高等法院指出商业协议中的该等条款是为了满足商业需要，应当尊重当事人意思自治的结果，该条款的目的只是保留银行原来就拥有的权利，毛里求斯银行是附条件地接受英国法院的管辖，该条件就是保留在其他国家起诉的权利。对于被告提出的该约定违反《欧洲人权公约》第 6 条的主张，Popplewell 大法官明确指出，"第六条保障的是当事人在所其选择的争议解决程序中的获得公正的权利，而非选择争议解决方式的权利"。①

值得注意的是，虽然我国香港特区的司法实践与英国持类似的态度，尊重当事人的意思自治，对非对称性管辖条款持认可其效力的态度。但在涉及根据非对称性管辖条款在起诉后，需要在香港与内地之间申请认可判决的情形中，非对称性管辖条款可能因不满足"排他性管辖协议"的条件而不被受理申请执行的香港或内地法院认可和执行。

---

① Mauritius Commercial Bank Ltd. V. Hestia Holdings Lid.［2013］EWHC 1328（Comm）.

在引起热议的 Industrial and Commercial Bank Of China（Asia）Limited v Wisdom Top International Limited 一案中，Industrial and Commercial Bank Of China（Asia）Limited（以下简称工行亚洲）向 Wisdom Top International Limited（以下简称高慧公司）提供贷款并签订《贷款协议》，协议约定香港法院对解决由本协议引起或与本协议相关的任何争议具有专属管辖权，并同时约定上述约定管辖仅为贷款人利益而提出。香港法院认为，贷款人向具有司法管辖权的任何其他法院提起与争议有关的诉讼不应受到限制，认可了该约定的有效性。①

但对于"非对称性管辖条款是否属于《内地判决（交互强制执行）条例》（香港法例第 597 章）下所规定的排除其他司法管辖区域'选用香港法院的协议'，即管辖协议是否'指明由香港法院裁定与合同有关的争议，而其他司法管辖区的法院无权处理该等争议'的问题"，在该案中，香港法院认为，如果债务人是提起诉讼的原告，债务人只能依照合同在香港发起诉讼，则本案的管辖权条款属于一项排除其他司法管辖区域"选用香港法院的协议"（即排他性管辖条款）；如果债权人是提起诉讼的原告，债权人既可在香港特区发起诉讼，也可在债务人的财产所在地新加坡发起诉讼，则本案的管辖权条款不属于一项排除其他司法管辖区域"选用香港法院的协议"（即非排他性管辖条款）。最终香港法院裁定，该案的非对称性管辖条款不符合《内地交互执行安排》关于香港法院排他性管辖的要求，从而债权人不得申请香港法院出具相应证明文件用以在内地法院申请对债务人提起香港法院判决的认可和强制执行。②

值得一提的是，"选用香港法院协议"（排他性管辖条款）这一要求在 2019 年签署的《关于内地与香港特别行政区法院相互认可和执行民商事案件判决的安排》中被剔除了，但在该安排生效之前，上述判决仍具有约束力。

（二）从比较法视角看独立担保条款的效力问题

在《民法典》之前，中国法对保证协议中规定"尽管该保证所涉及的贷款协议已无效，担保作为独立义务仍保持有效和可执行性"的条款在中国是否有法律效力并不明确。根据《民法典》第 682 条第 1 款的规定，"保证合同是主债权债务合同的从合同。主债权债务合同无效的，保证合同无效，但是法律另有规定的除

---

① 周原、童懿贤：《多法域视野下的非对称管辖效力及判决的承认和执行》，载微信公众号"天达共和法律观察"，2022 年 4 月 14 日访问。

② Industrial and Commercial Bank of China（Asia）Limited v Wisdom Top International Limited [2020] HKCFI 322.

外"，即保证合同的当事人无权通过约定使得保证合同独立于主合同而存在。《民法典》仅规定法定才可以让保证合同具有独立性。一般认为，法律另有规定主要指商事交易中普遍认可的独立保函等。

2016年12月1日，最高人民法院《关于审理独立保函纠纷案件若干问题的规定》开始施行，并于2020年进行修正。该司法解释对独立保函及其构成要件有明确规定，此处的独立保函显然与保证合同中的独立担保条款不是同一个概念。该解释第三条规定了独立保函的构成要件，即（1）保函载明"见索即付"；（2）保函载明适用国际商会《见索即付保函统一规则》等独立保函交易示范规则；（3）根据保函文本内容，开立人的付款义务独立于基础交易关系及保函申请法律关系，其仅承担相符交单的付款责任。第3条明确独立保函不是保证，不适用保证的相关规定。第6条明确了独立保函的独立性，即除了包含欺诈情形，开立人不得以基础交易关系或独立保函申请关系对付款义务提出抗辩。

既然最高人民法院《关于审理独立保函纠纷案件若干问题的规定》规定了独立保函的构成要件及其独立性，那么从反面解释的角度讲，可以认为不满足独立保函构成要件的任何形式的独立担保条款，均不能突破担保从属性。虽然各地裁判观点对此仍存在一定的不一致，但仍以独立担保条款不能适用于内贸交易为主流观点。①

独立的担保条款及独立保函等独立担保出现并流行的原因是传统的从属性担保存在诸多的弊端，不能适应商业的诸多需求。首先，传统担保法的国别属性使得跨国贸易面临种种法律上的障碍。其次，担保人所享有的多种抗辩权可能将纠纷拖入到漫长的诉讼程序，从而产生基础合同之外的再生纠纷。所以，在建设工程、进出口贸易、融资等诸多领域，合同权利方一般都会要求合同义务方提供独立担保，以确保基础合同项下义务的全面履行。②

与我国坚守保证的从属性不同，普通法下的一些司法管辖区对独立担保条款持认可态度。在英国传统的普通法体系中，"guarantee"一词代表从属性（accessory）担保，大部分由保险公司等开立。随着商业的发展，银行开始开立独立保函。尽管独立担保制度一开始出现时，也给其法律制度带来了一些冲击，但英国法对此的接受不存在很大障碍。在 Harbottle（Mercantile）Ltd. v. Nat. Westminster Bank 案中，

---

① 参见（2017）渝民申426号、（2015）冀民二终字第12号、（2014）甘民二终字第231号、（2014）浙民申字第627号等。

② 刘斌：《独立担保：一个概念的界定》，载《清华法学》2016年第10期。

Kirr 法官指出:"尽管履约担保的条款是令人诧异的,但是我被告知独立担保绝不罕见,特别是在与中东客户的交易中。"①

英国法将保证责任分为两大类,即保证责任及补偿责任(indemnity)。在英国法管辖的保证合同中,通过明确保证义务包括保证人的补偿义务,以确定保证人的义务独立于主协议很常见。在保证合同的情况下,债务人承担第一顺序责任,而保证人承担第二顺序责任。补偿合同则由一方(保证方)向另一方作出承诺,因约定情况出现或发生时补偿另一方之损失。在补偿合同情况下,保证方承担履约或补偿之第一顺序责任,即使债权人并未追索或起诉主债务人,主债务合同无效或债权人解除债务人之责任,保证方仍须承担补偿责任。

由此可见,补偿合同对债权人的保障比保证合同大,而英国一般银行、财务机构及国际商业惯用的保证合同或保证条款,往往还会加上"主债务人条款",注明保证人与主债务人之责任相同,而债权人可视保证人为主债务人,无须先对主债务人起诉而直接追索保证人履行债务责任。此处列举一例典型的融资合同中的补偿条款:"在任何时间,倘若借款人未有支付任何融资文件项下的有关到期款项,保证人须应要求立即支付该有关款项,犹如保证人乃主要债务人;倘若任何受其保证的责任属于或成为不可强制执行、无效或不合法,则保证人(作为保证人的一项独立和主要责任)须就该融资方因借款人(如非由于上述不可强制执行、无效或不合法)未有支付借款人根据任何融资文件在原应到期的日期原应支付的任何款项而招致的任何费用、损失或责任,应该融资方的要求立即向该融资方作出赔偿。"

值得注意的是,香港特别行政区法院在判断一份文件是否属保证合同或补偿合同时,会对文件之内容、条款、当事各方之权利、义务及条款之法律效力进行审查,文件即使采用"保证"或"补偿"的字眼,也仅作为参考而并非决定性。在普通法中,虽然形成了关于保函欺诈、付款、追偿等系统的判例,但并未形成能够涵盖各种独立性保函类型的统一概念,法院仍须在个案中对保函的独立性进行判断和衡量。

在大陆法系国家中,德国法也发展出来了与传统保证合同相对应的"独立的担保契约"(Garantievertrag),用以泛指各种具备独立性的保证合同。沈达明先生认为,德国法上的担保合同相当于英国法上的补偿合同(Contract of Indemnity)。虽

---

① 高祥:《独立担保法律问题研究》,中国政法大学出版社 2015 年版,第 280 页

然"独立的担保契约"是一个泛指的概念,但是更多时候在以下情况使用:没有基础交易;独立的担保契约的受益人不是基础交易的债权人;担保人为自己的利益担保等,比如为了招商引资的地方政府担保对投资者的某些损失进行赔偿;工程师向其雇主担保工程的成本不会超过某一数额。在发生特定事项的时候,担保人将向受益人赔偿损失。①

(三)增信措施法律性质认定的域外司法观察

近年来,最高人民法院探索全面规范民商事领域中的各类非典型担保的方案,意在规避融资性担保创新诱发市场混乱和系统性金融风险。2019年11月,最高人民法院发布《九民纪要》,其第66—71条明确规定几种非典型担保的处理规则。2020年12月,最高人民法院颁布《民法典担保制度解释》,再次强化非典型担保的司法规制。其中,《民法典担保制度解释》第36条对第三人提供差额补足、流动性支持等类似承诺文件的增信措施作出了具体规定。

具体来说,《民法典担保制度解释》第36条将增信措施界定为"差额补足、流动性支持等类似承诺文件"。据此,增信措施可定义为"以主体的信用为基础成立的具有担保功能、但无担保之名的协议安排或单方允诺"。目前,金融市场上具有担保功能之实,但无担保之名的此类协议或承诺主要有以下几类:差额补足、流动性支持、安慰函或承诺函以及维好协议。其中,在银行融资业务的增信措施中最为常见的是安慰函以及维好协议。

安慰函起源于20世纪60年代德国信贷市场上的担保函,是母公司为确保子公司能够从银行获得融资而向银行出具的一种信用增级文件,表明母公司将支持子公司进行贷款。在当时的德国,出具安慰函的目的是在母公司为子公司提供信用担保时规避原《资本交易税法》所要求的纳税义务,因此安慰函虽然不是正式的保证合同或担保函,但具有担保的功能。虽然德国早在1972年即废除《资本交易税法》,但德国公司在使用正式担保时仍有许多不便之处,且安慰函恰好具有避免资产负债表出现消极会计记录以及应对外汇管制等功能,故安慰函至今仍广泛使用于德国信贷业之中。②与德国相似,英国法引入安慰函的理由主要是为了避免担保的会计记录。③英国法上的安慰函区分为"无法律约束力的安慰函"和"具有

---

① 刘斌:《独立担保:一个概念的界定》,载《清华法学》2016年第10期。

② Gregor Grimm Die Patronatserklrung Norms 2019 S. 62f.

③ Elland—Goldsmith Comfort letters in English law and practice International Business Law Journal Vol. 5 pp. 527—542(1994)。

法律约束力的安慰函"。①而在法国,2006年担保法改革将"具有法律约束力的安慰函"作为人的担保的一种形式纳入《法国民法典》第2322条,规定适用担保规则。②

维好协议在英文中通常表述为"Keep Well Deed",其中"契据"（deed）是普通法项下一种特有的法律文书,目前在中国法项下没有与之完全对应的概念。与一般的合同不同,契据不需要当事人支付对价。契据主要有以下三个方面的作用:（1）使某项权益、权利或财产的转让生效;（2）创设在某些人之间具有约束力的义务或（3）确认某些行为的发生,而这些行为导致某项权益、权利或财产发生移转。

维好协议通常被认为是安慰函的一种,但其是否具有法律约束力,需要根据维好协议的具体内容进行判断。在 Kleinwort Benson Ltd. v. Malaysia Mining Corp. 案中,Kleinwort Benson Ltd. 为 Malaysia Mining Corp. 的全资子公司提供贷款并由 Malaysia Mining Corp. 出具安慰函。在安慰函中,Malaysia Mining Corp. 承诺不会降低对借款人的持股比例,并承诺将尽其最大努力保证借款人的平稳运行,从而使得借款人可以清偿贷款。其后借款人破产,于是 Kleinwort Benson Ltd. 通知 Malaysia Mining Corp. 履行其在安慰函项下的义务。法院认为,该安慰函包含了合同必备的条件,具有法律约束力;Malaysia Mining Corp. 在安慰函中承诺将采取积极行动帮助借款人履行义务且 Malaysia Mining Corp. 出具安慰函的行为直接影响了 Kleinwort Benson Ltd 做出放贷的最终决定。因此,法院认定 Malaysia Mining Corp. 出具的安慰函具有法律效力,要求 Malaysia Mining Corp. 代借款人偿还所欠 Malaysia Mining Corp. 的债务。

在我国,是否确认维好协议具有法律约束力,实践做法较为多元。例如2020年9月,北大方正集团在上海清算所发布公告,称已向海外债权人发出债权确认通知,对北大方正集团此前提供维好协议的5只共计17亿美元的海外债券不予确认为普通债权,这些海外债券的发行方均为其子公司。北大方正集团称,若对债权确认结果有异议,信托人可向北京市第一中级人民法院提起诉讼。不过值得注意的是,2020年11月,上海金融法院公布了一则关于 HX 国际集团有限公司的裁定,其认可了香港特别行政区法院依据适用英国法律的维好协议要求 HX 国际集团有限公司承担支付债券本金、利息及特定费用的责任的判决（以下简称 HX

---

① James R Lingard Comfort Letters under English Law International Financial Law Review Vol. 5 pp. 36—37（1986）.

② 参见李世刚:《安慰函制度的法国经验及其启示》,载《法学杂志》2012年第9期。

案)。据悉，HX 国际集团有限公司已进入破产程序。有理由相信，在相关债权人成功获得上海金融法院对维好协议项下债权的认可裁定后，HX 国际集团有限公司的破产管理人将认可相关债权人根据维好协议对 HX 国际集团有限公司持有的债权。

HX 案的意义在于明确了应当基于合同本身的适用法律并遵循实质审查标准来判断维好协议等域外增信文件的法律效力。虽然此前我国一般不认为维好协议属于法律意义上的担保，但上海金融法院裁定认可和执行香港特别行政区法院在 HX 案中有关维好协议的效力及责任的判决，表明我国司法机关正在积极回应维好协议等具备"软担保"功能的域外增信措施，有利于稳定和提升国际评级机构对具有维好协议背书的海外融资的评级，有效降低中国企业境外融资的成本，也有利于营造良好的国际化营商环境。

(四)国际银行融资交易中"放弃豁免权"条款效力的效力问题

国家主权豁免（Sovereign Immunity of State），是一条重要的国际法原则，是指一个主权国家的政府及其机构、财产和主要官员，不受另一国家的管辖，主要包括司法管辖豁免、诉讼程序豁免和强制执行豁免。国家主权豁免是近代以来形成的被国际法所承认的一种国际习惯，自 20 世纪 70 年代以后逐渐形成成文法。

联合国大会于 2004 年通过了《联合国国家及其财产管辖豁免公约》，并采用了限制豁免。绝对豁免，是指不论所涉行为是否具有商业性质，一个国家并不受外国法院的管辖和免于法院命令的执行，除非该国选择放弃此豁免；限制豁免则是通过立法来限制主权豁免的适用范围，例如商业交易、人身伤害和专利等。限制豁免项下最常见的例外是商业活动，尽管对商业活动的定义各不相同。例如，《联合国国家及其财产管辖豁免公约》项下的"商业交易"包括了"任何贷款或其他金融性质之交易的合同，包括涉及任何此类贷款或交易的任何担保义务或补偿义务"。

在国际银行融资交易中，外国政府、中央银行或国有企业向商业银行举借贷款或提供担保时，作为贷款人的商业银行需要特别关注义务人在融资交易中是否享有主权豁免、主权豁免的范围以及该国法律是否允许放弃主权豁免。在融资文件中也常常会出现"放弃豁免权"条款，用于排除外国政府、中央银行或国有企业作为义务人享有或可能享有的豁免权，以期达到义务人作为被告在他国法院被起诉时，其财产也可能被他国法院强制执行的效果。在所有融资文件中明确放弃涵盖所有资产的主权豁免，目的是降低豁免权成为保护义务人的风险，明确确认义务人不以主权身份行事。然而，"放弃豁免权"条款的有效性也可能因司法管辖区而异。

有关主权豁免，可以从相关法律、中国政府在外国法院的陈词和给香港特区的通知中推断中国对主权豁免的立场。中国政府在外国法院一贯主张绝对豁免。在 1986 年 Russell Jackson 等人诉中华人民共和国案中，美国原告起诉中国政府，要求支付 1911 年发行的债券，中国政府在美国第十一巡回上诉法院中作出了坚持绝对豁免的陈述。[①] 其后，中国政府更多采用司法外和外交手段来传达绝对豁免主张。中国在香港案例 FG Hemisphere Associates LLC 诉刚果民主共和国中重申了对绝对豁免的态度。在该案件的一审中，香港特区政府引入了中国外交部的一封信作为证据，其主旨是中国一直采取主权国家在外国法院享有绝对豁免的立场。[②]

香港终审法院在 Democratic Republic of the Congo and Others v.FG Hemisphere Associates LLC 一案中认为，主权国家在香港法院享有绝对的豁免权，主权国家对于豁免权的放弃，应在香港法院被请求行使管辖权时直接向香港法院做出。因此，在争议发生前在协议中做出的豁免放弃不会被香港法院视为有效的放弃。[③] 根据香港法院的判决，在诉讼程序开始前签订放弃豁免权的条款属无效放弃。相反，拥有豁免权的一方必须在法院面前放弃其豁免权。该方必须放弃对诉讼管辖权的豁免以及对其财产的执行豁免，才能构成豁免权放弃。

由此可见，在融资文件中规定"放弃豁免权"条款的做法在中国内地和香港特别行政区都不能为贷款人提供足够的保护。不过在个案中，如果主权国家在知晓其有权主张豁免的情况下仍然积极参与香港法院的诉讼程序，则将被视为其有效放弃了豁免。[④]

与我国关于主权豁免的规定不同，英国和美国采取的是限制豁免的原则。1976 年的 Foreign Sovereign Immunities Act（FSIA）是美国有关主权豁免的法律。美国对"外国"一词采取了广泛的解释，其中包括国有企业。在确定国家和国有企业是否免于诉讼时则适用限制豁免原则，最常见的例外仍是商业活动。在这种例外情形下，法院必须决定索赔是否源于政府活动或商业活动。根据 FSIA，"商业活

---

① 794 F.2d 1490 1494（11th Cir. 1986）.
② 478 F. Supp. 2d 561（S.D.N.Y. 2007）.
③ 卓海：《中资银行境外贷款业务常见法律问题及建议》，载《中国外汇》2022 年第 8 期。
④ 参见《国企和承包商在"一带一路"工程项目中面临的法律问题（三）》，载金杜研究院，2022 年 8 月 24 日访问。

动"一词是指商业行为的常规过程或特定商业行为,为其定性应考虑该活动的性质而非其目的。此外,美国最高法院认为,"当外国政府行事时,不是作为市场监管者,而是以私人参与者的方式行事,外国主权国家的行为是商业性质"。

英国采用限制豁免原则,该原则已写入 State Immunity Act 1978(SIA)。当英国法院判定国有企业是否可受豁免时,它首先考虑的是国有企业是否一个"独立的实体",如果是,则它是否在行使主权权力而可享受豁免权。最后,法院会认定豁免的例外情况是否适用。SIA 有 10 项豁免例外,包括在英国进行的商业交易和合同。"商业交易"的定义包括"贷款或任何融资交易以及有关此类交易或其他财务义务的担保或赔偿"。在 SIA 项下,活动的性质取决于整个背景和原告证明国有企业如同私人行动而非行使主权权力的能力。[①]

五、未来展望

(一)跨境融资纠纷之诉讼难点解决

对于银行纠纷中的跨境融资纠纷,外债、内保外贷、外保内贷是常见概念。相较而言,外保内贷因主债权发生在境内,故外汇管理规定、诉讼管辖、法律适用等问题相对更简单清晰。但外债、内保外贷的主债权跨境或在境外发生,如果当事人选择在中国内地法院诉讼则面临诸多挑战,如外管登记对合同效力的影响、内地法院有无管辖权、主债权如何查明等。

外债和内保外贷均是跨境融资贷款的形式,但存在显著区别。外债的主债权由境外主体向境内主体发放贷款而发生,内保外贷中的"外贷"则是主债权完全在境外发生。并且,根据《跨境担保外汇管理规定》第 3 条的规定,对外债提供担保应当属于除内保外贷和外保内贷以外的其他跨境担保情形。故内地担保人为外债提供担保并不属于内保外贷。(详见图 5-8)

1. 外汇登记是否为外债中主债权的生效要件,有待司法实践中进一步统一立场

针对内保外贷而言,内保外贷中的主债权发生在境外,且通常当事人会协议选择适用外国法律,有相当部分案件中的债权人会选择向境外法院对主债权诉请裁判,故一般情况下内地法院的诉讼审核重点是对外担保的有效性。2014 年的《跨境担保外汇管理规定》出台之后,其第 29 条明确规定:"外汇局对跨境担保合

---

① 参见关峰:《国有企业是否享有主权豁免权?》,载金杜研究院,2022 年 8 月 24 日访问。

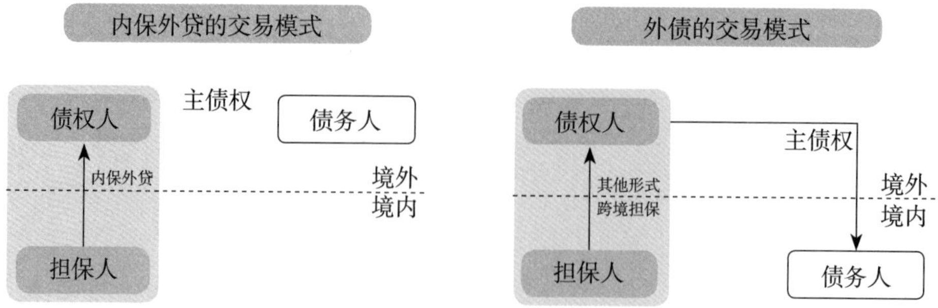

图 5-8 外债和内保外贷的交易模式

同的核准、登记或备案情况以及本规定明确的其他管理事项与管理要求，不构成跨境担保合同的生效要件。"由此，在诸多内保外贷纠纷案件中，已经鲜有以境内担保未经外汇局核准而否定担保合同效力的案件。

针对外债而言，外债的主债权则系跨境发生，借款人为境内企业，故外债诉讼案件中主债权及担保的效力问题都将被法院重点审查。

国务院发布的《外汇管理条例》（2008 年）第 18 条第 1 款规定："国家对外债实行规模管理。借用外债应当按照国家有关规定办理，并到外汇管理机关办理外债登记。"《外债管理暂行办法》第 22 条规定："境内机构对外签订借款合同或担保合同后，应当依据有关规定到外汇管理部门办理登记手续。国际商业贷款借款合同或担保合同须经登记后方能生效。"《境内机构借用国际商业贷款管理办法》第 4 条中规定，"境内机构借用国际商业贷款应当经外汇局批准。未经外汇局批准而擅自对外签订的国际商业贷款协议无效"。

虽然《外债管理暂行办法》及《境内机构借用国际商业贷款管理办法》的效力层级仅为部门规章，但司法实践中，部分法院会将前述规定与《外汇管理条例》第 18 条结合后认定未办外债登记的借款合同无效。例如，深圳市中级人民法院（2012）深中法涉外初字第 70 号美达多有限公司与深圳市新大地数字网络技术有限公司等借款合同纠纷民事判决书即认为"宏宝公司、新大地公司向美达多公司举债属于外债，应当依法办理相关审批、登记手续。由于案涉借款合同未经审批和登记，违反了我国外债管理的相关法规，应认定无效"。

虽然近年来国家鼓励境内机构充分利用境外低成本资金，降低实体经济融资成本，包括发改委、中国人民银行在内的行政部门也均发文放宽外债审批限制。但是，司法实践中，各地法院对外债登记是否构成借款合同的生效要件存在不同的裁判观点。从维护民商事合同效力以及市场交易安全和稳定的角度考虑,笔者认为《外汇管理条例》更应被理解为管理性强制性规定。日后的司法实践中,关于该问题,有待进一步统一关立场和观点。

2. 境外主债权如何查明,有待司法实践中统一做法

实践中,因保证人或担保资产位于境内,为实现担保权益,境外债权人不得不向内地法院提起诉讼主张。而此时,主债权是否可以或者必须一并向内地法院提起诉讼则是一个十分值得探讨分析的问题。

基于前述分析,外债、内保外贷案件中的主债权在境外法院取得判决后,可尝试依据国内法院和境外法院共同缔结或者参加的国际条约申请认可和执行境外法院判决,也可直接向内地法院重新起诉主张主债权。

那么当境外的债权人向内地法院起诉主张担保权益时,主债权是否必要一并主张就成了一个两难问题。一方面,仅起诉主张担保权利可否获得判决的可强制执行性存在一定法律风险,毕竟理论上要求实现担保权益必须以确认主债权违约为前提,但内地法院可以查明、如何查明境外主债权,存在不确定性;另一方面,若起诉主债权将增加一定的诉讼难度,如内地法院对主债权可能不享有管辖权、主债权争议可能约定适用外国法律,需要引用外国律师法律意见等。

就此问题,最高人民法院在 2005 年发布的《第二次全国涉外商事海事审判工作会议纪要》第 9 条采用如下做法,"……在审理过程中,如发现依据担保合同的准据法,担保人享有先诉抗辩权或者该案需要先确定主合同债权额的,可以根据不同情况分别作如下处理:(1)人民法院对主合同纠纷享有管辖权的,可以要求原告在一定期限内追加主债务人为共同被告;(2)人民法院对主合同纠纷不享有管辖权的,应裁定中止审理,并指定一定的期限,告知债权人对主债务人提起诉讼或仲裁,或者以其他方式确定主债权额。债权人在指定的期限内对主债务人提起诉讼或仲裁,或者经其他方式可以明确主债权额的,人民法院应在债权人提交相应的生效裁判文书或者其他证明文件后恢复审理。债权人在指定的期限内拒绝申请追加主债务人为共同被告,或者未对主债务人提起诉讼或仲裁,或者经其他方式仍未能明确主债权额,且人民法院调解不成的,裁定驳回债权人的起诉"。

该规定于 2005 年发布,但针对该问题,最高人民法院至今没有更新或发布更明确的精神和指示。关于何为"经其他方式可以明确主债权额",司法实践中各地法院均有不同做法。例如,有的法院认为有境外主债务人签署的"认债文件",即确认主债权金额的文件即可;也有法院认为仅有"认债文件"是不足够的,还需

要进一步审查境外的主债权协议、融资付款凭证等,以证明主债权的成立和金额。

总而言之,外债、内保外贷诉讼案件中受各项行政法规的约束较多,又夹杂适用外国法律、主债权及担保诉讼管辖冲突等因素,加之部分法院审理经验不足,很可能在诉讼中会遇到诸多障碍。未来的司法实践中,还需要针对该等种种问题,进一步明确和统一做法。

(二)商业银行法修订与银行业公司治理监管之展望

近年来,我国银行业快速发展,参与主体数量急剧增加,规模持续壮大,业务范围逐步扩展,创新性、交叉性金融业务不断涌现,立法、司法和监管也面临很多新情况。伴随着银行业经营环境、金融监管环境、市场环境出现的一系列变化,与银行业监管有关的法律、法规和监管规则也在不断更新迭代,意在进一步规范行业发展,缓释和化解我国银行体系存在的风险。

我国现行《商业银行法》于1995年颁布施行,并于2003年、2015年进行过两次修订,但7年时间过去,其中大量条款已不适应实际需求,亟待全面修订。2020年10月16日,中国人民银行发布《商业银行法(修改意见稿)》。现行的《商业银行法》总计9章,共95条;而修改建议稿总计11章,共127条,即新增了2章、新增32条。新增的章节是:公司治理、客户权益保护,显现这两个部分内容属于重点;整合和修订的章节是:资本与风险管理、风险处置与市场退出。这两章在以前的基础上根据最新变化作出了修改。

现行《商业银行法》对公司治理的规定主要体现在以下几个方面:一是要求商业银行有合法的公司章程;二是商业银行的组织形式、组织机构应当使用公司法的规定;三是对关联交易作了原则性的规范;四是对商业银行财务管理和信息披露做了规定。但总体来看,规定较为原则,缺乏可操作性。此外,银保监会、证监会、证券交易所等分别从自身管理角度出发,制定了一系列针对商业银行公司治理章程、指引等,内容存在一定重复和交叉,适用存在一定困难。① 而近些年中小银行风险事件中普遍暴露出商业银行在公司治理机制和风险处置机制不健全的问题,亟需在立法中完善商业银行公司治理要求,强化内部控制与资本约束,健全处置与退出安排。

我们注意到,在《商业银行法(修改意见稿)》新设的第三章"商业银行的公

---

① 王峰:《推动银行业现代化应全面系统修订〈商业银行法〉——访全国人大代表、中国人民银行南京分行行长郭新明》,载《金融时报》2020年第6期。

司治理"中,吸收了现行监管制度中的有益做法,同时参考国际经验,提出了落实商业银行公司治理的要求。包括增设股东义务与股东禁止行为;突出董事会核心作用,规范董事会专门委员会、独立董事等事项;提升监事会独立性与监督作用,建立监事会向监管机构报告机制;健全内部控制,规范激励约束机制、信息披露与关联交易管理等。

在《商业银行法》这一行业"根本大法"修订前后,银保监会等监管机关也高度重视银行业金融机构在公司治理方面的改革和监管,将其作为推动银行业金融机构强化风险防控、实现高质量发展的重要着力点。银保监会曾于2019年印发《银行保险机构公司治理监管评估办法(试行)》,建立常态化的公司治理评估工作机制;于2020年发布《健全银行业保险业公司治理三年行动方案(2020—2022年)》,系统提出银行业和保险业公司治理监管和改革的路线图和时间表。2021年6月2日,作为贯彻落实中央经济工作会议精神、健全银行业和保险业公司治理顶层设计的重要举措,银保监会在吸收借鉴国际良好实践、系统整合完善银行业监管核心规范的基础上,重磅推出《银行保险机构公司治理准则》,确立了商业银行需遵循的相关纲领性监管指引。

不论是《商业银行法(修改意见稿)》还是《银行保险机构公司治理准则》,关于商业银行公司治理的规定都体现了"延续与创新共生,统一化与差异化并存"的立法特点。该等法律和监管规定沿袭了现有立法或规范性文件项下的公司治理框架与核心规范,同时又结合了历年来金融机构乱象整治和监管工作经验,有针对性地从规范层面提供问题解决思路,弥补现有制度短板,对市场乱象和风险进行提前预防和规避。此外,《商业银行法(修改意见稿)》将商业银行法的适用范围,从商业银行拓展到商业银行和从事类商业银行业务的金融机构,包括政策性银行、村镇银行、金融租赁、消费金融、汽车金融、财务公司都纳入其中,体现了功能监管的原则。而《银行保险机构公司治理准则》适用于股份有限公司形式的商业银行、保险公司,并要求有限责任公司形式的银行保险机构以及银保监会监管的其他金融机构参照适用。总体而言,《商业银行法(修改意见稿)》还是《银行保险机构公司治理准则》在统一银行业公司治理的基本核心规范的同时,充分考虑了不同类型银行业金融机构的差异性,为实施差异化监管预留了空间。

展望未来,随着《商业银行法》修法的完成和银保监会各类监管规则的落地,实践层面将面临行业内不同类型的机构如何实施"差异化监管"的实操问题。以《银行保险机构公司治理准则》为例,其已考虑到银行保险机构的特点,在条款设计上已经针对不同行业的特点予以区分，但尚未就同一行业内不同性质公司进行进一步的细分，特别是要求公司组织形式为有限责任公司的银行保险机构参照适用，但并未明确参照适用至何种程度，也没有设置最低参照标准和执行要求。实操上，不同地区的监管机关对各银行业金融机构"参照适用"的把握尺度也不太一致，执行过程中容易面临理论上也许可行，但难以实践推广的问题。但是，我们注意到银保监会关部门负责人亦在答记者问中明确，下一步将推动针对不同类型银行保险机构制定差异化监管的有关细则，进一步提升银行保险机构公司治理水平。

预计在未来较长一段时间中，提升银行业金融机构内部治理的科学性和有效性，推动金融业实现更高质量发展，都会是立法和监管所关注的重点项目。在实践中，"差异化监管"的应用标准及要求，如何更加准确地把握不同类型、不同行业的公司治理要求，也有待进一步观察。

中国证券纠纷司法研究报告
（2021—2022）

一、司法实践总体观察

（一）年度裁判文书大数据分析

根据《民事案件案由规定》，证券纠纷包括证券权利确认纠纷，证券交易合同纠纷，金融衍生品种交易纠纷，证券承销合同纠纷，证券投资咨询纠纷，证券资信评级服务合同纠纷，证券回购合同纠纷，证券上市合同纠纷，证券交易代理合同纠纷，证券上市保荐合同纠纷，证券发行纠纷，证券返还纠纷，证券欺诈责任纠纷，证券托管纠纷，证券登记、存管、结算纠纷，融资融券交易纠纷与客户交易结算资金纠纷共17类。2021年证券纠纷案件相关法律文书共12529件，[①]以案由划分，文书情况如表6-1所示。

表6-1 2021年证券纠纷案件相关法律文书案件分类

案由	案件个数（件）	占比（%）
证券欺诈责任纠纷	11293	90.13
证券回购合同纠纷	352	2.81
证券交易合同纠纷	327	2.61
融资融券交易纠纷	211	1.68
证券交易代理合同纠纷	153	1.22
证券权利确认纠纷	96	0.77
金融衍生品种交易纠纷	50	0.4
证券投资咨询纠纷	23	0.18
证券发行纠纷	12	0.1
证券登记、存管、结算纠纷	5	0.04

---

① 数据来源于中国裁判文书网，裁判日期为2021年1月1日至2022年6月30日。

续表

案由	案件个数（件）	占比（%）
证券返还纠纷	3	0.02
客户交易结算资金纠纷	2	0.02
证券承销合同纠纷	1	0.01
证券资信评级服务合同纠纷	1	0.01
总计	12529	100

与此同时，证券的发行、交易具有涉众性，与公众投资者利益密切相关，因此证券相关活动受到特别监管。2021年全年，中国证监会（含各地证监局）共作出345例行政处罚决定，其中证监会作出103例，地方证监局作出242例，涉及上市公司信息披露违法的行政处罚案件有106例、涉及内幕交易的有110例、涉及操纵市场的有21例、涉及中介机构违法的有21例，这四类违法行为占全年行政处罚案件总数的3/4。[①]

证券纠纷主要包括涉及证券发行、证券交易与证券欺诈三大类纠纷。一是涉及证券发行阶段的纠纷，包括证券发行、证券承销合同等纠纷；二是涉及证券交易的相关纠纷，包括证券交易合同、证券交易代理合同、融资融券交易、证券投资咨询、证券登记存管结算等纠纷；三是证券欺诈责任纠纷。根据占比情况可知，证券欺诈责任纠纷是证券纠纷中的主要案件类型。由此可见，证券纠纷呈以下特点。

第一，证券发行阶段与证券交易阶段的证券纠纷具有合同纠纷特征。证券发行阶段与证券交易阶段的证券纠纷，如证券回购合同纠纷、证券交易合同纠纷、融资融券交易纠纷等，案涉法律关系以回购合同、证券交易合同等为基础，案涉主体为合同相对方，并且法院裁判的主要依据为《民法典》以及原《合同法》（《民法典》生效前的案件），具有明显的合同纠纷特征。

第二，证券欺诈纠纷是证券纠纷的主要类型。在文书数量方面，证券欺诈纠纷案件数量占证券纠纷总体比重极大。证券欺诈纠纷具有涉众性特点，因虚假陈述、操纵市场、内幕交易等证券欺诈行为受损的投资者人数众多，因此相关纠纷的法律文书数量也极大。在案件特征方面，证券欺诈纠纷案件更能体现证券纠纷特征。证券发行阶段与证券交易阶段的证券纠纷的审理以合同相关法律为主要裁判依据，而证券欺诈纠纷则以《证券法》及相关法律法规为裁判依据，更能体现

---

① 参见黄江东、施蕾：《2021年度证券监管执法全景观察》，载《中国金融》2022年第8期。

证券纠纷的特点。因此，在文书数量与案件特点方面，证券欺诈纠纷更能代表证券纠纷特征，是证券纠纷的主要类型。尤其是新《证券法》实施以来，证券代表人诉讼制度得以确立，司法机关在投资者保护方面的态度更为积极，尤其是虚假陈述民事赔偿更是呈现风起云涌之势。

第三，证券欺诈纠纷主要体现为证券虚假陈述责任纠纷。证券欺诈纠纷主要包括涉及证券虚假陈述、操纵证券市场、证券内幕交易的纠纷。然而，一方面，证券内幕交易等证券欺诈纠纷能否获得民事赔偿受到质疑。[①] 尽管我国《证券法》赋予了民事主体对内幕交易行为的诉权，然而真正得到法院受理及判决支持的却寥寥无几。2015年10月，"秦某等8名投资者诉光大证券股份有限公司证券、期货内幕交易责任纠纷案"成为我国内幕交易民事赔偿案中的首例也是唯一一例胜诉案件，[②] 但该案本身是否构成内幕交易便存在很大争议，且该案中违法行为主体极具特殊性，金融机构作为主体的内幕交易案例极少，不具有典型性。另一方面，操纵证券市场、证券内幕交易等证券欺诈行为主要通过行政监管与刑事追诉方式追究责任。据证监会通报，2021年全年证监会依法向公安机关移送涉嫌犯罪案件（线索）177起，同比增长53%。而证券虚假陈述责任纠纷是因上市公司等信息披露义务人违反法定披露义务导致投资者遭受经济损失的案件，符合侵权责任的要件，因此证券虚假陈述责任纠纷成为证券欺诈纠纷的主要形式。

（二）年度热点事件

1. 特别代表人诉讼第一案落地

2020年12月，顾华骏等11名投资者起诉康美药业、马兴田等证券虚假陈述责任纠纷一案在广州市中级人民法院立案。2021年4月，中证中小投资者服务中心有限责任公司接受56名投资者的特别授权，向广州市中级人民法院申请作为代表人参加诉讼。经最高人民法院指定管辖，广州市中级人民法院适用特别代表人诉讼程序审理本案，启动康美药业证券集体诉讼。

2021年11月12日，广州市中级人民法院对全国首例证券集体诉讼案作出一审判决，责令康美药业股份有限公司因年报等虚假陈述侵权赔偿证券投资者损失24.59亿元，原董事长、总经理马兴田及5名直接责任人员、正中珠江会计师事务所及直接责任人员承担全部连带赔偿责任，13名相关责任人员按过错程度承担部

---

① 参见耿利航：《证券内幕交易民事责任功能质疑》，载《法学研究》2010年第6期。
② 《内幕交易民事赔偿案首胜诉 光大乌龙指投资者获赔》，载新浪财经网，2022年7月30日访问。

分连带赔偿责任。

康美药业案判决的作出标志着我国特别代表人诉讼正式落地，对于促进我国资本市场深化改革和健康发展，切实维护投资者合法权益具有里程碑意义。《证券法》第93条第3款确立了"默示加入、明示退出"的特别代表人诉讼制度，在扩大投资者保护范围、震慑证券违法行为的同时，也使得相关责任人员在短期内面临巨额的赔偿责任，使之破产风险增加，增加了赔偿的不确定性。因此，优化案件评估、决策、实施流程，保障投资者获得充分偿付，将是推进特别代表人诉讼常态化需解决的重要问题。

2. 示范判决制度逐步优化

随着证券监管机构对证券市场信息披露违法违规行为的打击力度不断加大，中小投资者维权意识的逐渐增强，群体性证券侵权损害赔偿诉讼呈现短期激增、长期稳增的态势，为妥善处理群体性证券纠纷，维护当事人的合法权益，实现纠纷的及时有效化解，上海金融法院探索构建示范判决机制。2019年1月16日，上海金融法院发布《关于证券纠纷示范判决机制的规定（试行）》，该规定为全国首个关于证券纠纷示范判决机制的具体规定。[①]

2019年8月7日，上海市高级人民法院对方正科技证券虚假陈述案作出二审判决，全国首例证券纠纷示范判决尘埃落定。此后，多地法院出台示范判决相关规定，采用示范判决机制对相关案件进行审理，如宁波市中级人民法院审理的祥源文化证券虚假陈述责任纠纷案、大连市中级人民法院审理的天娱数字证券虚假陈述责任纠纷案、深圳市中级人民法院审理的长园集团证券虚假陈述责任纠纷案等。

2021年12月15日，上海金融法院发布《关于证券纠纷示范判决机制的规定》，对2019年1月出台的规定进行全面升级。[②] 此次修订重点集中在平行案件审理、诉讼保全与执行、机制保障体系建设三方面，对平行案件的审理原则、损失核定、庭审方式、裁判文书等作出全面规定，对群体性证券纠纷案件诉讼保全与执行的一些特殊规则予以明确，深化完善了示范判决信息共享、交易数据对接、多元解纷、民事赔偿优先及风险防范等保障机制，使示范判决机制的体系更加全面、程序更加简化、规定更加细化。

---

① 《上海金融法院发布〈关于证券纠纷示范判决机制的规定（试行）〉》，载上海金融法院网，2022年7月30日访问。

② 《新规实施！证券纠纷示范判决机制全面升级》，载上海金融法院网，2022年7月30日访问。

（三）各地法院白皮书

1. 河南法院金融审判白皮书（2018—2021）①

2022年4月，河南省高级人民法院发布《河南法院金融审判白皮书（2018—2021）》，对2018年至2021年全省法院的金融审判情况进行梳理分析。2018年至2021年，河南省全省法院共受理证券纠纷509件，标的金额25.24亿元，相较于金融借款、保险和银行卡等传统金融纠纷，河南省法院审理证券、期货等资本市场纠纷的数量相对较少。

2. 山东省济南市中级人民法院金融审判白皮书（2021年度）②

2022年5月，济南中院发布《山东省济南市中级人民法院金融审判白皮书（2021年度）》，对2021年全市金融商事案件审判情况进行梳理分析。2021年，济南中院受理证券虚假陈述责任纠纷895件（合并后数量），标的金额4.77亿元。

3. 山东省青岛市中级人民法院金融审判白皮书（2021年度）③

2022年6月，青岛中院发布《山东省青岛市中级人民法院金融审判白皮书（2021年度）》，对2021年全市金融商事案件审判情况进行梳理分析。2021年，青岛中院办理证券虚假陈述纠纷473件，案件结案数创近五年来新高。

4. 辽宁省大连市中级人民法院金融审判白皮书（2020—2021）④

2022年5月，大连市中级人民法院发布《金融审判白皮书（2020—2021）》，对2020年至2021年全市金融商事案件审判情况进行梳理分析。2019年以前大连市中级人民法院仅受理过1家上市公司证券虚假陈述案件，而2020年则受理了4家上市公司证券虚假陈述案件，2021年除涉及前述4家上市公司证券虚假陈述案件外，还受理了涉及"新三板"挂牌公司的虚假陈述案件。

5. 2016—2021年南京法院审理证券虚假陈述责任纠纷工作情况⑤

2022年1月，南京中院发布《2016—2021年南京法院审理证券虚假陈述责任

---

① 参见河南省高级人民法院，http：//www.hncourt.gov.cn/public/detail.php?id=190311，2022年7月30日访问。

② 参见微信公众号"济南中院"，https：//mp.weixin.qq.com/s/IhxR8j_1iEZbubn_4U_lSw，2022年7月30日访问。

③ 参见微信公众号"青岛中院"，https：//mp.weixin.qq.com/s/55iCLwaVZkTOh0cAJ2J7Rg，2022年7月30日访问。

④ 参见微信公众号"大连市中级人民法院"，https：//mp.weixin.qq.com/s/5U7ahVhpUnTwz7yUQoq-Ow，2022年7月30日访问。

⑤ 参见南京审判网，http：//www.njfy.gov.cn/www/njfy/sftj_3_mb_a39220125141754.htm，2022年7月30日访问。

纠纷工作情况》，对 2016 年至 2021 年全市金融商事案件审判情况进行梳理分析。2016 年至 2021 年 6 年期间，南京全市法院共受理证券纠纷案件 9505 件。其中，涉众性的证券欺诈责任纠纷（包括证券虚假陈述责任纠纷、操纵证券交易市场责任纠纷、证券内幕交易责任纠纷）案件 9321 件，占比 98.06%；其他证券纠纷案件 184 件，占比 1.94%。在证券欺诈责任纠纷案件中，证券虚假陈述责任纠纷案件 9316 件，占全部证券纠纷案件的 98.01%；操纵证券交易市场责任纠纷案件 4 件，证券内幕交易责任纠纷案件 1 件。涉诉的上市公司达 31 家，涉诉被告主体趋于多样化，原告索赔对象不仅限于上市公司，还包括上市公司董监高、证券服务机构等其他责任主体。通过调解、和解解决纠纷的案件数量达 5135 件，纠纷解决效果较好。

6. 深圳市中级人民法院证券虚假陈述责任纠纷审判白皮书（2017—2021）[①]

2022 年 5 月，深圳市中级人民法院发布《证券虚假陈述责任纠纷审判白皮书（2017—2021）》，对 2017 年至 2021 年全市金融商事案件审判情况进行梳理分析。2017 年至 2021 年，深圳市中级人民法院共新收证券虚假陈述责任纠纷案件 4205 件，总体上看，证券虚假陈述责任纠纷案件收案呈上升趋势，且呈现集中爆发的特点。五年间，共计结案 4019 件。在深圳市中级人民法院受理的 4205 件案件中，涉及上市公司 23 家，其中涉及 14 家上市公司的董事、监事、高级管理人员等自然人被告 89 人；涉及保荐承销、证券服务的证券公司 5 家，会计师事务所 5 家，评估机构 1 家。受理案件标的额总计 142333.55 万元，受理案件个案平均标的额为 33.85 万元。在深圳市中级人民法院审结的 4019 件案件中，以判决方式结案的 2949 件，占总结案数的 73.38%；以撤诉方式结案的 405 件，占 10.08%；以调解方式结案的 297 件，占 7.39%；按撤诉处理的 310 件，占总结案数的 7.71%。

7. 上海金融法院审判工作情况通报（2018—2021）[②]

2022 年 6 月，上海金融法院发布《上海金融法院审判工作情况通报（2018—2021）》，对 2018 年至 2021 年全市金融商事案件审判情况进行梳理分析。2018 年至 2021 年，上海金融法院收案证券虚假陈述责任纠纷 12003 件，占总收案量的 51.17%，其中 2018 年 1259 件，2019 年 3030 件，2020 年 3336 件，2021 年 4378 件。2018 年 8 月 20 日至 2021 年 12 月 31 日，在上海金融法院受理的全部金融案件中，

---

① 《深圳中院发布证券虚假陈述责任纠纷审判白皮书及典型案例》，载微信公众号"深圳市中级人民法院"，2022 年 7 月 30 日访问。

② 《上海金融法院审判工作情况通报（2018—2021）》，载上海金融法院网，2022 年 7 月 30 日访问。

证券业案件数量占比较大，共计 12475 件，占总收案量的 53.18%，证券业案件标的额为 587.23 亿元，占总标的额的 13.57%。

案件争议焦点集中于法律适用问题，呈现专业化、精细化特点，且争议焦点较为集中，主要集中于被诉虚假陈述行为的重大性、交易因果关系是否成立、证券市场系统风险等其他因素对投资者损失的影响、"三日一价"如何认定，上市公司董监高及证券服务机构等其他责任主体的过错程度及责任范围如何认定。

（四）新出台的法律法规及热点事件

1.《关于依法从严打击证券违法活动的意见》

2021 年 7 月 6 日，中共中央办公厅、国务院办公厅联合发布《关于依法从严打击证券违法活动的意见》（以下简称《意见》），对加快健全证券执法司法体制机制，加大重大违法案件查处惩治力度，夯实资本市场法治基础作出重要部署。这是我国资本市场历史上第一次以中办、国办名义联合发布关于专门文件，规格之高前所未有，一经发布立即受到市场强烈关注。《意见》是我国资本市场当前和未来一段时期内全方位加强和改进证券监管执法工作的纲领性文件，意义重大、影响深远。

（1）《意见》的主基调和核心内容

《意见》的主基调是"零容忍"、强监管严监管，坚持"建制度、不干预、零容忍"九字方针，健全依法从严打击证券违法活动体制机制，提高执法司法效能。其核心内容包括以下几个方面。

一是明确完善证券监管执法总体目标，即到 2022 年，资本市场违法犯罪法律责任制度体系建设取得重要进展，依法从严打击证券违法活动的执法司法体制和协调配合机制初步建立，证券违法犯罪成本显著提高，重大违法犯罪案件多发频发态势得到有效遏制，投资者权利救济渠道更加通畅，资本市场秩序明显改善。到 2025 年，资本市场法律体系更加科学完备，中国特色证券执法司法体制更加健全，证券执法司法透明度、规范性和公信力显著提升，行政执法与刑事司法衔接高效顺畅，崇法守信、规范透明、开放包容的良好资本市场生态全面形成。

二是完善资本市场违法犯罪法律责任制度体系，即从立法角度而言，提高证券领域立法效率，增强法律供给及时性。修改有关刑事案件立案追诉标准，完善相关刑事司法解释和司法政策。加快制定完善与新《证券法》相关的配套法规制度。健全民事赔偿制度，修改民事赔偿有关司法解释。推进退市制度改革，健全上市公司优胜劣汰的良性循环机制。

三是健全依法从严打击证券违法活动的执法司法体制机制。成立相关协调工作小组,加大协调力度、完善信息共享等。完善证券案件侦查、检察及审判体制机制,加强行刑执法协作,探索在中国证监会建立派驻检察工作机制,加强金融审判队伍专业化建设,加强办案、审判基地建设,依法对证券犯罪案件适当集中管辖。

四是强化重大证券违法犯罪案件惩治。坚持分类监管、精准打击,依法从严从快从重查处欺诈发行、虚假陈述、操纵市场、内幕交易等重大违法案件。加大"追首恶"力度,压严压实中介机制责任。严厉打击非法证券活动,加强场外配资监测,坚决打击规模化、体系化场外配资活动。加强债券市场统一执法。

五是进一步加强跨境监管执法司法协作。完善数据安全、跨境数据流动、涉密信息管理等相关法律法规。压实境外上市公司信息安全主体责任。深化跨境审计监管合作,探索加强国际证券执法协作。加强中概股监管,推进相关监管制度体系建设。制定证券法有关域外适用条款的司法解释和配套规则。

六是着力提升证券执法司法能力和专业化水平。加强证券执法力量,优化证券稽查执法机制设置。充分发挥当事人承诺制度功能。丰富证券执法手段,构建以科技为支撑的现代化监管执法新模式,提高监管执法效能。切实提升执法司法的专业性、规范性、权威性和公信力,制定行政处罚裁量基准。发挥复议监督、诉讼监督和检察监督作用,坚决纠正执法司法工作中的不规范现象。

(2)《意见》出台的背景和积极意义

《意见》出台的背景主要有两点:一是一段时间以来资本市场违法成本较低,上市公司财务造假、信息披露违法以及内幕交易、操纵市场等违法行为仍较为高发,发生了康得新、康美药业、獐子岛、乐视网等恶性财务造假案件,严重侵害中小投资者合法权益,破坏良好市场生态的形成,影响极为恶劣;二是保障注册制改革全面推行。当前,科创板和创业板已实行注册制,全市场实行注册制也已提上日程,在放宽前端准入的情况下,必须更加强化后端监管执法,否则将可能出现泥沙俱下、鱼龙混杂的局面,影响资本市场改革发展进程。

首先,从《意见》的具体内容来看,除取消民事赔偿诉讼前置程序、开展证券行业仲裁制度试点、探索派驻检察制度、加强办案审判基地建设、发挥当事人承诺制度功能等较为新颖之外,大多数内容其实并不陌生,将其通过两办联合发文的高规格方式公布,其积极意义就在于再次明确彰显了中央对资本市场的高度重视。

其次,《意见》为进一步落实"建制度、不干预、零容忍"九字方针提供了遵循。

明确将九字方针作为资本市场执法司法的指导思想，这对于加快构建更加成熟更加定型的资本市场基础制度体系，切实提高违法成本，坚决维护资本市场秩序和保护投资者合法权益具有重要指导意义。

最后，《意见》完善了中国特色证券执法司法体制机制的顶层设计。全面贯彻落实资本市场"零容忍"理念，靠证监会一家单打独斗不行，必须要加强统筹协调、形成合力，尤其公检法机关的协调配合，由中办、国办联合发文就将该项工作要求上升为国家意志，可以收到纲举目张、协调各方的效果。

（3）《意见》对市场的影响

本次《意见》的关键词是"规范"，强调"建制度、不干预、零容忍"，着力夯实市场基础性制度建设，通过依法从严打击市场违法犯罪行为，推动形成良好的市场生态。资本市场交易具有复杂性、远期性、重大性、外部性等特征，这些内在特征决定了其必须是法治市场。如果没有完善的法治保障，投资者不敢把资金放在市场中做长线投资，将会滋生短期投机炒作心理，而难以培育长期投资文化。市场也只能是一个牛熊轮回的博弈市场，而不能真正成为国民财富管理的重要场所。只有真正建立完善了资本市场法治，使市场违法行为受到有效的监管处罚，受损失的投资者能得到充分及时的赔偿，市场才真正有希望！

（4）效果如何关键看落实

《意见》内容总体上较为原则，操作性还不强，但《意见》的相关要求落实效率很高。自 2021 年 7 月 6 日《意见》发布以来，已有多项要求得以落实，如在民事赔偿制度方面，2021 年 11 月 12 日，广州市中级人民法院对康美药业案作出一审判决，特别代表人诉讼正式落地。2022 年 1 月 21 日，最高人民法院发布《关于审理证券市场虚假陈述侵权民事赔偿案件的若干规定》，正式取消虚假陈述民事赔偿诉讼前置程序；同日，最高人民法院与中国证监会联合发布《关于适用〈最高人民法院关于审理证券市场虚假陈述侵权民事赔偿案件的若干规定〉有关问题的通知》，就人民法院的案件审理和证监会的专业支持、案件调查等方面依法作出衔接性的安排；在刑事惩戒方面，2022 年 4 月 6 日，最高人民检察院、公安部发布全面修订后的《最高人民检察院、公安部关于公安机关管辖的刑事案件立案追诉标准的规定（二）》[以下简称《立案追诉标准（二）》]。《立案追诉标准（二）》对包括 11 种证券犯罪在内的 78 种经济犯罪案件立案追诉标准作了全面修改和补充，根据《刑法修正案（十一）》、新《证券法》和相关司法解释，完善了欺诈发行证券案、违规披露、不披露重要信息案、背信损害上市公司利益案等的立案追诉情形；在行政执法方面，2021年10月26日，国务院正式发布《证券期货行政执法当事人承诺制度实施办法》，标志着我国证券期货行政执法领域的"承诺制度"正式落地。

2.《关于审理证券市场虚假陈述侵权民事赔偿案件的若干规定》

2003年《关于审理证券市场因虚假陈述引发的民事赔偿案件的若干规定》（以下简称原《虚假陈述司法解释》）的部分内容已落后于法律与司法实践，有必要修改完善。具体而言，原《虚假陈述司法解释》存在两方面的问题亟需解决：一方面，部分规定存在抽象、片面的问题；另一方面，原《虚假陈述司法解释》制定时证券监管法规尚不健全，且存在与现行证券法律法规脱节的问题。

针对原《虚假陈述司法解释》的以上问题，2022年1月21日，最高人民法院发布《关于审理证券市场虚假陈述侵权民事赔偿案件的若干规定》（以下简称新《虚假陈述司法解释》）作出细化完善，新《虚假陈述司法解释》对证券虚假陈述案件中的一些重点问题作出回应，本文在此展开分析讨论。

（1）取消前置程序，虚假陈述诉讼向重大性回归

前置程序的取消直接影响未来虚假陈述民事诉讼的重点。在我国既往的虚假陈述民事诉讼中，争议焦点集中于揭露日的判断。随着前置程序取消，重大性要件不再是不言自明的诉讼前提，将会成为争议的焦点。

虚假陈述的重大性要件是注册制的必然要求。重大性要求是降低披露成本、提高执法效率的重要制度。注册制环境下，公司披露信息的规模将大幅扩大，重大性要求即变得更为重要，虚假陈述诉讼的重点转移至重大性证明。

新《虚假陈述司法解释》的重大性判断标准立足投资者保护，以证券价量变动为主要标准。虚假陈述民事诉讼的制度目的在于填补投资者损失，投资者损失是因上市公司股价受虚假陈述行为影响而产生的。因此，新《虚假陈述司法解释》以价量变动作为虚假陈述民事诉讼中重大性的判断标准具有合理性。

在重大性的判断上历来有主观标准与客观标准之争。客观标准已如上述。主观标准，即判断在一个理性投资者看来该虚假陈述是否具有重大性。但主观标准明显的弱点是过于抽象，个案自由裁量空间过大，不利于统一司法尺度，不如客观标准直观、确定。新《虚假陈述司法解释》最终采客观标准，是更为可取、可行的。

（2）完善虚假陈述行为类型，引入诱空型虚假陈述规则

规范诱空型虚假陈述具有现实必要性。上市公司控股股东、实控人、上市公

司大股东等主体负有信息披露义务，在某些情况下，这些主体具有消极隐瞒实质利好信息的激励，如降低收购成本、隐瞒持股情况以方便减持等。因此当特定主体具有隐瞒利好信息的激励时，市场中可能出现诱空型虚假陈述，完善相关规则具有必要性。

诱空型虚假陈述规则的重点是因果关系认定。投资者因诱空型虚假陈述行为而受到损害的发生机制区别于诱多型虚假陈述，交易因果关系的认定路径存在重大区别。司法实践中已有相关案例系统分析诱空型虚假陈述的因果关系，如彩虹精化案。

（3）新增责任人员过错认定，明确各主体勤勉尽责标准

虚假陈述责任人员过错认定的核心是勤勉义务履行情况的认定，上市公司管理层与证券中介机构皆对上市公司负有勤勉尽责义务。新《虚假陈述司法解释》对这些主体的勤勉标准问题作出解答。

新《虚假陈述司法解释》规定应综合认定董监高对信息披露是否存在过错，并给出相对全面的参考因素。新《虚假陈述司法解释》明确，对缺乏勤勉履职的证据而提出的无过错理由不予支持。并且新《虚假陈述司法解释》明确《证券法》第82条第4款的适用，即对信息披露提出异议但赞成披露的，不可认定为无过错。

独立董事的职责定位、对信息披露的作用以及对公司信息了解的及时性程度皆弱于内部董事，因此对独立董事过错的认定尺度也应当宽于内部董事。独立董事主张无过错的核心是采取主动措施，该要求贯穿其审议信息披露文件的全过程。

针对中介机构勤勉尽责问题。首先，根据新《虚假陈述司法解释》，仅在两种情况下才可认定中介机构的过错，一是中介机构与虚假陈述行为人具有从事虚假陈述的"共同故意"；二是中介机构"未做好本职工作"，在工作范围和专业领域内没有做好，严重违反注意义务。其次，证券中介机构勤勉尽责的认定依据包括法律、行政法规、监管部门制定的规章和规范性文件、相关行业执业规范。再次，不同证券服务机构因专业领域不同，对不同事项的注意义务不同，进而存在一般注意义务与特别注意义务的区分。最后，中介机构的尽职调查工作底稿、尽职调查报告、内部审核意见等客观证据是认定中介机构是否勤勉尽责的重要依据。

（4）"追首恶""打帮凶"，织牢法律责任网

新《虚假陈述司法解释》新增"责任主体"部分，明确发行人控股股东、实

际控制人等"首恶"、重大资产重组交易对手方、发行人供应商、客户等相关主体是应当承担连带责任的当事人。

《刑法修正案（十一）》在两项信息披露违规类犯罪中皆明确将控股股东、实际控制人的信披违规行为纳入刑法规制范围；新《证券法》中亦大幅提高上市公司控股股东、实际控制人的法律责任，此次新《虚假陈述司法解释》的颁布完善了民事诉讼领域的"追首恶"要求。

在上市公司虚假陈述侵权过程中，上市公司的供应商和客户帮助上市公司形成虚假的财务报告，过错形态为故意，导致投资者遭受投资损失，"帮凶"行为已构成共同侵权，追究"帮凶"责任具有规范依据。与此同时，供应商、客户等是证券服务机构在尽职调查中的主要信息来源。如果这些主体与上市公司配合造假，则审慎核查的证券服务机构因符合勤勉尽责要求而无过错，相关责任即应转移至配合造假的"帮凶"。

此次司法解释的修改对现在实务中频繁出现的重要问题作出解答，不仅能够更好地帮助投资者行使诉讼权利，对上市公司管理人员及证券服务机构履行勤勉尽责义务也提供了有效的指引依据，畅通了投资者的权利救济渠道，夯实了市场参与各方归位尽责的规则基础，为资本市场规范发展提供了更加有力的司法保障。

二、典型案件评述案例评析

（一）特别代表人制度以"默示加入，明示退出"为原则，上市公司董监高及证券服务机构在其过错范围内对上市公司的虚假陈述民事赔偿责任承担连带责任[①]

1. 基本案情

康美药业于 2017 年至 2018 年先后在官方网站及报纸上披露了 2016 年、2017 年的年度报告以及 2018 年的半年度报告。从 2018 年 10 月 15 日开始，网上陆续出现自媒体文章，质疑康美药业存在财务造假的问题；2018 年 12 月 28 日，康美药业被证监会以涉嫌信息披露违法违规立案调查；2020 年 5 月 15 日，康美药业收到《行政处罚决定书》；2021 年 2 月 18 日，证监会对正中珠江所及其主要责任人员出具《行政处罚决定书》。

[①]（2020）粤 01 民初 2171 号民事判决书。本案例入选"新时代推动法治进程 2021 年度十大案件""证监会投资者保护八大典型案例"。

2020年12月31日，顾华骏、刘淑君经11名原告共同推选为拟任代表人，就康美药业证券虚假陈述责任纠纷提起普通代表人诉讼，要求康美药业、马兴田、许冬瑾等22名被告赔偿其投资损失。2021年3月30日，原告申请追加正中珠江会计等5名当事人为本案被告，请求判令其与前述22名被告承担连带赔偿责任。2021年4月8日，投服中心受56名投资者的特别授权，申请作为代表人参加诉讼。

经最高人民法院指定管辖，广州市中级人民法院适用特别代表人诉讼程序审理该案。2021年11月12日，广州市中级人民法院作出相应判决。宣判后当事人均未上诉，判决已发生法律效力。

2. 争议焦点

第一，案涉虚假陈述行为的认定；第二，原告投资者损失与案涉虚假陈述行为之间是否存在因果关系；第三，各被告赔偿责任的认定。

3. 裁判要旨

关于虚假陈述行为的认定。根据原《虚假陈述司法解释》第17条第1款的规定，信息披露义务人在披露信息时发生重大遗漏、不正当披露信息的行为是虚假陈述行为。司法实践中，法院会确认中国证监会《行政处罚决定书》中对被告虚假陈述行为事实的认定。

关于投资者损失金额的认定。实践中根据先进先出加权平均法、移动加权平均法等不同方法计算投资者损失结果会有差异。移动加权平均法考虑了从实施日到揭露日整个期间，投资者每次买入股票的价格和数量，同时也剔除了因为卖出证券导致的盈亏，更能准确反映投资者损失的真实情况。

关于投资者损失与虚假陈述行为的因果关系。根据原《虚假陈述司法解释》第19条的规定，被告可以举证剔除投资者因证券市场系统因素造成的部分损失，法院以"个体相对比例法"扣除系统性风险，法院对于扣除非系统风险的主张不予支持。

关于各被告赔偿责任的认定。根据原《证券法》第69条的规定，上市公司应当对虚假陈述承担赔偿责任，上市公司的董监高及证券服务机构应当承担过错推定的连带赔偿责任。上市公司等信息披露义务人进行虚假陈述，造成了投资者投资损失，应承担赔偿责任。上市公司董监高等责任人员组织策划财务造假，证券服务机构违反执业准则，均应对投资者损失承担全部连带赔偿责任。对于未直接参与造假，但签字确认信息披露文件真实性，应根据过失大小分别在投资者损失的比例范围内承担连带赔偿责任。

4. 案件评述

康美药业虚假陈述案是首例采用特别代表人诉讼方式进行的证券虚假陈述责任纠纷案件，标志着以投资者"默示加入、明示退出"为特色的中国式集体诉讼司法实践成功落地。该案判决一经发布，如同在资本市场投放了一枚"原子弹"，该案的民事赔偿责任之重前所未有。该案对促进我国资本市场深化改革和健康发展、切实维护投资者合法权益具有深远意义，也是资本市场法治建设的新标杆，其必将成为我国资本市场史上具有开创意义、里程碑意义的案件。

康美药业虚假陈述案的原告人数之多、范围之广前所未有。2021年4月，投服中心接受56名投资者特别授权后，申请作为代表人参加诉讼，广州市中级人民法院适用特别代表人诉讼程序进行审理。集体诉讼启动后，符合原告范围的投资者按照"明示退出、默认加入"原则参与集体诉讼，即经证券登记结算机构确认的权利人名单中的投资者，除明确向法院表示不参加该诉讼的，都成为本案原告。投服中心最终代表的原告投资者人数超5.5万名，堪称历史之最，原告人数众多也成为本案总赔付金额近25亿元的直接原因。

上市公司及其实控人民事赔偿之重前所未有。以往投资者提起的虚假陈述赔偿诉讼，绝大多数采取单独起诉、共同诉讼或示范判决的方式，以往也曾出现过索赔金额过亿的大案，如大智慧案、尔康制药案等，但尚未出现过上市公司及其实控人赔付金额超过10亿的民事案件。康美药业虚假陈述案近25亿元的赔偿可谓是历史级重罚，集体诉讼"积沙成塔"的赔付效应展现无遗。

相关责任人员（尤其是独董）连带赔偿责任之重前所未有。康美药业虚假陈述案中，广州市中级人民法院对康美药业高管的赔偿责任进行了区分，积极组织策划、参与实施造假行为的高管人员承担100%连带赔偿责任，另有13名高管虽未直接参与造假，但因未勤勉尽责、存在过失，按照过错程度承担赔偿责任。其中，5名独董承担了5%—10%的连带赔偿责任。这意味着，以24.59亿元为基数，每位独董将承担过亿元的赔偿数额。如此巨额的赔偿责任对整个上市公司的管理层，尤其是独董行业震撼极大，集体诉讼制度下，上市公司董监高所将承担的民事责任已被无限放大。

会计师事务所及责任人员连带赔偿责任之重前所未有。以往虚假陈述民事案件中，中介机构责任界限及连带责任比例一直有些争议，有的法院判决中介机构按照一定比例承担连带责任，有的则判决承担全部连带责任。会计师事务所承担

100%连带责任的案例不少,如金亚科技案、华泽钴镍案等,但以往中介机构承担的赔偿金额总体相对较低,冲击相对较小。康美药业虚假陈述案中,正中珠江前期已收到5700万元的行政处罚罚单,再加上此次24.59亿元的民事赔偿连带责任,正中珠江及其责任人员遭到毁灭性的打击。

(二)公募债券欺诈发行过程中承销机构与中介机构未尽责履职应视情节与发行人承担连带赔偿责任①

1. 基本案情

五洋建设于2015年8月和2015年9月分别公开发行"15五洋债"债券8亿元、"15五洋02"债券5.6亿元,共计13.6亿元(以下称为案涉债券)。

2017年7月临近回售期之时,"15五洋债"被曝难以完成兑付。随后"15五洋02"触发交叉违约条款,两期债券本金合计13.6亿元。

2017年8月10日,证监会对五洋建设立案调查。历时近1年。2018年7月6日,证监会作出行政处罚,对五洋建设处以共计4140万元罚款,并对包括五洋建设时任董事长陈志樟在内的共计20名责任人作出处罚。

根据证监会查明的事实,五洋建设在编制用于公开发行公司债券的2012—2014年度财务报表时,违反会计准则,通过将所承建工程项目应收账款和应付款项"对抵"的方式,同时虚减企业应收账款和应付账款,导致上述年度少计提坏账准备、多计利润。五洋建设在其自身最近3年平均利润不足以支付公司债券1年利息,不具备发行条件的情况下,于2015年7月骗取了中国证监会的公司债券公开发行审核许可。

上述处罚作出后,投资者陆续通过司法途径主张权利。杭州市中级人民法院亦陆续受理了投资者要求五洋建设偿付本息,并要求实际控制人陈志樟以及四家证券服务机构德邦证券、大信会所、锦天城律所、大公国际四家证券服务机构承担连带责任的诉讼。

2. 争议焦点

一是债券发行人五洋建设是否构成侵权应承担赔偿责任;二是各主体的民事责任认定问题。

---

① (2020)浙01民初1691号、(2021)浙民终389号。本案例入选"2021年度全国法院十大商事案件",本案例系"证监会投资者保护八大典型案例"。

3. 裁判要旨

关于债券发行人是否构成侵权应承担赔偿责任的问题。原《证券法》第63条规定发行人的信息披露义务；第69条规定发行人披露的信息披露文件存在虚假陈述导致投资者遭受损失的，发行人应当承担损害赔偿责任。不符合发行条件的债券发行人，以虚假财务数据骗取债券公开发行核准，构成欺诈发行；其行为误导投资者在一级市场购入债券，导致投资者在债券到期后未能获得本息兑付而产生损失，债券发行人应就其欺诈发行行为对从一级市场购入债券的投资者承担赔偿责任。

关于各主体的民事责任认定问题。原《证券法》第69条规定发行人实控人对上市公司的虚假陈述承担过错责任的连带赔偿责任。债券发行人的实际控制人，对公司的经营情况、利润水平以及利润产生方式应当知晓。债券发行人的实控人在公司报表利润与实际情况存在重大差异的情况下，在相关募集文件上签字确认，积极推进公司债券的发行，且未能证明自己没有过错，应当承担连带赔偿责任。

原《证券法》第69条规定证券服务机构对上市公司的虚假陈述承担过错推定的连带赔偿责任。债券发行人的承销商、审计机构，审慎核查不足，专业把关不严，未勤勉尽职，对案涉债券得以发行、交易存在重大过错，应当承担连带赔偿责任。

另外，对于未受到行政处罚的证券服务机构，仍应具体判断其行为是否构成违反一般注意义务，若能够认定其存在过错，则应当在过错范围内承担连带赔偿责任。

4. 案件评述

本案中除辩诉双方争论的案件焦点外，还有一些与虚假陈述相关的重点法律问题值得研究与探讨，本文选取如下几点进行分析。

其一，未被行政处罚的行为是否必然不构成民事侵权，以及被行政处罚的行为是否必然构成民事侵权。从法理上讲，行政责任和民事侵权责任属于不同的责任类型，有着不同的构成要件，因此审查标准也有所不同。例如，行为人的过错方面，前者是违反监管秩序的过错，后者是损害他人利益的过错。违法行为方面，前者是行为违反了行政监管法规，后者是行为侵害了他人利益。既有案例也对此问题给予了明确回应，可以作为参考。例如，上海金融法院审理的全国首例证券群体性纠纷示范案件即方正科技虚假陈述责任纠纷案，其一审判决持有同样的观点。行政责任与民事侵权责任是两种责任，两者之间没有必然的逻辑对应关系。就本案所涉证券中介机构的侵权责任而言，勤勉尽责义务的违反并不必然导致虚假陈述侵权责任的产生，是否构成虚假陈述民事侵权责任应当看是否符合构成要件。

其二，证券中介机构的勤勉尽责标准。虚假陈述侵权案件中，证券中介机构被判决承担连带赔偿责任时，往往存在未勤勉尽责的违法行为。而且，勤勉尽责程度的高低也影响着承担责任的大小。因此，有必要厘清证券中介机构的勤勉尽责标准。结合相关法规和证券行政执法、司法实践来看，目前就证券中介机构的勤勉尽责标准已经达成了基本共识，即证券中介机构对与自身相关的业务事项应当履行专业人士的特别注意义务，对其他业务事项履行普通人的一般注意义务。否则，将承担因未勤勉尽责而导致的法律责任。

其三，关于债券虚假陈述纠纷的特殊性。债市虚假陈述可能同时引起信息披露义务人的违约责任和侵权责任，该特征是债券虚假陈述与股票虚假陈述案件的主要差异点。债券虚假陈述案件应当区分发行人的违约责任和侵权责任，其中侵权责任是证券中介机构承担连带责任的基础。《全国法院审理债券纠纷案件座谈会纪要》中即明确指出，"对于债券违约案件，要根据法律规定和合同约定，依法确定发行人的违约责任；对于债券欺诈发行和虚假陈述侵权民事案件，应当根据债券持有人和债券投资者的实际损失确定发行人的赔偿责任，依法提高债券市场违法违规成本"。因此，在处理债券虚假陈述案件时，应当类型化分析信息披露义务人的违法行为，分别处理发行人的债券违约行为与债券欺诈发行、虚假陈述行为，从而更为精准地划定投资者的损失范围。

（三）推定在虚假陈述对市场产生影响的时段内进行相关股票交易的投资者的损失与虚假陈述行为间有因果关系[①]

1. 基本案情

上海证监局《行政处罚决定书》认定，飞乐音响公司因"智慧沿河""智慧台江"项目确认收入不符合条件，导致 2017 年半年度报告合并财务报表虚增营业收入 18018 万元、虚增利润总额 3784 万元；导致 2017 年第三季度报告合并财务报表虚增营业收入 72072 万元，虚增利润总额 15135 万元；导致 2017 年半年度、第三季度业绩预增公告不准确。飞乐音响公司于 2019 年 11 月 2 日发布收到该

[①]（2020）沪 74 民初 2402 号、（2021）沪民终 384 号。本案例系上海金融法院证券期货投资者权益保护十大典型案例，入选"新时代推动法治进程 2021 年度十大提名案件""上海市高级人民法院参考性案例""证监会投资者保护八大典型案例"。

《行政处罚决定书》的公告。

2020年8月,原告魏某等34名投资者共同推选其中4人作为拟任代表人,提起普通代表人诉讼。上海金融法院受理后作出民事裁定,确定权利人范围并发布权利登记公告。经"明示加入",共有丁某等315名投资者成为本案原告,其中5名原告经在线推选当选为代表人,诉请被告飞乐音响公司赔偿投资损失及律师费、通知费等合计1.46亿元。

2. 争议焦点

第一,被告虚假陈述行为与原告买入被告股票是否存在交易上的因果关系,即原告买入股票是否受虚假陈述行为诱导所致;第二,被告虚假陈述行为与原告的损失是否存在因果关系,损失金额如何确定,其中包括原告的损失或部分损失是否由证券市场风险因素导致,如果存在证券市场风险因素的影响,应当如何确定其影响程度及相应的扣除比例。

3. 裁判要旨

关于交易因果关系的认定。根据原《虚假陈述司法解释》第18条的规定,在虚假陈述对市场产生影响的时段内进行相关股票交易的投资者,推定其是基于对虚假陈述的信赖而进行交易的。同时,被告针对该推定可以提出反证,以否定交易因果关系的存在。

关于损失因果关系及被告应赔损失金额的确定。原《虚假陈述司法解释》第18条、第19条采纳推定信赖的立场,推定在虚假陈述对市场产生影响的时段内,投资者因进行相关股票交易而产生的损失与虚假陈述之间存在因果关系。同时,若被告能够举证证明投资者的全部或部分损失是由证券市场系统风险等其他因素所导致的,应认定虚假陈述与损害结果或部分损害结果之间不存在因果关系。证券市场风险因素可采用个股跌幅与同期指数平均跌幅进行同步对比的方法扣除。

4. 案件评述

2020年7月30日,最高人民法院发布了《关于证券纠纷代表人诉讼若干问题的规定》,细化了新《证券法》第95条证券代表人诉讼的相关规定,明确三种代表人诉讼程序的启动条件、代表人的条件与职责、审理与判决、执行与分配等做出了细致的安排。证券纠纷代表人诉讼包括普通代表人诉讼和特别代表人诉讼,其中普通代表人诉讼包括起诉时当事人人数确定的代表人诉讼,与起诉时当事人人数尚未确定的"明示加入"的代表人诉讼两种类型。特别代表人诉讼则是投资者保护机构依据《证券法》第95条第3款参加的,投资者"默示加入、明示退出"

的代表人诉讼程序。

飞乐音响案是最高人民法院发布《关于证券纠纷代表人诉讼若干问题的规定》后普通代表人诉讼的首次全面实践。上海金融法院在案件审理过程中对代表人诉讼制度作出诸多有益探索,为未来代表人诉讼制度实践提供了可复制的样本。在诉讼机制创新方面,上海金融法院自主开发代表人诉讼在线平台、中小投资者保护舱等司法科技应用成果,实现权利登记、代表人推选全流程在线,极大提高了群体性诉讼案件的审理效能;在法律文书制作方面,上海金融法院对裁判文书作出探索性尝试,写明权利人范围、权利登记情况及代表人推选过程,在判决主文中首次明确损害赔偿计算方法,后续诉讼可参考适用。同时,上海金融法院拟定了《权利登记公告》《权利义务告知书》《代表人推选通知》等系列文本,为未来代表人诉讼制度实施提供了示范性文本。

(四)上市公司董事内部勤勉尽责标准不同,独立董事等外部董事的勤勉尽责标准低于内部董事[①]

1.基本案情

上海证监局《行政处罚决定书》认定,中安消技术作为中安科公司重大资产重组的有关方,将"班班通"项目计入盈利预测,但在该项目发生重大变化难以继续履行后,未及时重新提供《盈利预测报告》,导致其评估值严重虚增,并且虚增2013年营业收入5515万元。中安科据此披露的重大资产重组文件存在误导性陈述、虚假记载。中安科第八届第十四次董事会于2014年6月10日审议通过重大重组议案,董事邱某、朱某、蒋某、殷某、常某表决同意,关联董事黄某、刘某雄、于某、项某回避表决。中安科全体董事在2014年12月27日公告的《上海飞乐股份有限公司重大资产出售、发行股份购买资产并募集配套资金暨关联交易报告书(修订稿)》上声明,保证报告书及其摘要内容的真实、准确、完整,对报告书的虚假记载、误导性陈述或重大遗漏负连带责任。该文件披露了包含上述虚增的置入资产评估值及虚增的置入标的营业收入等主要财务数据。6名董事中,黄某、邱某、朱某是中安科公司内部董事,分别担任董事长、总经理、财务总监一职,殷某、蒋某、常某是独立董事。

2019年5月31日,中安科公司发布关于收到证监会行政处罚决定书的公告。证监会认定中安科公司在其2014年6月11日发布关联交易报告书中所披露的置

---

① (2019)沪74民初2509号。本案例系上海金融法院证券期货投资者权益保护十大典型案例。

入资产评估值及2013年度营业收入存在严重虚增，构成证券虚假陈述。同时受到处罚的还有本案其余各方被告。

2. 争议焦点

第一，不同董事勤勉尽责标准的认定问题；第二，董事赔偿责任范围的认定。

3. 裁判要旨

关于不同董事勤勉尽责标准的认定问题。根据原《虚假陈述司法解释》第21条第2款的规定，上市公司的董监高应当对上市公司虚假陈述行为造成的损失承担连带赔偿责任，但能够证明无过错的除外。需要具体判断上市公司董事是否对虚假陈述行为存在过错。对公司董事而言，根据董事是否在公司内部从事专职董事工作，可以区分为外部董事和内部董事。独立董事则是特指不在公司担任除董事以外的其他职务，并与其所受聘的公司及其主要股东不存在可能妨碍其进行独立客观判断关系的董事，独立董事属于外部董事。独立董事的作用主要在于确保战略决策的妥当性、合理性和强化公司的经营监督。内部董事则主要承担企业具体运营职责，对于二者所应承担的责任也应有所区分。

关于内部董事的赔偿责任范围问题。首先，赔偿范围应结合过错程度进行考量。重大资产重组的信息部分来源于交易对方，内部董事对相关信息所负有的谨慎注意义务应与对公司自身信息有所不同。内部董事虽不具备审计和评估方面的专业知识，但理应对重组过程中需要披露的信息负有一定的注意义务。其次，虽然重大资产重组有多方证券服务机构出具的专业意见，但内部董事不得过分依赖专业中介服务机构，应当实施诸如实地调查或要求中介服务机构进一步查证相关在合同实际履行情况等主动核查行为。

4. 案件评述

在本案中，上海金融法院分析外部董事和内部董事在公司中的职责、作用等，认定外部董事和内部董事的勤勉义务履行情况，体现了司法审判的精细化取向，更加精准、合理地厘定各董事的民事责任。本案判决包括如下意义。

首先，本案明确独立董事与内部董事的勤勉尽责标准存在区别。与上市公司内部董事相比，独立董事在职能定位及履职能力等方面存在重要区别。然而，在行政执法领域，一直存在"签字即罚"的监管标准，凡对"问题"披露文件签署确认意见的董监高，皆应当受到行政处罚。在此监管标准下，董监高的信息披露保证责任趋向于严格责任，董监高内部的责任也较难区分。上海金融法院在当时法律与司法解释均未明确规定对上市公司董事责任加以区分的情况下作出本案判决,更为符合《证券法》关于董监高对信息披露承担过错推定责任的规定,根据独立董事过错大小,即根据勤勉义务的履行情况认定相关人员的责任,值得肯定。2022年1月,新《虚假陈述司法解释》的发布,明确董监高的过错认定标准,并且对独立董事的过错认定标准作出特殊规定,与本案审理思路相一致。

其次,本案具体讨论了独立董事的勤勉义务范围,对未来相关案件的审理具有指导意义。本案中,法院提到的部分观点对于理解独立董事勤勉义务范围具有重要参考价值,具体包括:独立董事的职能定位是对公司的经营决策提供建议和监督,但并不参与公司的经营活动;案涉信息是他人提供的第三方信息,独立董事的了解程度更低;公司已聘请专业中介服务机构对相关信息进行了审计和评估,但未发现真实性问题;公司内部董事,尤其是担任重要管理职位的董事,对披露信息的勤勉要求更高。以上部分观点在新《虚假陈述司法解释》的董监高过错认定规则中已有体现。

最后,本案进一步确认了行民分离的司法审判趋势。行政监管与民事赔偿的目的不同,前者为惩戒证券市场的不法行为,维护市场有序运行,而后者则为弥补投资者受到的损失,二者各司其职,不必也不应在规则层面相互限制。新《虚假陈述司法解释》已取消行政前置,未来实践中行政追责与民事追责将进一步分离。在取消行政前置的前提下,民事审判认定相关主体的责任无须以生效行政处罚决定为前提。相应地,即使行政处罚决定中认定相关主体承担行政责任,在民事审判中亦需独立判断案件是否满足构成侵权责任的各项要件,如判断相关主体的过错情况。本案中,3名独立董事虽然皆受到行政处罚,但经法院审理认定,3名独立董事不满足过错要件,因此免除其民事赔偿责任,与行民分离的趋势相契合。

(五)可依据兜底条款将上市公司子公司责任人员纳入虚假陈述行为人范围[①]

1. 基本案情

2017年12月,中国证监会对联建光电涉嫌信息披露违法违规开展立案调查。2018年12月,深圳证监局正式对联建光电及20名责任人员作出行政处罚。《行政处罚决定书》称,2014年至2016年,联建光电子公司分时传媒通过虚构巨额广告业务收入、跨期确认广告业务收入等方式,导致联建光电连续3年相关年报、半年报等6期定期报告均存在虚假记载,构成信息披露违法违规。案涉期间,何

---

① (2019)粤03民初2196号。

某伦系分时传媒实控人,实际承担分时传媒管理职责,并安排对有关涉案广告业务进行回款,系对虚假陈述行为直接负责的主管人员;刘某军系联建光电实际控制人、法定代表人、董事长兼总经理、分时传媒董事,全面负责公司工作,系对虚假陈述行为直接负责的主管人员。

2019年,投服中心支持投资者范某玲向联建光电、刘某军、何某伦提起诉讼,请求法院确认各被告共同虚假陈述侵权行为成立,判令3名被告共同赔偿投资者损失;2020年12月,深圳市中级人民法院将该支持诉讼案件选定为示范案件;2021年5月25日一审开庭,深圳市中级人民法院作出支持原告投资者的判决。

2.争议焦点

第一,虚假陈述实施日;第二,案件被告的选择与确认。

3.裁判要旨

深圳市中级人民法院认定联建光电被行政处罚的行为构成证券虚假陈述。虚假陈述实施日为2015年4月1日,揭露日为2017年12月8日。原告投资者损失与联建光电虚假陈述行为之间存在因果关系。

原《虚假陈述司法解释》第7条包括认定虚假陈述行为人的兜底条款,部分案件中,相关人员并非原《虚假陈述司法解释》第7条列举的虚假陈述行为人,但其实际参与实施了虚假陈述行为,如上市公司子公司实控人实施财务造假行为,导致上市公司财务数据不真实,则可适用原《虚假陈述司法解释》第7条的兜底条款认定其为虚假陈述行为人。

关于损失金额,可采用"委托核定系统性风险+酌定多因一果关系和全案情况的影响"的方式,确定投资者损失金额。

4.案件评述

联建光电案是首个以判决为结果的"支持诉讼+示范判决"案例,未来判决生效后,将依法依规充分发挥示范引领作用,对后续案件产生积极影响。

中小投资者维权依然面临现实困境。我国证券市场在投资者结构上,仍以中小投资者为主,中小投资者是证券市场赖以建立和运行的基础。但是,我国证券市场虚假陈述、操纵市场、内幕交易等证券违法案件频发,中小投资者往往损失惨重,严重影响证券市场公开、公平、公正的交易环境。中小投资者在知识水平、专业能力、信息获取、风险管控和法律意识等方面,与机构投资者、大股东相比处于弱势地位,中小投资者在行使股东权利、维护自身权益方面存在行权难、诉讼难、举证难等诸多障碍和困境。投资者对自身权益的了解程度很低,维权成本较高，维权能力又相对不足，因此行权意愿也较低。切实保护中小投资者的合法权益，还有赖于强有力的法律制度保障及专业投保机构的支持。

证券支持诉讼助力投资者维权。2016 年起，投服中心开始尝试在证券领域采取支持诉讼的方式帮助中小投资者维护权益。截至目前，投服中心已提起 20 多起支持诉讼案件，挽回了相当一批中小投资者的损失，取得了良好的社会效果。2020 年 3 月 1 日起正式实施的新《证券法》第 94 条第 2 款新增规定："投资者保护机构对损害投资者利益的行为，可以依法支持投资者向人民法院提起诉讼。"新《证券法》在法律层面将投保机构确立为证券支持诉讼的唯一法定主体，为投服中心的维权工作增添强有力的法律支撑。与一般的证券纠纷案件相比，投服中心参与的支持诉讼案件着重突出"追首恶"的原则，多将"维权对象"转向上市公司实际控制人、董监高等直接责任人员，以减轻上市公司对广大投资者可能造成的"二次伤害"。此次联建光电案将联建光电、联建光电的实控人、分时传媒的实控人等均纳入被告范围，从该案最终判决情况来看，"追首恶"的原则有助于加大投资者的获赔几率。投服中心在支持诉讼案件的选择、受损投资者征集、调查取证、损失计算等问题上已积累了丰富的经验，深圳市中级人民法院将投服中心支持诉讼的联建光电案选作示范案件进行审理，无疑是对投服中心选案能力及参与诉讼能力的肯定。相应地，联建光电案探索的"支持诉讼 + 示范案件"模式也将不断放大支持诉讼的个案效力，从而将使投保机构参与的证券纠纷维权效果发挥得更加淋漓尽致。

示范判决机制引领类案处理。示范判决机制，是指法院在处理群体性证券纠纷中，选取具有代表性的案件先行审理、先行判决，通过发挥示范案件的引领作用，妥善化解平行案件的纠纷解决机制。联建光电案判决生效后，将发挥示范引领作用，对后续案件的处理产生积极影响。示范判决机制的核心思路，是通过对证券群体纠纷中的示范案件先行裁判，为其他平行案件或关联案件的审理或调解工作寻求法律准则和依据。因此，示范案件的选定乃是重中之重。一般情况下，拟被选定的示范案件应当具有群体性证券纠纷共通的事实争点和法律争点（以下称为"共通争点"），且该等共通争点具有示范性。"共通争点"贯穿于示范判决机制始终，示范案件的选定、审理、判决等诉讼活动都围绕共通争点展开，有利于法院快速高效地进行裁判。示范判决的效力包含两个层次。第一个层次是对本案的效力，即对示范案件的当事人产生效力。第二个层次是对平行案件的效力，即示范案件所认定的共通事实和确立的共通法律适用标准对平行案件具有扩张的示范效力。示范判决机制与指导性案例都遵循着"类似案件类似审判"的法理和逻辑，但与指导性案例不同的是，示范判决机制是事先在群体性纠纷中选定具有代表性的案件进行审理，示范判决仅对群体性纠纷中的平行案件产生示范效力，相较于指导性案例，示范案例的适用范围尽管狭窄但却更具针对性。

（六）存在多个虚假陈述行为的应当分别确定虚假陈述实施日和揭露日[①]

1. 基本案情

成都前锋电子股份有限公司于 2018 年 6 月 8 日变更名称为北京前锋电子股份有限公司，又于 2018 年 8 月 24 日变更为北汽蓝谷公司，股票代码 600733，在上海证券交易所上市交易，股票名称原为 S 前锋，现更名为北汽蓝谷。四川证监局《行政处罚决定书》认定，前锋股份发生重大诉讼，应当在诉讼产生之时依法履行信息披露义务，及时公布诉讼及进展情况，并在 2010 年、2011 年、2012 年、2013 年和 2014 年年度报告中依法披露上述重大诉讼事项。前锋股份未依法披露发生的重大诉讼事件，构成未按规定披露和所披露的信息存在重大遗漏。前锋股份子公司发生重大担保，应当就其子公司发生的上述担保事项应当依法履行信息披露义务，及时披露所发生的对外担保事件，并在 2011 年、2012 年、2013 年、2014 年的年度报告报告中记载，依法履行信息披露义务。前锋股份未依法披露发生的重大担保事项，构成未按规定披露和所披露的信息存在重大遗漏。

2016 年 9 月 13 日，北汽蓝谷发布《关于收到中国证监会四川监管局〈行政处罚决定书〉的公告》。

2. 争议焦点

一是虚假陈述实施日和揭露日应如何认定；二是涉案虚假陈述行为与投资者主张的损害结果之间是否具有因果关系。

3. 裁判要旨

关于虚假陈述实施日和揭露日的认定。根据原《证券法》第 67 条的规定，可能对上市公司股票交易价格产生较大影响的事件即为重大事件。上市公司有两个虚假陈述行为的，应当分别确定相应的虚假陈述实施日和揭露日。虚假陈述行为存在对上市公司股票交易价格产生较大影响的可能性，即足以认定该行为的重大性，即应认定为实施日。

[①] （2019）京 02 民初 157 号。本案例系全国法院系统 2021 年度优秀案例一等奖。经办法官助理余周祺撰写文章《何某诉北汽蓝谷新能源科技股份有限公司证券虚假陈述责任纠纷案——多个虚假陈述行为的法律适用》，载微信公众号"北京金融法院"，2022 年 7 月 30 日访问。

关于涉案虚假陈述行为与投资者主张的损害结果之间是否具有因果关系问题。认定因果关系实际上首先应当考察投资者是否因虚假陈述行为存在投资差额损失，具体包括三方面内容：其一，投资人是否在虚假陈述实施日之后至揭露日或更正日之前购买虚假陈述所涉股票；其二，投资人是否未在揭露日或更正日之前卖出相关股票；其三，投资人在揭露日或更正日之后卖出或持有相关股票是否产生亏损。在符合上述三方面条件的情形下，即推定存在因果关系。若有多个虚假陈述行为的实施日与揭露日，投资者买入与卖出涉案股票时间的不同，其受到虚假陈述行为影响的情形也不同，应分别认定因果关系。

4. 案件评述

根据北汽蓝谷公司自行披露的信息和四川证监局《行政处罚决定书》认定的事实，北汽蓝谷公司存在未依法披露重大诉讼事件和未依法披露重大担保事件两个虚假陈述行为，应当分别确定相应的虚假陈述实施日和揭露日。关于重大担保事件的虚假陈述实施日和揭露日，在担保事件发生后，存在对上市公司股票交易价格产生较大影响的可能性之时，即足以认定该行为的重大性。北汽蓝谷公司应在担保事实发生后2个交易日内及时公告，该时点2011年3月17日即为北汽蓝谷公司未依法披露重大担保事件的虚假陈述实施日。2015年7月16日晚，北汽蓝谷公司发布公告，披露了其未到期的两笔定期存单质押担保情况，故重大担保事件的虚假陈述揭露日为2015年7月17日。关于重大诉讼事件的虚假陈述实施日和揭露日。法院于2011年1月14日向北汽蓝谷公司签发《应诉通知书》《传票》，北汽蓝谷公司在其他案件中曾自认虚假陈述实施日为2011年1月15日，一审法院确认重大诉讼行为的实施日为2011年1月15日。北汽蓝谷公司于2015年7月27日晚发布公告，披露了重大诉讼事件，该公告足以具有对上市公司股票交易价格产生较大影响的可能性，故重大诉讼事件虚假陈述行为的揭露日为2015年7月28日。

本案的特殊点在于案件涉及多个虚假陈述行为，目前各地法院存在两种审理思路：一是叠加处理方式，即将多个虚假陈述行为视为一个整体，以各虚假陈述行为中首次实施及首次揭露的时点为实施日与揭露日；二是区分处理方式，即多个虚假陈述行为分别认定实施日、揭示日和基准日，分别确定对应的民事责任。其中，叠加处理方式在处理上市公司以外主体的责任认定，以及涉及不同种类虚假陈述行为的案件时存在适用困难；区分处理方式要求司法机关分别判断各虚假陈述行为与投资者损失的因果关系，并计算具体赔偿金额，存在审理难度。

本案的经办法官撰文指出，存在多个虚假陈述行为的案件应根据案件情况具体判断应采用何种方式处理。对于多个虚假陈述行为彼此不具有独立性的案件，可作为一个虚假陈述行为叠加处理；对于多个虚假陈述行为彼此具有独立性的案件，若作用时间无重叠，或虚假陈述行为性质不同的，则区分处理；对于独立的多个虚假陈述行为影响时间存在重叠，且行为性质相同的，需要根据虚假陈述行为的重大性大小，参照多人侵权理论判断应采取何种方式叠加处理案件，根据虚假陈述中的过错程度与原因力大小分配责任。

具体到本案，未及时披露重大担保事件和重大诉讼事件两项虚假陈述行为彼此独立，在影响时间上存在重叠。其中，重大诉讼涉及的金额远大于担保金额，并且从二者揭露日的股价表现判断，未披露重大诉讼的重大性大于未披露重大担保的重大性，因此在案件处理上应以重大诉讼事件覆盖重大担保事件。

（七）参考《虚假陈述司法解释》认定操纵证券市场行为与投资者损失间具有因果关系[①]

1. 基本案情

2017年8月，中国证监会就蝶彩资产、蝶彩资产实际控制人谢风华与恒康医疗控股股东、实际控制人阙文彬合谋操纵恒康医疗股票案作出了行政处罚。

作为证监会管理的金融证券类公益机构，投服中心注意到这一案例属典型信息型操纵。为探索拓展证券民事赔偿案件类型，投服中心决定委派律师支持原告杨某提起支持诉讼（以下简称恒康医疗民事赔偿案）。2018年8月，成都市中级人民法院受理这一案件，并于2019年12月27日作出一审判决，认定被告在2013年5月9日至7月4日期间实施了操纵恒康医疗公司股价的行为，原告在此期间买入并在被告操纵市场行为结束后卖出恒康医疗股票产生亏损，参考虚假陈述司法解释显然具有因果关系。一审判决后被告上诉。2021年1月15日，四川省高级人民法院作出二审判决，驳回被告上诉，维持原判。历经两年多司法程序，全国首例操纵市场民事赔偿支持诉讼终获胜诉。

2. 争议焦点

第一，市场操纵行为与投资者损失之间是否存在因果关系；第二，投资者损失如何计算。

[①] （2018）川01民初2728号、（2020）川民终1532号，本案例入选"证监会投资者保护八大典型案例"。

3. 裁判要旨

第一，被告在 2013 年 5 月 9 日至 7 月 4 日期间实施了操纵恒康医疗股价的行为；第二，原告投资损失与被告操纵行为之间，参考《虚假陈述司法解释》显然具有因果关系；第三，原告投资被操纵的证券虽有损失，但主张的损失计算方法缺乏法律依据，参考虚假陈述司法解释计算出原告损失为 5632 元。被告不服，提起上诉。2021 年 1 月 15 日，四川省高级人民法院作出二审判决，驳回一审被告上诉，维持原判。

4. 案件评述

操纵证券市场行为在我国并不罕见。根据证监会的统计，2021 年共办理操纵市场案件 110 起，数量不少。相较于虚假陈述民事赔偿案件，投资者提起的操纵市场民事赔偿诉讼案件少之又少，究其原因，在于没有明确的司法解释可供参考，在常见法律争议焦点上，司法实践也未形成统一的裁判观点。以往几起基于操纵市场提起的民事案件中，法院都以投资者无法举证因果关系等为由，判决投资者败诉。恒康医疗民事赔偿案中原告投资者的胜诉实现了操纵市场民事赔偿实务领域"零的突破"，法院针对操纵市场违法行为民事赔偿中的案件管辖、侵权人责任划分等法律问题给出了解决思路，认可了操纵市场行为与投资者损失之间的因果关系，对进一步推动证券违法行为民事赔偿的司法实践意义重大。

第一，因果关系认定问题。证券操纵市场违法行为的主要侵害方式是行为人利用资金优势、持股优势或者利用信息优势等手段操纵证券交易价格，使得股票的交易价格严重偏离该股票的真实价值或真实价格。由于操纵市场行为的存在，致使股价在操纵期间异常，投资人因在此期间交易的股票价格与股票未被操纵状态下的"真实价格"之间的差值而带来的亏损，即为损失，证券市场操纵行为人应就投资者在其操纵该股票期间（或之后适当时间内）因股票价格被操纵而多支付的交易成本进行民事赔偿。在恒康医疗民事赔偿案中，原告的损失可以十分清楚地确定为：由于被告的市场操纵行为拉高涉案股票股价，使得原告在此期间买入涉案股票，比正常情况下（未被操纵情况下）买入多支出的金额。这种损失确认方式区别于内幕交易案件依据原告在内幕信息敏感期买卖股票价格相抵后的盈亏的法律逻辑和因果关系，也最符合操纵证券市场行为侵权的特征和危害后果。

第二，投资者损失计算问题。理论界及域外司法实践主张，操纵市场的直接后果是使股票的交易价格严重偏离其真实的市场价格，宜通过拟制的"真实价格"计算因操纵市场造成的投资者损失，即通过对股价进行拟制还原、得出因操纵而偏离部分的股价差额。

关于拟制的"真实价格",主要有三种做法:一是采纳平均价格法,即真实价格的认定以操纵行为揭发后一定日期内该股票之平均价格来计算;二是采纳公司经营法,即以公司的经营状况来计算股票的真实价格;三是采取操纵行为开始之前被操纵股票前 10 个交易日内的平均收盘价格作为"起始价格",并结合被操纵股票的同行业股价在操纵期间的涨跌幅系数。

在参照我国相关金融法律法规制定的衡量标准之后,本报告认为,"真实价格"应以操纵行为开始之前 20 个交易日的平均收盘价作为"起始价格",并把同行业指数每个交易日的涨跌幅作为参考系数。同时,根据《民法典》第 1184 条"侵害他人财产的,财产损失按照损失发生时的市场价格或者其他合理方式计算"的规定,本报告认为,拟制的"真实价格"就是投资人财产遭受损失之时的合理市场价格。

(八)证券服务机构的行业业务规则可作为判断中介机构的勤勉尽责的依据[①]

1. 基本案情

2017 年 6 月 27 日,中国证监会作出〔2017〕70 号行政处罚决定书,查明东易所在为欣泰电气首次公开发行股票并上市提供法律服务过程中未勤勉尽责,违反依法制定的业务规则,出具含有虚假记载的文件。具体违法事实包括:一是东易所出具的法律意见书存在虚假记载;二是东易所违反律师事务所从事证券法律业务规则的情况。东易所的行为违反了原《证券法》第 20 条第 2 款、第 173 条,构成《证券法》第 223 条所述违法行为。中国证监会依据《证券法》第 223 条的规定,决定对东易所责令改正,没收收入所得 90 万元,并处以 180 万元罚款。东易所于 2017 年 6 月 29 日签收被诉处罚决定后,于同年 12 月 22 日向北京市第一中级人民法院提起行政诉讼。2018 年 3 月 15 日、2018 年 4 月 16 日,北京市第一中级人民法院公开审理此案,作出(2018)京 01 行初 106 号行政判决。此后,东易所因不服北京市第一中级人民法院行政判决,向北京市高级人民法院提起上诉。

2. 争议焦点

一是律师事务所是否属于《证券法》上"证券服务机构";二是本案中东易所是否勤勉尽职。

---

① (2018)京 01 行初 106 号、(2018)京行终 4657 号。

3. 裁判要旨

关于律师事务所是否属于《证券法》上"证券服务机构"问题。证券服务机构范围的界定，必须在《证券法》规范体系内进行理解和把握。从体系解释来看，原《证券法》第45条、第173条等规定已明确将出具"法律意见书"的机构界定为"证券服务机构"，并且在监管实践中，证券监管部门和律师监管机关也一直将律师事务所作为证券服务机构来对待并施以监管。因此，律师事务所属于《证券法》上证券服务机构。

关于律师事务所勤勉尽职问题。公司财务会计报告中虚构应收账款收回属于会计问题，但其背后所反映的公司重大债权债务的变化是否属实的问题，则涉及公司经营的合规性和法律风险问题，律师应对相关事项履行特别注意义务。若律师事务所并未依法依规履行必要的查验程序，没有对公司主要客户未对应收账款余额进行确认的问题履行必要的查验义务，构成未履行勤勉尽责义务。

4. 案件评述

本案虽然属于行政诉讼，但法院在判决中对律师在证券法律服务过程中勤勉尽职标准的讨论，对于证券虚假陈述纠纷中中介机构过错的认定提供了重要指引，因此将本案收录其中。

本案中，关于东易所是否勤勉尽职的问题，法院从以下三个方面展开分析。

一是律师事务所勤勉尽职的认定标准和证明责任问题。律师事务所及其指派的律师提供证券法律服务，应当遵循诚信、独立、勤勉、尽职的原则，履行法定的义务和职责，审慎出具法律意见，以维护证券市场的公开、公平、公正。对于会计师事务所出具的审计报告，律师事务所及律师出具相应法律意见可以将其作为依据，对审计报告中涉及财务会计专业性、完整性、一致性等问题履行普通人的注意义务，但对审计报告中涉及法律风险的问题仍需秉持职业怀疑精神，本着独立、勤勉的态度履行相应的核验义务，并留存相应的证据，以证明自己履行了与关注问题性质相匹配的注意义务。

二是律师对应收账款事项应履行何种注意义务的问题。应收账款收回属于财务会计领域专业问题，是会计师出具审计报告需要核验的核心事项，但同时涉及公司经营合规性和法律风险问题，因此属于法律意见所应关注的事项。律师事务所在提供证券法律服务、出具法律意见时，对于公司财务会计专业问题，需要履行一般法律人的注意义务，但对于依托于这些财务会计资料所反映的公司经营行为的合规性和法律风险问题，律师仍应履行作为专业法律人的特别注意义务。

三是东易所提供法律服务存在未勤勉尽职之处。工作底稿是律师履行工作职责的重要载体，也是判断律师在提供法律服务过程中是否勤勉尽职的重要凭据。东易所的工作底稿并未显示出其对从其他中介机构取得的资料依法依规履行了必要的查验程序；对虚构数额巨大的应收账款收回背后欣泰电气处理重大债权债务的合规性和法律风险问题，没有证据证明东易所依照《管理办法》的规定在履行审慎核验和讨论复核的基础上进行评价并出具法律意见。

（九）股票质押式回购交易同时受《证券法》与合同法上相关规定规制[①]

1. 基本案情

2017年7月12日，前海佳浩合伙企业（甲方、融入方）与国融证券公司（乙方、融出方）签订《国融证券股份有限公司股票质押式回购业务协议》。

2017年7月12日，前海佳浩合伙企业与国融证券公司就初始交易签订《股票质押式回购交易协议书》，其中载明：甲方前海佳浩合伙企业，甲方资金账号×××，初始交易日为2017年7月13日，购回交易日为2020年1月10日，标的证券简称三峡新材，标的证券代码600293，质押股票流通性质为限售，解除限售日2019年9月5日，标的证券数量25660000股，初始交易成交金额120000000元，年利率6.2%，购回交易金额138827333.30元，预警履约保障比例160%，最低履约保障比例140%，提取履约保障比例300%，违约金比率（日利率）0.05%，质权人国融证券公司。

自2019年3月20日之后，前海佳浩合伙企业再未向国融证券公司支付股票质押式回购交易利息。

2019年9月30日和2019年10月8日，国融证券公司对案涉协议编号为7579的股票质押式回购交易中前海佳浩合伙企业质押的三峡新材股票（证券代码：600293）进行平仓处置，共计卖出三峡新材股票6875048股，扣除有关税费后实际交收金额25132995.6元。以扣除税费后实际交收金额25132995.6元折抵前海佳浩合伙企业未还融资本金，前海佳浩合伙企业欠付国融证券公司融资本金94867004.4元。

2019年12月4日，三峡新材发布《湖北三峡新型建材股份有限公司关于公司股东股份被司法冻结的公告》。截至2019年12月2日，前海佳浩合伙企业持有的三峡新材无限售流通股146143385股股票已被全部冻结或轮候冻结。

[①] （2020）京02民初244号、（2021）京民终681号。

2020年1月10日，国融证券公司与前海佳浩合伙企业之间协议编号为7579的股票质押式回购交易到期，前海佳浩合伙企业未依照协议约定进行购回。

2. 争议焦点

国融证券公司主张的本金、利息与违约金，以及相关案涉股票上设立的质押权。

3. 裁判要旨

股票质押式回购交易是指符合条件的资金融入方以所持有的股票或其他证券质押，向符合条件的资金融出方融入资金，并约定在未来返还资金、解除质押的交易。该种交易模式根据《证券法》等相关法律、法规以及监管机构的规章和规范性文件、证券交易、结算机构的业务规则及规定进行。

证券公司与资金融入方签订的《股票质押式回购业务协议》及《股票质押式回购交易协议书》，系双方当事人真实意思表示，内容不违反法律、行政法规的强制性规定，合法有效，双方当事人应按照合同约定履行各自义务，根据《民法典》合同编或原《合同法》相关规则处理。

关于股票质押式回购交易中股票上设立的质押权，双方当事人就案涉股票进行了质押登记，证券公司的质权依法设立。故证券公司关于其对案涉股票的折价或拍卖、变卖所得价款在其债权范围内享有优先受偿权的诉讼请求，具有事实和法律依据。

4. 案件评述

本文主要讨论股票质押式回购的法律性质及其法律适用问题。

关于股票质押式回购的法律性质。股票质押式回购的本质是担保资金借贷合同，在股票质押式回购操作上，融入方向融出方出质股票，以获得特定期间占有并使用融出方资金的权利，融入方需到期时返还相应金额并按约定支付资金使用费。作为直接以货币为交易标的的双务合同，股票质押式回购具有链接资金盈亏双方需求，盘活闲置资金的功能，因此在法律性质上从融入方角度看是借款合同，从融出方角度看是贷款合同，是合同法上以金钱作为标的，旨在融通资金的金钱借贷合同。为防范信息不对称下融入方的信用风险，保障融出方的合法权益，股票质押式回购要求融入方在借入资金时向融出方提供担保品，其初始交易和后续交易的担保品，主要是具有较高价值和流动性的上市公司股票及其他被认可的证券，并受到一定限制。为便利操作并提高效率，当事人之间不再单独签订股票质押合同，质押条款被融资主合同所包含，共同组成规范整个交易的《股票质押式回购交易业务协议》。后续双方再通过《交易协议书》约定股票质押式回购各交易要素（金额、质押率、期限、利率及其支付方式、违约责任等），细化权利义务。这些分协议如约定不明确或未有约定，则适用《业务协议》的相关内容。[①]

二是关于股票质押式回购的法律适用。股票质押式回购因其兼具证券交易与借贷的双重属性，因此在法律适用方面其同时受到证券法与合同法的双重监管。

从证券监管角度考虑，回购双方为证券公司和上市公司股东，标的证券为上市公司股票，在回购交易成立、存续和违约处置各个环节都受到监管规则约束，例如《证券公司监督管理条例》对证券公司的监管，《关于规范金融机构资产管理业务的指导意见》（以下简称《资管新规》）对资管计划资金运用和嵌套结构的监管，上市公司监管规则对上市公司及其控股股东质押股票的信息披露要求和相关限制等，《新业务承接管理办法》对交易的具体管理要求，《上市公司股东、董监高减持股份的若干规定》对股份减持的限制等。

从合同法角度看，股票质押式回购涉及证券质押，适用《民法典》物权编、合同编及相关司法解释，自不待言；本质上股票质押式回购是有资格的证券公司开展的金融借贷类融通业务，因此可适用合同编关于合同的一般性规定和"借款合同"的相关条款。股票质押式回购虽不同于一般民间借贷，但资金来源却类似民间资金，因而可参照适用《关于审理民间借贷案件适用法律若干问题的规定》。

三、热点前沿法律问题探讨

（一）上市公司证券虚假陈述中各类董事的责任认定问题

1. 独立董事责任认定：新《虚假陈述司法解释》视角

2021年11月12日，广州市中级人民法院在55326名投资者诉康美药业及其董监高证券虚假陈述责任纠纷案中判令3名独董（江某、李某和张某）在康美药业债务24.59亿元人民币的10%范围内承担连带清偿责任，判令2名独董（郭某和张某）在康美药业债务的5%范围内承担连带清偿责任。巨大的连带清偿责任引起市场的剧烈反响，数十家上市公司独立董事应声辞职，独立董事成为"高危职业"。与此同时，这一事件也引发理论界与实务界对独立董事制度的讨论。根据《证券法》第82条的规定，上市公司董监高应当保证披露信息的真实、准确、完整。独立董事作为上市公司董事，对信息披露承担保证义务自不待言。在此基础

[①] 参见洪燕蓉：《股票质押式回购的法律性质与争议解决》，载《法学》2019年第11期。

上，独立董事应如何承担责任成为独立董事制度的讨论重点。

以康美药业案为例，虽然独立董事仅在 5% 范围内承担连带清偿责任，但对应金额却已达 1.22 亿元。随着投资者保护制度的完善，投资者将更加积极地参与到证券虚假陈述案件中主张自身权益。相应地，巨额的民事赔偿金额将成为常态。独立董事是上市公司的外部非执行董事，未参与公司的实际经营，亦无经济动机配合上市公司造假，对于确已在其能力范围内勤勉尽责而仍未发现造假的独立董事，应当豁免其赔偿责任，而非通过"象征性"的低比例连带责任试图达到投资者保护与限制独立董事责任间的平衡。此时亟需明确独立董事对信息披露应当如何承担责任的问题，尤其是独立董事何时应当豁免责任。

新《虚假陈述司法解释》第 16 条规定的独立董事无过错情形是探索精细化厘定独董责任的重要体现，独立董事责任豁免制度具体包括以下三个层次。

第一，独立性与外部性是理解独立董事职责定位的重要出发点。独立性是指与任职的公司及公司主要股东间无利害关系，外部性是指在公司无任职，不负责执行层事务。独立性决定了独立董事欠缺从事信息披露违规行为的经济激励，此时对独立董事施加高额的行政、民事责任需要充分的理由；外部性决定了独立董事的职责定位、对公司信息披露活动所起的作用等与内部董事存在区别。因此根据新《虚假陈述司法解释》第 14 条，独立董事的职责定位、对信息披露的作用以及对公司信息了解的及时性程度皆弱于内部董事，对独立董事过错的认定尺度也应当宽于内部董事。

第二，独立董事的无过错情形与内部董事存在区别。新《虚假陈述司法解释》第 14 条第 2 款明确了一些申辩理由不得作为有效的抗辩理由。然而，由于独立董事的外部性，独立董事未直接参与公司的日常经营，且自身的专业领域受到限制。因此，如果独立董事在签署信息披露文件的确认文件之前，借助专业帮助仍未能发行信息披露问题的，法院可认定其无过错。换言之，独立董事可以信赖证券服务机构出具的专业意见。另外，本报告认为此处的借助专业帮助不仅是信赖信息披露本身所涉及的财务报告、法律意见书，如果独立董事行使《上市公司独立董事规则》第 22 条第 1 款第 1 项或第 5 项职权，由独立董事独立聘请第三方中介机构，独立董事可以信赖该独立第三方机构出具的专业意见。但是否一定需要专业机构出具专业意见呢？本报告认为，从勤勉尽责的角度来看，如果独立董事就公司财务会计上的问题积极与注册会计师、相关专业人士积极沟通、多方问询、谨慎求证，似亦可认定为本条所指的"借助专业帮助"。

第三，独立董事主张无过错的核心是采取主动措施。通过新《虚假陈述司法解释》第16条可见，独立董事应对信息披露活动采取主动措施的要求贯穿其审议信息披露文件的全过程。在审议签署信息披露文件前，独立董事应聘请外部机构提供专业意见；审议过程中发现问题或发行人拒绝配合独立董事工作的，独立董事应主动报告监管部门；发现问题后应提出异议并拒绝投赞成票。第16条第2项更是提出，即使虚假陈述被揭露，只要独立董事能够及时督促整改且能取得较好效果的，其过错程度存在降低的可能。

2. 内部董事责任认定：以Worldcom案为例①

2002年6月25日，Worldcom发布更正公告，对公司2001年年度报告及2002年一季度报告的财务数据进行重述。Worldcom 2000年及2001年的财务报告会计差错共计约760亿美元，更正后公司净资产从500亿美元减至200亿美元。不晚于2001年初，Worldcom管理层即已开始谋划实施财务造假行为。投资者主张Worldcom早在2001年以前即已开始实施财务造假行为，Worldcom 2000年5月与2001年5月债券发行的注册文件中披露的信息存在财务造假。

Worldcom 6月25日的公告引发多起诉讼。法院将多起证券相关的案件合并为集团诉讼统一处理。该集团诉讼所涉相关原告包括在1999年4月29日至2002年6月25日期间（以下称为"虚假陈述期间"）所有因公开买卖Worldcom证券而遭受经济损失的投资者，投资者中不包括案涉被告及Worldcom的部分关联主体。

罗伯特在虚假陈述期间担任Worldcom的董事会主席，在案涉期间，罗伯特签署了1999年年报、2000年年报、2001年年报以及2000年与2001年债券发行的注册文件。投资者以违反美国《证券法》第11条为由主张罗伯特应当承担虚假陈述责任。经审理，法院认定罗伯特未能证明其对案涉事项充分履行勤勉尽责义务，罗伯特的主张并未得到支持。

美国《证券法》第11条a款规定，如果注册文件中的信息存在重大的不真实、不准确、不完整的，任何取得该证券的主体皆可以起诉签署注册文件的人、发行人董事、协助制备发行文件的专业人员以及承销商。

美国《证券法》第11条b款第3项规定，除发行人以外的其他责任人员如果可以证明存在以下情形的，可以免责：针对并非专业人士出具的文件或其他非官方信息，经合理调查，其有理由相信相关信息的真实、准确、完整；针对基于

---

① See In re WorldCom Inc. Sec. Litig. 346 F. Supp. 2d 628.

其本人出具的专业意见披露的信息,经合理调查,其有理由相信相关信息的真实、准确、完整,或者其能够证明发行人在引用其意见过程中未准确反映其意见的真实意思;针对基于非责任人员出具的专业意见披露的信息,其无合理理由认为相关信息不真实、不准确、不完整,或相关信息在引用专业意见时存在不准确的情形;针对基于官方信息披露的信息,其无合理理由认为相关信息不真实、不准确、不完整,或相关信息在引用官方信息时存在不准确的情形。

美国《证券法》第 11 条 b 款第 3 项规定的即勤勉尽责抗辩,具体可划分为合理调查(reasonable investigation)抗辩与合理信赖(reasonable reliance)抗辩。本案审理过程中,法官在判例基础上对董事的勤勉标准展开详细讨论并提出以下要点,值得参考。

第一,关于"合理"的标准。勤勉尽责抗辩的规定中,均提出了"合理"(reasonable)要求,根据美国《证券法》第 11 条 c 款的规定,"合理"指的是谨慎的人在管理自己财产时所尽到的注意。进一步而言,谨慎的人不可能在管理重要事务时对所涉事项无任何了解,而完全信赖第三方意见。因此,即使法律规定对于专业人员出具的意见,董事可以主张合理信赖免责,但董事仍负担基础的调查义务,而非一概免责。

第二,关于任职时长对勤勉认定的影响。在本案中,案涉 2 名两位独立董事皆在被选为董事后 1 个月之内即签署了涉及虚假陈述的信息披露文件,其主张"刚上任不久应当减轻勤勉义务"的主张并未得到法院认可。在本案的论述中,法院亦再次强调,董事的勤勉义务不因董事任职时间受到影响,即使是刚上任的董事,也应当知悉董事的义务,董事仅可以通过勤勉履行注意义务豁免相关责任。

第三,关于不同主体勤勉标准的区别。美国《证券法》第 11 条 b 款第 3 项规定的勤勉尽责标准不仅适用于董事,而是包括董事、注册文件签署方、会计师、评估师及承销商等各类发行人以外的主体。虽然法律中对各类主体进行统一规定,相关的文字表述是相同的,但各类主体的勤勉要求会根据其在证券发行中的地位等因素存在区别。具体到董事而言,勤勉标准需结合其对公司事务的参与程度、专业能力、案涉信息的获得权限等因素综合认定,对于一名董事来说合理的标准可能并不适用于另一名董事。由于内部董事对公司事务及特定交易的了解程度高,因此有理由认为,相较于外部董事,内部董事应当对相关事项进行更加详细的调查,有更全面的了解。更进一步来说,内部董事所负担的勤勉义务要求很高,以至于所有的虚假陈述案件中内部董事都应当承担责任。

第四，关于合理信赖的边界。根据美国《证券法》第 11 条 b 款第 3 项，各主体可以主张合理信赖非其本人出具的专业意见，然而，此种信赖存在边界。对于"红旗信息"（red flag），董事不得主张合理信赖而免责。红旗信息指的是任何会导致被告无法确信相关专业意见准确性的信息。① 对承销商而言，如果在合理调查过程中发现红旗信息，则承销商需进一步进行充分的调查以使得财务报告符合准确性要求，如果无法满足准确性要求的，则必须履行披露要求并停止承销程序，否则即需要承担责任。该规则同样适用于董事。另外，红旗信息并没有统一的认定标准，需要结合案件的具体情况综合认定。就本案而言，Worldcom 的线路成本（line costs）是公司运营费用中最大的支出，会在财务报告中单独列报，可见其对于公司运营十分重要。案涉财务报告中的部分信息构成红旗信息，投资者重点提出了 Worldcom 线路成本大幅下降，根据罗伯特的职业经历可以判断其是专业的电信业从业人员，该信息应当会引起罗伯特对财务信息真实性的质疑，但罗伯特未提出相关意见，因此其未勤勉尽责。

（二）证券虚假陈述案件中比例连带责任形式的适用问题

近年来，多起证券虚假陈述诉讼中法院皆采取"比例连带责任"的方式对上市公司与其他虚假陈述责任人员的责任作出判决。如在五洋债案中，控股股东、券商、审计机构对发行人的赔偿责任承担 100% 连带责任，资信评估机构在 10% 范围内承担连带责任，律所在 5% 范围内承担连带责任；康美药业案中，主要责任人员与审计机构对发行人的赔偿责任承担 100% 连带责任，其他董监高在 20% 范围内承担连带责任，独立董事分别在 5% 和 10% 范围内承担连带责任；中安科案中，重大资产重组相对方对发行人的赔偿责任承担 100% 连带责任，券商在 25% 范围内承担连带责任，审计机构在 15% 范围内承担连带责任。

比例连带责任，是指相关责任人员根据其过错及原因力大小，在一定比例范围内与发行人承担连带责任的责任形式。虽然此种判决方式已逐渐成为证券虚假陈述案件的常态，但比例连带责任的法理基础正当性问题一直受到热议。

首先，关于比例连带责任的正当性基础。在讨论比例连带责任的法理基础争议前，应当先讨论为什么比例连带责任并非《民法典》中明确规定的责任形式，但却会成为司法审判的常态。

第一，比例连带责任曾经在法律中明文规定。中安科案示范判决（2020）沪

---

① See In re WorldCom Inc. Sec. Litig. 346 F. Supp. 2d 628.

民终 666 号中指出，关于证券虚假陈述民事赔偿中，证券服务机构存在过错及虚假陈述行为的前提下，是否一概承担全额连带责任问题，《证券法》（1998 年）第 161 条规定了专业机构和人员应就其负有责任的部分承担连带责任，相关规定也据此对专业中介服务机构及其直接责任人虚假陈述承担相应部分赔偿责任予以进一步明确。虽然 2005 年修改后的《证券法》中不再区分中介机构故意或过失等情况，但原《虚假陈述司法解释》仍有相关规定，因此法院即通过法律解释适用比例连带责任。然而，新《虚假陈述司法解释》并未沿用原《虚假陈述司法解释》关于部分连带的相关表述，相关论述的充分性可能进一步降低。

第二，比例连带制度的根本目的在于保证主体责任与过错相适应。新《证券法》实施后，代表人诉讼等制度拓宽投资者的维权渠道，投资者维权将更加便利，投资者利益得到更加充分的保护，与此同时，虚假陈述民事案件涉及的金额也指数级放大，即使连带责任人可以根据实际过错情况相互追偿，部分证券中介机构等主体可能无法承担一时的巨额全部连带责任。因此，根据相关主体的过错匹配相应的连带责任成为平衡投资者利益与保证责任主体过责相适应的最优方案。该观点受到最高人民法院的肯定，2021 年两会《最高人民法院工作报告》访谈中最高人民法院审判委员会法官专门强调："人民法院也强调责任追究的过罚相当，责任与过错相一致，而不是采取一刀切，不问过错程序一律让中介机构承担全部连带责任。"

其次，关于比例连带责任的法理基础争议。传统的连带责任以"对外全额、对内可分"为基本特征，《民法典》中关于侵权责任的连带责任情形为第 1168 条至第 1171 条，但综合过错形式、原因力及相关责任形式等因素判断，《民法典》中的相关条文无法解释比例连带责任。①具体如下：

《民法典》第 1168 条规定二人共同侵权的情形，仅可解释存在共同故意的虚假陈述行为的责任形式，该种情形本就不适用比例连带责任；第 1169 条规定教唆、帮助侵权的情形，与第 1168 条存在相同的问题；第 1170 条并不适用于证券虚假陈述案件；第 1171 条规定分别实施侵权行为，各行为都足以造成全部损害的案件，与证券虚假陈述案件亦不相符，证券中介机构等主体的行为皆不足以达到"单个的独立的侵权行为也有可能造成全部损害"的后果。

---

① 《"比例连带责任"有法理依据吗？》，载微信公众号"雷继平法律订阅"，2022 年 7 月 30 日访问。

另外,《民法典》第 1172 条也常用以讨论比例连带责任的法理基础,但该条以明确的原因力判断为前提,责任形式是按份责任,与《证券法》中规定的过错责任形式冲突,解释力不足。简而言之,比例连带责任在《民法典》中无法找到相关依据。

再次,关于目前主流的比例连带责任的合理解释。目前主流的关于比例连带责任的法理基础解释主要是参考杨立新教授的"半叠加的分别侵权行为理论",即部分行为人的行为足以引起全部损害,其他行为人的行为不足以引起全部损害的情形下责任分配的理论,[①]与证券虚假陈述的情形更为接近。《最高人民法院关于审理环境侵权责任纠纷案件适用法律若干问题的解释》(以下简称 2015 年《环境侵权解释》)第 3 条第 3 款即对该种情形作出规定,"两个以上侵权人分别实施污染环境、破坏生态行为造成同一损害,部分侵权人的污染环境、破坏生态行为足以造成全部损害,部分侵权人的污染环境、破坏生态行为只造成部分损害,被侵权人根据民法典第 1171 条规定请求足以造成全部损害的侵权人与其他侵权人就共同造成的损害部分承担连带责任,并对全部损害承担责任的,人民法院应予支持。"即造成全部损害的行为人承担最终的全部连带责任,造成部分损害的行为人在其损害部分与造成全部损害的行为人承担连带责任,与比例连带责任的责任分配方式相一致。

此时重新考察《民法典》与比例连带责任的关系可以发现,虽然《民法典》中的责任形式仅有全部连带责任与按份责任,比例连带责任无法从《民法典》中找到规范基础,但这也同时表明比例连带责任至少在规范层面并未与《民法典》发生冲突。与此同时,比例连带责任先对外按比例承担连带责任,后对实际承担责任超出内部责任份额的部分向其他责任人追偿的责任承担方式亦与《民法典》第 178 条的规定相适应,即比例连带责任与《民法典》不存在根本性的冲突。

因此,虽然证券虚假陈述相关法律规定中未明确规定比例连带责任的责任承担方式,但私法领域并非"法无明文规定则禁止",比例连带责任从规范角度仍能寻得解释空间,并且此种责任承担方式在平衡投资者利益与保证责任主体过责相适应方面具有优越性,因此,比例连带责任具有合理性,在规范层面的瑕疵不构成适用比例连带责任的障碍。

---

① 参见杨立新:《环境侵权司法解释对分别侵权行为规则的创造性发挥——〈最高人民法院关于审理环境侵权责任纠纷案件适用法律若干问题的解释〉第 3 条解读》,载《法律适用》2015 年第 10 期。

最后，关于比例连带责任的内部追偿问题。该问题是比例连带责任制度的重点问题，内部追偿存在困难是常见的主张适用比例连带责任弊端的理由。目前已有观点提出可以参照 2015 年《环境侵权解释》第 3 条第 3 款的规范逻辑计算比例连带责任的内部追偿比例，① 具体如下：（1）各比例连带主体的比例相加，如小于 100% 则各比例主体之间不产生互相追偿；（2）全部连带的主体（除故意侵权的主体外，下同）与比例连带的主体就比例部分依"有判决从判决，无判决从约定，无约定平均分"的规则分割，分割所得的比例即为比例连带主体应承担的份额以及全部连带主体应承担的份额中的一部分；（3）扣除所有比例连带部分后剩余部分由全部连带主体承担，如果全部连带主体有多个的，多个主体就该剩余部分依"有判决从判决，无判决从约定，无约定平均分"的规则分割，分割的份额加上前述与比例连带主体分割的份额之和即为该全部连带主体应承担的份额；（4）如果比例连带的主体相加大于 100%，说明各比例连带主体间也存在叠加部分，应根据判决说理部分或日常经验法则判断叠加的部分，就叠加部分再根据"叠加切割"法进一步计算。

目前尚无比例连带责任主体内部追偿的生效判决出现，但欣泰电气案中兴业证券就其先行赔付基金向其他主体进行追偿的案件可供参考。

2021 年 12 月 31 日，北京市第二中级人民法院作出一审判决，判决北京兴华会计师事务所赔偿兴业证券损失 808 万元，北京市东易律师事务所赔偿兴业证券损失 202 万元，温德乙赔偿兴业证券损失 5458 万元，其他时任丹东欣泰电气股份有限公司董事、监事、高级管理人员等 14 名责任人分别赔偿兴业证券 6 万—505 万金额不等的损失，合计 1169 万元，确认兴业证券对辽宁欣泰股份有限公司享有债权 5252 万元。

2019 年 1 月 22 日，因对保荐承销合同约定了纠纷由仲裁管辖，北京市高级人民法院裁定驳回兴业证券对丹东欣泰电气股份有限公司、孙文东、王建华 3 名被告的起诉（已另案提起仲裁）。

结合兴业证券公告的其已赔付的金额计算，北京市第二中级人民法院认定的欣泰电气案中各主体承担的比例约为：实控人与控股股东承担约 50%，公司董监高承担约 5%，会计师事务所承担约 4%，律师事务所承担 1%，另有向上市公司等

---

① 袁德喻、徐凌婕：《证券虚假陈述纠纷中比例连带责任应如何执行和追偿？——以五洋债、康美药业案为例》，载微信公众号"律舟法雨"，2022 年 7 月 30 日访问。

主体主张的约 20% 比例的金额将通过仲裁处理，综合计算，券商应承担的比例约为 20%—25%。

（三）上市公司证券虚假陈述中的中介机构责任认定问题

1. 新《虚假陈述司法解释》下的中介机构的责任认定

在东易所诉中国证监会案的二审判决中，北京市高级人民法院对律师事务所勤勉尽职的认定标准和证明责任问题作出充分合理的论证与阐述，该案为中介机构勤勉尽责标准提供明确的指引，在新《虚假陈述司法解释》的中介机构勤勉标准中可见相关的规范逻辑，具体体现为以下几个方面。

第一，明确中介机构的过错仅指故意或严重违反注意义务，避免"动辄得咎"。新《虚假陈述司法解释》第 13 条明确指出，《证券法》中上市公司内部人员及外部证券服务机构的过错仅指故意或严重违反注意义务，仅轻微过失的不构成虚假陈述中的过错，进而不应承担赔偿责任。中介机构作为外部人，具有与独立董事相似的独立性和外部性，在提供证券服务过程中，中介机构获取信息依赖上市公司提供，并且中介机构也不会因上市公司的虚假陈述行为而获取更多的服务费用。因此应谨慎对待中介机构的过错认定，仅在两种情况下才可认定中介机构的过错：一是中介机构与虚假陈述行为人具有从事虚假陈述的"共同故意"；二是中介机构未"做好本职工作"，在工作范围和专业领域内没有做好，严重违反注意义务。

第二，明确认定中介机构勤勉尽责的规范依据。证券中介机构勤勉尽责的规范依据包括法律、行政法规、监管部门制定的规章和规范性文件、相关行业执业规范。根据《证券法》第 160 条的规定，证券中介机构应当按照相关业务规则为证券的交易及相关活动提供服务，因此中介机构的勤勉标准不仅限于法律、行政法规层面，尚包括具体的行业职业规范，在东易案中，《律师事务所从事证券法律业务管理办法》等行业执业规范即为认定律所勤勉尽责的重要依据。

第三，明确中介机构信赖其他机构专业意见的条件。不同证券服务机构因专业领域不同，导致其对不同事项的注意义务不同，进而存在一般注意义务与特别注意义务的区分。对于需履行特别注意义务的事项，应采取专业手段进行查证核验；对于需履行一般注意义务的事项，亦需通过审慎的核查、复核，直到排除职业怀疑，才可认定符合勤勉尽责标准，中介机构信赖该专业意见才具有合理基础。

第四，明确中介机构勤勉尽责的客观证据要求。中介机构的尽职调查工作底稿、尽职调查报告、内部审核意见等客观证据是认定中介机构是否勤勉尽责的重要依据。例如，前述中介机构对于其他专业领域事项履行一般注意义务，义务履行需通过一定的载体加以说明；又如，保荐机构、承销商对信息披露文件中重要内容的尽调、专业意见的复核，审计师对金融机构、供应商、客户提供文件的职业谨慎核查都需要客观证据加以证明。

2. 中介机构的责任认定：以 Software Toolworks 案为例①

1990 年 7 月，Software Toolworks 公司增发股份，增发后股价持续下降。1990 年 10 月 11 日，Software Toolworks 公司发布公告披露公司的重大亏损，导致公司股价大幅下跌。

公告发布次日，多位投资者起诉 Software Toolworks 公司及承销商与审计师，主张 Software Toolworks 公司披露的招股说明书及注册文件违反美国《证券法》第 11 条、第 12 条，中介机构协助证券欺诈，违反美国《证券交易法》第 10 条 b 款及证券交易委员会规则 10b-5。Software Toolworks 公司虚假披露的信息包括：公司与原始设备制造商（Original Equipment Manufacturer）尚未签订正式合同，但公司年度报告中确认相关销售收入，披露不真实；公司虚构大额交易以符合财务预测标准，披露不真实；注册文件生效前，回复 SEC 问询的内容有误，披露不真实。

经审理，法院认定承销商对销售相关虚假陈述内容已尽勤勉尽责义务，相关论述指的参考，具体如下。对于承销商出具意见部分，承销商已尽合理调查义务。针对非专业事项，原告提出两点事由：第一，承销商在招股说明书中关于"公司的任天堂相关产品并无降价安排"的表述与现实不符，但原告未能提供证据证明承销商明知该事项，并且现有证据表明公司管理层一直在告知承销商公司无降价安排；第二，承销商在招股说明书中关于"公司未向任天堂零售客户提供退货权"的表述与现实不符，但原告未能提供直接证据证明承销商明知该事项，而退货权安排极不符合公司的政策，并且现有证据表明承销商付出很多努力向公司确认其退货政策。综上，法院确认，对于非专业事项，承销商已尽合理调查义务。

对于非承销商出具意见的专业事项，承销商可以合理信赖会计师的财务报告。根据美国《证券法》第 11 条 b 款第 3 项的规定，除发行人以外的责任人员可以基于对其他专业人员出具的专业意见的合理信赖而免除相应责任。在此前提下所需讨论的问题即是本案中承销商的信赖是否合理。合理信赖无须以合理调查为前提，因此审理的重点在于讨论是否存在红旗信息。原告提出三点事由：第一，公

---

① See In re Software Toolworks Inc. v. Painewebber Inc. 50 F.3d 615.

司存在合同倒签的情况，对此法院指出，承销商在发现合同倒签情况后，主动要求会计师解释并要求会计师以书面形式确认相关合同，可见其并未"盲目信赖"（blindly rely）会计师的意见；第二，原告提出公司的法律顾问拒绝出具书面意见确认相关合同效力，但在案证据表明公司并未向律师事务所提出出具相关意见的请求，因此该主张不成立；第三，公司收入确认存在错误，原告主张公司有部分待定合同显然不应当确认收入，承销商回应称，承销商在审查合同时对招股说明书中涉及的每份合同都已履行充分的形式审查义务，但收入确认问题是会计师的责任范围，加之软件行业的收入确认本身具有复杂性，由承销商提出收入确认不当并不合理，法院亦支持了承销商的主张，认为原告的主张混淆了勤勉尽职的本质要求。

综上所述，法院认定承销商在与原始设备制造商等销售相关的虚假陈述方面，认定承销商已尽勤勉尽责义务，无须承担相关责任。另外，本案还涉及向SEC的回函以及季度报告中的财务数据问题，对于此两份披露文件中的虚假陈述问题，承销商未尽勤勉尽责义务，最终承销商对这部分文件的虚假陈述仍承担相应责任。

（四）诱空型证券虚假陈述问题

1. 新《虚假陈述司法解释》新增诱空型虚假陈述制度规则

结合原《虚假陈述司法解释》实施以来的实践经验与新《证券法》下的制度要求，新《虚假陈述司法解释》对原《虚假陈述司法解释》中存在的问题予以修订完善。其中，诱空型虚假陈述制度规则的完善是新《虚假陈述司法解释》的重要亮点之一。

诱空型虚假陈述，是指虚假陈述行为人积极发布虚假的利空消息，或者消极隐瞒实质性的利好消息不予公布或不及时予以公布等，使得投资者在股价向下运行或相对低位时卖出股票，在虚假陈述被揭露或者被更正后股价上涨而使投资者遭受损失的行为。

规范诱空型虚假陈述具有现实必要性。由于发布诱空型虚假信息会对上市公司股价产生负面影响，因此上市公司缺乏从事诱空型虚假陈述行为的激励。然而，除上市公司外，上市公司控股股东、实控人、上市公司大股东等主体同样负有信息披露义务，而这些主体与上市公司的利益方向并不当然一致，在某些情况下，这些主体具有消极隐瞒实质利好信息的激励。隐瞒披露对上市公司并无益处，但可以使其他信息披露义务人经济上获益。如在京博控股案中，上市公司大股东的增持行为触发举牌要求，但未及时披露。股东增持对上市公司是利好信息，向市场传达投资者看好上市公司未来发展的信息，然而随之而来的股价上升却会增加增持股东的收购成本，因此股东具有经济上的激励隐瞒该信息。市场中可能出现诱空型虚假陈述，完善相关规则具有必要性。

2. 域外考察：以 TGS 案为例

1963 年 11 月，美国德州海湾硫磺公司（Texas Gulf Sulphur Co.，以下简称 TGS 公司）在加拿大进行探矿活动，开挖第一口探矿井时，发现矿井中心有优质矿石，经采样分析发现该矿含有 1.18% 的铜和 8.26% 的锌，同时每吨还含有 3.94 盎司的银。根据 TGS 公司的规定，从试挖第二口探矿井开始，探测小组每日还要向副总裁斯蒂芬斯和福格蒂报告。与此同时，有关重大矿藏被发现的传言开始在加拿大传播。

1964 年 4 月 11 日，斯蒂芬斯发现媒体报道了有关矿样已送至美国进行化学成分分析的非正式消息。他立即联系福格蒂，福格蒂同日拿到了有关矿藏的报告。次日，福格蒂草拟了一份新闻发言稿，登在 1964 年 4 月 13 日的报纸上。该份新闻发言稿指出，TGS 公司"在加拿大东部试挖的矿基本没有价值，只是一小部分发现了有少量硫化物"。并提出确定该地区矿藏价值还需进一步评定，在得出合理结论后公司会公开。1964 年 4 月 16 日，TGS 公司发布官方声明称，"根据目前探矿情况来看，矿藏储量至少有 2500 万吨"。

在 TGS 公司 1963 年 11 月 12 日第一口矿井挖掘结束至 1964 年 4 月 16 日正式公布探矿结果期间，TGS 公司及高管存在发行股票期权、买入公司股票等行为，公司的检测人员等内幕信息知情人亦存在买入公司股票的行为。[①]

本案中 TGS 公司发现具有重大价值的矿藏的事实具有重大性，而 TGS 公司于 1964 年 4 月 13 日通过报纸发布的信息隐瞒了该重大事实，构成 SEC 规则 10b-5 第 2 款的虚假陈述行为。另外，TGS 公司相关内幕信息知情人在敏感期内购买公司股票的行为构成内幕交易，属于 SEC 规则 10b-5 第 3 款规定的欺诈行为。SEC 基于以上事实对 TGS 公司相关人员提起诉讼，主张其构成内幕交易。[②] 与此同时，有 6 名投资者亦对 TGS 公司提起诉讼，向 TGS 公司主张因 TGS 公司的虚假陈述行为导致卖出 TGS 公司股票而遭受的损失赔偿。法院结合事实情况，不同程度上支

---

① 本案案情的翻译部分参考中国证券监督管理委员会网内容，http://www.csrc.gov.cn/pub/newsite/tzzbh1/tbtzzjy/tbaljs/201310/t20131017_236535.html，2022 年 7 月 30 日访问。

② See SEC v. Texas Gulf Sulphur Co. 401 F.2d 833.

持了原告的请求。①

最高人民法院在其编著的《关于审理证券市场虚假陈述案件司法解释的理解与适用》(以下简称《虚假陈述司法解释的理解与适用》)一书中指出,"诱空型虚假陈述常常与内幕交易、操纵市场等种类的证券市场欺诈行为相关联,因此原《虚假陈述司法解释》的调整对象定位于诱多型虚假陈述"。②然而,通过TGS公司案可知,一行为触发多种证券欺诈行为的,违法行为人就不同证券欺诈行为皆应承担相应法律责任。虚假陈述、内幕交易与操纵市场本质都是证券欺诈行为,《中美两国证券法律》在这一前提上不存在异议,但在具体执行方式上存在区别。由于SEC规则10b-5的概括性,SEC可以依据该条规则同时处理TGS公司案中出现的虚假陈述、内幕交易等证券欺诈行为。然而,原《虚假陈述司法解释》规定阙如,使得诱空型虚假陈述存在规则真空,TGS公司案若发生在我国,向TGS公司高管等内幕信息知情人追究内幕交易违规的行政责任虽不存在异议,但因TGS公司虚假陈述而遭受损失的投资者主张权利可能存在障碍,原《虚假陈述司法解释》未提供相关指引。新《虚假陈述司法解释》明确诱空型虚假陈述的相关规则,对于查处证券欺诈行为、保护投资者利益具有重要意义。

3. 诱空型虚假陈述的制度重点:因果关系认定

诱空型虚假陈述规则的重点是因果关系认定。虚假陈述的信息性质不同,对股价的影响不同,因此投资者因诱空型虚假陈述行为而受到损害的发生机制区别于诱多型虚假陈述,交易因果关系的认定路径存在重大区别。原《虚假陈述司法解释》以实施日后、揭露日前买入证券为认定存在交易因果关系的依据,以揭露日前卖出作为否认交易因果关系的情形,然而对诱空型虚假陈述而言,投资者受到虚假陈述影响的表现是卖出相关证券,投资者承担的损失系未取得虚假陈述被揭露后股价上升盈利的消极损失。投资者损失的计算方式亦建立在交易因果关系认定规则的基础之上。

司法实践中已有相关案例系统分析诱空型虚假陈述的因果关系。在深圳市彩虹精细化工股份有限公司证券虚假陈述责任纠纷案中,广东省高级人民法院区分

---

① See Reynolds v. Texas Gulf Sulphur Co. 309 F. Supp. 548(D. Utah 1970). 另外,在前述SEC v. Tex. Gulf Sulphur Co. 案中,SEC主张TGS公司存在虚假陈述行为,亦得到法院支持,因投资者向TGS公司主张虚假陈述赔偿更具说明性,故在此选择了该案例。

② 参见最高人民法院民事审判第二庭编著:《最高人民法院关于审理证券市场虚假陈述案件司法解释的理解与适用》(第2版),人民法院出版社2015年版。

六种投资者买入卖出股票的情况，系统地对诱空型虚假陈述地因果关系判断问题进行分析。① 具体包括：（1）实施日前买入卖出证券的，不存在因果关系；（2）实施日前买入，实施日后揭露日前卖出证券的，存在因果关系；（3）实施日前买入，揭露日后卖出证券的，不存在因果关系；（4）实施日后买入，揭露日前卖出证券的，可能存在因果关系；（5）实施日后买入，揭露日后卖出证券的，不存在因果关系；（6）实施日后买入证券的，不存在因果关系。

新《虚假陈述司法解释》对诱空型虚假陈述案件因果关系的认定规则与彩虹精化案一致，在此讨论前述第四类情况的合理性。广东省高级人民法院与新《虚假陈述司法解释》认为实施日后揭露日前买入卖出相关证券的，应当认定损失与虚假陈述存在因果关系。这一判断的关注重点或许在于投资者的卖出行为所基于的信息是否完整，由于投资者并未基于完整信息作出卖出决策，因此推定虚假陈述与投资者的损失间具有因果关系。但是若观察投资者完整的投资过程，投资者的买入决策同样基于非完整信息作出，相关买入行为是投资者的自涉风险。若综合考虑投资者的投资过程，是否还可以认定此类投资者损失与虚假陈述行为间具有因果关系，新《虚假陈述司法解释》对此问题并未做明确回应，从规范表述而言，新《虚假陈述司法解释》与彩虹精化案的处理方式一致，但其合理性尚需讨论。

（五）证券虚假陈述行为的重大性认定问题

1. 新《虚假陈述司法解释》下的虚假陈述重大性认定

2021年7月6日中共中央办公厅、国务院办公厅印发《意见》，要求"修改因虚假陈述引发民事赔偿有关司法解释，取消民事赔偿诉讼前置程序"。民事诉讼前置程序一定程度上是投资者证明过程的前置，虚假陈述的主要侵权事实已由监管部门或司法机关确认，能够减轻投资者的证明负担。可能在未来的一段时间内，行政处罚或刑事判决仍会是提起诉讼的"隐形条件"，但前置程序的取消已为虚假陈述民事诉讼重点的转移埋下伏笔。

虚假陈述的重大性要件是注册制的必然要求。A股上市公司现已超过4500家，随着全面注册制的推进，未来上市公司的数量将会大幅增加，若要求监管部门对各家公司的所有信息都予以全面监管，要求上市公司事无巨细地披露，不仅上市公司的披露成本过高，执法成本巨大，投资者获取有用信息的效率也大幅降低。因此，信披违规行为的界定、披露事项的设计等制度安排均要受到"重大性"

---

① （2015）粤高法民二终字第1066号。

的约束。重大性要求的作用是对需披露的信息进行筛选，将应披露的信息限制在会对投资者作出投资决策产生重大影响的信息中，从而实现公司合规成本、证券监管及投资者决策三者的效率兼顾。重大性要求始终贯穿证券法律法规之中，不仅新《证券法》中完善重大性要求，原《虚假陈述司法解释》要求前置程序，部分原因即为减轻原告投资者对案涉虚假陈述行为"重大性"的举证责任。前置程序取消后，虚假陈述民事诉讼的重点转移至重大性证明，因此，新《虚假陈述司法解释》完善重大性认定标准是取消前置程序的必然结果。

新《虚假陈述司法解释》的重大性判断标准立足投资者保护，以证券价量变动为主要标准。新《虚假陈述司法解释》第10条对重大性标准的判断包括两个层次：第一，规范对应，依据现有法律法规中列举的"重大事件"界定判断重大性，具体包括新《证券法》与《上市公司信息披露管理办法》等规定；第二，价量判断，存在其他会影响证券交易价量的虚假陈述亦符合重大性要求，且如果规范对应的结果不符合"影响价量"标准的，可以此作为抗辩事由主张不具有重大性。虚假陈述民事诉讼区别于证券行政监管，其制度目的在于填补投资者损失，投资者损失是因上市公司股价受虚假陈述行为影响而产生的。然而，存在部分符合法律法规的重大事件的虚假陈述并不会导致证券交易价量的变动，尤其是非财务类信息。此时，客观上公司证券交易的价量并未因虚假陈述受到影响，投资者未遭受损失，诉讼无存在基础。因此，新《虚假陈述司法解释》以价量变动作为虚假陈述民事诉讼中重大性的判断标准具有合理性。

另有两点需要说明。一是在重大性的判断上历来有主观标准与客观标准之争。二是取消前置程序后，原告对侵权事实的举证问题。最高人民法院与中国证监会联合发布《关于适用〈最高人民法院关于审理证券市场虚假陈述侵权民事赔偿案件的若干规定〉有关问题的通知》，规定了案件通报制度，要求证券监管部门配合人民法院调查搜集证据，然而相关制度的具体落实可能会面临以下问题：首先，程序发起的前提是当事人对自己的主张提供证据证明，此时投资者提供的证据需要证明到何种程度尚不明确；其次，由于前置程序取消，证券监管部门对于投资者提出的案件可能尚未启动调查程序，或者正处于立案调查过程中，是否会出现人民法院与监管部门平行调查的情况，在监管调查中耗时较久的事实调查如何在民事诉讼的审理期限内完成，人民法院在监管部门的决定意见作出前进行判决，是否会出现调查结果不一致的情况；最后，关于专家咨询的问题，行业专家与专业人士的主要作用应是参与协助重大性的认定，如何发挥专家的配合作用，如果专家认定意见与监管部门的决定不一致应如何处理等问题皆需解答。另外，投资者保护机构的出现大幅提高了投资者参与虚假陈述民事诉讼的能力，在取证及重大性证明等方面，投资者保护机构将如何发挥作用尚需待实践解答。以上问题在新《虚假陈述司法解释》实施过程中应如何解决，我们拭目以待。

2. 域外考察：以 TSC 案为例

National Industries Inc.（以下简称 National 公司）欲收购 TSC Industries Inc.（以下简称 TSC 公司），并从该公司原始股东手中购买了 TSC 公司 34% 的有投票权的股票。之后，National 公司在 TSC 公司的董事会中安排了 5 名成员。TSC 公司的董事会在 1969 年 10 月 16 日投票通过决议（National 公司股东未参与表决），决定通过股份互换的方式，清算 TSC 的资产并出售给 National 公司。之后，TSC 与 National 共同发布委托征集书，向股东征集代理权以通过该决议。代理权征集完成后，TSC 公司得已清算并解散，股份互换亦发生效力。原告是 TSC 公司的股东之一，其提起诉讼请求赔偿。原告主张 TSC 与 National 共同发布的委托征集书违反美国证券交易法第 14（a）条和 Rule 14a-9，隐瞒了具有重大性的信息，就 National 公司对 TSC 公司已经形成的控制的情况以及该并购是否对股东有利的情况未予以充分披露。例如，代理权征集文件中记载了一家投资银行出具的有利意见，但投行另外出具的不利信息未披露；以及在该征集代理权期间有迹象表明 National 公司与一家共同基金有操纵 National 公司普通股股价的可能，该情况未予以披露。[1] 地方法院未支持原告请求，上诉法院推翻地方法院判决，主张"任何理性股东'可能'（Might）认为重要的事实"是具有重大性的事实。被告上诉至最高法院，最高法院未更改判决结果，但详细讨论了重大性的定义。

为了界定委托征集书中的信息的重大性范围，最高法院对先例中采用的各种重大性判断方法进行了评估。最高法院拒绝使用第七巡回上诉法院对"重大性"的解释，即上诉法院所接受的重大性标准。最高法院指出，要求披露"任何理性股东'可能'（Might）认为重要的事实"的重大性标准，会建立一个非常低的标准，而这种重大性标准"可能弊大于利"，可能诱发信息披露义务主体过度披露导致披露无效率，因为为了遵守联邦证券法，发行人倾向于披露多余的，甚至披露重大性并不确定的信息。[2] 最高法院随后建议，基于影响投资者投资决策的"重大可能

---

[1] TSC Indus. Inc. v. Northway Inc. 426 U.S. 438 448.

[2] TSC Indus. Inc. v. Northway Inc. 426 U.S. 438 448.

性"（而不仅仅是可能性）的重要性门槛可能更合适。

基于以上考虑，最高法院对重大性作出如下定义：具有重大性的信息必须存在实质可能性（substantial likelihood）使理性投资者（reasonable investor）认为该信息对于其作出买入、卖出或持有的投资决定或投票具有重要性（significance），即理性投资者认为该项事实会改变其对现有信息的信息整体（total mix）判断。①

（六）证券虚假陈述诉讼中的投资者损失计算问题

投资者损失计算问题是证券虚假陈述案件中的重点、难点问题。投资者损失计算问题直接关系到投资者可获得的赔偿金额，但由于证券市场交易的复杂性，准确、公允地计算投资者因虚假陈述行为而遭受损失的范围变得困难。

投资者的损失主要体现在证券价格的变动上，但证券价格的变动并非都是因上市公司的虚假陈述行为导致的，因此，确定投资者损失范围应以因果关系的认定为前提。

虚假陈述案件中的因果关系包含着两个层面的含义：一是交易上的因果关系，若原告的投资决策并没有受到虚假陈述行为的实质性影响，则不能向虚假陈述行为人主张赔偿；二是损失上的因果关系，若原告遭受的实际损失不是虚假陈述行为导致的，则虚假陈述行为人不承担赔偿责任。具体而言，交易因果关系针对的是责任之有无的问题，而损失因果关系针对的是责任范围的问题。由于证券交易模式以及虚假陈述侵权行为的特殊性，投资者的损失并不必然表现为虚假陈述行为人的获益，投资者难以通过客观证据证明上述因果关系。

美国司法实践基于"欺诈市场理论"，推定交易因果关系的存在，从而减轻了投资者的证明责任。该理论认为，在一个有效的资本市场，所有的信息将及时地反映在交易价格上，投资者即使对虚假陈述的内容毫不知情，在交易时也因对市场价格的信赖而构成对虚假陈述行为的间接信赖，因此，推定投资者在虚假陈述行为实施后至虚假陈述被揭示前进行的交易行为是受到虚假陈述行为影响的，即推定具有交易上的因果关系。新《虚假陈述司法解释》在认定交易因果关系方面仍继续原《虚假陈述司法解释》中的推定因果关系方法，并在此基础上明确损失因果关系的认定问题。

新《虚假陈述司法解释》第31条第1款明确规定，"人民法院应当查明虚假陈述与原告损失之间的因果关系，以及导致原告损失的其他原因等案件基本事实，

---

① TSC Indus. Inc. v. Northway Inc. 426 U.S. 438 448.

确定赔偿责任范围"。同时被告可以主张抗辩，通过举证投资者损失是由其他因素造成的，进而证明虚假陈述与投资者损失间不存在因果关系。

其中，对损失因果关系的反证不宜过于苛刻。一是对责任减轻、免除事由的定义不应太过狭隘。从投资行为自担风险的角度而言，证券价格的形成客观上受到多种因素的影响，难以穷尽列举，要求虚假陈述行为人承担那些市场固有的风险，违背损失填补原则，使投资者获得不当得利。二是对证明的标准不宜要求过高。从政策平衡角度而言，在交易因果关系层面已使用推定技术，而推定是基于一种非盖然性的因果关系认定因果关系的技术，体现的是对投资者保护的政策倾斜，但对该技术的使用应当保持警惕。过于偏向投资者的司法政策将导致滥诉，不仅无助于实现优化公司治理的制度目标，而且将使诉讼实质上沦为上市公司股东之间的财富再分配，并有损债权人利益。从司法现状而言，当前国内民事主体诉讼能力普遍较弱，也不掌握相关的专业信息和资源，往往只能提出概括的抗辩及初步的证据。若因被告不能对这些符合常识或具有盖然性的免责因素在数量上予以直接证明，就在实体上对其作出不利认定，无益于公平正义的实现。

综上，关于虚假陈述民事赔偿案件中因果关系的证明问题，目前司法实践中，证明交易因果关系采用推定技术，投资者的交易发生在特定期间内即可推定该交易行为是受虚假陈述行为影响而作出的，投资者的证明成本较低，易获得赔偿；而证明损失因果关系方面，被告有权提出抗辩，缩减赔偿范围，在具体审查被告对损失因果关系的反证时不应过于苛刻，以实现保护投资者与合理追究虚假陈述行为人责任间的政策平衡。

1. 计算投资者损失需考虑的具体问题[①]

（1）计算方法：收益率曲线同步对比法/同步指数对比法

收益率曲线同步对比法是通过对比投资者实际投资的损益比例（名义损益比例）与排除虚假陈述因素的模拟损益比例，得出投资者受虚假陈述而产生的差额损失的方法。其中，模拟损益比例是通过对影响股价的各因素予以定量分析，计算出除虚假陈述外的各因素所形成的案涉证券模拟收益率曲线，并根据投资者实际投资时间、数量进行模拟投资形成的损益比例。

同步指数对比法在原理上与收益率曲线同步对比法存在共通之处，即通过将

---

① 参见张文婷、阮申正：《基于"多因子量化模型"精准核定证券虚陈述投资者损失》，载《上海法学研究（集刊）》2021 年第 8 卷。

投资者每笔交易与同期的参照标准进行直接对比，精准固定交易期间内市场风险的动态变化，以解决传统损失核定方案因缺乏时间维度考量产生的误差。而两种方法的不同之处在于，收益率曲线同步对比法的参照标准是根据量化计算得到的除虚假陈述外的各因素所形成的案涉证券模拟收益率，而同步指数对比法的参照标准为"3+X"的平均指数，即综合指数、一级行业指数、三级行业指数三个必选指数和一个可选概念指数的均值。两者相较，后者的参照标准更为直观，也更符合投资者自担市场风险，虚假陈述行为人仅对其行为造成的损失负责的司法理念。

（2）价格计算：实际成本法、先进先出法、移动加权平均法

原《虚假陈述司法解释》第31条、第32条与新《虚假陈述司法解释》第27条、第28条的计算投资差额损失规定中均采用"买入均价""卖出均价"的概念，而未对其计算方法予以具体说明，在投资者仅具有单个交易方向的理想状态时并无争议，但对于投资者在交易期间内存在相反方向的交易时，不同的计算方法将导致买入均价、卖出均价产生较大差异。在证券虚假陈述纠纷的各类案例中，法院采用了实际成本法、先进先出法、移动加权平均法等计算方法。

以诱多型虚假陈述为例，实际成本法是指实施日至揭露日期间股票存在多笔买卖时，投资者买入股票的总成本扣除卖出股票的回收金额后，除以买入与卖出股数的差额；先进先出法是指实施日至揭露日期间股票存在多笔买卖时，假设先买入的股票最先卖出，卖出成本根据最先买入的成本确定，据此计算买入均价；移动加权平均法是指实施日至揭露日期间股票存在多笔买卖时，当投资者每次买入股票后，以新买入的成本加上库存成本后，除以新买入数量与库存数量之和，计算出新的买入均价，每次卖出时，只减少对应的持仓数量，不改变股票均价。

实际成本法简单快捷，缺陷在于其结论受投资者卖出价格的影响较大，而根据虚假陈述责任原理，投资者在揭露日前的卖出价格与其损失无关；先进先出法符合虚假陈述责任原理且便于计算，但从实践来看，采用该方法将导致买入均价趋向于接近揭露日的价格，对部分投资者的权利保护不利；移动加权平均法具有计算准确、整体反应股票交易状况、综合体现提前回收成本和除权影响的优点，能够有效避免因投资者操作水平和股价走势引发的买入均价畸高或畸低的情况，其缺点在于计算过程较为烦琐，但当前通过计算机技术等辅助手段，已经能够高效地实现相应运算，故该方法得到了较为广泛的运用。

（3）市场风险因素类型

股票的均衡收益可以由多个系统性风险因素来解释，主要包括国家因素、行

业因素、风格因素及其他无法被前述因素所解释的部分。其中，国家因素代表整个 A 股涨跌带来的日收益率；行业因素代表特定行业涨跌带来的日收益率；风格因素代表影响股价的个性化因素，主要包括：规模因素（大、小市值的收益差）、价值因素（估值高低的收益差）、beta 因素（对市场风险反应程度大小的收益差）、盈利因素（公司不同盈利水平的收益差）、杠杆因素（高杠杆和低杠杆公司的收益差）、成长因素（销售或盈利成长快慢公司的收益差）、动量因素（股票收益历史表现好坏的收益差）、波动率因素（股票交易波动大小的收益差）和流动性因素（股票换手率大小的收益差）等九大常见因素，此外，根据个案情况的不同，对于一些影响上市公司股价的长期性风险因素。如 ST 状态、热门概念炒作等，也可以纳入风格因素进行以考量；无法解释的因素则被推定为因虚假陈述而引发的日收益率。以普天邮通证券虚假陈述责任纠纷案为例，根据查明事实，普天公司的股价除了受到国家、行业及常见风格因素的影响，还受到充电桩和 ST 概念的影响，故在常见风格因素的基础上添加了充电桩因素和 ST 因素，分别基于充电桩板块成分股数据和 ST 成分股数据进行构建；普天公司提出的股票暂停上市等经营因素由于已经在盈利因素和长期股价变动中得以体现，不应重复计算，故未纳入考量。对于那些只在一定期间内影响上市公司股价的重大事件，由于其属于短期性风险因素，故不适合纳入多因子模型，应通过其他方式另行确定其影响。实践中，一般通过事件分析法予以认定。事件分析法中，首先要确定重大事件影响的事件窗口，其次要计算事件窗口期内公司的股票收益率，再次要计算窗口期目标事件外的股票收益率，最后验证该重大事件对收益率的影响是否显著。通过叠加使用多因子模型法和事件分析法，可以较为充分地评估多数情况下虚假陈述带来的影响。

2. 目前主要采用的方法

证券虚假陈述中投资者损失的计算问题具有复杂性，涉及经济学、金融学、会计学、数学和计算机编程等多个学科和领域，为精准计算投资者损失，庭审中有必要引入第三方专业机构的技术支持。损失核定意见的最终采信，除了需要符合实体正义，即具有科学性、严谨性和客观性，还需要符合程序正义保障当事人的程序参与权、辩论权。

作为裁判根据的案件信息应形成于审判程序，并充分贯彻直接言词原则，在此基础上才能形成科学公正的事实认定。证券虚假陈述损失核定涉及专业性极强的知识，如果不以通俗的语言表述，并提前让当事人知悉相关证据的基本情况，双方难以在庭审时对它们进行充分、有效的质证。法院在收到第三方专业机构出具的《损失核定意见书》后应及时提供给双方当事人，并给予充足的质证准备期间。诉讼中，由各方当事人围绕《损失核定意见书》充分发表意见，损失核定人员需围绕当事人对损失核定方法的确定、损失核定因素的取舍等相关问题和质疑进行论证和回应。《损失意见核定书》中的核定方法经各方充分质证后，方可采信《损失意见核定书》的计算结果，据此认定各原告的投资差额损失及相应佣金、印花税和利息损失。

四、未来展望

注册制改革不断深入推进，证券市场的相关法律规则也在不断更新完善。在民商事规范层面，《民法典》及相关司法解释的生效实施，对于处理涉及合同的证券纠纷的处理具有重要意义；在证券类规范层面，中国证监会于今年初对各类证券监管规则进行了系统性的整理、更新。另外，2003年实施至今的《关于审理证券市场因虚假陈述引发的民事赔偿案件的若干规定》亦退出历史舞台，证券虚假陈述行政前置立案条件正式取消。对证券欺诈的"零容忍"是为改革保驾护航的重要后盾，新司法解释的出台标志着我国证券虚假陈述民事诉讼进入新的时代。展望未来，证券纠纷领域的以下几个趋势值得关注。

（一）新法新规将对实践产生重大影响

2021年1月1日，《民法典》正式实施，我国正式进入《民法典》时代，与此同时大量配套司法解释也投入适用。《民法典》及相关司法解释了吸收《九民纪要》等规则的司法观点，将相关规则优化后上升为法律或司法解释，有助于解决大量证券类金融纠纷。

2022年1月21日，新《虚假陈述司法解释》发布，对原《虚假陈述司法解释》作出系统性修改，此次司法解释的修改对现在实务中频繁出现的重要问题作出解答，不仅能够更好地帮助投资者行使诉讼权利，对于上市公司管理人员及证券服务机构履行勤勉尽责义务也提供了有效的指引依据，畅通了投资者的权利救济渠道，夯实了市场参与各方归位尽责的规则基础，为资本市场规范发展提供了更加有力的司法保障。

与此同时，新《虚假陈述司法解释》新增的规则同样面对理解与适用的问题，如取消行政前置后原告的重大性举证问题、相关责任主体过错认定规则的适用问题等，这些问题仍待实践予以解答。

（二）多种审判机制将得以完善，合力处理证券虚假陈述纠纷康美药业案的落地是我国资本市场发展的重要一步，证券特别代表人诉讼在我国正式实施。然而，相较于普通代表人诉讼，特别代表人诉讼虽然能够一次性解决纠纷，但相关责任人亦会在短期内面临巨额赔偿，破产风险大大增加，投资者获赔的不确定性增加，如何稳妥、有效地处理证券纠纷，使受到证券欺诈的投资者通过司法审判获得充分救济，仍是证券类纠纷所需面对的重要课题。这不仅需要进一步完善特别代表人诉讼机制，更需要探索完善包括示范判决、支持诉讼、合并审理、普通代表人诉讼等多种审判机制。各类审理机制各具优势，通过对多种审理机制的灵活运用将有助于便利投资者维权，提高审判效率，落实证券虚假陈述侵权责任。

（三）中介机构责任将被进一步压实

自五洋债案以来，已出现多起虚假陈述案件，证券服务机构虽未受到行政处罚，但与上市公司一并作为被告被提起诉讼。在新《虚假陈述司法解释》已取消行政前置的背景下，行政责任与相关主体的民事责任认定脱钩，中介机构责任的认定需根据其勤勉义务的履行情况予以判断。中介机构提供证券服务的重点向勤勉义务的履行回归，其责任将被进一步压实。

值得关注的是，2022年以来，中国证监会对证券公司的监管力度进一步加大，中国证监会及地方证监局作出大量针对证券公司业务违规的行政监管措施。可以预见，在监管端对中介机构的关注将在不远的将来体现在中介机构承担的民事责任中。

（四）虚假陈述案件中各主体责任划分进一步细化

明确区分各主体责任认定标准是新《虚假陈述司法解释》的亮点之一。新《虚假陈述司法解释》第四部分第14条至第19条对上市公司董监高、独立董事、保荐机构、承销机构、会计师事务所、律师事务所、资信评级机构、资产评估机构、财务顾问等证券服务机构的过错认定作出规定；第五部分第20条至第22条明确上市公司控股股东、实际控制人、公司重大资产重组的交易对方以及公司的供应商、客户，以及为发行人提供服务的金融机构等主体的责任。

明确各类主体责任及过错认定标准在提高对投资者保护力度的同时，也体现了对各类主体责任划分的精细化，尤其是关于相关主体责任豁免的相关规定。目前已出现如中安科案中，已受到行政处罚的独立董事经法院单独评价其勤勉义务履行情况而认定其不存在过错，进而豁免责任的案例。随着行政责任认定与民事责任认定的进一步分离，此类案例仍将不断出现。

（五）比例连带责任的内部追责问题将在实践中得到解答

比例连带责任已逐渐成为证券虚假陈述民事案件中主流的责任分配方式，然而比例连带责任的内部责任分配问题如何解决目前尚无司法实践解答。

比例连带责任能够在有效保护投资者利益的同时，限制单个责任主体的责任范围，以实现过罚相适应。目前，越来越多的证券虚假陈述案件判决采用比例连带，判决生效后投资者向各责任主体主张赔偿，投资者的损失得到赔偿后，各责任主体之间的责任分配即成为重要问题，若无法有效解决各责任主体之间责任分配问题，则可能出现执行的混乱，损害制度的生命力。因此，比例连带责任的内部追偿问题事关该制度的存续，必须得到解决。

目前虽无比例连带责任主体内部追偿的生效判决出现，但欣泰电气案中兴业证券就其先行赔付基金向其他主体进行追偿的案件可供参考。2021年12月31日，北京市第二中级人民法院作出一审判决，对欣泰电气案中各主体应承担赔偿责任的比例作出分配。随着相关生效判决的执行落地，会不断出现新的比例连带责任主体内部追偿的案件，该问题将在实践中得到解答。

中国信托业及信托纠纷司法研究报告

（2021—2022）

一、司法实践总体观察

本报告对 2021 年至 2022 年关于营业信托的法律法规及其问题进行梳理。在梳理之前，先对信托业整体发展进行介绍，从而为营业信托的法治建设提供背景支持。

（一）信托业整体发展状况

第一，行业资本实力稳中有升。总体上，信托行业固有资产总额和所有者权益总额呈稳步上升趋势，反映出行业资本实力稳中有升的总体态势。2022 年第 1 季度末的固有资产总额尽管环比略有下降 0.75%，但同比增长 5.74%，符合正常的季节波动特征。（详见图 7-1）

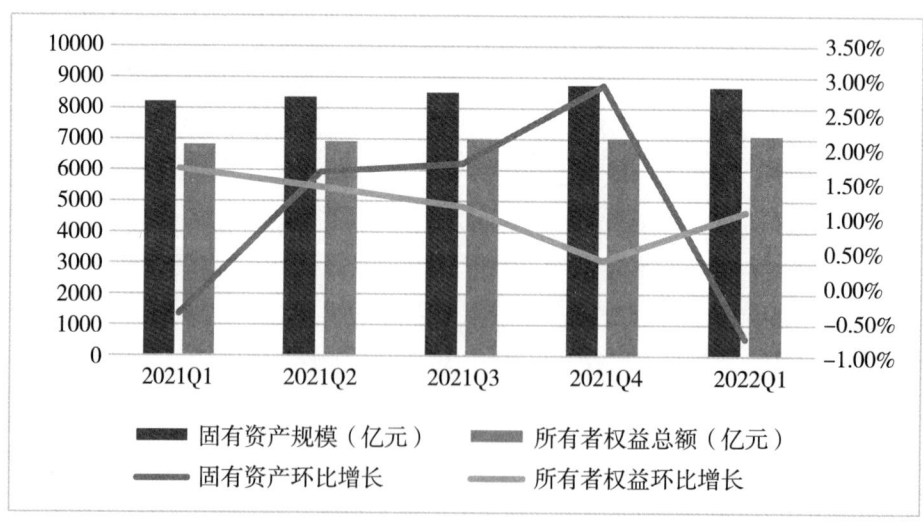

图 7-1　信托业固有资产总额、所有者权益总额变动情况①

---

① 数据整合自中国信托行业协会网（截至 2022 年 7 月 31 日），本部分其他数据亦同。

从所有者权益构成来看，实收资本、信托赔偿准备、未分配利润均呈现稳步增长趋势，实收资本和信托赔偿准备金同比增速较高。信托公司资本实力的提升、信托赔偿准备余额的提高，都有利于信托公司提高风险应对能力，也是信托行业稳健长效发展的基石。（详见图 7-2）

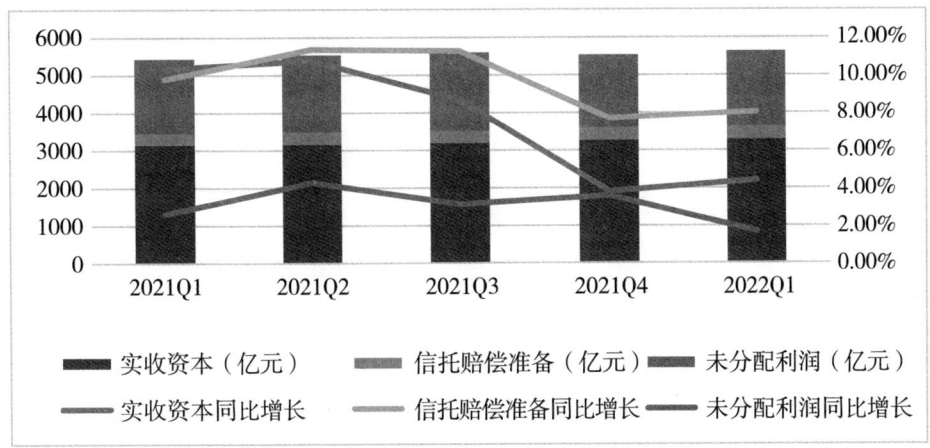

图 7-2　信托业所有者权益的主要构成变动情况

从固有资产的运用方式来看，主要运用方式的规模占比保持了相对稳定。其中，投资仍是固有资产运用最重要的方式，占比基本稳定保持在 80% 左右。（详见图 7-3）

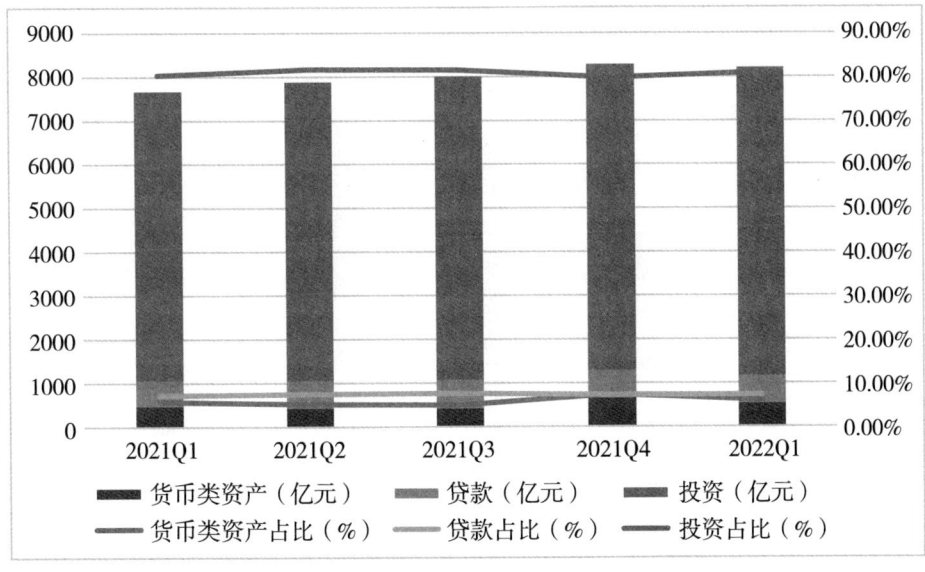

图 7-3　固有资产主要运用方式的结构变化

第二，信托经营收入。近一年来，信托行业的经营业绩面临一定的下行压力，经营收入同比增长率持续下跌。2022 年第 1 季度末信托业共实现经营收入 205.15 亿元，同比下降 28.25%。（详见图 7-4）

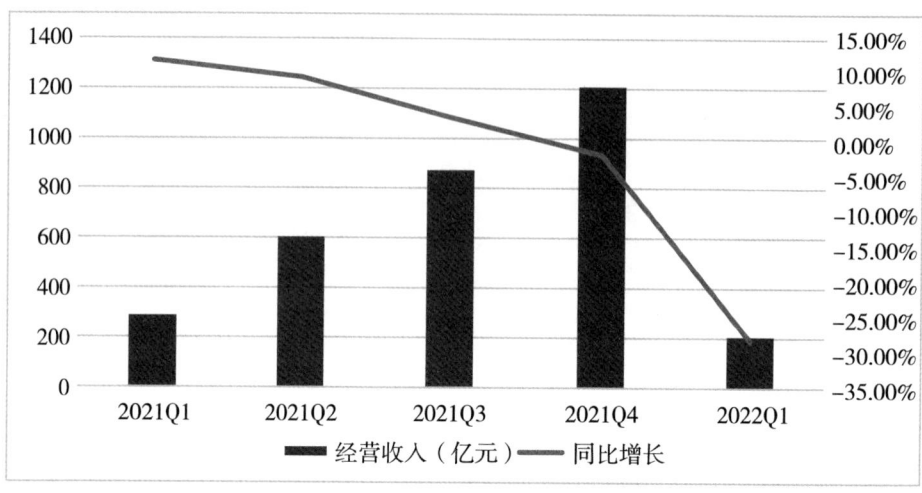

图 7-4　信托业经营收入变动情况

第三，信托利润总额。信托利润总额是行业经营业绩的重要指标，2021 年信托公司利润扭转颓势实现正增长，但至 2022 年第 1 季度末大幅回落，同比下降 31.42%。（详见图 7-5）

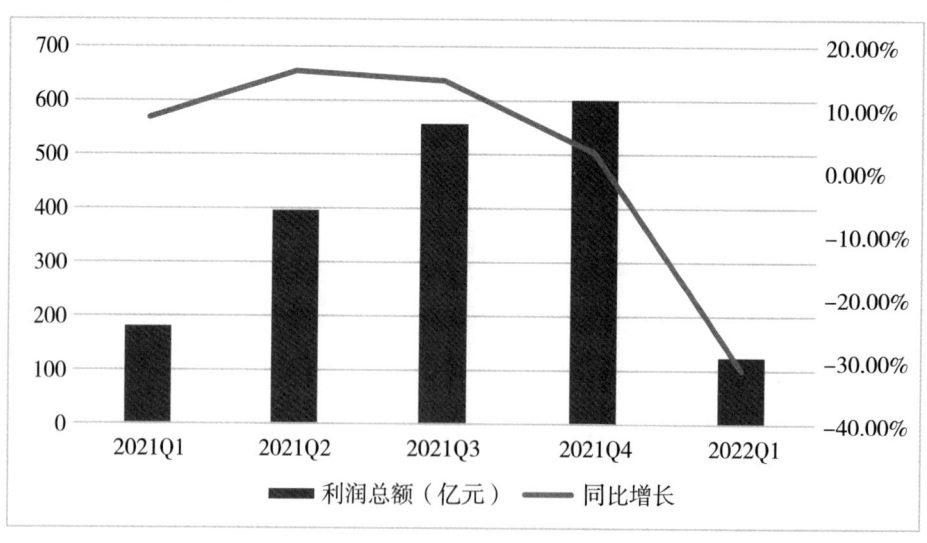

图 7-5　信托业利润总额变动情况

第四，信托业资产规模稳中承压。伴随着资管新规过渡期临近结束，信托资产规模渐趋平稳。2021年第2季度首次出现规模回升，但信托行业在严监管的引导下，信托资产规模持续压降，截至2021年第3季度末出现小幅回落，但仍略高于2021第1季度末资产余额。2021年第4季度末止跌回升。2022年第1季度末，信托资产规模并未延续回升趋势，出现小幅回落，这与宏观经济下行、社会融资需求减弱、资本市场波动等外部环境密切相关。（详见图7-6）

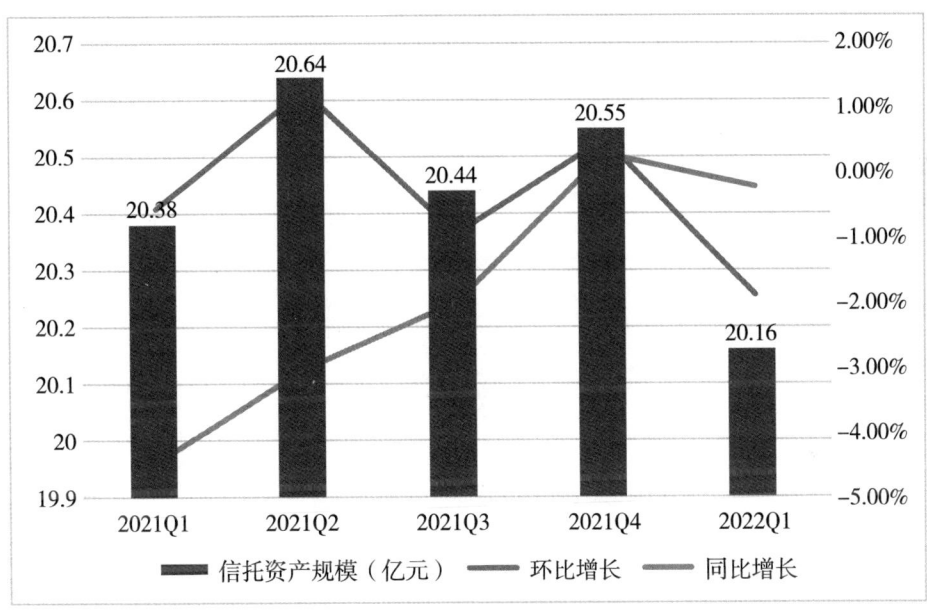

图7-6　信托资产规模变动情况

（二）营业信托的法治发展概况

2021年适逢《信托法》施行20周年。《信托法》发展到现在，一直具备符合行业发展的灵活性与前瞻性，其与《信托公司集合资金信托计划管理办法》《信托公司净资本管理办法》等，形成了较为完备的信托业法规体系。但随着时代的进步，已实施20年的《信托法》也暴露了一些问题，例如，信托登记和税收问题缺乏明确规定；信托业务发展偏离《信托法》；民事信托、公益信托未获得足够发展。这些都促使推进修改《信托法》，修改的主要目标：一是用《信托法》统领大资管业务和监管；二是建立信托登记制度；三是建立统一、明确、符合国际惯例的信托税收制度。

同时，2021年是资管新规过渡期的最后一年，2022年是资管新规正式实施的元年,信托行业在"两项业务"的压降上已经取得长足的进步,但风险防范仍是重大问题。因此,2021 年信托行业继续延续 2018 年以来资管新规的要求,坚持从严监管的主基调,进一步完善信托业监管制度体系,加强信托行业整体的合规程度。总体而言,2021 年以来的行政监管规范主要集中于三个方面:一是"两项业务"(通道业务和融资类业务)的压降;二是风险防范;三是公司治理,严抓信托公司子公司和异地机构清理;四是加强信托公司股权监管及推进 REITs 试点规范。(详见图 7-7)

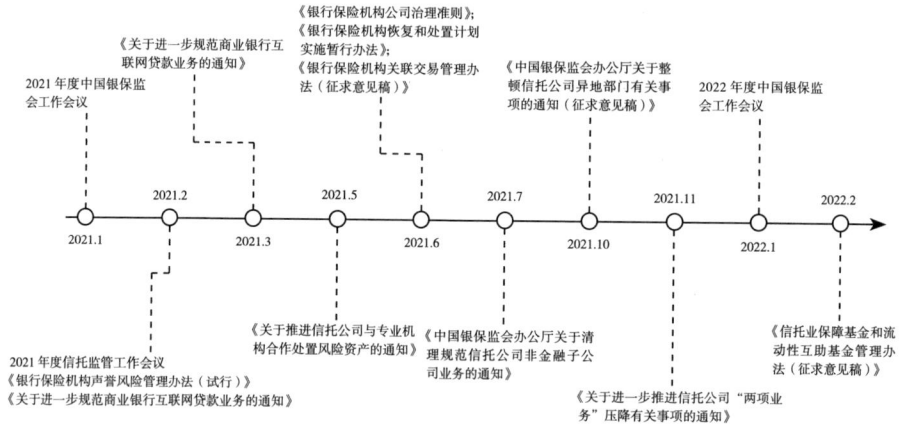

图 7-7　信托业部分会议和规范性文件出台时间轴

1. 继续压降"通道业务"及"融资类业务"

过去一年来,整个行业不符合监管要求的通道业务持续压缩,非标投资明显减少,资金投向不断优化,标准化投资快速发展,主动管理能力逐步加强,信托业转型已经取得一定成效。同时,伴随着各种行政监管规范的推出,作为我国金融业四大分支之一的信托行业历经"六次整改"后越来越规范化、标准化、专业化。

第一,"两项业务"规模压降。在 2021 年 2 月 7 日召开的 2021 年度信托监管工作会议中,监管部门提出继续开展"两压一降"并加大对表内外风险资产的处置力度,主要内容包括:融资类信托规模再降 1 万亿元(20%)、违规金融同业通道清零、风险处置 3000 亿元以上、房地产规模不超过 2020 年末。11 月监管部门再次强调"两项业务"的压降,发布《关于进一步推进信托公司"两项业务"压降有关事项的通知》,要求各信托公司以 2020 年底的主动管理类融资信托规模为基础,2021 年底必须继续压降约 20% 的比例,通道类业务年底前必须做到"应清尽清、能清尽清",通道类信托项目到期的原则上不得展期续做,未到期的应加强与委托方和交易对手的协商争取提前结束。

第二,打击"假投资"业务。3月12日,银保监会发布《关于辖内信托公司做好2021年"两项业务"压降及风险资产处置相关工作的通知》,监管持续加码,明确对信托公司提出了"三位一体"的工作目标,重点要求信托公司加大表内外风险资产的处置和化解工作,要求压降信托通道业务,要求信托公司压降违法违规严重、投向不合规的融资类信托业务。

第三,惩罚措施保持高压。年初信托监管会议上通报批评未能完成压降任务的信托公司,同时6月4日,银保监会出台信托公司监管评级操作细则,增加"两压一降"指标落实情况、风险监测与防控、监管政策落实情况、信保基金认购等多项评价要素子项下的细项调整。2021年中,监管层针对一些业务数据处于高位、没能达到监管要求的信托公司,发出"全面暂停融资类业务"的通知。

第四,信托业务的重新划分与转型。在2022年初全国信托工作会议上,中国银保监会相关负责人明确提出新的信托分类,即按照资产管理信托、资产服务信托和慈善信托对信托业务进行划分。新的信托分类不仅是对资管新规文件精神的落实,而且是对信托业务转型方向和监管思路的再次确认,对信托公司业务开展新一轮转型具有重要的指导性意义。

2. 监管中心集中于防范金融风险

在经济下行压力较大、监管政策收紧及行业风险加剧暴露的形势下,信托行业前期业务的突飞猛进为行业埋下风险隐患。同时伴随市场风险上行,风险防范和不良处置成为监管层对信托公司的重点任务。

第一,风险制度约束。2021年1月26日,中国银保监会工作会议指出,要大力规范整治重点业务,持续整治影子银行,对高风险影子银行业务的新形势、新变种露头就打。随后在2月8日,银保监会制定了《银行保险机构声誉风险管理办法(试行)》,形成融合统一的声誉风险监管制度,指导行业机构加强声誉风险管理、优化完善体制机制、有效防范应对声誉风险。2月19日,银保监会发布《关于进一步规范商业银行互联网贷款业务的通知》,主要包括严禁风控外包,在出资比例、集中度和限额管理方面明确三大量化指标以及限制异地经营等,明确将数十家信托公司及消费金融公司纳入新规下的监管。这进一步明确了监管部门加强严监管的态度。2021年6月3日,银保监会下发《银行保险机构恢复和处置计划实施暂行办法》,指导银行保险机构未雨绸缪、防患于未然,从制度上预先筹划重大风险情况下的应对措施，有利于压实金融机构主体责任和股东责任，强化金融机构审慎经营意识，持续提升防范化解风险能力。6月21日，银保监会发布《银行保险机构关联交易管理办法（征求意见稿）》规范银行保险机构关联交易行为，防范不当利益输送风险。8月17日，中央财经委员会第十次会议召开，这次会议的议题有两个，其中一个就是"研究防范化解重大金融风险、做好金融稳定发展工作问题"。专题讨论研究防范化解重大金融风险，体现出高层对此问题的高度重视。信托公司风险是金融系列风险的重要组成部分，防范化解信托公司风险需要多管齐下。2022年2月，为更好发挥基金化解和处置行业风险的功能，维护金融稳定，中国银保监会商财政部对《信托业保障基金管理办法》（银监发〔2014〕50号）进行修订，形成了《信托业保障基金和流动性互助基金管理办法（征求意见稿）》，强化信托道德风险防范。

第二，不良资产的市场化处置。5月11日，银保监会下发《关于推进信托公司与专业机构合作处置风险资产的通知》，核心内容为鼓励信托公司与专业机构通过批量转让、财务重组等市场化的方式处置信托公司固有不良资产和信托风险资产，进一步构建信托业风险资产处置市场化机制。同时指出，信托公司可以向信托保障基金公司、资产管理公司等专业机构合作设立的特殊目的载体卖断信托业风险资产。

第三，信托公司风险项目排查。除了正式的监管文件出台，银保监会对信托公司风险项目排查比较重视。2021年以来，监管层主要对信托公司以下五个方面的风险进行主动排查。一是在主动管理类信托方面，对非标资金池风险、融资类信托的信用风险进行排查。二是在事务管理类信托方面，重点关注金融同业通道业务。三是在固有业务方面，要求排查固有资产的安全性和流动性状况。四是在公司治理方面，要求全面梳理信托公司股权关系，甄别实际控制人、一致行动人及关联方；排查违规关联交易；严防非金融子公司经营风险向上传染。五是在风险防控和处置方面。

3. 优化公司治理，严抓信托公司子公司和异地机构清理

第一，健全公司治理机制。2021年6月2日，银保监会下发《银行保险机构公司治理准则》，明确各治理主体的职责，强化治理机制运行的规范性。作为银行业保险业公司治理的纲领性监管制度，该准则的发布有利于健全银行保险机构公司治理机制，进一步提升公司治理的科学性和有效性，推动银行业保险业实现更高质量发展，促进金融更好的服务构建新发展格局。

第二,清理非金融子公司。7月30日,银保监会官网对外公布,为治理信托公司非金融子公司市场乱象,防范化解金融风险,促进信托公司回归本源、转型发展,根据《信托公司管理办法》等有关规定,中国银保监会发布《中国银保监会办公厅关于清理规范信托公司非金融子公司业务的通知》,以"压缩层级、规范业务"为主要思路,加强信托公司境内一级非金融子公司管控,明确清理规范工作安排。

第三,清理异地部门及人员。10月8日,《中国银保监会办公厅关于整顿信托公司异地部门有关事项的通知(征求意见稿)》发布,明确要求信托公司在1年之内完成对异地管理总部的整顿,要点包括中后台部门迁回注册地或与注册地部门合并,所有异地部门的员工总数应占信托公司员工总数的35%以内等。监管层要求信托公司规范异地分支机构,强化对异地部门管控,降低风险隐患积累,防范化解金融风险,促进信托公司回归本源、转型发展。

4. 信托公司股权监管及推进REITs试点规范

在信托公司股权监管方面,银保监会通过《中国银保监会信托公司行政许可事项实施办法》对信托公司股东的资质、资金及公司治理提出新的要求。同时出台《银行保险机构大股东行为监管办法(试行)》,防范信托公司"大股东"可能存在的滥用股东权利损害公司利益风险;在信托业务方面,随着证监会及国家发改委发布证监发40号文提出推进REITs试点工作,2021年发改委发布《国家发展改革委办公厅关于建立全国基础设施领域不动产投资信托基金(REITs)试点项目库的通知》,宣布建立试点项目库,优先支持有利于促进实现碳达峰碳中和目标的项目。

二、典型案例评述

(一)名股实债的性质认定[①]

1. 基本案情

中融信托以增资名义取得青海水电股权,并支付增资款27亿元,全部用于青海水电开发建设的某水电站项目及公司运营。青海水电的实际控制人需按照增资款+回购溢价(固定溢价率13.3%/年)回购中融信托持有的股权。为保证中融信托债权的实现,各方进一步约定了股权质押担保、保证担保等担保措施。青海水电

---

① (2021)青民终74号。

在"增资"项下共计向中融信托支付 39 笔前端费用或利息,其中 37 笔是直接由青海水电支付,另外 2 笔虽是由案外人支付,但在摘要处备注为代青海水电支付。

此后,青海水电的实际控制人又将其持有的青海水电 5% 股权转让给中融信托,并承诺回购中融信托所受让股权,并就回购义务约定了相应担保措施。中融信托为此支付约 3.47 亿元股权转让价款。该等款项也全部用于青海水电开发建设的某水电站项目以及公司运营。

2020 年 6 月 24 日,法院裁定受青海水电的破产重整案,并指定破产管理人。中融信托向管理人申报债权后,因双方对申报债权性质存在争议,管理人向中融信托出具异议答复函,中融信托提起诉讼。

2. 争议焦点

就各方当事人之间形成何种法律关系,以及在信托参股情形中依据哪些要素判断其真实身份。

3. 裁判要旨

信托公司虽以信托资金入股并被登记为公司股东,但综合考量是否实际参与公司经营、是否约定享有固定收益等要素,表明在履行合作、增资、股权转让协议期间信托公司并未被作为股东对待。对此通过实质审查,应认为双方所产生的民事法律关系确定为名股实债,认定信托公司向目标公司的融资款为债权。

4. 案例评析

自《民法典》及其配套司法解释实施以来,名股实债、让与担保等问题的司法裁判规则已经逐渐清晰。但是在此类案件中,如何锁定"名股实债"对应的债务人,仍然存在较大争议。2018 年《最高人民法院民事审判第二庭法官会议纪要》①曾给出一个相对清晰的判断标准。该会议纪要认为应根据当事人的投资目的、实际权利义务等因素综合认定其性质。投资人的在于取得目标公司股权,且享有参与公司经营管理权利的,应认定为股权投资。反之,投资人目的仅为获取固定收益,且不享有参与公司经营管理权利的,应认定为债权投资。投资股东与项目公司之间的内部关系,除工商登记信息显示的公示外观外,尚需通过探究当事人真实意思表示的方式予以判定,判断要素:一是各方的真实意思表示以及投融资安排的本质;二是投资人是否参与项目公司经营管理;三是承担风险的方式是与

---

① 贺小荣主编:《最高人民法院民事审判第二庭法官会议纪要》,人民法院出版社 2018 年版,第 64 页。

公司共担风险还是享受固定收益等。本案中，法院综合上述因素，基于项目公司对于整体融资安排的认可并实际履行了部分付息义务等事实细节，认定信托公司是项目公司的实际债权人，并得以在项目公司破产程序中申报债权。需要注意的是，司法实践一般秉持"明股实债"效力内外有别的原则，即对内关系上采用穿透审查原则以真实法律关系定性，在对外关系上遵从信赖保护原则以外观主义保护善意第三人利益，即为保护第三人对于工商登记信息中股权投资关系的信赖，维护交易安全，不论投融资双方之间是真实股权投资还是名股实债，均应当认定投资方对于目标公司是真实的股权投资。①

（二）信托公司受托持有股份时的股东瑕疵出资责任承担②

1. 基本案情

2006年9月7日，爱建信托与案外人中原信托签订《股权转让协议》，受让中原信托持有的热电公司20.855%股权。因该股权属职工持股信托，本次转让不支付对价。2006年9月8日，爱建信托与英属维尔京泛域公司签订《股权转让协议》，约定泛域公司同意将其持有的热电公司34.145%股权及相应的权利、义务以零价格转让给爱建信托，爱建信托同意按此价格购买泛域公司的上述股权，承担出资义务。因泛域公司尚未完成出资，因此本次股权转让为零价格。此后，各方根据相关股权变动等情况，签订了《公司合同修改协议》《公司章程修改协议》，对热电公司《中外合资经营企业合同》和《合资经营企业章程》进行了修改，并办理了相应的行政审批和工商变更登记手续。2013年4月，方大炭素作为另案的保证人，因向债权人农行陕县支行履行了债务连带清偿保证责任，依法取得向热电公司追偿的权利。

2. 争议焦点

信托公司代表信托持有股权，是否应当承担股东瑕疵出资责任？

3. 裁判要旨

名义股东和实际出资人之间的约定只具有内部效力。从信托登记公示效力来看，上海信托登记中心是区域性登记机构，并非全国统一正式的信托登记机关，不具有法定的公示效力。信托公司所持股权在外观上并不具备信托财产的标识，信托财产隔离效果无法得到保障，善意第三人据此无从知晓信托公司股权投资的

---

① （2021）辽01民初217号。
② （2020）最高法民再77号。

真实性质，因此从公示制度的完善程度而言，应优先适用公司法的相关规定，有权要求作为股东的信托公司在未出资本息范围内对公司不能清偿部分债务承担补充赔偿责任。

4. 案例评析

实践中，由于信托财产登记制度缺失，信托公司经常只能按照工商登记的方式，登记为标的公司的股东。而仅凭工商登记表征的信息，可能无法区分信托公司取得股权的方式及信托公司的真实地位。在此情况下，信托公司受托"持有"标的公司股权，是否应当承担标的公司在公司法意义上的股东义务，是否应以固有财产承担责任，存在争议。这实际上反映了我国信托登记公示制度的不足，其往往与一般物权登记方法混为一谈，无法揭示信托财产安排的特征。[①] 本案中，法院判决某信托公司向标的公司的外部债权人承担责任，主要原因在于某信托公司通过受让的方式取得标的公司股权，且在明知该股权未实缴的情况下承诺承担出资义务。这与通过名股实债/让与担保等交易受托管理标的公司股权、实际不承担出资义务的债权人不同。

（三）刚性兑付条款的效力认定及无效后的责任承担[②]

1. 基本案情

2016 年，高速财务公司认购安信信托公司管理的信托计划 4 亿份信托受益权份额，信托计划存续期限为 60 个月。2019 年 5 月 4 日，安信信托公司与高速财务公司签署《信托受益权转让协议》，约定安信信托公司受让高速财务公司所享有的 4 亿份信托受益权，转让日为 2019 年 5 月 4 日，转让价款 = 标的信托收益权对应的信托资金 ×（1+6.5%/ 年 × 转让方实际持有信托受益权的天数 /365）− 转让方持有标的信托受益权期间已获得分配的信托利益；自信托受益权转让日起，转让方作为受益人依据《信托合同》所享有的全部标的信托受益权及相应的权利和义务均由受让方承继。

2019 年 7 月 9 日，高速财务公司与安信信托公司签订《补充协议》，具体载明双方于 2019 年 5 月 4 日所签订的《信托受益权转让协议》项下受益权转让日变更为 2020 年 5 月 4 日；自 2019 年 5 月 5 日起，信托资金收益率按 7.5%/ 年（365 天）执行等事宜。

---

① 针对信托登记的法律分析，详见"三、热点前沿法律问题"的第三个热点问题探讨"信托登记的对抗效力及外观主义原则在信托语境下的适用"。

② （2020）湘民终 1598 号。

2. 争议焦点

信托投资关系中兜底条款的法律效力，以及被认定无效后的法律后果。

3. 裁判要旨

双方依据《信托合同》建立信托法律关系，而其后签订的《信托受益权转让协议》及《补充协议》，改变了《信托合同》确立的权利义务关系。受托人安信信托公司受让了原由湖南高速集团财务有限公司（以下简称高速财务公司）享有的信托利益，并承担了因信托计划所产生的全部投资风险。上述约定本质上履行的后果是高速财务公司从信托公司处得到本息固定回报、保证本金不受损失。其法律关系是名为信托受益权转让，实为保本保收益的承诺安排，违反了《信托法》第34条"受托人以信托财产为限向受益人承担支付信托利益的义务"的规定，案涉《信托受益权转让协议》及《补充协议》应被认定无效。

4. 案例评析

信托在我国商事领域的快速发展，主要建立在巨量社会资金的涌入和金融监管自由化带来的行业扩张上，而非立足于信托法制的相应发展和完善。伴随行业规模扩大而来的大量纠纷，长久以来依赖于司法规制外的其他途径进行化解。一是监管事前规制。如监管部门对信托投资方向和资金门槛的规定[①]及对结构化信托的资金配比限制[②]等，其目的在于通过介入商业模式安排，实现对特定风险的事前预防。二是信托公司通过"刚性兑付"实现的事后托底。在相当数量的信托纠纷中，投资人（受益人）的"保本付息"诉求，与信托公司（受托人）消除兑付危机负面影响的维稳理念相呼应，致使大量实际矛盾被掩盖于刚性兑付的"案结事了"之下。其后果不但扭曲了市场激励，也导致司法无法对现实中大量存在的纠纷形成真实观察和有效反馈。2018年4月27日，中国人民银行、银保监会、证监会、国家外管局联合颁布了《关于规范金融机构资产管理业务的指导意见》（以下简称《指导意见》），从监管角度禁止信托公司的刚性兑付行为。一方面，"破刚兑"体现了监管部门矫正行为模式、构筑市场理性，督促信托业回归本源的期

---

① 参见《关于加强信托投资公司部分业务风险提示的通知》（银监办发〔2005〕212号）；《中国银监会办公厅关于加强信托公司房地产、证券业务监管有关问题的通知》（银监办发〔2008〕265号）等。

② 参见《关于加强信托公司结构化信托业务监管有关问题的通知》（银监通〔2010〕2号）；《关于进一步明确规范金融机构资产管理业务指导意见有关事项的通知》（银发〔2018〕106号）等。

望;另一方面,无法再通过"刚兑"解决的纠纷必将大量进入司法领域,寻求私法规制调整。已有学者指出,在"破刚兑"的大背景下,如司法实践无法采取有效应对,在私法层面厘清权利、义务和责任,必将使因信托管理不善导致的权利亏损得不到有效救济。①在以往的司法实践中,法院判决信托受托人承担责任的比例不高,并非受托人已适当履行自身义务的证明,相反这正是信托私法救济规制不足的反映。重视对受信法尤其是受信法下救济制度的立法完善、司法适用和理论研究已是迫在眉睫的任务。刚性兑付无效后,过错方应当赔偿相对方的直接损失。刚性兑付行为无效是否导致信托合同(信托行为)是否无效,则需要在个案中具体分析。一般而言,刚性兑付约定具有独立性,刚性兑付约定无效的,原则上不应影响信托合同的效力。在信托合同有效的情况下,除"因信赖受挫时合同未能有效成立而落空的费用"外,刚性兑付行为并不会给受益人造成其他实际损失。

(四)通道信托受托人的义务边界及免责标准②

1. 基本案情

2013年6月,上海A管理中心(作为委托人)与华澳信托(作为受托人)签订《xx·浙江A公司贷款项目单一资金信托合同》。此后,王某、陈某某等人以上海A管理中心的名义向社会不特定公众募集资金,王某某作为有限合伙人,向收款人户名为上海A管理中心的账户汇款120万元。该120万元被陈某某等人用于归还辽阳B公司股东的对外债务。在案涉信托项目存续期间,华澳信托内部曾于2013年12月出具《项目风险排查报告》,载明:"二、本信托为支持浙江A公司补充流动资金缺口,……该项目为单一被动管理类信托项目,项目风险可控,本次检查未发现重大风险事项。"

2016年5月27日,上海银监局出具沪银监访复(2016)443号《信访事项处理意见书》,认定在案涉信托计划中华澳信托存在对机构委托人未做充分调查,对其委托资金来源的调查流于形式,对该信托计划的委托资金来源未尽到合规审查义务,违反了审慎经营规则。此外,上海市第一中级人民法院在另案中查明:"……2013年6月至8月间,被告人王某使用上海A管理中心等有限合伙企业的名义,以年化利率9.5%—12.5%的高额利息为诱,向社会不特定公众销售'浙江A

---

① 汪毅:《营业信托纠纷裁判应重视监管作用》,载《人民法院报》2019年8月17日。

② (2021)沪74民终1093号。

公司杭州保障房投资基金项目',非法集资2.8亿余元。嗣后,王某依照上述合同约定划款2.8亿元至某信托公司,某信托公司再贷款给浙江A公司。浙江A公司收到后,划款2.53亿余元至辽阳B公司,划款558万余元至被告人陈某某银行账户,上述钱款主要用于归还辽阳B公司股东的对外债务。至案发,各投资人共计收到5308万余元,尚有2.3亿余元经济损失。"

2. 争议焦点

华澳信托作为通道受托人应负的义务内容和责任承担。

3. 裁判要旨

在被动管理型信托业务中,信托公司虽主要依据信托合同约定履行相应义务,但其在以自身名义独立从事信托管理事务时,仍应尽到合理注意义务。信托公司作为专业的金融机构,在明知委托资金系属私募募集资金的情况下,更应当审慎回应委托人提出的明显不合理要求。如果信托公司的过错行为客观上促成了犯罪分子的集资诈骗行为,对投资者被骗受损负有一定责任,那么信托公司应当根据其过错程度,承担相应的侵权损害赔偿责任。

4. 案例评析

上海金融法院认为,即使案涉交易模式为通道型信托,信托公司内部从审慎管理角度出发,也有审查委托人资金为自有资金的规范要求。信托公司作为专业的金融机构,在明知委托资金系属私募募集资金的情况下,更应当审慎回应委托人提出的明显不合理的要求。华澳信托出具的《项目风险排查报告》虽为内部资料,但被犯罪分子利用。根据《信托法》的相关规定,在信托设立后,受托人对信托财产所投项目的尽职调查、信托存续期间的事务管理等负有全面管理的责任,因此王某某等投资者从上海A管理中心处看到《项目风险排查报告》,有理由相信系争产品受到了华澳信托的监管和核查。因此,华澳信托出具虚假调查报告的行为客观上起到了蒙骗投资者的作用,应对王某某等投资者投资被骗受损负有一定责任。

通道类信托业务在业务模式上偏离了信托业"受人之托,代人理财"的传统模式,权利义务设置上也有别于传统法律关系的基本结构。此前,许多从业者误认为信托公司在通道业务中只承担事务管理职责,不承担任何责任。但是"通道业务"不意味着受托人完全免责。本案中,法院明确信托公司虽仅负事务性管理之责,但仍应秉持审慎原则开展经营,并履行必要的注意义务。该司法观点反映了当前司法实践顺应宏观金融监管政策变化趋势,理性应对前期信托实践中的乱象和痛点,对通道业务中信托公司放任纵容违法募集、无视监管风控程序、随意出具虚假证明文件等行为严格追责,厘清了信托公司合法审慎经营的权责边界,同时也积极回应了投资者诉求,给予了受损投资者合理的经济赔偿,为解决同类金融产品兑付风险引发的纠纷提供了可行路径。

(五)受托人受信义务的履行标准[①]

1. 基本案情

2017年,民生信托向华兴银行提供项目《尽职调查报告》《利源精制定增推介PPT》及与王民签署的《增信协议》。后华兴银行分两次认购民生信托发行的"至信272号利源精制定向增发集合资金信托计划"并签署《信托合同》。信托计划预计存续期限为18个月,预期年化收益率7.2%,信托资金由民生信托负责管理,通过认购管理人设立的资产管理计划份额,最终投资于上市公司利源精制的定增股票,定增股票限售期12个月。上市公司大股东王民签署《增信协议》对定增投资承担差额补足义务。

信托计划完成投资后,发现上市公司大股东将自身持有的上市股票进行了质押;而2018年以来,股价从1月的10.12元持续下跌至12月的3.12元,下跌幅度明显超过深证成指。2019年4月16日,承担差额补足义务的上市公司大股东去世。因华兴银行投资的信托计划产生巨额亏损,华兴银行分别向北京银保监局和中国银保监会提出信访,后收到答复显示监管部门认为:第一,民生信托未在《尽职调查报告》中体现被投企业及保证人涉诉情况,尽职调查工作存在不足;第二,信托经理顾为违规作出刚兑承诺,民生信托对员工行为管理存在不足;第三,民生信托未履行重大事项信息披露义务、信息披露报告不符合要求。后华兴银行向北京市第二中级人民法院提起诉讼,要求民生信托赔偿本金损失2.28亿余元,与按照年化7.2%的标准计算的资金占用损失。

2. 争议焦点

民生信托在尽职调查、信托财产处置、承诺"刚兑"等信托事务处理环节是否勤勉尽责,该信托事务处理行为与华兴银行的财产损失之间是否存在因果关系,如何确定民生信托对华兴银行的赔偿责任?

3. 裁判要旨

信托受托人的受信义务是信托运作的核心,受信义务的履行内容和履行标准

[①] (2020)京02民初302号。

视受托管理财产的性质不同而有所区别。证券类信托场景中，二级市场涨跌频繁且需要专业判断信托延期是否合理，因此投后管理环节系受托人受信义务的重点。信托公司作为专业受托人，应基于专业判断而选择合理的方式和时机处置信托财产，其注意义务的履行标准高于善意管理人标准。

4. 案例评析

本案涉及银行作为合格投资者，投资信托公司发行的上市公司股票定增信托计划，后上市公司股票持续下跌，产生巨额亏损而引发的纠纷。本案涉及的争议焦点在该类案件中具有很强的代表性，在投前尽调、重大事项披露、信托财产管理等各环节和方面就受托人的义务履行内容和履行标准进行了界定。委托人在起诉前通过向受托人监管部门信访、通过受托人监管机构锁定受托人的诸多违规行为的诉讼策略在该类案件中也具有一定代表性。需要注意的是，信托受托人的管理行为标准来源于受信法法定或信托文件约定，通说认为系所有法律关系中行为人可能负担的最高标准义务，[①] 较之善良管理人的义务标准更为严苛。本案审理法院详细论述了受托人在诸多方面未尽勤勉尽责义务且与造成投资人损失存在因果关系的情况下，引入了股票市场风险作为裁判赔偿金额的考量因素，针对委托人1.78亿余元的投资本金损失，酌定信托公司承担3000万元的赔偿款金额，不足之处在于对具体考量因素未予详细论述；依据受信法原理，可从受托人的客观专业能力标准、信托关系双方对风险可预见性的不同能力、应对损失风险的替代方案可行性等方面进行综合考量。

（六）事实信托关系的认定及适当性义务审查的考量因素[②]

1. 基本案情

才某先后两次向中信信托汇款777.7万元购买信托产品，汇款摘要载明购买某信托产品。因证券市场大幅下跌，信托产品被全部平仓清算，才某分得信托财产利益383万余元，才某以《信托合同》及《客户调查问卷》并非其本人签署、信托合同不成立、信托公司违反适当性义务为由诉至法院，要求中信信托赔偿损失。中信信托主张信托合同成立，并以才某拥有多个证券账户，存在证券买卖、融资融券的投资经验为由主张免除适当性义务。法院经审理认为，双方虽未签订书面合同，但才某已经支付认购信托产品的款项，信

---

① 姜雪莲：《忠实义务的功能：以学说为中心》，载《中国政法大学学报》2016年第4期。
② （2021）京74民终574号。

托合同成立。才某既往投资金融产品的属性、类型、金额等均与案涉信托产品存在较大差异，其既往投资经验不足以免除中信信托的适当性义务。中信信托所提交证据不足以证明其充分履行了适当性义务，应赔偿才某的投资损失。

2. 争议焦点

为双方信托合同是否成立？信托法律关系是否必须以书面方式予以确立？

3. 裁判要旨

《信托法》规定设立信托应当采取书面形式，但当事人未签订书面合同并不当然意味着信托不成立。信托合同是否成立应以双方当事人是否存在信托合意作为判断标准，适用履行治愈规则。金融消费者的既往投资经验是否可以免除金融机构的适当性义务，应综合考量金融消费者既往投资金融产品的属性、类别、投资数额以及投资期间等因素，根据金融消费者的自主投资决定是否受到影响进行判断。

4. 案例评析

本案是准确适用信托合同成立相关规则、践行金融消费者保护精神的典型案例。我国信托实证法原则上只认可明示信托。但《信托法》是民法的特别法，该判例秉持的观点是，信托合同的成立，要适用《信托法》，亦要适用《民法典》及合同相关规定。《信托法》第8条第1款规定，设立信托，应当采取书面形式。《民法典》第490条（原《合同法》第36条）规定，法律、行政法规规定或者当事人约定合同应当采用书面形式订立，当事人未采用书面形式但是一方已经履行主要义务，对方接受时，该合同成立。本案中，当事人双方虽未签订书面合同，但才某已经通过转账支付购买信托产品的款项，信托公司亦已经接受，根据原《合同法》的相关规定应当认定信托合同成立，这是准确衔接适用信托法与合同法的体现。司法实践对信托成立形式要件的观点，可能为除明示信托外的其他信托类型，包括域外信托法下的归复信托（resulting trust）、推定信托（constructive trust）相关原理的应用提供适用基础。

（七）通道信托受托人的责任免除情形[①]

1. 基本案情

2011年6月22日，北京华美公司与山东信托签订合同编号为SDXT2011信

---

① （2021）最高法民申2203号。

字-BYSN-001号《资金信托合同》约定：委托人基于对受托人的信任，自愿将其合法所有的资金委托给受托人，并指定由受托人向白银新华公司发放期限为12个月的信托贷款专项用于新建项目设备购置，金额为4000万元，贷款固定年利率为13.5%，委托人指定该信托贷款由白银新华公司现有的土地及地上新建、在建的固定资产为抵押物提供贷款担保。受托人将信托财产所形成的收入作为信托利益的来源，按照本合同的规定将信托利益分配给受益人。本信托为单一资金信托……借款人和保证方式（如有）系委托人指定，委托人应对借款方的借款资格、还款能力、担保物（如有）的价值等于借款相关的因素进行实质性审查，确认其借款符合相关法律法规的规定，受托人对此不承担责任。

2011年6月24日，信托公司（乙方）与白银新华公司（甲方）签订合同编号为SDXT2011贷字-BYSN-001号《信托贷款合同》约定：甲方向乙方借款人民币（大写）肆仟万元整。甲方借款将用于新建项目设备购置。2011年6月22日，信托公司与白银新华公司签订了编号为SDXT2011抵字-BYSN-001号的《抵押合同》约定，白银新华公司以其编号为SDXT2011抵字清单-BYSN-001号的《固定资产抵押清单》上的生产设备为上述信托贷款合同提供抵押担保，同日，在白银市工商管理局办理了抵押登记。上述协议签订后，信托公司依约向白银新华公司发放借款。后因白银新华公司出现了违约情形无法偿还本金及利息，北京华美公司以山东信托违规放贷且怠于主张债权向法院提起诉讼，要求其承担赔偿责任。

2. 争议焦点

山东信托是否存在违约行为，应否赔偿北京华美公司的损失？

3. 裁判要旨

案涉信托合同作为单一资金信托，借款人和保证方式均系委托人指定。委托人有义务对信托贷款的借款方和担保物进行实质性审查，确认其借款符合相关法律法规的规定，自行承担信托资产的风险管理责任和相应风险，信托公司不负有事前审查和尽职调查的义务。

4. 案例评析

在该类信托中，资金来源、资金去向、投资标的、退出机制等均由资金融通双方协商确定，信托仅在其中作为资金流通通道的商业安排，属于典型的"通道信托"。这种"信托"并不具有信托所应具备的受信关系要素，受托人也不负有信托法下的受信义务，其义务性质与合同义务并无本质区别。当《信托合同》对于受托人的义务内容和免责要件有明确约定时，即如本案情形，应以合同约定作为判定受托人是否违反义务和承担责任的依据。

（八）信托委托人知情权的范围界定[①]

1. 基本案情

2017年8月9日，国投财务公司作为委托人与中粮信托公司签署《信托合同》。合同约定：委托人有权查阅、抄录与其信托财产有关的信托账目以及处理信托事务的其他文件。后国投财务公司起诉，要求中粮信托提供信托产品相关材料。

中粮信托有限责任公司于本判决生效后10日内，在本公司固定场所提供以下文件供国投财务有限公司查阅、抄录：《尽职调查报告》《法律意见书》《质押协议》《中国民生银行电子商业汇票业务服务协议》，国投财务有限公司对于通过查阅方式所获取的非公开信息负有保密义务。驳回国投财务有限公司的其他诉讼请求。

2. 争议焦点

受托人的知情权的范围和行使方式为何？

3. 裁判要旨

信托委托人依法享有知情权。投前文件如《信托计划说明书》中列明的备案文件，属于委托人在投前、投后有权查阅文件。除相关规范性文件或者合同条款对再次查阅相关文件作出限制性规定或者约定外，信托计划设立前形成的备查文件的查阅权贯穿于整个信托期间。但除有证据证明受托人违反法律规定的受托义务外，委托人知情权范围不包括受托人内部管理文件如信托底稿等。

4. 案例评析

《信托公司集合资金信托计划管理办法》第15条规定，委托人认购信托单位前，应当仔细阅读信托计划文件的全部内容，并在认购风险申明书中签字，申明愿意承担信托计划的投资风险。信托公司应当提供便利，保证委托人能够查阅或者复制所有的信托计划文件，并向委托人提供信托合同文本原件。

委托理财类纠纷中，作为委托人的投资人如何举证证明受托人存在违反合同约定、未尽勤勉尽责义务，常常是投资人面临的难题；也因此，不少委托理财纠纷在启动前，投资人会先提起知情权诉讼，要求受托人提供与投资产品相关的书面材料。本案及涉及信托计划委托人的知情权纠纷，核心在于委托人享有的知情权范围（是否包括尽调报告、尽调底稿等），以及行使知情权的方式（如能否复

[①] （2020）京02民终10989号。

制），审理过程中，二审法院纠正了一审法院部分判决，具有一定代表性。

三、热点前沿法律问题探讨

（一）信托关系成立的认定方法：受信关系的本质特征

我国目前的司法实践倾向于将信托关系认定为平等的交易关系，比如简单的合同关系或者委托代理关系，并适用民事法律的一般规则。① 在以往的信托司法裁判中，② 可以发现投资人大多以合同违约为由提起诉讼，并根据合同中约定的信托机构义务，从诚实信用等方面主张合同违约。信托所体现的受信关系的本质特征，并未得到充分揭示。

比较法下，Peter Birks 将受信关系定义为"当某人在管理另一人的事务中享有自由裁量权以及权力，且在此情形中，另一人无法被合理期望对行为人实施有效监督，或采取其他防范措施以保护自己利益"的关系。③ 这种关系的特征之一为当事人实际能力和地位上的不平等，即一方较之另一方在专业知识或行为能力上处于明显劣势。这与民法所调整的"平等"关系不同，或者说，与民法看待法律关系的出发点不同。民法抽象地认为民事关系各方均为"平等主体"，坚持法律不应对任何一方的利益保护有所偏向，而不论该特定主体事实上是否处于劣势。因此有学者指出，民法是一个长期被平等"蒙汗药"麻醉的领域。④ 民法关系中存在的具体的、活生生的"现实"人，并不必然符合抽象统一的理性人标准。从实质正义的角度，法律有必要从抽象平等的幻想中抽离出来，而对事实上的个体不平整予以关注。这种从形式平等到实质平等的观念转变，已构成民法自我完善的一个重要方向。例如，在消费关系中，买卖双方显然不处于平等的实力地位上，如对这种事实上的不平等视而不见而坚持抽象平等理念，将导致消费者权利无法得到应有保护。因此《消费者权益保护法》的发展方向是强调卖方责任，强化对消费者的保护，以平衡双方权利义务。⑤ 又如，在金融消费领域，"金融消费者"概念的提出，合格投资者制度及卖方适当性义务的施加等，也是法律在正视双方能力

---

① 张春子：《多元化金融服务的利益冲突》，载《新金融》2001 年第 4 期。
② 参见（2010）沪二中民六（商）终字第 228 号、（2015）鄂武汉中民商初字第 00293 号、（2016）闽 02 民终 3952 号、（2016）陕 01 民终 6896 号等。
③ Peter Birks, *Equity in the Modern Law: An Exercise in Taxonomy*, 26 Univ. WALR 1, p.18 (1996).
④ 徐国栋：《论民事屈从关系——以菲尔麦命题为中心》，载《中国法学》2011 年第 5 期。
⑤ 李游：《"买者自负"的适用逻辑与金融消费关系的"不平等"》，载《北京社会科学》2019 年第 7 期。

的实际不平等后,向弱势一方提供的倾斜保护。① 受信关系与消费关系保护需求上有共通之处,但受信关系当事人之间能力和地位上的不平等程度,较之消费关系有过之而无不及。因为受信关系在当事人能力强弱之外,尚有弱者向强者让渡财产及财产上裁量权的事实。这就构成受信关系的"依赖性"特征。② 受信关系较之其他民事法律关系最为显著的特征,就是一方向另一方让渡特定财产及财产上的自由裁量权。这激化了经济学上的"代理问题"(agency problem)的出现,而受信法下的一系列特定义务体系和救济方法,均是对受信关系这种构造特征的法律回应。③ 因此,受信义务和受信法下的救济体系,被视为应对受信关系特殊结构特征的"虽不完美但唯一可行"的解决方案;其特殊性和正当性也只能置于受信关系语境下进行理解。受信法对义务体系和救济方法的设计建立在这样一种制度初衷上:一方面需要保持受托人取得授权范围的概括性和权力行使的自由度,以维持信托的灵活性特征和财产增值功能;另一方面需对该种宽泛的自由裁量权行使和结果施以严格控制,避免其被受托人滥用。在不同的受信关系类型下,当事人间地位越不平等,所让渡的自由裁量权越大,法律所施加的义务就越严格,救济方法就越严厉。

(二)商事信托中受信义务主体的识别

受信义务的识别问题,在商业信托语境下尤其有值得讨论的必要性,其原因在于真实的受信关系往往被隐匿于错综复杂的商业交易条款安排中。商业信托(我国《信托法》将其称为"营业信托")有其特殊性,在组织架构、制度功能和关系要素上与传统的民事信托存在差异。④ 这种区别甚至在以维护民事信托传统为主流态度的英国法下,也得到部分法官的确认。在 Target Holdings Ltd v Redferns 案⑤中,Lord Brown-Wilkinson 认为,在传统信托下发展起来的部分衡平法原则不一定适用于商业信托。如在后者语境下,一旦基础交易完成,受托人即不负复原基金(类似于我国信托法下的恢复原状)义务,而负担直接向受益人赔偿损失的责

---

① 廖凡:《金融消费者的概念和范围:一个比较法的视角》,载《环球法律评论》2012年第4期。

② Anthony Sangiuliano(2016), *A Corrective Justice Account of Disgorgment for Breach of Contract by Analogy with Fiduciary Remedies*, Canadian Journal of Law and Jurisprudence, Volume 29, Number 1, Available at SSRN: https://ssrn.com/abstract=2747038(Last visited on July 31st, 2022)。

③ Michael C. Jensen & William H. Meckling(1976), *Theory of the Firm: Managerial Behavior, Agency Costs and Ownership Structure*, 3 J. Fin. Econ. 305, p. 308.

④ 施天涛、周勤:《商事信托:制度特性、功能实现与立法调整》,载《清华法学》2008年第2期。

⑤ [1996]AC 421.

任。商业信托对传统信托法理论提出的更大挑战在于，其通过繁复的交易结构扭曲或隐藏了传统信托中清晰可见的权利义务主体安排，冠以"信托"之名者未必有信托之实，如诸多以"收益权"为名的信托，本质可能为借贷法律关系；[①] 背负"信托受托人"之名者亦未必实际负担受信义务，而掌握受信权力者另有他人，如实践中很多通道类信托呈现的实际情形。因此需要依据前述要素加以判断，以确定承担受信义务的适格被告主体。

1. "有名无实"的"信托受托人"

以我国目前商业实践中大量存在的通道型业务为例，按我国实证法对信托的定义，所谓的通道类信托并不具备信托的特征。以受信关系的各要素对该种"信托"进行分析，信托的建立主要是为了利用受托人的"通道"投资资质，而非出于委托人对受托人专业技能或忠实品格的"信赖"；信托财产的投资方向和运用方法亦由通道两端的资金提供方和资金使用方协商确定，受托人并未被赋予可影响委托人或受益人利益的"裁量权"；信托财产经信托"通道"由资金提供方流转至资金需求方，受托人实际上亦并未持有"关键资源"，亦并无实施自由裁量权的权力，故这种关系并非受信关系。又如，在结构化信托或资管产品中，资产管理人通常扮演的是消极、被动的角色，资管计划在大多数情况下也只是沦为一种通道或工具；表面上相关资产投资决策由优先级份额委托人和劣后级份额委托人直接下达，实际上最终决策人仅为劣后级份额委托人。其名为"信托"，但信托关系并非建立在"信赖"基础上；受托人尽管表面上占有信托财产，但无法对之施加任何"裁量权"。因此，在结构化资管计划中，优先级份额委托人及劣后级份额委托人与管理人（受托人）之间是一种单纯的委托关系，有时管理人甚至会沦为履行辅助人，甚至接近于物化的纯粹工具。[②] 这种关系并非受信关系无疑，此时"受托人"所负担的仅为合同义务而非受信义务；如该"受托人"违反义务为己牟利，仅适用合同法或侵权法下的一般救济，而无法向其主张归入救济。

2. "有实无名"的信托受托人

事实上，与信托在英美法系国家被确定为一类固定的财产制度和法律概念不同，我国的营业信托在分业管理框架下被定位为与银行、证券等并列的金融行

[①] 高凌云：《收益权信托之合法性分析——兼析我国首例信托诉讼判决之得失》，载《法学》2015年第7期；陈敦、张航：《特定资产收益权信托纠纷的司法认定——安信信托与昆山纯高案评析》，载《东南学术》2017年第4期。

[②] 叶名怡：《结构化资管计划的私法规制——以"宝万之争"为例》，载《法学》2018年第3期。

业，①"信托"之名未必对应信托之实，相反，规避采用"信托"名义者可能实质上构成实质上的受信关系。当事人之间是否构成受信关系，何方主体应被视为受信人，无法以"信托""受托人"等概念作为单纯的评判依据，而应考察当事人间的实际权利义务承担。如在部分通道信托业务中，出受托人或管理人外，尚有"投资顾问"或"财务顾问"角色的存在，相比于信托受托人以消极持有为主要内容的"通道"角色，投资顾问或财务顾问则事实上享有决定投资范围和投资方向、搭建交易框架、确定投资策略等权力。基于前文的受信关系判断要素，将投资顾问视为占有"关键资源"并负责实施对受益人利益构成重大影响的"裁量权"的受信人，显然更为符合实际情形。在 Boardman v Phipps 案②中，其中一名被告在信托协议中的地位是受益人，但法院认为，因该受益人主动承担管理信托的义务，并实际上不断干预信托运营，该被告被视为具有实际的受托人地位，并据此负担受信义务。在架构更为复杂的金融衍生品交易中，这种通过实质审查确定受信义务主体的方法更为必须，以识别和揭示真实的受信义务人。如针对证券经纪自营业务，经纪商事实上能单方选择自己的交易地位，既可能以做市商代理人身份与买方签立合同，也可能采取"背靠背"模式先从做市商处购入衍生品，然后再作为卖方售于买方。③因此，如果法律按经纪商依据自己所选择的合同地位来承担对应类型的义务，可能造成其规避本应承担的受信义务的后果。对此，在 Opeer v Hancock Sec. Corp 案④中，法官认定"就买卖双方之间达成的任何交易或关系而言，身份的选择……不能作为经纪商选择适用法律规避受信义务的手段"，这就是采纳了一种穿透审查的识别方法，以揭示真实的受信关系相对方和受信义务主体。

（三）信托登记的对抗效力及外观主义原则的适用

我国目前的信托登记尚不完善，往往因此引发竞争权益间的冲突。⑤外观主义旨在处理因外观权利与真实权利不符引发的竞争局面。司法实践中的部分观点认为，当外观权利与真实权利存在分离时，真实权利人不能对抗外观权利占有人的外部债权人，主要原因在于其权利未公示于外；只要第三人具有信赖外观权利的

---

① 刘迎霜：《金融信托：金融行业抑或制度工具——析"通道型"信托产品之"刚性兑付"》，载《社会科学研究》2014 年第 4 期。
② [1964] 1 WLR 993, 1007 (Wilberorce J).
③ 颜延：《金融衍生产品交易中的卖方受信义务》，载《法律科学》2014 年第 2 期。
④ Opeer v Hancock Sec. Corp., 250 F. Supp. 668, 675 (S.D.N.Y.1966).
⑤ 如前述典型案例中所引（2020）最高法民再 77 号案件。

合理善意，法律就应对其优先保护，此为贯彻外观主义以保护信赖利益的应有之意。①如在股权代持类型案件中，认为股东名册与工商登记具有对外的公示公信效力，申请执行人，无论其是否对股权本身享有特定主张，均可基于该权利外观产生信赖利益。②将该种观点替换置入物权性救济的讨论语境，于受托人违反受信义务为己牟利之情形，如获利已被受托人据为己有比如存入自有账户，其外观上与受托人一般责任财产无异。如赋予受益人对该部分收益的物权性救济，使其得取回该获利财产或允许其优先于一般债权人受偿，即有悖于外观主义原则，有损第三人信赖利益。

但通说贯彻的外观主义本质上是常规法体系之外的修正规则，具有补充私人自治之自我约束的功能，是诸多民法制度——占有、意思保留、善意取得、取得时效、表见代理及权利——失效后的法理依据。③但需要注意的是，信托本身即以对权利内容和权利外观进行分置为特征，此时并不存在适用外观主义的前提，即外观权利和实际权利的分离并非因物权归属确定原则"失效"造成，而是按信托制度本应如此。受托人名为所有人但对信托财产仅具合法使用管理权利，受益人虽非名义所有人但对信托财产享有真实权利，信托财产虽归于受托人名下但区别于其固有财产。民法传统下的物权公示仅能彰显物权发生的绝对变动和名义归属，但无法体现信托将实际权利和名义权利分置于受益人和受托人名下的特殊现象。就信托而言，除一般物权公示之外，尚需进一步的公示来解释信托分置财产权的特殊架构，并在此基础上讨论外观主义的适用：就第一重物权公示而言，体现为委托人向受托人转移物权。其公示效果为将信托财产剥离于委托人和受益人，使受托人取得"名义所有权人"的外观。但该环节的物权公示外观不仅不能达到彰显信托财产独立性的目的，如据此即产生"信赖"，反而可能会让交易相对人对标的财产的性质和归属产生误解，将信托财产误认为是受托人的固有财产而与之交易。④因此，这就需要在物权变动公示之外，进行第二重公示，向不特定第三人公

---

① 魏海：《不动产事实物权的判定依据及冲突解决规则》，载《法律适用》2010 年第 4 期。
② （2017）苏 0116 民初第 2763 号、（2017）鄂 0802 民初 2251 号、（2017）赣 0103 民初 2315 号、（2016）豫 01 民初 1953 号、（2017）津 0103 民初 6617 号、（2017）鲁 048 民初 3355、（2015）青商重字第 5 号、（2016）渝民终第 2 号、（2015）丽莲执异初字第 9 号、（2015）鼓商初字第 1148 号、（2015）浙温执异终字第 34 号、（2014）温龙执异初字第 18 号、（2017）湘 0223 民初 3861 号、（2016）鲁民终 1729 号、（2015）徐商初字第 0071 号。
③ 叶林、石旭雯：《外观主义的商法意义——从内体系的视角出发》，载《河南大学学报（社会科学版）》2008 年第 3 期。
④ 徐刚：《解释论视角下信托登记的法律效力》，载《东方法学》2017 年第 6 期。

告受托人名下部分财产上附属有信托安排之事实。其公示效果为提示外部第三人，受托人对信托财产的处分未必均为有权处分，尚需接受信托目的之约束。两者相较而言，后者主要应用于信托的外部关系之中，并直接体现在受益人行使撤销权或追踪信托财产的场合。① 故外观主义的适用，在信托语境下需要进行调整，外观主义的适用不仅以第一层公示为基础，而且需以对第二层公示即信托机制对受托人名义所有权的限制的认识为前提。站在外部第三人的观察角度，某项财产为受托人所有这一事实，并不必然构成"信赖"受托人对该部分财产享有绝对"所有权"的正当性基础，相反尚应质疑"该项财产上是否附有信托效力"；我国信托实践以商业信托为主，受托人绝大部分由商业信托公司担任，更应按此理解。此系信托特殊法律关系对传统外观主义的影响，第三人何谓"善意"，产生何种"信赖"，其信赖针对受托人一般财产抑或特定财产，需做进一步的类型化分析。

（四）信托受益权性质的民法认识

英美法信托以所谓"双重所有权"为典型制度特征，对大陆法系国家而言，往往认为正是信托的这种特征导致了其植入民法土壤后的种种不适。有观点认为其产生得益于英美法系无物权法定原则之限制。如马俊驹和梅夏英认为，"英美财产法缺乏严密的理论体系，反而摆脱了概念法学的束缚。如它不局限于'物权法定原则'，可以根据社会需要，以契约形式设定财产权，以保证人们对财产的充分利用"；② 谢哲胜也认为，在英美法中，物权的创设原则上是自由的，③ 以此来解释英美法下信托"双重所有权"出现的制度环境，而认为大陆民法体系下的严格物权体系并无容纳该种制度产生的土壤。但首先需要注意的是，两大法系对"所有权"和"财产权"等概念在理解上的差异。英美法下的"real property""personal property"等概念，不仅包括客体本身，也包括附于其上的各项权利；而民法上对"财产"的理解存在争议，一般认为其为权利客体，不包括权利本身。④ 有学者指出，"普通法所有权"和"衡平法所有权""法定所有权"和"衡平所有权"等称谓，在性质和内涵上并不对应大陆法下"所有权"物权概念。⑤ 事实上，信托财产权兼

---

① 王庆翔：《二重性视角下信托公示制度之构建》，载《中国政法大学学报》2019 年第 1 期。
② 马俊驹、梅夏英：《财产权制度的历史评析和现实思考》，载《中国社会科学》1999 年第 1 期。
③ 谢哲胜：《中国大陆物权法制的立法建议——兼评王利明教授物权法草案建议稿》，载《人大法律评论》2002 年第 2 期。
④ 王泽鉴：《民法总则》，北京大学出版社 2017 年版，第 217—218 页。
⑤ 李锡鹤：《作为种类物之货币"占有即所有"无例外吗——兼论信托与捐赠财产的法律性质》，载《法学》2014 年第 7 期。

具物权和债权的双重特征，以偏概全求诸一端往往有失偏颇。这并非英美衡平法下的特殊现象，大陆民法同样存在债权和物权的交叉地带。如基于债务关系之支配权，即由租赁、借用、寄存等持续性债务关系而产生并存在的支配权（占有权或使用权）。①如保管人依约对标的物为保管，事实上已构成对标的物之占有或支配，若第三人对标的物为侵夺或妨害，则其至少基于占有而直接享有返还请求权、停止侵害请求权等。此种占有保护所生之请求权，并非针对契约相对方，而是针对侵害第三人，故已超出债务关系之范围，无法为债权或债权请求权所涵盖，但又不符合传统物权的特征。司法实践中如处理借名类型纠纷，部分法院认为隐名人在满足特定条件下享有事实物权，该权利可对抗借名人的一般债权人，并排除其对房产的强制执行申请。这种权利在对抗强度上强于债权，在对抗范围上又小于法定物权，故称为"事实物权"。②由此可见，债物两分固然有助于从概念上厘清权利差异，但在特定情形下，未必需要固守非此即彼的绝对界限，而有赖于对权利实质内容的解析。一般语境下，绝对所有权一经设定即有受制度保障的稳定性和持续性，处分行为才能被认为具有绝对归属之功能，但建立在信托关系上的名义所有权人即受托人，虽在其与信托委托人的关系上，取得了对物权利，但其既然尚依赖于信托关系本身，受制于信托目的和信托条款的约束，即不能认为具有绝对之归属功能。故可将受托人权利理解为"基于债之关系所取得的支配权"。③其与传统物权不同之处在于，绝对物权人原则上得自由处分其权利，而以处分自由之限制为例外；基于信托关系取得名义所有权的受托人则原则上不得自由处分其权利，其权利之可处分性以符合信托目的和受益人利益为前提。其原因在于：基于信托关系的支配权人所为处分行为，即委托人向其转让财产权而取得物上权利，故该权利仍然处于信托关系之中，受到信托目的之限制，受托人对该权利亦无独立完整之处分权。

考察衡平法下信托财产权的发展历史，简而言之就是不断赋予一项对人权以对物效力的历史，这过程中必然伴随对人权（受益权）物权效力的强化，以及相对应的对物权（受托人法定所有权）物权效力的弱化。那么从大陆法系的观念来看，受益权在性质上体现为"债权物权化"，而受托人对信托财产的权利就相对应

---

① 金可可：《基于债务关系之支配权》，载《法学研究》2009 年第 2 期。
② （2019）川 11 民终 1539 号。
③ 金可可：《基于债务关系之支配权》，载《法学研究》2009 年第 2 期。

地呈现出"物权债权化",理论上的难点无非在于如何确定"债权—物权"的效力边界。对前者,重点在于确立权利的可对抗范围和对抗效力,针对受托人不法得利的归入路径选择,和针对第三人受让财产的追及条件设定等至为关键,否则受益权中的"物权化"部分无从体现;对后者,重点在于如何限制受托人行为,如大陆信托法下向受益人配置撤销权,以否定受托人对信托财产的不当处分,从而衡平其获得的名义所有权权力。在处理借名类型案件中,司法实践中对隐名人权利固然有"物权说/实质说"和"债权说/形式说"的认识分歧,① 但事实上均通过对财产占有状况、对价支付情形、登记瑕疵原因等要素的进一步分析来确定权利效力,即体现了这种实质判断和衡平判断的思路。② 已有信托学者指出,如完全按照物权—债权模式来构造信托法律关系,受托人既然已取得所有权外观,受益人自然仅得为债权性权利,这势必会丧失信托制度的特有功能和制度优势,需要对物权化的受托人权利做相对化的处理,淡化其绝对权色彩,尤其是赋予受益人和委托人强度较大的撤销权,使受托人的管理处分权能受到限制;而对受益人受益权作绝对化处理,以物权性的法律规范予以保护,例如赋予其在信托终止后信托财产的归属权。③ 两者殊途同归。

（五）信托受托人忠实义务与民法诚信原则的关系

忠实义务获得的重视程度,与受托人所获得的裁量权大小,以及因此引发的机会主义风险概率成正比;忠实义务的适用存在利益冲突且受托人拥有通过操弄冲突利益获取私利的风险为适用前提和背景,并以处理因裁量权滥用导致的"机会主义"为功能边界,在义务内容上主要体现为对"冲突"的避免和处理,以此作为与受托人其他义务的区分。日本在信托法立法过程中就讨论过,从忠实义务的功能来看,对无须深度依赖于自由裁量权的受托人如一般门诊医生等,仅依善良管理义务即足以解决问题,无须引入忠实义务而加重其负担。④ 当信托功能仅为"持有"财产而无须进行管理和运用,或受托人权限被严格限定在委托人意图或信托目的时,受托人缺乏通过操弄冲突利益交易为己获利的动机、权力和机会,此

---

① 肖建国、庄诗岳：《论案外人异议之诉中足以排除强制执行的民事权益——以虚假登记财产的执行为中心》,载《法律适用》2018 年第 15 期。

② （2015）淄民一终字第 787 号、（2017）豫 01 民终 11751 号、（2017）豫 0621 民初 1327 号、（2016）闽 0581 民初 3075 号、（2017）闽 0426 民初 1861 号。

③ 李智仁、张大伟：《信托法制案例研习》,元照出版社 2015 年版,第 34 页。

④ 楼建波、姜雪莲：《信义义务的法理研究——兼论大陆法系国家信托法与其他法律中信义义务规则的互动》,载《社会科学》2017 年第 1 期。

时对忠实义务的需求隐而不现。随着信托制度被日益用于商事语境和复杂财产安排目的，信托功能日渐由持有财产转为运用、管理和处分财产，受益人对受托人专业技能和自由裁量的依赖逐渐加深，一方面赋予受托人更大的裁量权成为获取更多利益的必需手段，另一方面因所涉利益增多而导致权力滥用的风险上升，忠实义务在受信法体系中的重要性不断凸显。

学术上不乏对忠实义务与民法诚实信用原则关系的讨论，国内学术文章亦有将"忠实义务"（fiduciary duty）直接翻译为"诚信义务"，[1]仅从字面来看，就足以引发遐想并引起混淆。按王泽鉴的观点，诚实信用原则除辅助性的补充和调整功能外，尚有"限制及内容控制功能"，即作为任何权利的内在限界，作为控制权利行使的准则；且诚实信用原则发挥该功能，就其要件而言，以当事人之间成立一定的特别关系为前提。这与忠实义务在受信关系中发挥的裁量权控制功能有所类似。[2]也有其他观点认为，受信义务可被理解为诚实信用原则在特定法律关系中的具体化。[3]但就体系地位、内涵和功能而言，两者存在本质上的差异，忠实义务亦无法由诚实信用原则推导或延伸得出。

其一，调整的法律关系不同。诚实信用作为民法的一般条款，虽然司法实践突破了仅适用于债权债务关系的限制，导致其看似没有明确的适用领域限制，[4]但毕竟以债权债务关系为适用典型和规范基点。从适用原理上来看，诚实信用原则体现了一种平等而双向的规范理念，交易双方被施加基本同等标准和程度的"诚实"与"信用"要求。这种双向的、平等的法律关系，从根本上有别于受信关系的脆弱性、依赖性、不平等性特征。受信关系属于一类特殊类型的法律关系，产生于特定语境下，具有特殊的结构构造，这也决定了忠实义务不可能具备诚实信用原则那样的普适性。英美司法实践将对忠实义务的适用限定于特定的受信关系中，只有当一种关系被认定为受信关系，才有讨论对受信人是否适用忠实义务的空间。[5]

---

[1] 朱慈蕴：《资本多数决原则与控制股东的诚信义务》，载《法学研究》2004年第4期。

[2] 王泽鉴：《民法总则》，北京大学出版社2017年版，第530—531页。

[3] 最高人民法院民事审判庭第二庭编：《公司案件审判指导》（增订版），法律出版社2018年版，第822—823页。

[4] ［德］迪尔克·罗歇尔德斯：《德国债法总论》，沈小军、张金海译，中国人民大学出版社2014年版，第28—29页。

[5] 徐化耿：《论私法中的信任机制——基于信义义务与诚实信用的例证分析》，载《法学家》2017年第4期。

其二，两者适用的法律效力不同。就效力而言，诚实信用原则仅揭示制度价值取向，而不提供可供直接适用的具体规则。其效力发挥依赖于个案裁判的结合转化，系为个案裁判提供价值指导而非规则依据。在法律对相关问题已有明确规定的情形下，法官不得跳过具体规范而直接引用一般性条款，即"不得向一般条款逃逸"，否则将导致司法自由裁量权不受限制，故诚实信用原则在具体的适用顺位上劣后于具体的法律规定。① 而忠实义务在适用顺序和适用效果上与诚信原则不同，忠实本身构成受信关系的根本，对受托人而言属于基础义务和首要义务。忠实义务不仅提供了"标准"，以作为法官裁量和心证的宽泛依据；但同时通过判例法发展了各项可供直接适用的具体规制，如自我交易规则和公平交易规则等。对裁判者而言，忠实义务所包含的标准与规则均为优先需要考虑和适用的规范，这与诚信义务作为一般条款在适用顺序上处于劣后位置不同。

其三，两者对行为标准的要求不同。无论是诚实信用原则还是忠实义务，均以保护合理信赖为目标。但诚实信用原则将对行为人的标准设定在一个较低标准上，即要求各方"己所不欲，勿施于人"，并不要求一方将相对方的利益置于自身利益之上。忠实义务则不同，无论将其价值目标理解为"为受益人最大利益"还是"为受益人唯一利益"，忠实义务的标准均体现出强烈的"利他"（Altruism）主义或"为他人考量"（other-regarding）要求，标准远高于"待人如己"，而是直接禁止行为人"为己考虑"，从某种程度上来说，这种标准甚至可以说是违反人性的。② 这种差异来自两者适用环境的差别：诚信义务适用于以债权债务关系为典型的平等主体之间，交易双方作为理性人均具平等条件下自我保护和自担责任的能力，此时仅要求当事人不以不当手段损人利己。正因如此，诚信义务可被视作市场经济条件下的一般道德标准；反过来，正是这种较低水平的道德设定，为其作为帝王条款适用于一切私法关系提供了条件。但就忠实义务而言，其以受信关系为适用范围，当事人能力上的不平等为核心特征和规范出发点：无论是对信托财产的控制度、接触交易信息的便利度、运用信托财产的专业能力，受托人均处于绝对的优势，因此忠实义务在功能上主要体现为对受托人裁量权的限制：唯有要求受托人具备对受益人绝对的忠实，才可能保障受益人不因"关键资源"握于

---

① 徐化耿：《论私法中的信任机制——基于信义义务与诚实信用的例证分析》，载《法学家》2017年第4期。

② Robert Flannigan（2006），*The Strict Character of Fiduciary Liability*，New Zealand Law Review，p.209，Available at SSRN: https: //ssrn.com/abstract=940659（Last visited on July 31st，2022）.

他人之手而遭人为所欲为。因此忠实义务被视为所有类型中行为标准最高的一种义务。

其四,两种义务的内涵不同。受信义务较为明确,经衡平法判例发展,已形成一系列细分规则,如"禁止利益冲突规则""禁止自我得利规则"等,均有较为明确的适用要件,而诚实信用仍然较为模糊。受信义务历经演变,虽然其适用范围不断扩张,但其基本内涵相对而言还是较为明确,尤其是处于核心地位的忠实义务。当然,谨慎义务或者说注意义务仍然具有相当大的模糊性,判断标准需要在个案中具体分析,不同知识背景、技能水平的受托人承担的谨慎义务是不一样的。但对诚实信用而言,可据此衍生出一系列下位理论或规则,其内容上的开放性和宽泛性在另一面必然体现为不确定性和缺乏具体可适用性。甚至有学者认为:"诚实信用原则除了诚实信用这四个字外,什么也不能确定。"[①]这也正是一般条款与行为标准间最直观的差异。尤其从救济构成要件来看,诚信原则作为一般条款不包括任何特定救济或责任的构成要件,否则将导致对应救济的适用不能。而忠实义务违反作为归入救济的前提条件系为通说,这建立在忠实义务具备较为确定的标准和适用规则的前提上。

(六)《信托法》第 22 条撤销权在救济体系中的定位

大陆法下,信托的具体救济措施包括主张受托人特定行为无效,损害填补,恢复信托财产,及撤销特定信托违反行为。我国《信托法》规定的救济方式有撤销不当行为、恢复信托财产原状、赔偿损失(《信托法》第 22 条、第 27 条)及收益归入(《信托法》第 26 条),但对于具体的救济方式对应何种类型的信托违反情形,实证法未规定细密的联结,理论界也缺乏关注,导致司法实践中的请求去基础确定和救济方式供给之间的联接缺乏逻辑。以《信托法》第 22 条第 1 款为例,其规定"受托人违反信托目的处分信托财产或者因违背管理职责、处理信托事务不当致使信托财产受到损失的,委托人有权申请人民法院撤销该处分行为,并有权要求受托人恢复信托财产的原状或者予以赔偿",并未区分"违反信托目的处分信托财产""违背管理职责行为"和"处理信托事务不当"等不同信托违反行为与"恢复信托财产原状""赔偿损失"和"撤销处分行为"等救济措施之间的联结关系,造成司法实践适用时的极大困难。[②] 对此,日本的信托立法和理论研究成果值得我

---

① 徐化耿:《论私法中的信任机制——基于信义义务与诚实信用的例证分析》,载《法学家》2017 年第 4 期。

② (2016)京 02 民初 173 号。

们关注和借鉴,其以信托违反对应的义务类型为区分,原则上违反严格忠实义务（受托人与受益人的利益冲突）的违反行为系无效,"违反信托本旨"的处分行为系可撤销,违反除给付义务之外的其他受托人义务的对应救济为损害赔偿,体系上将恢复原状和不当获益纳入损害赔偿范围进行讨论。①

对于信托法规定撤销权在民法撤销权体系中的定位,立法和理论界在观点上有较大的分歧。按《信托法》起草工作组的观点,委托人和受益人的撤销权属于对瑕疵意思表示的撤销。其认为我国《信托法》之所以赋予委托人、受益人对信托财产不当处分行为的撤销权,是因为我国原《民法通则》规定了民事主体对民事行为的内容有重大误解的,或民事行为显失公平的。《信托法》是参照原《民法通则》上的这种撤销之诉所作出的规定,并且《信托法》规定撤销权时间为1年,也是为了与原《民法通则》司法解释所规定的撤销权行使期限保持一致。②比较法下也有观点认为,从构造上来说,鉴于撤销效力及于第三方,故可类推民法中的债权人撤销权。③受益人撤销权类似于民法中的欺诈行为撤销权。我国《信托法》第 22 条规范的构成要件为"违反信托目的处分信托财产或者因违背管理职责、处理信托事务不当致使信托财产受到损失",对应的救济方式为"有权申请人民法院撤销该处分行为,并有权要求受托人恢复信托财产的原状或者予以赔偿。从该条规定来看,是否规定信托违反行为均为可撤销情形不无疑问,撤销对象局限于"处分行为"或可扩展至"管理行为"亦并不清晰,且未明确撤销与恢复、赔偿之间的衔接。日本信托法学者认为,如违反善管注意义务的处分行为,并不必然构成撤销权的对象,盖因其未必为"权限外的行为";而违反忠实义务的行为虽应被视为权限外行为,但按日本《信托法》第 22 条应为当然无效,故无须以撤销权进行规范。④也有部分学者认为,对于撤销权适用的信托违反行为,有基于教义学进行扩张解释的空间:如受托人的竞业义务可以被纳入《信托法》第 25 条第 1 款范围内,违反义务情形可视为超越权限行为,而类推适用第 22 条撤销权规定。⑤

---

① [日] 能见善久:《现代信托法》,赵廉慧译,中国法制出版社 2011 年版,第 140—147 页；

② 参全国人大《信托法》起草工作组:《〈中华人民共和国信托法〉释义》,中国金融出版社 2001 年版,第 71 页。

③ [日] 新井诚:《信托法》,刘华译,中国政法大学出版社 2017 年版,第 257 页。

④ [日] 能见善久:《现代信托法》,赵廉慧译,中国法制出版社 2011 年版,第 117 页。

⑤ 姜雪莲:《信托受托人的忠实义务》,载《中外法学》2016 年第 1 期。

（七）《信托法》第 26 条归入救济的适用方法

我国《信托法》在第 26 条第 2 款规定了得利归入救济，规定受托人"利用信托财产为自己谋取利益的，所得利益归入信托财产"。一般认为，归入作为一项着眼于行为人得利而非权利人损失的救济，源于对英美法下相关制度的移植或借鉴。① 但英美法下的归入制度具有复合性内容，具体手段上按得利取自原告或第三人，分别适用"利益退还"和"利益追缴"的不同诉因；② 归入路径上视得利财产是否可特定，存在对人救济和对物救济的不同选择，前者如"账目归入"，即要求被告按信托账目体现的不法得利价值向原告作价额返还；③ 后者如推定信托，即法律在原被告之间拟制出一项法定信托，要求被告基于该信托为原告持有得利。④ 我国在何种范围和程度上对比较法下的归入制度进行了借鉴，立法上未有说明，学术上缺乏关注，司法实践中缺少具体适用案例。实证法相关规范也存在诸多疑问，一是《信托法》第 26 条未明确界定救济权主体，如按体系解释认为信托受益人与信托委托人均可提出归入主张，与比较法下立法例与判例观点均有不符；⑤ 二是归入客体以"利用信托财产"得利为限，排除了被告利用财产外要素得利，如利用商业秘密、信托机会或从第三人处收受贿赂得利时归入救济的适用；三是归入范围上简单表述为"所得利益"归入信托财产，是否以不法行为所产生的直接得利为限，得利成本是否应做扣减，均无法据此得出结论。更大的问题在于，现有民法救济理论对归入救济特殊性和正当性的解释不足，学术上分别有以不当得利、不真正无因管理或侵权得利赔偿制度出发讨论其法理基础的尝试，但均有削足适履之嫌，反而导致归入救济本有的功能价值被不当遮蔽，使得司法实践中的适用面临重重障碍。

归入制度源于英美衡平法，历经数百年发展构建出一整套独具特色的救济理念和适用规则，与民法以弥补损失为目标的传统救济体系存在较大差异。但目前

---

① 肖永平、霍政欣：《英美债法的第三支柱：返还请求权法探析》，载《比较法研究》2006 年第 3 期；和育东：《非法获利赔偿制度的正当性及适用范围》，载《法学》2018 年第 8 期。

② [英] 格雷厄姆·弗戈：《衡平法与信托的原理》，葛伟军、李攀、方懿译，法律出版社 2018 年版，第 780—783 页。

③ Conaglen (2010), Remedial Ramifications of Conflicts between a Fiduciary's Duties, 126 LQR 72, p. 96.

④ FHR European Ventures LLP v Mankarious [2014] UKSC 45, [2015] AC 250, [42].

⑤ 英美法下，信托受益人和其他对信托财产享有财产上权利的主体享有救济信托之权利。我国信托法对此有不同规定，同时将救济权赋予受益人和委托人。我国《信托法》第 49 条规定："受益人可以行使本法第二十条至第二十三条规定的委托人享有的权利。受益人行使上述权利，与委托人意见不一致时，可以申请人民法院作出裁定。受托人有本法第二十二条第一款所列行为，共同受益人之一申请人民法院撤销该处分行为的，人民法院所作出的撤销裁定，对全体共同受益人有效。"

我国理论界缺乏对受信法产生渊源、制度功能和法律性质的有效归纳，也未能理顺信托财产权基础——受信义务体系——受信法救济间的内在逻辑关系，由此导致的问题是无论采上述何种理论路径，总给人以解释无力之感，或产生削足适履之嫌。事实上，归入制度的特殊救济理念和适用规则来自对其所调整的受信关系特殊结构的回应，其不仅有别于民法下以损失弥补为重点的传统救济思想，也与其他得利剥夺型救济存在制度目的和规范构造上的重大差异，在定位上应将其视为一类独立类型的救济予以确立。为了正确认识归入救济的发生原因和规范价值，需要将其置于具体适用的信托语境中进行正当性论证。从信托法的总体规范目标设定上，因受托人权力取自他人，须对权力行使的过程进行规制，并使权力行使结果独占性地归于受益人，此即归入救济的制度功能。体现在构成要件上，归入责任不以损失发生或受托人有侵害信托意思为前提；归入范围上，受托人基于受信权力行使所得利益均应归入信托，包括间接得利在内，这与其他得利剥夺型救济形成重要差异；在归入路径选择上，存在以推定信托为主的物权性救济模式，要求受托人基于推定信托"为受益人利益"持有不法得利，目的是在救济环节充分恢复和还原信托的本有功能。

（八）受益人的诉权基础及对应的诉讼构造

信托因受益权的特殊性质，及组织法特征，在救济中体现出特殊的诉讼构造。英国信托法下，受益人基于对物性财产权利向侵权人提起诉讼，仅在受托人参与诉讼时方才可能。其法理即在于，受益人的对物性财产按权益已被修正，且隐藏于作为法定所有权人的受托人的财产权之后。故当出现受托人拒绝起诉侵权人的情形，其亦需基于一个 Vandepitte 程序，[1] 以受托人为被告，提起一个针对第三人的诉讼。美国法认为派生诉讼实质上是将两个关联的诉讼整合到一个诉讼程序中。如股东以公司为被告对其提起衡平法上的诉讼，请求法院强制公司对侵害其权利的第三人提起诉讼。[2] 在 1975 年的 Jones v Equitable Life Assure 案中，[3] 受益人向法院提起诉讼，要求投资顾问赔偿因其侵权而使信托遭受的损失。法院则认为受益人提起的派生诉讼未能遵循前置程序，即受益人应先向董事或商业信托的相关人士提出请求，据此判决受益人败诉。

---

[1] Vandepitte v Preferred Accident Insurance Corporation of New York［1933］AC 70；Shell UK Ltd v Total UK Ltd,［2010］EWCA Civ 180,［2011］QB 86.

[2] Robert C. Clark (1986), *Corporation Law*, Little, Brown and Company, p. 639.

[3] Jones v Equitable Life Assure. Soc. (1975, Dc Ny) 409 F. Supp. 370.

信托的上述特征，亦为部分大陆信托法学者所注意。如能见善久（2008年）、周小明（2012年）等均通过比较公司下股东权与信托受益人权利，揭示了信托受益权所包含的自益权和共益权内涵。当出现信托违反，分别基于受益权的自益权和共益权，可能产生为个人单独权利的直接诉讼和以为信托整体利益的派生诉讼的区别；就信托法的组织法特征，近年来亦为我国信托法学者所充分注意，他们从信托的法律结构、信托功能的发挥、权利救济的效率等角度出发，以美国的商业信托改革为和发展为借鉴对象，强调并呼吁通过立法和司法对信托的组织体特征予以重视。[①] 我国《信托法》规定的救济方式，实际上也已反映了信托的权利复合性和组织体特征在诉讼构造上的体现。根据《信托法》的规定，受益人或委托人向受托人提起诉讼，无论主张恢复、弥补或赔偿，诉讼结果均归于信托财产而非原告本人，并对所有受益人产生效力，就体现了明显的组织法下的救济特征。但对此，司法未对此予以充分的注意和回应，法院往往将受益人为信托财产整体利益视为向受托人主张违反信托目的、处分信托财产不当等责任的共益权利作为受益人的唯一诉权基础，从而对受益人基于自益权的直接诉讼（尤其是针对侵权第三人）予以否定；但在判决结果上，又存在将基于共益权提起的诉讼结果直接归于作为原告的受益人的情形。针对我国《信托法》第22条规定的诉权性质，更为合理的解释是，盖受益权已为一项法定财产权，因此产生的自益性诉权无须法律单独规定；而如为信托整体利益提起诉讼，盖因诉讼结果及于信托整体和其他受益人，具有派生诉讼或代表诉讼的特征，故如同股东派生诉权一般，需由法律专门予以明确而已。对此，部分学者已进行初步的讨论。如刘正峰认为，受益人提起诉讼的胜诉结果直接归宿是信托财产而非受益人本身，受益人通常是在受托人不对违反信托的受托人和责任第三人提起诉讼的情形下代表信托提起诉讼，因此受益人的诉讼实质上属于派生诉讼的范畴，其制度价值在于激励和约束受托人的行为，督促受托人及时履行应尽义务。[②] 也有其他学者指出，信托与公司存在同样的权利分离所带来的内部治理问题。信托所具有的信托财产的法律所有权与衡平所有权相分离的独特制度设计使得信托具有类商事公司的特征——公司的管理

---

① 季奎明：《组织法视角下的商事信托法律问题研究》，法律出版社2014年版；李宇：《论作为法人的商业信托》，载《法学》2016年第8期。

② 刘正峰：《美国商业信托法研究》，中国政法大学出版社2009年版，第318页。

者为股东的利益而经营资产,而股东在某种程度上对公司资产享有财产性权利。①组织法下的诉讼构造,既有别于调整平等主体之间的两造当事人的传统民事诉讼规则体系,也有别于单纯的信托内部主体在信托设立、存续、清退过程中的权利义务纷争。从权利内容和组织法特征上来说,对于股东直接诉权和股东代表诉讼的差异分析可用于信托领域直接诉讼和派生诉讼的分析:(1)依据不同。直接诉讼的依据是自益权,而派生诉讼的依据是共益权。(2)诉权性质不同。如受益人"代表"信托提起诉讼,受益人作为原告仅有名义上的诉权,实质诉权属于信托本身。(3)被告不同。前者的被告应为受托人,而不能是第三人;而后者被告既可以是受托人,也可以是第三人。(4)诉因不同。直接诉讼的诉因应限于法律或信托合同赋予的受益人权利,往往基于合同关系,而后者凡是信托本身作为一个"主体"依照民商法等司法和行政法等享有的诉权,都可作为派生诉讼的诉因,更多涉及侵权关系。②

四、域外考察和借鉴

(一)比较法下对信托财产权的认识发展

对于衡平法权利的性质,英美法系在认识上也存在较大争议,部分学者坚持其为一种对物权。如 Scott 将信托衡平法权利被定义为针对某特定财产的对物性财产权利,这是对这种信托衡平法权利最传统、最为普遍的描述。③另有部分学者强调其为一种对人权。如 Maitland 的经典论述:"无论在历史上还是归根结底,信托受益人的权利都不是真实的、对物的,而是约定的、对人的:它们只能有效地对抗那些由于某种特定原因而不得妨害它们的人。"④在 John H.Langbein 发表其著名论文《论信托法的合同基础》后,⑤对信托进行契约角度的观察和论证,成为流行的研究理念,并极大影响了理论界和司法实践对信托,尤其是商事信托性质的认识。但批评者如 Graham Virgo 则指出信托契约论过于关注商事信托的特征,而忽

---

① William F. Fratcher (1974), *Property and Trust*, 6 Internatioanl Encyclopedia of Comparative Law, Ch. 11, p.8, 转引自朱圆:《论信托的性质与我国信托法的属性定位》,载《中外法学》2015年第5期。

② 张国平:《股东代表诉讼的规则架构》,载《南京大学法律评论》2010年第2期。

③ Austin Wakeman Scott (1917), *The Nature of the Right of the Cestui Que Trust*, 17 Columbia L. Rev. 169.

④ [英] F. W. 梅特兰著,大卫·朗西曼、马格纳斯·瑞安编:《国家、信托与法人》,樊安译,北京大学出版社2008年版,第119页。

⑤ John H. Langbein (1995), *The Contractarian Basis of the Law of Trusts*, 105 Yale L. J. 625.

略了信托在遗嘱和其他民事领域的运行特征，同时忽略了信托财产法层面和物权方向的法律含义。①

英美法在历史上先出现普通法，以及据此界定的普通法财产权或称法定财产权。后来因普通法财产权体系的僵化无法跟上社会经济的发展速度，遂出现一系列不被普通法所承认，而只能由衡平法院予以救济的财产性权利。衡平法财产权可分为两类：一类是与普通法地产权类型相对应的，例如衡平法上的非限嗣继承地产权、衡平法上的终身地产权、衡平法上的租赁地产权等；另一类是衡平法独创的，在普通法上并无对应形态，例如地产权合同（estate contract）、限制性约据（restrictive convenant）、抵押人的回赎权（mortgagor's equity of redemption）、衡平留置权（equitable lien）、衡平法负担（equitable charge）等。② 考察整个信托下衡平财产权的发展，就是通过判例不断确立和巩固其权利可对抗范围和对抗效力的历史。信托并不会导致在同一财产上存在两个效力相同的普通法财产权，也不会导致普通法财产权的分裂。因此，受益权并非从普通法财产权中分裂出来的一种孤立权利，它从一开始是基于信托关系产生的对人权，然后由衡平法官通过判例赋予并不断强化其对抗其他权利的效力，使之成为一种具备部分对物性的财产权。McFarlane 和 Steves 将受益人的衡平法权利描述为一种"用以对抗权利的权利"，即受益人所享有的，一种得以对抗受托人的法定所有权，并进一步对抗那些对受托人法定所有权有所信赖的申请执行第三人的权利。这种分析可被用来解释衡平法权利的某些特性，如当信托财产被受托人不当转移至第三人时的情形，此时衡平法受益权得以继续对抗第三人自受托人处所取得的名义所有权。③McFarlane 和 Steves 的上述观点可从两个方面予以理解：在信托内部而言，衡平法财产权相当于附着于受托人名义所有权上的"负担"，对受托人所有权的物权属性进行弱化；从信托外部视角，则确认和强化衡平法财产权的相对对抗效力，使其可对抗部分第三人，属于对受益人权利物权性内容的强化，产生接近绝对权的部分效力。英美信托法对信托财产权的从权利确认的路径上，区别无非英美法信托对衡平财产权的对物属性历经数百年的判例堆砌已形成牢固根基，大陆法系直接移植信托制度

---

① ［英］格雷厄姆·弗戈：《衡平法与信托的原理》，葛伟军、李攀、方懿译，法律出版社 2018 年版，第 62—63 页。
② 黄泷一：《英美法系的物权法定原则》，载《比较法研究》2017 年第 2 期。
③ ［英］格雷厄姆·弗戈：《衡平法与信托的原理》，葛伟军、李攀、方懿译，法律出版社 2018 年版，第 75 页。

成果，成文法又未做明确宣示，尚需在司法实践中基于个案进行具体裁量和把握。

（二）忠实义务的体系定位和违反标准

衡平法对各项受信义务均采用非常严格的解释。其严格性在责任构成要件上体现为对受信人主观状态的忽略，受信人即使在没有恶意的情况下"善意"行事且尽其所能，也未必能摆脱责任；在责任范围界定上体现为对一般因果关系相当性的忽略，受信人一旦基于受信地位获利，即使该利益本就不可能被受益人获得，依然需被全部归入信托。① 受信人被要求仅能为受益人利益行事，而不能为自己或他人考虑，即使该行为同时对受益人或信托有利。这就是"为受益人唯一利益"（"唯一利益主义"）理论。② 基于"唯一利益主义"，只要存在利益冲突以及受信人得利的事实，责任即告成立；甚至受信人以个人身份而非受信身份取得的利益也应当归还权利人。委托人是否遭受实际损害，受信人是否出于善良动机，或者为得利提供了个人贡献，均被认为是无法影响责任的成立。作为剥夺救济的要件仅仅是存在于义务与利益间的"潜在可能发生"的冲突。③

以 John Langbein 教授为首的部分学者以商业信托的发展为背景对传统的"唯一利益主义"提出了挑战。④ 他们认为唯一主义利益严重降低了制度效率，且不符合商事信托的运行规律；主张受信人仅应负担为受益人最大利益行事，而非只能"唯一"地为受益人利益行事的义务；如受托人在处理冲突交易时主观上出于善意（good faith）且已为信托或受益人利益进行考量，此时对受托人个人利益和所负义务之间利益冲突的严格禁止应该予以缓和。比较法司法实践中，Briggs J 在雷曼兄弟破产系列案件中，也发表过认为衡平法对受信人过于严厉，以及"为现代社会的投资者提供了过分保护"的观点。⑤ 在认定义务违反的标准上，Langbein 主张忠实义务的严格性应该被这样一种机制所替换：只要信托受托人能证明利益冲突交易符合受益人的最佳利益，即应承认该交易的合法性，且允许受益人自该交易

---

① Gwembe Valley Development Co Ltd v Koshy［2003］EWCA Civ 1048,［2004］BCLC 131,［145］（Mummery LJ）.

② Restatement（Second）of Trusts（1959）§ 170(1).

③ Irit Samet（2008）, Guarding the Fiduciary's Conscience — A Justification of a Stringent Profit-Stripping Rule, Oxford Journal of Legal Studies, Vol.28, No.4, pp.763-781, Available at SSRN: https：//ssrn.com/abstract=1315597 or http：//dx.doi.org/gqn029（Last visited on July 31st, 2022）.

④ John H. Langbein（2005）, Questioning the Trust Law Duty of Loyalty: Sole Interest or Best Interest? 114 Yale L.J.929.

⑤ Re Lehman Brothers International（Europe）Ltd［2009］EWHC 3228（Ch）,［2010］2 BCLC 301,［198］.

中部分获益；对利益冲突交易的责任豁免要求，从事先披露并取得受益人同意为受托人获利的唯一豁免，变更为允许受托人事后论证交易公允性。而在"公允性"的证明标准上，John Langbein 更进一步主张应适用主观标准，认为即使利益冲突交易最终被证明仅有利于受托人自己而有害于信托，但只要受托人在进行交易时有合理的理由相信该交易对信托有利，即无须承担责任。

对于"唯一利益主义"和"最大利益主义"的讨论，其本质是应该维持还是放松忠实义务严格性的问题，这将在很大程度上影响忠实义务违反的标准界定。对此实证法的规范似乎存在自相矛盾，我国《信托法》第 25 条采用了"为受益人的最大利益"的用词，但按 John Langbein 的观点，最大利益是不绝对排斥为己牟利的，除非构成自我牟利情形；而第 26 条似乎又秉持了"唯一利益"标准，即一旦产生自我得利即予以剥夺，逻辑上显然认为牟利本身即构成对忠实义务的违反，而不考量行为人的主观状态。诚然，违反忠实义务往往伴随着过度制裁的风险，仅仅是形式上进入利益冲突状态，但并未实际上给信托财产和受益人带来损失，此时即要求受托人承担风险，不免给人矫枉过正的感觉；尤其是公司法对忠实义务和举证标准的观念变化，更引发以 John Langbein 为首的学者对放松信托法忠实义务严格性的呼吁。

受信法下的制度设计出发点是正视主体间的实质不平等，并以此来构建具体的义务体系和救济方法。这与 Langbein 作为论证出发点的合同关系语境截然不同。在合同关系里，双方基于以"可预见性"为基础各自实施自决权，合同法采纳"事前"规制模式；而在信义法律关系里，自由裁量权让渡的宽泛性和长期性导致关系存续期间的风险不可预见，故受信法只能采取"事后"规制模式。[①] 采取这种事后规制模式，本就为了弥补事前协商必然存在的漏洞，此时如允许受托人为其自由裁量过程提出抗辩，相当于为处于优势地位的受托人提供了再一次利用漏洞的机会。从本质上来说，"唯一利益主义"和"最大利益主义"的争论，涉及忠实义务旨在解决的问题："唯一利益主义"将重点放在消除受托人利用机会主义滥用裁量权的"潜在可能"上，即认为严苛救济并非"建立在损害或损失的狭隘基础上，而是建立在更为宽泛的维护信任和整体公众利益考量上，据此去除受信人的所有不当诱惑，并消除基于违反受信关系获利的任何可能性"，[②] 故以绝对禁止态度倒逼

---

① 朱圆：《论信义法的基本范畴及其在我国民法典中的引入》，载《环球法律评论》2016 年第 2 期。

② G. Jones (1968), *Unjust Enrichment and the Fiduciary's Duty of Loyalty*, 84 L.Q.R. 472.

受托人远离利益冲突。从这个意义上来说，其核心规则可类比公法对决策者的控制，如涉及偏见、不正当目的和避免无关决策标准的严格归责；[1]此时责任并非仅在不利后果产生时才发生，否则为时已晚，而需对决策过程中的不当诱惑风险进行消除。与之相反，"最大利益主义"的规制方式并非消除"可能性"，而是通过实质审查进行利益权衡，认为通过原告自行监督举证或法院审查，可揭开裁量权滥用的层层迷障而维护正义，旨在确保个案公正。姑且不考虑司法资源能否满足"最大利益主义"的这种要求，以及这种做法是否符合司法效率，考虑到"唯一利益主义"产生的历史背景，即法院对于机会主义出现时原告举证或法院查明能力的不自信，或者可以说，"唯一利益主义"秉持的"怀疑从有"态度，本来就是衡平法基于受信关系特征所做出的迫不得已的选择。从受信关系特征和忠实义务功能来说，"最大利益主义"是一种态度上的偏离。对忠实义务严格性的每一点放松，都意味着对受信关系中不平等的忽视，将可能助长享有充分裁量权的受信人的权力滥用和机会主义行为。随着时代的发展，法律确实需要考虑，如放松忠实义务严格性，是否有其他替代机制，尤其是治理型策略是否可提供作为弥补手段的事先遏制或事后制裁。这些手段包括市场监督能力的提升、对受益人的进一步赋权、裁判机关审查能力的提升等；如这些替代机制可以发挥作用，则放松忠实义务的严格性即为可能，如公司法领域所发生的对忠实义务标准的调整。

（三）不同类型义务违反与特定救济方法间的连接

英美法下的信托救济基于确定类型化的信托违反情形展开，并配置以特定方式的救济。如针对受托人不当侵占信托基金的情形，适用信托基金复原的救济方法，通过"编造账目"确立损失；针对受托人错失投资机会而未能使信托财产增值的情形，则适用信托基金补救，通过"补记账目"路径实现救济；针对当受托人获取不当获利情形，区分其收益取自原告或第三人，而分别适用收益退还和收益追缴的不同救济。同样，在对物救济下，针对原告主张享有衡平法对物性财产权利为初始财产或代位物财产的不同情形，分别适用"跟踪"和"追溯"的不同救济路径。[2]

大陆法下，信托的具体救济措施包括主张受托人特定行为无效，损害填补，恢复信托财产，及撤销特定信托违反行为。我国《信托法》规定的救济方式有撤

---

[1] Matthew Conaglen（2008），*Public-Private Intersection: Comparing Fiduciary Conflict Doctrine and Bias*, Public L 58.

[2] Smith（1997），*The Law of Tracing*, Oxford: Charendon Press, p. 4.

销不当行为、恢复信托财产原状、赔偿损失（《信托法》第 22 条、第 27 条）及收益归入（第 26 条），但对于具体的救济方式对应何种类型的信托违反情形，实证法未规定细密的联结，理论界也缺乏关注，导致司法实践中的请求权基础确定和救济方式供给之间的联接缺乏逻辑。以《信托法》第 22 条为例，其规定"受托人违反信托目的处分信托财产或者因违背管理职责、处理信托事务不当致使信托财产受到损失的，委托人有权申请人民法院撤销该处分行为，并有权要求受托人恢复信托财产的原状或者予以赔偿；该信托财产的受让人明知是违反信托目的而接受该财产的，应当予以返还或者予以赔偿"，并未区分"违反信托目的处分信托财产""违背管理职责行为"和"处理信托事务不当"等不同性质的信托违反行为与"恢复信托财产原状""赔偿损失"和"撤销处分行为"等不同救济措施之间的各自联结关系，造成司法实践适用时的极大困难。①对此，日本的信托立法和理论研究成果值得我们关注和借鉴。日本信托法以信托违反对应的义务类型为区分，原则上违反严格忠实义务（受托人与受益人的利益冲突）的违反行为系无效，"违反信托本旨"的处分行为系可撤销，违反除给付义务之外的其他受托人义务的对应救济为损害赔偿，体系上将恢复原状和不当获益归入纳入损害赔偿范围进行讨论。②

（四）信托法下物权性救济模式的可行性

英美法认为，对物权性救济是信托违反后权利人可选择的路径之一，认为受托人应基于推定信托为受益人持有不法获利，或在财产上成立衡平抵押权以确保受益人的受偿优先性。但物权性归入主张并非信托违反后权利人的当然救济选项，英美衡平法救济理论也认为，逻辑上无法从违反义务直接跳跃到救济路径，而需通过判断原告是否享有"衡平财产权"予以联接。③其原因在于，法律本身即是理性构建的产物，也是利益平衡的产物；④而衡平财产权本身，更以"相对对抗"而非"绝对排除"为特征，在其发展历史上即通过与其他权利的不断对抗才得以界定权利的效力边界。通过对原告方"衡平利益"（an equity）的判断，针对系争财

---

① （2016）京 02 民初 173 号。

② ［日］能见善久：《现代信托法》，赵廉慧译，中国法制出版社 2011 年版，第 140—147 页；

③ ABC v Lenah Game Meats Pty Ltd［2001］HCA 63；(2001) 208 CLR 199 at［8］,［17］,［19］,［51］,［64］; Giumelli v Giumelli［1999］HCA 10, (1999) 196 CLR at［9］-［10］; Roads and Traffic Authority of NSW v Dederer［2007］HCA 42;［2007］234 CLR 330 at［57］。

④ 梁上上：《制度利益衡量的逻辑》，载《中国法学》2012 年第 4 期。

产权利之间的优先性往往基于哪一方对所主张的财产权利享有"更高的衡平利益"（the better equity）来确定。从这个角度出发，是否具有物权行救济可能，以讨论主张救济的基本权利与存在竞争关系的其他权利间的关系为前提，即对原告和被告其他债权人间的张力关系进行观察。① 这种通过观察权益对抗形态来确定救济路径正当性的方法，与民法救济理念不存在冲突，在讨论归入物权行救济的可能性时值得借鉴。

两大法系均以物权客体特定作为物权性救济适用的前提。一般而言，物权客体消灭或遭混同，物权性救济即遭阻断，权利人只能提出对人或债权请求。但物权客体的特定标准，并非一成不变，呈现出从物理特定到抽象特定或观念特定的发展趋势。对"原物"的识别和追踪，是法律上最原始的物权客体确定原则。要求占有人返还特定物的权利，是真正的返还"原物"请求权，因为原物不仅承载了该物的价值，而且承载了其特定的使用价值甚至情感价值，唯有返还"原物"才能实现权利人的全部诉求；当原物不可识别时，继而主张返还替代物、价额返还或损害赔偿。英国早期判例认为，被他人占有的袋装金钱，原告可提起返还不法占有（原物）之诉；若被他人占有的金钱未以袋装等方式特定化，原告即可能因无法识别具体哪一部分金钱"归其所有"而只能提起追索侵占物价值之诉，无法要求返还原物。但在 Higgs v Holiday 案② 中，Higgs 代为出售 Holiday 的谷物后，未向 Holiday 移交出售所得，Holiday 提起追索侵占物价值之诉而败诉。法院认为金钱占有人 Higgs 即所有人，原告从未取得系争金钱之所有权，其只能对被告提起账目归入之诉（action for account）的对人救济。

信托按英美法通说属于财产法范畴，信托领域内的客体特定方法有其特殊之处。信托法经典理论认为，信托因两个根本要素，即财产要素和义务要素，而区别于其他法律概念或法律制度。③ 信托从成立环节开始即要求财产具备特定性，即信托"标的特定"，属于英美信托法下"三确定要件"之一。④ 该要件是指，信托财

---

① 黄赤橙：《错误汇款返还请求权优先地位研究》，载《法学家》2021 年第 4 期。

② ［1600］Cro. Eliz. 746.

③ ［英］格雷厄姆·弗戈：《衡平法与信托的原理》，葛伟军、李攀、方懿译，法律出版社 2018 年版，第 60—62 页。

④ 英美信托法下，一项明示信托要求设立信托意图确定、信托标的确定、受益人确定三要件。这三个"确定性"由 Lord Langdale 在 Knight v Knight（1840）3 Beav 148 案中予以确认。

产必须是可特定识别的,否则信托即因缺乏确定性而归于无效。① 在确立该要件的 Hunter v Moss 案②案中,被告对某公司公开发行的 1000 股股份中的 950 股享有所有权,其宣告将基于信托为原告持有该公司 5% 即 50 股股份,但未明确针对具体哪 50 股股份。这看起来似乎是一项将因标的无法特定而被宣告无效的信托,盖因被告并未明确具体哪 50 股上附有信托效力。但该信托最终被法院认定是有效的。可与之对比的是 Re London Wine Co(Shippers)Ltd 案。③ 该案中,某公司在不同仓库中存放有相同种类的酒。一部分酒被出售给客户,但依然作为存货被放置在仓库中,而未被拨付至特定的销售合同项下。公司被破产接管后,法院所面临的问题是已被销售的酒是否应该被认为基于信托为客户所有。法院认为因无法从库存中分离出可与销售合同匹配的特定货物,信托无法成立。该两案的区别结论引发了英美法对信托标的特定要件确定标准的讨论,但主要分析观点均是从有形财产和无形财产的角度展开,即认为针对诸如股份这样的无形财产,应适用相对宽松的识别特定方法。④ 但导致这种差异的真实原因是,每瓶酒之间因品牌、年份甚至存储环境不同而有所差异;但对股票而言,单位权利凭证上所包含的权利内容是完全一致的。换言之,随机选择 100 瓶酒中的 1/10 可能导致价值的不同,但随机选择 100 股同一公司股票中的 1/10 的价值是完全相同的。如 Briggs J 所言,对由完全相同单位个体组成的整体而言,在该整体财产的一部分上设立信托,只要该整体本身能够特定,且受益人在该整体中享有的份额比例可以确定,信托即不因缺乏确定性而导致无效。换言之,在衡平法看来,正因无形财产在单位价值上的平均和绝对相等,反而使法律上的"特定"失去必要性和意义,盖因在 1000 股股份中的任意 50 股股份,与特定选择的 50 股股份,在内容上毫无差别。另外一种分析方法是,当未特定的部分股份被宣告为基于信托持有时,受益人即成为一件物理上尚未分割或不可分割财产的共有产权人。这解释了为何股份有别于酒,盖因股份因个体特征上的完全一致而可被视为整体的一部分。Briggs J 在处理雷曼系列案中采纳了这种观点,他认为,"这种信托通过在一个明确的基金中设立一个受益的共有产权进行运行,而非通过概念上的困难定义,即在一个基金中寻找受益人享

---

① Westdeutsche Landesbank Girozentrale v Islington London Borough Council [1996] AC 669, 705 (Lord Browne-Wilkinson).
② [1994] 1 WLR 452.
③ [1986] PCC 121.
④ Re Harvard Securities Ltd [1997] 2 BCLC 369, 383 (Neuberger J).

有完全权利的特定部分来运行"。①

对物权性归入救济方法的讨论,集中体现了信托法特殊理念与民法固有规则的观念交锋。从受保护权益的性质到救济标的的特定化规则,以物权性救济方法规划归入路径在很多方面体现出对民法物权体系的挑战。大陆法系国家在移植信托法过程中,不约而同地忽略或放弃物权性救济方法,其主要原因即为避免对现有民法体系形成太大的冲击。然而需要正视的是,单纯采纳债权性归入路径,在救济目的的实现上显然是不充分的。不仅使得受益权所包含的物权性内容无法彰显,而使其完全沦为一项债权性权利;更严重的后果是构成对信托财产独立性的破坏,并进而导致信托基本制度功能的丧失。而事实上,对于大陆法系为何无法采纳物权性救济方法,其理论障碍源于何处,是否确定地无可解决方案,信托法理论并未经充分讨论和论证。以往观点认为无法针对受托人不法得利部分财产适用物权性救济的理由无非如下。

其一,当违反忠实义务的受托人为己牟利时,如支持权利人以物权救济方式主张取回或归入该部分不法得利,有损受托人其他债权人的合法利益。对此可基于如下方面进行分析。首先,从竞争权益的效力比较上,信托受益权的性质属于"物权化的债权",包含物权或准物权内容在内,在效力上起码应可对抗一般债权。这种对竞争权益通过类型化讨论判断优劣的方法,并不构成对民法物权体系的挑战,且在我国涉及其他法律领域的司法实践中已有运用。其次,从权属外观角度,信托本质在于合法分置真实权利和外观权利,因此一般的商事外观主义原则在信托语境下的适用应予调整,受托人的一般债权人并无认为受托人名下财产均构成其一般责任财产的受保护信赖利益。受托人因违反忠实义务的不法得利本应属于信托财产范围,对之以物权救济方法进行剥夺不会损害第三方的一般信赖利益。最后,从分配因债务人无法清偿风险的角度,受益人并未选择承担受托人将来资不抵债的风险,而是承担信托财产本身可能的贬值风险。这恰恰是信托财产独立性的要旨所在,即对抗第三人执行及实现破产隔离;相比较而言,受托人的一般债务人属于自愿承担债务人将来的破产风险。因此,赋予前者对受托人不法得利财产的物权性救济权利,并不构成对后者合法利益的任何损害。

其二,受托人的不法得利往往体现为货币形态,且可能已与自有资金混同,在此情形下适用物权性救济所需的客体特定条件能否被满足?对此本文的观点是:

---

① Pearson v Lehman Brothers Finance SA [2010] EWHC 2914 (Ch), [244] (Briggs J).

首先，即使在民法体系中，也已出现对传统的物权客体特定规则进行反思的观点，认为其无法实现实质正义，因此无论是理论上还是实践中，均已有突破物理特定规则而采用价值特定或抽象特定的观点或方法。其次，信托语境下财产权客体的特定有其特殊适用标准，信托财产独立性与信托标的确定性均非以物权客体符合民法传统观点上的特定标准为前提。因此，如受托人不法得利部分财产能被视为属于信托财产独立性范围，当然即可成为物权性救济的适格标的。最后，司法实践从平衡竞争权益和维护信托功能的角度，可适度借鉴衡平法相关规则。如综合运用最低中间余额规则和受益人选择权理论，其效果相当于恢复信托财产的正当范围。

五、未来展望

（一）信托独立性与民法一般性的关系

信托是"当事人之间关于信托财产的总体关系"。[①] 想要充分发挥归入救济的制度功能，以认识和直面信托及受信法的特殊性为前提。在没有信托法或信托制度的情况下，信托属于一种"特殊"的法律行为，其特殊性在于，它是运用一种法律行为的形式达到与该形式外观追求的目的不同甚至超过目的的行为，在外观上很容易与通谋虚伪意思表示行为发生混淆。信托制度从产生渊源及发展历程上，均体现出明显的挣脱僵化财产法体系束缚的创新冲动和灵活特征。信托架构对实质权利和外观权利的分置必然导致原本固化的静态权利体系的动摇，也必然与原有财产法体系的冲突。值得注意的是，信托从诞生之日起，就体现了与固有法律体系的理念碰撞和观点交锋，其壮大和发展恰恰体现了法律自我更新和自我完善的一面。如固守原有体系而忽视或排斥信托制度的特殊性，即扼杀了信托实现自身功能和进一步发展的空间，也将导致体系的故步自封。

在正视信托制度特殊性的基础上，要尽可能寻求在民法体系框架内对信托特殊性进行解释。任何创新或植入制度想要得到发展，都离不开原生法律体系土壤的营养供给，而所有排除体系解释、试图"一枝独秀"的所谓"特殊论"解释，都可能导致该制度被孤立乃至弃用。以推定信托为例，以往学术研究也有主张在

[①] Tom Besanko, *Refining the Constructive Trust*, 39 AJEQT LEXIS 7（2011），转引自徐卫：《信托融入民法典的逻辑理据与体例选择》，载《交大法学》2019年第2期。

我国司法实践或救济体系中借鉴或植入推定信托制度，①但均未深入讨论该项制度对民法体系的冲击和兼容性问题。信托法虽然来自英美法，与我们所熟悉的大陆法系的概念体系存在一定的差异，但信托制度的独特功能价值是客观存在的，信托制度发展对信托法完善的需求也是客观存在的，信托制度的特殊理念应被视为对民法财产理念的一种有益补充而非刻意背离。因此以特殊性为名将信托法孤立于民法体系之外的做法是不可取的。

（二）受信义务体系的构建和确认

信托制度属于典型的"舶来品"。我国《信托法》自2001年实施至今已逾20个年头，但长期处于虚置状态，大部分法条在司法实践中被束之高阁。究其原因：一方面，我国一直以来的金融分业治理模式和以监管为导向的规制方法，使得司法实践对信托领域内的矛盾纠纷反馈不足，私法层面对受信关系的特征、受信义务体系、受信法救济特殊规则的认识和理解均流于表面和松散，尚未凝练出内在的独立逻辑；另一方面，我国以往研究多从民法视角出发，尝试用现有民法理论对信托法下的部分特殊制度进行解释，这种研究思路的结果是，或因无法妥善处理两者间的观念差异而致正当性依据论证不足，或因强行套用体系而使信托的特定制度功能无法充分发挥。

随着信托被越来越多地运用于商事领域，受信关系往往通过合同方式建立。有学者即认为，此时受信关系产生于当事人间合意，受信义务在性质上与合同义务产生重叠且无法区分。②部分法经济学者认为，当交易持续发生且有宽泛裁量权让渡时，完全合同不可能订立，此时受信义务提供了作为默示法律填补约定空档的作用，因此信托法或公司法下的受信义务均可被理解为合同法的分支。③但值得注意的是，合同关系与受信关系在权力结构上存在显著差异：合同权利的取得，从规范意义上来说，其正当性来自合同各方的合意：当一方承诺负担某项合同义务时，仅仅是因为他同意负担该项义务；这并非某种限制，相反恰恰体现了其同意的自由。从更宽泛的视角上来看，所有法律关系均存在相对性的对抗张力，关

---

① 参陈雪萍：《推定信托的修正正义与修正正义的推定信托制度之借鉴——以攫取公司机会行为的修正为例证》，载《上海财经大学学报》2018年第4期；李萌：《我国移植归复信托制度的现实路径分析》，载《湖南科技大学学报（社会科学版）》2014年第1期；邢建东：《衡平法的推定信托研究》，对外经济贸易大学2006年博士学位论文；陈林：《推定信托研究——作为司法裁判技术的视角》，吉林大学2010年博士学位论文等。

② J. Edelman (2010), *When Do Fiduciary Duties Arise?* 126 L. Q. R. 302.

③ Frank Easterbrook & Daniel Fischel (1993), *Contract and Fiduciary Duty*, 36 J of L & Econ 425; Robert H. Stikoff (2011), *The Economic Structure of Fiduciary Law*, 91 BU L Rev 1039.

系各方均持有"影响他人权利的权力"。如合同关系中,尽管有合同条款约束,但并不影响任何一方行使是否履行约定及如何履行约定的权力,而这种权力的行使毫无疑问将影响对方权利的实现。但这种影响他人权利的权力是自生的,权力行使的方式是基于自决,权力行使的后果当然也由自己承担,即承担权力行使不当的违约责任后果。与此不同,受信关系中受信人所行使的受信权力来自他人,且行使后果由他人承受。如 Smith 极具洞见的观点所指出的,"受信人持有的不仅是影响他人权利的权力,而是影响他人权力的权力"。[1] 从这个角度出发,合同关系下的私法自治原则并非能完全适用于受信关系,盖因受信关系下一方已将起码部分的"自治"权让渡于另一方。合同关系中的当事人当然也享有自由裁量权,但其可裁量决策的,仅仅是自己的履行行为;而受信关系中的受信人所行使的自由裁量权来自他人,且权力行使后果归于他人,故其裁量决策的对象其实是代表他人履行的行为。受信人可能同时也是合同一方,并据此行使与合同履行行为相关的裁量权,但受信关系因对涉及关键资源的裁量权的分配而区别于合同关系。正是这种额外的裁量权,才构成对受信人施加较合同义务远为严苛的忠实义务的基础。

(三)信托法下物权救济方法的参考和构建

随着信托被越来越多地运用于商事领域,受信关系往往通过合同方式建立。有学者即认为,此时受信关系产生于当事人间合意,受信义务在性质上与合同义务产生重叠且无法区分。[2] 部分法经济学者认为,当交易持续发生且有宽泛裁量权让渡时,完全合同不可能订立,此时受信义务提供了作为默示法律填补约定空档的作用,因此信托法或公司法下的受信义务均可被理解为合同法的分支。[3] 但值得注意的是,合同关系与受信关系在权力结构上存在显著差异:合同权利的取得,从规范意义上来说,其正当性来自合同各方的合意:当一方承诺负担某项合同义务时,仅仅是因为他同意负担该项义务;这并非某种限制,相反恰恰体现了其同意的自由。从更宽泛的视角上来看,所有法律关系均存在相对性的对抗张力,关系各方均持有"影响他人权利的权力"。如合同关系中,尽管有合同条款约束,但并不影响任何一方行使是否履行约定及如何履行约定的权力,而这种权力的行使

---

[1] Lionel Smith(2014), *Fiduciary Relationships: Ensuring the Loyal Exercise of Judgement on Behalf of Another*, 130 Law Quarterly Review 608-634, King's College London Law School Research Paper No. 2015-20, Available at SSRN: https://ssrn.com/abstract=2559974(Last visied on July 31st, 2022).

[2] J. Edelman(2010), *When Do Fiduciary Duties Arise?* 126 L. Q. R. 302.

[3] Frank Easterbrook & Daniel Fischel(1993), *Contract and Fiduciary Duty*, 36 J of L & Econ 425; Robert H. Stikoff(2011), *The Economic Structure of Fiduciary Law*, 91 BU L Rev 1039.

毫无疑问地将影响对方权利的实现。但这种影响他人权利的权力是自生的，权力行使的方式是基于自决，权力行使的后果当然也由自己承担，即承担权力行使不当的违约责任后果。与此不同，受信关系中受信人所行使的受信权力来自他人，且行使后果由他人承受。如 Smith 极具洞见的观点所指出的，"受信人持有的不仅是影响他人权利的权力，而是影响他人权力的权力"。[1] 从这个角度出发，合同关系下的私法自治原则并非能完全适用于受信关系，盖因受信关系下一方已将起码部分的"自治"权让渡于另一方。因此有学者认为，在受信关系中委托人或受益人根本不具有判断是否作出"同意"表示的能力或地位，或法律根本不应要求其做出是否"同意"的表示，因为受信关系的不平等性或地位脆弱性使得弱势一方的所谓"同意"缺乏独立自决的基础；[2] 这种权力结构上的特征在很大程度上塑造了受信法下的义务和救济外观。一是特定义务的强制性。理论界有很多对受信义务是否属于强制规范的讨论，[3] 这进一步影响了对免责条款效力、忠实义务范围及救济理念的认识。受信义务的识别，特别是在商事语境中，对这些关系的内在风险具有深远的影响，盖因被告一旦被认定为受信人，即意味着他经常要承担发生问题的风险。法院通常拒绝认可保持一定距离且在平等基础上达成的商事关系是受信关系，枢密院在 Re Goldcorp Exchange plc 案[4] 中确认了这一点，即对受信义务的认定采取限制性解释的方法。正如 Lord Mustill 令人印象深刻地所指出的，"高度期待并不必然引发衡平法的救济"。但起码针对忠实义务或忠实义务的部分内容，通说认为其属于强制性规范，系"信托关系及受托人义务不可削减的核心"。[5] 二是对可预见性规则的突破。因为"可预见性"要求建立在双方享有平等自决权的基础上。受信关系中既然本人已向他人让渡一定程度的自决权，而由他人代替行使自决权，此时即无法要求本人为自己决定负责。体现在救济环节，则要求救济方法必然具备某种程度的事后调整特征，区别于合同法、侵权法等事前规范机制。三是一般观点认为，超出损害的得利剥夺或多或少出于特定政策考量，将行为人的

---

[1] Lionel Smith (2014), *Fiduciary Relationships: Ensuring the Loyal Exercise of Judgement on Behalf of Another*, 130 Law Quarterly Review 608–634, King's College London Law School Research Paper No. 2015-20, Available at SSRN: https://ssrn.com/abstract=2559974 (Last visited on July 31st, 2022).

[2] Arthur Ripstein (2009), *Force and Freedom: Kent's Legal and Political Philosophy*, Cambridge: Harvard University Press, p.73.

[3] John H. Langbein (2004), *Mandatory Rules in the Law of Trusts*, 98 Nw. U. L. REV. 1105).

[4] [1995] 1 AC 74.

[5] Wight v Olswang, [1999] EWCA Civ 1309.

得利确定地归属于权利人，借此发挥其威慑与制裁功能。但是，如果将任何与他人相关的得利都收归于权利人，又将诱使行为人采取更高的注意义务标准，而超出合理注意义务标准的保障措施对于社会而言属于纯粹浪费性的支出，实非可取。①但在受信关系中，受托人代替他人行使权力的特殊构造，使得以受益人"最大利益"或"唯一利益"作为衡量受信人义务行使的标准正当化。

当受托人违反信托义务侵占信托财产或将本应纳入信托财产的利益据为己有时，如认为受益人对该部分财产仅得主张债权性救济，实质上相当于承认该部分财产已脱离信托财产范畴，而属于受托人的固有财产；尤其在受托人缺乏资历情形下，受益人仅有的损害赔偿或不当得利请求权势必落空，其基于信托财产独立性所得到的保护即无法在救济环节得到体现。英美法下，"救济先于权利"的理念源远流长，自不待言；按大陆民法的权利制度体系安排，救济亦为权利呈现的最终面目；②权利遭受侵害如得不到救济，则无论设计上如何美妙，都毫无价值。故在救济环节，安排物权性救济手段为维护信托整体结构功能所必要。衡平法通过推定信托制度等，认定受托人为受益人持有所得不当利益，相当于恢复信托财产的本有范围，使信托功能在救济环节得以还原。比较法下的物权性归入救济有衡平留置、推定信托、代位三种方法，从我国信托法的发展实践和制度需求上考虑，建议采用以推定信托为主的物权性归入路径，即在不法得利财产上构建一个法定信托，以镜像还原遭损害的意定信托。这种方式不仅有助于补足信托法救济体系的漏洞，而且可通过扩张解释现有信托法规范得到解释论上的支持。

---

① 张家勇：《基于得利的侵权损害赔偿之规范再造》，载《法学》2019年第2期。
② 冀宗儒：《民事救济要论》，人民法院出版社2005年版，第94页。

中国保险纠纷司法研究报告
（2021—2022）

一、司法实践总体观察

保险业通过赔偿被保险人的经济损失来帮助个人或机构在保险合同规定范围内的风险事故发生时避免经济危害，并借此在社会经济层面发挥出转移、分摊风险的宏观作用。

如图8-1和表8-2所示，近十年来，我国保险业正在从高速发展迈向高质新发展，并已连续5年跻身世界第二大保险市场。

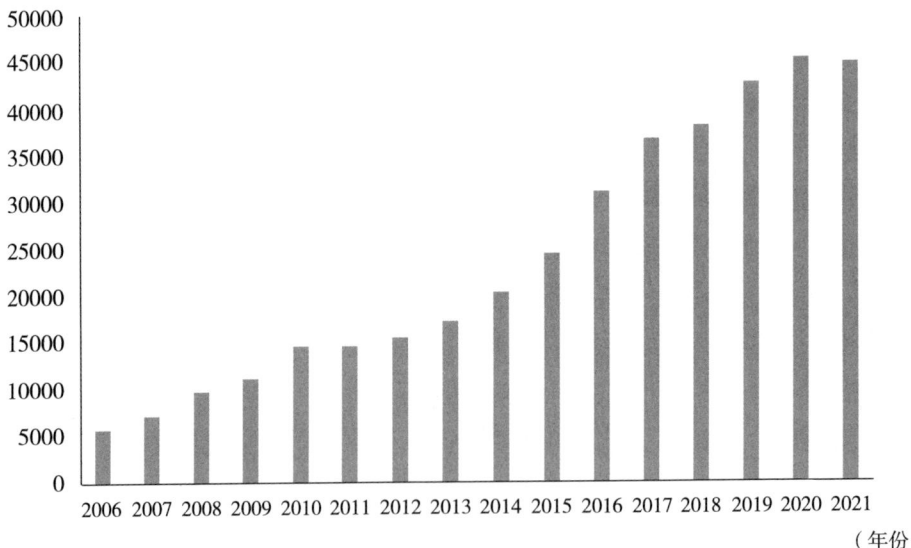

图8-1 2006—2021年中国保险行业总保费收入（单位：亿元）[①]

[①] 资料来源于中国银保监会前瞻产业研究院。

从表 8-1 的中国各大保险公司 2022 年理赔半年报相关数据可以看出，我国保险业的获赔率普遍在 97% 以上，不可谓不高。

表 8-1　保险公司 2022 年上半年获赔率[①]

保险公司	理赔件数（件）	理赔金额（元）	获赔率
中国人寿	829 万	252 亿	99.5%
平安人寿	206 万	201 亿	99%
太平洋人寿	/	91 亿	/
太平人寿	39.04 万	47.1 亿	/
华夏人寿	4.25 万	6.17 亿	/
天安人寿	/	10.7+ 亿	98%
百年人寿	6.3 万	9.5 亿	/
富德生命人寿	194954	18.166 亿	97.75%
阳光人寿	8.9 万	15.2 亿	/
国联人寿	/	2496.75 万	100%（小额案件）
北京人寿	18.36 万	13382 万	/
同房全球	/	2.6 亿	/
人保寿险	150.09 万	33.96 亿	/
大都会人寿	2.1 万	4.4 亿	99.6%
华泰人寿	/	1.9 亿	99.55%
德华安顾人寿	/	1.23 亿	99.53%
信美人寿	/	1004.6 万	98.86%
中国人寿财险	512 万	270.6 亿	/

然而，由于我国保险业发展的时间短、行业发展不规范，在保险业相关司法实践中，出现纠纷案件的比例也颇高。近年来，随着经济社会持续发展，各类市场主体风险管理意识不断增强，保险产品、商业模式升级换代，业务数量与日俱增，保险业在我国经济发展所占的比重越来越大，保险纠纷的多样化、复杂化的趋势也愈发明显。

2020 年至 2022 年，我国中级人民法院和高级人民法院共受理保险纠纷案件 65273 件，其中涉及"互联网保险""新冠"等关键词的新类型保险纠纷共计 261 件。在法院受理的保险纠纷案件中，保险纠纷民事案件占比达八成，案由以财产保险合同纠纷、人身保险合同纠纷、责任保险合同纠纷、意外伤害保险合同纠纷、

[①] 信息来源于各家保险公司 2022 理赔半年报。

保证保险合同纠纷、保险人代位求偿权纠纷等为主。

虽然法院受理保险纠纷仍以传统保险类别为主，如机动车责任险、工伤保险、意外伤害险、养老保险等，但新类型纠纷正不断涌现，如消费信贷保险、融资租赁保险、信用保险、保证保险等互联网保险业务的案件、在新冠肺炎疫情影响下的各种保险纠纷案由的案件等。相比传统保险纠纷，新型保险运营模式更为复杂，案件审理可能涉及多个法律关系，电子投保、微信理赔等新方式也被广泛应用于传统业务领域，老问题面临新难点，增加了审理难度。换言之，保险类纠纷案件涉及的法律问题通常较为复杂，产生的法律争议也较大。因此，此类案件中，二审及再审改判及发回重审的情况屡见不鲜，表8-2和表8-3的数据充分展示了这一点。

表8-2 二审审判结果情况

二审审判结果	案件数量（件）	占比（%）
全部/部分支持	2447	67.48
撤回上诉	376	10.37
其他	342	9.43
改判	319	8.8
发回重审	142	3.92

表8-3 再审审判结果情况

再审审判结果	占比（%）
驳回再审申请	53
提审/指令审理	28
改判	8
撤回再审申请	4
发回重审	2
未公开	5

这一趋势也从侧面说明了，作为相关法律行业的从业者，我们有必要紧跟行业发展趋势，以近年来发生较大变动更新的裁判依据及监管规则作为切入点，通过对于具有普遍指导意义的典型案例的分析研究来总结提炼典型案例的裁判规则和裁判方法，从而发现、厘清和解决相关热点难点问题。

首先，毫无疑问，《民法典》的实施给保险行业带来了重大的机遇与挑战。例如,《民法典》对格式条款的完善提出了挑战、高度重视对个人隐私的保护、细化了责任保险相关规定、有利于规范互联网保险业务的监管与发展,并对中止合同的及时通知义务做出了规定。

其次,自 2020 年 1 月下旬起,一场前所未有的新冠肺炎疫情席卷全球,给人们的生产生活带来了巨大影响。不但民众的生命与健康受疫情威胁,而且政府为控制疫情而被迫采取的停产停工、区域封控等措施,使得部分行业无法正常经营,并由此生发出一系列合同履行问题。自新冠肺炎疫情产生以来,不仅经济运行面临的内外部挑战显著增多,各类风险也不断暴露,为我国保险业带来了不少挑战与难题。可喜的是,在这一过程中,我国保险业也展现了其社会担当,充分发挥了保险保障功能,服务于统筹疫情防控和经济社会发展。为应对新冠肺炎疫情对合同履行的不利影响,最高人民法院出台了《关于依法妥善审理涉新冠肺炎疫情民事案件若干问题的指导意见》(一)(二)(三)新冠肺炎疫情等司法解释类规范对此类情形下合同终止、中断、变更、继续履行等问题给出了相应的指导意见,然而,对于如何平衡救助纾困的政策倾斜与诚信公平的法律原则,依旧是学术层面和司法实践尚存争议的话题。

从行业环境上看,在车险改革的大背景下,目前整个车险行业所进行的不仅是改革,更是打碎后重建一个全新的、可持续发展的模式。这种重构包括从追求规模增长到追求质量提升,从注重销售到注重服务,从供给侧结构改革到供需双方的认知和行为改善等。长远来看,车险改革是一个市场出清的过程,也终将引导险企的产品与服务转型升级,由此带来的监管、理赔上的法律问题值得关注,司法实践中也出现了诸多值得关注的典型案例,其中又以财产保险类纠纷为主,涉及的法律问题包括保险条款特别是免责条款效力的认定、免责事由是否成立的界定、保险人提示说明义务的理解、车辆危险程度增加的考虑要素、撤销保险金赔偿协议应予满足的条件、车辆修理的定损及鉴定相关问题,等等。

与此同时,新型用工形式下从业人员的保险适用问题也日渐成为保险领域关注焦点。由于相关政策性文件并不具有强制的适用效力,新型用工主体在社会保险和商业保险上仍然缺乏投保的依据。更重要的是,现有的监管或指引规则更多地聚焦于如劳务派遣等传统形式,对于共享平台等的监管或指引也仍然集中于外卖或网约车等领域,对于更为多样的专业服务、咨询等类型产业中的新型用工形式未有应对,难以对这些类型中潜在的损害提供风险分担方案。目前,市场中推出的针对新型用工形式的保险产品，在一定程度上弥补了立法上保障的空缺，但是，该类保险主要针对从业人员在工作中所产生的损害，对于新型用工形式中就业人员给第三方造成的损害尚未有明显的关注，也未针对不同的领域设计具有针对性的保险产品。在未来，行政部门还需要制定对新型用工形式领域的统一规范，监管部门也应当针对不同领域的特征引导形成具有广泛适用意义的示范条款，以更为有效地为新型用工形式下的从业人员提供保障。

另外，互联网保险中的个人信息保护的法律规制也是近年及未来的重大问题。互联网保险产品对个人信息保护带来的挑战主要可概括为"个人信息保护政策"合规问题、个人信息过度收集、滥用问题和互联网保险消费者权益保护问题。诚然，保险消费者可以通过投诉、调解、仲裁和诉讼等渠道来维护自身权利。但由于互联网保险经营的特殊性，传统渠道在解决互联网保险主体之间的纠纷时存在保护不足的问题，而通过仲裁或司法诉讼解决纠纷则耗时较长且程序复杂，不利于快速化解矛盾。因而，对于互联网保险个人信息立法、监管实践的缺位，虽然已有的立法和监管规则为互联网保险中个人信息的保护提供了一定的指引，但实践中互联网保险领域个人信息保护一直涉及监管主体不明的问题。鉴于互联网保险仍在高速发展的快车道上，个人信息保护问题在《民法典》出台后也更加得到全社会的关注。如何有效防范风险、保护消费者合法权益，并同时提升保险业服务实体经济和社会民生的水平，都仍应是保险机构和监管部门关注的重要议题。

普惠型医疗保险的迅速发展与配套制度完善是我们关注到的另一热点。一方面，就法律层面而言，我国现行《保险法》中的相关规定的可适用性存在较大的局限性，《民法典》中也多为原则性规定，对于大多数特定问题仅能起到方向性指导作用。另一方面，就地方政策层面而言，即便现阶段部分地方政府根据本地的医疗需求及财政状况已经或即将出台规制惠民保产品的相应政策，但因在国家层面并无统一规范，可能会导致医疗发展不平衡的问题。对于普惠型医疗保险的制度完善，主要存在以下几点问题：第一，政府是否具有投保具有公益性质的普惠行医疗保险的主体资格；第二，商业保险机构通过普惠型医疗保险进行盈利活动的界限如何界定；第三，公益性与盈利性的平衡及相互制约如何解决。上述问题无一不需要社会各层面共同配合才能够将其弥补完善。

总之，近几年的社会经济发展，特别是疫情给各行各业带来的影响，在保险纠纷领域体现出了不少新趋势、新问题，而相关法律法规的变化进一步增加了我们对热点法律问题展开研究的必要性。

二、典型案例评析

（一）"非营业个人"车辆用作网约车构成保险标的用途的改变，从而导致危险程度显著增加[①]

1. 基本案情

2018年6月26日，郑某某向保险公司投保了车损险（不计免赔额），保险期间自2018年8月10日起至2019年8月9日止，其《机动车综合商业保险保险单》使用性质一栏注明"非营业个人"；重要提示一栏注明"被保险机动车因改装、加装、改变使用性质等导致危险程度显著增加以及转卖、转让、赠送他人的，应书面通知保险人办理变更手续"。

在保险期间内，郑某某将其所有的小型轿车租赁给案外人宋某。2018年12月23日，宋某将小型轿车租赁给案外人于某，并收取租金及押金共计3100元。于某将该车交由肖某驾驶。2018年12月23日，肖某驾驶该车沿道路行驶时发生交通事故，造成车辆损坏。交警部门认定肖某负全部责任。经评估确定，该车辆市场修复价格为145786元、评估费3910元、事故施救费用250元，共计149946元。郑某某对此向保险公司申请理赔遭到拒绝后提起诉讼。

诉讼中，郑某某向法院陈述时称，其是通过网络途径认识的宋某，在对宋某的具体职业、真实身份、是否具备经营车辆租赁的专业能力等情况并不甚了解的情况下，将其自用车辆于事故当天中午借给了宋某。双方虽签订了一份简要的书面租车协议，但郑某某并未仔细询问宋某借车的用途。郑某某认为，其与保险公司间的合同有效，且事故发生于保险期间，将车辆出租于他使用并未改变其用途。保险公司则认为，案涉保单下的小型轿车作为非营业个人自用车辆的用途已被改变，宋某并不具备经营资质，且无法对租赁车辆进行保养、维修和管理，显著增加了保险标的危险程度，因此拒绝进行理赔。

原告诉请被告赔偿原告车辆维修费、施救费等149946元，法院判决驳回原告郑某某的诉讼请求。

[①] （2019）沪112民初18496号。该案系2019年度上海法院金融商事审判十大案例之六、上海专门法院服务保障"五个中心"建设典型案例之四、《最高人民法院公报》2022年第5期收录裁判案例、2019年度上海法院金融商事审判十大案例之六。

2. 争议焦点

"非营业个人"的车辆用作网约车是否构成保险标的用途的改变，并且导致了保险标的危险程度显著增加。

3. 裁判要旨

（1）"非营业个人"的车辆用作网约车构成了保险标的用途的改变。"非营业"一词应排除包括以获取利润为目的而商业性使用机动车的经营业务，其中应包括通过租赁车辆收取租金的行为。如"非营业个人"的车辆经由出租人出租于承租人，另又转租于次承租人的事实明确，且出租人收取了租金，显然车辆的使用性质已不同于保险合同约定的"非营业个人"，而是转变为以获取利润为目的的商业性使用。

（2）保险标的用途的改变导致了危险程度显著增加且超出了保险人应当预见范围。首先，出租人将车辆出租于承租人后，承租人通过发布广告，向不特定人员低价招揽租车用户的方式客观上大幅提高了车辆的出行频率、扩大了出行范围，车辆在运行过程中出现的几率也相应大幅提高，导致保险公司承担的风险远超过双方按"非营业个人"的用途所确定保费的承受范围。其次，车辆的承租人并不具备经营车辆租赁所必需的对风险进行管控的专业能力，且其在转租过程中也并未对次承租人的资质及专业能力进行必要的审查。因此，系争车辆管理人的改变亦足以使危险显著增加。出租人对于上述危险几率的显著提高均采取了放任的态度，因而完全超出了保险人可预见的范围。

根据"危险程度增加"规则并依据《保险法》第52条及参照最高人民法院《关于适用〈中华人民共和国保险法〉若干问题的解释（四）》第4条第1款第1、5项之规定，可认定保险标的构成了《保险法》第49条、第52条规定的"危险程度显著增加"。

4. 案件评述

（1）关于网约车经营中危险增加问题的规则背景

随着网约车在出行领域的广泛应用以及运营网约车可带来的潜在经济效益，越来越多的私家车主试图通过各大互联网平台加入提供网约车服务的队伍。但是，这样的行为显然会使得家用车辆的使用时间和适用情境产生较大变化，进而产生可能发生事故概率的增加。《保险法》第52条规定："在合同有效期内，保险标的的危险程度显著增加的，被保险人应当按照合同约定及时通知保险人，保险人可以按照合同约定增加保险费或者解除合同。保险人解除合同的，应当将已收取的保险费，按照合同约定扣除自保险责任开始之日起至合同解除之日止应收的部分后，退还投保人。被保险人未履行前款规定的通知义务的，因保险标的的危险程度显著增加而发生的保险事故，保险人不承担赔偿保险金的责任。"由此，在私家车从事网约车业务的情形中，保险公司是否可以依据该条主张解除合同或拒绝承担，则存在适用标准上的问题。此外，在现有针对个人用车的车损险合同中，保险公司通常拟定标的车辆应当为非营业个人车辆，该被保险车辆后续用作网约车时，被保险人应依照保单条款及时履行通知义务，否则保险人有权拒绝承担理赔责任。

在司法解释上，2018年最高人民法院《关于适用〈中华人民共和国保险法〉若干问题的解释（四）》第4条规定：人民法院认定保险标的是否构成保险法第四十九条、第五十二条规定的"危险程度显著增加"时，应当综合考虑以下因素：（一）保险标的用途的改变；（二）保险标的使用范围的改变；（三）保险标的所处环境的变化；（四）保险标的因改装等原因引起的变化；（五）保险标的使用人或者管理人的改变；（六）危险程度增加持续的时间；（七）其他可能导致危险程度显著增加的因素。保险标的危险程度虽然增加，但增加的危险属于保险合同订立时保险人预见或者应当预见的保险合同承保范围的，不构成危险程度显著增加。该解释进一步的明确了在适用第52条时应考虑的各种因素，同时也提出了对应的限制标准：若保险公司在订立合同时可以预见到危险的增加，则应当认为在保费厘定时保险公司应当已经将该因素纳入了考量因素，对于该种变化，则不应当赋予保险公司增加保费或解除保险合同的权利。

（2）本案对"私家车从事网约车经营中危险增加问题"的判断意义

虽然上述法律和司法解释设定了保险标的危险增加的判断标准，在目前的司法实践中，对于非运营个人车辆用作网约车时是否使得被保险车辆的危险显著增加的处理方式并不统一，学界中关于危险显著增加的判断标准亦有不同讨论。本案的重要意义在于，就保险人是否应因车辆用途的改变进而导致的危险显著增加的问题，给出了如下三个方面的细化衡量标准。

第一，车辆用途是否改变。就本案具体情况而言，在判断私家车用作网约车是否构成对车辆用途的改变之时，法院对被保险车辆在保单中约定的用途及其实际使用性质是否不同进行了对比，结合相关行业规范，对"非运营"等保单下的关键词作出了精准解释，并据此最终确定被保险车辆的用途是否发生改变。

第二，车辆用途的改变是否导致危险显著提高。对危险程度显著增加的界定，从司法实践及学界观点来看，重要判断标准应包括引发危险的事项的重要性以及持续性。以本案为例，法院认为，案外人宋某通过发布车辆租赁广告显著提升了系争车辆在使用频率、出行范围、车辆转交由不具备资质的管理人使用等多个方面的明显变化，均引起了危险程度的显著增加。

第三，车辆危险程度的增加是否超出了保险人可预见的范围。现有通说认为，《保险法》第52条中"危险程度"增加的判断标准，应以是否破坏保险合同中的对价平衡为依据。具体到本案，被保险人郑某某在与宋某签订车辆租赁协议时，并未检查或是有证据证明宋某具备经营车辆租赁所必需的对车辆进行规范管理、维护及风险管控的能力，且被保险人郑某某与宋某对危险几率的提高均采取了放任的态度。上述事实可印证，被保险人支付的保费无法与显著增加的风险相匹配，若风险由保险人承担，将违反对价平衡的原则，因而，车辆危险程度的增加超出了保险人的可预见范围。

本案所提出的细化标准，对于判断车辆用途改变是否会导致危险显著增加具有借鉴意义。更具有思考意义的是：从反向角度上，在考虑疫情封控期间被禁止上路行驶的车辆是否可因危险显著降低而要求车险延期或费用等问题时，是否也应当适用上述细化标准进行判断，本案例亦具有十分重要的参考价值。

（二）在保险合同下对争议格式条款应当首先根据不利解释原则按照通常理解进行解释①

1. 基本案情

固安公司在保险公司投保工程机械设备保险，被保险人为李某，保险期间自2020年3月28日0时起至2021年3月27日24时止。按照《工程机械设备保险》，保障项目为工程机械设备综合保险，保险标的为起重机械；按照《工程机械设备保险附加转运期间财产损失保险条款》，保障项目为转运期间财产损失保险。特别约定清单记载："……在保险期间内，本保单承保工程机械设备在不同区域间行驶过程中造成保险标的的损失（含碰撞、倾覆）。"

2020年4月29日，登记在固安公司名下的重型非载专项作业车在进行吊装作业时，吊臂折断受损。案件庭审过程中，审理法院委托鉴定机构对案涉车辆受损原因进行鉴定，其鉴定意见为，该作业车吊臂折断并非吊装过程中碰撞所致。李某虽对该鉴定意见书不予认可，但未向法院提出重新鉴定的申请。

---

① （2021）京74民终576号，该案系2021年北京金融法院十大案例之四。

李某向一审法院提起的诉请为，请求判令保险公司赔偿李某车辆损失费用共计656855元并由保险公司承担诉讼费用。保险公司抗辩称，李某主张的车辆损失并不属于保险公司的保险责任范围，其向一审法院提交的《工程机械设备综合保险条款》约定，保险人将赔偿由"碰撞、倾覆"造成的保险标的损失，而案涉标的作业车吊臂的损失并非由碰撞所致。李某对保险条款不予认可，并表示保险公司未送达保险条款，故其不清楚保险责任范围，因而产生本案纠纷。

一审法院判决保险公司赔偿李某车辆损失费用共计656855元并由保险公司承担诉讼费用。北京金融法院二审判决撤销一审法院判决，改判驳回被保险人李某的全部诉讼请求。

2. 争议焦点

造成保险标的损失的原因是什么，以及该致损原因是否属于保险合同所约定的保险公司承保危险的范围。

3. 裁判要旨

（1）造成保险标的损失的原因是意外事故。保险标的的吊车在正常吊装作业中吊臂折断受损，不存在操作人员故意或重大过失的情形，应属于被保险人不可预料且无法控制的意外事故。

（2）该致损原因不属于保险合同所约定的保险公司承保危险的范围。起重机吊臂折断倾倒触地，失去正常工作状态，不经施救不能正常工作的情况下，被保险人与保险公司均对此情况是否构成保险条款中的"倾覆"存有争议，且该条款为保险公司提供的格式条款。鉴于《现代汉语词典》和保险条款二者对于"倾覆"一词的释义吻合，如保险标的的损坏过程中，客观上并不存在释义中的"倾覆"或"翻倒"的事实，因此造成保险标的损失的原因不属于保险公司承担赔偿责任的范围，保险公司对该次事故以及相应损失不应当承担保险金赔偿责任。

（3）对于案涉保险合同所适用的格式条款，根据等价有偿原则应当适用。如保险公司未证明其已就格式条款的内容向投保人作出明确说明，根据《保险法》第17条第2款的规定，格式条款中免除保险人责任的条款不产生效力。但是，就保险责任条款而言，不应以未交付格式条款为由否定该条款对保险责任的约定。基于等价有偿原则，保费的收取应与承保危险相对应，该基础不应由于保险人没有交付格式条款而被动摇，否则从根本上违背了等价有偿原则。

（4）关于案涉格式条款应当根据不利解释原则进行解释。保险合同中若对于格式条款存有争议,应当首先按照通常理解进行解释,在穷尽了《民法典》第142条第1款规定的文义、体系、目的、习惯、诚信等解释方法后,若合同条款的含义依旧特别模糊,才可采取《保险法》第30条规定的"救济措施",即"作出有利于被保险人和受益人的解释"。鉴于"倾覆"的释义是明确的,因此并无《保险法》第30条下的"有利解释"的适用空间,应当适用不利解释原则。

4. 案件评述

(1) 未交付的格式保险责任条款的适用

保险合同中通常会大量使用格式条款以明确不同险种下的保险责任及免责事由。根据《保险法》第17条的规定,保险人在提供投保单时有附上格式条款以及说明合同内容的义务,特别地,对于免除保险人责任的条款,保险人应作出足以引起投保人注意的提示,并对该条款的内容作出明确说明,否则该条款不产生效力。第19条规定,由保险人提供的免除保险人依法应承担的义务或者加重投保人、被保险人责任的格式条款无效。

上述两则法条特别地对保险人施加了对于免责条款须尽到特别提示注意及说明的义务,但针对未交付的保险责任条款,法条文义中未对保险人是否需要尽到相应的通知及说明义务以及对于保险人未提示说明的保险责任格式条款是否无效未作出明确规定。

就基本理论层面而言,判断保险合同下格式条款效力的标准应从其是否限制了当事人的意思表示自由、是否基于等价有价原则均衡分配当事人所应承担的风险、是否违反最大诚信原则等多维度进行综合考虑。具体就保险责任条款而言,由于学界普遍认为保险责任并不同于一般合同下的违约责任,而是作为依据保险合同约定的保险事故发生后,作为先前经由被保险人支付的保费的对价,而由保险人承担支付相应赔偿金额的责任。本质上,保险人承担保险责任,应属于基于对等的保费而承担相应义务,而非因违约承担不利后果。因此,保险合同中的免责条款免除的亦应是保险人的义务,对价支付的保费亦应根据给付义务范围的大小有相应调整,其中的比例应是由保险精算原理长期积累而成。基于此,即便《保险法》及相关司法解释未作出明确规定,根据上述基本理论原理,保险责任条款涵盖的给付义务的有效性不应受到格式条款未经由保险人通知被保险人影响。

然而,有学者亦指出,我国司法实践中,常常有法院将此类代表核心支付义务的保险责任条款认定无效,严重干扰了保险营业。但是,近年来,在一些判决中,法院倾向于认为,对于规定保险责任范围的条款,保险人无特别的明确告知及说明义务。①有鉴于此,本案的重要裁判意义在于,法院依据等价有偿原则,对保险责任格式条款的效力作出了判断。具体而言,保险人对于保费的计算正是基于对保险责任范围的描述及界定,因此,保险责任条款不应因保险人未在订立合同时交付而无效。若仅凭保险人未尽说明义务即导致相关条款无效抑或未订入合同,将可能严重影响保险业的实际运作。

（2）保险合同下格式条款的解释原则

另外,即便格式条款免于不发生效力,如何解释保险合同下的格式条款亦在实践中存在较大争议。《保险法》第30条规定了争议格式条款的解释原则,即首先应当按照通常理解对于争议格式条款予以解释,若有两种以上解释的,应当作出有利于被保险人和受益人的解释。

对此法条下的规定,特别需要注意,有利解释原则的适用应是以争议条款已按照"通常理解"解释完毕仍存在含义模糊的情况为前提。此条规定背后的立法本意不难理解,当保险人尤其是与个人被保险人订立合同时,通常而言,由于专业性及信息获取等方面可能存在的明显差别,为保护处于弱势地位的个人被保险人,对于尚存两种以上可能含义的条款,应选择对保险人不利的释义才不违背公平原则及对价平衡原则。但是,若双方处于势均力敌的立场,或是穷尽了所有合同解释方法后条款含义已然明确,若再一律作出不利于保险人的解释亦是对公平原则的破坏。因此,关于有利解释原则的适用界限的问题亦需要更为明确的司法指引。

就上述问题,本案的重要裁判意义在于,明确了《保险法》第30条规定的不利解释原则的适用条件。不利解释不应绕过"通常理解"。在《民法典》时代,如何对条款作出"通常理解"亦有《民法典》第142条及第466条的原则性指引,亦即应当按照合同中所使用的词句,结合相关条款、行为的性质和目的、习惯以及诚信原则,确定争议条款的含义。若穷尽上述解释规则,争议条款仍然存在两种以上合理性不相上下的解释时,方可作出有利于被保险人和受益人的解释。本案体现出承办法官对保险法立法精神及规则的精准把握,在一定程度上弥补了法律空白,统一了裁判尺度,对同类案件的审理具有借鉴意义,对树立创新规则、引导合理预期具有重要价值。

---

① （2020）苏01民终8160号。

（三）再保险纠纷中再保险分出人对被保险人的理赔存在瑕疵甚至认定错误时，适用共同命运原则中再保险分出人的理赔超出原保险单保险责任范围的例外情形①

1. 基本案情

2016年12月29日，人保财险作为保险人为某被保险人出具海上货运险保险单，承保该被保险人的货物自南京经上海至英国利物浦的海上货运保险。保单规定："对于保险标的的包装或准备不足或不当引起的损失、损害或费用，该保险绝不承保。"2017年2月8日，大地财保向人保财险出具《共保确认函》，确认其作为上述海上货运保险的从共保人，承接17%的份额，投保人/被保险人、保险标的、保险期限、承保险种等与人保财险出具的保单约定一致。

上述被保险人的货物在运输途中受损，经人保财险委托的检验人员在英国利物浦对受损货物（动力头）进行检验并出具报告，认为货物损害是因"中国至英国运输而进行的包装不足造成"；同时，该检验报告在损失金额一栏备注"没有具体的动力头的价格"。但是人保财险披露，被保险人曾向其出具一份情况说明，意图证明损坏设备的合同价值为人民币2546820元。人保财险就案涉事故是否属于保险事故委托第三方律师出具法律意见，在得到律师的肯定意见后，人保财险经与被保险人协商，决定按货物受损金额的70%即人民币1675846.26元进行赔付。赔付之后，人保财险依据《共保确认函》要求大地财保按上述保险赔款与律师费、检验费总额的17%向其分摊。但大地财保拒绝分摊，理由包括：其一，大地财保在人保财险赔付被保险人前明确拒绝人保财险之赔付；其二，案涉保险单的被保险人在损害发生时没有保险利益；其三，货损金额之确定无法律依据。

原告诉请被告向原告支付17%的分担费用并承担违约责任，一审法院判决驳回了原告人保财险的所有诉讼请求，二审法院及最高人民法院再审维持原判。

2. 争议焦点

涉案人保财险与大地财保之间的保险关系是共同保险关系还是再保险关系，被保险人在本案中是否享有保险利益，以及涉案事故是否属于保险合同约定的保险事故？大地财保作为再保险接受人，如其认为作为分出人的人保财险擅自给付保险赔款时，是否具有拒绝赔付的权利？

---

① （2020）沪民终377号。该案系2021年上海海事法院十大精品案例之十。

3. 裁判要旨

（1）关于再保险合同的判断。根据我国《保险法》第 28 条第 1 款规定："险人将其承担的保险业务，以分保形式部分转移给其他保险人的，为再保险。"从定义分析，如《共保确认函》承接了保险人与被保险人之间的海上货物保险合同 17% 的份额，符合《保险法》关于再保险的定义。

（2）如货物运输的提单及报关单等相关单据均无法确认被保险人为货物所有权人，而再保险分出人不能提供买卖合同等其他具有物权证明效力的证据予以佐证，则不能认定被保险人具有可保利益。如保险条款均约定承保"抛弃"或"浪击落水"的风险，但再保险分出人并无充分证据证明货物无须落水亦属于承保风险，则该事故并不属于保险责任事故。因而，再保险分出人向被保险人支付保险赔款的行为缺乏法律依据。

（3）再保险接受人有权排除再保险"共同命运"原则（the Follow-the-Fortunes Doctrine）的应用而拒绝向再保险分出人进行分摊。再保险合同的存在虽然是以原保险合同的存在为前提，但两者在法律上是独立存在的合同，再保险的权利义务关系与原保险的权利义务关系是相互独立的法律关系。因此，再保险分出人应根据其与被保险人的保险合同正确确定保险责任、是否理赔以及理赔金额，而再保险接受人也应根据其与再保险分出人之间的再保险合同确定该保险合同的保险责任是否触发。若再保险分出人错误认定原保险合同下的保险责任，对本不属于保单承保的损失进行赔付，再保险之"共同命运"原则将会被打破，再保险接受人有权拒绝再保险分出人的摊赔要求。

4. 案件评述

（1）再保险与共同保险之区分与认定

首先，应厘清共同保险与再保险各自的定义。共同保险，是指"两个或两个以上的保险公司及其分支机构（不包括同一保险公司的不同分支机构）使用同一保险合同、对同一保险标的、同一保险责任、同一保险期限和同一保险金额进行的保险"，其强调的是以投保人的同一个保险标的/责任为中心，两个或多个保险人同时承保该保险责任的不同份额，最终所有承保人的承保份额之和必定为 100%；而再保险，是指"保险人将其承担的保险业务，以分保形式部分转移给其他保险人"，其强调的是首先由原保险公司（即再保险分出人）自投保人处承保了某一责任后，再将其承保的部分份额转移给下一级的保险人，可以理解为"保险的保险"。

再保险之所以容易与共同保险混淆，是因为它们都均具有扩大风险分散范围、平均风险责任、稳定保险经营的功效。但两者仍有本质区别，主要在于：共同保险是多家保险人直接同投保人建立的保险关系，投保人因此与每个保险人之间都有直接的法律关系；而在再保险中，发生合同关系的是原保险公司（即再保险分出人）和再保险公司（即再保险接受人），原保险公司以分保形式将其承担的保险业务部分转移给再保险公司，故后者与投保人之间并没有直接的法律关系。因此，原保险的被保险人无权向再保险人提出索赔要求，而再保险人同样无权请求原保险的投保人缴纳保费。

司法实践中，法院通常会根据案涉保险合同的签订过程和形式、履行情况以及合同条款约定内容等，确定案涉保险合同的准确性质，并在此基础上确定相关当事人之间的权利义务关系。

（2）再保险"共同命运"原则及其例外

① "共同命运"原则

我国《保险法》对再保险的分摊只作了较为原则的规定，而我国《海商法》中亦无关于海上保险再保险之分摊的规定，"共同命运"原则现已成为我国再保险实务中的惯例，并被我国各级法院在审理相关纠纷时援引。

"共同命运"原则的基本内容包括以下两个方面：一是共同核保命运，即原保险人（再保险分出人）有自主承保或核保的权利，再保险人应以原保险人的核保结果为准；二是共同理赔命运，即原保险人有自主理赔的权利，在原保险人根据保险条款尽职厘定损失的前提下，其理赔决定自动适用于再保险人（再保险接受人）。

② "共同命运"原则之例外

从以上"共同命运"原则的含义来看，再保险人似乎一直处于较为被动的状态，特别是其最终是否理赔的决定也取决于原保险人的理赔决定，缺乏基本的自主决定权。若再保险人欲排除"共同命运"原则之运用，其应承担举证责任证明原保险人在确定保险责任时未按照最大诚信原则、尽到了审慎尽职的义务。其表现主要体现在：原保险人未根据保险条款尽职厘定损失，原保险人的理赔超出原保险单保险责任范围，原保险人的理赔超出再保险合同约定的保险责任范围，原保险人的通融赔付、自身坏账或财务风险等，以及再保险合同约定特别的理赔条件。只要存在前述任意一种情形，都可能影响到再保险人对原保险人的分摊/赔付。

原则上，再保险接收人需承担摊赔责任的前提是原保险的赔付符合《保险法》和原保险合同的约定。因此，在司法实践中，法院会首先对原保险合同的赔付进行实质性审查，而不会仅因为原保险合同的保险人（即再保险分出人）对原保险合同进行了赔付就判定保险接受人必须进行摊赔。法院在此类案件中的审查重点一般都落在被保险人是否具有可保利益及案涉事故是否为保险责任事故两个方面。本案中，经上海海事法院审理认定，案涉事故非为保险条款约定的责任范围，属于上述共同命运原则中再保险分出人的理赔超出原保险单保险责任范围的例外情形。因此作为再保险接收人的被告无须承担摊赔的责任，法院最终认定其拒绝摊赔的行为具有法律与事实依据。

结合以上分析，我们认为，本案裁判意义有二：其一，本案中明确，即使双方保险人签订的协议名为共保协议或一致认为其所签订的协议就是共保协议，法院也会依职权确定该协议是否属于再保险合同；其二，对于再保险纠纷常涉及的保险赔款分摊问题，法院会对原保险公司（再保险分出人）是否已按照最大诚信原则，审慎尽职地确定了保险责任进行实质审查，来决定是否适用再保险的"共同命运"原则或其除外情形来进行裁判，以确定再保险公司（再保险接受人）是否应该对原保险公司（再保险分出人）的赔付进行分摊。

具体地，若原保险人（再保险分出人）对被保险人的理赔存在瑕疵甚至认定错误，以至于对本不属于保险合同承保的保险责任向被保险人进行了赔付，原保险人（再保险分出人）将自食其果，无权要求再保险公司（再保险接受人）对其分摊/赔付。这就要求，原保险公司在向被保险人进行理赔时，必须合理谨慎确定保险责任及最终赔偿金额，不能因为其已经投保了再保险而疏忽大意，对本不属于保险责任的损失进行赔付。

（四）建筑工程质量潜在缺陷保险合同下，根据诚实信用原则，投保人不具有法定任意解除权[①]

1. 基本案情

骏丰公司系上海市嘉定区已竣工的某地块项目的开发商。2017年10月30日，骏丰公司向上海市嘉定区房管局缴纳该项目物业保修金。因2017年国务院有关部委取消了物业保修金制度，2018年7月30日，嘉定区房管局向骏丰公司退还其所缴的物业保修金（含利息），并要求其购买工程质量潜在缺陷保险（Inherent

---

① （2020）沪74民终1162号。该案系2021年上海金融法院十大典型案例之六。

Defect Insurance，以下简称 IDI 保险)。

骏丰公司于 2018 年 8 月向太保公司投保 IDI 保险，太保公司予以承保并出具保险单，保险合同第 37 条约定，本保险合同成立后，投保人可要求解除本保险合同。投保人要求解除本保险合同的，应当向保险人提出书面申请及投保人缴纳物业保修金的书面证明，本保险合同自保险人收到书面申请及证明时终止。

上述保险合同签订后，骏丰公司未按约支付保险费。经太保公司催收，骏丰公司仅于 2019 年 1 月 7 日支付了 50% 的保险费 551469.01 元，剩余保险费太保公司催讨未果，遂诉至法院。

诉讼中，骏丰公司认为，根据《保险法》第 15 条及案涉保险条款第 37 条的约定，投保人均可以解除合同。保险条款设定的解除条件之一为提交物业保修金缴纳的书面证明，但物业保修金已被取消，对该合同应作出不利于格式条款提供方的解释，该条件也应视为被取消，投保人只要书面申请即可任意解除保险合同。太保公司则认为，根据规范性文件规定，物业保修金被取消后，投保人不得解除合同。案涉保险投保前，骏丰公司房地产工程已竣工且缴纳物业保修金，后因物业保修金取消，采取投保案涉 IDI 保险的方式取得保修金退还，故不符合保险条款设定的解除合同的条件。

原告诉请被告支付剩余保险费，一审法院判决被告支付原告保险费 652211.83 元，二审法院维持原判。

2. 争议焦点

在从住宅物业保修金制度到强制投保建筑工程质量潜在缺陷保险的政策过渡期间，投保人骏丰公司是否有权解除案涉 IDI 保险合同？

3. 裁判要旨

（1）IDI 保险具有公共利益保障的本质属性。该保险是依据相关规范性文件设立，受益人和索赔权益人均为业主，其目的在于将开发商对建筑工程的保修义务分散由保险产品承担，维护房屋所有人的合法权益，减轻建设单位物业保修金的占用损失。如建设单位作为投保人和被保险人要求退保，将影响合同受益人及索赔权益人的利益。在建设工程风险涉众面较广、风险周期较长、对相关建设工程投保 IDI 保险已有规范性文件规定的情况下，如将上述保险条款解释为投保人有任意合同解除权会有所不当。

（2）认定 IDI 保险投保人具有任意合同解除权将不符合根据规范性文件而拟定的 IDI 保险合同的合同目的。2012 版保险条款建立在 2012 年物业保修金有效施行的基础上,建设单位缴纳物业保修金和投保 IDI 保险功能重复,投保人仅能在缴纳物业保修金或投保 IDI 保险中进行选择其一,故格式条款赋予投保人的是有限的合同解除权,而非任意解除权。2016 版保险条款更是明确规定,投保人未经保险人同意无合同解除权。

(3)投保人获得物业保修金后再解除保险合同,有违诚信原则。如投保人向房管局提交申请及保险单,证明其已按要求购买了 IDI 保险等,请求解冻相应的物业保修金。则投保人对于以 IDI 保险的方式代替物业保修金的保障功能的投保目的应属明知,对于退还物业保修金需以投保 IDI 保险为前提的义务属性亦属明知。

(4)规范性文件规定在其约束范围内的 IDI 保险投保人不得解除合同。2019 年《实施细则》根据 2019 年《关于本市推进商品住宅和保障性住宅工程质量潜在缺陷保险的实施意见》要求制定,对于签订于 2017 年 11 月 1 日以前,签订于 2017 年 11 月 1 日至 2019 年 3 月 13 日,以及签订于 2019 年 3 月 14 日以后的 IDI 保险合同的保险范围分别进行了具体的规定。故 2019 年《实施细则》的效力范围不仅及于该规定出台以后签订的保险合同,还及于该文件发布时尚处于保险期间的 IDI 保险合同。如保险合同保险期间尚未届满,2019 年《实施细则》及 2019 年《关于本市推进商品住宅和保障性住宅工程质量潜在缺陷保险的实施意见》对该合同亦具有约束力。

4. 案件评述

(1)实践中的问题

工程质量潜在缺陷保险即 IDI 保险是由建设单位投保,保险公司根据保险条款约定,对在保修范围和保修期限内出现的由工程质量缺陷所导致的物质损坏履行赔偿义务的保险制度。[①] 近年来,随着建筑业的快速发展,住宅建设质量事故屡见不鲜,工程质量水平的进一步提升也成为热点话题。IDI 保险正是一条通过引入市场机制来提升工程质量、提高居住水平的重要途径。而在推行 IDI 保险前,我国房屋建设主要依靠物业保修金制度来解决在工程竣工后的工程质量问题。2012 年至 2016 年,上海市 IDI 保险处于试点阶段,投保人可解除 IDI 保险但另需补缴物业保修金。2019 年《关于本市推进商品住宅和保障性住宅工程质量潜在缺陷保

---

① 顾德兴:《推行住宅质量潜在缺陷保险机制对住宅质量提升的价值分析》,载《建设监理》2018 年第 6 期。

险的实施意见》第 12 条明确规定，保障性住房工程、商品住宅工程投保建设工程质量潜在缺陷保险的，依约不得解除保险合同。

《保险法》第 15 条规定，除本法另有规定或者保险合同另有约定外，保险合同成立后，投保人可以解除合同。但在 IDI 保险领域内，如果赋予建筑单位投保人对合同的任意解除权，将会导致今后入住的业主等受益人无法就建筑物受损向保险公司索赔，业主的房屋使用维修权益将得不到应有保障，存在风险隐患。2019 年上海市发布《关于本市推进商品住宅和保障性住宅工程质量潜在缺陷保险的实施意见》，明确规定建筑单位不得解除 IDI 保险合同；但是，对于政策过渡时期建筑单位是否可以任意解除保险合同出现的本案相关争议，不仅会影响本案中开发商和保险公司的权益，还会导致开发商（投保人）和业主（受益人）之间的利益失衡。目前，我国尚未有相关上位法涉及 IDI 保险，《保险法》也未对财产保险合同下的受益人问题做出定义，这也将会导致涉及第三方公共利益的保险产品纠纷审理的不确定性，难以平衡保护保险合同各方的利益。

（2）本案的判决分析

《保险法》第 15 条赋予了投保人法定及约定情形外的任意解除权。从合同的相对性理论来说，投保人享有任意解除权毋庸置疑。然而在涉及第三人利益保险合同中，需要注意到，投保人任意解除权的行使可能损害利益第三人（受益人）的期待利益。

据大陆法系"保险契约法上之三分法"理论，保险合同必须由保险人、投保人、被保险人三主体为之。保险人，是指按照保险合同的约定承担赔偿或者给付保险金责任的公司；投保人，是指订立保险合同，负有交付保险费义务的保险合同当事人；被保险人对保险标的物具有利益，是指其财产或者人身受保险合同保障，享有保险金请求权的人，仅系保险合同关系人。[①]当投保人与被保险人/受益人非同一人时，保险合同是典型的利他合同。当第三人（受益人）与合同其他各方主体利益发生冲突时，法律应该如何平衡各方利益，无疑是法院需要考虑的重要问题。

建筑工程质量潜在缺陷保险为公益保险，格式保险条款约定了投保人在一定条件下有合同解除权。然而，在案涉保险合同约定的解除条件因政策原因无法成就时，本案法院并未机械地适用争议格式条款不利解释原则，而是从保护公共利

[①] 董庶、王静：《试论利他保险合同的投保人任意解除权》，载《法律适用》2013 年第 2 期。

益角度，保持了相当的克制和灵活性。本案中，在对格式条款的解读上，法院从保险性质、保险条款体系设定、保险条款相对应的政策规定及沿革、当事人真实意思等角度出发，通过合同的整体解释、目的解释、诚实信用原则解释等合同解释方法，探求其真实意思，具有一定的启示意义。

在具体的裁判方法上，本案审理过程中，详细梳理了上海市从推行住宅物业保修金制度到强制投保建筑工程质量潜在缺陷保险的相关规范性文件及历史沿革。本案发生在二者的过渡时期，合议庭结合本案物业保修金的退还及投保的具体事实，综合运用保险合同的整体解释、目的解释、诚实信用原则解释等法律适用方法，探寻合同当事人的真实意思，对于最大程度实现合同目的、尊重建筑工程质量潜在保险的公益属性等具有重要意义。本案判决对法院处理类似涉公共利益的保险纠纷审查亦有一定的启示意义，规范性文件约束力、格式条款设定目的、保险合同性质、投保人真实意思表示四个方面应在审理过程中重点关注。

IDI 保险在上海已得到广泛推行，在全国也具有较强的示范作用，其具体实施与政府政策的出台紧密相关。案件开发商投保人是否有权解除 IDI 保险合同，直接影响此类保险合同未来的发展与推进。本案判决在上海政策沿革的基础上明确了 IDI 保险的政策公益属性，查明了合同条款及当事人行为的真实意思，维护了住宅开发维修市场秩序，彰显了诚实信用的社会主义核心价值观，具有良好的示范作用。从而进一步推动 IDI 保险在我国更加长期、稳健地发展，促进我国建筑工程质量的提升，保障人民的生命安全和财产安全。

（五）侵权人赔偿未执行到位时，被保险人有权要求保险人承担赔偿责任[①]

1. 基本案情

2016 年 11 月 10 日，王某向人寿财保投保了车损险、第三者责任险及不计免赔，保险期间自 2016 年 12 月 7 日至 2017 年 12 月 6 日，其签订的《中国人寿财产保险股份有限公司家庭自用汽车损失保险条款》第 18 条载明："发生保险事故时，被保险人应当及时采取合理的、必要的施救和保护措施，防止或减少损失，并在保险事故后 48 小时内通知保险人。故意或因重大过失未及时通知，致使保险事故的性质、原因、损失程序等难以确认的，保险人对无法确定的部分不承担赔偿责任，但保险人通过其他途径已经及时知道或者应当知道保险事故发生的除外。"

[①] （2019）沪 74 民终 238 号，该案系《最高人民法院公报》2021 年第 7 期收录裁判案例，上海金融法院十大长三角金融审判典型案例之三。

2017年4月16日,案外人周某驾驶小型普通客车与案外人王某豹驾驶的被保险车辆发生碰撞,造成被保险车辆受损,交警部门认定周某负事故全部责任。王某龙基于案外人周某侵权事实对其提起侵权之诉,请求理赔。侵权案件审理过程中,王某提供了其单方委托鉴定机构出具的鉴定意见,用以证明被保险车辆的损失金额。周某申请对车损重新鉴定,但未缴纳鉴定费,并缺席案件审理。

法院判决周某应赔偿320333元及案件受理费3067.50元。上述判决生效后,周某无财产可供执行,未赔偿王某损失。鉴于被保险车辆已向人寿财保投保,故王某要求人寿财保基于保险合同先行赔偿其上述损失。

原告诉请被告给付保险金323400.50元,一审法院判决被告向原告支付理赔款314673元,可不予赔付评估费与案件受理费。上海金融法院二审判决撤销一审法院判决,改判上诉人人寿财保支付被上诉人王某保险理赔款220900元,驳回上诉人其他上诉请求。

2. 争议焦点

被保险人起诉要求侵权人赔偿损失获生效判决支持但未实际执行,是否有权要求保险人承担保险责任?被保险人怠于通知保险人参与定损,又依据侵权生效判决所确认的损失金额主张保险理赔的,保险人是否有权申请重新鉴定?

3. 裁判要旨

(1)保险公司与被保险人之间保险合同关系成立并生效,双方均应恪守。被保险人起诉要求侵权人承担侵权赔偿责任获生效判决支持,并不影响保险公司在履行保险赔偿责任后依法获得保险代位求偿权,即在支付保险理赔款的范围内取得被保险人依生效判决对侵权人享有的赔偿请求权。

(2)如被保险人在保险事故发生后怠于及时向保险公司报案,则违反了保险合同的约定,有违诚实信用原则,损害了保险公司在保险合同项下的知情权和定损权,致使其无法在法定期限内对标的车辆进行定损。因此被保险人在侵权案件中主张的车损金额因未经保险公司参与核定,对保险公司不发生法律效力,保险公司有权依据保险合同约定申请对被保险车辆的损失重新核定。经法院委托,第三方资产评估有限公司对被保险车辆的损失进行重新鉴定,保险公司应据此鉴定结论对维修费予以赔付。另外,车损评估费作为查明和确定事故的性质、原因和保险标的的损失程度所支付的必要的、合理的费用,应由保险公司承担。

4. 案件评述

（1）实践中的问题

本案中主要涉及两方面实践中经常发生的问题：

第一，在因第三者/侵权人对保险标的的损害而造成的保险事故中，被保险人享有提起侵权或违约之诉的选择权：一是要求侵权人承担侵权责任；二是要求保险人按照保险合同约定进行保险理赔。此选择权的法律基础源于《保险法》第60条第1款的规定："因第三者对保险标的的损害而造成保险事故的，保险人自向被保险人赔偿保险金之日起，在赔偿金额范围内代位行使被保险人对第三者请求赔偿的权利。"据此，被保险人因第三者（侵权人）造成保险标的损害的，被保险人可以依据保险合同先行向保险人索赔，保险人依法行使代位求偿权请求第三者（侵权人）赔偿。被保险人若依据保险合同得到的保险金未能得到完全填补实际损失，仍然可以向第三者（侵权人）请求未取得部分的赔偿，这也体现了我国民事领域的"损害填补原则"。

考虑到时间利益、诉讼经济成本、保险人往往较侵权人更具充足赔偿能力等因素，被保险人通过上述先保险后侵权的求偿方式实现损失填补显然是更优的选择。然而实践中，被保险人（受侵害人）往往会因为缺乏法律专业知识或未经充分考量，选择先行要求侵权人赔偿损失，于是出现侵权人因缺乏清偿能力无法承担侵权责任的情形。

第二，机动车交通事故发生后，被保险人通常会自行委托第三方鉴定机构或通过交警部门委托鉴定机构对车辆遭受的损失进行评估，保险公司会因此认为被保险人怠于履行及时告知义务，因而拒绝赔偿，引发纠纷。本案中，案外侵权人实施的侵权行为造成的交通事故的赔偿已经判决生效，因此引发的进一步问题是，保险人可否依据保单下相应条款要求有资质的机构对于被保险车辆的损失再行核定。

（2）理论观点

本案中，保险公司认为合同之诉的请求权已经归于消灭，法院对已经裁判的事实再行审理违反了"一事不再理"的原则，即对已经发生法律效力的判决，不得就相同的当事人就同一对象提起的同一诉讼再行起诉和受理。王某龙以案外人周某和保险公司为被告提起的机动车交通事故责任纠纷案件，是其基于侵权法律关系产生的损害赔偿请求权而提起。而本案案由为保险合同纠纷，王某龙作为被保险人，行使的是基于保险合同法律关系而享有的保险金赔付请求权。在诉讼主体、诉讼标的以及案件相关事实等方面，两者都有明显的差异。此外，本案原告的诉讼请求并没有在实质上否定前案侵权之诉的判决，不属于《民事诉讼法》及相关司法解释中所规定的"同一"诉讼，并未违反"一事不再理"的原则。对于被保险人先行向第三者（侵权人）请求侵权损害赔偿而赔偿未执行到位的情形，法律并未对保险人和被保险人的权益保障作出明确规定。学界有观点认为，保险人在该情形下就赔偿不足部分再行起诉保险人实质上为一种放弃对侵权行为人赔偿权利的行为，保险人可依据《保险法》第61条第1款①的规定拒付保险金。

实际上，投保财产保险仅是一种风险转移的方式，被保险人的实体权利不会因为风险的转移而减损。被保险人对于侵权人的主张是法律实体上解决纠纷的最终路径，保险人享有的代位求偿权是基于保险合同关系承担的合同责任，保险人在理赔后代位行使的仍是被保险人向侵权人主张的侵权债权。

另外，就被保险人依据侵权生效判决所确认的损失金额主张保险理赔，保险人是否有权申请重新鉴定的争议焦点，最高人民法院《关于适用〈中华人民共和国民事诉讼法〉的解释》（以下简称《民诉法解释》）第93条规定，除有相反证据足以推翻的例外情形，生效判决中所确认的事实是当事人无须举证证明的事项之一。人民法院作出的生效判决是在严格的诉讼程序下查明的事实，具有较强的公允性和客观性，因此以生效判决所确认的事实作为后案证据能够有效减轻当事人的举证负担，是司法实践中的常见现象。但是，并非所有的生效判决确认之事实对后诉都会发生预决效力。《民诉法解释》第114条的但书规定也明确了生效判决效力的相对性。通说理论认为，生效判决的预决效力理论一般要求前后诉当事人同一或者是诉讼继承人，其还强调正当程序的保障，对于前诉生效判决中未经充分辩论质证的事实不能赋予其预决效力。②

（3）本案件裁判的意义

第一，被保险人起诉侵权人赔偿未执行到位，有权要求保险人承担赔偿责任。本案判决以被保险人虽已取得支持侵权之诉的生效判决但未实际获得损失填补为由，支持被保险人请求保险人承担保险合同责任，实现了对"损害填补原则"的实践运用。其重要意义在于，明确了被保险人起诉要求侵权人赔偿损失获生效判

---

① 《保险法》第61条第1款规定，保险事故发生后，保险人未赔偿保险金之前，被保险人放弃对第三者请求赔偿的权利的，保险人不承担赔偿保险金的责任。

② 沈竹莺、王泽涛：《侵权生效判决未经抗辩确认损失额对后续保险诉讼无预决效力——王某诉甲保险公司财产保险合同纠纷案》，载《上海保险》2019年第10期。

决支持但未实际执行到位的,有权要求保险人承担赔偿责任,并不违反"一事不再理"原则。保险人履行保险赔偿责任后并不影响其依法获得保险代位求偿权,已有的道路交通事故侵权案件生效判决并不影响保险公司在履行保险赔偿责任后依法获得保险代位求偿权,即在支付保险理赔款的范围内取得王某龙依生效判决对侵权人所享有的赔偿请求权。若被保险人在未实际从侵权人处取得侵权赔偿款的情形下,否认其可向保险公司要求赔偿,将导致被保险人签订保险合同的目的落空。法律并未限制被保险人向侵权人或保险人主张权利的先后顺序,法律亦不排斥被保险人同时向两者主张权利,只要被保险人从保险人处获赔保险金数额和从侵权人处获赔金额总和不超过自身损失均应予以支持。

第二,保险人依法享有知情权和定损参与权。本案主要涉及前诉侵权生效判决确认的损失金额对后续保险诉讼有无预决效力的认定。关于保险报案与损失核定的系保险合同中的约定,且侵权生效判决未经充分抗辩,不应对后续保险诉讼产生预决效力,因此支持保险人申请重新鉴定损失的请求,保障了保险人的知情权和定损参与权。本案的重要意义在于,明确了保险事故发生后,被保险人怠于通知致使保险人未能参与定损的,将会损害保险人的知情权和参与定损权,其依据侵权生效判决所确认的损失金额主张保险理赔的,对保险公司不发生法律效力,保险人有权申请重新鉴定。

此外,本案也提醒了被保险人,其应当严格按照保险合同的约定,在保险事故发生后及时通知保险人,以便妥善定损。该判决对推动我国保险业尤其是汽车财产保险理赔业务的有序、健康发展具有重要意义。

(六)交通事故中,受伤乘客可以向商业险的保险公司在保险范围内请求赔付[①]

1. 基本案情

2019年8月3日,冯某平驾驶的公交车与蔡某某驾驶和苏某某驾驶的车辆与路边护栏相撞,造成三车不同程度的损毁及路边护栏损害,冯某平负事故全部责任,胡某芳因乘坐冯某平驾驶的公交车受伤。

三车均购买了交强险,且公交车购买了第三者责任险和道路客运承运人责任险,均由平安财险东莞公司承保。事故发生后,胡某芳住院治疗11天,诊断证

[①] (2020)粤19民终10546号。该案系广东省高级人民法院发布八大贯彻实施民法典典型案例之五。

明：出院后休息 14 天。胡某芳诉至法院，要求凤岗公汽公司、冯某平、平安财险东莞公司支付住院费用、伙食补助费、误工费、营养费等合计 8863 元。

诉讼中，胡某芳表示，如果法院支持其全部诉讼请求，则放弃对蔡某某和苏某某车辆所承保的保险公司的起诉权；如果法院不支持其诉讼请求则保留相应起诉权。冯某平以及其公交车公司未发表答辩意见，被上诉人平安财险东莞分公司则辩称，涉及交强险无责赔付部分，应当由侵权人承担赔偿责任，不应当由保险公司承担。

原告诉请被告支付住院费用、伙食补助费、误工费、营养费等合计 8863 元，一审法院判决驳回原告的全部诉讼请求。二审法院判决撤销一审法院判决，改判被上诉人平安财险东莞分公司向上诉人胡某芳支付人身损害赔偿金 5305.82 元，驳回上诉人其他上诉请求。

2. 争议焦点

本案的案由该如何确定？胡某芳可否要求凤岗公汽公司、冯某平赔偿损失？胡某芳可否要求平安财险东莞分公司赔偿损失？无责车交强险赔付部分是否应从理赔范围中排除？

3. 裁判要旨

（1）受害人乘坐公共交通工具，双方已经形成城市公交运输合同关系，受害人要求公交公司承担赔偿责任，则为城市公交运输合同纠纷。此外如受害人依据保险合同要求承保商业险的保险公司承担责任，则还涉及人身保险合同纠纷。

（2）受害人与公交公司之间存在城市公交运输合同关系，公交公司负有将受害人安全送达目的地的义务，如受害人作为乘客在运输过程中受伤，公交公司依法应当承担损害赔偿责任；如侵权人系公交公司的工作人员，其驾驶公共汽车系职务行为，侵权人在履行职务过程中造成受害人损伤，依法应由公交公司承担赔偿责任。受害人要求侵权人承担赔偿责任，缺乏法律依据。

（3）公交公司为公交车向保险公司投保了道路客运承运人责任险，受害人作为公交车的乘客，如其因为车祸受伤，属于道路客运承运人责任险的理赔范围。但受害人是该承运人责任险的第三者，并非保险合同的主体，其是否可以直接向保险公司追偿，需要做进一步判断。若得以更有利于减轻诉累，节约交易成本，也更有利于维护客运合同中受害旅客的合法权益，则当直接判决承保商业险的保险公司向受害人赔偿。

（4）如未有证据证明道路客运承运人责任险中约定了交强险应赔偿的部分属

于免赔范围,且受害人既是交通事故的伤者又是公共汽车的乘客,在追偿其人身损害损失时,依法享有选择权,则并非必须向承保交强险的保险公司请求赔偿,也并非必须追加承保交强险的保险公司参加诉讼。

4. 案件评述

纵观交强险制度的产生和发展,不难发现,该制度由最初的分散转移被保险人的风险、增加其责任财产范围的初衷,已逐步演变发展为侧重保障受害人利益救济的方向。例如,本案中涉及的交强险、商业险、侵权责任的赔偿次序确定问题,就体现了交强险制度公益性、社会性随着承保损失范围的扩大、受害人权利地位得到强化等变化而日益凸显的趋势。

根据原道路交通法律规定,受害人突破合同相对性原则,直接向保险公司索赔的险种只限于交强险和商业第三者责任险,即2012年最高人民法院《关于审理道路交通事故损害赔偿案件适用法律若干问题的解释》第16条第1款规定,同时投保机动车第三者责任强制保险和第三者责任商业保险的机动车发生交通事故造成损害,当事人同时起诉侵权人和保险公司的,人民法院应当按照下列规则确定赔偿责任:(1)先由承保交强险的保险公司在责任限额范围内予以赔偿;(2)不足部分,由承保商业第三者责任险的保险公司根据保险合同予以赔偿;(3)仍有不足的,依照道路交通安全法和侵权责任法的相关规定由侵权人予以赔偿。

为便于受害人获得赔偿,《民法典》第1213条充分吸收了这一规定,确立了先由交强险保险公司赔付,再由商业第三者责任险保险公司赔付,最后由侵权人赔偿的赔偿顺序。这符合我国交强险和商业第三者责任险的制度设计,也与实践中的理赔规则一致,有利于更快速解决纠纷、更及时救济被侵权人。

本案紧跟立法动态,以《民法典》提出的赔偿顺序作为审理案件的基准,大胆突破了商业保险合同的相对性,在维护交强险立法本义、保护受害人合法权益和促成加害人履行义务三方面都有重要突破。

第一,《道路交通安全法》和机动车交通事故责任强制保险条例对交强险的责任性质、内容、范围等,都作出了较明确的规定。道路交通事故损害赔偿案件中,权利人向侵权人主张权利,直接将承保交强险的保险公司一并作为被告,令其作为第一顺位的赔偿义务人在责任限额范围内承担责任,完全符合立法本义。

第二,由于交强险责任限额总额及分项限额等均为固定且数额较低,而当今社会经济高速发展,一旦发生交通事故,人身损失和财产损失往往数额巨大,一味固守合同相对性不能突破的观点实与保护受害人合法权益的立法本意相龃龉。

第三，由于商业第三者责任险是当事人自愿购买的，当侵权人未购买或者保额较低无法完全弥补权利人所受损失时，基于侵权法律关系，加害人有义务依法在其应承担的责任范围内进行赔偿。

综上，本案作为人民法院积极适用《民法典》规定的典型，更好地救济了受伤乘客胡某芳的合法权益，也经济高效地解决了纠纷，既符合现有法律规定，也符合实践中的惯常做法，取得了良好的法律效果和社会效果。

（七）意外伤害保险中，被保险人死亡原因的初步举证证明责任应当由受益人承担[①]

1. 基本案情

2020年4月15日，晶宥公司在平安养老和平安养老上海分公司处投保平安团体意外伤害保险并附加意外伤害团体医疗保险等；被保险人为吴某某等晶宥公司员工，受益人为法定，保险金额均为500000元，保险期间为2020年4月23日至2021年4月22日，承保范围包含"意外事故"，合同中将"意外事故"定义为"外来的、突发的、非本意的、非疾病的使身体受到伤害的客观事件"，同时特别约定"意外伤害保险仅承担意外身故责任及猝死责任，猝死指非意外的、突然发生的急性症状，且直接、完全因此急性症状突然发作后的48小时内不幸身故，且直接致死原因无法确定的"。

2020年6月2日傍晚，吴某某在施工工地不慎摔倒，站起来后回到宿舍。随后，当晚陷入昏迷被送医救治，在从上海市同济医院转运至建湖县第二人民医院的途中死亡。2020年6月3日，上冈镇坍圩村村委会出具死亡证明，其上载明，吴某某于120救护车转院途中（未到医院）突然死亡（卒于2020年6月3日13时30分）。2020年6月5日，吴某某尸体火化。2020年6月15日，建湖县第二人民医院所出具的《死亡证明》，该证明载明吴某某死亡原因为"脑损伤"，并由建湖县公安局上岗派出所加盖公章。吴某某死亡后，其父亲（吴某父）、妻子与儿子作为法定受益人向平安养老、平安养老上海分公司申请理赔，但保险公司认为被保险人吴某某真实死因系高血压病导致的脑干出血。根据保险合同条款第4条第1款、第22条"意外事故"释义的规定，吴某某死因并非意外事故，不属于保险责任范围，其有权拒赔。三受益人遂诉至法院。

[①]（2020）沪0106民初40529号。该案系全国法院优秀案例，最高人民法院发布全国法院系统2021年度优秀案例。

原告诉请两被告支付原告身故保险金500000元、医疗责任保险金28230.60元并承担本案诉讼费,一审法院判决驳回原告的所有诉讼请求。

2. 争议焦点

两被告是否有权拒赔?本案中被保险人的死亡原因是否属于保险合同的承保范围?

3. 裁判要旨

(1)受益人当提供合法有效的《死亡证明》。合法且有效的《死亡证明》即是受益人所能提供的确认死亡事实及死因的证明之一。受益人提供的《死亡证明》具有的合法性主要表现在以下两个方面:首先,出具流程不违反行政法规。被保险人遗体火化不得先于《死亡证明》的开具时间,否则开具流程将违反行政法规。其次,出具主体不违反国家有关规定。出具主体应实际救治过被保险人,且为死因链调查的适当主体。综上,如受益人提供的《死亡证明》不具有合法性,未完成确定(推定)被保险人死因,即保险事故属于保险责任范围的初步举证证明义务,根据《民事诉讼法》及相关司法解释的规定,受益人应当承担举证不能的不利后果。

(2)保险事故性质不属于保险合同约定的"猝死"范围。根据保险单特别约定,"猝死"须满足"直接致死原因无法确定"。如受益人按规定流程,申请适当主体开展死因调查,被保险人的直接死因很大程度上可以确定,即被保险人死因无法确定的根本原因在于受益人未按法律规定开具合法且有效的《死亡证明》。鉴于被保险人的死因既有可能出于意外事故,也有可能源于高血压病,还有其他因素介入的可能,直接致死原因无法确定并非客观所致,则受益人对死因无法查明具有过错。该情形不符合保险单特别约定的"直接、完全由急性症状所致身故且直接致死原因无法确定"之规定,因此保险事故性质不属于"猝死"范围。

4. 案件评述

(1)实践中的问题

在意外伤害保险的经营实践中,对于被保险人的伤害或死亡原因的确认,将直接关系到被保险人一方是否可以获得保险赔付。而在被保险人死亡不明出现争议的情况下,如何分配对被保险人死亡原因的证明责任,将很大程度影响最终判决的结果。

在现有的司法实践当中,法院通常要求应当由被保险人一方应当对事故原因承担初步的证明责任。但问题在于,被保险人一方通常会由于事故发生突然、对事故无应对经验等问题,未能在第一时间通过符合程序的鉴定方式查明死亡原因,尤其是在被保险人在非因外部明显因素而突发死亡的情况下,如何确定被保险人死亡原因以及合理分配证明责任,就成为该类案件的争议焦点。

(2)证明责任的分配

《保险法》第 22 条第 1 款规定,保险事故发生后,按照保险合同请求保险人赔偿或者给付保险金时,投保人、被保险人或者受益人应当向保险人提供其所能提供的与确认保险事故的性质、原因、损失程度等有关的证明和资料。此外,根据《民诉法解释》第 90 条规定:"当事人对自己提出的诉讼请求所依据的事实或者反驳对方诉讼请求所依据的事实,应当提供证据加以证明,但法律另有规定的除外。在作出判决前,当事人未能提供证据或者证据不足以证明其事实主张的,由负有举证证明责任的当事人承担不利的后果。"因此。在保险事故发生后,若投保人、被保险人或者受益人对保险事故发生的性质、原因及损失程度等(或保险事故属于保险责任范围)未能提供证据或者证据不足以证明其事实主张,则应当承担举证不能的不利后果。

根据上述法律规定,并结合《保险法》及相关司法解释有关保险人举证证明责任范围的规定可知,保险事故发生后,投保人、被保险人或者受益人对保险事故发生的性质、原因及损失程度等(或保险事故属于保险责任范围)具有初步的举证证明义务,当被保险人等提供了相关法律规定应当且能够提供的证明材料,就应当视为被保险人等完成了该举证证明责任。此时,保险人根据法律规定或保险合同约定行使拒赔权利时,相应举证证明责任即转移至保险人,保险人对"非保险责任范围""免责事项""拒赔事由"等负有举证证明责任。因此,保险人拒赔时的举证责任承担以投保人、被保险人、受益人完成初步举证证明责任为前提,"初步"以相关法律规定应当且能够提供的范围为限。合法且有效的《死亡证明》即是受益人所能提供的确认死亡事实及死因的证明之一。

(3)《死亡证明》的合法性判断

第一,《死亡证明》的开具流程。根据《殡葬管理条例》第 13 条第 2 款之规定,火化遗体必须凭公安机关或者国务院卫生行政部门规定的医疗机构出具的死亡证明。即被保险人的遗体火化需晚于《死亡证明》的开具时间。

第二,开具主体的相关资格。根据国家卫计委、公安部、民政部联合发布的《关于进一步规范人口死亡医学证明和信息登记管理工作的通知》规定,自 2014 年 1 月 1 日起,各地医疗卫生机构启用全国统一制定的新版《死亡证明》,签发单位为负责救治或正常死亡调查的医疗卫生机构；《死亡证明》填表说明载明家中、养老服务机构、其他场所正常死亡者：由本辖区社区卫生服务机构或乡镇（街道）卫生院负责调查的职业（助理）医师填写。即开具主体需实际救治过被保险人，或为其死因链调查的适当主体。

（4）本案件的裁判意义

虽然在本案当中，被保险人一方遭受到了突然的事故。但是，其对于事故发生原因的初步证明责任并不应因此免除。在被保险人一方遭受事故的情况下，其家属仍有时间对被保险人死亡原因开具符合法律规定的《死亡证明》，否则应当对此种无法提供初步证据证明的情况承担不利后果。当然，这种对于相关材料的要求，保险公司也应当在保险合同订立时对被保险人一方履行提示和明确说明义务。本案的裁判进一步表明了，程序正当是社会公平正义的重要保障，对相关当事人具有普遍的规范性，本案件的裁判对此起到了良好的示范作用。

（八）疫情背景下，人身保险合同期间投保人不主动提出申请延长保险期限的，则不可延长保险期限[①]

1. 基本案情

2019年冬，胜天基业公司在剑阁县普安镇承包某酒店改扩建房屋装潢项目工程，其并于2019年11月19日到人保剑阁支公司普安办理处购买了建筑施工人员团体意外伤害保险，保险期限自2019年11月20日零时起至2020年7月20日止，投保主险名称：建筑工程团体意外伤害保险，保险项目为意外身故、残疾给付，保险金额为每人40万元。

2020年1月20日，胜天基业公司（甲方）与尤某某（乙方）签订了《劳务合同》，约定乙方承保甲方承建的酒店改建项目工作，后尤某某雇请郑某某到该工地工作，并将其承包的劳务转包给郑某某。后该工程因新冠肺炎疫情而导致的管控措施延后。

2020年8月28日，郑某某在酒店电梯井处施工时，不慎从三楼电梯井通道跌至负二楼，经医生抢救无效死亡。事故发生后，胜天基业公司向受害人郑某某的家属（受益人）赔偿损失共计90万元，受益人将保险金相关权利转让给胜天基业公司。

2020年11月12日，胜天基业公司向人保剑阁支公司提交书面申请，申请理

[①] （2021）川08民终927号。

赔，人民财保剑阁支公司以该起意外事故并非发生在保险合同期限内的保险事故为由拒绝理赔。

诉讼中，胜天基业公司提出，扣除因新冠肺炎疫情发生暂缓建筑施工的45天，顺延保险期45天后，其施工人员意外伤亡事故就应当在保险期限内。人保剑阁支公司认为其办理保险的程序符合法律规定，履行了相关的说明和告知义务。保险期内，即使发生不可抗力，也应当按保险合同书面告知公司申请中止或者延长，因胜天基业公司从未向公司申请，故超过保险期间的保险事故人保剑阁支公司不应当承担保险责任。

原告诉请被告支付原告保险理赔金40万元并承担本案诉讼费，一审法院驳回原告的所有诉讼请求，二审法院维持原判。

2. 争议焦点

郑某某是否为该保险合同指向的被保险人？胜天基业公司是否取得了本案争议保险金的请求权？保险公司是否应当主动对新冠肺炎疫情期间的保险合同保险期间进行扣减？

3. 裁判要旨

（1）受害人应当为该保险合同指向的被保险人。如受害人系在被保险工程电梯井处不慎跌落后经抢救无效死亡情况属实，鉴于投保单所指向的被保险人对象并未特定化，而应当理解为在承保范围内的建筑工地上从事建筑施工的人员均应作为该保险合同指向的被保险人。

（2）受害人亲属将保险金请求权转让给投保人的行为不违反法律规定，转让行为有效。鉴于受益人因射幸合同而取得保险金请求权系偶然所得，并非其生活来源，同时在受害人死亡事件发生后，保险金是一种财产权利，转让行为不会产生道德风险，且保险合同也未约定不得转让。故受害人亲属作为保险合同法定受益人将保险金请求权转让给投保人并未违反法律的禁止性规定。

（3）保险公司不应当主动对新冠肺炎疫情期间的保险合同保险期间进行扣减。依据最高人民法院《关于审理涉新冠肺炎疫情民事案件的指导意见新冠肺炎疫情（一）》第3条第2项之规定，疫情期间履行合同一方当事人认为继续履行明显不公平，可以请求变更合同履行期限等。如投保人在投保单中投保人声明处盖章的方式确认其收到保险条款，根据《中国人民财产保险股份有限公司团体建筑施工人员意外伤害保险条款（2012）版》第3.6条约定，投保人如认为其受疫情影响需要延长保险期限，应向保险公司提出申请延长保险期限，此系投保人依据保险合同维护自己合同利益的权利,同时也是其据此应当履行的义务。如投保人并未在其复工后至保险期间届满前向保险公司提出延长保险期间,其怠于履行义务而要求保险公司无条件给予其延长或扣减保险期间,既不符合保险合同的约定也不符合诚实信用原则。保险合同签订后,其保险期间是确定的,最高人民法院《新冠肺炎疫情关于审理涉新冠肺炎疫情民事案件的指导意见》和广元市人民政府《应对新型冠状病毒肺炎疫情应急指挥部公告》发出的14号和34号公告内容并不直接导致保险合同期间的延长或扣减,必须要求保险合同双方当事人的主动合意或者在保险期间内投保人主动申请,而不是在事故发生后才要求扣除疫情期间,从而达到理赔的目的,该行为既不符合双方的合同约定,也不符合诚实守信原则和社会主义核心价值观。

4. 案件评述

自2020年1月下旬起,一场前所未有的新冠肺炎疫情席卷全球,给人们的生产生活带来了巨大影响。不但民众的生命与健康受疫情威胁,而且政府为控制疫情而被迫采取的停产停工、区域封控等措施,使得包括建筑工程行业在内的部分行业无法正常经营,并由此生发出一系列合同履行问题。

为应对新冠肺炎疫情对合同履行的不利影响,最高人民法院出台了《新冠肺炎疫情关于审理涉新冠肺炎疫情民事案件的指导意见》等文件帮助当事人处理合同终止、中断、变更、继续履行等问题。然而对于如何平衡救助纾困的政策倾斜与诚信公平的法律原则,依旧是学术层面和司法实践尚存争议的话题。本案作为四川省广元市中级人民法院的实务范本,展现了司法机关对于疫情期间企业支持政策的思考及对契约精神的坚守。

诚然,新冠肺炎疫情作为个体无法抗拒的公共卫生灾害,导致了大范围的合同履行不能。在涉及新冠肺炎疫情的合同履约纠纷事件中,合同当事人也往往以新冠肺炎疫情作为不可抗力因素,主张免责或解除、变更合同。全国多级政府机关也因此为企业提供了一系列帮扶政策。

如2020年2月10日,中国银保监会四川监管局就下发了《关于做好疫情防控期间银行业保险业支持企业恢复生产相关工作的通知》,要求各保险机构要主动加强企业保险服务对接,对受疫情影响较大的企业,可根据实际情况减免暂停营业期间的保费,延长保险期间或延后保费缴纳时间。要提高风险容忍度,对受疫情影响新增的逾期贷款,要根据企业实际情况,酌情处理,可在计算逾期时间时扣除疫情时期。

于本案而言，上述政策本可成为胜天基业公司逾期缴纳保费的合理化依据。然而，新冠肺炎疫情并不是所有合同履行风险的"保护伞"。无论疫情发生与否，民事行为的基石依然是以"公平原则"和"诚实信用原则"为代表的契约精神。即使在遭遇不可抗力的情况下，当事人也应在已达成的合同框架下积极行使合同权利、努力履行合同义务。基于双方的前置性约定，胜天基业公司如认为其受疫情影响需要延长保险期限，应向保险人提出申请延长保险期限，主动降低损失。但现实情况是，在疫情管控结束后，胜天基业公司并没有主动申请延长保险期，而是怠于行使权利，直到事故发生后才寄希望于以疫情为由自动延长业已到期的合同。如果认同胜天基业公司"自动延长人身保险期限"的主张，并支持延长保险人分散风险的合同履约期，则间接地保护了"在权利上睡眠的人"，违背了民法的法律本意和立法精神。故本案坚持以合同原有约定为底线，维护诚实信用原则，体现了法律制度应对新冠肺炎疫情应有的态度和情怀。

（九）按照伤残等级对应比例给付保险金的条款不应被认定为免责条款[①]

1. 基本案情

2017年6月4日，罗某通过网络在人寿保险四川分公司处购买了两份意外伤害保险，其中意外伤害保险金额80000元。意外医疗保险金额5000元。保费每份100元，共200元，保险期间为1年。人寿保险四川分公司提供《中国人寿保险股份有限公司国寿农村小额意外伤害保险（2013版）利益条款》第4条保险责任第2款载明"被保险人遭受意外伤，并自该意外伤害发生之日起一百八十日内因该意外伤害导致身体伤残的，本公司根据《人身保险伤残评定标准（行业标准）》的规定，按本合同约定的保险金额乘以该处伤残的伤残等级所对应的保险金给付比例给付伤残保险金"。

2017年10月9日，罗某因交通事故受伤，并鉴定为十级伤残。随后向保险公司请求赔付全部保险金。人寿保险四川分公司认为，根据《人身保险伤残评定标准（行业标准）》规定，按约定的保险金额乘以该处伤残的伤残等级所对应的保险金给付伤残保险金。罗礼的伤残情况经鉴定属于十级伤残，故只应当给付伤残保险金为16000元（80000元/份×10%×2份）。被保险人遂诉至法院。

原告诉请被告赔偿原告保险金17万元并承担案件受理费，一审法院判决被告支付原告保险金16万元。二审法院维持原判，驳回上诉人人寿保险四川分公司

---

① （2021）川民再15号。该案系四川省高级人民法院再审改判案件。

的所有上诉请求。四川省高级人民法院再审判决撤销一审法院、二审法院民事判决,改判再审申请人人寿保险四川分公司支付被申请人国寿绿舟意外伤害保险金16000元,并驳回被申请人的其他诉讼请求。

2. 争议焦点

保险合同中关于按照伤残等级对应比例给付伤残保险金的相关条款,是否属于保险合同的组成部分?案涉保险合同中按照伤残等级对应比例给付保险金的条款是否为免责条款?

3. 裁判要旨

(1)如双方未签订纸质保险合同,则保险的生效须通过网络投保激活。鉴于"投保告知"中的《投保人声明与授权》页面明确列明了相关保险利益条款,只有点击"已阅读并同意以上告知"的必选项后,才能继续下一步操作,否则不能成功缴费投保。如投保人在网络投保流程中提供了相关个人信息,则投保人交纳保险费的行为,应当视为对上述网络投保激活行为的认可,即保险合同已成立并生效。保险单仅是保险公司接受网络投保后如实记录双方主要约定的书面载体,而非双方之间就保险合同的全部约定。换言之,保险单及其"保险期间"栏中载明的保险条款等相关内容,均系该保险合同的组成部分。

(2)按照伤残等级对应比例给付伤残保险金的保险条款属于保险责任条款。保险责任条款是保险合同中关于保险人责任范围和责任大小的约定;免责条款则是在保险合同约定的保险责任范围内,减轻或免除既已约定的保险责任的条款。根据《保险法》第18条第4款的规定,① 保险单上载明的意外伤害保险金额并不意味着无论被保险人发生何种程度的伤害、残疾,保险人一律应按该数额赔付。当保险合同关于按照伤残等级对应比例给付意外伤残保险金的约定虽然在计算方式上带有比例因素,但并不具有免除或者减轻保险人责任的本质特征,且该约定体现了被保险人伤残程度的轻重与保险人给付保险金的多少相适应的关系,兼顾被保险人利益的同时,合理分配了各方权利义务,是对保险人承担保险责任的范围和保险金赔偿标准的确定,而并未在保险人应承担保险责任的范围内减轻或免除其本应承担的责任,亦符合伤轻少赔、伤重多赔的社会公众普遍认知。则根据最高人民法院《关于适用〈中华人民共和国保险法〉若干问题的解释(二)》(以下

---

① 《中华人民共和国保险法》第18条第4款规定:"保险金额是指保险人承担赔偿或者给付保险金责任的最高限额。"

简称《保险法司法解释二》）第 9 条第 1 款①规定，该保险合同中按照伤残等级对应比例给付伤残保险金的条款应属保险责任条款，不应认定为免责条款。故保险公司是否履行了提示和明确说明义务，均不影响该条款的效力。

4. 案件评述

（1）实践中的问题

《保险法》第 17 条第 2 款规定："对保险合同中免除保险人责任的条款，保险人在订立合同时应当在投保单、保险单或者其他保险凭证上作出足以引起投保人注意的提示，并对该条款的内容以书面或者口头形式向投保人作出明确说明；未作提示或者明确说明的，该条款不产生效力。"因此，保险合同中免除保险人责任条款的效力，直接决定保险人能否援引此条款免除给付保险金的责任。对免责条款的甄别往往是保险合同纠纷中的争议焦点，也是裁判的难点。

虽然《保险法司法解释二》将减轻保险人责任的条款也归为免除保险人责任的条款，且明确了"责任免除条款""免赔额""免赔率""比例赔付或者给付"均属于"免除保险人责任的条款"。然而，随着时间和实践的发展，现有保险合同条款呈现出一种动态的发展态势，在有限的文本之内法律难以界定清楚多样化和多面化的免责条款。②因保险合同条款内容的多样性，在认定事实时也会产生较大分歧。且因前述规定所列表现形式有限，缺乏明确标准，导致自由裁量权适用空间依旧过大。

就人身伤残比例赔付的规定，1998 年，中国人民银行公布《人身保险残疾程度与保险金给付比例表》，并明确其目的为"规范保险公司人身保险残疾程度的核定，便于产品开发，有利于费率测算"。2013 年 6 月 4 日，为进一步规范人身保险合同对伤残程度与保险金给付比例的约定，更好地保护投保人和被保险人利益，原中国保监会下发《关于人身保险伤残程度与保险金给付比例有关事项的通知》。2013 年 6 月 8 日，中国保险行业协会联合中国法医学会共同制定并发布了《人身保险伤残评定标准》，成为意外险领域保险公司普遍采用以作为保险责任认定和理赔的依据。从历史沿革来看，保险人按照伤残程度按比例支付保险金，是目前保

---

① 《保险法司法解释二》第 9 条第 1 款规定："保险人提供的格式合同文本中的责任免除条款、免赔额、免赔率、比例赔付或者给付等免除或者减轻保险人责任的条款，可以认定为保险法第十七条第二款规定的'免除保险人责任的条款'。"

② 参见贺辉、张鹏：《保险合同免责条款及保险人说明义务问题研究》，载《法律适用（司法案例）》2018 年第 8 期。

险市场在售此类险种的通常做法。

但是，在实践中，该类条款是否属于《保险法》第 17 条规定的"免除保险人责任的条款"，在司法实践中仍长期存在分歧。例如，在（2021）豫 17 民终 910 号案件中，法院认为，该条款显然属于免除或者减轻了保险公司的责任（比例赔付），故属于免责条款。而在江苏省高级人民法院（2020）苏民申 3485 号案件中，法院认为："案涉《人身保险残疾程度与保险金给付比例表》属于保险合同中有关保险责任范围的约定，并非免责条款，故即便保险人未就该比例表进行提示和明确说明，亦不影响该比例表作为案涉保险合同内容的重要组成部分发生效力。"可见，实践中对于该类条款的效力认定仍然存在分歧。

（2）本案件裁判的意义

第一，免责条款的认定需兼顾保险合同各方利益。事实上，人身保险合同中的按照伤残等级对应比例给付伤残保险金的保险条款反映的是承保风险与保险费的正向关系，是对于道德风险的必要防范。若机械地从《保险法》及相关司法解释的文义理解出发，将其认定为免责条款，以保险人未针对该类条款进行明确提示说明义务为由，认定该类条款不产生效力。这将导致投保人以低廉的保费获得过高的保险金，违反了伤轻少赔、伤重多赔的社会公众普遍认知，不符合公平原则与对价平衡原则。本案中，四川省最高人民法院认为案涉保险合同中关于按照伤残等级对应比例给付意外伤残保险金的约定"体现了被保险人伤残程度的轻重与保险人给付保险金的多少相适应的关系，兼顾被保险人利益的同时，合理分配了各方权利义务"。这对正确理解和认定人身保险合同领域的免责条款有一定的指引意义，平衡地保护了保险合同各方的利益。

第二，从免责条款和责任条款的本质出发。从免责条款与保险责任条款之间的关系看，保险责任条款本质上是一种风险保障条款；而免责条款则主要针对风险排除事项，限缩保险人的责任。[1] 在本案中，再审判决认为关于按照伤残等级对应比例给付意外伤残保险金的约定，"虽然在计算方式上带有比例因素，但并不具有免除或者减轻保险人责任的本质特征"。本案判决从本质角度出发，综合考察争议条款的设定目的，判断是否存在免除或减轻保险责任的情形，亦对免责条款的认定具有一定的意义。

---

[1] 参见马涛：《保险合同免责条款的司法认定研究》，载《财经法学》2015 年第 3 期。

(十)对既往病史的判断应当基于合同约定、按照法定解释规则进行解释,并应综合事实情况判断被保险人的对疾病认识的可能性①

1. 基本案情

贾林杰于 2017 年 3 月 12 日和 2017 年 3 月 17 日在太平洋保险洛阳分公司处投保某终身寿险和附加重大疾病保险,保险期间自 2017 年 3 月 13 日 0 时起至终身止或自合同列明的终止性保险事故发生时止,承保范围包含"脑梗疾病"。合同中将"脑梗疾病"定义为:"……经脑部磁共振设备确定病灶。"

案涉保险合同约定:"若被保险人因遭受意外伤害被确诊初次发生本附加险合同约定的特定疾病(无论一种或多种,下同),或在本附加险合同生效或最后一次复效(以较迟者为准)之日起 180 日后因意外伤害以外的原因,被确诊初次发生本附加险合同约定的特定疾病,我们按本附加险合同有效保险金额给付重大疾病保险金,主险合同与本附加合同终止,主险合同有效保险金额降为零。"在投保过程中,贾林杰在投保单健康告知事项中对"是否曾经有或曾经被告知患有脑中风或因此接受治疗"一项中勾选为"否"。

根据案件证据显示:在保险合同订立前,贾林杰曾于 2012 年 5 月 2 日至 17 日入院治疗 15 天,出院主要诊断为"脑梗塞(急性期)",其他诊断为"脊髓血管畸形",因该期间投保人症状未治愈,其在 5 月 18 日即转入其他医院继续诊疗,后该医院病愈出院诊断显示贾林杰患有"植物神经功能紊乱"。

在投保后,投保人因"脑干梗塞、高脂血症"等疾病住院治疗,并因此向投保人请求赔付。保险公司据此认为被保险人所患疾病初次确诊时间不在合同有效期间内,依据条款约定不承担保险责任。因而引发本案纠纷。

原告诉请被告向原告支付人身保险金 3 万元,豁免原告自 2021 年 1 月以后应缴的保费 17505 元,并承担本案所有的诉讼费用。一审法院判决驳回原告的所有诉讼请求。二审法院维持原判。河南省高级人民法院再审判决撤销一、二审民事判决,改判被申请人太平洋保险洛阳分公司向再审申请人贾林杰支付保险理赔金 30000 元,并免除再审申请人支付自 2021 年 1 月之后应缴保费 17505 元的义务。

2. 争议焦点

本案争议的"首次确诊"时间如何认定?投保人是否构成故意隐瞒脑梗塞病史,是否构成不实陈述病史的情形?贾林杰主张的保险理赔及其金额的诉讼请求

---

① (2021)豫民再 42 号,系河南省高级人民法院再审改判案件。

是否成立?

3.裁判要旨

(1)根据医学基本知识,现阶段确认脑梗塞病症的方式中,磁共振设备扫描相对为最精确的确诊途径,医疗设备的检查结果准确率相对高于医生根据病兆而作出的主观经验判断,故投保前的诊断书不能作为医学意义上的、精确无误的"确诊",保险公司不应将该诊断书作为"首次确诊"。

(2)投保人在投保告知病史时,没有陈述脑梗塞病史,不能认定为故意隐瞒的行为。如投保人患有"植物神经功能紊乱",而非脑梗塞疾病,在此情形下,投保人作为非医学技术人员,形成主观上的"不存在脑梗疾病"的认知结论,符合常理。

(3)如投保人自出院至投保的期间间隔较长,则不属于发现病兆后即时恶意投保的情形。

(4)如投保人在投保前,按照保险公司的要求,在其工作人员带领下到指定医院实施了投保前体检,体检结论为合格。保险公司履行了体检排查程序后,接受投保签订合同并收取保费。则保险公司以体检不全面为由对该体检结果不予认可,属于有违诚信原则。

4.案件评述

(1)实践中的问题

在健康保险当中,由于疾病的隐匿性和不易发现的特征,为了保持保险合同的对价平衡,维护保险合同的射幸性,保险人多在保单当中加入"保前疾病不保"的条款。

但是,通常情况下,病人所罹患的重大疾病在初期通常被诊断为较为轻微的其他疾病或症状(如发热、结节、精神紊乱),并按照相对应的方式进行治疗,某些病人甚至会因为这些诊治而暂时"缓解""康复"。因此,如何判断投保人所患疾病的发生时间点、应当以什么样的标准进行判断,以及保险人在何种情况下可以因此免除赔付责任,成为目前健康保险当中争议较多的问题。

(2)本案件的判决分析

第一,疾病发生时间点的判断和解释问题。对于疾病发生时间点应当如何判断的问题,我国立法上并没有详细规定。通常情况下,法院应当根据案件证据所反应的事实,如病人曾经接受的治疗报告、诊治手段、诊疗的进一步建议等,以判断疾病发生的时间点。但是,如果合同对诊治的方式和时间进行单独约定时,应当严格按照合同本身的约定进行判断。在解释方法上，根据我国《保险法》第30条规定："采用保险人提供的格式条款订立的保险合同，保险人与投保人、被保险人或者受益人对合同条款有争议的，应当按照通常理解予以解释。对合同条款有两种以上解释的，人民法院或者仲裁机构应当作出有利于被保险人和受益人的解释。"

第二，对保险合同订立前已经发生的事故，是否可以成为承保范围的问题，即"追溯保险"的问题。在裁判逻辑上，只要作出了保险合同前承保疾病并未发生的判断，则无须在对投保人的主观状态进行判断，但在实践中，还会经常存在疾病在保前已经出现，但被保险人并未意识到疾病存在的可能，此外，某些病人在意识了自己已经具有存在某种疾病的可能性后选择立即投保，并在保险责任开始后立即索赔。

对于保险合同订立前已经发生的保险事故所引起的损失，是否可以成为承保范围的问题（即"追溯保险"的问题），在我国法上并没有明确的规定。虽然《保险法》第16条第1款规定，订立保险合同，保险人就保险标的或者被保险人的有关情况提出询问的，投保人应当如实告知。但并未就追溯保险的问题作出进一步的解释。

在本案中，第一，对于疾病确诊时间的判断，应当基于合同约定，按照法定解释规则进行解释。在本案中，虽然投保人曾经经过对"脑梗塞"的治疗，但是案涉保险合同中界定的脑梗疾病为："经脑部磁共振设备确定病灶"。根据我国《保险法》第30条规定，在对案涉保险合同中的定义进行解释时，应首先以保险合同条款的通常解释为准，显然，该条款对于脑梗疾病的定义，并不应当以磁共振以外的诊断结论为依据。

第二，对于保险合同订立前存在的疾病，应当判断被保险人是否存在认识到疾病存在的可能。在本案中，一审、二审与再审法院判决结果的一个主要区别在于：一审和二审法院判决中，主要根据投保人在投保前首次进行诊断时所得出的诊断结果进行判断，更多地考察了疾病发生的客观状态。而在再审法院的判决中，除了根据诊断记录判断，还对投保人在主观认识的可能性上进行了考察。再审法院即认为，"贾林杰作为非医学技术人员，形成主观上的'不存在脑梗疾病'的认知结论"，其显然从投保人认识背景上进行了判断。但需要注意的是，如果被保险人本身具有某些特殊的知识背景，例如已经具备一定医学专业知识或者保险专业知识，那么这种主观状态的判断标准也应当进行调整。

第三，在该类案件的判断中，还需要注意综合事实情况判断被保险人的对疾病认识的可能性。在本案中，再审法院即认为，自 2012 年 5 月出院至 2017 年 3 月投保，期间间隔约 5 年时间，不属于发现病兆后即时恶意投保的情形。这也是再审法院从事实出发，从时间间隔的角度基本排除了被保险人的主观恶意，作出与一审、二审法院不同的判断。

三、热点前沿法律问题探讨

（一）《民法典》实施给保险行业带来的机遇与挑战

1.《民法典》对格式条款的完善提出了挑战

对于格式条款，《保险法》第 19 条规定："采用保险人提供的格式条款订立的保险合同中的下列条款无效：（一）免除保险人依法应承担的义务或者加重投保人、被保险人责任的；（二）排除投保人、被保险人或者受益人依法享有的权利的。"保险条款属于格式条款，《保险法》关于格式条款无效的规定主要来源于原《合同法》，《民法典》生效后，判断保险条款是否无效，需要根据《民法典》规定。此外，《民法典》对《保险法》提示义务的范围进行了扩张，并就扩张内容附条件地赋予保险人说明义务。为避免保险人未履行上述提示和说明义务，从而产生诉讼风险，监管机构可以在部门规章、规范性文件或通知中提醒保险公司注意《民法典》的突破性规定。

鉴于《民法典》对于格式条款的提示及说明义务的规定与《保险法》的规定也略有不同，因此，保险公司应合理设计保险条款，除了关注条款的合法合规性，日后还需要注意评估相关条款的合理性，是否存在不合理地免除或减轻保险人责任、加重保险消费者责任、限制保险消费者主要权利的相关条款，将保险条款中的"免除或减轻保险人责任的条款"和"与对方有重大利害关系的条款"区分开来，分别采用不同方式进行提示。

2.《民法典》高度重视对个人隐私的保护

《民法典》全面整合了《网络安全法》等个人隐私保护法律法规以及原有司法解释中的个人隐私保护要求，规定了个人信息相关定义、个人信息保护要求以及责任主体、自然人的权利与义务等。《民法典》第 1034 条扩大个人信息的定义外延，衔接了隐私权与个人信息的保护。针对个人信息保护，我国许多相关主管部门针对特殊领域已颁布多种规范性文件或技术标准。《民法典》实施后，已有个人信息保护监管文件的相关部门将针对《民法典》的最新法律规定，对既有监管政策进行完善。银行保险监管机构可把握《民法典》施行的时机,科学高效地制定保险公司个人信息保护的监管文件。

总体而言,《民法典》就个人隐私保护在以下几个方面对既有规定进行了完善。第一,《民法典》人格权编在现行法律规定的基础上,在第1032条中首次对"隐私"的定义作出了规定,进一步明确了个人信息与隐私权的边界和范围,将"私人生活安宁"纳入隐私权,进一步丰富充实了隐私权的内涵和适用保护范围。第二,《民法典》第1034条在个人信息定义的列举部分增加了"电子邮箱、健康信息、行踪信息",引入了个人信息的新分类,明确个人信息包含个人私密信息,对于个人信息中的私密信息,适用有关隐私权的规定,隐私权保护没有规定的,适用有关个人信息保护的规定。第三,《民法典》对现行《信息安全技术个人信息安全规范》(GB/T 35273-2020)中个人信息的合理使用规则进行了整合,将不具备约束效力的国家标准的要求上升为法律规定。第四,《民法典》将目前《网络安全法》对于网络运营者个人信息保护责任的要求扩展至一般信息处理者。

根据公司实际业务,涉及侵犯隐私权的情形主要有以下三个方面。一是以电话、电子邮件或电子即时通信方式的业务推销活动,如未能取得金融消费者的明确同意授权,公司通过电话、电子邮件或电子即时通信方式向消费者推销产品等,涉嫌侵犯金融消费者隐私权。二是发放传单类的推销活动。此类业务主要指发放传单类宣传材料开展推销活动,如未取得金融消费者的明确同意授权,公司向金融消费者邮寄或上门发放传单的,涉嫌侵犯金融消费者隐私权。三是宣传材料使用真实姓名。如未能取得金融消费者的明确同意授权,宣传材料中案例使用金融消费者真实姓名进行介绍的,涉嫌侵犯金融消费者隐私权。

上述问题的关键点主要是未取得金融消费者明确授权,各保险公司现有的"用户信息授权及隐私政策"中已有条款内容,基本能够符合《民法典》中规定的取得明确同意要求。针对《民法典》关于个人隐私保护的规定,保险公司在实践中应从以下几个方面加强注意。第一,保险公司处理金融消费者个人信息时应在合同中明确处理个人信息的目的、方式和范围,并取得金融消费者的授权。第二,保险公司在处理与第三方合作中金融消费者个人信息时应审查第三方提供的个人信息的合法性。第三,保险公司应通过制订和完善内部的金融消费者个人信息保护制度加强对已收集或未收集的金融消费者个人信息的内部合规管理。应在内部管理制度中明确保险公司内部门的具体分工,包括个人信息的具体如何保存和个人信息发生泄露、损毁、遗失时如何补救等。同时,保险公司还应当在内部员工培训管理制度中补充关于个人信息保护的相关内容,强化其责任意识,确保个人信息处理依法合规。

3.《民法典》细化责任保险相关规定

责任保险,是指以被保险人对第三者依法依约应负的法律责任为保险标的的保险。《民法典》第七编"侵权责任"在原《侵权责任法》的基础上的主要变化以及对责任保险发展的积极影响如下。

首先,《民法典》第1198条第2款规定,"经营者、管理者或者组织者承担补充责任后,可以向第三人追偿";第1233条规定:"因第三人的过错污染环境、破坏生态的,被侵权人可以向侵权人请求赔偿,也可以向第三人请求赔偿。侵权人赔偿后,有权向第三人追偿。"尽管在实践中对保险人承担责任保险的赔付义务后,是否可以代位追偿存在争议,但在《最高人民法院公报》所载的中国平安保险股份有限公司厦门分公司诉厦门安健汽车服务有限公司保险代位追偿纠纷案[(2009)海民初字第1970号]中,人民法院认为责任保险人享有代位求偿权。《民法典》侵权责任编增设的侵权责任人承担责任后可向第三人追偿的条款,为保险人行使代位追偿权增加了法律依据。

其次,《民法典》第1198条将公共场所管理人的安全保障义务扩展到了经营者、管理者;第1229条将环境污染的污染者扩展到了污染环境、破坏生态的侵权人;第1223条将药品、消毒药剂、医疗器械的生产者或血液提供机构扩展到了药品上市许可持有人、生产者、血液提供机构;第1254条把物业服务企业新增为高空抛物的责任主体。《民法典》的上述规定将增加相应主体的投保需求,会促进包括公共责任保险、环境污染责任保险、医疗责任险、产品责任险、物业管理责任险在内的责任保险的发展,对被保险人(责任主体)的范畴拓展会起到极大的促进作用。

最后,《民法典》第1234条和第1235条增加了损害生态环境后的修复责任和赔偿范围;第1206条增加产品召回时,生产者、销售者应当及时停止销售的责任,对于因未及时采取补救措施或者补救措施不力造成损害扩大的,对扩大的损害也应当承担侵权责任;此外,生产者、销售者还应当负担被侵权人因产品召回支出的必要费用。《民法典》第1185条和第1232条增加了故意侵害他人知识产权及故意污染环境、破坏生态的惩罚性赔偿。虽然惩罚性赔偿通常作为保险公司的一项除外责任,但前述规定加大了违法成本,将激发相关主体的投保意识,有利于引导保险公司开发、销售更加多样的环境污染责任险、破坏生态环境责任险产品。可以预见，侵权责任方式与赔偿范围的丰富与扩展将增加产品召回保险、产品责任保险等险种的投保需求。

不仅如此，《民法典》第1176条还新增了"自甘风险"条款，明确了自愿参加者因其他参加者的行为受到损害的，一般不得请求其他参加者承担侵权责任。实践中，一些文体活动往往具有高风险性，参与活动的人员受伤后由谁来承担责任而发生的纠纷屡见不鲜。对于这类侵权案件，明确相关的责任承担主体是有必要的。传统的意外伤害保险、疾病保险等有一些将体育竞技活动作为一项除外责任，但一些针对体育赛事的人身保险产品的保险责任又相对局限，而体育竞技活动中参赛者受伤的风险普遍较高且一般无法直接请求加害人赔偿。从某种意义上说，体育竞技者在这方面的风险转移需求较高且将会随着《民法典》"自甘风险"规定的出台而进一步强化，保险公司可以考虑以此作为契机针对这类风险开发更多样的体育保险产品。

4.《民法典》有利于规范互联网保险业务的监管与发展

《民法典》第491条新增电子合同成立时间的规定，除非当事人另有约定，否则一方通过互联网等信息网络发布的商品或者服务信息符合要约条件的，对方成功提交订单时合同成立。《民法典》对互联网合同成立的规定直接影响互联网保险业务中保险合同的订立与成立，需要保险监管部门的政策性引导。保险公司在开展互联网保险业务过程中，也需要考虑在互联网保险场景下合同成立的时点，未有约定时，投保人选择商品或服务并提交订单成功时保险合同即成立，这与传统的保险合同订立方式（即投保人发出投保申请的要约，保险公司作出同意承保的承诺）存在明显不同。这将促使保险公司检视自身互联网保险产品之成立需求，规范销售页面，根据实际业务情况选择依法合规的经营方式。因此，针对互联网保险业务中订单提交成功的情形认定，监管部门可进行政策性引导，以规范各保险机构互联网保险业务中的保险合同订立与成立的行为。

5.《民法典》对中止合同的及时通知义务作出规定

通过监管机构的部门规章、规范性文件、通知等，提示保险公司注意《民法典》要求保险公司中止履行合同时，应及时通知投保人或被保险人。避免保险公司因未及时通知而造成不必要的赔付。这里需要注意的是"及时"二字，拖延通知同样可能造成保险公司的损失。《民法典》要求一方当事人在中止履行时，应当及时通知对方当事人。尽管《保险法》未规定中止合同的通知义务，但《民法典》对此却作出了要求。而《民法典》作为《保险法》的上位法律，在《保险法》未作规定时,中止合同的通知义务必然会被法院适用。有必要提示保险公司注意该条规定。

(二)财产保险中关于受益人约定的效力和性质辨析

1. 实践问题以及新的发展

大陆法理论上通常认为,财产保险中仅涉及财产损失问题,在保险事故发生后由具有保险利益的被保险人行使保险金请求权即可,无需设立受益人。因此,我国《保险法》仅在人身保险部分对受益人的身份和权利进行了规定,在财产保险中并未设定受益人这一主体。

但是,在部分融资交易的安排中,债权人通常会要求借款人就相关的资产(如机器设备、汽车、房屋等)购买财产保险,将债权人(如银行、信托公司、融资租赁公司、担保公司、汽车金融公司等)列为保险合同的受益人(因此多出现于财产损失险中),债权人在该类保险合同中多主张对保险金具有优先受偿权。

在近年来,此种在财产保险中约定受益人的形式也开始适用于建筑工程保险、IDI保险当中。该类保险中通常以房地产开发商作为投保人和被保险人,将业主方作为受益人,以期在房地产等建筑工程发生质量问题时通过保险金为业主提供赔偿。

在前述情形中,由于立法并未在财产保险中设定受益人这一主体,也引发了受益人是否具有保险金请求权、其权利的效力以及与其他合同当事人之间权利的冲突问题,也因此在理论和司法实务中产生诸多争议。

2. 司法实践与裁判观点

(1)财产保险受益人的否定观点

前期部分法院在审理中否认了财产保险中关于受益人约定的合法性。如在中国人民财产保险股份有限公司兴山支公司与中国平安财产保险股份有限公司安庆中心支公司合同、无因管理、不当得利纠纷案中[(2015)鄂民四终字第00084号],法院即认为,根据《保险法》中"受益人"的含义,是指在人身保险合同中存在的受益人。因此在财产保险合同中,法律没有设定受益人这一主体,财产保险中约定受益人主体不享有对保险金的优先受偿权。

(2)财产保险中受益人的肯定观点

一是认可约定财产保险"受益人"但受益人无优先请求权的判例。前期部分判例中,虽然有法院认可了财产保险中关于受益人的约定,但认为受益人并不享有优先于被保险人的请求权。如在梧州富粤运输有限公司、中国人民财产保险股份有限公司梧州市蝶山支公司运输合同纠纷案〔（2012）桂民四终字第32号〕中，法院认为，在财产保险合同法律关系中并无受益人的概念，至于投保人与保险公司特别约定投保人的贷款人作为第一受益人，其实质是约定在发生保险事故后，由保险公司将保险赔偿金支付给贷款人，并非投保人将保险索赔权转让给贷款人，后者并不因此取得保险索赔权。此外，浙江省高级人民法院《关于审理财产保险合同纠纷案件若干问题的指导意见》（浙高法〔2009〕296号）第15条规定："财产保险合同中约定受益人条款的，在受益人与被保险人非同一人的情形下，被保险人未主张保险金请求权时，受益人可以作为原告向保险人主张权利。"该意见虽然承认了受益人主张保险金的权利，但也可看出其认为受益人的权利并不优先于被保险人。二是认可约定财产保险"受益人"且受益人有优先请求权的判例。在近年来的判例中，部分法院开始承认受益人的优先受偿权。如在中国人民财产保险股份有限公司黔南分公司、贵州荔波农村商业银行股份有限公司保险纠纷再审案〔（2017）黔民申847号〕中，贵州省高级人民法院认为，财产保险中虽然没有"受益人"的概念，但根据案涉财产保险合同约定，借款人与贷款人约定贷款人为第一受益人，且保险单上特别约定处注明：本保险第一受益人为贷款人的行为能够明确得知，借款人有明确的将保险金优先请求权让与贷款人的意思。相关法律、法规并不禁止投保人将保险金优先请求权通过特定方式让与他人。

而更多的判决则直接承认了受益人的直接请求权。如影响较大的"武汉金凤凰"案（陕民辖终53号）中，陕西省高级人民法院认为，借款人长安信托是本案《财产基本险保险单》项下单一受益人，约定如果保险标的黄金的质量和重量不符合保单及特别约定清单约定，即视同发生保险事故，由保险人对受益人承担全部赔偿责任。再如在亚太财产保险有限公司四川分公司、汇通信诚租赁有限公司等财产损失保险合同纠纷案中〔（2021）川01民终3717号〕，成都市中级人民法院认为：第一，虽然《保险法》并无关于财产保险中受益人的相关规定，但也并未禁止在财产保险中设立受益人，应综合考量缔约各方的意思表示；第二，保险公司作为专业的承保机构，缔约时对在财产保险保单中参照使用人身保险专属"受益人"词汇的行为并未提出异议，出险后又以"财产保险中不存在受益人"为由抗辩受益人无权主张保险金，显然违反诚实信用原则。

3. 学理观点争议

关于财产保险中受益人的性质，传统观点上多以立法未在财产保险中列举受益人、财产保险中不存在被保险人死亡情形、禁止其他主体基于保险事故获利等观点,认为财产保险中并无规定或约定受益人的必要。但基于财产保险作用的日益多样化,近年来多有观点认为现有立法中并未有禁止性规则禁止在财产保险中设置受益人,因此应当承认合同当事人之间约定的效力。但是,对于财产保险中受益人权利的性质,存在不同认识:

(1)债权预先转让说

该种观点认为,在财产保险中关于受益人权利的约定是预先约定的债权让与,即在该种约定下,可以解释为被保险人(债务人)在保险人知情的情况下,将保险金请求权通过受益人的约定预先转移给债权人。所以,财产保险合同中指定受益人实质是债权让与,即债务人(被保险人)预先将保险金请求权让与债权人通常为银行,以保障债权的实现。

(2)保险金请求权质押说

有观点认为,财产保险中关于受益人的约定实质上是被保险人将其保险金请求权作为标的设定的权利质押。[①]该观点认为,若将受益人的设定视为债权预先让与,则借款合同履行过程中,若被保险人已经偿还了债务,剥夺其全部的保险金请求权既不合理也不符合财产保险受益人设定的初衷。所以,财产保险中的所谓受益人应当有别于债权让与,受益人拥有保险金请求权并不意味着被保险人即丧失了保险金请求权。财产保险中之所以会指定受益人,是因为保险事故的发生意味着债权人的利益也会受到损害,从而受有损失。保险金请求权可以作为权利质权的标的,当保险事故发生,债权人可以直接向债务人行使其债权,也可以行使其对保险金请求权的质权,优先受领保险金。在债权人未获清偿的债权之外,被保险人(债务人)仍然可以向保险人请求支付保险金。

近年来的部分判决亦印证了这一观点,如在中国大地财产保险股份有限公司商丘中心支公司、郭德存财产保险合同纠纷案〔(2022)豫14民终4907号〕中,商丘市中级人民法院认为,虽然保险合同约定了案涉车辆的第一受益人为汽车贷款公司且被保险人就车辆向受益人进行了抵押,但被保险人在起诉前已将车辆贷款结清并解除了对案涉车辆的抵押,因此被保险人存对案涉保险标的具有保险利益,享有完全的保险金请求权。

---

① 参见王静:《财产保险合同受益人的法律地位和性质》,载《人民法院报》2015年6月24日。

4. 理论评价

由于财产损失险类保险合同的费率通常会低于责任保险、保证保险等产品，且核保程序和要求会更为简单便捷，合规风险更小，因此采取在财产损失保险中设定受益人的方式能够在更低的成本下使得保险发挥的融资功能。在财产保险中，现有立法虽未明确规定受益人这一主体，但是立法亦并未禁止在财产保险中合同当事人将保险金请求权让与其他主体。而"受益人"这样一种称谓其实仍然是对其他享有保险金请求权主体的一种描述，其实质与"请求权人"等并无区别，而是"受益人"这一与人身保险中主体相同的称谓引发了部分争议，因此仍不应否认财产保险中对受益人约定的合法性。特别地，在建筑工程情景中，还需注意保险合同所设置的本意以及其所带有的政策性目的。应当从整体解释、目的解释、诚实信用原则解释等法律适用方法，探寻合同当事人的真实意思，基于保护受益人的目的而合理限制投保人的权利。

（三）新冠肺炎疫情期间关于"隔离险"下争议条款的解释问题

2021年和2022年依旧是深受新冠肺炎疫情波动影响的两年。基于疫情所带来的，可能存在的众多法律问题，尤其是在地方省市采取疫情管控措施的背景下，居民以及生产企业因为这些管控措施而遭到的生活困难或生产损失即受到了关注，而与之相关的"隔离险"也同时受到了重视。

1."隔离险"在实践中引发的争议问题

疫情期间，各大保险公司纷纷推出"隔离险"附加扩展责任条款，以其低保费高赔付、办理程序便宜等宣传优势吸引了广大消费者投保。此类"隔离险"附加扩展责任条款主要为被消费者提供的保障是对个人因隔离造成的经济损失的补偿，例如，针对需由个人自费承担隔离费用或是隔离期间丧失经济来源等情况，通过保险赔付使得遭受损失的被保险人获取一定的经济补偿。

不同保险公司对于疫情期间推出的"隔离险"附加扩展责任条款下的具体措辞虽各不相同，但大体上有类似之处。以《众安爱无忧隔离津贴保险单》特别约定第8条为例，隔离津贴所提供的保障覆盖范围是"被保险人在保险期间及保险期间结束后21天内，因与罹患新型冠状病毒肺炎的患者密切接触，或因处于中高风险地区，而被当地政府或防疫部门通知要求实行集中隔离或居家隔离的，按照被保险人的实际隔离天数给付特定传染病隔离津贴。隔离津贴为200元/天，最高给付天数为30天"。上述条款较为典型，对其分析可以看出，被保险人是否可以依赖该条款或类似措辞以获得保险公司的赔付，主要取决于对三个问题的处理：

一是对"集中隔离或居家隔离"等与保险风险相关的关键词组应作出何种解释；二是被保险人欲证明其情况满足触发理赔的条件需出具何种相应证明；三是保险人若欲免除其责任，应当如何尽到免责条款提示义务及如何进行举证。

2. 监管规则和行业自律对隔离险的态度

由于上述条款表述的模糊性，保险公司在提供含有该类保障的保险产品后，又在面临理赔申请时通过各种理由进行拒赔，该种情形自然受到了较多批评。2022年2月，中国银保监会人身险部《人身保险产品"负面清单"（2022版）》中提出"部分产品提供'新冠隔离'责任，扰乱市场秩序"，但并没有完全指出该类条款的应然矫正方式。

2022年5月30日，中国保险行业协会颁布的《关于财险行业扎实推动稳经济各项政策落地见效的通知》第六部分"规范业务行为，维护市场秩序"第1项即要求，各财险公司要认真贯彻落实银保监会关于规范"隔离"津贴保险业务经营有关问题的通知要求，强化责任担当，不断加强和改进隔离险等疫情相关保险理赔工作，提高理赔效率，在合同范围内实现应赔尽赔。鼓励保险公司简化理赔手续和理赔材料，对疫情严重地区开通理赔绿色通道，做到应赔快赔。

3.《关于涉新冠肺炎疫情案件法律适用问题的系列问答（2022年版）》之四的回复指引及理论观点

针对于"隔离险"中存在的问题，2022年4月18日，上海市高级人民法院发布了《关于涉疫情金融纠纷案件法律适用的8个问答》[即《关于涉新冠肺炎疫情案件法律适用问题的系列问答（2022年版）》之四，以下简称《问答（四）》]。在涉及疫情期间与保险合同纠纷有关的三个问答中，其中之一为因疫情兴起的"隔离险"涉及的争议条款应作何解释的问题。

第一，关于"隔离""集中隔离""居家隔离"等保险风险的解释。首先，人民法院应当严格审查其合同定义，若合同内有相关条款经提示和明确说明的，应按合同约定处理。其次，若对合同条款仍有争议，应当按照通常理解予以解释。最后，若穷尽常理解释方法后，对合同条款仍有两种以上解释的，人民法院应当作出有利于被保险人和受益人的解释。

该答复与我国《保险法》第30条中关于解释有争议的格式条款应遵循的原则一致。需要明确的是，对于"集中隔离"等保险风险作出"有利解释"存在限制条件，即人民法院在穷尽合同约定定义以及依赖《民法典》第142条规定的解释原则对条款予以解释后，对于"集中隔离"的理解仍存在两种以上的释义时，法院才可作出对于被保险人和受益人有利的解释。以上文引用的条款为例，当致使"集中隔离"的情况发生的原因被定义的越清晰，则法院越有可能直接依据合同定义作出解释，进而决定是否应由保险公司承担责任。反之，若定义不明，且因各地隔离政策不同致使法院无法依据常理解释释明"隔离"所呈现的真实含义，则应对条款作出有利于被保险人和受益人的解释。

第二，关于被保险人应出具何种证据以证明其满足触发"集中隔离或居家隔离"的问题，实践中，部分确诊患者因从确诊到自行在家中自愈的过程耗时较短，未在方舱或指定地点进行统一集中隔离。因此，保险公司可能会以患者未曾开具由医疗机构盖章的核酸检测阴性报告或是解除隔离证明为由拒绝赔付。针对此争议，《问答（四）》作出明确回应：被保险人提交的加盖卫生行政部门、街道乡镇、居（村）委会、医院或疫情防控部门等机构印章的隔离证明、集中隔离医学观察解除单，或通过"随申办"等相关政府机关指定网络平台自助开具的居家健康监测证明等，可以作为证明其被隔离的证据。保险人如认为保险事故的发生或起止时间存在虚假的，应提供相应证据。此答复具体列举了可以作为"隔离证明"的文件类型，并在句末添加了"等"字的兜底措辞以扩大可依据同类解释而被认定为"隔离证明"的范围。

第三，关于保险人在何种情况下可以免除责任，答复中规定："保险人有充分证据证明被保险人故意违反各级人民政府发布的防疫封控管理、隔离措施，导致其感染新冠肺炎或接触确诊、密接人员而被隔离的，人民法院可以认定被保险人的行为属于故意制造保险事故，保险人有权拒赔。"

此规定与我国《保险法》第 27 条第 2 款的规定的立法理念保持了一致。该款规定："投保人、被保险人故意制造保险事故的，保险人有权解除合同，不承担赔偿或者给付保险金的责任；除本法第四十三条规定外，不退还保险费"具体就涉疫隔离险而言，如果被保险人故意规避封控管理措施，擅自离开封控场所，导致其感染新冠肺炎或因此而接触确诊、密接人员而被隔离的，符合上述条文中规定的"故意制造保险事故"的情况，保险公司可以拒绝赔付。但是，保险公司应就被保险人故意制造保险事故的情况提供充分证据证明，否则，其仍需承担赔偿责任。

另外，若被保险人意图援引隔离险下的免责条款以免除其赔偿责任，则根据《保险法》第 17 条的规定，保险人应当在相应投保单、保险单或者其他保险凭证上作出足以引起投保人注意的提示，并对该条款的内容作出释明。这也意味着，除上述因被保险人故意制造保险事故而产生的法定解除事由之外，若保险人欲依据合同条款免除责任，则其须尽到提示注意免责条款及作出相应说明的义务。实践中，由于大部分隔离险均是由消费者自行购买于各大保险公司的网络平台，保险人可通过加大字号以及将免责条款设置于责任条款之前等方式，尽到提示注意及说明义务。若该义务无法得以妥善履行，免责条款将不产生效力。

4. 针对"隔离险"争议条款解释原则的适用借鉴

实践中，《问答（四）》中对于隔离险涉及的争议条款的解释及举证问题作出的答复，对于解决疫情期间广泛产生的与其他保险产品相关的类似争议有几方面借鉴作用：第一，正如上海市高级人民法院就隔离险下关于"集中隔离"作出的释义，司法实践中，受理类似争议的法院可就责任条款下最常引发纠纷的关键词作出统一定义，例如，"营业中断险"下关于"营业场所"的释义，并借鉴上海市高级人民法院对于"隔离证明"作出的具体列举，进一步精细化列举广受争议的概念可能涵摄的范围；第二，法院在援引《保险法》第30条时，在直接适用"有利解释"前，也可直接运用目的解释原则，释明某种产品所涉保险合同的根本目的，并结合相关合同条款，作出相应的"常理解释"；第三，明确保险人及被保险人间的举证责任分配，以平衡保险人在合同下应尽的责任及被保险人应合理享有的保障。

（四）新型用工形式下从业人员的保险适用问题

1. 新型用工形式的发展背景与特征

（1）新型用工形式的发展背景

随着互联网经济、数字科技、共享平台等领域的发展，与之相关的产业模式在分工上日益精细，部分用工岗位开始出现更为自由多样的用工形式。如互联网企业中数据或程序人员的自由流动，外卖或团购平台中将外卖快递、运输人员作为个体工商户的用工结构，网络专业咨询或辅导平台中专业人员的灵活工作方式等。而受到2020年初以来新冠肺炎疫情的影响，为避免疫情管控造成的损失，并尽量减少用工成本，居家办公、远程办公甚至跨国办公成为很多互联网企业甚至传统企业的新型工作形式。

（2）新型用工形式的特征

在以上背景下，新型用工形式逐渐形成了如下特征。

第一，新型用工形式下，从业人员有较强的自主性，对是否提供服务、提供多少服务、在什么时间段内提供服务、在什么地方提供服务、如何提供服务均可自己决定。

第二，在大多数网约平台用工下，都由就业者自己提供服务工作需要的服务设备，如交通工具、劳动条件、劳动环境。多数情况下准入门槛较低，进退自由。

第三，新型用工形式下的从业人员多实行计件付费或按照工作量付费，无底薪，工资为时时支付，周期性支付相对很少。

第四，新型用工形式下的从业者更多受到的是用工主体的监督，而非传统上劳动关系中用人单位的管理。在这些领域中，用工主体主要通过顾客的评价、打勾、晒图、服务态度、服务时间等方式对网约工从业者进行监督。

2. 新型用工形式下从业人员权益保障面临的挑战

新型用工形式所直接带来的问题是：该形式下的从业者并非传统上意义的劳动者，因而无法直接享受工伤保险等国家法律所赋予劳动者应有的社会保障待遇，而企业也无法通过传统的商业雇主责任保险、商业意外险等形式为从业人员提供保障。并且，如果进一步观察现有的新型从业，不同领域的新型用工形式也具有不同的实践和法律特征：

在"美团""饿了么""货拉拉""滴滴"等外卖类或运输类平台或软件中，外卖或驾驶人员较为深入地受到平台或软件本身的管理或控制，但其中人员在目前市场实践中却多以注册为个体工商户而签订合作协议而非雇佣协议。由此，该领域中如何对于外卖或驾驶人员进行保护则成为问题，尤其是在该类人员在驾驶过程中造成第三人或车上人员造成的损害，如何进行赔付即成为突出问题。就"滴滴""货拉拉"等运输平台尚可以通过现有交强险、商业第三者责任险等险种进行风险分散，而对于外卖人员通常驾驶的电动车、摩托车等车辆则往往存在投保不足的问题。此外，即使就"滴滴""货拉拉"等平台，也会出现因将家用车辆用于商业运营而被保险公司拒赔的问题。①

在"猿急送""一品威客""法源""丁香医生""讯飞配音""作业帮"等在程序外包、法律服务、医疗建议以及配音、教育等专业领域提供服务的平台或软件中，该类平台或软件中存在着对具备专业技能人员相对较弱的监督，而就业形式上却更加自由灵活。对于该类人员可能因为专业技能做引发的专家责任，目前并未有直接对应的险种进行风险防范。

---

① 参见程春颖诉张涛、中国人民财产保险股份有限公司南京市分公司机动车交通事故责任纠纷案，载《最高人民法院公报》2017年第4期。

在"58同城到家精选""阿姨帮""宝宝树""好厨师""土巴兔"等家政、母婴、日常维修、家装领域的平台或软件中，此类领域中的相关专业人员所受到的控制性也相对较低，其亦多与平台签订类似于第三方服务合同或居间合同性质的协议。而由此可能产生违约或侵权责任上，也并不存在固定的保险产品予以应对。

3. 新型用工形式中法律关系界定的司法态度

在新型用工形式下，首先需要解决用工主体与从业人员之间的法律关系问题。近年来，部分典型判决开始透过表面的用工形式而探寻法律关系的实质，例如，在"好厨师"APP平台确认劳动关系纠纷案、"美团"骑手与北京三快科技有限公司确认劳动关系纠纷案、"饿了么"骑手与商丘市随手网络科技有限公司工伤认定纠纷案等具有一定社会影响力的案件中，法院均认定从业人员与用工主体形成了劳动关系。但上述典型判决仍局限于个案之中，缺乏统一的适用规范，且其多集中于外卖、快递等运输领域，在前述专业服务等领域仍缺乏对应案例及司法动向。

4. 现有中央政策指引与地方实践

在中央层面，2019年8月8日，国务院办公厅印发《关于促进平台经济规范健康发展的指导意见》（国办发〔2019〕38号），提出切实保护平台经济参与者合法权益，强化平台经济发展法治保障。抓紧研究完善平台企业用工和灵活就业等从业人员社保政策，开展职业伤害保障试点。该意见初步提出了新型用工形式下从业人员的保障要求。

2021年12月24日，国家发展改革委等九部门发布《关于推动平台经济规范健康持续发展的若干意见》（发改高技〔2021〕1872号），提出落实网约配送员、网约车驾驶员等新就业形态劳动者权益保障相关政策措施。完善新就业形态劳动者与平台企业、用工合作企业之间的劳动关系认定标准，探索明确不完全符合确立劳动关系情形的认定标准，合理确定企业与劳动者的权利义务。开展平台灵活从业人员职业伤害保障试点，探索用工企业购买商业保险等机制。实施全民参保计划，促进新就业形态劳动者参加社会保险。加强对新就业形态劳动者的安全意识、法律意识培训。

5. 商业保险的市场实践发展现状

在市场实践中，近两年部分保险公司开始尝试为新型用工形式提供相对应的保险产品。2021年9月，平安产险深圳分公司联合腾讯微保，共同研发退出"新型灵活用工保险"，将雇主责任险中灵活用工场景的发薪和人脸识别考勤等服务场景结合，首创推出打卡即投保新模式。

2022年，众安保险推出"众安新就业形态用工责任保险"，该险种适用于新就业形态人员，包括但不限于以个体经营、非全日制、临时性、季节性、弹性工作以及新就业形态等灵活多样的就业方式实现就业的人员，相对更为全面地为新型用工形式中的就业人员和用工主体提供了保障。

6. 小结

相关政策性文件并不具有强制的适用效力，新型用工主体在社会保险和商业保险上仍然缺乏投保的依据。更重要的是，现有的监管或指引规则更多的聚焦于如劳务派遣等传统形式，对于共享平台等的监管或指引也仍然集中于外卖或网约车等领域，对于更为多样的专业服务、咨询等类型产业中的新型用工形式未有应对，难以对这些类型中潜在的损害提供风险分担的方案。

目前市场中推出的针对新型用工形式的保险产品，在一定程度上弥补了立法上保障的空缺，但是，该类保险主要针对从业人员在工作中所产生的损害，对于新型用工形式中就业人员给第三方造成的损害尚未有明显的关注，也未针对不同的领域设计具有针对性的保险产品。可以发现，新型用工形式在现阶段还处于相对初期的发展阶段，政策多处于指引探索阶段，学术研究也未完全展开，这均将给用人单位的投保造成较大的障碍。在未来，行政部门还需要制定对新型用工形式领域的统一规范，监管部门也应当针对不同领域的特征引导形成具有广泛适用意义的示范条款，以更为有效地为新型用工形式下的从业人员提供保障。

（五）互联网保险监管新规及法律合规风险

1. 互联网保险市场中的热点事件

2021年12月28日，"相互宝"发布关停公告，宣布其于2022年1月28日24时停止运行。"相互宝"的前身为"相互保"。2018年10月15日，蚂蚁会员（北京）网络技术服务有限公司（以下简称蚂蚁网服）与信美人寿相互保险社（以下简称信美人寿）联合推出"相互保"大病互助计划。然而，在2018年11月27日，信美人寿受到保险监管部门约谈并指出其涉嫌违规，遂退出相互保。同日，"相互保"升级为"相互宝"网络互助计划，由蚂蚁网服独立运营，直至2021年底"相互宝"发布关停公告。事实上，在"相互宝"关停之前，诸如美团互助、水滴互助等多家互助平台已于过去一年内相继关停离场。相互保险或互助平台的发展前景和其中的合法性问题受到了较多的关注。

2. 网络互助平台法律属性的界定

网络互助平台有三方主体，即用户、网络互助平台、第三方托管机构：符合加入条件的用户加入互助计划，发生互助事件后可在线上申报互助金。经第三方调查机构调查属实后，网络互助平台向用户支付筹集所得的互助金。① 网络互助平台凭借"一人生病，众人均摊"的口号以及门槛低、费用少、购买便捷的特点，从 2011 年兴起，继而火速扩张。到如今，作为国内仅存的一家大型网络互助平台，"相互宝"的关停宣告着网络互助行业的彻底谢幕。

在法律问题上，网络互助产品往往与相互保险产品之间界限模糊。相互保险，是指具有同质风险保障需求的单位或个人，通过订立合同成为会员，并缴纳保费形成互助基金，由该基金承担给付保险金责任的保险活动。而网络互助平台的法律属性一直模糊不清、众说纷纭。原中国保监会在 2015 年发布的《关于"互助计划"等类保险活动的风险提示》以及 2016 年发布的《关于开展以网络互助计划形式非法从事保险业务专项整治工作的通知》，明确指出"网络互助不是保险"，将网络互助计划基本排除在保险监管框架之外。

诚然，从风险分散机制来看，互助平台并非像保险公司一样承担风险的转移以及保险金的赔付责任，而仅仅充当产品运营管理者的角色；从稳定性来看，保险公司的偿付能力一直受到银保监会的监管，其财务稳定性具有充分的保障，而相互宝的赔付则具有很大的不确定性。② 但从消费者的角度来看，购买了网络互助产品的消费者们通常并不会将自己需要分摊的费用完全视作单向捐赠行为，而不期待获得相应的风险保障，因此消费者对网络互助很容易将网络互助与互联网相互保险产品混淆。③ 实践中，亦有法院认为，网络互助与相互保险二者在盈利模式、定价方式、互助方法等方面虽不尽相同，但本质上都是不特定的具有同质风险保障需求的成员，与网络平台或保险经营者，基于"我为人人、人人为我"的同一互助保障规则来共同抵抗风险；二者的合同性质高度类同。在缺乏相关法律、法规规范的情况下，可参考保险合同的相关规定处理该新类型合同纠纷。④

---

① 李瑞昊、李萧宇：《类保险网络互助的法律界定研究》，载《经济研究导刊》2021 第 31 期。
② 陈禹彦：《相互宝关停究竟为哪般——论网络互助计划的法律属性和监管困境》，载《上海保险》2022 年第 3 期。
③ 《开展以网络互助计划形式非法从事保险业务专项整治工作的通知》。
④ （2019）闽 0305 民初 1246 号。

综上所述，如相互宝此类类似"互联网+保险"的新兴网络互助产品，与互联网保险虽有区分，但也存在类同之处，其发展过程对互联网保险业务的监管也具有一定的启示。

3. 互联网保险监管新规的出台

近几年来，随着互联网的蓬勃兴起，我国互联网保险产品也在不断创新和发展。而疫情的产生对各保险机构的互联网渠道的运营服务又是一次考验。传统线下销售模式受到疫情的冲击伴随着民众不断增强的保险意识，互联网保险产品降低保险销售的成本、提高保险流程效率的优势愈现。

但互联网保险迅速发展的背后，也隐藏着不少风险。例如，在前述类保险性质的网络互助产品中，经常出现以下两类问题。

首先，互助计划一旦没有新用户加入，分摊金额就会上涨，陷入恶性循环，容易导致互助金无力兑付，平台倒闭解散。而互助平台也没有兜底政策，平台方一旦发现资金无法周转就可能随时叫停。

此外，网络互助产品还存在严重的被"逆向选择"的风险，即由于其加入门槛低，容易成为高风险消费者的聚集地。而网络互助在我国无明确的监管机构，平台仅有所谓行业自律公约及平台规则进行自律管理，对于消费者权益保护也具有很大的不确定性。

鉴此，中国银保监会于2020年12月7日发布《互联网保险业务监管办法》（以下简称《监管办法》），并自2021年2月1日起施行，进一步阐释互联网保险业务含义及适用范围、经营条件，同时明确第三方网络平台、保险公司、保险中介机构的权利义务和责任分工，鼓励业务创新的同时建立监管处罚机制。具体来说，包括以下几个方面的内容。

首先，《监管办法》贯彻"持牌经营"原则。该办法明确，互联网企业经营互联网保险业务的，应当依法获得保险代理业务许可。结合互联网保险产品发展中存在的问题，其必要性显而易见。近年来，许多电商平台等互联网企业在发展中建立起广泛的用户基础、拥有了强大的流量，可为保险产品销售提供较强的营销渠道。一些头部互联网公司也已经通过收购等方式取得保险中介牌照，开展保险销售、保险经纪等业务。然而，由于互联网企业与其收购的保险中介机构仍然处于"两层皮"的割裂状态，按照《监管办法》，互联网企业即使收购了保险中介牌照，仍需通过链接跳转等方式将用户引流至持牌机构的界面，才能实现合规经营。2019年8月，国务院办公厅发布《关于促进平台经济规范健康发展的指导意见》，其中即提及"允许有实力有条件的互联网平台申请保险兼业代理资质"。《监管办法》也明确,如企业拟利用自身场景和流量优势代理销售互联网保险产品、提供保险服务的,在满足《监管办法》规定条件的情况下,可申请保险代理业务许可。这意味着,互联网企业可以更便捷地发挥自己的渠道优势,将互联网保险业务更好地与互联网企业本身的业务相结合,同时也再一次明确了非持牌互联网企业参与互联网保险业务的红线,明确对非保险机构打擦边球的商业行为做出了禁止。"相互宝"的发起公司蚂蚁网服并非持牌的保险公司,而在蚂蚁集团在2021年面临整改风波时,其中一项改革内容就是要将蚂蚁集团作为一个金融集团整体纳入监管,而"相互宝"并非保险,因此在监管办法严格要求市场准入标准的背景下,就必须将其予以剥离。

其次,《监管办法》也对互联网保险跨区域销售的监管问题作出了规定。互联网保险诞生初期,关于经营地域范围的争议就已出现。互联网保险业务的特点之一是通过网络可以突破地域时空的限制,接触到无明显地域性限制的用户,这对于互联网保险在监管方面的权限范围、手段模式来说都是挑战。不同于此前《互联网保险业务监管暂行办法》对保险公司将互联网保险业务经营区域扩展至未设立分公司的省(自治区、直辖市)的险种限定,《监管办法》仅对保险机构通过互联网销售保险产品和经营区域作出原则性规定,并明确后续银保监会将根据互联网保险业务发展阶段、不同保险产品的服务保障需要另行规定,以保障政策有效衔接。

此外,在消费者保护方面,从《保险法》到《监管规定》,保护消费者权益的理念一直在践行。保险机构开展互联网保险业务,应符合新发展理念,依法合规,防范风险,以人为本,满足人民群众多层次风险保障需求,不得损害消费者合法权益和社会公共利益。《监管办法》要求保险机构采取必要手段识别消费者的保险保障需求和消费能力,保障消费者的知情权和自主选择权;在销售投连险、万能险等人身保险新型产品或提供相关经纪服务时,还应当建立健全投保人风险承受能力评估机制,做好消费者风险提示。《监管规定》全程规范保险机构互联网保险业务经营行为,圈定非持牌机构禁止行为,防止非保险机构打擦边球、非法经营互联网保险业务的情况发生,"持牌经营"原则亦是保护消费者权益的基础。此外,结合互联网保险跨区域性的特点,消费者权益的保护也会面临冗长的司法程序。日本互联网纠纷解决的模式亦有可学习借鉴之处——设立专门机构,如消费者对裁决结果不满意再转入司法程序,前置程序具有纠纷解决时限点,法院可将专门机构纠纷事实认定作参考。①

像"相互宝"这样非持牌经营的类保险网络互助平台会员数量庞大，涉众风险不容忽视，管理不善可能引发社会风险甚至系统性风险。因此，将其纳入监管是必然趋势，而监管的高压态势和出于对商业成本的衡量，最终使得互助平台退出了舞台。《监管办法》作为纲领性的文件，把握互联网保险业务发展的特点，强化"机构持牌，人员持证"的监管理念，进一步强化消费者保护和数据保护等在互联网渠道较为突出的问题，从而完善互联网保险业务监管体系。它不仅为互联网保险的发展划定了刚性底线，同时也设置灵活的边界，预留出充分的发展空间，为未来保险业进一步互联网化创造了良好的条件。

（六）互联网保险中个人信息保护的法律规制

互联网保险业务，是指保险机构依托互联网订立保险合同、提供保险服务的保险经营活动，兼具保险行业及互联网业务模式的双重特征。保险业务涉及多方自然人的个人信息，如投保人、被保险人、受益人等，而互联网保险业务可能涉及通过网站、手机APP等方式收集的用户行为数据。尤其是在近些年中，大数据等技术在保险经营中开始得到利用，通过技术方式收集加工个人信息以提升经营效率成为诸多保险公司的新方向，而个人信息保护问题是互联网保险监管中不可忽略的重要课题。

2021年8月20日，《个人信息保护法》正式公布，并在2021年11月1日开始施行。该立法就个人信息的保护提出了新的要求，对信息的收集和利用机构提出了新的要求，并确定了责任的承担形式。

个人信息的保护也受到了前所未有的重视。例如，2022年3月15日，银保监会消保局负责人表示，银保监会今年将重点从四个方面加大监管力度，其中就包括了开展银行业保险业个人信息保护专项整治。可以预见的是，在未来一段时期，如何在保险经营尤其是互联网保险的经营中合理保护个人信息是未来的发展方向。

1. 互联网保险产品对个人信息保护带来的挑战

（1）"个人信息保护政策"合规问题

由于互联网保险产品的定价机制、精准营销等的需要，互联网保险会收集海量的数据和个人信息进行分析，例如个人健康信息、个人金融信息等。为了有效贯彻《个人信息保护法》第14条规定的个人信息的处理要建立在信息所有人知情

---

① 刘秀：《我国互联网保险的法律风险和对策》，载《法制博览》2022年第4期。

且同意的基础上，大多数互联网保险公司都会在网站投保界面中制定"个人信息保护政策"并进行公示。然而，根据最新国内学者的实证研究，少有保险公司能够满足现行互联网法规和信息安全的要求，[①]"个人信息保护政策"可能反而成为保险公司打信息收集利用擦边球的掩护。

（2）个人信息过度收集、滥用问题

在这个个人信息极易被获取、传输、存储、处理的时代，一些互联网平台随意收集、违法获取、过度使用及非法买卖个人信息的问题日益突出。互联网保险经营机构运用人工智能技术采集用户信息，形成动态、长期、实时的追踪性收集。例如，在车险和健康险等互联网保险业务中，相关企业可以通过汽车记录仪或智能手表等深度挖掘信息或利用互联网技术收集用户信息，其并可借助互联网平台的海量数据获取用户信息。实践中，不仅存在互联网保险经营机构滥用、泄露个人信息的行为，还存在互联网保险经营机构本身存在的网络漏洞、病毒等网络安全问题对个人信息安全造成威胁的情况。

（3）互联网保险消费者权益保护问题

互联网保险消费者的个人信息和数据安全及举证和维权问题，较传统保险而言面临着新的挑战。保险消费者通过互联网购买保险产品、接受保险服务，并与互联网保险经营者形成权利义务关系，往往都是采取签订电子保险合同的形式，所有的交易痕迹仅留存在网络空间。然而，与互联网保险消费者利益密切相关的交易信息，大多存储在平台提供的服务器上。发生纠纷时，消费者不仅难以通过纸质文件获得证据，还存在交易信息可被轻易篡改的风险。

诚然，保险消费者可以通过投诉、调解、仲裁和诉讼等渠道来维护自身权利。但由于互联网保险经营的特殊性，传统渠道在解决互联网保险主体之间的纠纷时存在保护不足的问题。消费者协会处理投诉问题的过程中存在缺乏保险领域专家、缺乏透明程序等问题，解决结果可能缺乏权威性、公正性。调解主要涉及的是人们日常生活中的各类纠纷，特定的诸如保险合同纠纷这种专业性问题涉及较少。而通过仲裁或司法诉讼解决纠纷则耗时较长且程序复杂，不利于快速化解矛盾。[②]

[①] 参见田宇申：《互联网保险中个人信息保护的法律规制——以个人信息保护政策为切入》，载《兰州学刊》2021年第9期。

[②] 董捷、何静、吕红平：《互联网视角下的保险消费者权益保护》，载《江淮论坛》2021年第3期。

2. 目前出台的可以规制个人信息保护的监管规范

（1）《个人信息保护法》与《互联网保险业务监管办法》的规范梳理

①《个人信息保护法》

《个人信息保护法》主要是在整个法制领域中对保护个人信息的基本原则作出了明确规定：合法、正当、必要和诚信原则（第5条）；目的明确和直接相关原则（第6条第1款）；最小程度原则/最小必要原则（第6条第2款）；公开透明原则（第7条）；信息质量保证原则（第8、9条）；安全保障原则（第51、52条）。以上原则为所有的市场交易行为提供了原则上的指引。

在互联网保险消费者权益保护的相关领域，《个人信息保护法》明确了"履行个人信息保护职责的部门"，即由国家网信部门统筹协调，国务院有关部门在各自职责范围内负责个人信息保护和监督管理工作。《个人信息保护法》还规定，如果个人信息处理者拒绝个人行使权利的请求的，个人可以依法向人民法院提起诉讼。涉及侵害多人权益的，人民检察院、法律规定的消费者组织和由国家网信部门确定的组织均可依法向人民法院提起诉讼。如上文提到的，对于违法违规收集用户信息的行为，保险消费者的维权成本较高，故往往会选择向监管部门投诉的方式解决。《个人信息保护法》对于职责分配及救济机制的也作出了规定，银保监会消费者权益保护机构在保险消费者个人信息保护领域的主导性监管地位应进一步明确，保险行业协会予以辅助执行具体的协调规范工作，并应适时在保险消费者个人信息保护领域引入集团诉讼制度。

②《互联网保险业务监管办法》

2020年12月7日，中国银保监会发布《互联网保险业务监管办法》（中国银行保险监督管理委员会令2020年第13号），自2021年2月1日起开始实施。《互联网保险业务监管办法》针对互联网保险业务中的个人信息保护没有设定具体的规则，仅规定了相关的处理原则，即同意原则、合法正当必要原则。

针对个人信息过度收集、滥用和网络安全的问题。《互联网保险业务监管办法》第7条要求提供技术支持和客户服务的合作机构落实网络安全等级保护，加强合规管理，相关自营网络平台和信息系统的安全保护等级应不低于三级；对于不具有保险销售和投保功能的自营网络平台，以及支持该自营网络平台运营的信息管理系统和核心业务系统，相关自营网络平台和信息系统的安全保护等级应不低于二级。

针对信息收集的透明性，该办法第13条要求保险机构应当针对消费者个人信息、投保交易信息和交易安全的保障措施应在开展互联网保险业务的自营网络平台页面的显著位置列明。

针对安全防护体系的构建，该办法第37条及第48条第2款明确保险机构应严格按照网络安全相关法律法规建立完善与互联网保险业务发展相适应的信息技术基础设施和安全保障体系，提升信息化和网络安全保障能力，并要求保险机构应当按照国家相关标准要求，采取边界防护、入侵检测、数据保护以及灾难恢复等技术手段，加强信息系统和业务数据的安全管理；制订网络安全应急预案，定期开展应急演练，建立快速应急响应机制，开展网络安全实时监测；对提供技术支持和客户服务的合作机构加强合规管理，督促其保障服务质量和网络安全，其相关信息系统至少应获得网络安全等级保护二级认证；此外要求保险机构开辟专门渠道接受公众举报。

针对信息使用的合法性保障，该办法第38条规定了保险机构对于客户信息保护的主体责任，收集、处理及使用个人信息应征得客户同意，获得授权，遵循合法、正当、必要性原则。保险机构应建立或者督促提供技术支持、客户服务等服务的合作机构建立有效的客户信息保护制度，未经客户同意或授权，保险机构不得将客户信息用于所提供保险服务之外的用途，法律法规另有规定的除外。

除此之外，前述监管规范在互联网保险领域数据合规和网络安全方面还对保险业务年度报告应包括网络安全建设、信息系统运行和故障情况、对国家网络安全等级保护制度、对核心系统和信息管理系统有效隔离等均作出了一系列要求。

（2）实践中的问题：互联网保险个人信息立法、监管实践的缺位

虽然已有的立法和监管规则为互联网保险中个人信息的保护提供了一定的指引，但是实践中，互联网保险领域个人信息保护一直涉及监管主体不明的问题。从目前的立法可以看出，互联网保险个人信息的收集和利用涉及央行、银保监会、工信部、网信办等部门的混合监管，这可能会给互联网保险消费者带来各部门之间推诿、保险者投诉无门的问题。

或许我们可以借鉴我国香港地区的监管模式，即银保监会作为对于保险公司行为的监管主体，于消费者保护局中下设专门负责受理个人信息保护的监管机构——负责处理消费者投诉和处理纠纷、对互联网保险机构个人信息保护机制的形式和内容进行必要的抽检，不合要求的应该予以适当的行政处罚措施。同时，我们也可以进一步加强银保监会对互联网保险公司的新闻给监管，以监督个人信息保护政策的贯彻执行。

互联网保险仍在高速发展的快车道上，个人信息保护问题在《民法典》出台后也更加得到全社会的关注。如何有效防范风险，保护消费者合法权益，提升保险业服务实体经济和社会民生的水平仍应是保险机构和监管部门关注的重要议题。未来在严格贯彻法律法规的同时，互联网保险行业也应当加强行业自律，加大互联网保险消费者的宣传教育工作，增强其维权意识与维权手段，从多方面规范互联网保险行业的行为，从而促进整个行业的持续健康发展。

（七）普惠型医疗保险的迅速发展与配套制度完善

在近年来，商业健康保险在国民医疗保障制度当中的作用日益受到关注，2020年2月25日，中共中央、国务院颁布《关于深化医疗保障制度改革的意见》，提出到2030年，全面建成以基本医疗保险为主体，医疗救助为托底，补充医疗保险、商业健康保险、慈善捐赠、医疗互助共同发展的医疗保障制度体系。2020年3月4日，中国银保监会、中国人民银行颁布《关于加强新市民金融服务工作的通知》中明确提出"开发不与户籍挂钩的普惠型商业健康保险产品，满足新市民多层次、多样化的健康保障需求，防止因病致贫返贫"。对此，自2020年以来，各地开始推动普惠型医疗保险的普及，如"北京普惠健康保"（北京）、"沪惠保"（上海）、"津惠保"（天津）、"晋惠保"（山西）、"天一甬宁保"（宁波）、"惠蓉保"（成都）等，并普惠型医疗保险成为近两年人身保险市场发展的热点。

1. 普惠型医疗保险的本质

普惠型医疗保险是一种介于基本医疗保险及商业保险之间的商业健康保险产品，其目的是填补社会保险"基础型"保障和商业保险"盈利型"保障中间的空白地带。正因为普惠型医疗保险兼具了两重性质，不同学者对于其定位的倾向性也有所不同。一些学者认为，普惠型医疗保险侧重于以政府指导为主，由商业保险承办，其本质是由消费者自行参保的第二补充医疗保险制度。另有部分学者认为，普惠型医疗保险的本质始终无法脱离商业保险的范畴，并弱化了政府的主导地位，因此应遵循商业健康保险基本原则，实行完全市场化运作，在地方政府十分有限支持和指导条件下，由商业保险公司和运营平台联合提供，凭借政府信誉和保险公司市场运营来化解重特大疾病风险的，具有中国特色的商业医疗保险。

我们认为，上述论述均较从不同角度反映出了普惠型保险的主要特征，从目前普惠型医疗保险的经营实践来看，其具备了较为强烈的政策性保险的特征。第一，普惠型保险的推出主要是为了实现国家对现有医疗保障体系进行有效补充，该险种的设计和销售带有明显的政策性目标，具有较为明显的社会功能属性。此外,虽然该类保险不对户籍作出要求,但仍需要被保险人在本地有缴纳社保基金的记录,较明显的体现出了属地政策性。第二,普惠型保险仍然采取商业的方式进行经营,仍然允许具体的保险公司通过商业经营的方式进行盈利,因此该类保险仍然采取市场经营方式而未成为社会保险。第三,在实践中,该类普惠型医疗保险对承保条件等重要条款进行了限制,投保人无须任何体检,保险公司在该类保险的经营中也必须承保,这也反映了该类保险作为政策性保险的相对强制性。

2. 普惠型医疗保险的发展现状

我国商业医疗健康险的起步较晚。自1988年首次提出构建多层次医疗保障体系后,于2009年再次提及,并将商业健康保险定位为补充保险。但是,我国基本医疗保险及商业医疗健康险在发展中均存在一些问题。一方面,就基本医疗保险而言,在老龄化问题加剧的背景下,近年来政府对于公共医疗保险的支出只增不减,给国家财政带来巨大压力。另一方面,就商业医疗健康险层面,根据《2018中国商业健康保险发展指数报告》中的数据,我国商业健康险的覆盖率不足10%,所谓多层次医疗保障体系的建设在彼时仍然存在较大阻碍。

基于此背景,深圳市率先提出"重特大疾病补充医疗保险",作为全国第一款以政府为主导,各大保险公司参与的普惠型医疗保险。自此,普惠型保险产品的发展进入井喷式阶段,其中以"惠民保"(即"城市定制型商业医疗保险")产品近年来产生的爆发式效应最为典型。根据中国人寿再保险有限责任公司发布的《2022年惠民保可持续发展趋势洞察》中的统计数据,截至2021年12月31日,已有27个省份推出了200余款"惠民保"产品,参保总人次达1.4亿,保费总收入已突破140亿元。另外,中再寿险相关研究人士亦表示,随着惠民保在三四线城市下沉,公众对商业健康险的参保意愿不断提升,长期来看,将对商业健康险的迭代有积极意义。

3. 普惠型医疗保险的发展的法律配套制度完善

随着以"惠民保"为典型的普惠型医疗保险产品在短时间内高速覆盖全国,因其同时具备公共医疗保险及商业健康险的双重性质,必定会引发诸多公私层面的多维度法律问题。

现阶段,针对此类具有一定创新性的普惠型医疗保险产品。一方面,从法律层面而言,我国现行《保险法》中相关规定针对普惠型医疗保险在实践中可能产生的问题的可适用性存在较大的局限性,《民法典》下也多为原则性规定,对于大多数特定问题仅能起到方向性指导作用。另一方面,就地方政策层面而言,即便现阶段部分地方政府根据本地的医疗需求及财政状况已经或即将出台规制惠民保产品的相应政策，虽具有一定的灵活度，但因在国家层面并无统一规范，可能会导致医疗发展不平衡的问题。

虽然理论界对于普惠型医疗保险的所侧重的方面仍持有不同的观点，但是，对于其所同时具备的公益性及商业性的双重性质在理论及实务层面均没有普遍争议。对此双重性质的厘清，有助于更为清晰地定位到可能因此双重性质产生的三方面法律层面的问题。

第一，关于政府是否具有投保具有公益性质的普惠行医疗保险的主体资格的问题。根据2015年中国保监会《关于促进团体保险健康发展有关问题的通知》，作为特殊情形，政府可以作为投保人为城镇职工、城镇居民、新农合参保人群、计生家庭和老年人等特殊群体投保具有公益性质的团体保险。但是，根据《保险法》第10条"保险合同是投保人与保险人约定保险权利义务关系的协议。投保人是指与保险人订立保险合同，并按照合同约定负有支付保险费义务的人。保险人是指与投保人订立保险合同，并按照合同约定承担赔偿或者给付保险金责任的保险公司"以及第12条第1款"人身保险的投保人在保险合同订立时，对被保险人应当具有保险利益"的规定，显然，实践中，由于政府投保的普惠型保险产品大都由被保险人或实际投保人自行承担保费，且政府对实际上的普惠型保险产品的被保险人在保险合同订立时并不具有保险利益，因此，立法上，在赋予政府作为合法合规的普惠型保险产品的投保人上仍有脱节现象。实践中，即便政府通过组织向保险公司招标成为投保人后，会否带来更多例如因未尽说明义务或支付保费义务等导致的争议，亦是有待明确的问题。

第二，关于商业保险机构通过普惠型医疗保险进行盈利活动的界限问题。2021年5月28日中国银保监会发布的《关于规范保险公司城市定制型商业医疗保险业务的通知》中第三部分规定，保险公司应对开展定制医疗保险业务负主体责任；银保监会派出机构应注重对新业务、新模式的动态跟踪，加强与地方相关部门的沟通协调，加大监管工作力度，维护市场秩序，保护消费者合法权益；保险行业协会亦应充分发挥自律组织作用，组织参与属地保障方案拟定等相关工作，探索建立定制医疗保险服务规范，搭建交流平台，实现资源共享，引导保险公司依法合规开展业务，提升行业服务效能。不同于纯盈利性质的保险产品，普惠型医疗保险产品是受政策指引的补充型商业保险，因此，商业保险机构通过其盈利的范围应受到法律的规制。未来，应当通过立法手段，对惠民保的盈利范围和个人所得税减免政策予以明确，确立"保本微利"和"税收优惠"的基本原则。

第三，关于公益性与盈利性的平衡及相互制约可能引发的问题。根据上文所述，政府是否具备投保人资格仍是有待立法规制的问题，这亦不是可以根据普惠型医疗保险产品所具有的公益性即可简单界定的问题。若政府不具备投保资格，则可导致的问题是其应以何种限度参与及组织向商业保险公司进行招标，以及其若滥用行政权力，限定商业保险公司参与普惠型医疗保险产品业务开展活动，将扰乱保险市场的经营秩序，违反我国《反垄断法》下的相关规定。但是，若商业保险公司从普惠保险产品的爆发性发展中看到商机，过度开发产品以盈利，亦会降低产品的持续经营能力以及引发保险效果低水平重复等问题，不利于保险市场维持健康与活力。因此，在厘清普惠型医疗保险双重性质的基础上，应当借助法律法规，推动政府主体与商业主体间的联动，推动公共医保数据向商业机构开放，在政府信任背书的基础上，监管部门及时跟进合理规制，以保障整体市场稳定运行。

四、域外考察和借鉴

结合上述2021—2022年度保险立法及司法趋势、典型案例中涉及的焦点问题以及保险行业热点事件的分析，我们特别地精选了三方面中国司法实践中有待明确的具体问题，对域外相关立法及司法状况中体现出的处理路径及相关经验进行梳理，并据此作出比较分析。

（一）营业中断险下对于"营业场所"的解释

1. 学理解释

营业中断保险（Business Interruption Insurance），又称为利润损失保险（Loss of Profit Insurance），主要保障企业在遭受物质财产损失时，由于重置或修复受损财产而造成"营业中断"，由此带来的利润损失。

2. 域外考察

作为全球最古老的保险市场，"新冠肺炎疫情的理赔之争"首先在英国展开，大量中小企业主在索赔未果的基础上，纷纷求助于法院，大量的营业中断保险案件涌向法院，而专业性很强的营业中断保险着实让各地法院陷入了"专业短缺"的局面。针对这一情况，英国金融行为监管局（FCA）首次启动了"测试性诉讼"制度[①]，即由其代表广大保单持有人，向作为营业中断保险主要提供者的8

[①] 英国的"测试性诉讼"制度，主要是为了在大面积出现同类保险合同纠纷的情况下，从确保判决的专业性和权威性的角度出发，通过提高审判层级，集中专业资源，确保判决公平，并形成案例的示范效应。

家大型商业保险公司提起集体诉讼，要求被告按照保险合同的规定，履行赔偿责任。2021 年 1 月 15 日，英国最高法院在"测试性诉讼"框架下，对 The Financial Conduct Authority v Arch and Others［2021］UKSC1 一案作出了终审判决，认定保险公司需在保险合同约定的情况下，对因疫情影响造成的投保人的营业中断损失进行理赔。根据英国保险行业初步估计，判决结果将涉及 60 家保险公司的 700 种保单，涉及 37 万被保险人以及 18 亿英镑的赔款。

无独有偶，新冠肺炎疫情所导致的保险赔付争议同样在法国上演。2020 年 5 月 22 日，巴黎商事法院就原告餐饮业者斯蒂芬·马尼戈尔德与被告法国安盛集团之间的营业中断保险合同纠纷案作出判决，法院认为餐厅因国家卫生紧急状态法案而关闭属于行政关闭，故判决法国安盛集团赔偿斯蒂芬·马尼格尔德因新冠肺炎疫情而停业期间的经营损失约 5 万欧元。

英法两国的判决，对于整个欧洲乃至全球营业中断保险市场具有示范效应，也将对保险业的赔付能力形成巨大挑战。

此外，由于美国大多数餐馆都长期购买营业中断保险，美国餐馆联盟和保险业正在美国的行政和司法体制下，就保险业是否应对餐饮业者因新冠肺炎疫情导致的营业中断损失进行赔偿展开激烈争论，双方各持观点，都正对州政府和国会进行积极游说。尽管美国保险业与餐馆联盟的争议还未"尘埃落定"，但无论是英国测试性诉讼的判决，还是法国的判决，对美国保险业都将产生极为不利的影响。

整体来看，各国营业中断保险案例，无疑将给传统保险经营带来多方面的影响。一是从欧美这次营业中断保险危机看，全球保险业需要以一种全新的视角、全新的思维，看待风险，思考经营。二是营业中断保险的技术、条款、承保的内涵和外延均面临与时俱进的问题。此外，疫情下营业中断保险的司法实践，改变了传统保险业的外部法律环境，保险业需要重新认识、重新评估、重新思考，什么是真正的以客户为中心，如何满足客户的合理期待。

3. 经验借鉴

新冠肺炎疫情的产生导致了英国社会商业活动的大规模中断，营业的停止给企业造成了重大财务损失。造成如此局面的原因，一方面在于新冠病毒本身的危害性和传播性致使大量的经营者或消费者受到生理上或心理上的影响从而导致了市场活动急剧减弱，另一方面在于政府部门为应对新冠肺炎疫情所采取的强制性管制措施致使很多企业不得不中断经营。在此情形下，中小企业基于营业中断保险进行索赔似乎是合情合理的选择，但是，很多这类保险单对该情形是否能够引起保险责任（是否属于保险覆盖范围）缺乏明确规定，而且营业中断保险所涉保单的措辞多种多样，很难形成一个能够广泛适用的界定标准，因此，投保人或被保险人的索赔正面临困境。

为解决此问题，以维护消费者和保险市场的良性运行，提供相关的权威性英国法律指导是关键。于是，英国金融行为监管局（FCA）通过实验案例的方式向英国高等法院及最高法院提起了对 Arch 保险公司的诉讼，寻求在法院的裁判中形成具有确定性的规则并使其成为法律渊源，来解决与新冠肺炎疫情相关的营业中断保险索赔争议。

在营业中断保险中，被保险人可以在保险单规定的赔偿期内对相关在保风险造成的经济损失向保险人求偿。这种经济损失包括被保险财产的物理性损坏，也可以包括被保险人营业收入的减少。显然，新冠肺炎疫情并未导致前者发生，所以，实验案例是针对保险单中属于非物理性损坏造成损失的条款进行评判。

这次保险合同双方的争议焦点主要集中在营业中断保险的附加条款，包括疾病条款[①]、阻止进入营业场所条款[②]、趋势条款、因果关系四个方面，即在疫情的背景下，如何理解、解释和适用这些条款。其中疾病条款、阻止进入营业场所条款主要涉及条款解释争议，趋势条款和因果关系的争议则主要体现在营业中断保险案件处理层面。

具体来说，对营业收入损失的计算，通常以被保险人在营业中断期间的营收与风险发生前一年度同期营收的差额进行衡量，但是需要考虑一个关键问题，即营业收入的减少是否受到在保风险以外的其他特别原因影响。因此，需要对与在保风险无关的因素进行评判。英国高等法院和最高法院在评价在保风险上的分歧导致二者在因果关系原则适用上有较大差异。

最高法院认为，在保风险与营业中断所造成的损失之间的因果联系，才是保单要解释的重点。对此因果关系的认定无须在细微差别上咬文嚼字，主要原则是运用《海洋保险法》中的近因原则加以界定。随着普通法的演变"近因"一词被描述为"效率"，即造成损失的真实或直接原因。在多个原因均能够独立导致损害结果的场合，认定其中原因力最持久的一个与结果之间成立联系。但是，在很多

---

① 疾病条款（Disease Clause），是指在营业场所指定距离内，或附近发生因疾病（例如新冠）导致的营业中断损失的条款。

② 阻止进入营业场所条款（Prevention of Access Clause），是指因公共当局的干预、阻止或阻碍进入营业场所，导致的营业中断损失的条款。

情况下，会出现多个原因相结合以共同造成同一损害结果的情形。对此，普通法的解决方案：一是在导致损失的众多因素中，只要其中之一被保单纳入，即使其他未被提及，保险人也应承担责任；二是在导致损失的众多因素中，若存在被保单明确排除的，即使其中之一被保单纳入，保险人也不应承担责任。

而在新冠肺炎疫情下，对于要求发生区域性感染才导致营业中断的保险条款，可以考虑两种备选裁判方案：一是因造成营业中断的有效原因不是被保单纳入的特定范围内所发生的疾病，而是疫情产生，所以未产生保险责任；二是全国性的疫情足以成就任何地方的营业中断，只要在特定范围内有感染发生就满足近因原则，产生保险责任。

在 Orient Express 的案例中，英国最高法院认为，与其他具有同等作用力的原因相结合以造成损失的在保风险，可以被视为近因。

同样地，在实验案例中法院需对以下三个重要问题进行评判：一是保险条款是否被确切理解；二是新冠肺炎疫情是否是造成营业中断的真正原因；三是趋势条款是否会因需考虑"当地情况"这个因素而使中小企业的保险索赔落空。

基于此，英国高等法院选定了 21 条措辞分为三个不同的标题：疾病、禁止进入 / 公共权力和混合条款，其与最高法院都以"客观性原则"对此进行评判。

被选定的这 21 条措辞均要求营业中断须发生在被保险的营业场所，其中一些还要求在保风险发生在营业场所的特定范围内或附近区域。在实验案例中需区分考虑以下两种情形：一是普遍事故所引发的保险责任；二是仅被保营业场所当地发生的具体事故所引发的保险责任。

而鉴于以下几点，英国高等法院和最高法院对后者中的保单措辞有较大分歧。一是疾病（传染病）条款通常需要一个"受到直接影响"的限制性条件。为了确保可操作，通常会采用一个距离，如 25 公里作为条件。例如，在餐馆的 25 公里范围内发生传染病，引发消费者恐惧而减少餐厅的消费，由此产生的营业中断损失，则属于保险责任范围，可以进行赔付。但这次疫情与传统的"25 公里思维"不同，是一种不需要确认的"直接影响"，因此，保险人援引"25 公里条款"进行抗辩，显得"不合情理"。二是阻止进入营业场所条款原来是非常"狭义的"，也是非常具象和场景化的，就是在被保险人营业场所附近，发生突发事件，如火灾，导致通道被封闭。但这次的疫情，特别是英国政府于 2020 年 3 月宣布强制封锁令，这种"封闭"是普遍的，于是，保险业必须面对一个全新课题，即如何理解一种"泛在的阻止"。

上述两个条款，从狭义的视角看，保险公司拒赔无可厚非，但在这次疫情背景下，英国法院的判决重点采纳了"合理期待"的原则，即什么是投保人对营业中断保险的合理期待。英国最高法院认为：第一，事件、发生和事故的含义是相同的，在特定区域中出现了疾病才是导致营业中断的原因；第二，只要无法将营业场所的任意一个部分用于某种商业目的即满足"不能使用"之情形；第三，在营业场所或营业活动可分离的情形下，二者中任一被禁止访问即成就中断事实以引发保险责任。

此外，英国最高法院回应，相关保险措辞并没有将保险责任限制在仅由当地疾病才能引发，在新冠肺炎疫情大流行的背景下，新冠病毒导致人们的市场活动急剧减弱，以及政府部门为应对新冠肺炎疫情所采取的强制性管控措施均与企业的营业中断具有因果关系。趋势条款不能成为免除保险责任的依据，而是用以判断营业中断带来的实际损失。

英国最高法院的判决避免了很长一段时间内对相关保险索赔的持续不确定性，为该类纠纷提供了法律依据，也使得全球保险业需要重新审视营业中断保险，乃至保险的底层逻辑和环境基础问题。

4. 实践思考

以上述营业中断保险为例，在该事实背景下若适用中国法律，该如何进行索赔？鉴于中国特色社会主义法系高度近似于大陆法系，判例不属于法律渊源，故有效的途径是基于现行成文法律规范或合法商业惯例进行法律论证。在营业中断保险合同中未明确约定新冠肺炎疫情是否为触发保险责任的原因时，投保人、被保险人或受益人能否依据该合同进行索赔，可以按照不同情形下的不同规则确定。

合同条款中存在"传染病"是导致营业中断的原因之类似约定。根据字面意思、合同目的、诚信原则及不利解释原则等，认定新冠肺炎疫情在事实上属于按照甲类传染病防治的乙类传染病的范围，因此可依据该条款进行索赔。

合同条款中不存在上述约定，而仅存在某种相关"外部行为"是导致营业中断的原因之类似约定。在判断新冠肺炎疫情与营业中断直接的因果关系时，通常采取直接原因规则[1]、相当因果关系规则[2]及近因规则[3]，索赔人负有因果关系证明责

---

[1] 营业中断直接由新冠肺炎疫情引起。
[2] 新冠肺炎疫情是否有引起营业中断的可能性，而事实上确实如此发生。
[3] 新冠肺炎疫情与营业中断之间是否存在一个公平、公正意思上的"近距离"。

任,而通过相关举证并运用上述规则能否认定二者之间存在因果关系需由法官自由心证。

合同条款中存在明确将"传染病"和某种相关"外部行为"排除于导致营业中断的原因之外。在此情形下,新冠肺炎疫情的产生与营业中断的事实之间仅存在事实上的因果关系,而不存在法律上的因果关系,投保人通常无法依据营业中断保险合同进行索赔。

因此,保险业一方面仍然要坚守保险"合同意思表示"的基本原则;另一方面也要清醒地认识到:随着时代的发展,以满足被保险人的合理期待为导向的原则,会被越来越多地引入到保险合同纠纷的处理中。保险人与其事后抗辩,不如在承保之初,就围绕"合理期待"与投保人达成共识,这不仅能够避免日后发生纠纷,更能够以实际行动真正践行"以客户为中心"的理念。

(二)巨灾保险体制建设的域外经验借鉴

1. 学理解释

巨灾保险(catastrophe insurance),是指对因发生地震、飓风、海啸、洪水等自然灾害,可能造成巨大财产损失和严重人员伤亡的风险,通过巨灾保险制度,分散风险。

2. 域外考察

为了应对巨灾风险,很多国家已经建立巨灾保险制度并获得了一定的成功。尤其美、英、日三国,在巨灾保险立法体系、运行模式以及风险分担机制方面皆具有较为成熟的经验,值得我国借鉴。

总体来说,美国巨灾保险的立法体系相对比较完善,由国会颁布了《联邦洪水保险法》《全国洪水保险法》《国家洪水保险计划》《国家洪水保险改革法案》等一系列法律,且采用国家管理的独特运营模式,即由政府在巨灾保险的管理中起主导作用,保险公司只是执行政府的计划——负责销售与服务,不需要承担任何风险。美国巨灾保险投保率较为可观,巨灾保险风险分散体系也比较良好,这正是因为政府在国家管理这一运营模式下利用其掌控着的公共财政等资源保证着巨灾保险的有效供给,获得了人们对之偿付能力的极大信任。不同于一般国家选择通过再保险的形式把巨灾保险的风险分散出去,美国由于巨灾保险由政府统一操作的原因,并未设专门的再保险公司对巨灾保险提供再保险,但其建立了巨灾保险基金以将风险分散。此外值得强调的是,美国注重保险市场与资本市场的融合,其通过推行巨灾保险证券化(如巨灾债券、巨灾期货、巨灾互换等)的方式将保险市场的巨灾风险转化为能在资本市场上流通的金融工具,从而筹集保险资本来解决巨灾发生时保险市场上资金短缺的难题。

目前,英国也已经建立了较为完善的巨灾保险制度,采用了商业化的运作、管理模式①,即巨灾保险仅由保险公司承保,政府在巨灾保险体系中不担负承保责任,也不提供再保险方面的支持,但必须为商业保险机构提供巨灾风险评估、灾害预警、天气研究等配套的政策和公共服务的支持作为辅助,使巨灾风险处于可控范围内。此外,再保险是英国分散巨灾保险的一种重要方式,英国比较突出的特点就是它的再保险市场比较发达,英国商业保险公司在承保后,通过再保险市场进行分保,使得巨灾保险风险责任得到了有效的分散、转移。

日本是个地震高发的国家,所以该国的巨灾保险研究主要以地震保险为主,立法亦是如此。日本与美国同样将巨灾保险运作模式、保障范围、风险控制等内容皆以法律的形式加以确定,颁布了《地震保险法》《地震再保险特别会计法》《地震保险法律实施令》《地震保险法律实施规则》等巨灾保险相关的法律,从而为巨灾保险的顺利推行奠定了基础。而迥异于美国的运行模式,日本逐步建立的是以政府和保险公司对巨灾保险业务共同运营管理的巨灾保险制度,作为一种以保护家庭个人财产为主要目的的险种,日本巨灾保险的承保范围包括了家庭保险②和企业保险③。此外,日本巨灾保险的风险分散机制相对完善,采用独特的二级再保险模式④共同分担风险,以此使得各原保险公司、再保险公司和日本政府三方成为巨灾风险分担的最终主体。

3. 经验借鉴

美、英、日三国在巨灾保险制度的设计由于经济发展、历史文化等方面的原因而大相径庭,但这些制度在各自的国度下无一不是经过多次实践方得到完善,故而也可谓是相对合适的选择。至于处于巨灾保险初期发展阶段的我国,则更应该结合本国国情,借鉴各国经验,探索出适合我国的巨灾保险制度发展道路。

---

① 以英国洪水保险为例,洪水保险的提供方皆为保险公司,政府不参与洪水保险业务的经营管理也不承担任何保险风险分散责任。

② 一种自愿性的由个人进行投保的保险,保险事故发生后,由保险公司和政府在一定限额内共担赔偿责任的保险。

③ 一种完全由商业保险公司进行经营管理,政府不为其提供任何财政资助的保险。

④ 二级再保险模式,是指商业保险公司承保投保人的巨灾风险后,向再保险公司投保再保险(此为一级再保险),使得原保险人所承保的巨灾风险得以分散,而后再保险公司将巨灾再保险分成三大部分(此为二级再保险):第一部分向各原保险公司购买第二级再保险,第二部分向日本政府购买二级再保险,最后的部分作为自己应该承担的份额予以保留。

完善的法律体系对巨灾保险制度的实施而言必不可少。具体来说，作为加强巨灾管理的手段，巨灾保险是一项政策性、技术性较强的业务，兼具商业性与行政性双重特征，因而急需法律、法规等为其创造条件。如美、日等国的巨灾保险制度通过国家立法的形式规定巨灾保险制度的具体运行和管理，并将巨灾保险所涉及的各主体的权利与义务纳入其中，可以说正是法律的确认保证了巨灾保险的顺利实施，值得我国借鉴。但鉴于我国对于巨灾保险的研究尚处于初步探索阶段，我国可先在《保险法》《防洪法》《防震减灾法》等法律的修订中增设巨灾保险的相关内容，逐步建立和规范巨灾保险制度，而不必强求在短时间内就每种巨灾风险均制定出相应的立法。

在运行模式上，巨灾保险在新时期完善我国巨灾保险制度时，既要发挥传统举国体制优势，也要发挥有效市场和有为政府有机结合的优势，从政府主导型模式过渡为市场和政府结合型模式。

目前，国际上巨灾保险制度主要有市场主导型、政府主导型及政府和市场结合型三种模式。实践中，市场主导模式的典型代表是英国洪水保险、美国加利福尼亚州地震保险制度；政府主导模式的典型代表是美国洪水保险、新西兰地震保险；政府和市场相结合模式的典型代表是日本地震保险。同样是洪水保险，美国采用国家筹集资金并进行管理的巨灾风险管理体系，承保主体皆为政府，英国则更注重发挥市场的力量，其巨灾保险由保险公司进行操持，政府只是起着辅助角色。而区别于前两者，日本地震保险采用政府和市场共同合作的参与模式，由政府与商业保险公司共同组成巨灾保险管理机构，其中政府负责提供相应的政策支持、资金补贴等，保险公司负责巨灾保险的商业化运作。

基于我国巨灾风险种类多、事发频率高、一旦发生损害就较为严重的特征，如若完全由政府主导，由国家直接成为承保人，会给国家造成沉重的负担，缺乏现实性，且仅是资金的简单转移，也不能形成严格意义上的巨灾保险制度。而巨灾保险若完全由市场主导，仅仅由保险公司独立运作，既难以实现业务的规模经营和风险的有效分散，又难以自我维持制度，不如政府与商业保险公司相互协助的运作模式更为完善。后者的运作模式一方面可以充分利用商业保险公司的销售、理赔、保险精算等优势，另一方面可以通过政府保费补贴、税收优惠、损失分担等扩大巨灾保险的供给与需求。可见，两者结合可以更益于应对巨灾风险。世界银行的研究也表明，政府和市场相结合模式是实现巨灾保险制度"商业可持续"的较好模式。

我国应构建由政府（包括巨灾基金）、再保险人（或资本市场）、保险人组成的多层次巨灾风险分散机制。从国外巨灾保险的实践经验来看，风险管理是巨灾保险运营的核心问题，也是各国巨灾保险制度的重要内容。美国通过建立巨灾保险基金、推行巨灾保险证券化的方式分散风险，英国、日本通过再保险市场进行分保的途径将风险转移，这皆对我国有较强的借鉴意义。关于巨灾保险风险分散机制的建设，在保险公司偿付能力方面，应当加速资本市场中巨灾保险产品的创新，并建立应对巨灾保险的长期资金池，以应对巨型自然灾害低频率高破坏力的特点。具体操作如下。

第一，在分散机制设计理念上，要坚持以基金安全为基础，建立多渠道资金来源的一个长期的专项巨灾基金进行调节，避免过度依赖境外再保人，减少出险时再保险人涨费或国际再保险市场周期性波动的影响。目前，我国大多试点虽设有巨灾基金，但资金来源比较单一，多为政府拨款，我们应当通过扩宽渠道，吸收社会各个领域的资金全部纳入巨灾风险长期准备金以共同抵御巨灾风险，具体这些资金来源可以包括：投保人的保费收入、扣除当年的赔款、费用及小部分巨灾保险基金自身经营所得的预期收益以及社会的捐赠等，以备特殊年份的大灾赔付调节之用。由此，不仅能快速应对巨灾损失、平滑年度损失波动、稳定再保险成本，而且通过几年的基金累积，还能有效降低再保险成本，扩大险企巨灾保障能力。此外由于我国地域辽阔，各区域自然灾害存在差异，具备一定的独立性，可以在中央的统筹下，考虑各省份间的风险互换来分散风险，如东部省份的台风与西南部省份的地震风险置换，以此增加风险在国内的自留，减少对再保险市场的依赖和再保费的支出。

第二，充分利用国内保险公司的承保能力，强化再保险市场。我国国内保险市场逐渐成熟，具备一定的承保能力，但针对目前我国再保险市场发展缓慢这一现状，对于全国性或地方性的巨灾保险，应提倡予以整合共保，由政府介入巨灾再保险市场，即规定承保巨灾保险的公司必须按照规定的比例向政府或专业的再保险公司分保，让政府与商业保险公司在一定的范围内对巨灾进行保险，减轻原保险公司负担，而非由头部几家甚至独家主体来承担。

第三，加快探索巨灾保险证券化，借助证券市场分散风险。随着资本市场的完善和金融改革的深化，应推行巨灾保险证券化，包括巨灾债券、指数型巨灾保险产品等创新，充分利用国内国际资本市场，在更大范围内分散巨灾风险，在资本市场探索建立起多方位的巨灾风险分散机制。

在提高公众购买欲望和消费满意度方面，保险公司需要设计合适的巨灾保险产品，并积极普及投保的意义，并提供优质的服务。在全球极端气候事件增加的背景下，原生灾害和次生灾害造成的损失都呈上升趋势。保险人不仅要加强行业协作与科技应用，提升保险业巨灾灾害预防、巨灾产品创新、服务创新的能力来完善巨灾保险制度以获得公众的认可与支持，还要创新巨灾产品和服务，加强兄弟企业间的合作，通过系统研究巨灾保险产品的规划、开发与创新升级、赔案数据规范与共享、与其他保险人联合开展巨灾灾害预防管理等，以优化消费者的用户体验。此外，保险人还应主动对接，加强与国家应急、水利、地震、气象等部门的联系，在灾害数据规范、灾害预警、风险排查、减灾救灾方面开展系统合作，起到降低风险、风险预警、及时出险的作用，全方位提升消费者的服务体验，有效控制巨灾风险。

总而言之，巨灾保险应发挥更大的市场优势，并在国家的综合减灾体系发挥特殊作用，以实现灾害风险治理的现代化。保险公司也应通过多种手段充实资本，提高偿付能力，并以创新推动产品和服务的发展，赢得消费者青睐。

4. 实践思考

目前，我国的大多数保险产品都涵盖自然灾害风险，为了应对自然灾害，我国保险业近年来发展出了自然灾害公共责任保险。此类保险单涵盖了投保人遭受的伤亡，包括因风暴、暴雨、悬崖崩塌、雷击、洪水、龙卷风、飑线、台风（热带风暴）、海啸、泥石流、滑坡和冰雹等自然灾害造成的伤亡。然而，目前中国大多数拥有住房的居民都未参加此类保险，大多数公司也未使用此类保险来保护其资产利益，各级政府也没有足够的财政资金来资助对严重自然灾害的救济和重建。当发生严重自然灾害时，居民的财务风险也将转化为相关政府的财务风险。因此，财政风险已成为自然灾害风险的核心问题。

自然灾害在我国频繁发生，而且分布广泛。受自然灾害影响的人包括个人、企业和政府。然而，我们无法预测自然灾害对他们造成损害的时间和规模。因此，这些群体在计算其财务和财政负债时，基本上忽略了自然灾害的潜在财务影响。此外，他们没有留出应急资本来对冲此类负债。此类与自然灾害相关的或有负债，尤其是政府财政负债，在我国经济发展背景下至关重要，甚至可能会以指数形式扩大其覆盖范围和规模。而保险业本质上能够在这一方面发挥积极作用。

一项关于保险公司如何通过灾难机制帮助银行的研究表明了其复杂性。中国地震频繁发生，与所有企业一样，商业银行也面临相关损失。商业银行的主要风险敞口是其信贷资产:地震可能导致一些借款人拖欠贷款。目前,商业银行没有现成的应对措施来管理他们面临的潜在信贷资产损失。创新的参数保险解决方案可以帮助缩小这一保障缺口,但需要做很多工作来促进他们的应用。保险公司的一个合作领域是支持银行风险管理人员克服他们缺乏地震风险管理经验的问题。银行没有工具来模拟保险部门常见的灾难场景。保险公司可以利用其专业知识帮助银行量化他们面临的风险敞口,还可以为银行的信贷资产风险敞口开发新的解决方案。近年来参数保险产品的发展为商业银行目前面临的信贷风险提供了一个机会。①

(三)域外养老金改革的动态

1. 学理解释

所谓"第三支柱",是指我国的养老保险制度是一个"三支柱"的体系。第一支柱是基本养老保险,即人们常说的养老金;第二支柱即企业年金和职业年金;第三支柱包括个人储蓄性养老保险和商业养老保险。

2. 域外考察

随着经济的发展,发达国家的人口老龄化现象同样也在不断加重,加之近年来新冠肺炎疫情、全球化通货膨胀、俄乌战争等因素的影响,各主要发达国家开始推动养老金的制度发展。而鉴于目前主要国家社会保险的高度发达的特征,这些制度建设主要围绕着社会保险展开。

从制度层面看,个人养老金包括强制性/半强制性和自愿性两类制度,其发展水平可以通过参与率和资产规模②加以区分。一般地,采取强制性参与会提高参与率,在采取强制性或半强制性参与的国家中,大多数的养老金参与率高于采取自愿性参与的国家。但是,这些国家的养老金资产规模却有高有低,而在一些采取自愿性参与的国家中,尽管养老金参与率不高,养老金资产规模却很大。这些差异固然跟制度运行时间长短有关,也有制度设计和成长环境的影响。③

除了制度强制性,进一步地,从个体或家庭层面看,公共养老金对个人养老金有"挤出"作用。此外,个人养老金对老年收入的重要性以及家庭金融认知和金融素养也起到促进或抑制作用,信托文化的强弱是影响国家养老金资产规模的

---

① 瑞士再保险集团,载《缓解气候风险:缩小自然灾害保障缺口》(2022年3月30日)。
② 此处用养老金资产占本国GDP的比重加以衡量。
③ 参见张盈华:《第三支柱个人养老金发展的制度要素:基于国际比较的分析》,载《华中科技大学学报(社会科学版)》2022年第2期。

不可忽视的因素，家庭资产管理越偏好保守型，金融素养越弱，个人养老金发展水平相对越低。

丹麦、荷兰、冰岛、瑞典是所谓"传统福利"国家，公共转移收入在老年收入中占比不低，收入所得税相对较高[①]，可借鉴性弱一些；新西兰、加拿大、美国的公共转移收入占老年收入的比重与我国相近，智利是资本市场相对发达的发展中国家，这些国家具有典型性，其个人养老金发展的共性是制度具有弹性，这也是我国个人养老金发展的"空白"，其经验可镜鉴。

3. 经验借鉴

上述域外制度揭示出各个国家个人养老金发展条件的不同，归纳起来，主要包括制度强制性、制度间替代性、家庭资产管理偏好或金融素养（financial literacy）、制度弹性等四个方面。从这些国家的经验看，个人养老金发展的理想条件是：制度强制性或激励措施效力高；各类养老金制度之间替代性弱；居民家庭金融素养高；制度有弹性；参与者拥有充分选择权。

（1）制度强制性

制度采取的强制手段有助于拉升个人养老金参与率。丹麦、荷兰、瑞典等国家采取强制参与手段，这些国家养老金参与率高，自愿个人养老金参与率也不低。以丹麦为例，21世纪90年代初引入准强制职业年金和个人养老金制度，政府给予税优支持，雇主给予匹配缴费，该制度最先从公务员和白领阶层开始施行，2000年以后扩容到所有就业者。政府、工会和雇主联合会通过三方社会伙伴谈判，形成共识，支持各类就业者购买由保险公司、银行、养老基金等金融机构提供的养老金产品，在强制手段下，丹麦个人养老金参与率高，加上职业年金，合力推动养老金资产达到GDP的2倍多。芬兰、挪威、爱沙尼亚也有强制参与制度，但养老金资产规模则小得多，公共养老金支出占GDP的比重也不大。由此可见，强制参与并非个人养老金发展的充分条件，其他制度要素对其效力有削弱作用。

（2）制度间的替代性

在不同养老金制度之间，如果保障功能重叠，便会发生替代效应，强势一方会对弱势一方形成"挤出"。当公共养老金待遇过高，参与个人养老金的积极性就会被削弱。芬兰、挪威、爱沙尼亚虽然采用强制手段，但个人养老金发展水平并

[①] 根据OECD统计，这些国家平均个人税负（含个人所得税和社保费税）在35%以上，冰岛略低，但也在32%以上。

不高,与公共养老金的"挤出"效应有关。尤其是意大利、法国和奥地利,养老金总替代率较高,绝大多数来源于公共养老金。这些国家自愿个人养老金参与率低,养老金资产规模较小,公共养老金的替代作用很明显。如加拿大、美国两国未实行强制/半强制养老金,但就业者参与各类养老金计划的自觉性高,加上制度起步早,发展周期长,养老金资产已形成较大规模。这两个国家属于"自由市场主义"福利模式,职业年金和个人养老金市场发达,养老金总替代率不低,但公共转移在老年收入中的占比并不高,第二支柱和第三支柱对推高养老金高替代率起到重要作用。

在我国,由于公共养老金"一柱独大",私人养老金被"挤出",第三支柱个人养老金发展受限,且为了缓解老龄化对公共养老金的压力,公共养老金应为私人养老金让出空间,二者形成"互补"而非"替代"关系。

(3)家庭资产管理偏好

在金融素养不高或金融市场欠发达情况下,居民家庭金融资产管理保守,居民大量持有现金、银行存款等"货币型"资产,往往对作为退休储蓄的个人养老金不感兴趣。

根据 OECD 统计"家庭金融资产构成"数据,将家庭资产分为货币型、契约型、信托型、投资型四种类型,对应着四种资产管理方式。偏好信托型资产管理的家庭,养老基金占比高,这些国家职业年金规模大,个人养老金联动发展,例如美国、加拿大、荷兰;偏好契约型资产管理的家庭,寿险和年金占比高,寿险和年金市场发达,助力个人养老金发展(例如丹麦),但公共养老金支出规模过大,会对个人养老金发展形成"挤出"(例如法国);偏好货币型资产管理的家庭,货币存款占比高,此类家庭对资金流动性要求高,对投资风险容忍度低,对个人养老金需求低;偏好投资型资产管理的家庭,关注投资回报而非退休储蓄,对个人养老金有挤出作用。各国法系和家庭资产管理偏好不同,导致了个人养老金发展的"生态环境"不同。

加拿大、美国和英国是英美法系国家,在衡平法下,以双重所有权为基础的信托业发达,这些国家集中了大量全球著名的养老金资产管理机构,民众的基金投资认知度高,养老金是重要的家庭金融资产。而德国、日本、法国以及东欧、南欧国家则不同,这些都是大陆法系国家,单一所有权限制了金融信托的发展,家庭金融资产多为契约型商业保险和货币型存款,投资收益率相对低,参加个人养老金和职业年金的积极性也就不像英美法系国家那么高。

而我国居民储蓄率高，家庭金融资产中与养老相关的金融资产很少。无论是从国家层面还是家庭层面，具备长期投资性质的养老金资产都少之又少。家庭金融管理理念较保守，金融素养仍待提高，这是我国个人养老金发展的环境制约。

（4）制度弹性

个人养老金制度弹性大，参与者具有充分选择权，可以减轻让渡当期消费带来的"被剥夺感"，提升个人养老金制度的吸引力。从典型国家的经验看，尊重消费者选择权、参与机制灵活、缴费和投资选择多样、账户管理有弹性，都是促进个人养老金发展的重要因素。

①消费者选择

在自愿原则下，个人养老金可视作一种远期"消费品"。尊重消费者选择权，可增进消费品的吸引力，最大化满足消费者的效用需求。具体可分为以下几点。一是自动加入、自由退出。充分尊重消费者的自由选择权利。二是缴费选择。为了满足不同收入和偏好人群的参与需求，以多样化的缴费选择起到"差别定价策略"的效果。三是投资选择。为了供不同风险偏好的参与者自由选择，由各类金融机构提供不同风格的合格养老金计划。

②账户管理的灵活性

一般地，个人养老金被"锁定"在账户里，到退休年龄方能提取，使参与者产生较强的当期消费"被剥夺感"，一些人会受"短视"影响，不愿参与个人养老金。从那些提高账户管理弹性的国家看，灵活提取会削弱这种被剥夺感，弥补让渡当前消费的效用损失，对提高个人养老金参与率有积极作用。在增强制度弹性、提高账户管理灵活度上，典型国家提供了有意义的经验。一是两种税优形式并存。两类账户各有目标群体，对不同税阶纳税者采取不同的激励方式。二是各类养老金账户之间无障碍转接。为促进第三支柱个人养老金的发展，同时增强生命周期内养老储蓄的连续性，进行不同类型养老金账户之间的转接，尤其是第二支柱向第三支柱账户转入资金。三是账户资金使用弹性。为了保障个人养老金账户的连续性，在退休前支取会受到税收"惩罚"，但有例外规定。例外规定增进了参与者的"消费者选择"，提高了个人养老金账户资金的使用效率。为了不被随意挪用，这些国家对提前支取设置时间和额度限制，并有惩罚性规定。四是账户多元化和多样性。在完全积累的基本养老金制度之上，设置自愿养老储蓄制度。

4. 实践思考

从 2018 年 5 月开始，第三支柱养老保险已经开始在上海、福建和苏州试点。

主要通过实施个人税收递延型商业养老保险,从税收优惠上鼓励个人通过投保该类保险。2022年4月21日,国务院办公厅发布《关于推动个人养老金发展的意见》(国办发〔2022〕7号)[①],在具体制度上,个人养老金实行个人账户制度,缴费完全由参加人个人承担,实行完全积累。参加人可以用缴纳的个人养老金在符合规定的金融机构或者其依法合规委托的销售渠道购买金融产品。参加人每年缴纳个人养老金的上限为12000元。

实际上,为进一步确保商业养老保险"第三支柱"作用的发挥,中国银保监会办公厅先后在2021年5月和2021年12月发布《关于开展专属商业养老保险试点的通知》《关于规范和促进养老保险机构发展的通知》,为商业养老保险机构的发展和相关试点工作提供了制度支持。

在司法实践上,由于商业养老保险制度尚处于起步阶段,并未出现过多的争议案件。但是在理论研究上,已经有较多学者重视到了该种发展趋势并注意到了其中的问题。如李伟群教授等认为,已经开展试点的个人商业养老保险推广效果均远未达到预期,个税改革的冲击、递延规则公平性的欠缺、操作流程复杂、保险销售人员积极性不高是试点遇冷的主要原因。未来应在《个人所得税法》中明确向个人商业养老保险提供个税递延优惠的法律依据,扩大试点规模并提高该险种的市场接受度。[②]郑秉文教授认为,第三支柱选择"可替代模式"是必要的、急迫的、可行的,只有这个选择才能实现第三支柱的"自救"。[③]房连泉认为,针对中国第三支柱个人养老金管理平台建设提出了两项主要改革战略:一是在受托管理上,引入类似英国NEST计划的养老金公共信托平台,实现第二、第三支柱养老金的融合发展;二是在信息系统建设上,尽快整合行业性账户管理体系,逐步将多层次养老金纳入国家社保公共服务平台。[④]温来成等认为,第三支柱养老保险税收制度及相关税收政策不健全、税收优惠力度不足等是制约我国第三支柱养老保险发展的重要因素。对此应从健全税收制度及相关税收政策、加大税收优惠力度

---

① 《关于推动个人养老金发展的意见》提出,要推动发展适合中国国情、政府政策支持、个人自愿参加、市场化运营的个人养老金,与基本养老保险、企业(职业)年金相衔接,实现养老保险补充功能,协调发展其他个人商业养老金融业务,健全多层次、多支柱养老保险体系。

② 参见李伟群、沈志康:《论我国个税递延型商业养老险税收优惠制度的完善路径》,载《上海金融》2020年第11期。

③ 参见郑秉文:《养老金三支柱理论嬗变与第三支柱模式选择》,载《华中科技大学学报(社会科学版)》2022年第2期。

④ 参见房连泉:《个人养老金公共管理平台的国际经验与政策启示》,载《华中科技大学学报(社会科学版)》2022年第2期。

等方面进行完善。① 杨良初等对商业养老保险市场消费者、商保企业、政府三个层面存在的问题和原因进行了分析,并就发展商业养老保险市场提出针对性的政策建议。②

此外,齐传钧提出,应当通过引入个人账户尽快搭建第三支柱养老保险制度框架;通过制度重构把城乡居保中个人账户并入第三支柱养老保险;通过职工福利重塑,把住房公积金整合到第三支柱养老保险;通过民生保障建设把短期储蓄转变为长期养老储备。③ 杨明旭等通过研究发现:我国保险公司作为税延险产品的重要供给者,在税延险产品推广过程中面临着产品开发空间小、市场中产品同质化严重等问题,挫伤了保险公司的积极性,且现有产品与传统储蓄相比并无明显优势。应当由保险公司利用渠道和信息优势,引导和培育潜在客户群体持续探索产品的多样性并增强投资收益能力。④ 张盈华从国际比较的角度对第三支柱个人养老金发展的制度要素进行了分析。⑤

五、未来展望

2022 年的夏季,整个北半球都在史无前例的高温中备受煎熬。河流断航、冰川消融、粮食歉收、林火四起。而这些,还仅仅是高温天气带来的直接影响。与之伴生的,是暴雨、山洪等极端气象事件频发、罕见病毒细菌争相肆虐。更令人焦虑的是,在人类赖以生存的自然环境日趋恶化的情况下,随着俄乌军事对峙陷入僵局,世界多地的地缘均势可能被逐一打破并引发骨牌效应,从而导致全球及各国政局进一步面临动荡风险,甚而渐有全球性的萧条之虞。

这所有的一切,因果一言难尽,但至少,都在为一个无法回避的事实不断添加着注脚:地球相对自治的生态体系和全球和平发展的政经环境正在遭受严重挑战,保"险"行业直面的各类风险正在迅速增加。因此,不仅巨灾险、战争险等

---

① 参见温来成、贺志强、张偲:《我国第三支柱养老保险税收政策完善研究》,载《税务研究》2021 年第 12 期。

② 参见中国财政学会招标课题"应对人口老龄化财政政策研究"课题组:《2021 年我国商业养老保险市场调研分析》,载《财政科学》2021 年第 8 期。

③ 参见齐传钧:《中国第三支柱养老保险做大做强的可能性分析》,载《华中科技大学学报(社会科学版)》2021 年第 3 期。

④ 参见杨明旭:《发展个人税延型养老保险市场与优化路径——基于供给端保险公司视角的分析》,载《价格理论与实践》2021 年第 6 期。

⑤ 参见张盈华:《第三支柱个人养老金发展的制度要素:基于国际比较的分析》,载《华中科技大学学报(社会科学版)》2022 年第 2 期。

之前几乎被人遗忘的"冷门险种"将受到更多关注和在更多情景下被援引、适用，或引发争议，其他与之密切相关的保险种类也将在诸多方面受到深刻影响。

例如，在深受地区安全局势影响的各类海上保险和保赔保险领域，以及与各国政治形势密切相关的海外投资信用保险领域，可以预见，将出现越来越多"没有先例"的纠纷，并可能从而引发整个相关保险品类风险评估、精算体系和再保险实践等各方面颠覆性的变化。此类纠纷的解决，往往涉及跨法域的程序和实体问题，并可能涉及国际间制裁以及各国对相关保险经营活动的监管措施，是未来值得密切关注的方向之一。

当然，无论哪种基调占据相对主导地位，从历史发展的眼光看，人类社会从来都是"危""机"并存的，现在也不例外。在市场经济的内部驱动之下，保险行业在对上述风险日增的现实加强应对的同时，已经并将继续对人类未来可能面临的深刻变革作出反应。

具有超强自主学习能力的人工智能技术正在狂飙猛进，其在汽车自动驾驶、药品原料遴选和基因测序治疗等领域已经带来深刻影响。在为人类生活的便捷程度和生命健康带来积极影响的同时，暂且不论哲学层面可能带来的科学伦理问题，许多之前始料未及的实操层面的法律问题已浮出水面。自然地，在车险、药物临床责任险以及相关人寿保险领域，同样会有对应的保险合同订立、履约、解约、追偿及监管方面的法律问题值得探讨。

另外，我们注意到，在互联网保险这一概念还有诸多问题没有解决的情况下，已有保险企业开始关注"元宇宙"概念下的商机。虽然相关蓝图未来落地还有待时日，但从保险法理论研究的角度，可以预见，将会有很多新颖而又深刻反映保险行业特征的法律问题引发学界讨论，尤其是与产权概念关系紧密的保险利益等方面的问题。

和网络世界相关的保险法律问题，除了新的社会经济活动形式可以触发，各国政府对网络数据和个人信息的规制也是其滋生土壤之一，特别是牵涉到对应数据和信息的跨境传输之时。换言之，管中窥豹，可见一斑。保险行业相关的法律问题，必然也会与其他相关领域法律法规的变化产生联动，无论是在实体、程序方面，还是在相关行业监管方面。

《民法典》的制定和实施对相关保险法律制度的影响自不待言，随着相关理论探讨和司法实践的进一步深入，相信许多具有典型代表意义的问题将会有更为清晰明了的答案。除此之外，在新的经济环境和政策导向下，公司和破产法律制度必将会有许多显著甚至根本性的变化，其中，无疑将涉及公司意思自治和多方利益平衡等诸多层面；而这些，也必将对财产保险、人身保险、责任保险、信用保险、保证保险和再保险等领域带来值得探讨的新问题。

与民事纠纷解决机制多元化、便捷化的趋势相对应，诉责险在相关财产保全措施方面的应用已日渐普遍，该产品也成了各保险公司攻城略地之所。野蛮生长的背后，必然会有各种难言规范的操作，而现在和未来数年，将是"恶果"萌生、争议日多的时期。近年诉责险下的大额索赔案件日渐增多，揭示出来的合规问题对于该行业自身的健康发展无疑将有促进作用；与此同时，相关问题的厘清和解决，也将有助于诉责险制度更好地助力民事纠纷解决机制的改革和发展。这一发展动向，同样值得关注。

近年来，随着国家对证券市场监管力度的增强，以及海外市场对中概股企业审计力度的加大，董责险产品的市场热度不断升温；而近期若干司法判例对于第三方机构责任的严格认定，也必将进一步对律师、会计师责任保险制度的发展带来深刻影响。不难预见，相关保险产品的设计、理赔、追偿等诸多方面，必然会与对应法律法规在条文和实施力度上的变化密切相关，未来也将会出现很多具有示范意义的案件，值得关注和研究。

展望未来，我们相信，对"风险"最为敏感的保险行业，必将一如既往地在不确定性中觅得商机，通过业务实践来规范操作、解决问题。而在行业本身的动力和行动之外，保险行业的健康发展也必然需要通过监管部门的措施和司法实践的导向来进一步加以规范。作为相关法律行业的从业者，我们无疑需要紧跟行业发展趋势，从保险法律制度的本源出发，结合其他相关法律制度的发展，发现、厘清和解决相关热点难点问题。

荀子曰："道阻且长，行则将至，行而不辍，未来可期。"与诸君共勉。

中国基金纠纷司法研究报告
(2021—2022)

一、司法实践总体观察

（一）年度基金司法实践状况观察

1. 立案案由分散，纠纷类型多样，以委托理财合同纠纷为主

最高人民法院公布的案由中，私募基金并无专门的案由。我们以"私募""基金"作为关键词于中国裁判文书网检索[①]，截至查询日期，满足检索条件的各类裁判文书共计 12254 篇。其中，2022 年度至查询日期的裁判文书共计 494 篇，2021 年的裁判文书数量共计 2552 篇。从案由分布来看，有委托理财合同纠纷、借款合同纠纷、民间借贷纠纷、侵权责任纠纷、保证合同纠纷、不当得利纠纷、合伙协议纠纷、清算责任纠纷、确认合同无效纠纷、证券投资基金回购合同纠纷、证券投资基金交易纠纷等。其中，"合同纠纷"案件最多，其次是与"公司、证券、保险、票据等有关的民事纠纷"，在"合同纠纷"项下，以委托理财合同纠纷数量最多。

私募基金纠纷涉及私募基金募集、投资、管理和退出清算各个环节，既有发生在私募基金投资人、私募基金管理人、基金托管人之间的私募基金内部纠纷，也有发生在私募基金与私募基金投资标的及其关联方、私募基金投资顾问、私募基金份额外部受让者之间的私募基金外部纠纷，还有私募基金及其从业人员因证监会等监管部门的行政处罚行为而发生的行政诉讼等纠纷类型。

2. 私募基金类诉讼案件总量相较于其他金融类案件数量较少，近两年案件数量占比增加明显

根据上海金融法院、青岛市中级人民法院、北京朝阳区等公布的金融审判白皮

[①] 数据来源于中国裁判文书网。

书披露的内容，2021年度，各地均呈现金融借款和民间借贷案件为主，证券虚假陈述纠纷案件、票据纠纷案件上升的态势，而对比来看，私募基金类的案件数量较其他金融类案件少。但同时，涉及私募基金投资的纠纷持续增多，涉私募基金的合同纠纷案件大幅增多。上海金融法院发布的《私募基金纠纷法律风险防范报告》对2016年至2021年间涉及私募基金的案件数量进行了统计和披露，以案件审结日期为标准，2016年为19件，2017年为22件，2018年显著增长至105件，2019年为93件，2020年为129件，2021年为174件。

由于私募基金倾向于选择仲裁作为争端解决方式，因此，在考察私募基金案件数量方面，还需对比仲裁机构的收案数量[①]。

3. 案件争议焦点从传统消费者维权向追究管理人责任转变

随着资产管理产品规模增长、投资者教育的加强以及资产管理相关监管规则的完善，资产管理机构的投资者适当性义务不断细化，相当一部分私募基金投资者在涉私募基金、资管计划等案件中将卖方机构违反适当性义务作为诉请理由。2001年至2021年，特别是2018年后，案件数量明显逐年攀升[②]。

自2005年投资者适当性引入国内监管体系后，投资者适当性管理制度在监管、立法、司法层面逐渐得到体现和重视，2016年颁布的《证券期货投资者适当性管理办法》是国内首部关于投资者适当性管理的专项法规，2018年《关于规范金融机构资产管理业务的指导意见》（以下简称《资管新规》）及其配套细则明确了金融服务机构适当性义务的原则，2019年新修订的《证券法》首次将适当性义务纳入法律框架，特别是《全国法院民商事审判工作会议纪要》（以下称为《九民纪要》）关于金融消费者的相关规定的出台，为追究管理人违反适当性义务的赔偿责任提供了具体裁判指导。

4. 私募基金民商事立法供给不足，私募基金纠纷案件的裁判依据和裁判尺度仍不统一

由于《证券投资基金法》并未明确规定适用于私募股权投资基金，国务院私募条例仍在征求意见，因此，法院在审理涉及某些私募基金争议问题时，往往在

---

① 据上海仲裁委员会副秘书长陆春玮在2021陆家嘴金融法律高峰论坛上介绍的上海仲裁委员会受理的私募基金案件数量增长情况，上海仲裁委员会2019年共受理了179件，2020年为114件，2021年增幅比较大，截至2021年4月已经受理了109件纯私募基金案件。

② 《以案说法系列：投资者适当性案件实证分析》，载微信公众号"威科先行"，2022年5月9日访问。

裁判依据、裁判路径以及裁判尺度上存在差异。

例如，在涉及托管人责任问题的私募基金纠纷中，关于托管人应当是履行实质审查义务还是履行形式审查义务，虽然行业协会已经多次就此问题表态和呼吁，但《证券投资基金》是否适用于私募股权投资基金、私募股权投资基金的托管人是否承担共同受托责任等基础问题，并无法律、行政法规进行明确，因此法院的裁判不尽一致。①

另外，资管领域监管规范位阶普遍较低，监管政策对裁判的渗透又难以寄托于资管领域的民商法基础②，这在私募基金领域得的裁判中体现得由其明显。关于私募基金的基础性规则，如合格投资者、私募基金备案制度、禁止保本保收益等，多存在于 2014 年证监会颁布的《私募投资基金监督管理暂行办法》等部门规章以及中国证券投资基金业协会（以下简称基金业协会）发布的大量行业自律规则中，这些规章或指引的内容并不能构成法律、行政法规的强制性规定，因此，法院在评判私募基金领域的交易行为的效力时，其进路往往只能将相关规则内容认定为"金融安全"或"市场秩序"等公序良俗内容，而不是"强制性规定"。而实践中，关于哪些属于金融资管领域的"公序良俗"内容，需要法院"在考察规范对象基础上，兼顾监管强度、交易安全保护以及社会影响等方面进行慎重考量，并在裁判文书中进行充分说理"③，这对司法裁判进行价值衡量、发挥能动性提出了更高要求，而对抽象的道德价值、政策要求的解释往往因时间、空间的不同而呈现很大差异④，因此"公序良俗"这一进路容易导致司法裁判结果和效果不一致，且在私募基金领域体现得更为明显。

5. 私募基金案件审判体现能动司法，平衡尊重私法意思自治和呼应监管底线

金融领域强监管特质决定了监管对金融纠纷裁判的高渗透，裁判过程中往往反映监管政策或者裁判者对监管政策的理解⑤，关于金融司法与金融监管的关系问题，学理上有诸多探讨，而司法实践中展现出了较大差异，且在同一个时期，不

---

① 详见本报告第二部分典型案例评述内容。

② 刘燕：《大资管"上位法"之究问》，载《清华金融评论》2018 年第 4 期。

③ 《九民纪要》第 31 条。

④ 例如在（2018）沪 74 民终 120 号案例中，上海金融法院结合 2015 年特定股市背景下对伞形信托的融资融券业务的强监管形势，认定中国证券监督管理委员会发布的《中国证监会通报证券公司融资融券业务开展情况》关于禁止证券公司以任何形式参与场外股票配资、伞形信托等活动的规定属于社会公共经济秩序以及公共利益，判定案涉协议违反原《民法总则》第 153 条第 2 款有关"违背公序良俗的民事法律行为无效"的规定，因此无效。

⑤ 齐昕、何雅婷：《资管领域刚兑承诺效力评价研究》，载搜狐网，2022 年 4 月 26 日。

同级别的法院、不同区域的法院对金融监管规则的态度可能是迥然不同的①。而在私募基金领域，由于相关立法供给不足，司法裁判与监管规则之间的张力表现得更为明显，如何使涉私募基金的案件处理结果既符合法律规定，又符合金融市场规律，更需要司法发挥能动性，在个案中进行平衡。在诸多案件中，法院甚至还对监管政策进行了积极回应，而不是直接适用或避而不谈。

例如，关于禁止保本保收益这一监管底线，根据提供保本保收益的时间是基金募集阶段还是基金退出阶段，上海金融法院在具体案件中进行了区分并进行了相应的效力认定②；根据提供保本保收益的主体是否为私募基金管理人本身，上海金融法院也进行了区别对待，认定管理人关联方提供的收益补偿承诺有效③，充分尊重当事人的意思自治、维护交易安全。

6. 重视延伸司法职能，追求司法审判社会效果与监管目的的一致性

法院既在私募基金纠纷裁判过程中发挥着司法审判职能，也加强调研分析，通过金融司法建议、审判白皮书等方式，向相关主体、监管部门通报、建议，堵塞监管漏洞、防范金融风险，持续开展普法宣传教育，提高投资者和消费者法律意识和风险识别能力，提高金融企业风险防范及化解能力。我们通过多种方式查询到北京、上海、南京、苏州、济南、青岛等地法院均发布了金融或私募基金专门领域的审判白皮书或司法情况报告，其中上海金融法院的《私募基金纠纷法律风险防范报告》以及北京朝阳法院的《金融审判白皮书（2019年度—2021年度）》还针对立法、司法、监管以及金融消费者即投资者等市场主体提出了专门的建议。

7. 涉及私募基金的刑事、民事、执行、破产清算等司法程序相互之间以及与行政处罚交叉情况复杂

私募基金领域最为常见的程序性交叉为刑民交叉，私募基金一旦违反非公开募集、合格投资者等红线即容易构成非法集资犯罪。刑民交叉的私募基金案件中往往存在公开募集、采取给付高息、设置保底条款、提供担保等，实施非法集资、传销、诈骗等犯罪行为的情形。一些私募基金在进入法院审理前，已经被公安机关立案侦查，或因存在侵占基金财产的行为而被监管部门出具《行政监督措施决定书》，监管部门已经将犯罪线索移交公安机关等。

---

① 鲁篱：《论金融司法与金融监管协同治理机制（一）》，载《中国法学》2021年第2期。
② 如（2021）沪74民终545号案、（2021）沪02民终3211号案。
③ 如（2020）沪民终567号案、（2020）沪民终618号案。

通过观察 2021 年涉私募基金司法案例，我们发现诸多刑事程序、民事程序、执行程序以及破产清算程序之间相互的交叉和处理案例，其中刑民交叉案件仍是数量最多的一种程序交叉类型。另有司法程序与行政处罚程序交叉的案例，例如，在一则私募证券投资基金管理人破产清算审查案件中，法院认为，破产清算程序与行政在行政监管部门对该公司的监管措施未查清处置前，不宜受理破产清算申请①。在另一则破产清算审查案件中，法院认为，案涉私募基金管理人有涉嫌非法吸收公众存款犯罪的情形，监管部门已将相关线索及证据材料通报深圳市公安局经济犯罪侦查局，因此，未予立案受理破产清算申请②。

8. 纠纷解决方式以仲裁为主、诉讼次之，发展出多元化的纠纷解决方式

上海金融法院《私募基金纠纷法律风险方法报告》披露的 2016 年至 2021 年审结的涉私募基金案件共计 542 件，而上海仲裁委员会于 2022 年 7 月 8 日举办"从仲裁案例谈业务合规——私募基金争议解决交流沙龙"，期间公布了多年来受理的基金类案件情况，包括总数量 2816 件，总争议金额约 143 亿元。另根据上海金融法院《私募基金纠纷法律风险方法报告》，2018 年至 2021 年上海国际经济贸易仲裁委员会受理的涉私募基金案件达 721 件，涉及基金管理人 250 家③。

与此同时，我们也注意到多元化纠纷解决方式在私募基金领域的发展。2019 年成立了全国首家基金行业人民调解委员会——北京基金小镇基金行业纠纷人民调解委员会。中国基金业协会于 2021 年 12 月发布《中国证券投资基金业协会投资基金纠纷调解规则》，推动多元调解机制在私募基金领域发挥作用，保护投资者权益。

（二）私募基金重大监管动态评述

1. 私募基金良性退出规则的落地和升级

退出是私募基金运作的重要环节，特别对于私募股权投资基金来说，退出往往比投资更为重要，也更有难度，而完善私募基金的良性退出渠道和退出规则，将有利于促进投资—退出—再投资良性循环。2021 年以来私募股权二级市场的设立及相关交易规则的出台和细化，以及私募股权投资基金向投资者实物分配股票试点的启动即拓宽私募股权创投基金退出渠道的重要举措。

---

① （2021）粤 03 破申 613 号。
② （2021）粤 03 破申 370 号。
③ 参见上海金融法院《私募基金纠纷法律风险方法报告》。

2020年12月10日，证监会批复同意在北京股权交易中心开展股权投资和创业投资份额转让试点后。2021年4月20日，北京股权交易中心发布了与股权投资和创业投资份额转让相关的11项业务规则，为私募股权二级市场基金（以下简称S基金）份额转让提供了规范指引。2021年12月，中国证监会批复同意在上海区域性股权市场开展私募股权和创业投资份额转让试点。紧接着，上海多家国资LP于12月12日在上海区域性股权市场S基金交易平台挂牌。

上海市国资委发布《上海市国有私募股权和创业投资基金份额转让监督管理暂行办法（试行）》《上海市国有企业私募股权和创业投资基金份额评估管理工作指引（试行）》，进一步为落实S基金份额转让提供规范和指引。

2022年7月8日，证监会官网公布消息，启动私募股权投资基金向投资者实物分配股票试点，私募基金管理人与投资者可以约定，将私募股权创投基金持有的上市公司首次公开发行前的股份通过非交易过户方式向投资者（份额持有人）进行分配，从而满足投资者关于退出的差异化需求。

以上私募基金退出便利措施的出台，意味着司法实践中有限合伙份额外部转让等纠纷类型和数量将增加。上海金融法院在《私募基金纠纷法律风险防范报告》中披露，基金内部纠纷仍占较大比重，但已经注意到S基金份额转让试点可能引发的纠纷，并对合伙型私募基金投资者退出的注意事项，以及建立完善私募基金资产评估机制等提出了建议[1]。

2. 私募基金从业人员监管规范系统化

2020年，证监会发布《关于加强私募投资基金监管的若干规定》（以下简称《规定》）规定了私募基金从业人员十项禁止性行为规范，此前发布的关于基金从业人员的行为范围大多针对公募基金以及私募证券投资基金的从业人员，私募股权投资基金纠纷的增多，特别是私募基金从业人员违规募集的行为频繁出现，给私募基金行业带来各类风险事件，因此，《规定》明确将私募基金全行业从业人员纳入监管。

在《证券法》修订的背景下，证监会发布了修订后的《证券市场禁入规定》，完善了禁入对象的涵盖范围，细化明确规定公募基金、私募基金作为监管对象予以规制，将原规定的"证券投资基金管理人、证券投资基金托管人"扩充细化为两类：一类是"公开募集证券投资基金管理公司及其依法设立的子公司、其他公

---

[1] 参见上海金融法院《私募基金纠纷法律风险防范报告》。

募基金管理人、基金托管人及其设立的基金托管部门、基金服务机构";另一类是"私募投资基金管理人、私募投资基金托管人、私募投资基金销售机构及其他私募服务机构"。

此外,基金业协会于 2022 年发布《基金从业人员管理规则》及配套细则,重申了私募基金从业人员的职责操守和行为规范,从从业资格注册源头监控私募基金从业人员的行为,使私募基金从业人员的监管更加细致、全面。

3. 证监会出台加强私募基金监管规定,重申和细化私募基金监管底线

于 2020 年 12 月 30 日起实施的《规定》是继 2014 年《私募投资基金监督管理暂行办法》发布后的又一部门规章级别的重磅监管文件。《规定》"重申和细化私募基金监管的底线要求",是防范化解私募基金行业风险要求的重要举措之一。《规定》出台更为重要的意义在于,对私募基金管理人,特别是非持牌私募基金管理人有效落实了《资管新规》的底线性监管规则,同时化解了基金业协会行业自律规则在效力层级上的不足,为各类私募基金和管理人规定了更为全面的、严格的行为底线要求。

例如,在管理人关联方能否承诺保本保收益问题上,根据《规定》第 6 条第 2 款的规定,私募基金管理人的出资人、实际控制人、关联方不得从事私募基金募集宣传推介,不得从事或者变相从事第 1 款所列行为,强化和重申 2019 年基金业协会《私募投资基金备案须知》的内容①,相较于 2014 年《私募投资基金监督管理暂行办法》,规范主体不再局限于管理人本身;同时,与《资管新规》相比,《规定》不区分私募基金领域的适用对象,将所有私募基金管理人纳入监管,包括创投类、非持牌私募基金管理人,守住监管底线,清理监管死角。

我们在中国裁判文书网共检索到 26 篇引述《规定》的裁判文书,大部分是双方当事人以《规定》作为诉讼或抗辩理由。这体现了《规定》对司法实践的具体作用。其中在(2021)京 02 民初 308 号案例中,北京第二中级人民法院对《规定》进行了分析,认为关于禁止私募基金投资对象的规定仍属于规范性文件,不足以构成法律、行政法规的强制性规定,也不属于公序良俗。我们赞同法院的这一评

---

① 《私募投资基金备案须知(2019 版)》第 13 条规定,管理人及其实际控制人、股东、关联方以及募集机构不得向投资者承诺最低收益、承诺本金不受损失,或限定损失金额和比例。投资者获得的收益应当与投资标的实际收益相匹配,管理人不得按照类似存款计息的方法计提并支付投资者收益。管理人或募集机构使用"业绩比较基准"或"业绩报酬计提基准"等概念,应当与其合理内涵一致,不得将上述概念用于明示或者暗示基金预期收益,使投资者产生刚性兑付预期。私募证券投资基金管理人不得通过设置增强资金、费用返还等方式调节基金收益或亏损,不得以自有资金认购的基金份额先行承担亏损的形式提供风险补偿,变相保本保收益。

述以及对《规定》的定位。从监管的延续性来看，正在制定的国务院私募条例有可能会纳入《规定》的相关内容，行政法规级别的规范将细化到何种程度，需要进一步关注。

二、典型案例评析

（一）按照差额补足义务的实际性质认定法律关系并确定法律责任[①]

1. 基本案情

2016年2月，光大资本公司全资子公司光大浸辉公司与暴风（天津）投资公司、群畅金融服务公司作为普通合伙人及其他有限合伙人共同发起设立上海浸鑫基金，各方签订上海浸鑫基金《合伙协议》，光大浸辉公司为执行事务合伙人。上海浸鑫基金预定存续期限为3年，总规模为人民币52亿元。招商银行于2016年5月5日通过招商财富公司设立的招财尊享5号专项资产管理计划（以下简称招财5号资管计划）出资认购上海浸鑫基金优先级有限合伙份额28亿元，光大资本公司认缴劣后级有限合伙份额6000万元。

上海浸鑫基金设立后，在香港出资设立JINXINHKLIMITED，在开曼群岛设立JINXININC，用于收购标的公司MPS公司65%股权，并约定通过暴风集团公司收购MPS公司股权实现投资退出。

2016年4月，光大资本公司向招商银行出具《差额补足函》，载有"招商银行通过招商财富公司设立的专项资产管理计划，认购基金的优先级有限合伙份额28亿元；……我司同意在基金成立36个月之内，由暴风科技或我司指定的其他第三方以不少于[28亿元×（1+8.2%×资管计划存续天数/365）]的目标价格，受让基金持有的JINXIN HK LIMITED［浸辉（香港）投资管理有限公司］100%股权。若最终该等股权转让价格少于目标价格，我司将对目标价格与股权实际转让价格之间的差额无条件承担全额补足义务。届时，资管计划终止日，如果MPS公司股权没有完全处置，我司同意承担全额差额补足义务"。

针对前述差额补足事项，被告全资母公司光大证券公司向原告出具了《关于光大跨境并购基金的回复》及《暴风光大跨境并购基金安慰函》，明确已知悉被告对原告的补足安排。现上海浸鑫基金成立已届满36个月，但并未达成上述股权转

[①] （2019）沪74民初601号、（2020）沪民终567号。本案入选最高人民法院发布的"2021年全国法院十大商事案件"。

让交易，招财 5 号资管计划亦于 2019 年 5 月 5 日到期，而 MPS 公司股权未予处置，差额补足条件已经触发，但光大资本公司未按约定履行上述差额补足义务，招商银行遂提起诉讼。

一审法院判决光大资本公司向招商银行履行差额补足承诺。光大资本公司不服提起上诉，上海高院二审驳回上诉，维持原判。

2. 争议焦点

《差额补足函》的法律性质系招商银行、光大资本公司之间独立的合同关系，还是属于保证，与《合伙协议》《回购协议》之间是否构成担保与被担保的主从法律关系。

3. 裁判要旨

差额补足等增信措施是何种性质，不能一概而论。如果确定符合保证规定的，理应按照保证担保处理。如果属于其他法律性质的，则应当按照差额补足的实际性质认定法律关系确定法律责任。本案系争《差额补足函》中并无明确的连带责任保证担保表意，也没有担保对象，将其认定为独立合同并无不当。

4. 案件评述

本案裁判对象是资管争端中受到高度关注的问题。在资产管理业务中，尤其是在结构化资管产品中，为保障权利人权利的实现，通常由劣后级投资者或其关联方向权利人或基础资产提供差额补足、流动性支持等类似承诺文件。实践中，交易各方出于等各种复杂的目的，会对该等承诺文件的措辞进行模糊处理，而这种模糊处理后的承诺文件往往在发生争议时增加定性难度，由此引发实务界和理论界关于差额补足承诺函性质的争论以及不同的裁判案例。

目前司法实践关于差额补足承诺的性质存在三种不同的裁判结果：保证、独立合同以及债务加入。本案是将差额补足承诺认定为独立合同的典型案例，虽然其性质认定与（2019）最高法民终 560 号将差额补足认定为保证完全不同，但关于差额补足性质认定的裁判规则、逻辑及标准并未发生实质改变，而是一以贯之，根据案件的具体事实情况确定具体法律关系性质和相应的民事责任的承担。这一裁判逻辑在《九民纪要》第 91 条中也得到了确认，即信托合同之外的当事人提供第三方差额补足、代为履行到期回购义务、流动性支持等类似承诺文件作为增信措施，其内容符合法律关于保证的规定的，人民法院应当认定当事人之间成立保证合同关系。其内容不符合法律关于保证的规定的，依据承诺文件的具体内容确定相应的权利义务关系，并根据案件事实情况确定相应的民事责任。

不同的定性将导致不同的法律效果。实务中，公司为他人提供担保需要适用特殊的决议规则和监管要求，否则效力存在瑕疵。例如，提供担保的主体如果为上市公司，则需经复杂的公司内部决议程序并遵守信息披露规则，而独立合同则无此强制要求。本案中，之所以各方争议案涉承诺函的性质是保证还是独立合同，是因为一旦认定为独立合同，那么将不适用《公司法》第16条的规定，不会被认定为越权担保。此外，因独立合同项下债权债务关系的效力独立性，即使原债权债务关系无效，独立合同下的债权债务关系不会因债权债务关系的无效而被认定无效。因此，类似案件的核心争议都围绕能否认定某增信措施构成独立合同展开。

本案一审和二审法院从以下三个方面考察并认定本案的差额补足承诺性质为独立合同。第一，差额补足的权利人招商银行并非差额补足提供方光大资本所称构成主债权债务关系的《合伙协议》和《回购协议》的签约主体，即差额补足义务并无所对应的主债权债务。第二，差额补足义务的履行并不以《合伙协议》中浸鑫基金的债务履行（即《合伙协议》所约定浸鑫基金的可分配资金优先向优先级有限合伙人招商财富返还）为前提，即差额补足义务的履行不具有从属性。第三，差额补足义务的内容与差额补足提供方光大资本所称"主债权"（即光大资本所称《合伙协议》和《回购协议》）不具有同一性。

本案所体现的裁判逻辑进一步补充了资管业务中差额补足等增信措施在实践中的认定规则，为该等增信措施的设计和相关增信文件的措辞提供了指引和参考。本案按差额补足的实际性质判断法律关系属性的裁判逻辑也在最高人民法院《关于适用〈中华人民共和国民法典〉有关担保制度的解释》（以下简称《民法典担保制度解释》）中得到体现。《民法典担保制度解释》第36条明确，在借贷关系中，第三人向债权人提供差额补足、流动性支持等类似承诺文件作为增信措施，具有提供担保的意思表示的，则认定为担保保证；具有加入债务或者与债务人共同承担债务等意思表示的，则认定为债务加入；无法确定是保证还是债务加入的，则认定为保证。如不属于前述情形的，则既不认定为保证，也不认定为债务加入，但第三人仍需依约承担相应义务。

本案是上海金融法院裁判的又一起有限合伙人之间"对赌"的案例。本案系劣后级投资人在基金设立之初向优先级投资人出具《差额补足函》提供差额补足。就这一安排，法院认为，光大资本并非私募基金管理人，不适用《私募股权投资基金管理暂行办法》中规定的私募基金管理人不得承诺投资本金不受损失或承诺最低收益的行为，进而认定案涉《差额补足函》有效。就这一问题，上海金融法院（2019）沪 74 民初 379 号[①]也持同样的裁判思路。在（2019）沪 74 民初 379 号案例中，上海金融法院认为，法律并未禁止合伙人之间的合伙财产份额转让，对赌内容未违反《合伙企业法》规定的利润和亏损分配原则，也未违反《私募投资基金监督管理暂行办法》第 15 条私募基金管理人、私募基金销售机构不得向投资者承诺投资本金不受损失或者承诺最低收益的监管规定，未存在原《合同法》第 52 条规定的无效之情形，故该合同应为有效合同[②]。可见，就有限合伙型基金内部有限合伙人之间的差额补足安排或"对赌"安排，上海金融法院的司法实践提供了较为明确的、稳定的裁判思路，也给相关商业安排提供了参考。

（二）投资者自担风险承诺不能豁免管理人对投资者进行风险评估并了解其风险偏好的适当性义务[③]

1. 基本案情

2015 年 6 月 16 日，常为人作为资产委托人与华设资管上海公司、平安银行上海分行签订了《资管合同》，华设资管上海公司和平安银行上海分行分别为资产管理人和资产托管人。《资管合同》约定：本资管计划将以 LP 的形式，与某 GP 共同投向某投资中心（有限合伙），该有限合伙企业将持有相应份额的不超过 6.8% 的某网络科技有限公司（项目公司）的股份；该资管项目计划 24 个月结束，最长不超过 24 个月；资管计划的投资收益主要来源于项目公司的股权收益，该项目公司拟挂牌新三板或参与其他上市机会；计划投资可能面临政策风险、经济周期风险、公司经营风险、管理风险、财产权利无法按期兑现或兑付等风险；《资管合同》还约定了资管计划的基本情况、初始销售、参与和退出等事项。投资人在签署《资管合同》的同时签署了《风险承诺函》。

常为人主张管理人未根据《私募投资基金监督管理暂行办法》第 16 条的规定对投资者进行风险识别能力和风险承担能力评估，也未揭示披露过产品的上市风险、延期风险及退出风险，对于合同风险性条款也未予以特别提示或释明。

---

① （2020）沪 74 民终 461 号。本案入选 2020 年度上海法院金融商事审判十大案例。

② （2019）沪 74 民初 379 号案在《民法典》颁布之前审结生效，因此关于合同效力的裁判仍适用原《合同法》，但是判决所体现的审判思路和法理分析与《民法典》一致。

③ （2020）沪 74 民终 461 号。

一审法院判决驳回常为人的全部诉讼请求。上海金融法院二审改判华设资管上海公司应于《华设专爱 1 号资产管理计划资产管理合同》项下"华设专爱 1 号资产管理计划"清算完成后 10 日内对常为人清算后的实际损失承担赔偿责任。

2. 争议焦点

华设资管上海公司是否违反投资者适当性义务？

3. 裁判要旨

投资者适当性义务是诚信原则在金融产品销售领域的具体化，其设定目的在于解决金融市场上金融机构与客户之间的信息占用、获取能力差距与交易结构不平衡问题，为金融交易建构公平诚信的交易环境。告知说明义务与适当性义务不同，旨在缓解交易双方信息不对称，从程序上保障投资者能够做出"知情的同意"，而适当性义务则是防止卖方机构为追求自身利益而推荐不适合的产品，对其课以确保投资建议适当的实体性义务。两者共同作用于合同缔结过程中失衡的信息秩序，以及由此产生的交易风险。就告知说明义务的履行而言，《资管合同》中虽有投资收益风险提示，但对于标的公司不能上市的风险以及投资退出等风险并未充分告知投资者，管理人在告知说明义务的履行方面存在瑕疵。管理人在未充分了解投资人风险偏好的情况下向其推荐该产品，将违反投资者适当性义务。"买者自负"以"卖者尽责"为前提，在管理人未履行投资者适当性义务的情形下，投资人自愿承担风险的承诺亦不能作为管理人免责的依据。

4. 案例评述

司法案例能否为私募基金管理人完善、落实内控合规提供有效且具体的参考。上海金融法院通过本案，详细分析和说明了适当性义务与告知说明义务各自的作用和区别，给大量私募基金管理人完善募集合规流程提了醒。

私募基金的募集过程中，不仅要按照基金业协会的行业指引的要求，通过问卷调查、风险评级，以及产品风险等级与投资者风险承受能力的匹配，做到实体上提供适当的投资建议，而且还要将风险匹配结果、风险事项明确、充分告知投资者，从程序上保障投资者能够做出"知情的同意"。如果程序上存在瑕疵，那么即使投资者作出了自愿承担风险的承诺，也不能作为募集主体的免责依据。

（三）管理人如未尽忠实谨慎勤勉义务应向投资者赔偿损失；管理人职责由实际控制人实际履行的，由管理人与实际控制人承担连带责任[①]

1. 基本案情

2016年6月，周耀华作为投资者与基金管理人钜洲公司、基金托管人招商证券签订了《私募基金合同》，约定本基金主要投资于由国投明安（执行事务合伙人）、汇垠澳丰作为普通合伙人发起设立的有限合伙企业明安万斛，并由明安万斛对上市公司卓郎智能进行股权投资。

2016年6月，钜洲公司的实际控制人钜派集团就案涉基金进行推广，材料中载明明安万斛有双GP保障等信息。经推介，周某某签署《风险揭示书》后，与钜洲公司、招商证券签订《私募基金合同》认购案涉基金。钜派集团直接向周某某出具《资金到账确认函》，载明"周某某通过钜派投资推介自愿认购钜洲智能制造2018基金""钜派投资会配合相关单位做好该产品后续服务工作"等内容。

此后，招商证券根据钜洲公司的指令，分别向钜派集团的全资子公司钰茂公司划付了销售服务费，向明安万斛划付230006400元资金。

2019年10月28日，钜洲公司发布公告称明安万斛管理人国投明安及其实际控制人、法定代表人周明失联，钜洲公司已向公安机关报案，公安机关于2019年10月25日出具了《受案回执》。次日，案涉私募基金召开投资人电话会议，钜派集团经理在会议中介绍了相关情况。

周某某因追索投资无果，起诉请求解除案涉《私募基金合同》，钜洲公司返还周某某投资款及认购费，赔偿资金占用损失，钜派集团与钜洲公司承担连带赔偿责任。

上海浦东法院判决钜洲公司赔偿周某某基金投资款损失及认购费损失并赔偿资金占用损失；钜派公司对钜洲公司上述赔偿义务承担连带责任。钜洲公司、钜派公司提起上诉。上海金融法院二审驳回上诉，维持原判。

2. 争议焦点

管理人的实际控制人钜派公司在本案中是否应当与管理人钜洲公司共同承担连带赔偿责任。

3. 裁判要旨

私募基金管理人在投资管理过程中未体现专业、独立性，而由其实际控制人实际销售、管理、运作基金，因未尽适当性义务、忠诚勤勉义务造成投资者损失

[①] （2021）沪74民终375号。本案入选上海金融法院2021年度典型案例。

的，管理人及其实际控制人因违反监管规则和信义义务，应当承担连带赔偿责任。

4.案件评述

根据现有监管规则，私募基金管理人与其实际控制人之间以及其他关联方之间应做到人员、经营场所、业务的隔离，并确保人员、财务和运营的独立性，否则容易造成利益输送，以及风险传染，损害基金以及基金投资人的利益。在诸多私募基金爆雷事件中，实际控制人利用其影响力参与产品推介、以实际控制人的名义向投资者发函、基金销售服务费的支付情况，以及实际控制人参与与投资者的沟通协调等，最终导致违规、违法后果。

对集团化私募基金管理人的监管要求不断完善、力度也在加强，证监会于2020年发布《规定》，其中规定了私募基金管理人应当如实披露其出资结构，严禁出资人代持、交叉持股、循环出资等行为。同一主体实际控制两家以上私募基金管理人的，应当说明设置多个管理人的合理性与必要性，披露各管理人业务分工，建立完善的合规管理、风险控制制度。合规无小事，对风险隔离和专业能力的漠视，将付出更大的代价。

（四）管理人在私募基金赎回阶段与投资者订立的回购协议不构成保本保收益的刚兑安排[①]

1.基本案情

2018年6月7日，朱萍作为投资者、新疆峰石盛茂股权投资管理有限公司作为管理人、恒泰证券作为基金托管人签订"盛茂聚贤1号私募投资基金"《基金合同》。2017年11月3日在中国证券投资基金业协会完成基金备案。朱萍认购的基金金额为2400000元，单位份数2400000份。

2020年5月12日，朱萍与管理人签订《盛茂聚贤1号私募基金份额回购协议》（以下称为《回购协议》），约定由于基金的底层资产无法变现且原基金担保方未履行担保义务，管理人无法依约兑付朱萍的基金份额赎回申请，故管理人承诺按《回购协议》约定回购朱萍持有的基金份额。管理人应于2020年5月15日前按约定的回购价格回购朱萍持有的全部标的基金份额。回购价格＝投资本金＋应付未付利息＋（投资本金乘以×9.8%×1.5×产品赎回延长天数/365），上述公式中的产品赎回延长天数自客户提出赎回的基金开放日或基金合同原到期日起算，至管理人实际付清回购款项之日止。管理人未按期足额支付回购价款的，按照延

[①] （2020）沪0114民初18077号、（2021）沪74民终545号。

迟支付金额和天数的日 0.05% 支付逾期罚金。

因管理人未履行前述回购协议，朱萍遂向法院提起诉讼，请求管理人按照《回购协议》的约定支付基金回购款及逾期罚息、律师费等费用。一审法院判决支持了朱萍的诉讼请求。管理人不服提起上诉，上海金融法院二审驳回上诉，维持原判。

2. 争议焦点

案涉回购协议是否因违反"刚性兑付"规定而无效。

3. 裁判要旨

案涉《回购协议》是在基金赎回阶段签订的，有别于合同缔结过程中签订的保本保收益的条款，《回购协议》有效。

《资管新规》旨在保障投资者合法权益，防范系统性风险。回购协议系在基金赎回阶段，因被告无法依约兑付原告的基金份额赎回申请而订立，有别于在金融产品的推介、销售过程中为诱导投资者而承诺的保底回购条款，被告在该协议中承诺的以约定的回购价格回购原告持有的全部标的基金份额，可以视为被告在原告客观上无法实现投资目的时，双方达成的对原告予以补偿的合意，应属合法有效，即便履行回购协议与刚性兑付的结果均为原告收回投资款，也不必然导致协议无效，更与被告自愿对原告进行补偿的承诺无关。

4. 案件评述

本案的典型意义在于，裁判法院区分了管理人作出回购承诺的时间，认为管理人在基金赎回阶段，而非在合同缔约过程中作出的回购承诺，可以视为投资人在客观上无法实现投资目的时，管理人与投资人就相关补偿事项达成了一致意思表示，应属合法有效，充分尊重了当事人的意思自治，具有一定创新型。更值得关注的是，在本案管理人以资管新规禁止刚性兑付并以此为依据主张案涉《回购协议》无效的情况下，法院对此抗辩进行分析时，采取了识别资管新规关于禁止保底保收益的监管规则内涵、进而结合案例具体情况进行区别适用的路径，这一对监管取向的积极和谨慎的回应值得赞赏，在《资管新规》出台后的资管司法案例中也实属难得。

从本案引申来说，如案件当事人以《资管新规》作为依据，法院是否应当适用《资管新规》进行裁判？我们认为值得思考。《资管新规》本身对其适用范围和适用对象进行了限定，《资管新规》第 2 条明确所适用的对象不包括私募创业投资基金和产业投资基金,以及法律、行政法规有专门规定的私募投资基金①,由此,资管新规是否适用于私募基金管理人,特别是非持牌私募基金管理人,解释上存在分歧。在关于非持牌私募基金管理人的诸多案例中,法院大多直接以2014年《私募投资基金监督管理暂行办法》作为依据,也有法院在裁判理由中具体论述了资管新规的适用范围问题,如在(2020)沪0115民初61274号案中,法院认为:"'资管新规'第二条也规定私募投资基金适用私募投资基金专门法律、行政法规,可见'资管新规'并不直接适用于私募基金管理公司……";另有一些法院虽然以2014年《私募投资基金监督管理暂行办法》作为依据,但在裁判尺度上倾向于从严把握。

(五)私募资管机构开展"通道业务"时需对委托资金来源的审核尽必要注意义务②

1. 基本案情

上海寅浔投资管理中心(有限合伙)(以下简称上海寅浔)与华澳信托签订《单一资金信托合同》,约定委托人上海寅浔指定将信托资金2.8亿元交由受托人华澳信托管理,并用于向浙江联众公司发放贷款。嗣后,上海寅浔以"浙江联众杭州保障房投资基金项目"为名向社会公众募集资金,募集文件中载明产品类型为"华澳信托联众单一资金信托贷款有限合伙基金",原告吴某认购100万元。其后,华澳信托与浙江联众公司签订《流动资金贷款合同》,华澳信托根据《单一资金信托合同》约定将上海寅浔交付的信托资金(包含吴某的投资款)向浙江联众公司发放贷款。基金到期后,上海寅浔未向吴某返还本金。

经查,吴某的投资款100万元被上海寅浔执行事务合伙人委派代表陈某志等人用于归还案外人辽阳红美置业有限公司股东的对外债务。2018年,上海一中院作出刑事判决,认定浙江联众公司系由陈某志实际控制,其通过伪造浙江联众公司承建杭州保障房项目的合同等材料,与王某使用上海寅浔的名义以高额利息向社会公众销售"浙江联众杭州保障房投资基金项目",而后将募集资金打款至华澳信托,华澳信托再贷款给浙江联众公司。浙江联众公司收到后用以归还辽阳红美

---

① 《资管新规》第2条第3款规定,私募投资基金适用私募投资基金专门法律、行政法规,私募投资基金专门法律、行政法规中没有明确规定的适用本意见,创业投资基金、政府出资产业投资基金的相关规定另行制定。

② (2018)沪0115民初80151号、(2020)沪74民终29号。本案入选上海金融法院2020年度典型案例和最高人民法院"2020年全国法院十大商事案件"。

置业有限公司股东的对外债务等。

吴某起诉认为华澳信托没有对信托项目进行有效监管，导致损失，应当全额承担赔偿责任。

上海浦东法院一审判令华澳信托对吴某根据刑事判决通过追赃程序追索不成的损失在20万元的范围内承担补充赔偿责任；驳回吴某的其余诉讼请求。宣判后，吴某与华澳信托均提出上诉。上海金融法院二审驳回上诉，维持原判。

2. 争议焦点

华澳信托开展案涉资金信托计划业务是否合法合规，是否存在侵害吴某利益的行为。

3. 裁判要旨

在被动管理型信托业务中，信托公司虽主要依据信托合同约定履行相应义务，但其在以自身名义独立从事信托管理事务时，仍应尽到合理注意义务。信托公司作为专业的金融机构，在明知委托资金系属私募募集资金的情况下，更应当审慎回应委托人提出的明显不合理要求。尽管犯罪分子的集资诈骗行为是投资者损失的主要原因，但信托公司未对犯罪分子借用其金融机构背景进行资金募集的行为采取必要防控措施，也未对社会投资者作相应警示；信托存续期间内，信托公司曾出具内容明显虚假、足以误导案外人的《项目风险排查报告》，上述行为在客观上促成了犯罪分子的集资诈骗行为，对投资者被骗受负有一定责任，故信托公司应当根据其过错程度，承担相应的侵权损害赔偿责任。

4. 案件评述

该案为全国首例判决信托公司在通道类业务中承担民事侵权责任的案件，积极回应了业界极为关注的信托公司在通道类业务中是否应当免责的问题，充分反映了当前司法实践顺应宏观金融监管政策变化之大势，恰到好处地厘清了信托公司合法审慎经营的权责边界，同时也积极回应了投资者诉求，给予了受损投资者合理的经济赔偿。[①]

本案原告与被告之间不存在直接的投资或信托等合同法律关系，因此，原告作为信托计划的间接投资人，向信托公司主张侵权损害赔偿。该案审理法院从损害后果、过错、被告行为的违法性以及因果关系等四个侵权责任构成要件进行了审查和认定，认为即使是通道业务，信托公司也应根据《信托法》规定的受托人诚

---

① （2020）沪74民终29号。

实、信用、谨慎、有效管理的法定义务，把控业务准入标准，完善项目尽职调查，同时认真做好事中事后管理，严格资金支付，严格投后管理，还应特别关注信托项目背景以及委托资金和项目用途合规性审查，不得向委托人转移信托计划合规风险管理责任。这为通道业务中的通道方责任提供了清晰的责任边界。

此外，本案为解决同类金融产品兑付风险引发的纠纷提供了可行路径。在认定被告信托公司的责任方面，本案审理法院检视了造成损害后果的各个原因力，并分析了各个原因的作用大小，虽然被告在管理案涉信托业务的过程中存在一定过错，但案外人陈某某、林某某、王某等人的犯罪行为是造成本案原告财产损失的直接原因，且原告自身对其损害发生亦具有过错，应自行承担相应损失。因此判定被告应对原告案涉损失承担 20% 的补充赔偿责任。

《九民纪要》对"通道业务"的定义为："当事人在信托文件中约定，委托人自主决定信托设立、信托财产运用对象、信托财产管理运用处分方式等事宜，自行承担信托资产的风险管理责任和相应风险损失，受托人仅提供必要的事务协助或者服务，不承担主动管理职责的，应当认定为通道业务。"实际上，"通道业务"绝不仅是信托业务的一种模式，在《资管新规》颁布前，"通道业务"是资管行业的一种普遍的业务模式。2017 年 11 月，证监会证券基金机构监管部发布的《机构监管情况通报》（2017 年第 11 期）提到通道业务具备以下四个特征："一是资金和资产'两头在外'，受托人的资产管理业务仅作为委托资金流向委托人指定资产的'管道'；二是受托人按照委托人的投资指令开展业务，通常不承担主动管理责任；三是投资风险通常由委托人承担；四是管理费相对较低。"

在私募投资基金领域，同样存在"借牌照"现象，由已经办理私募基金管理人登记的机构办理私募基金备案，而实际由未经登记的机构进行基金的募集、管理和投资运作，其中的法律风险不容小觑。该案明确即使是通道方，仍应秉持审慎原则开展经营，并履行必要的注意义务，对通道业务中的通道方放任纵容违法募集、无视监管风控程序、随意出具虚假证明文件等行为，将被严格追责。

（六）托管人应审核私募基金管理人的投资指令是否违反合同约定及监管规定[①]

1. 基本案情

周勤根据西创公司以及光大银行北京分行签订的《西创玉泉山十三号私募投

[①] （2021）京 74 民特 99 号。

资基金—基金合同（非证券类）》（以下简称《基金合同》）中仲裁条款的约定，向贸仲申请仲裁，请求：（1）裁决西创公司返还周勤本金 100 万元；（2）裁决西创公司向周勤支付 100 万元本金为基数，自 2017 年 12 月 30 日至实际支付之日，按照双方约定的业绩比较基准 9% 计算的损失；（3）裁决光大银行北京分行对西创公司上述债务承担连带责任；（4）本案仲裁费由西创公司、光大银行北京分行承担。

贸仲于 2021 年 8 月 9 日作出（2021）中国贸仲京裁字第 1956 号裁决，裁决：（1）西创公司向周勤赔偿投资本金损失人民币 584010 元；（2）光大银行北京分行向周勤偿付本金损失人民币 83430 元；（3）本案仲裁费为人民币 60252 元，由周勤承担 20%，即人民币 12050.40 元，西创公司承担 70%，即人民币 42176.40 元，光大银行北京分行承担 10%，即人民币 6025.20 元；（4）驳回周勤其他仲裁请求。

光大银行北京分行后向北京金融法院申请撤销仲裁裁决。光大银行北京分行认为，仲裁庭的该认定实际上是赋予托管银行实质性审查义务，并将管理人的责任转嫁给托管银行，明显违反了《中国银行业协会商业银行资产托管业务指引》相关规定。同时，虽然本案系因基金产品合同发生的纠纷，本案裁决从表面上看是对个案的裁决，但在本质上是对托管银行责任边界的破坏，伤害了托管行业，是对金融秩序稳定的严重冲击，对金融监管部门破除刚性兑付规则的违反，对所有不特定的可能从事私募基金投资的投资人宣告银行作为托管人应承担赔偿责任的宣示，违反了社会公共利益，背离了金融监管规定要求和法律原则，属于"违背公共利益"的裁决，应予撤销。

北京金融法院经审理认为，本案是当事人申请撤销国内仲裁裁决案件，应依据《仲裁法》第 58 条的规定，对本案进行审查。据此，光大银行北京分行提出的申请撤销仲裁裁决的理由均不能成立，对其申请撤销仲裁裁决的请求，不予支持。因此驳回光大银行北京分行的申请。

2. 争议焦点

私募基金托管人的义务边界如何确定，如何承担法律责任。

3. 裁判要旨

针对光大银行北京分行提出的仲裁庭裁决托管银行承担部分责任违反公共利益的撤裁理由，北京金融法院认为，《仲裁法》第 58 条规定的"违背社会公共利益"主要指仲裁裁决违反我国法律的基本原则，违反社会善良风俗、危害国家及社会公共安全等情形，应涉及不特定多数人的共同利益，不同于合同当事人的利益。本案中，光大银行北京分行与周勤、西创公司之间的纠纷是平等民事主体之间的合同纠纷，仅涉及社会个体之间的利益，不构成对社会公共利益的危害。故光大银行北京分行该项申请撤销仲裁裁决的理由不能成立。

4. 案件评述

自 2018 年"复兴系""爆雷"事件引发托管人责任边界争论以来，对于基金托管人对投资监督义务承担实质审查义务还是形式审查义务，私募基金的托管人是否属于《证券投资基金法》所规定的共同托管人，《证券投资基金法》第 36 条规定的托管人义务内容是否适用于私募投资基金，特别是私募股权投资基金，始终没有形成统一认识。

在监管层面，基金业协会要求相关产品备案时托管人须对基金投资范围、底层投资协议等的合规性和真实性等进行核实并发表意见，而银行业协会则明确托管银行提供投资监督服务的，对提供材料是否与合同约定的监督事项相符仅进行表面一致性审查。

在司法实践层面，目前公开可查案例中仍可以发现多个裁判结果不一致的托管人责任案例。

关于托管人是否有义务对基金是否备案、基金管理人是否办理私募基金管理人登记进行审查，在（2016）浙 06 民终 4190 号案例中，基金投资人主张基金未经备案，托管行明知其违规，仍继续托管。此外，基金违法募集，托管行明知其违规，却未予阻止，托管行应对投资人损失承担赔偿责任。法院认为，托管人对基金的相关资质、募集行为并不负有法定或约定的审查、监管义务；对于托管资金的划付，法院认为，托管银行多为单纯履行形式审查之义务，故银行托管并不能完全为投资项目的资金安全"背书"。而在（2019）京 0105 民初 65467 号案例中，北京市朝阳区人民法院则对托管人对案涉正佑金元公司是否登记为私募基金管理人进行审查、对案涉基金是否备案进行审查进行了查明和认定。

关于托管人的资金划转义务，在（2021）鲁 71 民初 2 号案例中，案涉基金投向约定为以股权方式投资厦门东兴公司股权，该目标公司《增资扩股协议书》亦要求将基金款项投向该公司账户，而管理人给托管人的《增资扩股收款银行账户说明函》却要求托管行将款项划往第三方湛溙新能源科技公司，法院则基于《基金合同》所约定的形式审查条款，认定托管人就管理人所提供文件的真实性不负责。同样，在（2020）赣 0102 民初 771 号案例中，法院根据划拨指令事项表中明确约定的"托管人仅承担表面审核义务，不对划拨指令的内容进行实质性判断"

之内容，认定被告浦发银行南昌分行仅对划款指令进行表面审核义务，根据基金管理人的资金划拨指令拨付资金符合合同约定，不承担赔偿责任。

但是，（2019）京02民终8082号案例中，法院认为：基金合同约定合同自基金备案后生效，托管行作为合同主体和专业的资产托管人，应当审查本案合同的生效条件是否成就。在合同不生效的情况下，托管行在未审查合同生效条件是否成就的情况下，执行的投资指令，对于投资者的资金损失的产生存在过错，应当向投资者承担赔偿责任。同样，在（2018）粤03民终16126号案例中，法院认为，托管行作为基金托管人，明知或应当知道基金成立条件远未成就，却未能按照上述法律、部门规章的规定及合同约定履行监督职责，及时提示基金管理人违规风险，依法履行通知基金管理人等程序，也未跟进基金管理人的后续处理，仍然按照基金已正常成立的情况执行基金管理人的投资指令，因此认定托管行怠于履行法律及合同义务、构成违约。

通过以上案例，无论案件事实和裁判结果有何差异，我们都发现，法院重视对基金合同约定内容的审查，并将基金合同作为判定托管人责任的依据，

本案是关于托管人责任的最新案例，更特殊的是，本案是通过法院受理的申请撤销仲裁裁决案例，我们据此来观察仲裁机构关于托管人责任边界和义务内容的裁决理由。由于仲裁是私募基金纠纷的主要解决途径，而仲裁结果并不公开，因此法院该类司法判例成为我们观察仲裁机构裁判尺度的一个途径。

本案所涉裁决的仲裁庭认为，"第一被申请人编制发布的基金管理报告内容空洞，……第二被申请人作为基金管理报告的复核义务人，构成一定程度违约"。此外，仲裁庭认为，"第二被申请人在复核西创公司相关付款指令时，……第二被申请人作为专业金融机构，在复核批准该等表面可见的违反合同约定及监管规定的投资指令时，未遵守其在本案合同中承诺恪尽职守、诚实信用、谨慎勤勉的原则，构成违约"。因此，本案仲裁庭实际上是持托管人负有实质审查义务观点。

在2020年的一则申请撤销仲裁裁决的案例中[①]，我们同样观察到，仲裁庭认为私募基金托管行有对管理人的指令负有实质审查的义务。根据该案例，中国国际经济贸易仲裁委员会于2020年1月9日作出的〔2020〕中国贸仲京裁字第0024号仲裁裁决认定，案涉基金属于基金投资于基金的架构，下层的创赢拾号的投资风险高于创赢8号，同时，创赢拾号的投资标的的向上穿透是否符合本案合同约

---

① （2020）京04民特431号。

定的投资范围存在不确定性、不可控性等情况，对创赢 8 号财产的安全构成了重大不利影响。中信北京分行作为基金托管人，应及时向惠博公司提示风险、拒绝执行指令或采取其他风险控制措施。中信北京分行并未及时向惠博公司提示风险、拒绝执行指令或采取其他风险控制措施，应承担补充赔偿责任。

总而言之，由于关于托管人责任的公开案例总体数量较少，不足以总结出法院或仲裁机构认定托管人责任的统一裁判规则或者趋势。例如，我们无法观察到同一法院或者同一地区的法院在不同年份，裁判尺度是否随着监管的变化而变化，也无法观察到对于同一争议焦点问题，多个法院是否遵循同样的裁判思路。从以上案例分析来看，大部分裁判结果的不一致更多的原因基于案件事实的差异，而不是裁判依据或者规则的不一致。仅从目前可查的案例来看，基金合同仍然是法院或仲裁机构认定托管人义务和责任边界的主要依据。但是相关裁判文书中，并未充分讨论关于私募基金托管人的法定义务的边界和内容，这点需要在后续立法以及司法实践的发展中持续观察。

（七）私募股权投资基金份额无登记的，应当按照合同等证明财产权属或者权利人的证据判断所有权的归属[①]

1. 基本案情

2016 年 7 月 8 日，李某某与滚石公司签订《滚石 3 号基金合同》，约定基金计划募集总额 3300 万元；基金管理人为滚石公司，其义务包括建立并保存基金份额持有人名册，办理基金份额登记；基金用于向上海运能能源公司进行增资。该份合同附件一为《投资人信息表》，记载基金投资者为李某某，认购/申购金额为 3300 万元。后李某某与孙某某签订《基金份额转让协议》，转让其在该基金中享有的 700 万份股权基金份额及相关一切衍生权利。同日，孙某某通过银行转账形式向李某某支付转让价款 700 万元。

2018 年 6 月 25 日，严某与李某某签订《借款协议》，约定严某借款 3300 万元给李某某，借款担保物为滚石 3 号基金股权。随后严某银行转账给李某某 3300 万元。因李某某未履行上述还款义务，严某诉至徐汇法院，双方达成的民事调解书中载明：李某某归还严某借款本金 3000 万元及利息。后因李某某未履行上述支付义务，严某申请执行。因徐汇法院查封了"滚石 3 号基金"股权，孙某某对此提出案外人异议但被驳回。故，孙某某提出了本案执行异议之诉，请求确认滚石 3 号基金

---

① （2020）沪 74 民终 1025 号。本案入选上海金融法院 2021 年度典型案例。

份额中有 700 万份股权基金份额属于孙某某所有，不得执行属于孙某某所有的基金份额及其相应财产收益。徐汇法院一审判决驳回孙某某的诉讼请求。

另查明，案外人吴某某等三人均于 2016 年 7 月向李某某受让滚石 3 号基金份额。2018 年 11 月，吴某某等三人通过诉讼的方式确认了相应基金份额及收益权归其所有。后国泰君安公司作为滚石 3 号基金新的托管人，为该三人办理了基金份额登记备案。2019 年 8 月 8 日，孙某某在浦东区人民法院提起民事诉讼，要求李某某为其办理系争股权基金持有人变更及收益权转让手续，并要求滚石公司办理变更登记备案手续。因本案一审案外人执行异议之诉正在徐汇法院审理中，故孙某某撤回了起诉。但徐汇法院调取了该撤诉案件中滚石公司于 2019 年 9 月 17 日向浦东法院出具的转让说明：滚石公司确认孙某某的基金份额权益，并通过在转让协议上盖章的形式对孙某某的基金份额权益进行了登记确认。

上海金融法院判决不得执行李某某名下滚石 3 号基金中 700 万份股权基金份额及相应财产收益，确认李某某名下滚石 3 号基金中 700 万份股权基金份额及相应财产收益归孙某某所有。

2. 争议焦点

私募股权投资基金份额是否强制登记，基金托管人的份额登记或基金业协会的基金备案信息是否构成优势证据，能否排除此前关于基金份额归属的协议约定。

3. 裁判要旨

对于基金份额所有权的归属，有登记的，应当按照登记机构的登记判断；无登记的，应当按照合同等证明财产权属或者权利人的证据判断。私募股权投资基金不同于证券投资基金，目前并无强制性法律规定要求其必须按照《证券投资基金法》的规定进行份额登记。当基金管理人或托管人所做的内部份额登记与实际情况不符的，不能作为认定基金份额权属的依据。此时应结合基金份额转让合同的签订、履行等事实，辅以合同当事人的陈述等证明材料，综合判断基金份额的所有权归属。

4. 案件评述

私募基金份额转让业务是近期行业热点。在实践操作中，私募基金的份额权属是否明确清晰、是否存在代持或隐名持股情况、是否存在质押等权利负担，也是从事相关交易尽调的重点。有限合伙型私募基金份额转让日益成为司法实践的关注重点。上海金融法院发布的《私募基金纠纷法律风险防范报告》中，就合伙型私募基金投资者退出的情形进行了特别提示，即"基金合同约定有限合伙人可通过转让合伙权益实现退出的,应当明确有限合伙人申请转让其持有的全部或部分合伙权益不会违反合伙协议,不会导致合伙企业违反合伙企业法或其他法律规定,或导致合伙企业的经营活动受到额外限制"。

然而,私募基金组织形式的多样、上位法的不统一以及私募基金份额登记制度的缺位,导致私募基金份额转让,特别是私募基金份额的对外转让交易风险和纠纷频发。在北京、上海等地纷纷试点私募股权基金二级市场交易的背景下,明确私募基金股权投资基金的基金份额所有权确认规则,是提高私募基金份额流动性和确保交易安全的必要前提。

本案即涉及私募基金份额的对外转让的一则典型案例。本案的典型意义在于法院明确,私募股权投资基金并非证券投资基金,目前并无强制性法律规定要求私募股权投资基金必须按照《证券投资基金法》的规定进行份额登记,因此,案涉基金的托管人的内部基金份额登记,并不能此前各方当事人以协议形式对基金份额归属进行的确认。

本案案涉基金为有限合伙型私募股权投资基金,根据《合伙企业法》的规定,除合伙协议另有约定外,合伙人向合伙人以外的人转让其在合伙企业中的全部或者部分财产份额时,须经其他合伙人一致同意。而本案二审判决书公布的案件事实中,并未看到关于案涉基金的有限合伙协议关于合伙份额对外转让如何约定的论述,如果基金存在其他多个投资人,那么其他投资人对于某一个投资人对外转让合伙份额的行为是否享有表决权,合伙企业的"人合性"特点是否应予以考虑,并未在裁判文书中提及。此外,案涉基金为经中国基金业协会备案的私募股权投资基金,在基金业协会的基金备案信息作为确认基金信息重要的公示方式的情况下,法院也没有提及对备案信息的查证情况。如能对以上事实进行查明,并结合基金管理人就所涉基金份额转让进行确认这一事实进行论述,将使本案对类似案件更具参考意义。

(八)清算结果是认定投资损失的重要依据而非唯一依据[①]

1. 基本案情

2016年6月,周耀华作为投资者与基金管理人钜洲公司、招商证券签订了

[①] (2021)沪74民终375号。本案入选上海金融法院2021年度典型案例。上海金融法院发布的案例典型意义在于履行管理人责任的实际控制人,与管理人承担连带赔偿责任(详见本部分案例三),因我们发现本案系法院论述私募基金清算与投资人"定损"关系的第一案,同样具有典型意义,因此再次对本案相关内容进行评述,案件基本事实和裁判要旨与案例三有所差异。

《私募基金合同》，约定本基金主要投资于由国投明安（执行事务合伙人）、汇垠澳丰作为普通合伙人发起设立的有限合伙企业明安万斛，并由明安万斛对上市公司卓郎智能进行股权投资。基金的存续期限约定预计为成立之日起 2 年，根据基金的市场投资情况，基金管理人有权延长基金存续期 1 年。周耀华认购金额为 300 万元。钜洲公司于 2016 年 6 月两次向招商证券发出《划款指令》，要求招商证券从案涉私募基金托管专户向明安万斛划付款项。招商证券按照前述《划款指令》完成了资金划款。

2018 年 7 月，钜洲公司发布《公告》：目前明安万斛未实现卓郎智能的退出，故明安万斛管理人国投明安决定明安万斛的合伙期限延长 1 年，钜洲公司根据基金合同约定决定案涉基金相应进入 1 年的延长期。2019 年 6 月 10 日，钜洲公司发布《公告》：案涉私募基金在基金合同约定的存续期在 2019 年 6 月底到期后进入清算期。

2019 年 10 月 28 日，钜洲公司发布《临时信息披露公告》：在案涉私募基金募集及存续期间，明安万斛基金管理人国投明安及其实际控制人和法定代表人周某恶意挪用基金资产，并已于 2019 年 10 月 20 日失联；对上述涉嫌犯罪行为，钜洲公司已向公安机关报案。

周耀华向一审法院起诉请求解除《私募基金合同》、钜洲公司返还周耀华基金投资款 300 万元等。

2. 争议焦点

私募基金投资人损失的确定是否以基金完成清算为前提。

3. 裁判要旨

基金的清算结果是认定投资损失的重要依据而非唯一依据，有其他证据足以证明投资损失情况的，人民法院可以依法认定损失。

本案中，首先，根据钜洲公司发布的《临时信息披露公告》及庭审查明事实，案涉基金资产已被案外人恶意挪用，涉嫌刑事犯罪，且主要犯罪嫌疑人尚未到案。其次，《私募基金合同》约定，案涉基金的权益基础为明安万斛对卓郎智能的股权收益。现明安万斛并未依照基金投资目的取得卓郎智能股权，合同约定的案涉基金权益无实现可能。同时，根据《私募基金合同》中约定的清算程序，由清算小组统一接管基金财产，并在基金财产清理、确认债务债权后，对剩余财产进行分配。而现实客观情况是，募集的基金资产已经脱离管理人控制，清算小组也未接管基金财产。因此，考虑到基金清算处于停滞状态，无法预计继续清算的可能期限,且无证据证明清算小组实控任何可资清算的基金财产,如果坚持等待清算完成再行确认当事人损失,无异缘木求鱼。因此,法院据此认定当事人损失已经固定,以投资款、认购费、资金占用利息作为损失基数,并明确被上诉人周耀华如在后续清算过程中获得清偿,应在两上诉人赔偿金额中予以扣除,符合损失填平原则。

4. 案件评述

在投资人与管理人涉私募基金纠纷中,根据《九民纪要》第75条的规定,无论投资人是基于侵权还是基于违约向管理人主张权益,投资人均需要就投资损失负有证明义务。而管理人通常会以基金清算未完成、投资人份额对应的价值无法测算,投资人损失未确定的理由进行抗辩。

实践中不乏司法判例以基金未完成清算、投资人损失未固定为由,驳回投资人的诉讼请求。例如,在(2020)沪0115民初65708号判决中,一审法院认为:"本案为财产损害赔偿纠纷,侵权构成要件之一为损失,原告损失是否明确、被告是否需要承担侵权责任是本案的争议焦点。不论被告行为在基金推介、销售过程中是否存有不当或者过错,在基金未经清算完毕、未明确原告不能兑付损失的情况下……原告是否受损仍未最终确定,现其径行起诉要求被告承担侵权赔偿责任,依据不足,本院不予支持。"

但也有一些案例中,即便管理人抗辩基金未完成清算、投资人损失未确定,但法院未予以采信。例如,在王某等十五人、兴业银行深圳分行与兴业银行财产损害赔偿纠纷案[(2017)粤03民终17328—17342号]中,兴业银行深圳分行辩称:"一审法院查明赔偿请求人所投资的合伙企业依法存续,目前尚没有清算,则合伙企业是盈利还是亏损尚无法判断。在赔偿请求人损失尚未确定的情况下,要求兴业银行深圳分行承担赔偿责任,显然缺乏依据。"对此抗辩,深圳市中级人民法院二审认为:"虽没有证据显示案涉两合伙企业进行了清算分配,但两企业登记的二年经营期限及通过合伙人大会延长的一年经营期限均早已届满,赔偿请求人未能按约定时限实现投资本金及收益的回收,合伙企业管理人亦未依约履行回购义务,赔偿请求人的损失已确定发生……"

又如,北京朝阳区法院(2018)京0105民初8316号案也存在一定的特殊性,如没有证据表明合同约定的有限合伙企业已经设立、万达众筹公司(GP)向投资人做保本保收益承诺、万达众筹公司已不在注册地址办公且也未出庭应诉等。该案中,合伙企业甚至都未曾设立,因此连清算的基础都不存在,要求"清算才能确定损失"的，显然并不合理。

在周某与中国银行湖南湘江新区分行财产损害赔偿纠纷案〔（2019）湘0104民初11号〕中，长沙市岳麓区人民法院认为："周某未能按约定期限实现投资本金及收益的回收，其损失已确定发生，但损失的具体金额需要依据其与天津汉红公司之间的债权债务关系来确定，且周某尚未穷尽救济途径向天津汉红公司主张权利以挽回损失，故从严格意义上来说本案损失金额并未确定。但为避免当事人的诉累，考虑到天津汉红公司及北京汉红中心的实际状况，本院推定周某的损失为733541.67元。"

这些司法个案实际上围绕一个核心问题：确定投资人损失是否以私募基金清算为前提？对此问题，本案裁判理由提供了明确的、具有参照价值的确认规则，即"基金的清算结果是认定投资损失的重要依据而非唯一依据"。这也就意味着，通常情况下，基金未完成清算，投资人损失不能确定；但是，在存在特殊案情的情况下，即便基金未完成甚至未进行清算，投资人损失亦可得以确定。该论述即遵循了私募基金清算后基金份额的价值才得以确定的原则，又保障法官自由裁量权，避免管理人方滥用抗辩，导致违反公平原则。

此外，本案另一个具有借鉴意义的亮点是，法院在判决中考虑到了判决的可执行性和公平性，即载明投资人在后续清算中获得清偿的，管理人等主体向投资人赔偿的金额中可以扣除相应的清偿款项，这就避免了投资人双重获益的问题，符合损失填平原则。

（九）基金经理的个人"老鼠仓"操作属于利用因职务便利获取的内幕信息以外的其他未公开信息①

1. 基本案情

胡某夫于2007年开始在某基金管理公司中央交易室工作，先后担任交易员、副总监，负责分发、执行基金经理的指令，下单操作交易股票，具有知悉本公司股票交易信息的职务权限。2010年4月至2015年5月，胡某夫按照基金经理指令下单交易股票后，使用其父胡某勋、岳父耿某刚证券账户或者指使胡某勋使用其本人证券账户，同期交易买入与本公司相同的股票，买入成交金额共计11.1亿余元、卖出金额共计人民币12.1亿余元，非法获利共计人民币4186.07万元。北

---

① （2018）京刑终70号。本案是最高人民检察院、中国证券监督管理委员会于2020年11月6日联合发布的证券违法犯罪典型案例之一。

京市公安局以胡某夫涉嫌利用未公开信息交易罪向北京市人民检察院第二分院移送起诉。

被告人胡某夫辩称,对利用未公开信息交易股票缺乏违法性认识,部分买入与基金经理指令相同的股票的行为属于"交易巧合"。

检察机关审查认为,胡某夫身为基金管理公司从业人员,利用因职务便利获取的内幕信息以外的其他未公开的信息后,明知其所在的基金管理公司禁止员工交易股票,仍由本人操作案涉账户或明示其父胡某勋操作,构成利用未公开信息交易罪,且犯罪行为持续时间长,交易数额和违法所得数额特别巨大,属于情节特别严重。2017年10月9日,北京市人民检察院第二分院以胡某夫涉嫌利用未公开信息交易罪提起公诉。

经释法说理,胡某夫家属在法院审理过程中代为退缴违法所得800万元,胡某夫在庭审时当庭表示认罪,有一定悔罪表现。2017年12月29日,北京第二中级人民法院以利用未公开信息交易罪判处被告人胡某夫有期徒刑7年,并处罚金人民币9000万元,违法所得予以追缴。被告人未上诉,判决已生效。

2. 争议焦点

基金管理公司的从业人员利用职务便利获取未公开信息,在基金公司下单后进行交易的行为,是否构成利用非公开信息交易罪。

3. 裁判要旨

基金管理公司从业人员,利用因职务便利获取的内幕信息以外的其他未公开的信息后,明知其所在的基金管理公司禁止员工交易股票,仍由本人或指示其亲属操作证券账户获益,构成利用未公开信息交易罪。不论是在基金公司下单前交易,还是在基金公司下单同期交易,都属于利用未公开信息交易。

4. 案件评述

基金经理"老鼠仓",是指基金管理公司、证券、期货、保险等资产管理机构从业人员违反信义义务,在利用客户资金买入相关证券等金融产品之前,以自己或他人名义先行买入该金融产品,然后利用客户资金拉升该金融产品价格后卖出获利等行为[1]。"老鼠仓"行为妨碍证券市场的公平交易原则,对在信息、资金上存在弱势的普通投资者而言是一种严重侵害,因而日益引起市场各方高度关注以及监管部门的严厉打击。

---

[1] 黄太云:《〈刑法修正案(七)〉解读》,载《人民检察》2009年第6期。

2019 年修订之前的《证券法》并没有对利用未公开信息交易即"老鼠仓"交易的直接法律规定，2020 年 3 月 1 日施行的新《证券法》第 54 条新增了对老鼠仓交易的规定。2021 年 7 月 6 日，中共中央办公厅、国务院办公厅印发《关于依法从严打击证券违法活动的意见》，将利用未公开信息交易等列为重点打击的非法证券活动类型。2022 年 2 月 18 日，证监会发布《证券基金经营机构董事、监事、高级管理人员及从业人员监督管理办法》，规定了证券基金经营机构董事、监事、高级管理人员及从业人员"十不得"，其中包括"泄露因职务便利获取的未公开信息、利用该信息从事或者明示、暗示他人从事相关的交易活动"这一"老鼠仓"交易行为。该等法律法规对"老鼠仓"交易进行明确规制，为惩处"老鼠仓"交易提供了直接的行政和民事法律依据。此外，最高人民法院、最高人民检察院于 2019 年 6 月 27 日发布了《关于办理利用未公开信息交易刑事案件适用法律若干问题的解释》（法释〔2019〕10 号），针对实践中发案领域日趋广泛（逐渐发展到证券发行、基金托管、资产评估等环节）、团伙作案等情况①，对"老鼠仓"交易的利用信息内容（第 1 条）、违反规定范围（第 3 条）、违法行为（第 4 条）、处罚力度（第 5—7 条）等方面进一步细化和完善。

　　本案例说明基金公司从业人员知悉未公开信息后，不论是在基金公司下单前交易，还是在基金公司下单同期交易，都属于利用未公开信息交易。

　　值得注意的是，证监会在多起利用未公开信息交易行政处罚案中，依据《证券投资基金法》第 124 条第 1 款的规定对私募基金经理作出了行政处罚。② 无论公募基金还是私募基金的"老鼠仓"违法行为，一律予以严厉打击。然而，以利用未公开信息罪追究刑事责任的案例，公开信息尚未查询到私募基金从业人员独立构罪的案例，主要原因是目前私募基金尚未纳入"基金管理公司""金融机构"范畴，根据 2009《刑法修正案（七）》年第 180 条认定私募基金从业人员单独成立本罪法律依据上有瑕疵。2022 年 9 月，最高人民法院、最高人民检察院、公安部、中国证券监督管理委员会联合发布《关于印发依法从严打击证券犯罪典型案例的通知》，其中一个典型案例即为私募基金从业人员伙同金融机构从业人员，利用金融机构的未公开信息实施趋同交易的，构成利用未公开信息交易罪。可见，在私

---

　　① 《依法惩治证券期货犯罪 促进资本市场稳定健康发展——"两高"有关负责人关于办理操纵证券、期货市场、利用未公开信息交易刑事案件适用法律问题司法解释答记者问》，载正义网，2019 年 6 月 28 日访问。

　　② 参见《证监会对 4 宗案件作出行政处》，载中国证券业协会，2022 年 4 月 26 日访问。

募基金规模迅速增长、行业乱象频发、私募基金立法不断完善的背景下,私募证券投资基金行业也需要尽快完善合规风控管理。

(十)执行事务合伙人怠于向合伙企业债务人提起仲裁的,非执行事务合伙人有权以自己的名义提起派生仲裁①

1. 基本案情

A为有限合伙型私募基金J的有限合伙人;B是该基金的普通合伙人(非执行事务合伙人),同时为该基金管理人;H为该基金的执行事务合伙人。

有限合伙基金J与C公司(被投企业股东)及C公司的保证人签订了《股权转让协议》,约定有限合伙基金J受让C公司持有的目标公司2%的股权,并约定了股权的回购条件,另约定,有限合伙基金J受让股权一事由其执行事务合伙人H行使相关权利、履行相关义务。

该《股权转让协议》约定的回购条件成就后,协议各方未能及时完成回购。非执行事务合伙人B多次书面督促执行事务合伙人H行使回购权利,但执行事务合伙人H以缺少仲裁费用等相关资金为由拒绝向C公司及C公司的保证人提起仲裁,并要求A和B补缴出资。

A和B基于代位权,以自己的名义向仲裁机构提出仲裁申请,要求C公司履行《股权转让协议》约定的回购义务,C公司的保证人对该回购义务承担连带保证责任。仲裁机构基于《股权转让协议》中的仲裁条款,受理了上述合同项下的争议仲裁案。本案仲裁庭认定有限合伙人A和非执行事务合伙人B基于《合伙企业法》的法定诉权以及本案合同项下所产生的诉权,有权以自己的名义提起仲裁;A、B履行了提起代表仲裁的前置程序;仲裁庭裁决支持A和B关于C公司向有限合伙基金J支付股权回购价款本金及利息的请求,裁定C公司的保证人对上述价款承担连带保证责任。

2. 争议焦点

非执行事务合伙人是否有权代表合伙企业申请仲裁,即非执行事务合伙人是否对本案合同拥有诉权,并提起本案仲裁,以及非执行事务合伙人是否按照《合伙企业法》的相关规定满足了提起仲裁的条件。

---

① 参见《非执行事务合伙人代表合伙企业诉第三人合同纠纷仲裁案》,载北京仲裁委员会网,2022年4月27日访问。

3. 裁判要旨

合伙权益受损，执行事务合伙人怠于提起仲裁的，非执行事务合伙人有权以自己的名义提起派生仲裁。合伙人的诉权，属于法定诉讼权利，其与合伙企业处于相同的程序法地位。合伙人提起派生仲裁的限制条件，不应高于有限责任公司股东的起诉限制条件。执行事务合伙人"怠于行使权利"的判断标准，应当包括两个层面：第一，是否存在具体的事实可以在实体上认定"怠于行使权利"；第二，如果没有，非执行事务合伙人是否依据司法实践中承认的通常接受的标准，履行了相应的内部流程和程序要求。在合伙人和执行事务合伙人发生判断或者决策上的分歧时，应当根据两个实体标准予以判断：第一，是否属于执行事务合伙人应当履行而怠于履行的职责；第二，是否属于非执行事务合伙人为了维护"本企业的利益"提起的仲裁。

4. 案件评述

近年来私募基金管理人怠于履行管理职责以及"跑路"、失联的情况常有发生，在此情况下，投资人能以自己的名义提起诉讼或仲裁，对于投资人的权益维护十分关键。《合伙企业法》第68条第2款规定，在执行事务合伙人怠于行使权利的情况下，有限合伙人有权为了合伙企业的利益、以自己的名义提起诉讼。该条款为合伙企业有限合伙人提起派生诉讼提供了法律依据。但实践中，相较于公司法框架下的股东代表诉讼，合伙企业有限合伙人的代表诉讼相对较少，规则也不够具体，更缺乏可具体遵循的操作性规定和裁判标准。此外，有限合伙人派生诉讼权利是否意味着派生仲裁权利，相关仲裁实务案例也非常少见。

本案裁决明确了，在有限合伙型基金的基金合同选择仲裁作为争议解决方式的情况下，在执行事务合伙人合伙人怠于主张基金权利时，投资人（有限合伙人）享有自行提起仲裁的权利。该裁决对于合伙型私募基金管理人的履职、投资人权益的维护将起到良好的指引作用。同时，本案仲裁庭从是否存在"怠于行使权利"的具体事实、是否履行了相应的内部流程和程序要求两个层面细化了判断标准，丰富了有限合伙人派生仲裁的实践规则。

结合本案裁判思路，要构成"怠于履行"，需要考虑以下要素：第一，非执行事务合伙人已经向执行事务合伙人作出书面请求并给予执行事务合伙人履行的合理期间；第二，执行事务合伙人明确拒绝提起诉讼或仲裁；第三，非执行事务合伙人在提起仲裁目的和利益归属上都符合"为本企业利益"的要求；第四，执行事务合伙人"拒绝履行权利"，对合伙企业已经符合条件的合同利益的实现，其行为构成了时间上的延迟。

值得关注的细节是,本案案涉基金架构为市场上常见的"双GP"架构,即基金管理人担任普通合伙人,同时存在另一普通合伙人担任非管理人,执行事务合伙人由非基金管理人担任。据此,在有限合伙型基金中,只要怠于履行权利的主体是执行事务合伙人,而不论是否为基金管理人,非执行事务合伙人均可以依据《合伙企业法》第68条第2款之规定,行使派生诉讼或仲裁权利。

三、热点前沿法律问题探讨

(一)私募基金托管人投资监督义务审查标准及责任承担

近几年,私募基金"爆雷"事件频发,众多投资者也因基金管理人或托管人违规运营及投资而遭受了重大损失。越来越多私募基金纠纷中,投资者不仅仅要求基金管理人承担赔偿责任,往往还会要求基金托管人就未履行投资监督义务承担连带或补充的赔偿责任。因此关于托管人投资监督义务的范围与标准、违反投资监督义务时的责任承担问题一直是近年来司法实践和学界所关注和讨论的热点。

1.私募基金托管人履行投资监督义务时的审查标准

根据《证券投资基金法》第36、37条的规定,托管人应履行的职责包括,"按照规定监督基金管理人的投资运作""基金托管人发现基金管理人的投资指令违反法律、行政法规和其他有关规定,或者违反基金合同约定的,应当拒绝执行,立即通知基金管理人,并及时向国务院证券监督管理机构报告。"因此,实践中普遍认为基金托管人作为基金的共同托管人之一应具有一定的投资监督义务。但是对于托管人履行投资监督义务应当履行实质性的审查还是形式审查,学界及司法实践中存在一定的争议。

(1)托管人仅需就管理人的投资行为进行形式审查

托管人没有义务就投资监督进行实质性的审查,仅需根据基金合同对投资指令进行表面审核即可,至于投资标的的真实性、合理性、合法性均不负有审查义务。持该观点的以中国银行业协会(以下简称中银协)为代表,中银协在2019年("阜兴系"案件"爆雷"后)发布了新一版的《商业银行资产托管业务指引》,其中明确规定,"托管银行承担的托管职责仅限于法律法规规定和托管合同约定,对实际管控的托管资金账户及证券账户内资产承担保管职责。托管银行的托管职责不包含以下内容……审核项目及交易信息真实性……""托管银行应规范资金清算和证券交割业务操作,严格岗位授权制度,对管理人的划款指令进行形式审核""托管银行对提供材料是否与合同约定的监督事项相符进行表面一致性审查"。从上述规定可以看出,以中银协为代表的观点认为,托管人虽有投资监督义务,但仅限于形式审查,托管人只要形式上审查基金管理人的指令复核基金合同约定即可以划款,至于投资标的真实性、合规性、资金实际流向等问题均不在其审查范围内。其认为托管人其实质只是资金受托保管人的角色,并不是基金投资运作受托人,其收取的托管费也远远低于基金管理人管理费及业绩报酬,不应过分加重托管人在投资监督义务中的责任,否则会造成权利的失衡。司法实践中也不乏有案例采取了与中银协相类似的观点[1],认为托管人只要履行形式审查义务后,即不应当就投资人损失承担赔偿责任。

（2）基金托管人应在投资监督时进行实质审查并对投资后事项也要进行持续监督

基金托管人应在投资监督时进行实质审查并对投资后事项也要进行持续监督。持该观点的以中国基金业协会为代表,自 2018 年 8 月起,对于契约型私募基金产品备案审核,基金业协会开始要求托管机构对基金投资范围、产品结构、收益分配、底层投资协议等的合规性和真实性、基金后续募集安排、基金拟投资安排以及工商确权安排等进行核实并发表意见,由托管机构盖章确认。同时,基金业协会在 2019 年发布的《私募投资基金备案须知》（2019 版）中规定,"托管人应当持续监督私募投资基金与特殊目的载体的资金流,事前掌握资金划转路径,事后获取并保管资金划转及投资凭证。管理人应当及时将投资凭证交付托管人"。可见基金业协会认为,托管人的投资监督义务不仅仅是审查投资指令是否符合基金合同,也应包含对投资标的真实性、合规性的审查。这一监管要求原因是诸多私募基金会在基金合同中把基金投资范围描述的较为宽泛和模糊,将投资路径设计十分复杂,成为监管障碍。例如,在某些基金中,基金管理人在基金合同中约定了虚构的底层投资标的,并允许基金进行嵌套投资,最终基金将投资款项投向管理人自己控制的 SPV,再通过控制资管产品挪用、侵占投资人资金。对于这一情形,如果托管人仅对资金投向进行形式审查,只要基金合同约定了可以进行通过 SPV 进行间接投资,而投资指令也是投向 SPV 的,托管人只要核查了投资指令符合基金合同约定便可执行资金划款。而实际上,底层并不存在真实的投资标的,资金都投向了管理人所控制的 SPV,至于 SPV 后续是否投向了真实的投资标的,托管

---

[1] （2021）赣 0103 民初 938 号、（2021）鲁 71 民初 2 号、（2016）浙 06 民终 4190 号。

人则完全无法监督。因此，如果托管人仅对基金投资仅做形式审查，管理人完全可以通过嵌套投资的约定规避托管人投资监督，使得托管人的投资监督形同虚设。因此以基金业协会为代表的观点认为，托管人作为基金的"共同受托人"其应通过实质审查基金投向及对资金投向底层后续跟踪做的真正的投资监督审查，而不能只流于形式。近些年也有越来越的司法案例开始采用该观点。[①]

（3）我们的观点

我们认为，《证券投资基金法》既然规定了"基金管理人、基金托管人依照本法和基金合同的约定，履行受托职责"，那么其从立法上，已经明确了托管人的共同受托人地位，只是托管人与管理人职责不同而已。同时《证券投资基金法》第9条，也明确要求托管人在提供托管服务过程中，应当恪尽职守，履行诚实信用、谨慎勤勉的义务。而投资监督既然作为基金托管人的一项非常重要的法定受托职责，托管人仅履行形式上简单的审查义务，显然违背了证券投资基金法立法本意。如前所述，基金管理人通过宽泛基金合同的投资范围、嵌套投资标的等多种方式使得基金第一层投资指令形式上符合基金合同，托管人仅依靠形式审查根本不可能实现实质上的投资监督，管理人可以轻易地将资金挪作他用。

因此我们认为，既然法律要求托管人在履行投资监督义务时应恪尽职守、谨慎勤勉，则投资监督的方式就不能流于表面。托管人在执行投资指令时，均应对管理人投资指令是否切实符合基金合同的约定进行实质审查，对于底层投资标的不清晰、投资路径负责的投资指令，均应进行合理的怀疑，要求管理人提供相应的材料证明投资的真实性、合规性，并对后续资金的流向持续的关注。只有这样才是真正对投资进行监督，而不单纯的成为基金管理人划款执行机构。

2. 私募基金托管人的责任承担

根据《证券投资基金法》第145条第2款的规定，"基金管理人、基金托管人在履行各自职责的过程中，违反本法规定或者基金合同约定，给基金财产或者基金份额持有人造成损害的，应当分别对各自的行为依法承担赔偿责任；因共同行为给基金财产或者基金份额持有人造成损害的，应当承担连带赔偿责任"。根据该规定可以看出，就托管人与管理人的责任承担而言，《证券投资基金法》明确了责任承担原则，即分别行为分别责任，共同行为连带责任。但上述规定未明确定义何为共同行为，又未说明分别责任的应如何承担，因此托管人违反受托义务后究

---

① （2021）湘02民终2127号。

竟应如何承担责任也成为司法实践中的一个争议焦点。

（1）托管人承担连带责任的情形

就共同行为的界定，学界及司法实践中争议比较大的分歧在于《证券投资基金法》所指的共同行为是否既要求托管人与管理人客观上共同实施损害基金或投资者的行为，又要求主观上具有共同过错的意思联络。如托管人仅是单纯地未履行监督义务的情况下，且无证据表明托管人与管理人存在共同侵权的意思联络（如合谋、包庇），是否仍应认定二者为共同行为并承担连带责任。

就共同侵权的理论而言也分为多种不同理论，主观共同论者认为，只有行为人在主观上具有共同过错方可成为共同侵权，具体又可分为要求行为人有意思联络的共同故意说[1]和认可共同过失也属于共同侵权的共同过错说[2]。客观共同论者主张，意思联络并非共同侵权的必要条件，只要行为人具有过错，且各行为人之间均为损害的共同原因即可[3]。

我们认为，就基金托管人责任承担而言，共同故意说更符合《证券投资基金法》的立法本意。首先，《民法典》实质上严格区分了主观共同与无意思联络的数人侵权，后者被专门规定在第1171、1172条上，基于体系解释，第1168条关于共同性的界定就不应包含无意思联络数人侵权，而仅指主观共同。至于主观共同是否由于托管人的职责主要在于资金保管、投资监督等方面，实际与托管人有明确的职能分工，在基金运作过程中并不存在共同过失的可能，且基金托管人违反监督职责的行为与管理人违反管理职责的行为不满足"每个人的侵权行为都足以造成全部损害"的要求，亦无法基于无意思联络数人侵权要求其承担连带责任。因此我们认为，只有在托管人与管理人只有在存在主观共同故意的侵权行为的情况下，才应当承担向投资人承担连带赔偿责任。

（2）分别行为的责任承担方式

目前司法实践中对于基金管理人及托管人分别基于各自的违信行为所造成投资人损失，通常存在判决托管人承担补充责任和按比例承担责任两种方式。我们认为，托管人应承担补充责任还是按比例承担责任应取决于双方的过错行为类型。

若是在基金管理人故意违反信义义务，托管人仅系监督不力的情况下，则管

---

[1]《论共同侵权的"共同性"要件——规范目的与制度功能的视角》，载《法治研究》2018年第4期。

[2] 张荣霞：《共同侵权之"共同性"反思》，载《学术交流》2016年第11期。

[3] 王卫国：《过错责任原则：第三次勃兴》，中国法制出版社2000年版，第275页。

理人行为系损害发生的直接原因，托管人仅系损害发生的间接原因，应当承担劣后的补充责任。该项裁判思路亦为司法实践的主流观点①。

若基金管理人与托管人的均只是过失侵权行为，且两者过失行为均无法单独导致损害发生的，我们认为应为按比例承担更为妥当。因为在某些特定情形下，不作为侵权人的过失程度及对损害的原因力还要大于直接侵权人，此时若适用补充责任不符合公平原则，至于责任比例难以确定的问题，不影响按份责任的承担，如确实无法确定的，应由双方平均承担②。若基金管理人仅系过失，其对损害的原因力不一定大于托管人的监督不力，此时如要求管理人承担全部的赔偿责任而托管人仅承担劣后的补充责任，将会造成价值错位，因此，该等情形下托管人的责任形态现为按份责任符合公平原则。

（二）以回购基金份额方式作为投资人保底安排的效力问题

在私募基金行业近些年蓬勃发展的同时，许多私募基金管理人及融资方为了募集资金，往往会在基金合同外通过签署"抽屉协议"的方式来与投资人私下达成保底条款来确保投资人的本金及保底收益的退出。然而近些年随着许多私募基金的不断"爆雷"，投资人发现即使有保底条款的存在，由于大部分管理人和融资人对于保底条款根本没有实际偿付能力，使得这些保底条款并未发挥投资时的"定心丸"的作用。为了限制基金管理人为了扩大基金规模不顾自身偿付能力、滥用保底条款，从而增加整个基金行业的系统性风险，证监会实际自 2014 年《私募投资基金监督管理暂行办法》就开始强调，基金管理人、私募基金销售机构不得向投资者承诺投资本金不受损失或者承诺最低收益。特别是，2018 年 4 月，央行、证监会及银保监会三部委联合发布资管新规，进一步明确禁止了资管产品的管理人及发行人（包括基金管理人）向投资人进行刚性兑付。司法实践层面，最高人民法院也在《九民纪要》中指出，资产管理产品的受托人与受益人订立的含有保底或者刚兑条款，不管形式如何均应当认定无效。可见随着《九民纪要》的出台，司法实践对于基金管理人直接提供刚兑的保底条款逐渐形成统一意见，认定该类型的保底条款无效。

然而，为了规避管理人直接承诺"刚兑"被认定无效，同时又希望继续通过其他方式来承诺投资人本息退出以吸引投资，许多管理人选择以向投资人承诺按

---

① 参见（2019）京 02 民终 8082 号、（2018）粤 03 民终 16126 号、（2020）湘民申 769 号。

② 郭明瑞：《补充责任、相应的补充责任与责任人的追偿权》，载《烟台大学学报（哲学社会科学版）》2011 年第 1 期。

本息回购基金份额的方式来变相给投资人提供刚兑，即在投资收益未达到预期时，由基金管理人或其关联方按照投资本息受让投资人全部基金份额。因此在近两年，基金管理人或其关联方提供基金回购的条款是否属于"刚兑"条款，是否应一律被认定无效也成为司法实践中的争议焦点。

1. 法院认定基金管理人回购条款无效的不同裁判思路

对于回购类型的刚兑条款，即使是认定回购条款无效，司法实践中各地法院认定的裁判思路也十分不同，具体举例如下。

无效裁判思路一：因违反《信托法》的强制性约定而无效。

在一些案件[1]中，基金管理人与投资人签署了《基金份额回购协议》，协议中通常会约定基金管理人向投资者就基金合同下的投资本息等，承诺按固定回报回购投资人持有的基金份额。法院在审理该类案件中，认为《基金份额回购协议》构成"刚性兑付"，并直接援引《信托法》的条款作为合同无效之依据。《信托法》第 34 条规定："受托人以信托财产为限向受益人承担支付信托利益的义务。"该条款虽然通常被理解为对刚性兑付之限制，但将其划入法院所谓的"强制性规定"之范围是否妥当，仍存一定争议。但可以看出，在关于禁止私募基金刚兑的相关规定法律层级较低的情况下，法院也只能无奈援引其他位阶更高的法律条款作为回购类型的刚兑条款无效的依据。

无效裁判思路二：因违反资本市场规则等公序良俗而无效。

在同样的涉及管理人与投资人之间基金回购纠纷，另一些法院则以该类条款违反资本市场规则等公序良俗作为判定无效的理由[2]。持有该观点的法院认为，首先，基金管理人与投资人之间的基金回购协议，其本质系保证委托人本金不亏损并取得固定收益的保底协议，该协议导致双方权利义务严重失衡，违反了资本市场规则。根据《私募投资基金监督管理暂行办法》的规定，私募基金管理人、私募基金销售机构不得向投资者承诺投资本金不受损失或者承诺最低收益。因此回购协议无效。

其次，法院还认为回购协议违反了委托代理制度的根本属性，违背了委托理财法律关系和私募基金"利益共享、风险共担"的基本原则，亦违背了金融市场的基本规律和交易原则。《私募投资基金监督管理暂行办法》虽属于部门规章，但

---

[1] （2021）沪 74 民终 663 号。

[2] （2021）赣 0113 民初 5523 号。

规章内容涉及金融安全、市场秩序等公序良俗，故应认定保底承诺无效。

以上两类法院观点均认为，管理人直接作出的基金回购承诺其本质仍为"刚兑"条款，违反了基金监管的强制性规定，虽然该类监管规定层级较低，不属于法律或行政法规，但属于违反公序良俗，从而认定无效。

2. 法院认为回购条款有效的不同裁判思路

《九民纪要》出台后，基金管理人承诺保本保收益的刚兑条款无效已作为审判指导意见逐渐在司法实践中达成共识，但对于回购条款，司法实践中也有许多法院对其是否当然无效持不同的裁判思路，有的法院认可该类条款的效力，或重新定义其背后实际的法律关系。各地法院认定有效的不同裁判具体举例如下。

有效裁判思路一：从严认定"刚兑"条款，管理人回购条款有效。

一些案例中[①]，法院认为对于基金回购是否属于"刚兑"条款应采取严谨的字面理解，管理人回购基金份额并不符合"保证本息固定回报、保证本金不受损失"的字面含义，不属于"刚兑"条款，而认为这是一种对基金份额远期回购的承诺，应当认定有效。

有效裁判思路二：名为回购实为借贷。

另一种裁判观点则参考了最高人民法院对于信托业务中特定资产转让及回购的裁判观点，最高人民法院在部分案例中认为如资产收益权买卖及远期按照固定利息本息回购的安排，其实质并不是真正的买入返售业务而是借贷法律关系。类比该裁判观点，也有案例[②]认为，管理人及投资人签署的关于基金回购的《补充协议》系"名义上为基金份额转让协议实质上为借款合同法律关系"，"根据《民法典》第146条的规定，行为人与相对人以虚假的意思表示实施的民事法律行为无效。以虚假的意思表示隐藏的民事法律行为的效力，依照有关法律规定处理"。此外，深圳市中级人民法院在（2020）粤03民终20473号案中也采用了类似观点，认为结合回购安排及基金合同整体来看，投资人与管理人双方达成的是借贷的合意，双方之间不是投资及回购的安排，而是借款合同关系。

有效裁判思路三：基金退出阶段达成的回购应认定有效。

在一些案件中，针对回购协议达成的阶段，法院对于基金回购效力问题也持有不同观点，有法院认为如《回购协议》系双方当事人在基金赎回阶段签署，并

---

① （2020）浙01民终9807号。

② （2021）沪0115民初24875号、（2020）粤03民终20473号。

非在合同缔约过程中签署，结合《回购协议》的相关内容，可以视为在投资人客观上无法实现投资目的时，基金管理人与投资人就相关补偿事项达成了一致意思表示，可以认定合法有效。

该观点是近期较为新颖的一类裁判观点，即将回购协议达成的时点纳入认定回购条款是否有效的考虑因素。我们也赞同该观点。

在基金赎回阶段，基金损失已经确定并发生，在这时点达成的回购与募集时承诺的回购具有本质上区别。募集阶段管理人与投资人签订的回购协议，是在投资行为尚未发生，基金最终业绩及净值完全未知的情况，管理人以回购作为刚兑的方式来吸引投资的一种行为，双方实际上达成的是就未来的投资风险由管理人保本保息的合意。而在基金赎回阶段回购，投资行为已经完成，基金价值已经确定，管理人原本没有回购义务，但根据其与投资人各自对基金现有价值的考虑，其和投资人就特定价格回购价值已确定的基金份额，这其实是双方基于基金现有价值重新达成的转让合意。这与刚兑条款就未来不确定的基金价值承诺保本保收益的约定，就商业意图及意思表示上有本质的区别。

3. 我们的观点

我们认为，回购条款实质构成刚性兑付的认定无效，实质未构成刚性兑付的应结合个案情况认定其法律关系。

从《九民纪要》可以看出，最高人民法院是希望在打破"刚兑"这个问题上，司法审判能够与基金监管意见保持一致，共同推动资管行业逐渐摒弃刚性兑付这一扰乱资管行业、增加行业系统性风险的因素。要使投资人及资管机构树立"卖者尽责，买者自负"这一正确的投资及管理理念。而不是将资产管理畸变为管理人依靠主体信用和刚兑承诺来吸引投资的一种融资行为。

一方面，我们也赞同《九民纪要》关于刚性兑付条款，不论方式、不论类型，均应认定无效的指导意见。因此对于管理人与投资人签订的名为回购实为刚兑的《回购协议》应当认定无效。但另一方面，我们也认为司法实践在认定回购条款是否确实构成"刚性兑付"实质时，也需要根据实际的回购条款签订时间，回购条款的具体内容来认定其本质。

（1）实质构成刚性兑付认定无效，管理人根据过错承担赔偿责任。

如在投资募集阶段，在未来投资收益还不确定的情况，管理人或其关联方与投资人达成回购条款，约定如基金未达到预期收益或未在约定期限内分配基金本金及预期收益，则管理人或其关联方应按本息进行回购的，其实质上已构成管理人对基金产品"保底保收益的"刚兑承诺,该协议应认定无效。

同时需要注意的是,我们认为,如基金管理人与普通投资者签署该类条款的,基金管理人作为专业的资管机构,其应知明知该类回购条款会被认定无效,在合同认定无效后,其应当根据其过错向普通投资者承担一定比例赔偿。特别是在募集过程中,如管理人以回购条款不存在被认定"刚兑"从而无效的风险来诱导投资者基于该回购条款投资的,应当认定存在欺诈的行为,应当认定存在欺诈行为向投资者承担全部赔偿责任。

此外,如管理人系与专业投资者或者当然合格投资者签署该等实质构成"刚兑"的回购条款,鉴于双方都是专业投资机构,专业投资者应当知道该条款可能被认定无效的风险,因此认定无效后,其应承担无效的法律后果及风险,也不宜认定管理人存在过错并要求其承担赔偿责任。

(2)实质不构成刚兑条款的,结合回购条款实质认定其性质和效力。

对于实质不构成"刚兑"条款的管理人回购安排,比如不附加基金是否达到预期收益,只要到期就应无条件回购基金安排,其更符合借贷法律关系的实质,应认定会借贷法律关系,而不是简单地否定回购条款的效力。又或者,如在基金退出或清算阶段达成管理人回购安排,由于彼时基金价值已确定,管理人与投资人之间并没有对不确定投资行为保本保收益的合意,应认定其实质为正常的基金份额交易认可其效力。

(三)《民法典》时代差额补足的法律性质的新辨析

1. 差额补足的三种不同法律性质

近年来,随着私募基金差额补足等增信措施引发的争议增多,差额补足等增信措施的法律性质通常会成为案件审理中的焦点和难点。学理上存在保证担保、债务加入以及独立合同等不同学说,实践中也存在不同的认识。而法律定性不同,将导致法律效果的不同。如果差额补足协议被定性为担保合同和债务加入,则可能因未依照法律和公司章程规定履行内部决议程序而导致无效;如果差额补足协议被定性为独立合同,则无须受制于《公司法》第16条的规定,差额补足义务人需按照承诺文件履行义务。

在《九民纪要》及《民法典担保制度解释》出台之前,司法实践中对于差额补足等增信安排的法律性质认定标准不一,即使差额补足安排的约定表述相同,不同的法院中对于其性质认定也可能完全不同。随着《九民纪要》出台及《民法典担保制度解释》的正式颁布,最高人民法院就差额补足安排法律性质的认定制定了更为明确的标准，具体如下：第一，符合法律关于保证的规定的，按照保证法律关系处理；第二，符合法律关于债务加入的规定的，按照债务加入法律关系处理，难以确定是保证还是债务加入的，推定其构成保证；第三，若既不符合保证也不符合债务加入条件的，则根据差额补足文件的具体内容确定相应的法律关系，一般实务中认为其构成独立合同关系。

上述规定出台后，司法实践就变化多端的差额补足安排终于有了一个相对明晰的判断标准。关于具体如何判断属于保证合同、债务加入还是独立合同，让我们结合最新司法实践判例进行分析。

观点一：将差额补足认定为保证合同。

对于如何判断差额补足是否为保证合同关系，经过多年的案件积累并结合《九民纪要》及《民法典担保制度解释》出台，司法实践已经逐渐形成了统一的观点。以北京市高级人民法院的一则案例为例[①]，首先，法院会判断差额补足的触发是否涉及第三方债务需承担的主债务。其次，再判断差额补足是否为主债务的从权利，即差额补足方是否在主债务不能履行的情况下其再履行差补义务，以及是否具有在差额补后向主债务人追偿的意思表示。如差额补足约定包含这三点保证合同的核心外观的，则可以认定该差额补足属于保证合同关系。

观点二：将差额补足认定为债务加入法律关系。

由于债务加入和保证关系的差额补足条款在履行差补义务前均存在一个主债务/原债务，因此，如何判断差额补足是保证合同还是债务加入，一直是司法实践中争议的焦点。我们认为债务加入的判断标准可以参考《民法典理解与适用》的债务加入的构成要件的解释。第一，原债权债务关系有效存在；第二，第三人与债务人约定第三人作为新债务人加入该债的关系来承担债务；第三，原债务人债务并不减免；第四，将此债务加入的情形通知债权人，或者第三人向债权人表示愿意加入债务，债权人未在合理期限内明确拒绝。

结合上述判断标准，一些法院在裁判时认为[②]，虽然债务加入的差额补足与保证关系的差额补足都是对第三方的债务提供差额补足，但只要各方明确差补方是作为新债务人加入原债务关系、履行差补义务并不以原债务人是否履行为先条件，其并不是原债务的从债务，即可认定差补方是对原债务的债务加入而不是保证。

---

① （2021）京民终 754 号。

② （2020）沪 01 民终 6979 号。

观点三：将差额补足认定为独立债务法律关系。

第三种司法实践观点认为，如差额补足条款中并不存在主债务或原债务，差额补足义务是以某一特定事项的触发作为履行条件（如"股权转让价格是否达到目标价格"），而不是以任何第三方债务人是否履行任何主债务为前提（因此不属于担保），也不与任何第三方债务人的既存债务具有同一性（因此也不属于债务加入），因此该类差额补足应当认定为独立合同义务，从而不需要依据《九民纪要》及《民法典担保制度解释》需要公司内部决议作为独立合同义务生效的前提[①]。

2. 后《九民纪要》时代差额补足尚待解决的问题

（1）如何区分差额补足是债务加入还是独立合同义务。

如上文所述，债务加入与独立合同义务最大区别在于，债务加入需存在一个现存有效的原债务，且差补义务与原债务具有同一性，从而认定其实质为加入现有债务。比如甲应当偿还乙 10 万元，丙承诺就甲未偿还部分承担差额补足就属于一个典型的债务加入，甲的债务为原债务，丙的差额补足是对甲未偿还债务的加入，两个债务具有同一性。但如果是，甲向乙承诺就乙所持有基金产品的本金及预期收益未实现部分进行差额补足，随后丙也承诺乙对其所持有的基金产品的本金及预期收益进行差额补足。那是否能将丙的差额补足视为对甲差额补足义务的债务加入？

在上海市高级人民法院（2021）沪民终 270 号中，无锡中南公司先与浦发银行签署了《差补协议》约定对浦发银行信托产品的本金及收益进行差额补足承诺。其后，无锡龙腾公司、无锡宏诺公司、无锡崇安公司又分别签署《差补协议》均承诺对浦发银行信托产品的本金及收益进行差额补足承诺。法院最终认定，后签署《差补协议》的三公司与无锡中南公司一同承担补差义务，不属于主从义务，属于债务加入，而非保证。

对于该认定我们存在不同看法，前述四个主体分别独立的对同一主体持有的资管产品的本金收益提供差额补足义务。如前文所论述，债务加入的构成要件之一是"第三人与债务人约定第三人作为新债务人加入该债的关系来承担债务"。而本案中，四个主体差额补足的触发条件是完全相同的，均是以实际投资本金收益是否与预期产生差额作为触发条件，并没有体现后追加的三个差额补足人是加入原差额补足人的差额补足义务之中这一意思表示。因此，我们认为，在后的差额

[①] （2020）沪民终 567 号。

补足义务人应认定为独立合同义务更为合适。因此仅凭已有在先差额补足义务人，就认定后续针对同一事项的差额补足均是对先差额补足的债务加入似有不妥，更应该探究其之间的关系是否构成债务加入的实质来进行判断。

（2）《民法典担保制度解释》出台前的债务加入型差额补足是否需要履行内部决策程序。

对于构成债务加入的差额补足，实际在《民法典担保制度解释》出台前，司法实践中就有法院认为债务加入型的差额补足需要履行公司内部决议程序，否则构成越权代表不具有效力。如最高人民法院在（2019）最高法民终 1438 号案例中基于"举轻以明重"的原则，认为公司提供担保需要履行内部决策程序的，公司提供责任更重的债务加入当然需要履行内部决策程序。但遵循"举轻以明重"的原则，认为公司提供担保需要履行内部决策程序的，公司提供责任更重的债务加入当然需要履行内部决策程序。①

但也有法院认为在《民法典担保制度解释》出台前构成债务加入的差额补足不需要履行内部决策程序。如上海市高级人民法院在（2021）沪民终 270 号案例中，认为"案涉《差补文件》订立时，并无相关法律规定债务加入需经股东会或董事会决议后才产生效力。民法领域，法无禁止即可为。要求当事人在法律没有明确规定的情况下，就按未来才制定的新法律、新司法解释去签订合同，显然会明显减损当事人合法权益，增加当事人法定义务或背离当事人的合理预期"。

我们赞同上海市高级人民法院的意见，根据最高人民法院《关于适用〈中华人民共和国民法典〉时间效力的若干规定》（以下简称《民法典时间效力的若干规定》）的规定，《民法典》施行前的法律事实引起的民事纠纷案件，当时的法律、司法解释没有规定而《民法典》有规定的，可以适用《民法典》的规定，但是明显减损当事人合法权益、增加当事人法定义务或者背离当事人合理预期的除外。当事人在《九民纪要》及《民法典担保制度解释》出台前并不能预见未来法律会要求债务加入式的差额补足会需要参照担保制度必须履行公司内部决策程序作为生效要件，强行追溯新司法解释的要求，明显背离了债权人及差补义务人最初的预期并严重损害债权人的权益。

（3）构成独立合同义务的差额补足是否也要遵守《公司法》关于对外担保的相关规定。

---

① （2016）最高法民再 322 号、（2015）苏商终字第 00220 号、（2020）渝民终 586 号持同样观点。

如前文所述,根据《九民纪要》及《民法典担保制度解释》的相关规定,构成保证合同及债务加入的差额补足需要遵守《公司法》关于对外担保的相关规定,需要根据公司章程的规定做出相应的内部决议。如无内部决议差额补足可主张差额补足协议未越权代表无效。但《九民纪要》及《民法典担保制度解释》并未明确,同为差额补足的,构成独立合同义务的差额补足是否也要遵守《公司法》关于对外担保的相关规定。

目前司法实践中对该问题持有两种观点。一种观点认为,基于"举轻以明重"的原则,既然公司提供担保需要履行内部决策程序的,那实际法律效果与债务加入相同比担保责任更重的构成独立合同义务差额补足也应当需要履行内部决策程序才能生效。

另一种观点认为,构成独立合同义务的差额补足在现行法律法规、司法解释未明确规定的情况下,不应要求差额补足需经股东会或董事会决议后才产生效力。上文提到的上海市高级人民法院(2020)沪民终567号案例审理法院认为,即使在《九民纪要》及《民法典担保制度解释》出台后,司法实践也认为对于构成独立合同义务差额补足无需根据公司法履行内部程序。

(四)S基金有关争议初探。

S基金是私募基金行业的一大热点。近两年关于S基金的政策文件密集出台,截至2022年9月,北京、上海、深圳、广州、苏州、武汉等私募基金行业发展迅速的地区已经出台了鼓励S基金设立和交易的文件。

S基金的投资者来源、投资标的、交易场所、价值评估、交易流程方面与传统的有限合伙份额转让存在较大区别。通过各地政策文件可以看出,各地均致力于打造S基金交易平台。

有关S基金的司法案例还较少,且体现出"新坛装老酒"的特点,关于有限合伙份额转让、国有资产转让等传统份额转让纠纷中的争议焦点,S基金司法案例同样涉及。同时,结合目前可查询到的案例,我们发现由于S基金投资标的和交易路径的特殊性,存在以下关于S基金的特殊争议焦点:以份额转让方式进行的S基金交易适用《证券投资基金法》还是《合伙企业法》,受让私募基金份额的S基金是否需要满足合格投资者条件,以及S基金投交易合同是否以投资标的特定业绩或商业表现为前提。而针对第三个争议焦点,因其更多依赖于交易文件的具体约定和解释,需要结合具体合同约定进行分析和理解,难以形成具有指导和借鉴意义的规则或理据，实践中还出现了完全不同的裁判观点①。以下对前两个具有普遍性的争议问题进行讨论和分析。

（1）以份额转让方式进行的 S 基金交易是适用《证券投资基金法》还是《合伙企业法》？

关于该问题，刘必茂与河北铭典投资有限公司、北京子沐创富投资中心等合伙企业财产份额转让纠纷案（以下简称刘必茂案）与达孜县鼎诚资本投资有限公司等与江苏壹泽资本投资管理有限公司等合伙企业财产份额转让纠纷案（以下简称江苏壹泽案）审理法院理由有所不同，但均以《合伙企业法》作为法律依据。

江苏壹泽案的审理法院认为，案涉法律关系为合伙企业财产份额转让关系，适用《合伙企业法》和原《合同法》的相关规定。虽然案涉标的合伙企业鼎彝投资中心同时是备案登记的股权投资基金，但本案各方当事人均是以《转让合同》约定的权利义务为基础提出的诉讼请求，相关法律关系也不涉及任何基金投资行为，故无须适用《证券投资基金法》及其下位法。

在刘必茂案中，法院虽未进行充分阐述，但也认为案件案由是合伙企业财产份额转让纠纷，各方为合伙份额转让法律关系。

在其他关于私募股权投资基金的争议中，我们也发现法院由于《证券投资基金法》并未明确适用于私募股权投资基金，司法实践中涉及私募股权投资基金纠纷的裁判案例中，也存在上位法不明确、不统一的情况，刘必茂案和江苏壹泽案即是认为私募股权基金份额转让不适用《证券投资基金法》而适用《合伙企业法》的又一案例。

虽然《私募投资基金监督管理暂行办法》已经明确规定，投资者转让基金份额的，受让人应当为合格投资者且基金份额受让后投资者人数应当符合前款规定，但其效力位阶为部门规章，难以直接作为裁判依据。因此，该案例再次体现了私募股权投资基金领域法律完善以及国务院"私募条例"的出台的必要性。

（2）受让私募基金份额的 S 基金是否需要满足合格投资者条件。

在江苏壹泽案中，受让方稳嘉股权企业、壹泽资本公司主张其并非合格投资

---

① （2020）苏 09 民终 3815 号。该案一审、二审法院均认为，案涉有限合伙份额投资于双方所约定的高锐视讯重组上市项目这一特定目的已然不能实现。因此，出让方铭典投资交付的标的物质量不符合合同约定，存在严重质量瑕疵，构成根本违约，受让方刘必茂有权解除合同。与之持相反裁判观点的是，（2020）京民终 114 号、（2019）京 02 民初 280 号。该案认为根据《转让合同》载明的内容，稳嘉股权企业、壹泽资本公司向中融信托公司、鼎诚资本公司收购鼎彝投资中心的份额，该份额的转让并未以高锐视讯公司与铜陵精达公司重组成功为前提条件。

者，因此主张转让协议违反《证券投资基金法》《私募投资基金监督管理暂行办法》关于募集基金应当向合格投资者募集的规定，应属无效。对此法院未予支持，具体理由包括：第一，交易对象为合伙份额而非基金份额，《合伙企业法》并未对合伙份额的受让方资质进行限制性规定；第二，转让文件约定的是转让方向受让方或其指定方转让，因此，受让方完全可以指定其他符合监管要求的主体受让份额；第三，受让者明知自身并非合格投资者仍进行投资的，并不属于法律法规有关"合格投资者"制度所保护的情形。

就合格投资者这一S基金交易的特殊要求而言，结合我们的观察，目前北京股权交易中心已经考虑到合格投资者要求，在受让人主体资格审查、信息披露等交易环节中设置了审核合格投资者的相关内容，确保S基金交易的受让方符合监管要求，这也将合格投资者制度前置的做法切实保障了交易合规，应会在其他区域的S基金交易试点中得到借鉴和发展。

四、域外考察和借鉴

（一）我国私募基金立法体系与域外比较

1. 我国私募基金立法体系现状

我国私募基金立法体系整体主要由二个层级构成。第一次层级即国家法律及行政法规方面，我国尚未针对私募基金出台专门法律及行政法规。2012年修订的《证券投资基金法》首次将私募证券基金纳入法律规制范畴，但却未将私募股权基金等其他类型私募基金纳入适用范围。致使私募股权基金在寻求上位法律适用时只能遵循《公司法》《合伙企业法》或《信托法》的规定。可见法律、行政法规层面，针对私募基金的立法尚存在一定的缺失和不足。第二层级部门规章方面，证监会在2014年颁布《私募投资基金监督管理暂行办法》首次明确了私募基金的定义并确立了一系列监管原则，填补了我国私募基金监管缺失。而另一方面财政部及发改委也各自出台了一些针对政府基金、产业基金、创投基金的特别规定。第三层级则主要是基金业协会针对私募基金行业出台了大量的自律规则，该类自律规则事实上构成了私募基金行业主要的运行规则及监管依据之一。

2. 域外对私募基金的立法情况

基于各国及地区的不同背景，各国及地区对私募基金的立法思想及立法结构均有不同特点。本文主要选取美国、英国及日本三个具有代表性的国家对其私募基金立法情况进行简要分析。

（1）美国私募基金立法情况

美国的私募基金立法四类法律法规组成，首先是基本法，包含有《证券法》《证券交易法》《投资公司法》和《投资顾问法》，其中均含有对私募基金的法律规制。尤其是在2008年金融海啸后，美国通过出台《多德—弗兰克法》等法案对原有法律进行修订来加强了私募基金在法律层面的监管。其次主要的法律规则包括美国证券交易委员会发布的《d号条例》第502条和第506条、《144号规则》《证券投资者保护法》《小企业股权投资促进法》和《证券市场促进法》等法律对私募基金行业进行监管。再次是各州的蓝天法则[①]，由于美国是联邦制国家，各州享有一定的立法权，因此允许各州在联邦法律的基础上制定有差异的监管规定。最后是法院审判案例，由于美国是判例法国家，因此法律判例形成法律原则也是美国私募基金法律体系的重要组成部门。

（2）英国私募基金立法情况

在英国，私募基金主要是指"未受监管的集合投资计划"（Un-Regulated Collective Investment Scheme），英国也未进行过对私募基金的独立立法，其运行主要参照投资行业和金融行业的其他相关法律法规。1986年之前，英国对于私募股权基金监管只依靠传统的《公平交易法》《公司法》《反欺诈法》等间接对私募股权基金做出监管的法律。直到1986年英国出台《金融服务法规定》，才正式将私募股权基金的监管以法律条文的形式纳入立法领域。目前，英国私募基金在立法层面主要由《英国金融服务法》《金融服务和市场法》《金融促进条例》和《集合投资（豁免）发起条例》。此外，由于英国将一部分对私募基金行业的监管权下放至行业自律协会英国私募股权和风险投资协会（BVCA），其也制定了大量的规则和条例，在完善私募行业管理、组织工作技能培训、严格监督信息披露等方面发挥着重大作用。

（3）日本私募基金立法情况

日本作为传统大陆法系国家，也是亚洲最早开展私募投资的国家，目前也没有专门针对私募基金的立法，但是在其《金融商品交易法》和《投资信托及投资法人法》等一系列法律中，都对私募基金（包含股权基金及证券基金）进行了相应的规定，明确了私募基金的法律地位及监管原则。像在《投资信托及投资法人

---

① 王宏宇：《基于美国私募基金监管体制浅析我国私募投资基金监管路径研究》，载《清华金融评论》2020年第2期。

法》中,日本以法律形式明确了合格投资者定义[①],并将私募基金分为合格机构投资者基金和一般投资者基金,合格机构投资者私募又分为合格机构投资者基金和特定投资者基金。

3.域外考察对我国私募基金立法架构的借鉴

结合美、英、日三个国家的私募基金立法现状,虽然其都没有专门针对私募基金进行立法,但基本上都在法律层面将私募基金纳入了法律规制,明确其法律内涵和基本的法律适用原则。相较而言,目前,由于我国《证券投资基金法》未覆盖私募股权基金,国务院层面计划制定的"私募投资基金监督管理条例"也一直未出台,因此在法律及行政法规这一基本法层面针对私募基金领域存在一定缺失,亟待进一步的完善。

此外,美国各州有权针对各州自身情况制定差异化的私募基金法规也值得我国借鉴。目前,我国地方政府基本很少会针对私募基金领域出台专门的监管规定,基本将监管权限及规则制定权限完全交由证监会及基金业协会处理。我们认为,针对部门私募基金发展较快较密集的地区,地方政府也可以尝试设立差异化的监管规定来促进当地的私募基金的发展或防范潜在的风险。

(二)我国私募基金监管架构与域外比较

1.我国私募基金监管架构的现状

私募基金行业自 2001 年引入我国以来,随着私募基金类型的不断变化和发展,基于我国分业监管的原则,发改委、银监会及证监会都曾对不同类型的私募基金进行过监管。直到 2012 年《证券投资基金法》正式将私募基金纳入法律监管体系,并于 2014 年明确证监会对私募基金行业监管职能后,我国逐级形成一套相对统一的私募基金监管架构。

目前我国私募基金监管架构主要分为两层。第一层由证监会及其派出机构实施监管,其职能主要在于制定主要的监管规则,并负责日常监管与检查以及行政处罚。第二层监管则交由基金业协会负责,其主要负责:(1)在监管规定的基础上结合实际问题制定自律管理规则;(2)基金管理人登记及基金产品的备案;(3)基金从业人员的管理;(4)打造 AMBERS 系统以及信息披露备份系统,对私募基金的募投管退的各个环节进行信息收集和监测,监督管理人对投资者进行的信息披露;(5)根据行业自律规则采取自律措施,如警告、列入异常名单、取消基金

[①] 常思纯:《日本私募股权投资特点与借鉴》,载《贵州大学学报(社会科学版)》2021 年第 4 期。

管理人登记、暂停受理产品备案、取消从业资格等。可以看出，我国私募基金的监管架构中，证监会事实上将相当一部分的监管权限下放给了基金业协会这一行业自律组织。

2. 域外私募基金的监管体系

根据上文所述，不同国家基于其私募基金的发展情况，有不同的立法思维和模式，同样，在监管体系建设方面，各国也沿袭了各自的模式。以下，再次以美国、英国及日本为例分析不同国家私募基金的监管体系。

（1）美国的私募基金监管体系

美国基于其政治体制的特点，美国的私募基金监管体系是政府主导和行业自律的混合型体系，美国的联邦证券交易委员会与州证券监管委员会以及美国风险投资协会（NVCA）构成了美国私募基金监管体系的三大主体。

一方面，联邦证券交易委员会（SEC）作为私募基金监管体系中的最高机构，拥有制定私募基金监管规则的立法权，日常检查以及执法权等较广泛的监管权利。另一方面，由于美国施行分类监管，只有管理规模 1 亿美元以上的私募基金管理人才需向 SEC 申请注册，而管理规模 1 亿元以下的私募基金管理人只需向州证券监管部门申请注册，并主要依靠各州证券部门自行监管。[①] 相较而言，NVCA 是对 SEC 与州证券监管部门行政监管的补充，主要负责制定相关的行业操作规范并没有承担较多的行政职能。

（2）英国的私募基金监管体系

私募基金行业在英国的发展历史久远，2008 年金融危机前英国并未对私募基金行业进行较强的行政监管，政府监管部门只是通过制定宏观的监管法律和规定明确一些基本的私募基金监管原则，其他则依赖于自律组织 BVCA 对行业的自律性规范。但在 2008 年金融危机后，英国政府意识到原有过度放松监管的弊病，对金融监管机构进行改组重新成立了金融管理局（Financial Services Authority，FSA）加强对私募基金行政监管。

FAS 与 BVCA 同为英国私募基金监管体系的两大主体，二者职责不同，分工明确。FAS 对行业的监管着重点在于私募基金的设立和市场准入的监管，只有通过 FAS 实质审核的才能准许进入私募基金行业。而 BVCA 主要关注于行业规则的

---

① 王宏宇、刘刊：《基于美国私募基金监管体制浅析我国私募投资基金监管路径研究》，载《清华金融评论》2020 年第 2 期。

制定、业务培训、政策游说、行业研究和协调关系。BVCA 另一重要只能是对投资者资格的审核,只有通过 BVCA 注册的投资人才能够参与私募基金的投资。①

（3）日本的私募基金监管体系

日本对于私募基金采用强监管的模式,由日本大藏省下设的证券管理局统一负责监管。日本证券管理局负责对基金及管理人的注册登记、批准、认可、检查监督管理工作,同时由证券交易审议会负责对基金的发行、买卖及其他交易事项审查。②在日本严格的监管体系下,绝大部分私募基金行业的内容均被纳入行政监管涵盖了基金的设立,管理人的设立等。这使得虽然日本也存在日本风险投资协会这一行业自律组织,但是并未在行业自律监管层面发挥太大的作用。

3. 域外考察对我国私募基金监管架构的借鉴

我国目前的私募基金监管架构与应英国、美国的混合型监管架构较为类似,中央证券监管机构及自律组织分别承担不同的监管职能。但总体相较于英国、美国行业自律组织,我国行业自律组织承担了相对更多的行政职能,诸如基金管理人的准入、基金的备案以及部分带有性质处罚性质的行业自律措施等。因此,有观点认为基金业协会作为非行政机构的行业自律组织,承担了过重的行政监管职能。可以适当借鉴美国的混合监管体系,将管理规模较低的中小型基金管理人准入、登记、日常监管工作交由证监会在各地派出机构负责,同时联合各地方金融监管部门在证监会制定大的监管规则框架下对数量众多的中小型基金管理人加强监管。而规模较大的基金管理人直接由证监会直接监管。基金业协会则更多承担信息披露、信息登记、行业研究培训等辅助监管职责。从而更好地加强对私募基金行业的行政监管,也可以配置更多的行政监管人员对私募基金行业进行属地监管。

（三）我国基金投资者适当性义务与域外比较

1. 我国基金投资者适当性义务

投资者适当性义务是产品发行方应对投资者履行的一种信义义务。就私募基金而言,募集机构在构建的信义关系中对投资者拥有优势地位,投资者是处于弱势地位,二者获取的信息并不对称,信义义务是防范募集机构利用优势地位损害投资者利益,要求募集机构对投资者实现利益最大化而负有勤勉尽责的义务。就

---

① 庞跃华、曾令华:《私募股权基金监管模式的国际比较及中国选择》,载《财经理论与实践》2010 年第 5 期。

② 崔慧芳:《基金监管模式的国际比较及借鉴》,载《商业时代》2007 年第 26 期。

私募基金行业，我国投资者适当性义务主要包括了解投资者信息以确定其类型和风险承担能力，将自己的基金产品进行适当的风险评估和划分，将适当的基金销售给风险承受能力适当的投资者。此外再基金投资后还应当对投资者适当性的持续评估，在发生重大波动时需要履行对投资者的告知义务。①

在违反适当性义务后的责任承担方面，根据《九民纪要》确立的原则，基金发行机构和销售机构均视作募集机构，需承担连带责任。②

2. 域外私募基金募集机构的投资者适当性义务

投资者适当性义务，最初起源于美国的证券法领域。美国证券交易委员会（SEC）紧跟市场变更的趋势，不断更新投资者适当性的理论，也被各国立法者所吸纳。综观目前各国对投资者适当性义务的规定，大多均涵盖了解客户、了解产品、适当推介及信息披露等方面的义务。本报告将简析美国、欧盟及日本的私募基金募集机构的投资者适当性义务。

（1）美国私募基金募集机构的投资者适当性义务

在美国，适当性规则最早出现在美国证券交易委员会（SEC）监管规范以及美国证券交易商协会（NASD）等自律性组织的自律规则当中，即用来规范证券从业机构对顾客的不当推荐行为。③后来随着金融行业的日益发展，其适用的范围也不再仅限于证券行业，逐渐扩大至私募基金、信托、保险等领域且规则逐渐完善。美国作为适当性义务发源地，其基本理论与内涵与我国的适当性义务的概念基本一致，即要求基金销售机构需要做到了解你的客户，了解自己的产品并进行适当的匹配三大要素。

但值得一提的是，SEC及美国政府部门曾基于不同时期的经济环境、投资人发展以及实践中的问题多次对合格投资者，适当的推荐已监管规则或自律组织规范指引的方式进行不断的细化和明确或者调整合格投资者入门金额。以合格投资者的审查为例，其监管规则中明确规定在审查合格投资者时不单仅审查其净资产，还要考察其近年收入、配偶收入、教育背景、最低投资额、专业资格、投资或从业经验，甚至规定可以让投资人通过专门的测试来判断其是否为合格投资者。另外，基于判例法国家的特点，其也在形成了一系列针对适当性义务的判例规则，

---

① 石金凤：《我国投资者适当性义务研究》，吉林大学2022年硕士学位论文，第19—20页.
② 吴弘：《投资者适当性义务与责任要件》，载《投资者》2019年第4期。
③ 何颖：《比较视野：投资者适当性的基础与边界》，载《金融博览》2019年第12期。

成为其整个适当性义务制度重要组成部分。

（2）欧盟私募基金募集机构的投资者适当性义务

欧盟的投资者适当性义务主要源于欧盟《金融工具市场指令》(MIFID)。其中对于了解客户义务，规定为："金融机构从事投资建议或资产管理业务时，应当主动收集或要求投资者提供与其相关的专业知识、经验、财务状况和投资目标等个人信息，并通过分析该类信息评估投资者的知识水平、经验能力、风险偏好和风险承受能力等。如果金融机构提供的是除前述业务外的其他业务的，则应当要求投资者提供判断投资者是否适当所需的信息，从而有利于金融机构做出恰当的判断。"① 对于金融产品，MIFID 的定义为："非复杂金融产品主要有：在欧盟承认的市场认购的股票；非衍生品的债券或其他形式的证券化债券；货币市场工具；可转让证券集合投资计划等。除前述之外，其他皆为复杂金融产品。" 关于募集机构的推介义务，欧盟的"最佳执行"义务应当被认定为推介义务，主要为金融机构在为投资者提供服务前考虑了哪些因素、提供服务前是否取得了投资者的预先同意以及为投资者提供服务前是否提供了计划和服务安排，开始提供服务后是否对服务安排情况进行后续检测。②

从上述规则来看，欧盟国家明确要求募集机构在履行适当性义务时需要多方面收集客户信息并作出综合性的判断，而不是简单的依据净收入或净资产作为依据。同时其也对金融产品的风险划分制定了明确的规则。

（3）日本私募基金募集机构的投资者适当性

日本是典型的成文法国家，也是亚洲最早发展私募基金的国家之一，其对于投资者适当性制度的发展也走在前列。

日本市场上的金融机构及产品均受《金融商品交易法》的监管。该法对合格投资者有明确的定义："拥有有价证券投资的专业知识和经验、由大藏省在其发布的规章制度内界定为合格机构投资者的机构。具体包括但不限于证券公司、基金公司、投资性法人机构、银行、保险公司等机构。"《金额商品交易法》第 40 条规定："为使投资者获得适当的金融商品或服务，金融机构应当充分调查和了解投资者个人信息，从而向投资者适当推介和销售。"该条规定，除了投资者的知识、投

---

① 《金融工具市场指令》(2004/39/EC 号指令) 于 2004 年 4 月 21 日由欧洲议会和欧盟理事会颁布，2007 年 11 月生效，在成员国陆续实施。

② 参见袁德喻：《金融机构违反投资者适当性义务的民事责任研究》，华东政法大学 2016 年硕士学位论文，第 14 页。

资者的经验和投资者的财务状况等考察要件，还需考察投资者缔约目的是否为获得金融商品，完成金融交易，从而更全面地了解投资者。

《金融商品交易法》引入了特定投资者制度。特定投资者制度并非放松监管，而是着重于监管的灵活运用，也就是通过投资者保护制度框架，在金融产品的销售过程中，对风险进行适当分配。[①] 日本的特定投资者制度，将投资者分为特定投资者及一般投资者，同时确立了两种投资者相互转换的基准及具体执行制度，这种转换制度的设立有利于保护较弱的投资者，同时也有助于降低募集机构的风险。由于投资风险无法完全避免，《金融商品交易法》也规定了，在销售金融产品或缔约前后的时间点要建立消除双方信息不对称的制度，募集机构要依法遵守。该制度主要包括"禁止受劝诱""禁止再劝诱""适当性原则"等。

由此可见，日本在对投资者进行详细分类的基础上，开辟了投资者相互转化制度，能够配合投资者适当性制度在保护投资者方面发挥重要的作用。

3.域外考察对我国投资者适当性义务管理的借鉴

我国投资者适当性义务制度的基本原则与域外基金行业发达的国家基本一致，均是强调对投资者信息的收集及投资者资格的审核，并严格要求基金切实履行基金产品的信息披露及风险揭示义务，并在此基础上向合适的投资人推介合适的基金产品。

但在具体监管细节，仍有可以向域外监管体系借鉴的地方。例如，在投资者类型细化分类方面，我国对于合格投资者的监管标准不够统一，私募投资基金和其他资产管理产品适用不同的合格投资者标准。可以美国及英国结合合格投资者的财务状况，制定明确、统一以及更加细分的合格投资者分类，从而使得基金管理人在履行适当性义务时有更明确的适用标准。

（四）我国私募基金托管人责任边界与域外比较

1.我国基金托管人的责任边界问题

虽然我国《证券投资基金法》中明确规定了基金托管人应当履行受托职责。但对于基金托管人到底是作为共同受托人需就管理人的违信义务一同承担连带责任或补充，还是作为独立受托人仅就自身约定及法定的独立义务承担相应的责任，目前法律及司法解释尚未作出明确定义和说明。这也造成理论界及司法实践就基

---

① 段瑞旗、田村笃：《从日本投资者适当性管理制度看投资者保护》，载《金融市场研究》2020年第7期。

金托管人的责任边界问题产生一定分歧。

2. 域外基金托管人的责任

基金托管人在私募基金中，对基金管理人起到监督制衡的主体。其法律地位及责任义务的边界如何界定，在实践中均受到各国的重视。各国基于不同的私募基金治理环境，对基金托管人的监督功能的实现有不同的方式。

（1）美国的私募基金托管人责任

证券投资基金在美国也被称为"共同基金"，起源于19世纪的英国，但在传入美国之后蓬勃发展，美国的共同基金拥有全世界最大的公共基金市场。美国的共同基金多数还是采纳公司型——董事会制度。① 美国的基金公司大多是通过董事会制度来监督基金各投资计划的运行，而其托管人即保管机构的义务仅仅为保管基金的资产辅助基金进行投资的交割。② 根据美国《投资公司法》第17条（f）规定，投资公司必须将其资产（现金、有价证券或类似投资等）交付保管，保管人可以是银行、登记合格的经纪人、投资公司自己、全国性的有价证券存保机构、期货经纪商或合格的外国保管机构。③ 其中，保管人对外不负有如下义务：投资组合交易的清偿、确认及收取投资组合收益、失败交易的告知、与投资公司的互动，以及监视公司行为及资金变化等。而此类保管集合投资计划资产的契约就运作方面的规则包含对投资的有价证券或其他资产的收取及交付。因此公司型的集合投资计划，其保管机构的定位较倾向于保管人，而非受托人之角色。④ 通常，美国的基金公司与其保管机构之间，约定的内容包含：（1）财产的交付，基金公司的财产诸如有价证券、现金均由保管机构管理。保管机构也可依法将部分财产转由次保管机构管理，此时保管机构对相关的财产保管即负有注意义务；（2）保管机构提供的保管服务中，还包含委托书投票，即收到基金公司指示的，可以进行投票。

---

① 参见张路等编译：《中美英基金法比较与实务：汉英对照》，法律出版社2007年版，第19页。

② 参见张细思：《比较法视野下我国证券投资基金托管人法律地位研究》，上海交通大学2018年硕士学位论文，第12页。

③ Investment Company Act of 1940, Sec 17（f）（1）: Every registered management company shall place and maintain its securities and similar investments in the custody of（A）a bank or banks having the qualifications prescribed in paragraph（1）of section 80a‑26（a）of this title for the trustees of unit investment trusts; or（B）a company which is a member of a national securities exchange as defined in the Securities Exchange Act of 1934 [15 U.S.C. 78a et seq.], subject to such rules and regulations as the Commission may from time to time prescribe for the protection of investors; or（C）such registered company, but only in accordance with such rules and regulations or orders as the Commission may from time to time prescribe for the protection of investors.

④ 参见张细思：《比较法视野下我国证券投资基金托管人法律地位研究》，上海交通大学2018年硕士学位论文，第12页。

由上可见，美国私募基金行业的托管人更类似于保管人角色，主要负责资产保管，起到一定确保基金财产独立以及破产风险隔离的作用。

（2）英国私募基金托管人的责任

英国历史上，基金的组织形态主要表现为契约型，后来引入了公司型基金，并在《2000年金融服务与市场法》（Financial Services and Markets Act）中将投资基金分为境外集合投资计划、开放式投资公司和单位信托。[①] 对于英国单位信托中管理人与托管人的法律地位，英国学者的权威著述，即 Kam Fan Sin 教授的著作《单位信托的法律性质》（The Legal Nature of the Unit Trust）及 Geraint Thomas 教授、Alastair Hudson 教授的著作《信托法》（The Law of Trusts）中均明确基金管理人并非信托受托人（trustee），而是基于其对基金财产的管理权作为衡平法上的受信人（fiduciary）承担信义义务，基金托管人才系唯一的信托受托人，两者构成双受信人（co-fiduciaries）。[②]

英国的双受信人模式下，使得托管人兼具执行保管基金财产、执行投资命令及对管理人对基金的投资运作进行监督的职责。其相关职责主要包括：（1）基金托管人与基金管理人之间互相享有任免权，相关的任免需要依法向证券投资委员会备案；（2）托管人需要确保管理人的投资运营符合合同、法律、法规；（3）托管人还享有广泛的监督权以实现其监督功能。

综上所述，英国的双授信人制度充分发挥了基金托管人的监督职责，授予基金托管人对基金管理人的制衡的权力，能够更好地对基金内部运行进行有效治理。

3. 域外考察对基金托管人责任的借鉴

不同于美国基金托管人制度，我国对基金托管人的定义不仅仅只是保管人的角色，而是与英国对托管人制度类似，认为基金托管人与基金管理人均是受托人角色，具有各自的信义义务。我们认为，我国应该通过法律法规尽早明确托管人信义义务的职责范围与义务边界。明确托管人应负有一定的投资者适当性审查义务、投资监督义务、信息披露义务、清算义务，并明确在基金运作的整个过程中，其所具备哪些职权，从而在整个基金运作过程中起到对基金管理人实质的监督管理职能。

[①] 参见倪受彬：《投资基金法律关系中托管行的地位与责任》，载《上海法学研究》2019年第5卷。

[②] 柴晨朝：《证券投资基金托管人监督责任研究》，中国政法大学2021年硕士学位论文，第14页。

五、未来展望

（一）私募基金立法现状与审判实践的需求不匹配呼唤顶层立法完善

立法现状与司法实践需求不匹配问题在私募基金领域，尤其是私募股权和创业投资基金领域尤为突出。

私募股权投资基金是否应纳入基金法，在《证券投资基金法》最初起草以及2012年修订时，经历了激烈的讨论，结果是私募股权投资基金始终没有被明确为《证券投资基金法》的调整对象，这有当时背景下私募股权投资基金刚刚起步的原因，也有部委监管权划分的原因。[①]

随着2014年中央编办《关于私募股权基金管理职责分工的通知》明确将创业投资基金在内的私募股权基金的监督管理权限统一给证监会，随后基金业协会根据证监会负责私募投资基金自律管理，并依法开展各类私募投资基金管理人登记和基金备案工作，证监会先后发布《私募投资基金监督管理暂行办法》《证券期货经营机构私募资产管理业务管理办法》等部门规章，明确将股权基金纳入管理，私募股权投资基金在支持实体经济发展方面发挥越来越重要的作用[②]。如今，针对私募股权投资基金顶层立法的现实条件已日益完善，立法需求也更加紧迫。

从前述典型案例和热点问题评述中，我们发现私募基金司法实践在以下问题上存在法律适用方面的困境。第一，有限合伙型私募基金内部纠纷，应适用《合伙企业法》还是《证券投资基金法》？第二，私募股权投资基金托管纠纷，是否适用《证券投资基金法》？第三，私募投资基金部门规章，包括《私募投资基金监督管理暂行办法》等，能否成为裁判依据？第四，在私募投资基金上位法不明确、国务院行政法规缺位的情况下，是否存在可以构成评判私募基金交易行为效力的金融安全、市场秩序、国家宏观政策等公序良俗的监管规则？

以上困境有赖于法律，特别是私募股权投资基金的上位法进一步明确，也有赖于针对私募基金的国务院"私募条例"的出台。

（二）私募基金行业和监管环境发展催生司法实践新动向

私募基金行业在不断发生新的发展变化。在过去的一年，最受关注的私募基

[①] 参见《基金法与监管变革》，载微信公众号"中国基金报"，2020年5月14日访问。

[②] 根据中国证券投资基金业协会发布的《2021年私募基金统计分析简报》，截至2021年末，在管基金规模20.27万亿元，存续私募股权及创业投资基金规模达13.14万亿元。截至2021年末，私募基金累计投资于境内未上市未挂牌企业股权、新三板企业股权和再融资项目投资项目数量达16.87万个（未剔重），为实体经济形成股权资本金10.05万亿元。

金行业事件应该是 S 基金的发展拓宽私募基金特别是国资基金的退出渠道,以及证监会启动私募股权创投基金向投资者实物分配股票试点。此外,自 2016 年《关于构建绿色金融体系的指导意见》发布、2018 年证监会指导基金业协会发布《绿色投资指引(试行)》以来,公募、私募股权基金进行绿色投资规模也日益增长,并逐渐塑造绿色投资的专门行业标准。

正如 2018 年起私募基金"爆雷"等非正常退出问题引发了托管人责任纠纷的急剧增多,2016 年私募投资基金募集行为规则的完善,特别是《九民纪要》的出台催生了私募基金管理人责任纠纷,私募基金管理人提供差额补足的效力评价因 2019 年《九民纪要》的发布发生改变,以上私募基金行业的最新发展和监管环境变化也将对司法裁判产生影响,我们将持续关注。

(三)审判实践与监管原则逐渐趋同

随着我国基金领域法律及监管规定的不断完善,以及相关监管部门的职能与作用不断加强,我国基金行业已建立了一套相对成熟且有效的行政监管制度。然而监管部门只能从行政角度对基金行业中管理人、投资人等主体的行为作出监管评价,比如是否允许某机构登记为基金管理人或者基于一些违规行为作出相应行政处罚。而对于私募基金纠纷中各主体之间是何种法律关系、应承担何种民事责任,则需由司法审判来作出评价。

然而由于基金所涉及法律关系的复杂性、多元性及一定的创新性,同时由于基金在法律及行政法规层面的立法尚存在一定的缺失,使得司法审判有时相较于行政监管对于私募基金法律行为的评价往往是更加审慎且相对独立的。例如,在监管已经出台规定明确禁止基金管理人提供刚性兑付的情况下,实践中仍有部分案例以该等规定并不是法律或行政法规的强制性规定为由,仍然认可了部分刚兑条款的效力。

随着《九民纪要》的出台,近年来司法审判逐渐呈现与监管原则保持一致的趋势。越来越多的法院在审理基金案件时,开始以监管规则甚至行业自律规则作为审判的参考依据。我们认为,随着强监管已成为基金行业监管的整体趋势,为了使基金行业更加稳定、健康的发展,法院、仲裁等司法机构在审判具体案件时应更加的尊重监管规定和交易规则,支持监管机构有效行使监管职能,加强与监管部门的协调配合,从而协力化解重大风险。

(四)建立基金行业多元化纠纷解决机制

目前,我国基金领域各主体之间的纠纷主要依靠法院和仲裁机构进行解决。

行业自律组织参与纠纷化解的作用十分有限。我们认为，在司法审判及行政监管日趋统一后，随着越来越多典型案例的形成，行业自律组织及一些行业调解组织可以更好地发挥其作用来化解一些事实简单的、典型的、普遍的纠纷。从而一方面减少法院及仲裁机构的司法资源，让法官及仲裁员们可以更着重来解决新型的、疑难的纠纷案件，另一方面也可以极大地减少当事人的时间成本及诉讼成本。

未来，我国应该进一步发展独立的、具有公信力基金行业调解组织，并培养更多专业的、有经验的基金行业调解员来帮助当事人化解基金行业中的事实相对简单、金额较低、法律关系及适用相对明确的纠纷，帮助当事人理解纠纷中各自的法律地位，具体权利义务并协商解决纠纷。同时应当加强调解成功后形成的调解协议在司法上的可执行性，目前未经司法确认的调解协议在实际申请法院执行时，仍需先通过法院诉讼来确认调解协议的可执行性。为吸引更多的当事人选择通过调解这一新型的纠纷化解机制来保障的自己的权益，我们建议加强调解组织与司法执行的联动，确保具体调解协议获得司法确认便捷性加强调解协议的可执行性。

中国期货衍生品纠纷司法研究报告
（2021—2022）

一、司法实践总体观察

（一）期货市场发展总体观察

1.国际期货市场发展

根据世界交易所联合会（World Federation of Exchanges，WFE）官方统计，2021年在全世界交易所中期货合约和期权合约的总成交量创造了一个新的历史性记录，达632.4亿张（其中期权合约338.8亿张，期货合约293.5），相较2020年增加了33%，期权合约交易量历史上首次超过期货合约交易量[①]。（详见图10-1）

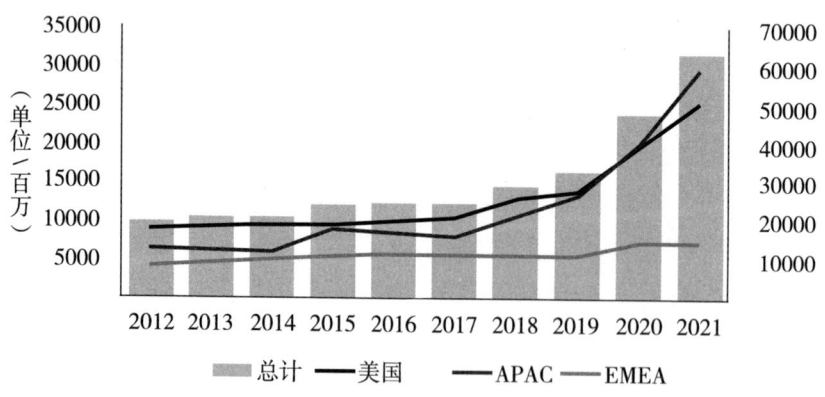

图10-1 2012—2021年全世界交易所中期货合约和期权合约的总成交量

近十年来，在全世界交易所中交易的期货合约和期权合约的总成交量迅速增加，国际期货市场发展势头强劲；亚太地区的总成交量增长尤为迅速，在总占比

---

① WFE Derivatives Report 2021，https：//www.world—exchanges.org/，2022年7月27日访问。

中已经达到 47.4%，已经超过美国成交量占比（40.5%）。

2. 中国期货市场发展

根据中国期货业协会发布的《2021 年度中国期货市场发展综述》[①]，2021 年，中国期货市场成交 75.14 亿手（单边，下同）和 581.2 万亿元，同比分别增长 22.13% 和 32.84%。（详见图 10-2）

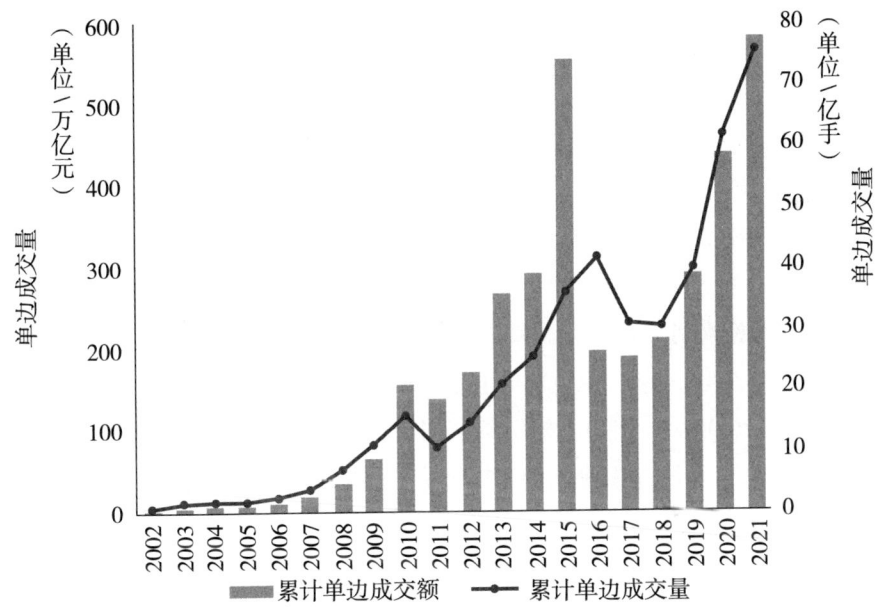

图 10-2　2002—2021 年中国期货市场成交量和成交额

2021 年，中国 4 家期货交易所表现良好。根据 Futures Industry Association（FIA）统计的全年成交量数据，郑商所、上期所、大商所和中金所在全球交易所期货和期权成交量排名中分别位居第 7、第 8、第 9 和第 27。郑商所、上期所较 2020 年分别提升了 5 位和 1 位，中金所排名没有变化，大商所下降了 2 位。

在 2021 年全球农产品、金属和能源类品种的成交量排名中，农产品表现尤其亮眼，中国品种包揽前 11 名，在前 20 名中占有 15 席；金属方面，中国品种占据前 10 强中的 9 席，前 20 强中占有 13 席；能源方面，中国品种在前 20 强中占有 7 席。

2021 年，中国期货市场全年一共上市了 4 个品种，包括 2 个期货品种、2 个

---

① 中国期货业协会：《2021 年度中国期货市场发展综述》，2022 年 7 月 27 日访问。

期权品种。其中，上期所下属上海国际能源交易中心上市了原油期权；郑商所上市了花生期货；大商所上市了生猪期货和棕榈油期权。截至2021年底，中国期货与衍生品市场上市品种数量达到94个，其中商品类84个（期货64个、期权20个），金融类10个（期货6个、期权4个）。

截至2021年底，中国期货公司总资产1.38万亿元，净资产1614.46亿元，同比分别增长40.8%和19.56%，资本实力有所增强。

（二）期货衍生品纠纷司法状况总体观察

1. 期货及衍生品案件总体分析

通过中国裁判文书网案例检索系统，本文以"案由：期货交易纠纷（二级案由），裁判日期：2021年1月1日至2022年6月30日"为检索条件，共检索到文书167份，其中2021年148份，2022年上半年19份；本文以"案由：金融衍生品种交易纠纷（三级案由），裁判日期：2021年1月1日至2022年6月30日"为检索条件，共检索到文书50份，其中2021年45份，2022年上半年5份；本文以相同时间检索条件检索到文书总数为19837160份[1]，期货及金融衍生品纠纷文书仅占总数的0.001094%。为避免歧义，下文中所述案件均是指裁判日期为2021年1月1日至2022年6月30日期间的期货交易纠纷案件和金融衍生品纠纷案件。

2. 法院层级

按照作出裁判文书的法院层级，期货及衍生品纠纷案件裁判文书统计如表10-3。期货交易纠纷案件裁判文书中级人民法院占比最高，为62.28%；金融衍生品种交易纠纷裁判文书中基层法院占比最高，为82%。在期货交易纠纷案件裁判文书中，最高人民法院3个裁判文书全部均是再审案件，1份裁判文书是提审裁定，另外2份再审裁定均驳回再审申请；高级人民法院仅1份再审裁定书和1份管辖裁定书，其余13份都是二审判决书；高级人民法院的13份二审判决书中仅1份改判，其余12份均是维持原判，改判率极低。在金融衍生品种交易纠纷裁判文书中，高级人民法院的1份是再审裁定书（驳回再审申请），高级人民法院的8份裁判文书中，1份为执行裁定、1份为撤诉民事裁定、1份为重申裁定，其余5份均为二审判决书（均维持原判）。

---

[1] 案件检索自中国裁判文书网。

表 10-1　各级法院中期货及衍生品纠纷案件裁判文书统计（单位：份）

案件类型	最高人民法院	高级人民法院	中级人民法院	基层法院	合计
期货交易纠纷案件裁判文书	3	15	104	45	167
金融衍生品种交易纠纷裁判文书	0	1	8	41	50

3. 案由

按照裁判文书案件的案由来区分，期货及证券纠纷案件裁判文书统计如表10-2。就三级案由来看，期货经纪合同纠纷案件最多（占比37.33%），其次是金融衍生品种交易纠纷，后续分别是期货交易代理合同纠纷、期货强行平仓纠纷、期货实物交割纠纷等案件。

表 10-2　期货及证券纠纷案件作为二级、三级案由的裁判文书数量

二级案由	三级案由	裁判文书数量（份）
期货交易纠纷	期货经纪合同纠纷	81
	期货透支交易纠纷	1
	期货强行平仓纠纷	14
	期货实物交割纠纷	10
期货交易纠纷	期货保证合约纠纷	0
	期货交易代理合同纠纷	15
	侵占期货交易保证金纠纷	1
	期货欺诈责任纠纷	4
	操纵期货交易市场责任纠纷	0
	期货内幕交易责任纠纷	0
	期货虚假信息责任纠纷	2
证券纠纷	金融衍生品种交易纠纷	50

4. 地域

按照作出裁判文书法院的地域划分，期货及衍生品纠纷案件裁判文书统计如表10-3。由表10-3可知，就期货交易纠纷案件，上海市地区案件占比高达24.55%，这与上海拥有上海期货交易所、中国金融期货交易所两大交易所以及众多期货公司直接相关；在金融衍生品种交易纠纷案件中，广东省独占22%，江苏省占18%，集中度也比较高。

表 10-3　期货及衍生品纠纷案件在各地法院的裁判文书数量

地域及法院	期货交易纠纷案件裁判文书（份）	金融衍生品种交易纠纷裁判文书（份）
最高人民法院	3	0
上海市	41	1
北京市	28	5
重庆市	17	0
山东省	17	2
浙江省	11	4
江苏省	10	9
福建省	8	0
广东省	6	11
安徽省	3	0
四川省	3	5
陕西省	3	0
河南省	2	1
河北省	2	0
湖南省	2	1
吉林省	2	0
辽宁省	2	0
新疆	2	1
天津市	1	0
内蒙	1	1
黑龙江	1	0
湖北省	1	4
甘肃省	1	2
广西	0	1
青海省	0	1
合计	167	50

（三）期货衍生品年度立法总体观察

2022 年 4 月 20 日，第十三届全国人大常委会第三十四次会议表决通过了《期货和衍生品法》，该法将于 2022 年 8 月 1 日起正式施行。《期货和衍生品法》的颁布实施是中国期货衍生品法治建设的里程碑，也是中国期货衍生品法治建设在 2022 年的"高光时刻"。本文主要从重要性及时间维度观察 2021 年以及 2022 年上半年的中国期货衍生品立法进展，在中国期货衍生品法理论体系框架下分析主要的立法文件，并将其置于中国期货衍生品法律体系化的历史进程中进行考察，进而结合中国期货衍生品立法研究的情况对中国期货衍生品立法的发展做出评价和预测。

《期货和衍生品法》象征着中国市场经济和金融制度"皇冠上的明珠",也是中国资本市场立法最后一块拼图,《期货和衍生品法》的发布具有重大战略意义。在《期货和衍生品法》颁布之前,中国期货市场遵循的是以《期货交易管理条例》行政法规为核心,以《期货公司监督管理办法》《期货交易所管理办法》等部门规章及期货业协会和期货交易所自律规则为辅的一套规则体系,但在上位法层级上难以对接《公司法》《证券法》等法律,不足以满足期货市场发展的需要,更难以起到助力期货市场双向开放、构建新发展格局的作用。

作为中国期货和衍生品市场的"基本法",《期货和衍生品法》为期货和衍生品市场的高质量发展提供了法律基础,对期货和衍生品领域的基本原则、基本参与主体及其基本职责分工、基本权利义务作出了系统的规定,有效地填补了我国金融法律体系中的空白,为期货行业和期货市场的规范化发展提供了法律保障,为境内外交易者保护构建了全面的制度框架,让期货和衍生品市场的发展"有法可依"。

1. 扩大调整范围,将衍生品交易纳入

(1)衍生品交易

《期货和衍生品法》最大的亮点就是将衍生品交易纳入调整对象范围。2021年10月22日,人大常委会将《期货法(一审稿)》更名为《中华人民共和国期货和衍生品法(草案二次审议稿)》,并进行了第二次审议。

《期货和衍生品法》将"期货交易"和"衍生品交易"并列,同时作为法律调整对象。然而,按照金融行业传统理论,期货交易只是衍生品交易的一部分,是不应将"期货交易"和"衍生品交易"并列使用的,《期货法(一审稿)》也曾将"期货"与"其他衍生品"并列,作为《期货法》调整的两类对象。

全国人大常委会法工委经济法室副主任王翔为此坦言,"考虑到这部法律既规范期货交易,也规范衍生品交易,光叫期货法,名称与内容不太相符,所以将本法名称,修改为期货和衍生品法。需要说明的是,从性质上来说,期货也是衍生品,因此规范意义上讲,这里的衍生品,讲的是期货以外的其他衍生品,我们在立法技术上做了一个处理,通过增加对期货交易、衍生品交易的定义,明确说,本法所称的衍生品交易,是指期货交易以外的,以非标准化的期权合约、互换合约和远期合约,及其组合为交易标的的交易活动。从性质上来,期货和衍生品是不好并列，但从法律概念上的定义，实际上把期货和衍生品，做了个区分"①。

因此，在性质上来讲，期货也是衍生品的一种，是不应并列使用的。然而，《期货和衍生品法》通过对期货交易和衍生品交易在法律概念上进行明确定义，在立法技术上解决了期货和衍生品并列使用的内在冲突问题。这也意味着，中国《期货和衍生品法》中"期货""衍生品"的内涵和外延与金融传统理论中"期货""衍生品"的内涵和外延是不尽一致的，这在学术探讨、研究中需要特别注意，否则，虽然使用同样词语，但大家讨论的或争议的实质上都不是同一个内容。

（2）相关定义

《期货和衍生品法》第3条第3款至第6款明确规定了期货合约、期权合约、互换合约以及远期合约的定义。需要特别关注的是，《期货和衍生品法》在上述定义中使用了"标准化""非标准化""金融合约"等用语，但并未明确该等用语的内涵。例如，什么是"金融合约"？约定在将来某一特定的时间和地点交割一定数量标的物的远期合约与现货交易中的附期限买卖合同有什么区别？实践中一些大型实体企业自建了电子化销售平台与客户签订的远期订单是否属于远期合约？在《期货和衍生品法》施行后，对于"互换合约""远期合约"的认定将直接影响目前实践中已存在的相关交易行为的法律效力和法律责任。

另外需要关注的是，互换合约和远期合约均不存在"标准化"或"非标准化"的限定，这意味着，所有互换合约和远期合约均被纳入《期货和衍生品法》的调整范围之内。

2.终止净额结算制度

在《期货和衍生品法》实施之前，我国尚未实行期货结算的终止净额结算制度，终止净额结算等制度与现行《企业破产法》存在一定程度的冲突。

在终止净额结算制度中，如果允许个别期货结算参与人破产清算即终止其对已成交交易的交收义务，净额清算的链条就会被破坏，整个期货结算秩序将被完全打乱。因此，美国等国家、欧盟以及我国香港地区都对终止净额结算制度作出了明确规定，以避免因个别参与人破产清算导致结算秩序的混乱。例如，美国《破产法法典》第362（b）(6)条和欧盟1998年颁布的《关于支付和证券结算体系中结算最终性的指令》第3条都规定了当事人破产清算对期货结算的影响。当

---

① "期货和衍生品法草案将适时提请第三次审议并争取通过"，载期货日报网，2022年6月30日访问。

事人破产并不导致期货结算自动中止（automatic stay），一份期货合同一旦进入期货结算程序，该期货合同所形成的法律关系将不受其他债权债务的影响，该期货合同项下进入期货结算系统的财产必须优先确保完成对接收系统的清算交收义务。

《期货和衍生品法》以法律形式确立了"终止净额结算制度"，是中国获得"净额结算司法管辖区"认可的关键一步。"终止净额结算制度"不仅奠定了衍生品交易市场健康蓬勃发展的最基础和最核心机制，还成为《期货和衍生品法》令境内外金融和衍生品市场欢欣鼓舞的最大亮点之一。值得关注的是，在《期货和衍生品法》通过后，国际掉期与衍生品协会（International Swaps and Derivatives Association，ISDA）在其官网"净额结算立法"一栏已将中国由"待观察"更新为"已采纳"[①]，认可中国属于有效支持终止净额结算不可撤销的司法管辖区。中国在国际上获得净额结算司法管辖区认可，能给中国金融机构带来诸多利好。例如，中国金融机构将以净额管理风险敞口，可以减少日常交易的担保品和结算资金规模，从而提高衍生品交易效率，减少违约风险暴露和资本占用，从而有利于中国金融机构在国际市场公平竞争。

在《期货和衍生品法》确立"终止净额结算制度"之前，中国《企业破产法》第18条规定破产管理人的"选择履行权"、第31条和第32条规定破产管理人的"撤销权"、第40条规定的破产程序中对债权人抵销权的限制性，《企业破产法》上述规定将导致"终止净额结算制度"难以实现。例如，在参与结算的任何一方依法进入破产程序时，若其破产管理人决定行使"选择履行权"或"撤销权"，这就完全推翻了当事人"在终止交易时，净额结算"的约定，不可能进行净额结算。

然而，《期货和衍生品法》以立法的形式对终止净额结算不受破产影响作出了明确规定，第35条第2款规定，"依照前款规定进行的净额结算，不因交易任何一方依法进入破产程序而中止、无效或者撤销"；第37条第2款进一步规定，"依法进行的集中结算，不因参与结算的任何一方依法进入破产程序而中止、无效或者撤销"。

另外，需要特别指出的是，《期货和衍生品法》第35条删除了原来一读、二读立法文稿中对主协议"已备案"的限定语。这意味着，无论主协议是否备案，均适用《期货和衍生品法》第35条规定的"终止净额结算制度"。

本文认为，终止净额结算制度对中国期货结算的顺利运转至关重要。因为期

---

① 资料信息来自于ISDA官网。

货结算机构在提供多边净额结算服务时均是作为中央对手方（CCP），通过介入期货交易买卖双方之间成为所有参与人的共同交易对手，并通过期货保证金制度保证期货结算的顺利完成。根据期货保证金制度，期货结算机构有权要求结算参与人缴纳期货保证金，作为结算参与人的履约保证，在参与人不能按时足额履行交收义务时，必须用这些担保物完成向对手方的交收。这是维系多边净额结算体系正常运行和交割最终性原则的基础。如果由于个别参与人的债务纠纷或破产清算，造成这些进入清算交收环节的财产被挪作他用，或被司法等权力机关强制执行，期货结算机构就无法完成向对手方交付资金和交割标的资产的义务。这将严重打乱正常的结算秩序，甚至造成交易和结算的中断，引发系统性风险，最终导致无辜投资者的合法权益遭到损害。

3.衍生品交易单一协议及备案

（1）衍生品交易方式

《期货和衍生品法》第11条第3款明确规定，衍生品交易，可以采用协议交易或者国务院规定的其他交易方式进行。

与期货交易采用"公开的集中交易方式"不同，衍生品交易主要采取协议交易方式。衍生品采用协议交易方式，这意味着衍生品交易的法律基础是"合同"法律关系，是衍生品交易当事人就各自权利义务所达成的合同或协议。基于合同自由原则，在不违反强制性法律法规的前提下，当事人可以自由协商衍生品交易标的、价款、数量、履行条件等一系列内容，高度体现了当事人的意思自治性。

《期货和衍生品法》第30条第1款明确规定，依法设立的场所，经国务院授权的部门或者国务院期货监督管理机构审批，可以组织开展衍生品交易。

与期货交易不同，《期货和衍生品法》对衍生品交易的场所并无强制性规定，即并未规定衍生品交易必须在交易场所进行。这也是与目前的衍生品交易实际情况相符，既存在交易场所内进行的衍生品交易，也存在场所之外由当事人之间直接进行的衍生品交易。然而，虽然衍生品交易对交易场所无要求，但是若某一场所准备组织开展衍生品交易，则必须"经国务院授权的部门或者国务院期货监督管理机构审批"，即对组织开展衍生品交易的场所实行审批制。

（2）单一协议

《期货和衍生品法》第32条明确规定，衍生品交易采用主协议方式的，主协议、主协议项下的全部补充协议以及交易双方就各项具体交易作出的约定等，共同构成交易双方之间一个完整的单一协议，具有法律约束力。

在衍生品交易实践中，如果衍生品交易采取主协议方式，则该衍生品交易将由一系列协议组成，包括一份主协议、若干补充协议以及若干交易确认书。虽然在主协议项下当事人会发生多项交易，但每一项交易并不构成各自独立的一个合同法律关系，而是在签署衍生品交易主协议的当事人之间只存在一个合同法律关系，即当事人之间在主协议项下开展的每一项交易均为该单一合同法律关系下的一项具体交易，是单一合同的一部分，并非构成多个独立的合同关系。

《期货和衍生品法》确立衍生品单一协议制度的最主要目的在于对抗中国《企业破产法》第 18 条规定的破产管理人的"选择履行权"。《企业破产法》第 18 条第 1 款明确规定："人民法院受理破产申请后，管理人对破产申请受理前成立而债务人和对方当事人均未履行完毕的合同有权决定解除或者继续履行，并通知对方当事人。管理人自破产申请受理之日起二个月内未通知对方当事人，或者自收到对方当事人催告之日起三十日内未答复的，视为解除合同。"

如果在采取主协议方式的衍生品交易中不确立单一协议制度，则主协议项下将存在多笔合同关系，那么若一方当事人发生破产，则发生破产的当事人可以选择对其有利的合同继续履行，而解除对其不利的合同，这对另一方当事人来说显然极为不公平。单一协议制度将多项交易统一于一份合同法律关系项下，最大程度减少了破产管理人的"选择履行权"的实施范围。当然，单一协议制度还不足以完全对抗破产管理人的"选择履行权"，还需辅以终止净额结算制度（后文在衍生品交易制度内介绍）才能全面斩断破产管理人的"选择履行权"在衍生品交易中的适用。

（3）主协议备案制度

《期货和衍生品法》第 33 条虽然明确规定了衍生品交易主协议备案制度，但该条款内容较为原则性，实践中还存在诸多问题。一是备案的法律效果是什么？未备案是否影响主协议的法律效力？未备案的主协议范本可以使用吗？二是主协议（例如 ISDA 主协议）备案的义务主体是谁？谁来负责报送备案？三是第 33 条规定的是"合同范本"应进行报送备案，如果不存在合同范本，而是直接使用的主协议是否还需要备案？四是备案的主协议范围是什么？是不是所有的主协议都必须进行备案？当事人之间订制的主协议还需要报送备案吗？五是衍生品交易主协议具体向哪个监管机构报送备案？尤其是可以挂钩不同种类基础资产的衍生品主协议。以上主协议备案问题还有待相关监管机构给出具有可操作性的具体规定。

4. 中央对手方

《期货和衍生品法》以法律形式确立了期货结算机构作为中央对手方（Central Counterparty，CCP）的法律地位；期货结算机构以中央对手方的身份介入到期货合约之中，成为结算参与人的共同对手方，即成为所有买方的卖方、所有卖方的买方，且按净额差额方式计算交易，以保证合约履行和完成净额结算。

《期货和衍生品法》第 43 条还进一步规定了期货结算机构的"优先权"和"破产隔离"。由《期货和衍生品法》第 43 条中"是结算参与人共同对手方"用语可以看出，期货结算机构是期货合约的直接合同主体，并不是期货合约的担保方。期货结算机构以中央对手方的身份介入到提交的期货合约之中，将原期货合约一分为二，原期货合约因被新成立的两份期货合约取代而消灭。由于原期货合约的消灭，原期货合约当事人之间的期货合约法律关系也随之解除，双方均不得再向对方主张合同权利，也不再对对方负有合同义务。相应地，随着两份新期货合约的产生，原期货合约双方当事人分别与期货结算机构建立期货合约法律关系，期货结算机构成为买方的卖方和卖方的买方。在这两份新成立的期货合约中，原期货合约买方直接对期货结算机构主张权利和承担义务，同样原期货合约卖方也直接对期货结算机构主张权利和承担义务，双方均被视为最初是向期货结算机构购买或出售期货合约。虽然期货结算机构成为期货合约的直接主体，对双方当事人直接享有权利和承担义务，但期货结算机构只是一个被动主体。因为，期货结算机构并不会主动对期货合约卖方结算会员行使给付标的资产的权利（应当指出，向双方收取期货保证金的权利是期货结算机构主动行使的，不应混淆）；只有期货合约到期，根据期货合约买方结算会员的履行交割通知，期货结算机构才会向期货合约卖方结算会员行使给付标的资产的权利。

5. 衍生品交易履约保障制度

《期货和衍生品法》第 34 条明确规定了衍生品交易的履约保障制度；"履约保障"这一用语是与履约担保存在显著区别的。虽然第 34 条只是明确规定了"质押"这一典型的担保方式，但也通过"等方式"展现了开放性立法，涵盖了所有可能的履约保障形式，并向市场透露了积极的信号。

"转让式履约保障"是目前国际上衍生品交易中最常见的增信方式，但《期货和衍生品法》并未明确规定"转让式履约保障"。虽然中国法律法规层面并无"转让式履约保障"相关规定，但中国银行间市场交易商协会在 2009 年就发布了《转让式履约保障文件》。

转让式履约保障在功能上或形式上虽然与让与担保等担保方式存在相似之处，但转让式履约保障与担保存在实质性不同。与担保方式的从属性不同，转让式履约保障文件是"单一协议"的组成部分，是一份独立的法律文件，是对所涉及的金融衍生产品交易的有效约定，且其根据"单一协议"原则与主协议具有同等法律效力，并受到终止净额结算制度的保护。

6. 交易者保护

（1）交易者适当性

《期货和衍生品法》第 50 条将期货经营机构的交易者适当性义务上升为法定义务，要求期货经营机构在向期货交易者提供服务时必须履行交易者适当性义务，且第 50 条第 3 款规定了期货经营机构的赔偿责任。

然而，就违反交易者适当性义务所承担民事责任的法律性质存在三种观点：一是缔约过失责任；二是违约责任；三是侵权责任[①]。基于交易者适当性义务已经成为期货经营机构的法定义务，本文更倾向于侵权责任；因为与法定义务相对应的是期货交易者的法定权利，期货经营机构违反交易者适当性义务，就相当于侵犯了期货交易者的法定权利，应承担侵权责任。

《期货和衍生品法》第 31 条明确规定："金融机构开展衍生品交易业务，应当依法经过批准或者核准，履行交易者适当性管理义务，并应当遵守国家有关监督管理规定。"

由此可见，无论是开展期货交易业务，还是开展衍生品交易业务，相关机构主体都必须履行交易者适当性义务。《期货和衍生品法》第 135 条进一步规定了期货经营机构违反交易者适当性义务规定的法律责任，最高可处以违法所得 10 倍的罚款、吊销相关业务许可。

（2）期货交易者分类

《期货和衍生品法》第 51 条将期货交易者分为专业交易者和普通交易者，并对普通交易者进行重点保护，第 51 条第 2 款明确规定举证责任倒置制度。这意味着，在普通交易者与期货经营机构发生纠纷时，举证责任倒置，由期货经营机构负责证明"其行为符合法律、行政法规以及国务院期货监督管理机构的规定，不存在误导、欺诈等情形"。

---

① 邹菁、谢一帆：《基金募集机构违反投资者适当性义务的三种民事赔偿责任》，载搜狐网，2022 年 6 月 10 日访问。

《期货和衍生品法》第 56 条进一步规定了普通交易者的申请调解权。第 56 条明确规定："交易者与期货经营机构等发生纠纷的，双方可以向行业协会等申请调解。普通交易者与期货经营机构发生期货业务纠纷并提出调解请求的，期货经营机构不得拒绝。"

（3）代表人诉讼制度

借鉴证券法中的代表人诉讼制度，《期货和衍生品法》第 57 条确立的代表人诉讼制度。代表人诉讼制度便利期货交易者提起和参加诉讼，降低维权成本，对于惩治期货违法违规行为，保护交易者合法权益具有重要促进作用。

二、典型案例评析

（一）期货公司在客户的期货账户约定公司风险率大于 100% 而交易所风险率尚未及 100% 时未执行强行平仓不属于强行平仓不及时的行为[①]

1. 基本案情

2018 年 6 月 21 日，光大期货与鲍卫明签订《自然人期货经纪合同》，约定在交易收市后，经结算风险率大于 100% 时，光大期货将向鲍卫明发出追加保证金通知和强行平仓通知，鲍卫明应在通知所要求的时间内追加足额保证金，否则光大期货有权在不通知鲍卫明的情况下，对鲍卫明期货账户的部分或全部未平仓合约强行平仓。

2019 年 8 月 29 日全天以及 8 月 30 日日盘开盘，鲍卫明期货账户公司风险率均仍大于 100%，交易所风险率未达 100%。8 月 30 日 14 时 41 分，鲍卫明期货账户交易所风险率为 100.21%，光大期货通知鲍卫明追加保证金，该日日终结算时鲍卫明期货账户公司风险率为 134.08%，交易所风险率为 111.73%。8 月 30 日日盘结束后，光大期货又多次通知鲍卫明追加保证金否则将强行平仓。8 月 30 日 21 时 20 秒，光大期货对鲍卫明期货账户采取强行平仓措施，由于该合约于该日夜盘及 9 月 2 日日盘一直处于涨停状态，未能成交。9 月 2 日晚，光大期货挂单强行平仓，最终以 148850 元成交。9 月 3 日的交易结算单显示，鲍卫明期货账户穿仓损失 1439790.85 元由光大期货以自有资金垫付，现光大期货起诉鲍卫明，请求归还垫付款项。

上海金融法院判决鲍卫明应偿还光大期货 1439790.85 元及相应利息。宣判

[①] （2020）沪 74 民初 598 号。本案系上海金融法院 2020 年度典型案例。

后，当事人均未提出上诉，一审判决已生效。

2. 争议焦点

合同仅约定了公司风险率，在期货账户的公司风险率大于100%而交易所风险率尚未及100%时，光大期货未进行强行平仓是否属于强行平仓不及时？

3. 裁判要旨

（1）强行平仓在性质上是一种权利。从强行平仓的性质看，其从本质上是期货公司为维护自身资金安全所依法享有的一项权利，根本目的在于避免期货透支交易。

（2）在交易所风险率低于100%时，一般尚不存在透支交易的风险，期货公司仅通知追加保证金而不采取强行平仓措施，并不违反法律的规定及双方间合同的约定。

（3）在交易所风险率于大于100%时，无法及时平仓造成的损失应由客户承担。此时，期货公司及时履行通知义务并给予客户自行处置的合理时间后采取强行平仓措施，该穿仓损失系由于客观原因而非期货公司平仓不及时所致，相应的损失应当由客户自行承担。

4. 案件评述

在本案中，本报告认为，可以从以下两个方面进行分析。

（1）光大期货是否违反了最高人民法院《关于审理期货纠纷案件若干问题的规定》（以下简称《期货司法解释》）第31条和第34条规定？是否允许客户鲍卫明进行透支交易？

《期货司法解释》第31条第2款和第3款明确规定："期货公司在客户没有保证金或者保证金不足的情况下，允许客户开仓交易或者继续持仓，应当认定为透支交易。审查期货公司或者客户是否透支交易，应当以期货交易所规定的保证金比例为标准。"

在本案中，期货经纪合同约定的保证金比例是高于期货交易所规定的保证金比例，只有这样，才会发生判决查明的"在鲍卫明期货账户公司风险率大于100%而交易所风险率尚未及100%时"事实情形；在交易所风险率尚未及100%时，鲍卫明期货账户尚符合期货交易所规定的保证金比例（只是不符合光大期货在期货经纪合同中约定的保证金比例），不存在保证金不足的情况下，自然也不会构成《期货司法解释》第31条规定的透支交易。

在鲍卫明期货账户的交易所风险率大于100%时，光大期货已经通知鲍卫明追加保证金并采取强行平仓措施,并未"允许客户开仓交易或者继续持仓",因此,不符合《期货司法解释》第 34 条第 2 款适用条件。

(2)光大期货是否违反了《期货司法解释》第 40 条的规定?是否存在未按期货经纪合同约定进行强行平仓的行为?

《期货司法解释》第 40 条明确规定:"期货交易所对期货公司、期货公司对客户未按期货交易所交易规则规定或者期货经纪合同约定的强行平仓条件、时间、方式进行强行平仓,造成期货公司或者客户损失的,期货交易所或者期货公司应当承担赔偿责任。"

根据本案判决书披露的案件查明事实,光大期货和鲍卫明之间的期货经纪合同约定了公司风险率,并同时约定,在交易收市后,经结算风险率大于 100% 时,光大期货将向鲍卫明发出追加保证金通知和强行平仓通知,鲍卫明应在通知所要求的时间内追加足额保证金,否则光大期货有权在不通知鲍卫明的情况下,对鲍卫明期货账户的部分或全部未平仓合约强行平仓。

由此可见,光大期货和鲍卫明之间的期货经纪合同只是规定了光大期货有权进行强行平仓,并未规定光大期货进行强行平仓的时间要求以及未按时强行平仓的损失承担(本案判决书未披露期货经纪合同是否包含该等内容)。

因此,在期货经纪合同仅将强行平仓规定为光大期货权利的情况下,光大期货仅通知鲍卫明追加保证金而不采取强行平仓措施,并不违反《期货司法解释》第 40 条规定及双方间合同的约定。

就本案判决中"从强行平仓的性质看,其从本质上是期货公司为维护自身资金安全所依法享有的一项权利"的观点,本报告认为值得商榷,强行平仓的性质需要根据其产生的法律基础进行分析。

若强行平仓系在因保证金法定不足的情况下(即已低于期货交易所规定的保证金比例)产生的,期货公司此时不进行强行平仓,仍然允许客户开仓交易或者继续持仓,则将认定为透支交易,且期货公司应赔偿客户因此遭受的损失(期货公司承担主要赔偿责任,赔偿额不超过损失的 80%)。此时,强行平仓显然不是期货公司的权利,因为权利人可以放弃行使权利而无须承担任何责任,而期货公司却应根据《期货司法解释》第 34 条承担赔偿损失责任,因此,该等强行平仓应属于期货公司的义务,如果不履行,则需要承担相应法律责任。

若强行平仓系在因保证金约定不足的情况下(即高于期货交易所规定的保证金比例,但低于期货经纪合同约定的保证金比例)产生的,此时,强行平仓的性质取决于当事人的约定，当事人可以在期货经纪合同将强行平仓约定为期货公司的单方面权利，也可以约定为期货公司的义务，并非必然就是期货公司的权利。

（二）ISDA 协议中终止净额结算条款的在中国也受法律保护[①]

1. 基本案情

2011 年 9 月 15 日，渣打银行张家口石化公司签订 ISDA2002 主协议及其附件（以下简称主协议）。2014 年 2 月 14 日，张家口石化公司签署 2 月交易条款；3 月 7 日，双方签订 3 月份交易条款。主协议与 3 月交易条款签订后，渣打银行与张家口石化公司依约履行了 4 期互换交易。2014 年 5 月 28 日、2014 年 9 月 17 日，渣打银行与张家口石化公司的授权交易员齐某通话，就系争交易向张家口石化公司提示油价下跌风险。张家口石化公司均表示了解且希望按原约定 3 月份交易条款执行。2014 年 11 月 11 日，张家口石化公司出具《关于终止布伦特原油—买入绩效互换的函》，要求提前终止 2 月 18 日签署的"布伦特原油—买入绩效互换"协议，否认 2014 年 11 月 10 日后互换交易的效力，并表示不再承担 11 月 10 日后的损失。2014 年 11 月 27 日，渣打银行向张家口石化公司发出《提前终止通知》，指定 2014 年 12 月 2 日为主协议项下所有未完成交易的提前终止日。

2014 年 12 月 3 日，渣打银行向张家口石化公司发出《提前终止金额计算报告》及其附件，载明：要求张家口石化公司支付提前终止款项，提前终止金额在本报告生效日起的第二个本地工作日到期（以下简称支付到期日），要求张家口石化公司在支付到期日支付以上提前终止款项加上到期应付的利息。

一审法院判决张家口石化公司支付渣打银行互换交易项下欠付的提前终止款项 1305777.97 美元以及利息 58571.55 美元；上海金融法院二审改判张家口石化公司支付渣打银行互换交易项下欠付的提前终止款项 1305777.97 美元。

2. 争议焦点

在中国法律未对"终止净额结算条款"存在明确规定的情况下，ISDA 协议中终止净额结算条款在中国法律项下是否具有法律效力？

3. 裁判要旨

（1）"终止净额结算条款"实质上属于继续性合同的约定解除。关于提前终止款项的法律性质和金额的确定问题，掉期交易中，交易双方对具体违约责任触发交易提前终止的合约安排，实质上属于继续性合同的约定解除。违约事件下提前

[①] （2020）沪 74 民终 533 号。本案系 2021 年上海金融法院涉外、涉港澳台金融纠纷典型案例。

终止应付额包括终止款项和未付款项两部分，其中未付款项的清偿属于对已发生并确定之债务的履行，而提前终止款项即为交易违约方在合同解除后对非违约方应承担的违约责任，也就是赔偿非违约方因交易提前解除而遭受之损失。

（2）提前终止款项金额具有合理性。ISDA 主协议作为国际惯例和国内行业规则在衍生品交易实践中被广泛采用并为交易参与方所熟知。因此，若交易协议中实际采用了 ISDA 主协议的相关规定，则应当认为交易各参与方对协议中所列违约责任的承担具有一定的预期。在张家口石化公司要求提前终止交易后，为确定合同约定的提前终止款项金额，渣打银行向行业内数家第三方机构咨询了有关替代交易的报价，并结合其他市场信息计算出了提前终止款项金额，该询价方法具有合理性。

4. 案件评述

在《期货和衍生品法》实施之前，中国法律法规并未对终止净额结算进行明确规定，因此，ISDA 协议中终止净额结算条款在中国法律项下的法律效力一直存在争议。这也导致 ISDA 在其官网"净额结算立法"一栏将中国列为"待观察"状态，并不认可中国是属于有效支持终止净额结算不可撤销的司法管辖区。

本案对推动终止净额结算在中国的立法和司法实践具有积极意义。

（1）本案中 ISDA 主协议是因张家口石化公司单方面违约导致被解除终止的，因此，本案并不涉及系因一方当事人破产清算等原因导致 ISDA 主协议。基于张家口石化公司单方面违约导致 ISDA 主协议被解除终止这一事实，上海金融法院巧妙地援引《合同法》约定解除权相关规定，认定本案中 ISDA 主协议因张家口石化公司单方面违约导致被解除终止实质上属于继续性合同的约定解除，即张家口石化公司单方面违约行为符合了 ISDA 主协议约定的解除条件，渣打银行行使约定解除权而解除了 ISDA 主协议项下的一揽子协议。这里需要特别关注的是，上海金融法院并未将 ISDA 主协议及其项下的补充协议明确认定为完整的单一协议，而是使用了"继续性合同"概念。由此，在缺少法律法规明确规定的情况下，上海金融法院从民商法基础理论中的"违约解除"出发，在合同法层面解决了 ISDA 主协议中"终止净额结算条款"的法律效力问题。

（2）继续性合同的约定解除只是解决了 ISDA 主协议的法律问题，但还未解决"净额结算"的法律效力问题。上海金融法院创造性地从违约赔偿责任出发，援引《合同法》第 113 条中"违约所造成的损失"规定，对本案中张家口石化公司违约所造成的损失进行了分析认定。因张家口石化公司违约提前终止所产生的应付额包括终止款项和未付款项两部分，其中未付款项的清偿属于对已发生并确定之债务的履行，而提前终止款项即为交易违约方在合同解除后对非违约方应承担的违约责任，也就是赔偿非违约方因交易提前解除而遭受之损失。需要特别说明的是，上海金融法院是以"合同履行后可以获得的利益"认定被提前终止交易所产生的损失。

尽管本案的案件事实不涉及"任何一方依法进入破产程序"，不属于"终止净额结算"条款真正意义的适用，但也显示了中国在司法中认可"终止净额结算"条款效力的积极态度。

（三）标准化合约、集中交易、动态保证金制度、强行平仓制度、无实物交割等是认定构成期货交易的主要特征[①]

1. 基本案情

上海长江联合金属交易中心有限公司（以下简称长江公司）系经批准设立的现货交易场所，自2015年开发了"上海长江联合金属交易中心行情分析系统"，通过网络方式开展"长江油""长江银"合约交易。交易商下单以建仓单形式反映，交易实行集中、"T+1"的资金清算原则。甲方根据相应的管理办法，在上述人民币中间指导价的基础上，连续报出金属等现货的人民币买入价和卖出价，报价以交易系统为准，行情分析系统显示的价格仅为分析参考使用，而不被作为交易价格的参考；双方采用交易准备金的形式保障交易的进行；甲方以持仓风险率来计算乙方持仓风险，当乙方的持仓风险率小于100%时，乙方交易准备金不足，乙方须考虑选择追加交易准备金或者减少持仓，直至乙方账户风险率不等于或者大于100%，当账户风险率低于50%时，系统将剩余持仓进行全部强行平仓。2015年11月，林某在长江公司的交易平台开设账户，与案外人上海金璨投资管理有限公司在系统中订立上述《交易商入市协议》，共产生交易损失640209.94元、手续费53611.76元。林某提起本案诉讼，请求确认长江公司交易系统中的全部交易无效，并判令长江公司赔偿其交易及手续费损失合计693861.76元。

一审法院判决全部交易无效并判令长江公司赔偿林某损失501758.72元。上海金融法院二审驳回上诉，维持原判。

[①] （2021）沪74民终206号。本案系2022年上海金融法院证券期货投资者权益保护十大典型案例。

2. 争议焦点

期货交易的特征是什么？认定非法期货交易的标准又是什么？

3. 裁判要旨

未经批准，开展交易对象为标准化合约、交易方式为集中交易、不以实物交割为目的、允许交易者以对冲平仓方式了结交易的，属于非法期货交易。交易行为无效，交易损失由交易平台及投资者根据过错程度予以分担。

4. 案件评述

期货交易属于金融业务，必须在期货交易所才可以开展，属于许可业务类型，与现货交易存在本质区别。然而，由于期货交易是从现货交易、远期交易演变衍生而来的金融业务，且相关交易技术既可以适用于期货交易，也可以适用于现货交易，这就使得期货交易和现货交易存在一定程度上的相似性，个别主体在未获得行政许可的情况下也试图以现货交易的名义开展期货交易、变相期货交易。本案为非法期货交易的认定提供标准指引，在投资者保护方面具有重要意义。

（1）明确了非法期货交易的认定标准。在本案中，长江公司称其开展的是现货电子交易属于创新性商品交易业务，具有介于传统期货与传统现货之间的大宗商品交易特征，法无明文禁止，并不属于期货交易。然而，国务院《关于清理整顿各类交易场所切实防范金融风险的决定》（国发〔2011〕38号）和国务院办公厅《关于清理整顿各类交易场所的实施意见》（国办发〔2012〕37号）明确规定了非法期货交易的认定标准以及相关概念的定义，并明确"除依法经国务院或国务院期货监管机构批准设立从事期货交易的交易场所外，任何单位一律不得以集中竞价、电子撮合、匿名交易、做市商等集中交易方式进行标准化合约交易"。长江公司实际开展的交易机制显然符合期货交易标准化合约、集中交易的特征，并依据长江公司设定的强制平仓机制控制风险，不必有真实的实物交割，即交易并非以实物现货为基础，且长江公司未获得开展期货交易的行政许可，因此，属于非法期货交易。

（2）明确了非法期货交易认定案件并不适用行政前置程序。在本案中，长江公司辩称，非法期货交易活动的认定具有一定的行政管理属性，不属于法院受理或认定的事项和范围。长江公司系依法设立的交易场所，目前未有行政监管部门认定其交易业务违法，在行政监管部门对案涉交易的定性问题作出认定之前，法院不应主动作出认定。行政机关对行政违法行为的认定和处理与人民法院对民事案件的认定和处理是两个不同的法律程序，在目前无任何法律法规对变相期货交易的认定应由行政机关先行认定进行规定的情况下,两个程序不存在先后之分,不应适用行政前置程序。

在期货和衍生品法生效实施后,《期货和衍生品法》对期货交易进行了重新定义,因此,应严格按照《期货和衍生品法》关于"期货交易"的定义来界定某类交易行为是否属于期货交易。

(四)期货实物交割中的产品质量是否符合标准应以期货交易所认可的产品质量检测机构的检测结果为准[①]

1. 基本案情

2020年5月13日,莱州天赐宝公司与开源公司签订《车船板交割(苹果)中转协议》,约定作为卖方的莱州天赐宝公司在2020年5月14日将40吨交割苹果运至基准计价点,并及时通知作为买方的开源公司,由开源公司质检员按照郑州商品交易所苹果期货标准检验交割品,开源公司无质量异议或拿到复检合格报告后,即为确认货权。

莱州天赐宝公司按约定将案涉交割苹果运至基准计价点后,开源公司于2020年5月14日到达莱州天赐宝公司仓库对案涉苹果进行初检,因双方对初检结果未达成一致,进入复检流程,由开源公司对复检样品进行挑选并封存,针对以上初检、复检及选样流程双方共同在《苹果期货交收检验告知书》《苹果期货检验数据确认单》《复检确认书》上签字确认。经郑州商品交易所指定,济南果品研究院对案涉苹果进行复检,并于2020年5月21日出具编号为JNY20200503的《检验报告》,检验结果显示的各项数据均符合《中国国家标准鲜苹果(GB/T10651-2008)》及《郑州商品交易所期货交割细则》规定的交割标准。

2020年6月10日,莱州天赐宝公司向开源公司发出《催告通知书》,表示开源公司收到《检验报告》后即应于24小时内提货,却至今未提货,要求开源公司收到通知函后于3日内来仓库提取交割苹果,并支付相应的计价点打冷费用,但开源公司一直未提货。

山东省烟台市中级人民法院一审判决开源公司应到莱州天赐宝公司提取案涉的40吨交割苹果,并支付计价点打冷费20000元、筐子租赁费,共计52295元。一审判决已生效。

[①] (2020)鲁06民初375号。

2. 争议焦点

济南果品研究院出具的《检验报告》能否作为判定案涉苹果质量的依据？济南果品研究院对案涉苹果是否具有检测资质？

3. 裁判要旨

期货交易所依据其交易规则指定并公示的质量检测的机构，对案涉产品具备检测资格。当事人约定"按照郑州商品交易所苹果期货标准检验交割品，开源公司无质量异议或拿到复检合格报告后应在24小时内完成装车指令并发货""若开源公司对苹果质量存有异议，根据郑州商品交易所规定可提出异议并申请复检"。而从郑州商品交易所发布的公告看，济南果品研究院系当时郑州商品交易所指定进行苹果质检的机构，因此，济南果品研究院作出的《检验报告》应当作为判定案涉苹果质量是否合格的依据，交易双方均应对其作出的复检结果予以接受。

4. 案件评述

期货实物交割发生产品质量争议纠纷在实践中较为少见，本案判决为期货实物交割质量纠纷案件判定提供了参考指引。

（1）期货实物交割的产品质量标准应适用双方共同同意的产品质量检测标准。根据莱州天赐宝公司与开源公司签订的《车船板交割（苹果）中转协议》，约定按照郑州商品交易所苹果期货标准检验交割品；若开源公司对苹果质量存有异议，根据郑州商品交易所规定可提出异议并申请复检。在双方对产品质量标准存在明确约定的情况下，应优先适用双方约定的产品质量标准，即郑州商品交易所规定的苹果期货标准。《郑州商品交易所期货交割细则》第63条明确规定苹果交割应符合《中国家标准鲜苹果》（GB/T10651-2008）一等及以上等级质量指标。因此，按上述产品质量标准进行检测存在法律依据和约定依据。

（2）期货交易所指定的质量检测机构对相应的实物交割期货产品具有质量检测资质。《郑州商品交易所期货交割细则》第100条第4款明确规定："苹果买卖双方发生质量争议时，应协商解决。协商不一致的，应当在货物未离开指定车（船）板现场情况下向交易所提出复检申请，并说明需要复检的质量指标。交易所指定机构进行检验，复检机构自收到交易所复检通知之日（不含该日）起5个工作日内应当做出复检结果，复检结果为解决争议的依据。"郑州商品交易所于201 年 月20日在其官网上公布济南果品研究院为其指定的苹果质检机构之一。因此，济南果品研究院是郑州商品交易所依据其交易规则指定并公示的苹果质量检测机构，对案涉苹果具备检测资格。

需要特别关注的是，郑州商品交易所并未在案件中作为诉讼主体参与。根据《期货司法解释》第 45 条的规定，在期货合约交割期内，买方或者卖方客户违约的，期货交易所应当代期货公司、期货公司应当代客户向对方承担违约责任。然而，在本案中，莱州天赐宝公司在起诉时并未将郑州商品交易所列为被告，而是依据在实物交割过程中与开源公司签订的《车船板交割（苹果）中转协议》直接将开源公司作为被告，这是当事人对自己诉权的自行处分行为。

（五）期货居间人负有"投资者适当性义务"且期货公司对期货居间人负有管理义务[①]

1. 基本案情

陶军男于 2019 年 1 月 16 日参加首创期货公司的居间培训测试，且陶军男作为乙方与作为甲方的首创期货公司稍后共同签署了《居间合同》。

2019 年 6 月 3 日，经居间人陶军男介绍，张亚红签署与首创期货公司《普通投资者适当性匹配意见告知书》《期货交易手续费确认书》《期货委托理财特别风险提示及居间业务明示》《互联网开户风险揭示》《期货交易风险说明书》、《期货经纪合同》及《客户须知》等文件。《普通投资者适当性匹配意见告知书》中显示张亚红为 C4 类风险承受能力投资者。

在开设前述期货账户后，张亚红跟随"韩东"在"A+B 布局交流群"中的指令进行期货交易操作，进行螺纹钢期货交易。在期货交易期间，张亚红共计入金 323 万元，出金 1298207.22 元，差额 1931792.78 元。张亚红称其中平仓盈亏为 791740 元，张亚红与首创期货公司确认张亚红为期货交易支付的手续费共计 1140052.78 元。

期货交易损失发生后，张亚红将首创期货公司举报至中国证券监督管理委员会北京监管局（以下简称北京证监局）。在投诉处理期间，首创期货公司联系陶军男处理相关事项，陶军男不予配合。2020 年 1 月 22 日，北京证监局对首创期货公司出具《关于对北京首创期货有限责任公司采取责令改正监管措施的决定》，载明："经查，你公司在居间人管理方面存在未有效执行公司制度的问题。上述行为违反了《期货公司监督管理办法》第五十六条的规定，按照《期货公司监督管理办法》第一百零九条的规定，我局决定对你公司采取责令改正的行政监管措施。"

[①] （2021）沪 74 民终 206 号。本案系 2022 年上海金融法院证券期货投资者权益保护十大典型案例。

一审法院判决陶军男、首创期货公司向张亚红连带赔偿损失 772717 元。北京市高级人民法院二审改判陶军男向张亚红赔偿损失 579537.83 元，首创期货公司向张亚红赔偿损失 193179.28 元。

2. 争议焦点

期货居间人是否应承担法律责任？若应承担，承担法律责任的依据和法律法律责任性质是什么？期货公司是否应承担法律责任？

3. 裁判要旨

（1）期货居间人应当独立承担基于居间经纪关系所产生的民事责任。期货居间人不隶属于任何机构，应以自己的名义开展居间业务，并独立承担基于居间等行为产生的一切法律后果。因此，期货居间人的法律地位及应承担的法律责任性质，不同于代理人及代理法律关系的性质。

（2）根据《期货公司居间人管理办法（试行）》第 11 条的规定，期货居间人负有"投资者适当性义务"，因其未履行"投资者适当性义务"，故期货居间人应当承担相应的赔偿责任。

（3）根据《期货公司居间人管理办法（试行）》第 4 条之规定，期货公司应当承担期货居间人管理主体责任。期货公司对期货居间人疏于管理，导致期货居间人未履行"投资者适当性义务"的，具有一定过错，期货公司应承担相应的赔偿责任。

4. 案件评述

在期货交易中，期货居间人是一个极为重要但又常常被忽视的群体。因为，期货居间人并不属于期货交易主体，即期货居间人并不参与期货交易，其只是为交易双方提供居间服务。在期货交易纠纷中，由于期货居间人法律地位的原因，期货居间人的法律责任也存在模糊之处，本案判决为厘清期货居间人法律责任提供了指引。

（1）明确认定期货居间人和期货公司之间是居间关系，不属于委托代理关系，也不属于行纪关系。《期货司法解释》第 10 条对期货居间人的法律责任存在明确规定，公民、法人受期货公司或者客户的委托，作为居间人为其提供订约的机会或者订立期货经纪合同的中介服务的，期货公司或者客户应当按照约定向居间人支付报酬。居间人应当独立承担基于居间经纪关系所产生的民事责任。在本案中，陶军男与首创期货公司共同签署了《居间合同》，且张亚红开设期货账户过程中也是将将居间人填写为"陶军男"，因此，陶军男与首创期货公司之间有效建立了居间关系。

（2）明确认定期货居间人负有"投资者适当性义务"。在本案中，期货居间人陶军男抗辩称其对投资者并不负有"投资者适当性义务"，负有该义务的是期货公司，即依法负有向客户进行风险提示义务的主体是期货公司。然而，《期货公司居间人管理办法（试行）》第11条明确规定，期货居间人不仅应严格履行"投资者适当性义务"，同时对投资者应当负有诚实守信、勤勉尽责的义务。这意味着，不仅期货公司对投资者负有"投资者适当性义务"，期货居间人投资者也负有"投资者适当性义务"；因为期货居间人往往是投资者接触的第一线人员，对期货居间人严格要求履行"投资者适当性义务"将有助于落实投资者保护。

（3）明确从严认定期货公司对期货居间人的管理义务。《期货公司居间人管理办法（试行）》第4条等众多条款均明确规定了期货公司对期货居间人的管理义务。然而，在业务实践中，期货公司往往仅进行形式上、程序上管理，并未严格按照上述要求严格履行对期货居间人的管理义务，有时甚至放任、纵容期货居间人的行为。虽然首创期货公司声称已履行管理义务，但北京证监局已认定首创期货公司在居间人管理方面存在未有效执行公司制度的问题，并对其采取责令改正的行政监管措施。首创期货公司有能力且应当预见居间人未履行适当性义务会对投资者作出自主交易决策产生不利影响，仍放任居间人在开展居间业务过程中不履行适当性义务，首创期货公司未完全履行其管理义务，存在过错，亦应对投资者承担法律责任。

（六）交易密码被盗用的法律后果由客户自行负责，期货公司对此不承担法律责任[①]

1. 基本案情

2005年9月15日，中期嘉合公司（甲方）与特变电工公司（乙方）签订《期货经纪合同》和《期货经纪电子化交易合同》，约定乙方的交易密码由乙方在自己的交易终端上自行设定和修改，乙方的交易密码只限于乙方的指令下达人掌握，凡是使用乙方密码在乙方账户下达的交易指令皆视作乙方的合法指令下达人所下达。乙方需确保自己的交易密码安全，由于密码泄密所带来的损失甲方不予承担。

特变电工公司主张，2016年11月10日至2016年11月11日期间，案涉交易账户出现5次异常登录情况，使用账户内资金进行非法交易。中期公司

---

① （2020）京民终121号。

辩称案涉账户交易均系凭交易密码完成的正常交易。根据中期公司提供的特变电工公司账户交易系统原始数据记录，双方争议的5次登录分别发生于2016年11月10日21时50分24.秒、2016年11月10日22时52分4.34秒、2016年11月10日23时23分25秒、5.2016年11月10日23时53分54秒、2016年11月11日0时24分19秒，该5次记录均显示用户登录失败，IP地址均为×××.××.××.×××，MAC地址均为××：××：××：××：××：××，失败原因均为CTP：不合法的登录。需要指出的是，该记录亦显示2016年11月10日22时21分41秒，IP地址为×××.××.××.×××，MAC地址为××：××：××：××：××：××的用户成功登录案涉交易账户。

一审法院判决驳回特变电工公司的诉讼请求。北京市高级人民法院二审判决驳回上诉，维持原判。

2. 争议焦点

客户密码被盗且因非法登录交易产生损失，期货公司是否对该等损失承担赔偿责任？

3. 裁判要旨

（1）中期公司并未违反《期货经纪合同》《期货经纪电子化交易合同》等约定义务，对特变电工公司异常交易所产生的损失不应承担赔偿责任。

（2）若特变电工公司关于其期货账户并非单纯的异常交易，而是外力所为的被盗码交易的主张成立，则目前特变电工公司提供的证据无法证明特变电工公司所受损失与中期公司的行为之间具有因果关系。

4. 案件评述

目前期货交易均是通过网络进行电子化交易，然而，电子化交易存在风险。因为互联网是全球公共网络，并不由任何一个机构所控制，数据在互联网上传输的途径不是完全确定的，互联网上传输的数据有可能被某些个人、机构通过某种非法渠道获取，并有可能恶意破坏数据的原始性。在客户通过网络进行期货电子化交易时，网上黑客、网络病毒的攻击和入侵会导致网上委托交易系统出现故障，客户密码被盗也可能会导致客户期货账户发生非法交易，客户由此产生损失的责任由谁承担？本案明确了交易密码被盗时责任的承担以及期货公司交易安全责任的界限，在异常交易、密码被盗等责任认定方面提供了思路，具有积极意义。

（1）期货账户登录失败次数尚未触发期货公司锁定交易账户的法定义务。在本案中，《期货经纪合同》《期货经纪电子化交易合同》等相关法律文件并未明确约定期货公司在期货账户登录失败的情况下负有账户锁定义务。2017年9月4日，中国期货业协会颁布《投资者账户安全管理工作指南》，规定期货公司应在期货交易系统中设置投资者账户登录失败锁定次数不高于5次（含5次），即同一IP地址在一天之内连续5次登录某一账户失败，自动锁定该账户使用该IP地址登录的权限。在本案中，虽然特变电工公司主张"在94分钟内同一IP地址连续四次密码输入错误，但中期公司交易系统无提示"，但上述事实并不符合"同一IP地址在一天之内连续5次登录某一账户失败，自动锁定该账户使用该IP地址登录的权限"规定。也就是说，即使按照特变电工公司"同一IP地址连续四次密码输入错误"的说法和《投资者账户安全管理工作指南》，中期公司也并不负有系统提示义务，更不负有锁定账户义务。

（2）期货公司对客户因密码被盗所发生的损失并不承担法律责任。在本案中，特变电工公司一是并未证明其账户密码已经被盗这一事实，目前证据只能证明存在被盗的可能性；二是即使特变电工公司账户密码被盗，特变电工公司并未证明中期公司对账户密码被盗事宜存在过错或疏忽，即中期公司与特变电工公司密码被盗或被盗后的期货交易不存在因果关系，中期公司自然不应对特变电工公司因密码被盗遭受的损失承担赔偿责任。《期货经纪电子化交易合同》第3条明确规定特变电工公司的交易密码由其在自己的交易终端上自行设定和修改，且其交易密码只限于特变电工公司的指令下达人掌握，凡是使用特变电工公司密码在特变电工公司账户下达的交易指令皆视作特变电工公司的合法指令下达人所下达。特变电工公司没有提供证据其密码被盗与中期公司的安全系统有关，也无任何证据证明中期公司参与、协助了特变电工公司密码被盗，那么，特变电工公司因密码被盗遭受的损失，中期公司显然不应承担赔偿责任。

（七）即使发生了强行平仓情形，期货公司也无权直接扣划平仓义务人其他资金补充保证金[①]

1. 基本案情

2014年11月，工行天水分行作为甲方，彭某作为乙方，就工行天水分行为彭某提供代理个人贵金属现货延期交收业务（以下简称递延业务）有关事项，以网络签约的形式签订了交易代理协议。彭某在2015年2月16日至2016年7月6日期间共进行700多笔交易，2016年5月3日，因彭某在上一个交易日日终资

---

① （2020）甘05民终816号。

金清算时保证金比例低于强平线 9%，彭某于 5 月 3 日 7 时 33 分汇款 2 万元，9 时 19 分通过赵强支付宝转账 5000 元，银行系统自动扣款上述 25000 元后，因保证金比例仍低于强平线 9%，故银行系统自动进行了部分强平；2016 年 6 月 30 日，日终资金清算时，彭某持仓 1600 手，已付保证金 532488.17 元，结算价为 3958 元，保证金比例为 8.4%，低于 9% 的强平线，且彭某未在下一个交易日开市前，即 2016 年 6 月 30 日 19 时 45 分之前补足保证金；7 月 1 日上午 9 时，彭某自行减仓 300 手，银行系统于 9 时 30 分从彭某账户上自动扣款 2 万元，此时彭某的保证金比例已从 6 月 30 日日终结算时的 8.4% 提高到 10.73%，不符合"低于 9%"的约定，银行系统未强行平仓；7 月 1 日日终结算时，彭某持仓 1300 手，已付保证金为 384132.62 元，结算价为 4069 元，已付保证金比例为 7.26%，低于 9% 的强平线，且彭某未在下一个交易日开市前，即 2016 年 7 月 1 日（7 月 2 日、3 日为周六、周日，不产生交易）19 时 45 分之前补足保证金。7 月 4 日 9 时 31 分，因银行系统对彭某活期账户自动扣款 155800 元，此时彭某的保证金比例已提高至 10.20%，不符合"低于 9%"的约定，银行系统仍未强行平仓；7 月 4 日日终结算时，彭某持仓 1300 手，已付保证金为 270505.65 元，结算价为 4277 元，已付保证金比例为 4.86%。因 7 月 4 日 14 时整出现涨停，强平保证金比例调整为 13%，工行天水分行按照协议约定可于下一个交易日即 7 月 4 日 19 时 45 分至 7 月 5 日 15 时 30 分的 3 个交易时间段内的任何时间点对彭某的账户进行强行平仓，7 月 4 日 20 时 34 分，银行系统对彭某的账户进行了强行平仓，以 4664 元/手的价格卖出 881 手，于 20 时 39 分以 4530 元/手的价格卖出 41 手、以 4528 元/手的价格卖出 1 手、以 4529 元/手的价格卖出 1 手。

一审法院判决工行天水分行赔偿彭某 282379 元交易亏损，彭某赔偿工行天水分行穿仓损失 82682 元，驳回双方其他诉讼请求。二审法院维持原判。甘肃省高级人民法院驳回再审申请。

2. 争议焦点

工行天水分行是否有权从彭某绑定的银行账户中自动扣划资金追加交易保证金？工行天水分行在 2016 年 7 月 1 日、7 月 4 日未对彭某账户启动强行平仓是否违反双方协议约定？

3. 裁判要旨

（1）工行天水分行无权从彭某绑定的银行账户中自动扣划资金追加交易保证金。除非双方对从彭某在办理递延业务时绑定的银行账户中自动扣划资金追加交易保证金有明确约定，否则工行天水分行无权从彭某的银行卡中自动扣划资金进入贵金属延期交易账户补足保证金。

（2）工行天水分行构成强行平仓不及时。在2016年7月1日、7月4日上午时段开盘半小时后强行平仓的实体条件、程序条件均已具备，工行天水分行应当启动强行平仓；然而，工行天水分行并未按规定进行强行平仓，属于强行平仓不及时。

4. 案件评述

与前文的光大期货有限公司与鲍卫明期货经纪合同纠纷案不同，本案涉及强行平仓制度的另外两个方面。在已经触发强行平仓的情况下，强行平仓主体可以采取的救济措施有哪些？在已经符合强行平仓的实体条件、程序条件的情况下，强行平仓是强行平仓主体的权利还是义务？本案对上述问题的认定、解决提供了清晰指引，具有较强的实践意义。

（1）强行平仓主体采取救济措施范围的依据是法律法规规定和当事人约定；在当事人未明确约定的情况下，强行平仓措施的范围仅限于法律法规规定。无论是《期货交易管理条例》《期货司法解释》，还是新颁布实施的期货和衍生品法，均是规定交易者的保证金不符合结算参与人与交易者约定标准的，结算参与人应当按照约定通知交易者在约定时间内追加保证金或者自行平仓；交易者未在约定时间内追加保证金或者自行平仓的，按照约定强行平仓。

这意味着，在触发强行平仓条件的情况下，强行平仓主体负有通知义务，应先通知交易者在约定时间内追加保证金或者自行平仓。此时，交易者也有两项选择：一是追加保证金；二是自行平仓。在采取上述两种措施后，交易者可以避免被强行平仓。当然，交易者也可以不采取上述任何一种措施，这就导致交易者持有的仓位被强行平仓。强行平仓主体在上述期间不能采取其他措施，只有交易者在规定时间内仍未"追加保证金或者自行平仓"时，强行平仓主体才可以按约定进行强行平仓。可见，强行平仓主体是根据结果而被迫采取强行平仓行为，其并不享有从交易者账户中主动扣款追加保证金的权利，是否追加保证金是交易者的权利，交易者根据自身对市场风险的判断而决定是否追加保证金、采取自行平仓或者二者均不采取。强行平仓主体不能替交易者作出选择，其只能根据交易者选择的结果来判断是否需要进行强行平仓。

（2）在强行平仓的实体条件、程序条件均已具备的情况下，强行平仓将不再是一项权利，而是一项义务。本案和光大期货有限公司与鲍卫明期货经纪合同纠纷案在判决中都明确"强行平仓从本质上看是金融公司为维护自身资金安全所享有的一项权利",但在强行平仓法定条件成就时,强行平仓变成期货公司的一项义务;此时,期货公司应当及时采取强行平仓措施,即是维护自身利益,也是为交易者及时止损;如果期货公司拒不采取强行平仓措施或延迟采取,交易者持仓仓位将面临扩大损失的风险,期货公司反而应对该等扩大损失承担相应法律责任。

强行平仓制度的根本目的在于避免透支交易。《期货司法解释》第31条第2款明确规定透支交易的定义,第34条第2款进一步规定了透支交易损失的责任承担。如前所言,触发强行平仓最主要的原因就是保证金不足;在保证金不足的情况下,若交易者拒绝追加保证金或自行平仓,此时显然将构成第31条规定的透支交易;如果此时期货公司不采取强行平仓措施,放任自行发展,则对于该等透支交易造成的损失,期货公司应承担主要赔偿责任,赔偿额不超过损失的80%。因此,在符合法定条件的情况下,强行平仓变成了期货公司的义务,《期货司法解释》第40条也明确规定了期货公司未按约定进行强行平仓的法律责任。

三、热点前沿法律问题探讨

(一)期货结算机构(期货交易所)在期货结算实物交割中的法律责任

尽管最高人民法院在司法解释中对期货结算机构在实物交割的法律责任存在明确规定,但在理论和实务中还是存在不同观点,因此,有必要进一步研究探讨。

1.《期货和衍生品法》第46条中实物交割责任问题

在分析期货结算机构在期货结算实物交割中的法律责任之前,本文有必要指出《期货和衍生品法》在实物交割方面的前后不一致问题。

《期货和衍生品法》第46条明确规定:"期货交易的实物交割在期货交易场所指定的交割库、交割港口或者其他符合期货交易场所要求的地点进行。实物交割不得限制交割总量。采用标准仓单以外的单据凭证或者其他方式进行实物交割的,期货交易场所应当明确规定交割各方的权利和义务。"

可见,第46条规定期货交易所在期货交易的实物交割中作用,但《期货和衍生品法》第45条和第47条均是规定期货交易的实物交割是由期货结算机构负责的。

《期货和衍生品法》第45条明确规定:"期货合约采取实物交割的,由期货结算机构负责组织货款与标准仓单等合约标的物权利凭证的交付。期货合约采取现金交割的,由期货结算机构以交割结算价为基础,划付持仓双方的盈亏款项。本法所称标准仓单,是指交割库开具并经期货交易场所登记的标准化提货凭证。"

第47条进一步规定:"结算参与人在交割过程中违约的,期货结算机构有权对结算参与人的标准仓单等合约标的物权利凭证进行处置。交易者在交割过程中违约的,结算参与人有权对交易者的标准仓单等合约标的物权利凭证进行处置置。"

第94条第1款也明确规定:"期货结算机构履行下列职责:(一)组织期货交易的结算、交割;……"

作为对比,《期货和衍生品法》第85条规定的期货交易所的职责范围并不包括"组织期货交易的结算、交割"内容。

结合第45条、第47条以及第94条规定,再对比第85条规定内容,第46条规定期货交易所在期货交易的实物交割中的作用是不合适的,尤其是在《期货和衍生品法》已经将期货结算机构单独成章规定的情况下。

本报告认为,在中国目前期货交易所和期货结算机构一体的情况下,第46条并不会产生太多问题;然而,若将来中国成立独立的期货结算机构,那么第46条规定就会产生问题,实物交割的地点由谁来指定?标准仓单以外的实物交割由谁来主导?是期货交易所还是期货结算机构?本文建议遵循设立期货结算机构的本意,将期货交易的结算、交割均由期货结算机构负责,期货交易所负责期货交易品种、交易场所服务等,使期货交易所和期货结算机构的权责分明,避免混淆。

2. 期货结算机构的法律责任

根据《期货和衍生品法》第45条第1款的规定,期货结算机构在期货交割中的法律责任主要有以下三项:一是对买方结算参与人承担交付标准仓单的法律责任;二是对卖方结算参与人承担支付交割货款的法律责任;三是对买方结算参与人承担开具增值税专用发票的法律责任。

对于期货结算机构是否参与开具增值税专用发票,各期货结算机构存在不同做法。《上海期货交易所结算细则》第61条明确规定:"交易所向买方会员开具增值税专用发票,向卖方会员收取增值税专用发票。买方会员向买方客户开具增值税专用发票,向交易所收取增值税专用发票。卖方会员向交易所开具增值税专用发票,向卖方客户收取增值税专用发票。卖方会员最迟应当在最后交割日将增值税专用发票交至交易所。"[1] 由此可以看出,卖方期货投资者客户、卖方交易会员、

---

[1] 《上海期货交易所结算细则》,载上海期货交易所官网,2022年7月10日访问。

卖方结算参与人、期货结算机构、买方结算参与人、买方交易会员、买方期货投资者客户七方构成一条出具增值税专用发票的单向链条。卖方期货投资者客户是增值税专用发票的最终出具主体，而买方期货投资者客户则是增值税专用发票的最终收取主体，除此之外包括卖方结算参与人、期货结算机构在内的其他主体，即使增值税专用发票的出具者，又是增值税专用发票的收取者。

大连商品交易所和郑州商品交易所却对增值税专用发票的开具主体与收取主体作出了不同规定。《大连商品交易所结算细则》第63条第1款明确规定："发票或者交易所认可的其他单据由交割的卖方客户向相对应的买方客户开具，并由双方会员转交、领取并协助核实，交易所根据双方会员确认结果结清相应的余款。交易所另有规定的除外。"①《郑州商品交易所期货交割细则》第107条第1款也明确规定："卖方向对应的买方开具增值税专用（普通）发票。"②可见，此时增值税专用发票的开具主体只是卖方期货投资者客户，而增值税专用发票的收取主体也只是买方期货投资者客户。期货结算机构、结算会员、交易会员并不直接参与增值税专用发票的开具与收取，结算会员、交易会员只是仅仅负责"转交、领取并协助核实"。

本报告认为，卖方结算参与人直接向期货结算机构开具增值税专用发票更符合期货交割的法律原理。在具体分析之前，有必要先明确一下有关增值税专用发票的开具收取规定。《增值税专用发票使用规定》第2条规定："专用发票，是增值税一般纳税人（以下简称一般纳税人）销售货物或者提供应税劳务开具的发票，是购买方支付增值税额并可按照增值税有关规定据以抵扣增值税进项税额的凭证。"可知，增值税专用发票的开具主体是销售货物或提供应税劳务的一般纳税人（即卖方），而增值税专用发票的收取主体则是支付增值税额的购买方。在期货交割中，卖方结算参与人与期货结算机构之间存在期货合同关系，且卖方结算参与人是作为卖方，而期货结算机构是作为买方，所以，卖方结算参与人应当向作为买方的期货结算机构开具增值税专用发票。由于卖方结算参与人与买方结算参与人之间并不存在直接的期货合同关系，卖方结算参与人并无向买方结算参与人开具增值税专用发票的义务。因此，卖方结算参与人负有向期货结算机构开具增值税专用发票的法律责任。

相应地，卖方交易会员、卖方期货投资者客户也负有交付标准仓单以及开具

---

① 《大连商品交易所结算细则》，载大连商品交易所官网，2022年7月10日访问。
② 《郑州商品交易所期货交割细则》，载郑州商品交易所官网，2022年7月10日访问。

增值税专用发票的法律责任。卖方交易会员履行上述两项义务主要是有赖于卖方期货投资者客户对其交付标准仓单、开具增值税专用发票义务的履行。卖方期货投资者客户欲承担其交付标准仓单的法律责任，就必须事先取得标准仓单，而卖方期货投资者客户欲取得标准仓单，其就必须将待交割的商品货物在期货结算机构指定的交割仓库处办理入库验收、质量检验以及相关注册等手续，以获得交割仓库签发的标准仓单。此处需要说明的是，卖方期货投资者客户必须在期货结算机构指定的交割仓库才能获得标准仓单，只有如此其才能履行所承担的法律职责。

针对期货结算机构在期货交割中所应承担的法律责任存在不同观点，比如有的观点认为期货结算机构承担的应是保证责任或交割担保责任，[1] 还有的观点区分期货交易所在交割环节的不同角色，认为"交易所虽然是期货合约的主体，但不宜再因对货物缺陷承担责任"[2]，然而，问题在于，如果作为期货合约主体的期货结算机构都不对实物交割货物的质量缺陷承担责任，那么又应由谁来承担交割货物的质量缺陷责任？

基于期货结算机构作为期货合约主体这一基本事实，本报告认为，期货结算机构承担的均是直接的合同法律责任，而非第三方的保证责任或不承担任何责任。

由于期货结算机构与买方结算参与人、卖方结算参与人之间的合同是相对独立的，因此，期货结算机构对买方结算参与人所承担的交付标准仓单的法律责任与期货结算机构对卖方结算参与人所承担的支付交割货款的法律责任也是相对独立的。这意味着，即使卖方结算参与人未能向期货结算机构履行交付标准仓单的法律义务，期货结算机构依然应当对买方结算参与人承担交付标准仓单的法律责任，不得主张自己未收到卖方结算参与人应交付的标准仓单而不向买方结算参与人承担交付标准仓单的法律责任。因为期货结算机构与买方结算参与人、卖方结算参与人之间存在的是不同的合同法律关系，期货结算机构不得以作为第三方的卖方结算参与人违约为由而不履行自己对买方结算参与人承担的法律义务。同样道理，无论买方结算参与人是否向期货结算机构履行支付交割货款的义务，期货结算机构都必须对卖方结算参与人承担支付交割货款的法律责任。

（二）期货交割违约的法律问题

如果发生期货交割参与主体违约，违约方应当承担什么违约责任呢？守约方

---

[1] 吴庆宝主编：《期货诉讼原理与判例》，人民法院出版社2005年版，第116—120、217—218页。

[2] 王艺璇：《论我国期货交易所在实物交割中的法律责任》，载《法律适用》2021年第12期。

又享有哪些救济措施呢？

《期货司法解释》第 44 条第 1 款明确规定："在交割日，卖方期货公司未向期货交易所交付标准仓单，或者买方期货公司未向期货交易所账户交付足额货款，构成交割违约。"这意味着，只要买方结算参与人未能按时足额支付交割货款或卖方结算参与人未能按时足数交付标准仓单，该行为将构成交割违约。对于构成交割违约，违约方应当根据合同法等相关规定承担违约责任。第 44 条第 2 款进一步明确规定："构成交割违约的，违约方应当承担违约责任；具有民法典第五百六十三条第一款第四项规定情形的，对方有权要求终止交割或者要求违约方继续交割。"

如果要求终止交割，此时违约方应当承担恢复原状的法律责任，即买方结算参与人应当退还已收取的标准仓单，卖方结算参与人则应当退还已收取的交割货款。如果要求继续交割，则将进行征购或竞卖。若征购或竞卖成功，则交割将顺利进行完毕。若征购或竞卖失败，则交割自动终止，违约方应当赔偿违约期货合同价值一定比例的赔偿金。此外，违约方还应当承担因征购或竞卖产生的一切经济损失和费用的法律责任。第 44 条第 3 款即明确规定："征购或者竞卖失败的，应当由违约方按照交易所有关赔偿办法的规定承担赔偿责任。"

违约的结算会员、期货投资者客户、交易会员及交割仓库显然应当对自己的违约行为承担违约责任，然而，此时期货结算机构又应当承担什么形式的责任呢？

1. 直接承担责任 VS. 代为承担责任

《期货司法解释》第 45 条明确规定："在期货合约交割期内，买方或者卖方客户违约的，期货交易所应当代期货公司、期货公司应当代客户向对方承担违约责任。"第 48 条进一步规定："期货公司未按照每日无负债结算制度的要求，履行相应的金钱给付义务，期货交易所亦未代期货公司履行，造成交易对方损失的，期货交易所应当承担赔偿责任。期货交易所代期货公司履行义务或者承担赔偿责任后，有权向不履行义务的一方追偿。"根据该条款规定，期货结算机构只是代期货公司履行义务或者承担赔偿责任，即由期货结算机构代违约的结算会员向守约的结算会员履行义务或承担赔偿责任。这意味着，违约的结算会员是直接对守约的结算会员承担义务或法律责任的，期货结算机构并不是对守约结算会员承担法律责任的直接主体，只有违约结算会员不履行相关义务或承担赔偿责任时，期货结算机构才代其履行，即承担的是补充责任。况且，期货结算机构在代为履行义务或承担赔偿责任后，还有权向违约结算会员追索，该追索权是建立在代为履行的法律基础上。

本报告认为，将期货结算机构的责任规定为代为履行责任存在不妥。因为买方结算参与人与卖方结算参与人之间并不存在直接的期货合同关系，二者均是与期货结算机构之间存在直接的期货合同关系。因此，如果买方结算参与人违约，根据合同的相对性，买方结算参与人只是对期货结算机构承担违约责任，对卖方结算参与人并不承担违约责任。由于买方结算参与人违约，不论期货结算机构是否向卖方结算参与人履行合同义务，其均有权依据其与买方结算参与人之间的期货合同关系而直接追究买方结算参与人的违约责任。同时，买方结算参与人的违约行为，并不影响期货结算机构对卖方结算参与人承担的法律责任，即期货结算机构仍应对卖方结算参与人履行义务或承担赔偿责任。然而，该义务的履行或赔偿责任的承担，并不是期货结算机构代违约的买方结算参与人进行的，而是期货结算机构依据其与卖方结算参与人之间的期货合同而以自己名义直接向卖方结算参与人承担的。卖方结算参与人有权直接要求期货结算机构履行期货合同义务，而不必顾及买方结算参与人是否履约。因此，期货结算机构应当以自己名义直接承担责任，而非代结算会员承担责任。

《期货司法解释》不仅规定期货交易所应当代期货公司承担违约责任，还规定期货公司应当代期货投资者客户承担违约责任，例如第45条。本报告认为，该条规定值得商榷。由于违约的期货投资者客户与期货结算机构之间并不存在直接的期货合同法律关系，且违约的期货投资者客户与守约的期货投资者客户、交易会员、结算会员之间也不存在直接的期货合同法律关系，故违约的期货投资者客户对期货结算机构、守约的期货投资者客户、交易会员、结算会员等并不承担直接的违约责任。违约的期货投资者客户只对与其存在直接合同关系的结算会员或交易会员承担违约责任。由于结算会员与期货结算机构之间存在直接的期货合同法律关系，因此，当结算会员的期货投资者客户发生违约时，结算会员并不是代其客户向期货结算机构承担违约责任，其而是以自己名义向期货结算机构直接承担合同违约责任。

2. 独立责任 VS. 连带责任

《期货司法解释》第47条明确规定："交割仓库不能在期货交易所交易规则规定的期限内，向标准仓单持有人交付符合期货合约要求的货物，造成标准仓单持有人损失的，交割仓库应当承担责任，期货交易所承担连带责任。期货交易所承担责任后，有权向交割仓库追偿。"根据该条规定，期货结算机构就交割仓库的违约行为承担的是连带责任。这意味着，在期货交割中，交割仓库一旦发生违约行为，期货结算机构就应当对交割仓库的违约行为承担连带责任。然而，期货结算机构此处承担连带责任的法律基础是什么？为何不是与交割仓库分别地承担各自责任？

本报告认为，期货结算机构承担连带责任的法律基础在于其是期货合同的直接法律主体，其应当对期货交割中交割商品的交付承担最终法律责任。期货结算机构作为期货合同的直接法律主体，向买方结算参与人交付交割商品应是其最基本的法律义务。由于在期货交割中，期货结算机构自己并不直接将交割商品交付给买方结算参与人，而是通过将代表货物所有权的标准仓单交付给买方结算参与人，再由买方结算参与人直接向期货结算机构指定的交割仓库提取交割商品。正如前文所论述的，交割仓库本身并不是期货交割的法律主体，其只是期货交割的参与主体，为期货实物交割提供仓储等服务。交割仓库在期货交割中的角色类似于货物买卖中的承运人，承运人只是代表发货人将货物交付给收货人，交割仓库也只是代表期货结算机构（期货合同卖方）将货物交付给期货合同买方。虽然承运人承担按时、按质、按量交付货物的责任，但其只是代货物买卖合同中的卖方交付货物，如果其未能交付货物，卖方依然应当货物买卖合同向买方承担货物交付义务。同理，交割仓库也只是代期货合同卖方交货，然而，一旦因交割仓库的过错造成标准仓单持有人不能行使或不能完全行使标准仓单权利的，期货结算机构仍应对期货合同买方承担交付交割商品的义务，即期货结算机构对交割仓库未能按规定交付货物的行为应继续承担责任。这意味着，期货合同买方可以要求交割仓库对其违约行为承担赔偿责任，也可以直接要求期货结算机构对交割仓库的违约行为承担赔偿责任。当然，期货结算机构在承担相应违约责任后，根据其与交割仓库之间的《指定交割仓库协议书》，有权向交割仓库追偿。

综上所述，一旦期货结算机构、结算会员、交易会员、期货投资者客户、交割仓库等任一期货交割参与主体发生违约，违约方均应当以自己名义直接对自己的合同对手承担违约责任。因自己的客户或会员违约而导致自己违约的，违约方依然应当以自己名义向合同对手承担违约责任，并有权追究自己违约的客户或会员的违约责任。当交割仓库违约时，不仅交割仓库自身应当向标准仓单持有人承担违约责任，期货结算机构还应当对交割仓库的违约行为承担连带责任。

（三）非法期货交易、变相期货交易的认定标准问题

尽管相关法律法规对非法期货交易、变相期货交易存在相关规定，但在司法

实践中存在不同判例，在理论上也存在不同观点①，因此，有必要对非法期货交易、变相期货交易的认定标准问题进一步研究探讨。

1. 相关规定梳理

（1）虽然《期货和衍生品法》并未对非法期货交易、变相期货交易进行规定，但《期货和衍生品法》对期货交易、期货合约、期权合约作出了明确规定。

《期货和衍生品法》第3条第1款明确规定："本法所称期货交易，是指以期货合约或者标准化期权合约为交易标的的交易活动。"

第3条第3款和第4款进一步明确规定："本法所称期货合约，是指期货交易场所统一制定的、约定在将来某一特定的时间和地点交割一定数量标的物的标准化合约。本法所称期权合约，是指约定买方有权在将来某一时间以特定价格买入或者卖出约定标的物（包括期货合约）的标准化或非标准化合约。"

由上述规定可知，期货交易是以期货合约和标准化期权合约作为认定的主要构成要素，其中期货合约为标准化合约，期权合约为标准化或非标准化合约，但《期货和衍生品法》并未对"标准化合约""非标准化合约"进行定义。

（2）《期货交易管理条例》（中华人民共和国国务院令第489号，2017年修订）第2条第2、3、4款明确规定："本条例所称期货交易，是指采用公开的集中交易方式或者国务院期货监督管理机构批准的其他方式进行的以期货合约或者期权合约为交易标的的交易活动。本条例所称期货合约，是指期货交易场所统一制定的、规定在将来某一特定的时间和地点交割一定数量标的物的标准化合约。期货合约包括商品期货合约和金融期货合约及其他期货合约。本条例所称期权合约，是指期货交易场所统一制定的、规定买方有权在将来某一时间以特定价格买入或者卖出约定标的物（包括期货合约）的标准化合约。"

《期货交易管理条例》规定的"期货交易"范围明显小于《期货和衍生品法》规定的"期货交易"范围，一方面因为《期货交易管理条例》对期货交易存在"公开的集中交易方式"的界定，另一方面因为《期货交易管理条例》将期货合约和期权合约均局限于"标准化合约"。当然，《期货交易管理条例》也未对"公开的集中交易""标准化合约"进行定义。

（3）国务院《关于清理整顿各类交易场所切实防范金融风险的决定》（国发〔2011〕38号）第3条第1款和第2款明确规定："自本决定下发之日起，除依法设

---

① 吴越：《现货与期货交易的界分标准与法律规制》，载《中国法学》2020年第2期。

立的证券交易所或国务院批准的从事金融产品交易的交易场所外，任何交易场所均不得将任何权益拆分为均等份额公开发行，不得采取集中竞价、做市商等集中交易方式进行交易；不得将权益按照标准化交易单位持续挂牌交易，任何投资者买入后卖出或卖出后买入同一交易品种的时间间隔不得少于 5 个交易日；除法律、行政法规另有规定外，权益持有人累计不得超过 200 人。除依法经国务院或国务院期货监管机构批准设立从事期货交易的交易场所外，任何单位一律不得以集中竞价、电子撮合、匿名交易、做市商等集中交易方式进行标准化合约交易。"

可见，国务院关于《清理整顿各类交易场所切实防范金融风险的决定》明确了集中交易方式的四种形态，即集中竞价、电子撮合、匿名交易、做市商；另外，还禁止均等份额公开发行，禁止标准化交易单位持续挂牌交易、交易间隔不得少于 5 个交易日，禁止权益持有人超过 200 人；并未对标准化合约等相关概念进行定义。

（4）国务院办公厅《关于清理整顿各类交易场所的实施意见》（国办发〔2012〕37 号）对国发 38 号文相关概念进行了厘清界定。第二部分"准确适用清理整顿政策界限"中明确规定，不得采取集中交易方式进行交易。本意见所称的"集中交易方式"包括集合竞价、连续竞价、电子撮合、匿名交易、做市商等交易方式，但协议转让、依法进行的拍卖不在此列。不得将权益按照标准化交易单位持续挂牌交易。本意见所称的"标准化交易单位"是指将股权以外的其他权益设定最小交易单位，并以最小交易单位或其整数倍进行交易。"持续挂牌交易"是指在买入后 5 个交易日内挂牌卖出同一交易品种或在卖出后 5 个交易日内挂牌买入同一交易品种。不得以集中交易方式进行标准化合约交易。本意见所称的"标准化合约"包括两种情形：一种是由交易场所统一制定，除价格外其他条款固定，规定在将来某一时间和地点交割一定数量标的物的合约；另一种是由交易场所统一制定，规定买方有权在将来某一时间以特定价格买入或者卖出约定标的物的合约。

国务院办公厅《关于清理整顿各类交易场所的实施意见》第一次以书面文件的方式对标准化合约、标准化交易单位、集中交易方式、持续挂牌交易等关键概念进行了界定。

（5）《商品现货市场交易特别规定（试行）》（商务部令 2013 年第 3 号）第 10 条第 1 款明确规定："市场经营者不得开展法律法规以及《国务院关于清理整顿各类交易场所切实防范金融风险的决定》禁止的交易活动，不得以集中交易方式进行标准化合约交易。"可见，《商品现货市场交易特别规定（试行）》明确禁止商品现货市场经营者以"集中交易方式进行标准化合约交易"。

（6）《关于做好商品现货市场非法期货交易活动认定有关工作的通知》（证监办发〔2013〕111号）的附件《关于认定商品现货市场非法期货交易活动的标准和程序》第2条明确规定：商品现货市场非法期货交易包括《期货交易管理条例》第75条规定的"非法组织期货交易活动"和"擅自从事期货业务"等情形。认定商品现货市场非法组织期货交易活动应采取目的要件和形式要件相结合的方式。就目的要件而言，主要是以标准化合约为交易对象，允许交易者以对冲平仓方式了结交易，而不以实物交收为目的或者不必交割实物。就形式要件而言，根据国发〔2011〕38号文和国办发〔2012〕37号文的有关规定，一般有如下几个方面特征。①交易对象为标准化合约。所谓标准化合约是指除价格、交货地点、交货时间等条款外，其他条款相对固定的合约。交易者将此类合约作为交易对象，订立合约时，并非全额付款，而只缴纳商品价值的一定比率作为保证金，即可买入或者卖出；合约订立后，允许交易者不实际履行，而可通过反向操作、对冲平仓方式，了解自己的权利义务。②交易方式为集中交易。所谓集中交易是指由现货市场安排众多买方、卖方集中在一起进行交易（包括但不限于人员集中、信息集中、商品集中），并未促成交易提供各种设施及便利安排。集中交易又可细分为集合竞价、连续竞价、电子撮合、匿名交易、做市商机制等交易方式。集合竞价是指买卖双方按照自己所能接受的心理价格自行进行买卖申报，由现货市场电子交易系统对全部有效申报进行一次集中撮合的处理过程。连续竞价是指现货市场按照"价格优先、市场优先"等原则形成成交价，如当最高买价与最低卖价相同时，该价格为成交价；当买价高于卖价时，报价在先一方的卖方价格为成交价。电子撮合是指众多的买方和卖方同时通过电子交易系统进行撮合配对、点选成交或其他方式促成合约成立的交易方式。匿名交易是指对于一项交易标的物，交易者完全不需要知道对手方的身份、年龄、信用状况等除价格以外的交易信息而进行的交易。由于该交易标的物可以剥离其所有者的影响而独立存在，因此极大地提高了其标准化、流动性水平，从而成为资本市场特有的交易方式，因具有不同于现货交易的一般规律，不宜为商品现货市场采用。做市商机制是指具备一定实力和信誉的法人、其他经济组织等，不断地向买卖双方提供报价，并按照自身提供的报价付出资金或商品与之成交，从而为市场提供即时性和流动性，并通过买卖价差获取利润而形成的交易制度。由于做市商买卖商品的目的并不是获取商品的所有权，而主要是低买高卖，提供流动性，与现货交易的初衷完全不符，做市商机制不宜作为现货市场的交易制度。

《关于认定商品现货市场非法期货交易活动的标准和程序》以目的要件和形式要件相结合的方式综合判断是否属于非法期货交易，就目的要件而言，主要判断是否"不以实物交收为目的或者不必交割实物"；就形式要件而言，主要判断是否"交易对象为标准化合约"以及"交易方式为集中交易"；同时界定了标准化合约，"所谓标准化合约是指除价格、交货地点、交货时间等条款外，其他条款相对固定的合约"，并对集中交易方式进行了细化规定。

2. 相关司法判例梳理

（1）在孙瑞阳与天津文化产权交易所有限公司期货欺诈责任纠纷其他民事裁定书①中，最高人民法院经审查认为，关于孙瑞阳在天津文交所所从事的邮币卡交易是否应当认定为非法期货交易的问题。中国证监会《关于做好商品现货市场非法期货交易活动认定有关工作的通知》（证监办发〔2013〕111号）明确，认定商品现货市场非法期货交易活动应采取目的要件和形式要件相结合的方式。就目的要件而言，主要是以标准化合约为交易对象，允许交易者以对冲平仓方式了结交易，而不以实物交收为目的或者不必交割实物。就形式要件而言，一般有两个特征。一是交易对象为标准化合约。交易者将此类合约作为交易对象，订立合约时，并非全额付款，而只缴纳商品价值的一定比率作为保证金，即可买入或者卖出；合约订立后，允许交易者不实际履行，而可通过反向操作、对冲平仓方式，了结自己的权利义务。二是交易方式为集中交易。所谓集中交易，是指由现货市场安排众多买方、卖方集中在一起进行交易（包括但不限于人员集中、信息集中、商品集中），并为促成交易提供各种设施及便利安排。集中交易又可细分为集合竞价、连续竞价、电子撮合、匿名交易、做市商机制等交易方式。本案中，孙瑞阳利用天津文交所邮币卡电子交易平台进行邮币卡买卖，与其他交易商人进行了多笔买入、卖出交易，截至一审诉讼时持有邮票钱币3886枚。根据原审法院查明和认定的事实，天津文交所邮币卡交易中心所提供的交易模式均需要进行现货交割，交易中心也提供提货凭证可以进行提货。孙瑞阳称其买入行为不以提货为目的，但由于其买卖交易的对象仍然是邮币卡等实物，而非标准化合约本身，故虽然电子平台在交易过程中使用了类标准化合约的交易形式，并不符合国务院证券期货监督管理部门关于非法期货交易的认定标准。申请人孙瑞阳关于天津文交所开展

---

① （2020）最高法民申4974号。

的邮币卡电子交易应当依法认定为非法期货交易的申请理由不能成立,本院不予支持。

(2)在无锡泰德不锈钢有限公司与无锡市不锈钢电子交易中心有限公司期货欺诈责任纠纷二审民事判决书①中,江苏省高级人民法院认为,第一,关于交易中心组织的交易的性质及效力。泰德公司主张交易中心组织的交易属于期货交易,违反《期货交易管理条例》、国务院《关于清理整顿各类交易场所切实防范金融风险的决定》、国务院办公厅《关于清理整顿各类交易场所的实施意见》的规定,违反六部委的通知及江苏省人民政府《省政府关于开展全省各类交易场所清理整顿工作的通知》的规定和要求,应认定交易中心组织的交易无效;第二,交易中心主张其组织的交易性质是现货交易和立足于现货的远期合约的大宗商品交易。《期货交易管理条例》规定,期货交易是指采用公开的集中交易方式或者国务院期货监督管理机构批准的其他方式进行的以期货合约或者期权合约为交易标的的交易活动。期货合约是指期货交易场所统一制定的、规定在将来某一特定的时间和地点交割一定数量标的物的标准化合约。本案中,交易中心发布了2009版、2013版及2014版三个版本的交易规则,反映了交易中心交易模式为远期交易和现货交易等多种交易模式。根据现有证据不能认定交易中心组织的交易为期货交易。

(3)在湖南润达商品交易市场有限公司、张小玲期货经纪合同纠纷再审民事判决书②中,湖南省高级人民法院认为,关于案涉交易是否属于非法组织期货交易活动的问题。从涉本案交易的实际交易流程和润达公司电子合约品种的交易规则可以看出,交易品种、交易单位、单笔最小可委托数量、单笔最大可委托数量、最大订货量、手续费算法、手续费系数、手续费收取方式、合同订金算法、合同订金系数、延期费算法、延期费率是交易前就确定好的,仅价格一项未经事先确定,具体价格是交易时润达公司提供的实时报价。在案涉买卖模式下,张小玲不进行实物交割时,双方交易的实质是将来某时点、在润达公司的交易平台上交割一定数量标的物合约或现金,这种交易实际为合约交易,没有标的物的实际交付。张小玲在开通买卖账户后,可以进行多次买卖,可以买入也可以卖空,买卖的目的并非收取货物实物,而是通过买入卖出实现盈利。因此,张小玲下单买卖的实际上是以润达银(银樽)、润达油、润达铜为名称的标准化合约。所谓集中交易,

---

① 《大连商品交易所结算细则》,载大连商品交易所网官网,2022年7月10日访问。
② 王艺璇:《论我国期货交易所在实物交割中的法律责任》,载《法律适用》2021年第12期。

是指由交易机构安排众多买方、卖方集中在一起交易（包括但不限于人员集中、信息集中、商品集中），并为促成交易提供各种设施及便利安排。虽然就张小玲而言其与润达公司是一对一的交易，但就润达公司而言，是同时与众多客户开展买、卖行为，实际上构成了集中交易的结果，润达公司为此提供统一的交易平台、设备和便利安排，符合集中交易的特征。根据《期货交易管理条例》第 46 条及相关法律法规的规定，中国证券监督管理委员会及其派出机构是认定市场主体的行为是否属于非法期货交易行为的法定职权部门。本案审理过程中，湖南证监局作出《关于湖南润达商品交易市场有限公司"现货银樽"交易性质认定的复函》（湘证监函〔2016〕250 号）是认定本案案涉交易是否属于非法期货交易的重要依据，因此原审法院认定案涉交易行为的性质属于期货交易并无不当，本案以集中交易形式进行标准化合约的交易行为属于非法组织期货交易活动。张小玲在润达公司开设的系统平台上的所有交易合同均属无效。

（4）在上诉人曹征伟与被上诉人江苏大圆银泰商品合约交易市场有限公司、江苏旺亨贵金属有限公司合同纠纷一案的民事判决书①中，二审法院（江苏省南京市中级人民法院）维持原判，一审法院认为，案件争议焦点为案涉交易是否为期货交易或非法期货交易。期货交易或者非法期货交易应具备以期货合约为交易标的和以集中交易方式为交易方式两个必要条件。本案中，案涉交易并未规定某一特定时间和地点交割一定数量的标的物，不符合期货合约的构成要件。同时，案涉交易模式中的交易价系交易 K 线中的报出价，该报价并非交易方通过竞价形成的价格，即报出价的形成机制与案涉交易方无关，不符合集中交易价格形成机制的特征。

案涉《决定》《实施意见》《标准和程序》对期货交易或者非法期货交易另行作出其他规定，但从该规定来看，应解读为各省级人民政府及证监部门等相关部门据此认定及清理整顿不规范行为的规定，非原《合同法》规定的合同无效的效力性强制性规定，曹征伟以此为依据要求确认交易行为为期货交易或非法期货交易，进而主张合同无效，于法不符。

（5）在陈稳龙合同纠纷一案二审民事判决书②中，上海市第一中级人民法院认为，本案的争议焦点为：第一，法院是否有权对案涉交易是否属于非法期货交易

---

① （2016）苏 01 民终 645 号。
② （2017）沪 01 民终 11827 号。

作出认定；第二，系争交易是否属于非法期货交易。

关于第一个争议焦点，东盟交易所认为法院无权也不宜对案涉交易是否属于非法期货交易作出认定，该权力属于行政监督部门专有。对此本院认为，我国法律、行政法规并未规定，行政机关对非法期货交易的认定程序属于此类诉讼的前置程序。因此东盟交易所关于涉诉交易必须先经专业行政机关认定是否构成非法期货的主张，缺乏法律依据。

关于第二个争议焦点，中国证券业监督管理委员会就如何认定商品现货市场开展非法期货交易活动制定了相关标准，认为应当采取目的要件和形式要件相结合的方式。本院认为，证券业监督管理委员会作为国务院所属期货行业的监督管理部门，其关于非法期货的认定标准，应当作为判断案涉交易性质的重要参考。

关于交易对象是否为标准化合约，案涉"东盟沥青"合约是由东盟交易所制定的，交易品种、交易单价、报价单位、最小交收单位等要素均已事先确定，陈稳龙只能选择劲创公司作为交易对手方，因此属于典型的标准化合约。关于是否通过集中交易方式。集中交易方式，是指由市场安排众多买方、卖方集中在一起进行交易（包括但不限于人员集中、信息集中、商品集中），并为促成交易提供各种设施及便利安排。集中交易又可细分为集合竞价、连续竞价、电子撮合、匿名交易、做市商机制等交易模式。本案中，虽然案涉交易是由陈稳龙和劲创公司作为对手方一对一交易，但劲创公司除了与陈稳龙做对手交易，还与其他投资者进行同样的交易，劲创公司作为东盟交易所的会员，通过与不同的投资者同时开展对手交易，为市场提供了流动性，符合做市商机制的特点，属于集中交易方式之一。综上所述，案涉交易符合期货交易的特征，由于劲创公司未获得从事期货交易批准，东盟交易所亦非经批准可以开展期货交易的场所，因此案涉交易属于非法期货交易。

（6）在刘洪胜与青海省铭爵大宗商品交易中心有限公司期货交易纠纷二审民事判决书①中，青海省高级人民法院认为关于案涉交易的性质问题。对刘洪胜与铭爵公司的交易性质，本院经审理认为，铭爵公司实质上组织了期货交易相关活动。一是案涉交易特征符合标准化合约特征：《铭爵大宗交易中心交易规则》及刘洪胜提供的《报表》显示，刘洪胜下单以建仓单形式反映，交易实行集中、"T+1"的资金清算原则。"集中"，是指由交易中心和托管银行对会员及客户资金统一进行

---

① （2018）青民终 76 号。

清算。"T+1"，是指交易中心对客户和会员每笔交易所产生的盈亏及费用在第二个工作日内进行资金清算。交易中心对客户实行单笔最大交易限额制度及最大持仓限额制度，当客户持仓达到最大限额时，不得再向同或相反方向开仓交易。且交易采用预付交易保证金的形式进行，客户预付交易保证金为不超过成交金额的30%。故可以认定案涉交易的对象系标准化合约。二是案涉交易方式为集中交易。案涉交易价格形成机制为：交易中心以伦敦现货大宗商品市场价格为基础，综合国内大宗商品市场价格及中国人民银行人民币兑美元基准汇率，连续报出现货大宗商品的人民币中间指导价。会员根据交易中心点差管理办法，在交易中心中间指导价的基础上，报出买入价及卖出价。三是除了符合期货交易的基本形式要件，《铭爵大宗交易中心交易规则》还规定，交易中心实行强行风险控制制度，当客户账户风险率小于100%时，客户交易保证金不足，由交易会员通知客户需要追加交易保证金，否则客户只能减少买入或卖出大宗商品，直至客户账户风险率等于或者大于100%。当客户账户风险率小于50%时，会员将客户剩余持仓进行全部强行平仓，以上特征都表明案涉交易脱离现货交易存在。最后，从本案刘洪胜与铭爵公司之间交易目的看，其通过铭爵公司交易平台进行多次交易，所有交易均以对冲平仓方式了结，未发生实物交收。结合铭爵公司交易规则以及其允许客户以对冲平仓方式了结交易，而不必真实交割实物，可以认定双方交易的实质目的并非转移实物所有权，而是通过价格涨跌获得收益。综上，案涉交易符合期货交易活动的构成要件。铭爵公司作为现货交易场所，未经批准开展期货交易活动，属于《期货交易管理条例》第75条规定的"非法组织期货交易活动"的情形。原审对案涉交易性质认定错误，应予纠正。

3. 非法期货交易认定裁判标准分析

由于上述案件是在期货和衍生品法颁布之前判决的，因此，案件均是根据届时实施的《期货交易管理条例》或者证监会相关规定进行判决认定，其中（2020）最高法民申4974号案件、（2018）湘民再31号案件、（2018）青民终76号案件、（2017）沪01民终11827号案件均是采用"交易标的为标准化合约"+"交易方式为集中交易"的标准来认定是否符合期货交易；（2016）苏民终1190号案件、（2016）苏01民终645号案件却是采用"'交易标的为期货合约'+'交易方式为集中交易'"的标准来认定是否符合期货交易。

本报告认为，目前司法案例在判定是否属于"非法期货交易"时并不是从正面论证"非法期货交易"的构成要件，而是从反面论证"期货交易"的构成要件。

从论证逻辑上看，先从第一个层面判定相关交易行为是否符合"期货交易"的构成要件，即是否构成"期货交易"；由于法律法规要求期货交易必须在期货交易场所内开展，因此，第二个层面判定相关交易行为发生的场所是否为"期货交易场所"。由于中国期货交易场所实施行政许可审批制，截至目前仅审批成立了5家期货交易所（郑州商品交易所、大连商品交易所、上海期货交易所、广州期货交易所和中国金融期货交易所），因此，就第二个层面而言，是相对较易判断相关交易行为发生的场所是否为"期货交易场所"。那么，在交易场所合法性与否交易判断的情况下，交易行为是否属于"期货交易"就成为重中之重；如果属于期货交易，因未在期货交易场所进行，将被进一步认定属于"非法期货交易"；如果不属于期货交易，则对交易场所并无特别要求，就不会被认定构成"非法期货交易"。

在期货和衍生品法实施前，《期货交易管理条例》第2条对"期货交易"采取双要件定义：一是"公开的集中交易方式"；二是"以期货合约或者期权合约为交易标的"。然而，在《期货和衍生品法》实施后，《期货和衍生品法》第3条第1款已经舍弃"集中交易方式"这一要件，仅规定"法所称期货交易，是指以期货合约或者标准化期权合约为交易标的的交易活动"。

由此可知，《期货和衍生品法》所定义的期货交易范围更广泛，只要是"以期货合约或者标准化期权合约为交易标的"就属于期货交易，不再受是否存在"集中交易方式"的限制。

因此，是否"以期货合约或者标准化期权合约为交易标的"就成为判定期货交易的唯有标准。《期货和衍生品法》第3条第3款规定："本法所称期货合约，是指期货交易场所统一制定的、约定在将来某一特定的时间和地点交割一定数量标的物的标准化合约。"第3条第4款进一步规定："本法所称期权合约，是指约定买方有权在将来某一时间以特定价格买入或者卖出约定标的物（包括期货合约）的标准化或非标准化合约。"

结合期货合约和期权合约的定义，本报告认为，若再仅以"交易标的为标准化合约"作为认定期货交易的标准将有失偏颇。一方面，标准化合约的范围应远远大于期货合约和标准化期权合约，期权合约仅仅只是标准化合约的一种，但标准化合约绝不局限于期货合约和标准化期权合约；另一方面，若仅以标准化合约作为判定标准将模糊现货交易和期货交易的区分标准，无视中国现货交易市场（尤其是大宗商品现货电子交易平台）的现状。

国务院办公厅《关于清理整顿各类交易场所的实施意见》第四部分"严格执

行交易场所审批政策"中明确规定,"从事权益类交易、大宗商品中远期交易以及其他标准化合约交易的交易场所,原则上不得设立分支机构开展经营活动"。这意味着,以期权合约、期权合约之外的其他标准化合约作为交易标的的交易场所也是合法存在的,不应仅仅以"交易标的为标准化合约"作为判定属于期货交易的依据。

本报告认为,在《期货和衍生品法》生效实施后,应严格按照《期货和衍生品法》关于"期货交易"的定义来界定某类交易行为是否属于期货交易,其中,最主要的标准在于相关交易活动是否"以期货合约或者标准化期权合约为交易标的"(以合约为交易标的即排除了以现货、实物为交易标的的交易行为);再辅以交易场所是否为交易上方提供担保、结算,或者交易制度中是否存在保证金制度、当日无负债结算制度等期货交易核心制度,进而综合判断是否属于"期货交易"以及"非法期货交易"。

四、域外考察和借鉴

(一)国际掉期与衍生品协会(ISDA)关于 Kahle v. Cargill 案件法庭之友意见书

2022 年 2 月 22 日,ISDA 和期货业协会(Futures Industry Association)就 Kahle v. Cargill 案件为被告 Cargill 出具了法庭之友意见书[①],主要内容如下。

1. 安全港原则对金融市场和确保流动性至关重要

(1)互换协议是金融市场的基石

互换协议是两个实体同意交换一定时间段现金流的一种金融合约。互换协议服务于众多经济目的,协助公司降低借贷成本,调整风险敞口,以及对冲与跨境贸易或商品价格相关的风险。互换市场交易量巨大,所有互换协议的市场总价值超过 13 万亿美元,超过美国 GDP 的一半。几乎所有的大型公司和金融机构都在使用互换协议。如同其他金融市场一样,互换市场也高度依赖于交易结果的"确定性和可预判性"。一旦进入结算的交易结果存在不确定性,例如试图撤回付款,那么将直接导致市场瘫痪。

(2)美国国会通过安全港原则以保护金融市场稳定性和确保流动性

美国国会已经认识到破产将会对金融市场构成威胁,因此市场相互关联,一

---

① 参见 ISDA 网,https://www.isda.org/category/legal/amicus-briefs/,2022 年 7 月 20 日访问。

个主体破产所产生的"涟漪效应"将可能会威胁整个交易市场。为此，美国国会通过了安全港立法以防止破产管理人宣告与主要金融工具（包括互换协议、期货合约）相关的转让无效，具体详见美国法典第 11 卷第 546 节第（e）—（g）款相关法律条文规定。第二巡回法院和其他上诉法院已经认识到美国国会将安全港原则广泛应用的意图，且理解安全港原则的首要目的是保护市场稳定性和确保流动性，尽管该原则将会减少对债权人的分配。

2. 互换协议安全港原则优先于原告诉讼请求

（1）第二巡回法院已经支持安全港原则优于将动摇互换市场的州法律中欺诈性转移索赔

第二巡回法院在 Tribune Co. 案件的判决应作为先例判决适用于本案。在 Tribune Co. 案件中，债务人已经进入破产程序，债权人提起州法律项下欺诈性转移请求，要求撤回债务人在结算协议项下已支付的款项。第二巡回法院认为，上述请求应当被取代，因为该等请求与第 546 节第（e）款安全港原则中反映的美国国会的目的是相冲突的。

在 Whyte 案件中，第二巡回法院对互换协议运用了 Tribune Co. 案件的审判逻辑。法院驳回了意图无效安全港原则的请求，认为安全港原则优先于原告请求，因为安全港原则通过使交易不受破产影响而保护了证券市场。

（2）允许原告诉讼请求将导致美国国会极力避免的极端不稳定性发生

如果允许原告在州法律项下的诉讼请求将会导致金融市场的极度不稳定性，因为，一旦允许将会带来攻击每一类型金融交易结果最终性的先例指引。如果每一交易主体都可以基于破产而要求撤回与互换、期货以及其他金融工具的结算款项，那么，交易结果的最终确定性将受到严重质疑。金融市场中的每个交易主体都无法确定交易是否最终完成，这势必将减少流动性、削弱交易主体信心。

国际掉期与衍生品协会（ISDA）关于 Kahle v. Cargill 案件法庭之友意见书再次强调了期货结算交割的破产隔离效力的重要性。虽然美国法典对交割财产的破产隔离也进行了明确规定，但司法实践中仍然有人试图挑战期货交割财产的破产隔离效力。《期货和衍生品法》第 43 条第一次以法律形式确立了期货结算交割财产的破产隔离效力，但该等法律效力还有待中国司法实践进一步检验，这也是上述法庭之友意见书给予的启示。

（二）国际掉期与衍生品协会（ISDA）关于 McCarthy v. Intercontinental Exchange 案件法庭之友意见书

2021 年 10 月 15 日，ISDA 联合美国商会等机构就 McCarthy v. Intercontinental Exchange 案件为被告 Intercontinental Exchange 出具了法庭之友意见书[①]，主要内容如下。

1. 本身违法原则[②]在基准活动中不应适用

原告未能提供任何事实证明类似 LIBOR 的基准设定属于反垄断之本身违法原则所调整的个别协议的范围，因为基准已经较好地促进竞争效应。在法院适用"本身违法原则"之前，原告应满足大量先决条件。首先，只有法院在限制类型方面存在足够经验，本身违法原则才是合适的。原告从未证明法院在同等或类似情况下曾运用过本身违法原则，就此而言，适用本身违法原则是不适宜的。其次，限制行为必须总是或几乎总是试图限制竞争及减少产出。最后，原告必须证明限制行为明确地减少竞争以及缺乏任何促进竞争效应，以至法院确信运用"合理原则"将是无效的。确实，如果被指控的限制行为存在任何促进竞争效应，则一般情况下均将阻止法院对"本身违法原则"的适用。

因为本身违法原则仅在个别情况下适用，美国最高法院已明确指出法院应先按照合理原则进行分析。在按合理原则进行分析时，法院将权衡协议的促进竞争效应和反竞争效应，充分考虑多种因素，包括相关商业的具体信息、限制行为施加前后的条件、限制行为历史、性质及效果。认真区分本身违法原则和合理原则的适用范围是至关重要，因为适用合理原则的请求与适用本身违法原则的请求的证明构成是存在重大不同的：在适用合理原则的案例中，原告不仅需要证明被告股东价格，还需要证明被告获得市场权力以及其串通行为确实构成反竞争行为。

原告未能满足法院适用本身违法原则的任何一个先决条件。相反，原告试图开展美国最高法院长期以来阻止的：通过毫无根据地将标记行为声称行为本身非法以剥夺消费者可以获得的促进竞争性效应，即使原告没有任何事实依据或法律依据。实践中，没有任何一家美国法院曾支持设定基准本身构成对贸易的不合理限制。

---

① 参见 ISDA 网，https://www.isda.org/category/legal/amicus—briefs/，2022 年 7 月 20 日访问。

② 本身违法原则是反垄断法适用的一个重要原则；根据这个原则，市场上某些类型的反竞争行为本身只要被认定违法，不管其产生的原因和后果，也不用考虑当事人实施垄断行为的主观状态，便可认为其行为垄断，不同于反垄断法中的"合理原则"。

2. 设定基准标准有利于促进竞争效应

合理原则应适用基准标准设定行为,不仅是因为该等行为不符合本身违法原则的适用标准,而是应为该等行为提供了众多促进竞争效应。简而言之,基准为市场参与者提供了与市场条件相关的综合信息。

LIBOR 类似的基准被广泛应用是因为他们提供了众多促进竞争性效应,包括:(1)集合市场信息;(2)增加透明度和流动性;(3)降低交易成本;(4)培育创新。通过集合信息,基准通过避免市场参与主体调研海量交易信息的工作量就可以满足其预估市场的需求来促进效率。

此外,基准通过编辑交易相关数据为市场条件作出整体全面描绘以增加透明度。增加透明度常常也意味着增加流动性,交易双方可以在市场价格或其他市场条件的基准线之上进行协商谈判。例如,在 LIBOR 之前,市场参与主体也广泛使用中央银行颁布的全体基准利率。在一段时间的市场不稳定之后,LIBOR 被发明以取代其他利率,因为其他利率不能反映真实市场情况。

基准也是促进竞争的,因为基准在其被作为合同中的援引利率将有助于降低交易成本。基准常用来降低谈判成本,简化缔约过程、减少协商需求。此外,诸如 LIBOR 的利率基准将被包含在不同类型的协议之中,因为该等基准为合同当事人在未来市场发展方面的风险分配提供了有效机制。

最后,基准有助于创新并使消费者受益。例如,标准普尔 500 指数及其他指数对共同基金和 ETF 基金在创新性、低成本的投资工具的发展中起到了重要作用。LIBOR 之类的参考利率还为消费者提供了其他益处。其中一点,使用参考利率对金融合同定价将减少复杂性以及促进标准化。LIBOR 和其他参考利率还有助于消除出借人和客户之间的信息不对称性,为客户提供一个独立的价格来源。此外,基准对金融衍生品的发展也至关重要。

法院和国会都承认标准化行为所带来的益处。美国最高法院认定标准化行为将适用合理原则进行评估,因为该等标准化行为具有带来重大促进竞争性效应的潜力。相应地,本身违法原则不应适用于基准和标准的设定行为,因为基准提供了促进竞争性效应。

3. 适用本身违法原则将冰封反垄断法原本应促进的行为

美国最高法院已关注到过渡适用反垄断法将冰封竞争,而非培育竞争。上述关注一直在基准标准的设定活动中出现,因为合作对于消费者获得促进竞争性效应至关重要。实践中,行业组织及其成员将就合适标准作出大量决定。这些决定包括哪个机构应被包括在标准制定中、什么时间从该等机构受收集信息、如何对该等信息进行编辑。若对基准标准设定活动适用本身违法原则将阻碍成员参与标准制定活动，因为一旦参与将可能面临反垄断诉讼风险，且较难有机会显示基准的促进竞争效应。因此，法院应裁定 LIBOR 应适用合理原则，而非本身违法原则。

国际掉期与衍生品协会（ISDA）关于 McCarthy v. Intercontinental Exchange 案件法庭之友意见书中明确了在判断 LIBOR 作为金融衍生品基准利率是否构成垄断所应适用的法律原则（即本身违法原则或合理原则），这对中国在金融衍生品基础资产选择的合法合规性方面具有现实的借鉴意义。

五、未来展望

（一）交易报告库

交易报告库是重要的金融市场基础设施之一，是承担接收、维护交易信息的数据系统的运营机构，其核心是建立中央数据库，集中收集、存管及分发金融产品交易数据，并为参与者提供交易后的相关服务，同时服务监管机构风险管理需求。

2021 年 12 月 3 日，金融稳定理事会（FSB）发布《2021 年全球场外衍生品市场改革进展报告》[①]，中国大陆地区有两家公司被列入正式交易报告库名单，分别为中国期货市场监控中心有限责任公司和中证机构间报价系统股份有限公司。

尽管中国大陆地区有两家公司（中国期货市场监控中心有限责任公司和中证机构间报价系统股份有限公司）被列入交易报告库名单，但这两家交易报告库仅适用于商品衍生品和股权衍生品[②]，并未覆盖信用衍生品、外汇衍生品以及利率衍生品。

2020 年 3 月，央行、发改委等六部门联合印发《统筹监管金融基础设施工作方案》，交易报告库是《统筹监管金融基础设施工作方案》明确纳入的六大金融基础设施之一，在提高市场透明度、强化市场监测、保障金融稳定性等方面发挥着基础性作用。

[①] 参见 FSB 网，https：//www.fsb.org/2021/12/otc-derivatives-market-reforms-implementation-progress-in-2021/，2022 年 7 月 20 日访问。

[②] 参见 FSB 网，https：//www.fsb.org/2021/12/otc-derivatives-market-reforms-implementation-progress-in-2021/，2022 年 7 月 20 日访问。

根据中国银行间市场金融衍生产品交易主协议[①]，金融衍生产品包括利率衍生产品交易、汇率衍生产品交易、债券衍生产品交易、信用衍生产品交易、黄金衍生产品交易，以及前述衍生产品交易的组合。根据中国场外信用衍生产品交易基本术语与适用规则[②]，中国银行间市场（包括银行间债券市场、同业拆借市场、外汇市场、票据市场和黄金市场）目前开展的信用衍生品交易包括但不限于信用违约互换（CDS）、总收益互换（TRS）、信用风险缓释合约（CRMA）、信用风险缓释凭证（CRMW）、信用联结票据（CLN）等。

根据中国外汇交易中心披露的信息，中国外汇交易中心开展的衍生品主要有外汇即期交易（FX Spot）、外汇远期交易（FX Forward）、外汇差额清算远期（FX NDF）、外汇掉期交易（FX Swap）、货币掉期交易（Cross Currency Swap）、外汇期权交易（FX Option）等外汇衍生品[③]，以及标准债券远期、利率期权、信用违约互换、CRM凭证、远期利率协议、利率互换等人民币衍生品[④]。

由上可知，中国目前两家交易报告库还不足以覆盖国内衍生品交易的实际范围，应加快建立覆盖信用衍生品、外汇衍生品以及利率衍生品的交易报告库，以进一步促进衍生品市场健康发展和保障衍生品市场稳定性。

（二）衍生品交易主协议合同范本备案制度

中国衍生品交易主协议的合同范本主要由中国银行间市场交易商协会和中国证券业协会主导制定。中国银行间市场交易商协会自2007年相继发布更新了《中国银行间市场金融衍生产品交易主协议（2009年版）》《中国银行间市场金融衍生产品交易主协议（凭证特别版）》《中国银行间市场票据交易主协议（2016年版）》《中国银行间市场债券借贷交易主协议（2022年版）》等一系列主协议合同范本。中国银行间市场交易商协会后续又组织市场主体对相关定义文件进行了修订、更新，到目前为止，中国银行间市场交易商协会共发布了以下定义文件供市场主体选择适用：《中国银行间市场信用衍生产品交易定义文件（2012年版）》《中国银行间市场债券衍生产品交易定义文件（2012年版）》《中国银行间市场利率衍

---

① 参见中国银行间市场交易商协会网，http://www.nafmii.org.cn/zlgl/bzxy/jrys/，2022年7月20日访问。
② 参见中国银行间市场交易商协会网，http://www.nafmii.org.cn/zlgz/jygfl/yspywl/，2022年7月20日访问。
③ 参见中国外汇交易中心网，https://www.chinamoney.com.cn/chinese/mgwhcphjy/，2022年7月20日访问。
④ 参见ISDA网，https://www.isda.org/category/legal/amicus-briefs/，2022年7月20日访问。

生产品交易定义文件（2012年版）》《中国银行间市场汇率衍生产品交易定义文件（2012年版）》《中国场外黄金衍生产品交易基本术语（2013年版）》以及《中国场外信用衍生产品交易基本术语与适用规则（2016年版）》（试行版）。

中国证券业协会自 2013 年就发布了《中国证券市场金融衍生品柜台交易主协议及其补充协议》《证券公司金融衍生品柜台交易业务规范》和《证券公司金融衍生品柜台交易风险管理指引》。中国证券业协会后续又联合中国期货业协会、中国证券投资基金业协会相继发布了《中国证券期货市场场外衍生品交易主协议（2014年版）及补充协议》《中国证券期货市场场外衍生品交易权益类衍生品定义文件（2014 年版）》。目前中国证券业协会最新版本的主协议是《中国证券期货市场衍生品交易主协议》《中国证券期货市场衍生品交易主协议（信用保护合约专用版）》。

国际掉期与衍生品协会（ISDA）制定的《ISDA 主协议（2002 年版）》是国际衍生品市场运用最广泛的单一主协议范本，但囿于法律适用、管辖等各种原因，ISDA 主协议在中国境内较少使用。2020 年 2 月 14 日，中国人民银行、中国银保监会、中国证监会、外汇管理局和上海市政府发布《关于进一步加快推进上海国际金融中心建设和金融支持长三角一体化发展的意见》（银发〔2020〕46 号），第 15 条明确规定："研究提升上海国际金融中心与国际金融市场法律制度对接效率，允许境外机构自主选择签署中国银行间市场交易商协会（NAFMII）、中国证券期货市场（SAC）或国际掉期与衍生工具协会（ISDA）衍生品主协议。"

《期货和衍生品法》第 33 条明确规定："本法第三十二条规定的主协议等合同范本，应当按照国务院授权的部门或者国务院期货监督管理机构的规定报送备案。"由于第 33 条关于主协议备案登记规定的较为原则性，还有待国务院授权的部门或者国务院期货监督管理机构颁布具有可操作性备案登记规定，以解决备案义务主体、备案范围、备案方式等问题。

本书作者简介

· 中国公司纠纷司法研究报告（2021—2022）

段厚省

中国人民大学法学博士，复旦大学法学院教授、博士生导师，复旦大学司法与诉讼制度研究中心负责人。主要研究领域为民事诉讼法、证据法、民法和司法制度。发表论文60余篇，著有《请求权竞合与诉讼标的理论研究》《民事诉讼标的论》《民法请求权论》《证明评价影响因素分析》《诉审商谈主义——基于商谈理性的民事诉讼构造观》《请求权竞合要论》《司法的困惑：程序法的双重张力》等个人专著七部，与他人合著专著七部，参编教材多部，其中《民法请求权论》和《诉审商谈主义——基于商谈理性的民事诉讼构造观》，分获上海市第九届和第十二届哲学社会科学著作类优秀研究成果二等奖。

李洪灯

复旦大学法律硕士，北京金诚同达（上海）律师事务所高级合伙人。兼任复旦大学司法与诉讼制度研究中心秘书长，复旦大学、华东政法大学、上海政法学院实务导师/兼职硕士生导师，上海复旦大学校友会法律界同学会副会长，海南省司法厅行政立法备案审查专家，海南国际仲裁院等十余家仲裁机构仲裁员等。曾在上海某中级人民法院工作多年，执业领域为商事、金融争议解决等。合著《环境侵权民事司法问题研究》《公司诉讼法律实务全解》等学术性、实务性著作两部，参与国家社科基金重大项目、最高人民法院司法研究重大课题、上海市高级人民法院党组重大课题等七项，连续多年在复旦大学开设法律硕士选修课程"公司诉讼实务"，获评"卓越法律实务课程"，个人获评"最受欢迎老师"。

李乾

复旦大学法学博士，北京金诚同达（上海）律师事务所顾问。兼任上海大学、上海政法学院实务导师。曾在上海基层人民法院、中级人民法院担任法官十余年，具备丰富的办案经验，获法院年度信息工作奖、上海法院办案标兵、年度上海法院示范庭审等多项荣誉。曾在国内某知名券商的全资私募基金管理子公司从事法律合规工作。专业领域涉及民商事争议解决、家族财富管理、私募与风险投资、公司设立与合规。所撰论文曾获国家环保部、中国法学会联合主办主题征文活动一等奖、全国法院系统学术讨论会二等奖，在《中国司法鉴定》《行政与法》《中国保险》等刊物上发表论文十余篇。

陈婷婷

中国人民大学法学硕士，北京金诚同达（上海）律师事务所高级合伙人。兼任复旦大学法律硕士专业学位实务导师、复旦大学法学院实务课程讲师、华东政法大学法律硕士校外导师、上海市金融消费调解中心中立评估专家。专业领域涉及商事争议解决、投资并购与企业合规等，曾办理多起具有重大影响力与示范意义的案件，其中两案入选《最高人民法院公报案例》，曾担任电视节目《律师说》《法治天下》《法官说案》、SMG《法眼看天下》嘉宾，连续三年参与最高人民法院"司法调研重大课题"，合著有《公司诉讼实务全解》及参编《"一带一路"沿线内国家数据保护与网络安全法律指南》，多篇研究论文获奖。

严飞飞

复旦大学法律硕士，北京金诚同达（上海）律师事务所律师。具有多年律所及金融行业法律合规工作经历，执业领域主要为金融商事争议解决、投融资业务、公司日常法律事务等。代理多起具有典型意义的案件，所代理案件曾被选入上海金融法院 2021 年度典型案例、证券期货投资者权益保护十大典型案例等。

致谢：

徐杨，（日本）渥美坂井律师事务所律师

谢孝婕，北京金诚同达（上海）律师事务所律师

赵雪，北京金诚同达（上海）律师事务所律师

杨赓，复旦大学法学院硕士研究生，北京金诚同达（上海）律师事务所实

习生

鲁嘉珺，复旦大学法学院硕士研究生，北京金诚同达（上海）律师事务所实习生

· **中国破产司法研究报告（2021—2022）**

季诺

复旦大学法学学士、法学硕士，上海市方达律师事务所律师、合伙人。兼任第十一届上海市律师协会会长、第十届中华全国律师协会破产清算与并购重组法律专业委员会主任、上海市法学会破产法研究会副会长、上海市人民政府行政复议委员会委员、上海市政府法律顾问、中国国际经济贸易仲裁委员会、上海国际仲裁中心、深圳国际仲裁院、上海仲裁委员会仲裁员，复旦大学、上海交通大学、中国人民大学、华东政法大学等高校兼职硕士生导师或研究员。连续多年被Chambers等评级机构评为破产清算与重组、建筑与房地产、争议解决业务领域的领先律师和业界贤达之一。曾参与多起全国重大典型破产案件和业内重大影响力案件，参与相关法律、法规、司法解释的立法咨询，参与课题研究多项，发表论文多篇。

陈冠兵

复旦大学法学学士、法学硕士，上海市方达律师事务所合伙人。兼任上海市破产管理人协会重整业务研究委员会主任、上海仲裁委员会仲裁员。主要执业领域为企业破产及债务重组、商事诉讼与仲裁、金融争议解决。担任破产管理人主办多起全国重大典型性破产案件，如大连船舶重工集团海洋工程有限公司破产重整案、上海华信国际集团及其关联公司实质合并破产清算案（系香港法院认可内地破产程序的首例案件）等，代表投资人处理紫光集团、重庆钢铁破产重整等。曾参与上海市人大代表团向全国人大所提交《企业破产法修订建议稿》的草拟工作，多次在中国人民大学、上海交通大学、西南政法大学主办的破产法研讨会上作主题发言。

周人杰

上海交通大学法学学士、法律硕士，上海市方达律师事务所资深律师。兼任上海市律师协会破产与不良资产业务研究委员会委员。主要执业领域为破产及债

务重组、商事争议解决。曾担任十余家公司的破产案件管理人团队负责人或强制清算案件清算组组长，并在多起全国重大典型破产案件担任管理人团队主要成员，如中科建设预重整转重整案件（上海 2021 年度典型案例）、大船海工破产重整案（全国十大破产经典案例）等。曾在《人民司法》《破产法论坛》等出版物上发表多篇相关论文。

致谢：
王灵奇，上海市方达律师事务所合伙人
张珏菡，上海市方达律师事务所资深律师
赵之薇，上海市方达律师事务所律师
李娟，上海市方达律师事务所律师
赵晨草，上海市方达律师事务所见习律师
张海涛，上海市方达律师事务所见习律师
张龙昊，上海市方达律师事务所见习律师

·中国海事海商纠纷司法研究报告（2021—2022）

安寿志

武汉大学法学博士，北京安杰（厦门）律师事务所主任。美国哥伦比亚大学访问学者、法国 ICD 国际商学院兼职教授、美国《Modern Law Research》主编。伦敦国际仲裁中心、香港国际仲裁中心、中国国际经济贸易仲裁委员会、上海国际仲裁中心、国际体育仲裁院、海峡两岸仲裁中心和厦门仲裁委员会等机构仲裁员，内地和香港《CEPA 投资协议》投资争端解调员。2018 年入选司法部"涉外千名律师"名册，2019 年入选厦门市引进高层次"双百计划"人才，多次获评 ASIALAW PROFILE、LEGAL 500 等海商海事、国际仲裁领域推荐律师。

陈雷

大连海事大学国际经济法硕士、美国伊利诺伊科技大学比较法硕士，北京安杰（上海）律师事务所合伙人。在海商海事、国际贸易及保险领域拥有近 20 年的执业经验，具有较强的沟通能力和较好的国际视野，被 CHAMBERS & PARTNERS、ASIALAW PROFILE、LEGAL500 等多家国际刊物和评级机构推荐，并入选司法部涉外律师千人名单。目前兼任上海律协海事海商专业委员会主任、中国海事仲裁委员会仲裁员、上海经贸调解中心调解员及最高人民检察院民事及行政案件咨询专家等。

戚生苗

毕业于上海海事大学，北京安杰（上海）律师事务所合伙人。在海商海事、金融保险领域拥有近 15 年的执业经验，曾多年从事船舶轮机管理工作，具有轮机长适任资格，熟悉海运实务，为 LEGAL500 推荐律师，长期为保险公司、船公司、大型国有企事业单位等提供专业法律服务。目前担任浙江省法学会海商法研究会理事、中国航海学会航运保险专业委员会委员和上海市律师协会海事海商业务研究委员会委员等。

王勇

武汉大学法律硕士，北京安杰（南京）律师事务所主任。中国海事仲裁委员会仲裁员、南京仲裁委员会仲裁员。长期为保险公司、商业银行、国有资产管理公司、政府部门、行业协会、航运企业提供专业法律服务，执业领域包括：保险、海事调查、船舶建造、船舶交易、不良资产处置、商事仲裁等。曾长期在省、市海事局和市政府航海办工作，研究论文发表于《国际海事司法中心建设与司法体制改革》《第九届海商法国际研讨会论文集》中，有研究论文在长江海商法学会、江苏省法学会海商法研究会年会上获奖。

阎冰

大连海事大学法学学士、硕士，北京安杰（上海）律师事务所合伙人。被 CHAMBERS & PARTNERS、ASIALAW PROFILE、LEGAL500 等多家国际刊物和评级机构推荐，担任中国海事仲裁委员会、南京仲裁委员会、大连国际仲裁委员会、钦州仲裁委员会仲裁员，担任上海市律协一带一路专业委员会委员及上海海事大学法学院校外研究生导师、华东政法大学法律硕士（航运法律实务方向）校外导师。在海商海事、贸易、商事保险相关争议解决领域有丰富的执业经验，参与的多篇论文在《中国海商法研究》《上海法学研究》等刊物上发表。

致谢：

蔡杰熠，北京安杰（厦门）律师事务所律师助理

韩子为，北京安杰（南京）律师事务所实习律师

刘昌禹，北京安杰（上海）律师事务所律师

柳晓林，北京安杰（上海）律师事务所律师

刘雪琪，北京安杰（厦门）律师事务所律师

孙熠，北京安杰（上海）律师事务所律师

杨满珍，北京安杰（厦门）律师事务所律师

于萍，北京安杰（上海）律师事务所律师

• 中国商业秘密纠纷司法研究报告（2021—2022）

马忠法

复旦大学法学博士，复旦大学法学院教授、博士生导师，复旦大学知识产权研究中心常务副主任。研究领域集中于国际技术转让法、国际贸易中的知识产权法、国际（公）法，在 Journal of Technology Transfer, Journal of East Asia and International Law, Journal of Intellectual Property Rights，International Journal of Business and Social Science 等国际期刊及《复旦学报》（社科版）、《法学家》《法商研究》《知识产权》《中国国际法年刊》《国际经济法学刊》等国内核心期刊或集刊上发表学术论文40余篇。出版个人专著、合著共6部；翻译译作一部并被列入上海世纪文库。曾入选国家知识产权局第二批"百千万知识产权人才工程"百名高层次人才培养人选名单。

黄剑林

复旦大学法律硕士，上海市海华永泰总所高级合伙人，知识产权委员会副主任。兼任复旦大学知识产权研究中心特邀研究员、复旦大学法律硕士专业学位实务导师、复旦大学法学院实务课程讲师、上海国际贸易知识产权海外维权服务基地专家、天津仲裁委员会仲裁员等。执业领域为知识产权和争议解决，代理的诸多典型性重要案件，入选最高人民法院十大案例、省级人民法院十大案例。

何鹏

法学硕士，上海贯道律师事务所创始合伙人、主任，兼任复旦大学知识产权研究中心特邀研究员、上海政法学院硕士生导师等。执业领域为知识产权和争议解决，代表化工、半导体、材料、电子商务、游戏、等多个行业客户处理过复杂、疑难、具有影响力的纠纷案件。经常处理涉及技术创新以及文化创意类企业的日常法律业务，为客户提供有效的咨询建议和意见

致谢：
范江伟，上海市海华永泰律师事务所律师助理

·中国银行纠纷司法研究报告（2021—2022）

季立刚

复旦大学法学硕士、华东政法大学法学博士，复旦大学法学院教授、博士生导师，长期从事民商法、经济法、金融法教学与研究，德国康斯坦茨大学、美国耶鲁大学访问学者。现任复旦大学法学院学位委员会主席、学术委员会副主任，复旦大学中国金融法治研究院执行院长、复旦大学金融法研究中心负责人。被聘为最高人民检察院民事及行政案件咨询专家及中国国际经济贸易仲裁委员会、上海仲裁委员会、上海国际经济贸易仲裁委员会、青岛仲裁委员会、南京仲裁委员会等多家仲裁机构仲裁员。兼任中国法学会银行法学研究会副会长、上海市法学会金融法研究会副会长等。1991年起从事兼职律师工作，在最高人民法院等各级司法机关及各仲裁机构处理重大、疑难案件，具有丰富的法律实践经验。

著有《民国商事立法研究》《我国近代关于民商法立法模式的三次论争》《银行破产法律制度比较研究》《跨国银行破产法律制度基本原则之探讨》《比较视野中的银行破产法律制度》（译著）《金融危机"紧急处理措施"的公共政策制定与相关法律问题研究》《金融机构危机处置法律制度研究——以＜企业破产法＞第134条为基础》《也论合同目的》等，承担多项国家、地方研究课题。获"上海市优秀中青年法学家"荣誉称号。

周昕

毕业于复旦大学法学院，现为金杜律师事务所华东管理小组成员、金融证券

部联席管理合伙人。熟悉银行融资领域业务，擅长处理重大、复杂跨境交易及银行合规、准入、金融机构日常法律业务，在处理并购融资、银团贷款、金融衍生产品交易方面具有丰富经验。连续多年荣获钱伯斯、《Legal500》等知名法律媒体评选的"银行和金融领域杰出律师"荣誉。担任上海律协银行法专业委员会副主任，华东政法大学经济法学院客座教授。合著有《期货和衍生品法释义》。

云治

毕业于复旦大学法学院，现任金杜律师事务所合伙人。2020—2022年连续三年获得《钱伯斯亚太法律指南》《钱伯斯大中华区法律指南》争议解决（中国）受认可律师及领先律师称号，入选2020ALB中国十五佳诉讼律师。担任上海市律师协会仲裁业务研究委员会委员和律师事务所规范发展委员会委员。主要执业领域为诉讼、仲裁等争议性解决，擅长处理复杂涉外跨境商事诉讼和仲裁案件，擅长处理公司投融资、股权、债券、产品责任、商业地产开发和租赁纠纷等，涉及金融、私募风险投资、不动产、汽车、化工多个行业领域。

致谢：

黄建贤，金杜律师事务所顾问

刘天，金杜律师事务所律师

黄思彦，金杜律师事务所律师

谢颖捷，金杜律师事务所律师

谭永凡，金杜律师事务所律师

王悦，金杜律师事务所律师

陈锐，金杜律师事务所律师

张潇，金杜律师事务所实习生

·中国证券纠纷司法研究报告（2021—2022）

黄江东

华东政法大学法学博士，国浩律师（上海）事务所合伙人，华东政法大学兼职教授，上海交通大学凯原法学院、上海对外经贸大学法学院校外导师。上海仲裁委员会、深圳国际仲裁院仲裁员；中国法学会证券法学研究会理事，中证中小投资者服务中心证券诉讼案件评估专家委员会委员,上海市涉案企业合规第三方监督评估机制首批入选专业人员;上海证券交易所、深圳证券交易所、资本市场学院、中国上市公司协会培训讲师。在《中国金融》《证券法苑》《中国证券报》等发表专业文章 40 余篇,参与上海证券交易所、上海金融法院、中国证券业协会课题研究多项,合著有《证券法治新图景:新〈证券法〉下的监管与处罚》。

施蕾

华东政法大学法学博士,美国乔治城大学 LL.M.,国浩律师(上海)事务所律师,具有中美律师执业资格,专注从事证券合规及争议解决法律服务,多次参与上海金融法院、上海证券交易所、中国证券业协会等课题研究;在《财经法学》《投资者》《金融博览》等杂志上发表数篇证券类专业文章,合著有《证券法治新图景:新〈证券法〉下的监管与处罚》。

李子为

上海对外经贸大学法学硕士,国浩律师(上海)事务所律师,专注从事证券合规及争议解决法律服务。曾参与处理新三板公司精选层挂牌、公司境内上市、证券公司设立、变更等项目,处理多起涉嫌内幕交易或涉嫌操纵市场行政调查、行政处罚案件。曾参加上海市哲学社会科学课题,参与上海金融法院、深圳证券交易所、中国法学会证券法学研究会征文并多次获得奖项,在《证券法苑》《证券法律评论》《金融博览》等刊物上发表多篇论文。

陈辰

华东政法大学法学硕士,国浩律师(上海)事务所律师,专注从事证券合规及争议解决法律服务。曾参与处理新三板公司精选层挂牌、公司境内上市以及、证券公司整体设立、变更股份有限公司等项目,并参与处理多起因涉嫌内幕交易或涉嫌操纵市场的行政调查、行政处罚案件。获国浩律师(上海)事务所 2021 年度"最佳新人奖",担任上海资产管理协会志愿者。

• 中国信托纠纷司法研究报告（2021—2022）

葛伟军

英国剑桥大学法学院硕士、日本九州大学大学院法学府博士，复旦大学法学院教授、博士生导师。兼任中国法学会商法学研究会常务理事、上海司法智库学会商事研究分会副会长、上海市法学会商法学研究会副会长、上海市法学会文化产业法治研究会副会长。中国国际经济贸易仲裁委员会、上海国际仲裁中心、上海仲裁委员会、深圳国际仲裁院仲裁员。研究领域为商法、公司法、信托法、艺术法等，著有《公司捐赠的法理基础与规则解构》《英国公司法要义》《案例公司法（第2版）》等。

李攀

上海财经大学法学博士研究生，北京市中伦（上海）律师事务所权益合伙人。执业方向为信托、证券、基金领域争议解决，长期为证券公司、信托公司、基金公司等金融机构提供争议解决法律服务，并办理多起金融细分行业的重大案件。译著有《衡平法与信托的原理》《衡平法、信托与商业》《社会企业法》等。

周青松

上海财经大学法学博士研究生，上海市闵行区人民法院法官助理。曾获上海市闵行区人民法院十佳青年、十大调研智星称号。主要研究领域为民事强制执行法领域，在《证券法苑》《法律适用》《上海审判实践》《司法改革论评》《人民法院报》《上海法治报》上发表文章数篇；参与、执笔多项上海市高级人民法院课题，调研成果获评优秀调研成果；所撰写案例获评上海法院"四个一百"典型案例、十大破解执行难典型案例、执行不能典型案例、失信联合惩戒典型案例，获全国法院系统优秀案例分析评选活动优秀奖。

• 中国保险纠纷司法研究报告：2021—2022

周波

华东政法大学法律硕士，上海中联律师事务所全国执委会主任、高级合伙人。2013至2019年任上海市律师协会保险业务研究委员会主任，现为中国法学会保险法学研究会理事、上海交通大学保险法研究中心兼职研究员。主要研究方向：金融、保险、公司商事领域等。曾代理某台资财险公司与Y财险公司再保险纠纷案件并胜诉，在该案中最高人民法院首次确认再保领域的共命运原则。已连续10年被Chambers & Partners评为亚洲地区保险领域领先律师，被Asialaw、Legalband评为中国地区保险领域领先律师，获Chambers & Partners"身经百战的保险律师""在处理复杂纠纷方面有着丰富的经验和技巧"评价。

沈荣华

上海海事大学法学硕士，上海中联律师事务所高级合伙人。现兼任上海市律师协会保险业务研究委员会副主任，上海市律师协会外事委员会委员、亚太法律协会"一带一路"委员会委员、上海律师协会中国国际进口博览会法律服务团成员、上海国际仲裁中心仲裁员等。主要研究方向：航运物流、涉外商事、保险等。为中国出口信用保险公司处理的大船海工买方违约险一案荣获《商法》（China Business Law Journal）2021年度杰出交易大奖，荣登《2022钱伯斯大中华区法律指南》及《The Legal 500亚太2022》榜单。

王家骏

上海交通大学法学博士，华东师范大学法学院晨辉学者，墨尔本大学法学院访问学者。现兼任中国法学会保险法学研究会理事，华东师范大学企业合规研究中心秘书长、上海交通大学保险法研究中心兼职研究人员、中南财经政法大学保险法研究所兼职研究人员等。主要研究方向：保险法、侵权法等。曾在《法学》《法律科学》《保险研究》《民商法论丛》《私法研究》等核心期刊发表多篇论文。曾主持中国法学会部级法学研究课题、上海金融法院年度课题、上海司法智库重大调研课题。

吴可人

英国伦敦国王学院法学博士。曾在英国东安格利亚大学担任法学讲师，教授海上保险、再保险与保险实务、海上货物运输、国际贸易等课程。曾作为英国伦敦国王学院法学院客座讲师，教授国际贸易法及英国保险法课程。主要研究方向：国际贸易、航运物流、保险法等。曾就再保险下责任风险分配及责任触发条件、保险合同的解释等问题在Journal of Business Law等众多海外知名刊物上发表文章。

参与处理多起保单、租约、破产、再保险等综合性法律案件。

致谢：
高力，上海中联律师事务所律师助理
黄昕怡，上海中联律师事务所律师助理
陈丹，上海中联律师事务所实习助理
陈焱雯，上海中联律师事务所实习助理
卫晓菁，上海中联律师事务所实习助理

·中国基金纠纷司法研究报告（2021—2022）

马晨光

复旦大学法律硕士，一级律师，上海市协力律师事务所高级合伙人。兼任上海市浦东新区人大常委、全国律协金融委副主任、上海市法学会金融法研究会基金委主任、中共上海市浦东新区委员会、上海市浦东新区人民政府、中国（上海）自由贸易试验区管理委员会法律顾问、上海市律师协会基金业务研究委员会主任、上海仲裁委员会、上海国际仲裁中心仲裁员。主要执业领域包括资产管理、兼并收购、投融资、私募基金、信托、银行、公司治理以及复杂性商业争端解决等。被评为"东方大律师""上海市优秀律师"、钱伯斯公司/商事东部沿海（上海）一等律师、ALB 中国最佳女律师、《首席法务官》2018 年度中国十佳金融律师等称号。曾主编《私募基金业务律师实务》《私募基金合规手册 101 问》等作品，并发表《资管新规下私募基金的合规风险》《资产管理机构面临的主要法律风险》等文章。

王曦

重庆大学法学硕士，美国北卡罗来纳大学（教堂山）法律硕士。上海市协力律师事务所合伙人，上海市律师协会基金业务研究委员会干事。从事私募基金设立和投资法律服务，致力于私募基金及国资国企、外商投资、资本市场的交叉领域合规问题研究，参与编写《私募基金业务律师实务》一书，主笔《私募基金合规手册 101 问》一书，发表《资管新规下私募基金的合规风险》《非管理人 GP 能否收取业绩报酬、能否进行投资决策？——以药明汇英基金为例》《私募机构视角下的险资股权投资新政分析》等多篇法律实务文章

金源

英国纽卡斯尔大学法学硕士,上海市协力律师事务所合伙人。兼任上海银行业保险业纠纷调解中心调解员、中证资本市场法律服务中心公益调解员、上海市律师协会金融工具业务研究委员会委员。长期致力于私募基金、投资并购、资产证券化、信托、银行等业务领域,主要研究方向包括私募基金、资产管理领域立法及司法实践方面。参与编写《私募基金合规手册101问》一书、发表《民法典对金融行业产生重大影响的修订》《如何判断差额补足义务是债务加入还是独立的合同义务》等文章。

致谢:
查扣宏,上海市协力律师事务所律师
张涵,上海市协力律师事务所律师
于越,上海市协力律师事务所律师
齐文暄,上海市协力律师事务所实习律师

• 中国期货衍生品纠纷司法研究报告(2021—2022)

袁国际

中国政法大学法学硕士、法学博士,复旦大学法学博士后研究人员。北京浩天(上海)律师事务所律师、合伙人。长期从事国际经济法、金融法理论研究与实践,执业领域为资产管理、投资并购及商事争议解决。已出版、发表的主要研究成果有《期货结算法律问题研究》(专著)、《期权合同原理与实务》(专著)、《期权权利性质探析》《期权税收法律问题探析》《善意取得制度之善意主体探析》《反倾销抽样审查法律问题研究》《信托法第30条修订建议》《<反倾销协定>第17条解读》等多篇论著。

季思澐

悉尼大学Juris Doctor研究生,复旦大学法学博士研究生,拥有长期海外留学经历,学习普通法、比较法,在合同法、财产法、公司法、金融法等领域具有浓厚的研究兴趣,写作有Applying Virtue Ethics to Legal Professionalism, Corporate Governance in Australia and Japan – Carlos Ghosn Case 等,具有丰富的实务训练经历。